中国电子工业年鉴

(2004)

《中国电子工业年鉴》编辑委员会　编

電子工業出版社
Publishing House of Electronics Industry
北京·BEIJING

内容简介

本书主要反映了2003年中国电子工业制造业的发展情况和所取得的成就，较全面地展示了电子工业制造业发展的技术现状和经济运行数据等。

本年鉴首次出版于1986年，2004年版为第19卷，主要提供给关注中国电子工业发展的各级领导以及从事电子工业科研、生产、进出口贸易及市场营销的有关人员参考。

图书在版编目（CIP）数据

中国电子工业年鉴. 2004/《中国电子工业年鉴》编辑委员会编. —北京：电子工业出版社，2004.11
ISBN 7-121-00507-7

I. 中… II. 中… III. 电子工业-中国-2004-年鉴 IV. F426.63-54

中国版本图书馆CIP数据核字（2004）第119155号

责任编辑：闫德明
印　　刷：北京金特印刷有限责任公司
出版发行：电子工业出版社
　　　　　北京市海淀区万寿路173信箱　邮编100036
经　　销：各地新华书店
开　　本：787×1 092　1/16　印张：34.25　插页：22　字数：877千字
版　　次：2004年11月第1次印刷
定　　价：368.00元

ISBN 7-121-00507-7

9 787121 005077 >

凡购买电子工业出版社的图书，如有缺损问题，请向购买书店调换。若书店售缺，请与本社发行部联系。联系电话：（010）68279077。质量投诉请发邮件至zlts@phei.com.cn，盗版侵权举报请发邮件至dbqq@phei.com.cn。

中国电子工业年鉴

（2004）

主办　信息产业部

承办　信息产业部电子第一研究所

《中国电子工业年鉴》编委会

张启曾　新疆维吾尔自治区机械电子工业行业管理办公室主任
张英峰　贵州省信息产业厅厅长
李　伟　四川省信息产业厅厅长
李　兵　辽宁省信息产业厅厅长
李开民　中国航天科技集团公司办公厅主任
李春燕　江西省信息产业厅厅长
肖　华　信息产业部电子信息产品管理司副司长
苏福功　河南省信息产业厅厅长
何民生　北京市电子商会会长
邱恩义　吉林省信息产业厅厅长
邵玉龙　福建省信息产业厅副厅长
邵术林　信息产业部军工电子局副局长
邵乐冲　甘肃省电子信息工业办公室主任
陈　伟　信息产业部经济体制改革与经济运行司副司长
陈国鹰　河北省信息产业厅厅长
陈彰清　湖南省信息产业厅厅长
周宝源　信息产业部办公厅副主任
单长寿　天津市电子仪表工业总公司总经理
武积有　陕西省信息产业厅厅长
罗坚生　广东省经济贸易委员会副主任
杨如孟　云南省人民政府信息产业办公室副主任
赵　波　信息产业部电子信息产品管理司副司长
郝成文　甘肃省电子工业总公司党委副书记
贺　凌　安徽省信息产业厅厅长
桂文庄　中国科学院高技术研究与发展局局长
贾秦英　重庆市信息产业局局长
郭福华　信息产业部政策法规司副司长
郭金华　浙江省信息产业厅副厅长
钱本源　中国电子进出口集团公司总裁
黄瑞成　信息产业部军工电子局副局长
焦自纯　长江计算机（集团）公司董事长
谢正义　江苏省信息产业厅副厅长
韩　俊　信息产业部科学技术司副司长
韩　勇　海南省信息产业局副局长

《中国电子工业年鉴》编辑部

主　　编　石怀成

执行主编　刘　玲

副 主 编　高素梅　王立健

主编助理　张　晶

编　　辑　林　娜

特聘编辑　王人杰　杨治安　苏路群　黄庆红

客户经理　万春光

《中国电子工业年鉴》特约编辑

（按姓氏笔画排序）

丁小龙　文　勇　王勃华　邓　雷　韦　俊　白为民　汤月园

乔跃山　关白玉　刘立水　吕玉华　吕稚敏　朱师君　闫德明

向三渝　吴凤德　吴同珠　宋兴贤　宋进珠　张宏图　张含瑾

张恩惠　李兆杰　李庆和　杨宇坤　沈润年　肖　斌　邹建华

陈　良　陈　英　罗俊章　周　健　周继祥　周慧琴　季国平

林启福　林素芬　范青青　侯建仁　娄　松　胡秋雁　费振波

赵卫强　赵天武　赵连富　赵文智　夏心玉　席丽红　徐善荣

袁　桐　郭春鸿　高柏秀　崔祝平　曹建华　黄建忠　黄美昌

蒋国泰　景根元　路明辉　靖士宽　靳　宁　熊　琛　潘　峰

编写说明

《中国电子工业年鉴》是由中国信息产业部主办的大型历史资料性工具书，创刊于1986年，2004年版为第19卷。

2004年版《中国电子工业年鉴》主要反映了2003年中国电子信息产业制造业的发展情况和所取得的成绩。本卷年鉴较全面地展示了电子信息产业制造业发展现状，并翔实地提供了电子信息产业制造业经济运行统计数据。2004年版《中国电子工业年鉴》的内容包括11个部分：

1．总论；

2．专论；

3．电子信息产业经济运行综合统计资料；

4．各类电子工业；

5．科技综述与人力资源；

6．市场运行；

7．国际合作与产品进出口贸易；

8．地区电子工业；

9．电子工业大事记；

10．政策环境；

11．附录。

2004年版《中国电子工业年鉴》的结构和体例与往年各卷基本相同，新增加"专论"和"政策环境"栏目。为本书提供数据和报告的有信息产业部的有关单位、中国科学院、中国航天科技集团公司、中国航天科工集团公司、海关总署、中国广播电视设备工业协会、中国电子仪器行业协会、中国电子专用设备工业协会、中国真空电子行业协会、中国电子材料行业协会、中国光学光电子行业协会等，以及各省、自治区、直辖市、计划单列市。电子信息产业制造业的各项统计数据均由信息产业部经济体制改革与经济运行司提供并核准。其他系统的有关数据，均由各系统主管部门审核提供。

2004年版《中国电子工业年鉴》中的综合统计数据不包括西藏自治区、台湾省、香港特别行政区、澳门特别行政区。

2004年版《中国电子工业年鉴》在编辑加工和印装等方面尚有许多不足，敬请广大读者批评指正。

《中国电子工业年鉴》编辑部

2004年10月

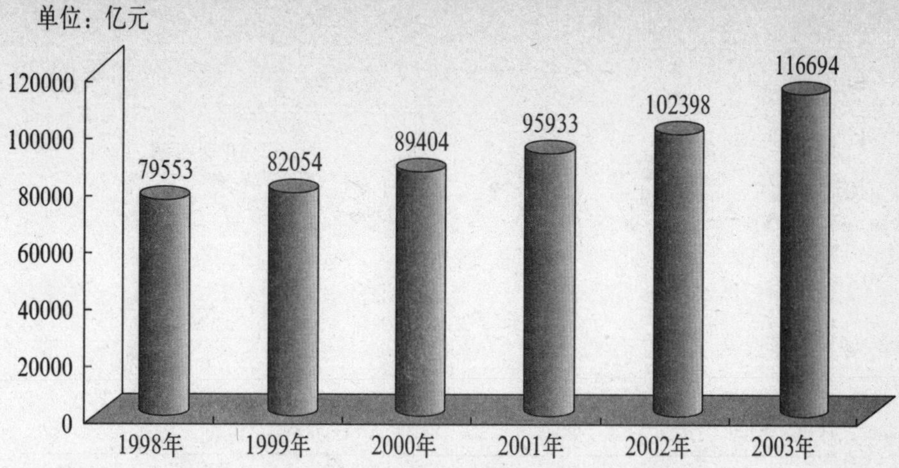

图1　1998年～2003年中国国内生产总值情况

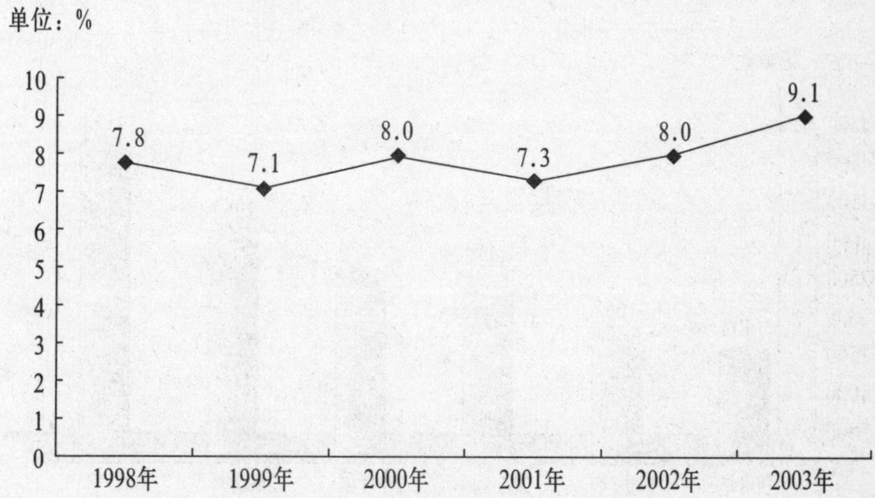

图2　1998年～2003年中国国内生产总值增长情况

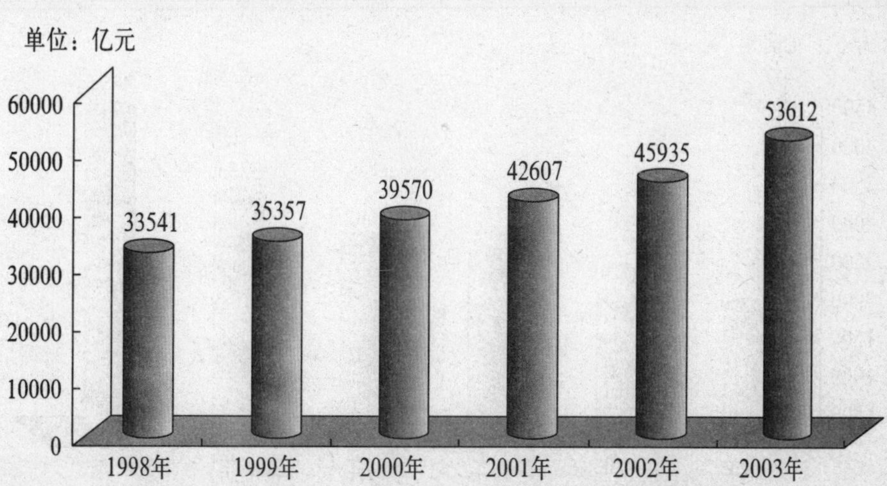

图3　1998年～2003年中国全部工业增加值情况

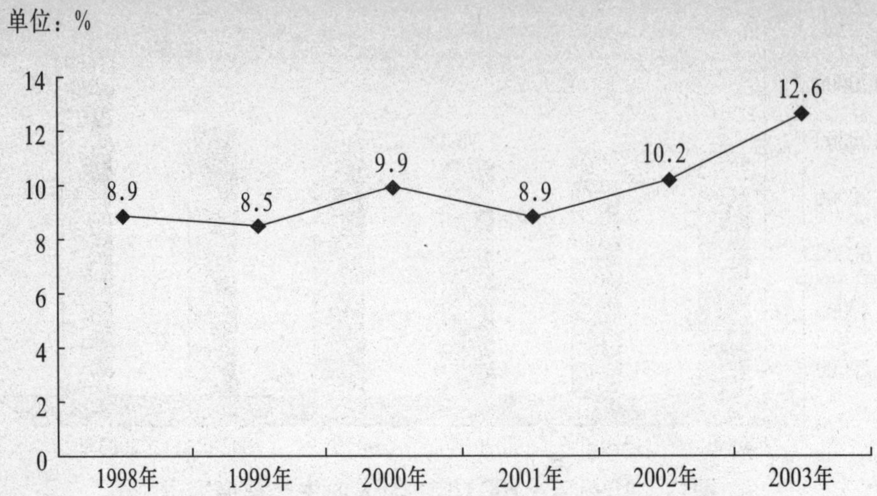

图4　1998年～2003年中国全部工业增加值增长情况

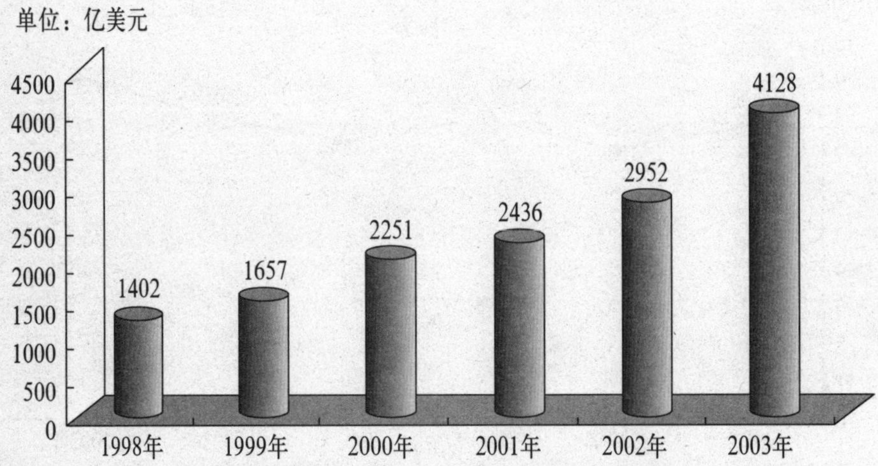

图5　1998年～2003年全国进口贸易情况

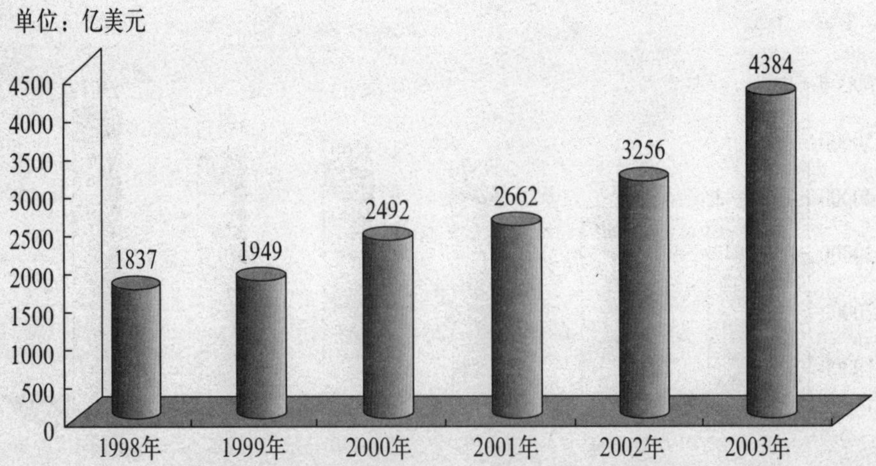

图6　1998年～2003年全国出口贸易情况

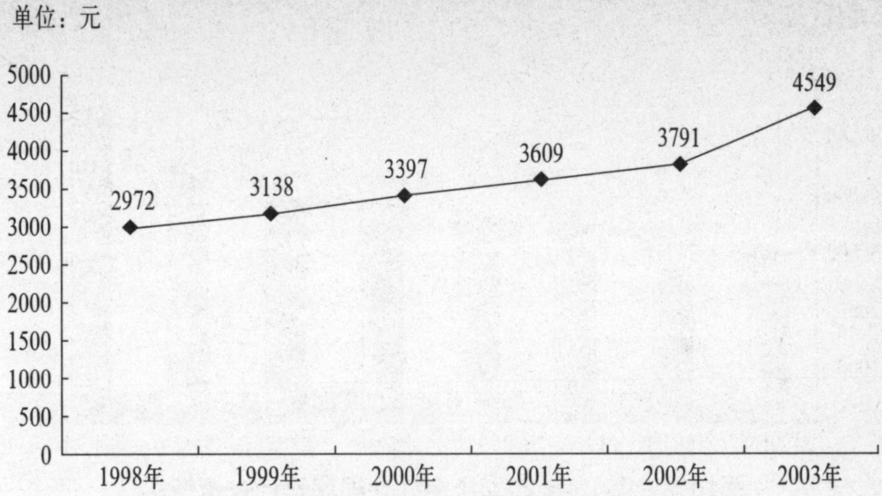

图7　1998年～2003年全国居民消费水平情况

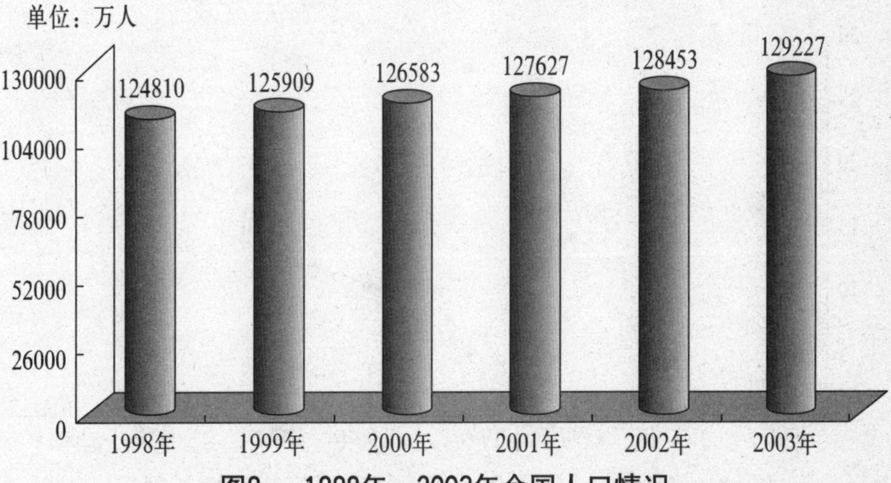

图8　1998年～2003年全国人口情况

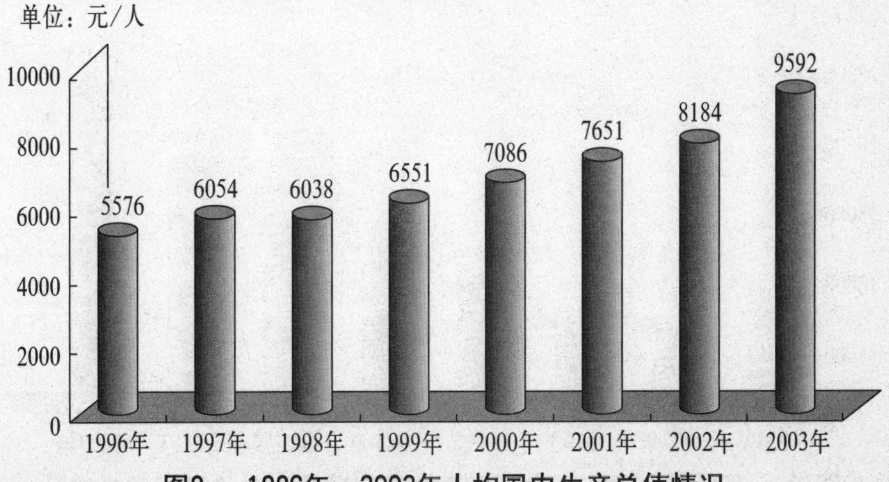

图9　1996年～2003年人均国内生产总值情况

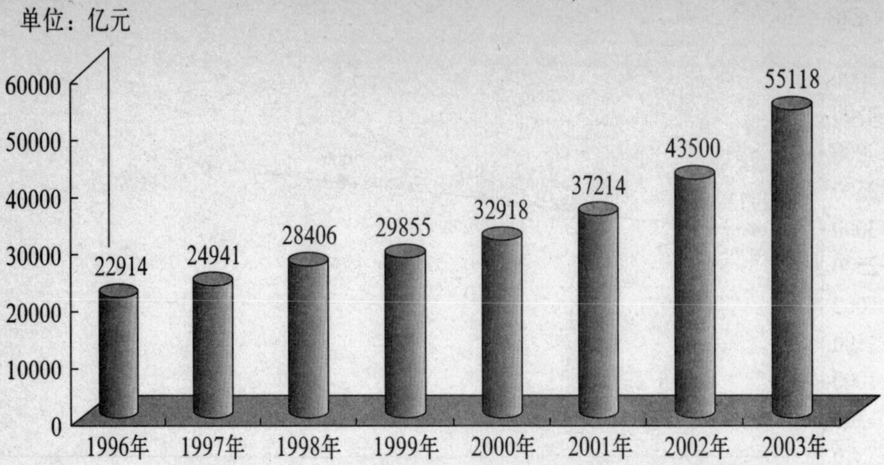

图10　1996年～2003年全社会固定资产投资情况

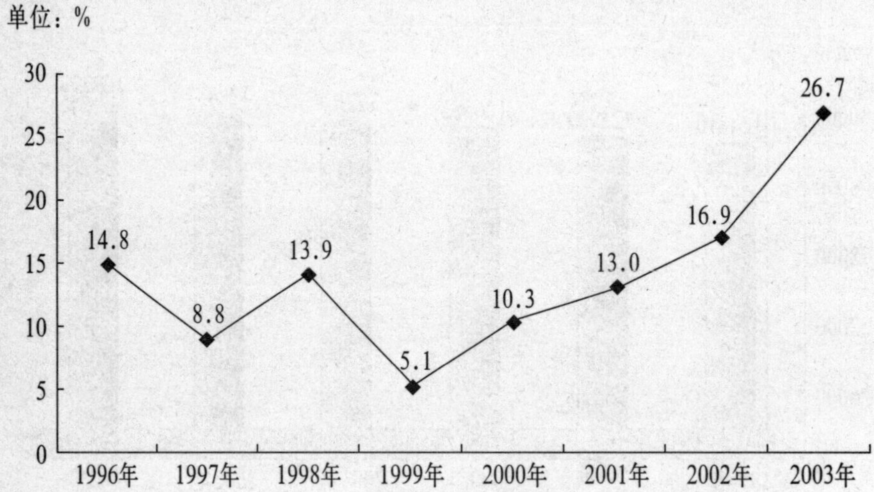

图11　1996年～2003年全社会固定资产投资增长情况

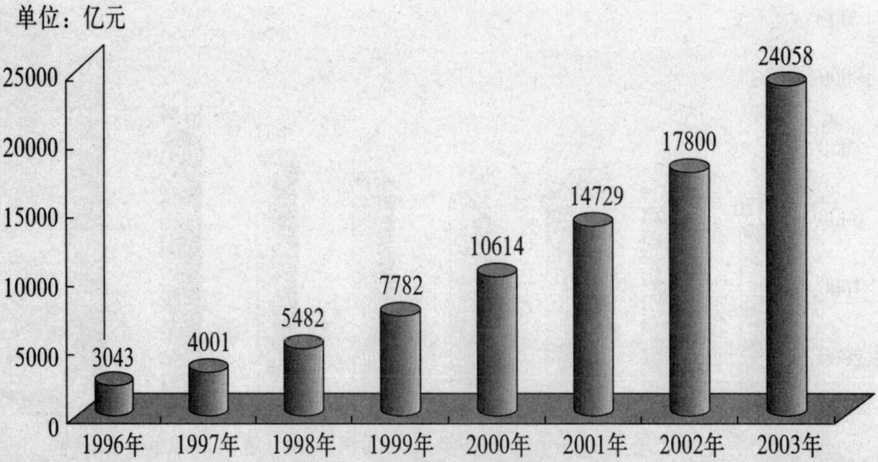

图12　1996年～2003年电子信息产品制造业工业总产值完成情况

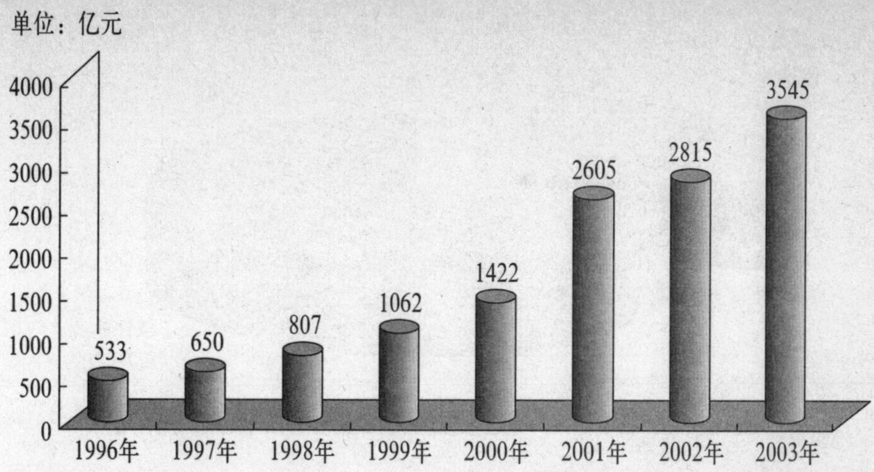

图13　1996年～2003年电子信息产品制造业工业增加值完成情况

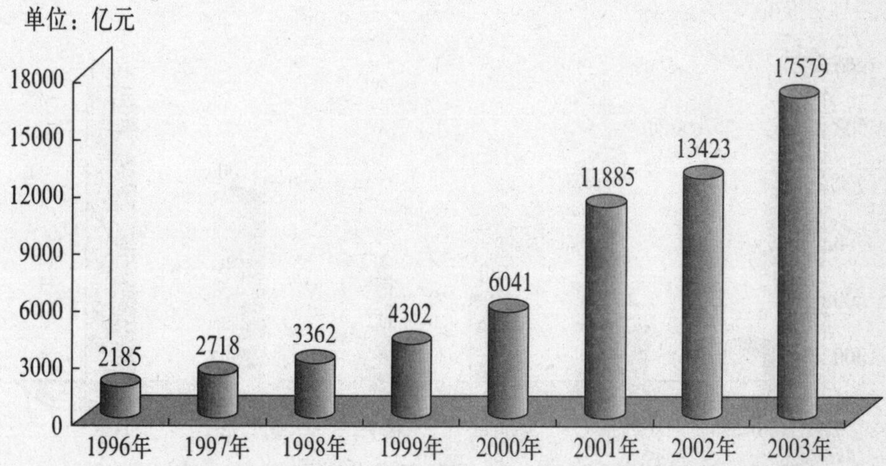

图14　1996年～2003年电子信息产品制造业销售收入完成情况

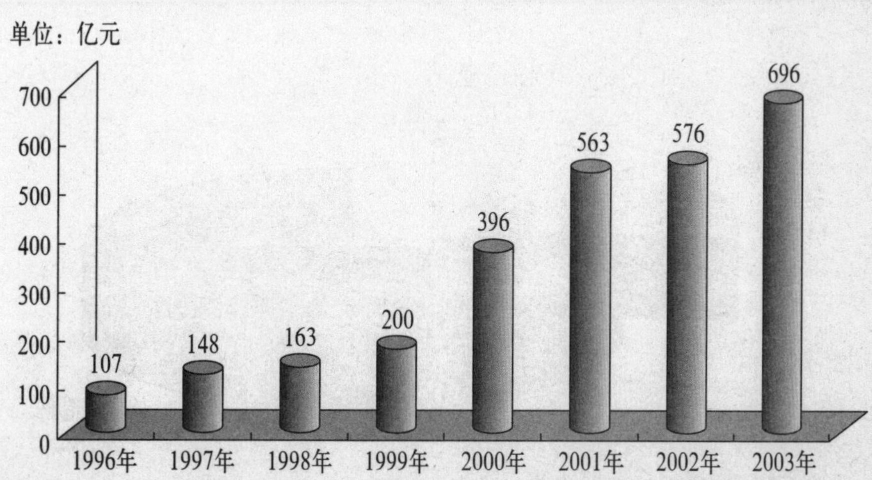

图15　1996年～2003年电子信息产品制造业利润总额完成情况

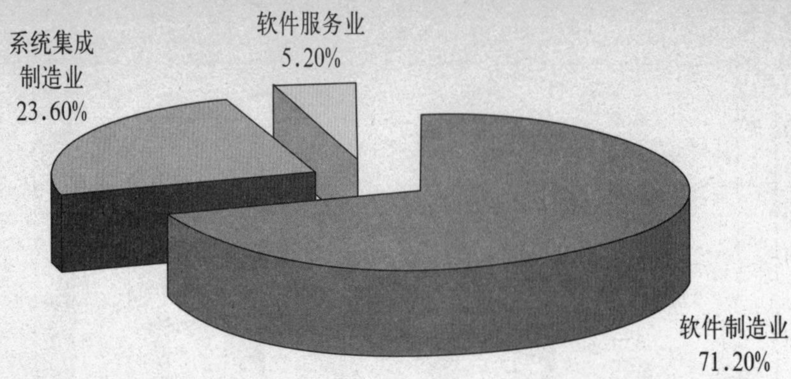

图16　2003年软件制造及服务业工业增加值完成情况

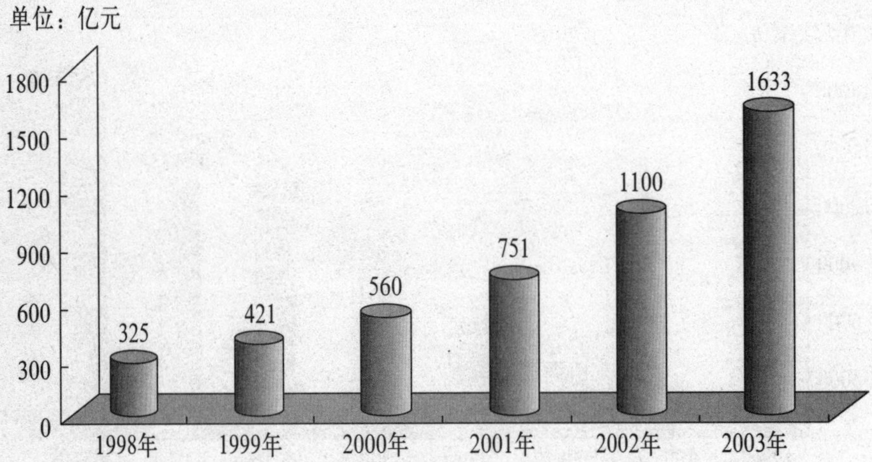

图17　1998年～2003年软件及系统集成销售收入完成情况

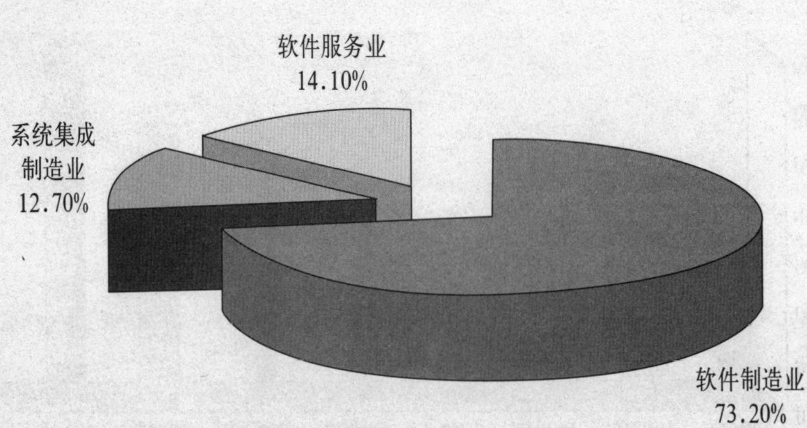

图18　2003年软件制造及服务业利润总额完成情况

单位：亿元

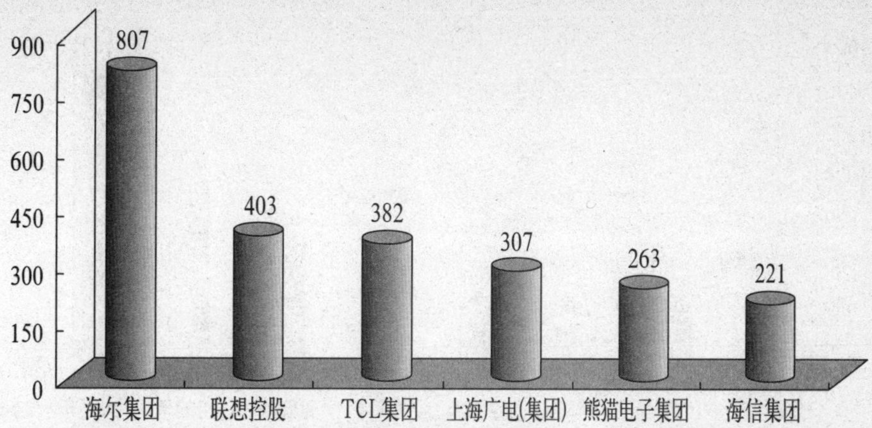

图19　2003年电子信息百强企业营业收入排前6名企业情况

单位：亿元

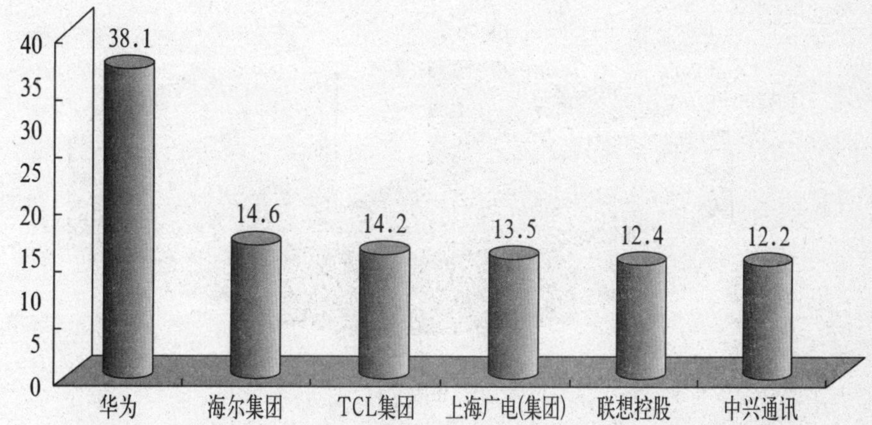

图20　2003年电子信息百强企业利润总额排前6名企业情况

单位：亿美元

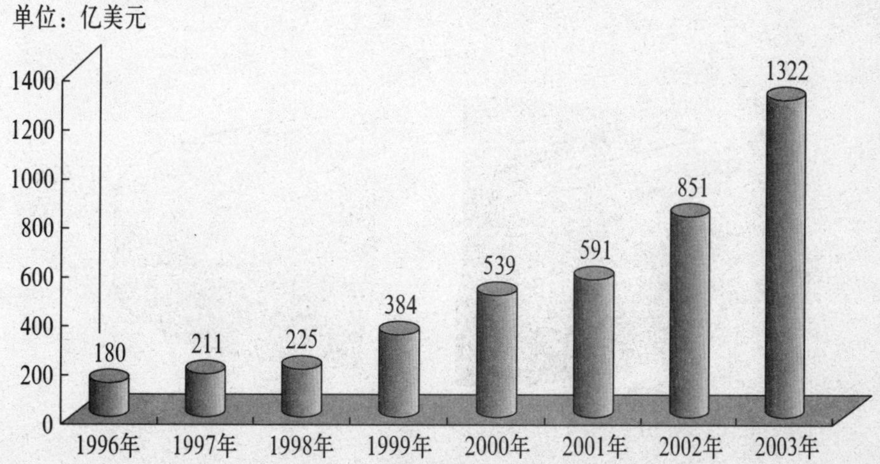

图21　1996年～2003年电子信息产品进口情况

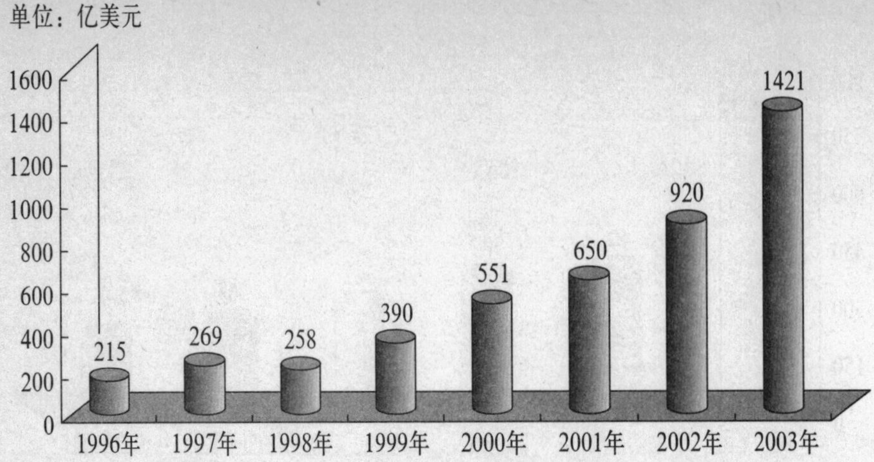

图22　1996年～2003年电子信息产品出口情况

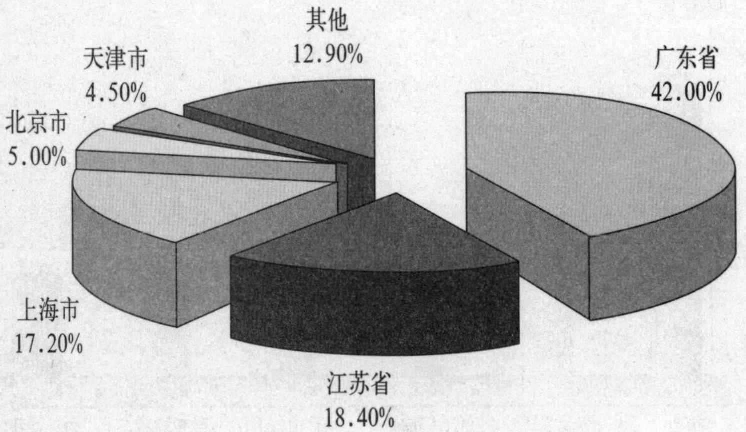

图23　2003年进口额排前5名省市所占份额情况

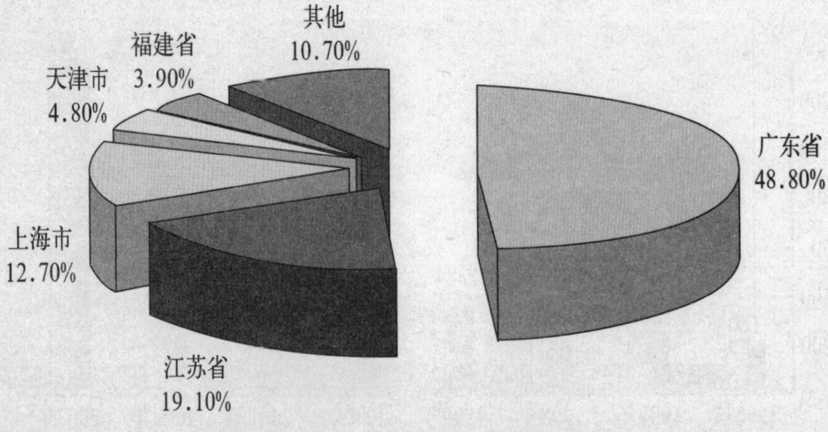

图24　2003年出口额排前5名省市所占份额情况

目　　录

第 1 部分　总　　论

转变政府职能　创造良好环境　促进信息产业持续快速协调健康发展
——王旭东部长在全国信息产业工作会议上的报告（节选）…………………………（1）

第 2 部分　专　　论

积极推进国家电子信息产业基地和产业园建设（节选）…………………………………………（12）
深入贯彻党的十六大精神　大力推动信息技术应用工作(节选）………………………………（15）
用科学发展观指导电子信息产业的发展 ……（18）
信息技术应用情况综述 ……………………（20）
用信息技术加快辽宁省老工业基地的调整、改造和振兴 …………………………（24）
用信息化带动吉林省老工业基地的改造和振兴 ………………………………………（27）
发挥信息化与信息技术在实施老工业基地振兴战略中的倍增作用 ……………………（30）

第 3 部分　电子信息产业经济运行综合统计资料

综合统计资料说明 ……………………………（34）
表 1　2001 年~2003 年电子信息产业主要经济指标完成情况 ……………………………（35）
表 2　2003 年按经济类型划分的电子信息产业制造业综合经济效益指标完成情况 …（36）
表 3　2003 年按企业规模划分的电子信息产业制造业综合经济效益指标完成情况 …（36）
表 4　2003 年通信设备工业行业综合经济效益指标完成情况 ……………………………（36）
表 5　2003 年广播电视设备工业行业综合经济效益指标完成情况 ……………………（38）
表 6　2003 年电子计算机工业行业综合经济效益指标完成情况 ……………………（38）
表 7　2003 年家用视听设备行业综合经济效益指标完成情况 ……………………………（38）
表 8　2003 年电子元件工业行业综合经济效益指标完成情况 ……………………………（38）
表 9　2003 年电子器件工业行业综合经济效益指标完成情况 ……………………………（40）
表 10　2003 年电子测量仪器工业行业综合经济效益指标完成情况 ……………………（40）
表 11　2003 年电子工业专用设备行业综合经济效益指标完成情况 ……………………（40）
表 12　2003 年电子信息机电行业综合经济效益指标完成情况 ……………………………（42）
表 13　2003 年其他电子信息行业综合经济效益指标完成情况 ……………………………（42）
表 14　2003 年省、市、自治区电子信息产业制造业综合经济效益指标完成情况 ………（42）
表 15　2003 年计划单列市电子信息产业制造业综合经济效益指标完成情况 ………（44）

表 16　2003 年按企业登记注册类型划分的电子信息产业制造业主要经济指标完成情况(1) …… (46)
表 17　2003 年按经济类型划分的电子信息产业制造业主要经济指标完成情况(1) … (48)
表 18　2003 年按企业规模划分的电子信息产业制造业主要经济指标完成情况(1) … (48)
表 19　2003 年通信设备工业行业主要经济指标完成情况(1) …… (48)
表 20　2003 年广播电视设备工业行业主要经济指标完成情况(1) …… (50)
表 21　2003 年电子计算机工业行业主要经济指标完成情况(1) …… (50)
表 22　2003 年家用视听设备行业主要经济指标完成情况(1) …… (50)
表 23　2003 年电子器件工业行业主要经济指标完成情况(1) …… (50)
表 24　2003 年电子元件工业行业主要经济指标完成情况(1) …… (52)
表 25　2003 年电子测量仪器工业行业主要经济指标完成情况(1) …… (52)
表 26　2003 年电子工业专用设备行业主要经济指标完成情况(1) …… (52)
表 27　2003 年电子信息机电行业主要经济指标完成情况(1) …… (54)
表 28　2003 年其他电子信息行业主要经济指标完成情况(1) …… (54)
表 29　2003 年省、市、自治区电子信息产业制造业主要经济指标完成情况 (1) … (54)
表 30　2003 年计划单列市电子信息产业制造业主要经济指标完成情况 (1) …… (56)
表 31　2003 年按企业登记注册类型划分的电子信息产业制造业主要经济指标完成情况(2) …… (58)
表 32　2003 年按经济类型划分的电子信息产业制造业主要经济指标完成情况(2) … (59)
表 33　2003 年按企业规模划分的电子信息产业制造业主要经济指标完成情况(2) … (59)
表 34　2003 年通信设备工业行业主要经济指标完成情况(2) …… (59)
表 35　2003 年广播电视设备工业行业主要经济指标完成情况(2) …… (60)
表 36　2003 年电子计算机工业行业主要经济指标完成情况(2) …… (60)
表 37　2003 年家用视听设备行业主要经济指标完成情况(2) …… (60)
表 38　2003 年电子元件工业行业主要经济指标完成情况(2) …… (60)
表 39　2003 年电子器件工业行业主要经济指标完成情况(2) …… (61)
表 40　2003 年电子测量仪器工业行业主要经济指标完成情况(2) …… (61)
表 41　2003 年电子工业专用设备行业主要经济指标完成情况(2) …… (61)
表 42　2003 年电子信息机电行业主要经济指标完成情况(2) …… (62)
表 43　2003 年其他电子信息行业主要经济指标完成情况(2) …… (62)
表 44　2003 年省、市、自治区电子信息产业制造业主要经济指标完成情况 (2) … (62)
表 45　2003 年计划单列市电子信息产业制造业主要经济指标完成情况 (2) …… (63)
表 46　2003 年按企业登记注册类型划分的电子信息产业制造业主要经济指标完成情况(3) …… (64)
表 47　2003 年按经济类型划分的电子信息产业制造业主要经济指标完成情况(3) … (65)
表 48　2003 年按企业规模划分的电子信息产业制造业主要经济指标完成情况(3) … (65)
表 49　2003 年通信设备工业行业主要经济指标完成情况(3) …… (65)
表 50　2003 年广播电视设备工业行业主要经济指标完成情况(3) …… (66)
表 51　2003 年电子计算机工业行业主要经济

指标完成情况(3) …………………… (66)
表 52 2003 年家用视听设备行业主要经济指标完成情况(3) ………………………… (66)
表 53 2003 年电子元件工业行业主要经济指标完成情况(3) ………………………… (66)
表 54 2003 年电子器件工业行业主要经济指标完成情况(3) ………………………… (67)
表 55 2003 年电子测量仪器工业行业主要经济指标完成情况(3) …………………… (67)
表 56 2003 年电子工业专用设备行业主要经济指标完成情况(3) …………………… (67)
表 57 2003 年电子信息机电行业主要经济指标完成情况(3) ………………………… (68)
表 58 2003 年其他电子信息行业主要经济指标完成情况(3) ………………………… (68)
表 59 2003 年省、市、自治区电子信息产业制造业主要经济指标完成情况 (3) … (68)
表 60 2003 年计划单列市电子信息产业制造业主要经济指标完成情况 (3) ……… (69)
表 61 2002 年~2003 年主要通信产品产量完成情况 …………………………… (70)
表 62 2002 年~2003 年电视机产量完成情况 …………………………………… (71)
表 63 2003 年其他产品产量完成情况 …… (72)
表 64 2001 年~2003 年主要电子信息产品生产能力情况 ………………………… (74)
表 65 2002 年~2003 年交换机产量与销量情况 …………………………………… (76)
表 66 2002 年~2003 年用户接入设备产量与销量情况 …………………………… (76)
表 67 2002 年~2003 年电话单机产量与销量情况 …………………………………… (76)
表 68 2002 年~2003 年数字蜂窝无线电话系统设备产量与销量情况 ………… (77)
表 69 2002 年~2003 年移动通信终端设备产量与销量情况 ……………………… (77)
表 70 2002 年~2003 年广播发射设备产量与销量情况 …………………………… (77)
表 71 2002 年~2003 年电视发射及差转设备产量与销量情况 …………………… (77)
表 72 2002 年~2003 年有线电视网络传输设备产量与销量情况 ……………… (78)
表 73 2002 年~2003 年卫星广播电视接收设备产量与销量情况 ……………… (78)
表 74 2002 年~2003 年网络设备产量与销量情况 ………………………………… (78)
表 75 2002 年~2003 年终端显示设备产量与销量情况 …………………………… (78)
表 76 2002 年~2003 年输入设备产量与销量情况 ………………………………… (79)
表 77 2002 年~2003 年输出设备产量与销量情况 ………………………………… (79)
表 78 2002 年~2003 年微机板卡产量与销量情况 ………………………………… (79)
表 79 2002 年~2003 年外存储设备产量与销量情况 ……………………………… (80)
表 80 2002 年~2003 年电源产量与销量情况 ……………………………………… (80)
表 81 2002 年~2003 年其他配套产品及耗材产量与销量情况 …………………… (80)
表 82 2002 年~2003 年电子出版系统产量与销量情况 …………………………… (81)
表 83 2002 年~2003 年金融、商业、税务电子应用产品产量与销量情况 …… (81)
表 84 2002 年~2003 年其他应用产品产量与销量情况 …………………………… (81)
表 85 2002 年~2003 年录像机产量与销量情况 …………………………………… (81)
表 86 2002 年~2003 年电视机产量与销量情况 …………………………………… (82)
表 87 2002 年~2003 年数字激光音、视盘机产量与销量情况 …………………… (82)
表 88 2002 年~2003 年家用音响产量与销量情况 ………………………………… (83)
表 89 2002 年~2003 年家用电子电器主要

配套件产量与销量情况 ……………… (83)
表 90　2002 年~2003 年其他家用电子电器产量与销量情况 ……………………… (84)
表 91　2002 年~2003 年各种测量仪器产量与销量情况 ………………………… (85)
表 92　2002 年~2003 年专用医用电子设备产量与销量情况 ……………………… (85)
表 93　2002 年~2003 年稳压电源产量与销量情况 …………………………… (86)
表 94　2002 年~2003 年信号源产量与销量情况 ……………………………… (86)
表 95　2002 年~2003 年工交电子应用仪器产量与销量情况 ……………………… (86)
表 96　2002 年~2003 年其他测量仪器产量与销量情况 ………………………… (87)
表 97　2002 年~2003 年电子电表产量与销量情况 …………………………… (87)
表 98　2002 年~2003 年电子专用电表产量与销量情况 ………………………… (87)
表 99　2002 年~2003 年半导体器件和集成电路专用设备产量与销量情况 ……… (87)
表 100　2002 年~2003 年电真空器件专用设备产量与销量情况 ……………… (88)
表 101　2002 年~2003 年水、气净化设备产量与销量情况 ……………………… (88)
表 102　2002 年~2003 年电子元件专用设备产量与销量情况 ………………… (88)
表 103　2002 年~2003 年电子整机装联设备产量与销量情况 ………………… (88)
表 104　2002 年~2003 年电子工业模具及齿轮产量与销量情况 ……………… (89)
表 105　2002 年~2003 年邮政内部处理设备及投递设备产量与销量情况 ……… (89)
表 106　2002 年~2003 年电子通用设备产量与销量情况 ……………………… (89)
表 107　2002 年~2003 年电容器产量与销量情况 …………………………… (90)
表 108　2002 年~2003 年电阻、电位器产量与销量情况 ………………………… (91)
表 109　2002 年~2003 年电连接元件产量与销量情况 ………………………… (92)
表 110　2002 年~2003 年控制元件产量与销量情况 ………………………… (93)
表 111　2002 年~2003 年磁性材料电感变压器产量与销量情况 ……………… (93)
表 112　2002 年~2003 年电声器件产量与销量情况 ………………………… (95)
表 113　2002 年~2003 年频率控制和选择用元件产量与销量情况 …………… (96)
表 114　2002 年~2003 年其他元件及零部件产量与销量情况 ………………… (97)
表 115　2002 年~2003 年电子印制电路板产量与销量情况 …………………… (97)
表 116　2002 年~2003 年敏感元件产量与销量情况 ………………………… (97)
表 117　2002 年~2003 年电子管产量与销量情况 …………………………… (98)
表 118　2002 年~2003 年电子束管产量与销量情况 ………………………… (98)
表 119　2002 年~2003 年电光源产量与销量情况 …………………………… (100)
表 120　2002 年~2003 年半导体光电器件产量与销量情况 …………………… (100)
表 121　2002 年~2003 年半导体二极管产量与销量情况 ……………………… (101)
表 122　2002 年~2003 年半导体三极管产量与销量情况 ……………………… (102)
表 123　2002 年~2003 年特种器件及传感器产量与销量情况 ………………… (102)
表 124　2002 年~2003 年集成电路产量与销量情况 ………………………… (103)
表 125　2002 年~2003 年微特电机产量与销量情况 ………………………… (104)
表 126　2002 年~2003 年安装线缆产量与

销量情况 ……………………………… (105)

表 127　2002 年~2003 年射频电缆产量与销量情况 ……………………………… (105)

表 128　2002 年~2003 年通信及电子网络用电缆产量与销量情况 ………… (105)

表 129　2002 年~2003 年电子线材产量与销量情况 ……………………………… (106)

表 130　2003 年光纤产量与销量情况 …… (106)

表 131　2002 年~2003 年各种电池产量与销量情况 ……………………………… (106)

表 132　2002 年~2003 年光缆产量与销量情况 ……………………………… (107)

表 133　2002 年~2003 年电子元件材料产量与销量情况 ……………………… (107)

表 134　2002 年~2003 年真空电子器件材料产量与销量情况 ……………… (107)

第 4 部分　各类电子工业

雷达工业 ……………………………… (109)

电子通信工业 …………………………… (112)

广播电视设备工业 ……………………… (119)

消费类电子工业 ………………………… (122)

计算机产业 ……………………………… (127)

软件产业 ………………………………… (134)

金卡工程 ………………………………… (141)

电子专用设备工业 ……………………… (143)

电子测量仪器工业 ……………………… (150)

半导体器件和集成电路工业 …………… (153)

真空电子器件工业 ……………………… (163)

电子元件工业 …………………………… (171)

电子专用材料工业 ……………………… (178)

光学光电子工业 ………………………… (185)

中国科学院电子信息产业 ……………… (195)

中国科学院信息领域重要技术突破和进展 … (197)

中国航天科技集团公司电子工业 ……… (200)

中国航天科工集团公司电子工业 ……… (201)

第 5 部分　科技综述与人力资源

2003 年信息产业部电子科技工作综述 …… (203)

2003 年信息产业部电子信息产品质量工作综述 ………………………………… (207)

2003 年度批准发布的电子信息产业各类标准情况 ……………………………… (215)

2003 年国内授权专利情况 ……………… (223)

突破“人才瓶颈”　实施“人才强业” ……… (228)

第 6 部分　市 场 运 行

2003 年电子信息产业经济运行情况 ……… (231)

2003年中国软件产业发展现状与发展趋势 ……………………………… (237)

2003年电子信息百强企业经济运行分析综述 ……………………………… (242)

加快机制创新　全力做大做强 ………… (245)

中国数字电视产业发展综述 …………… (251)

第 7 部分　国际合作与产品进出口贸易

加强国际合作与交流　促进信息产业快速发展 ………………………………… (254)

电子信息产业利用外资情况 …………… (261)

2003 年电子信息产品进出口情况 ……… (263)

2002 年~2003 年中外合资、合作项目 ……… (296)

第 8 部分　地区电子工业

北京市 …………………………………… (302)

天津市 ………………………………………… (309)
河北省 ………………………………………… (314)
山西省 ………………………………………… (321)
内蒙古自治区 ……………………………………… (325)
辽宁省 ………………………………………… (330)
吉林省 ………………………………………… (335)
黑龙江省 ……………………………………… (337)
上海仪电控股（集团）公司 ………………………… (341)
长江计算机（集团）公司 …………………………… (346)
江苏省 ………………………………………… (351)
浙江省 ………………………………………… (357)
安徽省 ………………………………………… (362)
福建省 ………………………………………… (368)
江西省 ………………………………………… (372)
山东省 ………………………………………… (377)
河南省 ………………………………………… (381)
湖北省 ………………………………………… (385)
湖南省 ………………………………………… (389)
广东省 ………………………………………… (392)
广西壮族自治区 …………………………………… (396)
海南省 ………………………………………… (401)
四川省 ………………………………………… (405)
重庆市 ………………………………………… (411)
贵州省 ………………………………………… (415)
云南省 ………………………………………… (424)
陕西省 ………………………………………… (430)
甘肃省 ………………………………………… (434)
甘肃省电子工业总公司 ……………………………… (437)
宁夏回族自治区 …………………………………… (440)
新疆维吾尔自治区 ………………………………… (442)

第 9 部分　电子工业大事记

2003 年电子工业大事记 ……………………………… (445)

第 10 部分　政 策 环 境

2003 年电子信息产业的政策法规环境 …… (455)
国务院关于修改《中华人民共和国海关对出口
加工区监管的暂行办法》的决定 ………… (458)
财政部　国家税务总局关于调整出口货物
退税率的通知 ……………………………… (462)
关于进一步实施科技兴贸战略的若干意见 … (468)
国务院关于改革现行出口退税机制的决定 … (470)
商务部关于印发《在中东欧地区开展家用电器
加工贸易类投资国别指导目录》的通知 …… (471)
国家电子信息产业基地和产业园认定管理
办法(试行) ………………………………… (476)
关于建设国家电子信息产业基地和软件园的
意见 ………………………………………… (478)

第 11 部分　附　　录

附录 A
世界电子工业发展综述 ……………………… (480)
美国 ………………………………………… (483)
加拿大 ……………………………………… (487)
巴西 ………………………………………… (489)
墨西哥 ……………………………………… (491)
委内瑞拉 …………………………………… (494)
南非 ………………………………………… (496)
澳大利亚 …………………………………… (498)
西欧 ………………………………………… (500)
东欧 ………………………………………… (505)
日本 ………………………………………… (516)
韩国 ………………………………………… (520)
新加坡 ……………………………………… (524)
附录 B
香港 ………………………………………… (528)
台湾 ………………………………………… (531)

第 1 部分　总　论

转变政府职能　创造良好环境 促进信息产业持续快速协调健康发展

——王旭东部长在全国信息产业工作会议上的报告（节选）

（2004 年 1 月 7 日）

一、2003 年信息产业发展情况

过去的一年，全国信息产业部门在党中央、国务院正确领导下，抓住机遇，克服困难，团结奋斗，继续保持了行业发展良好势头，各项工作取得了新的成绩。预计全年信息产业增加值完成 7 090 亿元[①]，占国内生产总值的 6%。其中，电子信息产业 4 000 亿元，通信业 3 090 亿元。全年宏观发展目标基本实现，电话用户总数、电话普及率和电子信息产业销售收入、电子产品出口四项指标提前两年实现“十五”计划目标；通信业投资已连续三年超过 2 000 亿元，新增电话用户在连续两年超过 9 000 万户的基础上，去年突破了 1 亿户；电子信息产业销售收入前年突破 1 万亿元，去年达到 1.88 万亿元，电子产品出口额已接近全国外贸出口总额的三分之一；有关部门和企业为中国首次载人航天飞行的圆满成功提供了先进可靠的信息技术装备保障和通信服务保障，信息产业为国民经济和社会发展做出了新的贡献。

通信业继续保持快速增长　预计全国通信业务收入完成 5 150 亿元，比上年增长 12.8%，其中电信 4 620 亿元，增长 13.9%；邮政 530 亿元，增长 3.9%。新增电话用户 1.12 亿户，用户总数达到 5.32 亿户，居世界首位。其中固定电话新增 4 900 万户，达到 2.63 亿户；移动电话新增 6 300 万户，达到 2.69 亿户。互联网上网人数达到 7 800 万人，居世界第二位。固定电话主线普及率和移动电话普及率分别达到 20.5%和 20.8%，通电话的

注：①本书货币单位“元”均指人民币元。

行政村比重达到 89.2%。通信固定资产投资完成 2 200 亿元。业务结构日趋多样化，各类新业务发展迅猛，市场竞争格局进一步形成，消费者对业务使用和服务提供者有了更多的选择权。第三代移动通信技术试验取得积极进展，单系统测试已经完成，网络技术试验开始启动。邮政业加快业务结构调整，运营质量进一步提高。

电子信息产业发展势头良好　预计电子信息产业实现销售收入 1.88 万亿元，增长 34%，其中，软件与系统集成销售额 1 600 亿元，增长 45%。实现利税 1 000 亿元，增长 16%。完成出口额 1 410 亿美元，增长 52%。计算机、手机、高档视听产品等产销量大幅增长。产业集中度进一步提高，有 8 家企业销售收入超过 200 亿元，1 家企业超过 700 亿元，电子百强企业的规模和效益继续在全行业保持较大比重。认真落实国务院 18 号文件等产业政策，软件和集成电路技术研发和产业化取得新的进展，方舟、龙芯系列芯片和 Linux 软件等具有自主知识产权产品有了新突破。国家批准北京、上海等六城市为国家软件出口基地，全国累计认定软件企业 8 582 家，登记软件产品 1.8 万件，企业享受税收优惠 100 多亿元。国家电子信息产业基地建设稳步推进，电子发展基金对重点领域的支持力度加大，为振兴东北等老工业基地和西部大开发服务取得新进展，信息技术推广应用和改造传统产业工作取得新的成效。国家发布了信息产业行业标准 74 项，部制定发布了行业标准 62 项。利用外资规模继续扩大，协议吸收外资约 30 亿美元。开拓新兴市场取得积极的进展，企业“走出去”迈出新的步伐。军工电子重点科研、生产和试验任务全面完成，制定了一系列规章、制度和方法，推动了行业管理的落实。

信息化建设向深层次发展　电子政务稳步推进，面向社会的网上服务种类不断增加。积极配合有关部门推进信息化重大工程建设，金卡工程、海关电子执法系统、税控系统等取得明显成效。开展了二代居民身份证等 IC 卡应用工作，资源整合、信息共享和业务协同有了新进展。各电信运营企业在网络运营、计费、财务管理等方面的信息化应用成效明显，电子百强中有 30%以上的企业开展了管理信息化建设。电子商务应用环境进一步改善，网上交易额不断增长。城市管理、公共服务信息化水平逐步提高。信息系统工程监理工作推进，信息化培训工作取得新的进展。配合有关部门推动全国农村党员干部现代远程教育试点、西部 12 省区现代远程教育示范工程等工作，取得了阶段性成果。

市场监管力度进一步加大　贯彻国务院的部署，整顿和规范电信、电子市场秩序工作收到明显成效。认真落实国办 75 号文件精神，制定印发了《关于加强依法治理电信市场的若干规定》，对严重违规问题进行了处理和公开通报，有关网间结算及互联互通方面的技术监测系统建设、经济成本核算工作取得阶段性成果，司法解释工作正在积极推进。打击非法经营国际电信业务、整顿与规范通信建设市场秩序等工作取得新进展。网络与信息安全管理工作进一步加强，通过行业自律对网上垃圾邮件进行了有效的打击和遏制。电子信息产品市场监管工作得到加强，颁布实施了卫星广播电视设备生产管理、企业资质认证等一系列部门规章，产业经济运行预警监测、出口管理、协调贸易纠纷等工作取得了积极的成效。

法制建设与改革管理取得明显成效　《电信法（征求意见稿)》已送有关部门和企业。《行政许可法》的贯彻实施工作逐步开展。按照内地与港澳建立更紧密经贸关系安排的精神，对港澳地区开放了五种增值电信业务。中国电信、中国网通之间的业务、资产划分和网络互联基本完成。党政专网组建工作取得积极进展。无线电管理工作进一步加强，积极推进国际和边界地区频率协调，开展了保护民用航空专用频率专项整治工作，无线电监测和查处干扰力度不断加大，保障了各种无线电业务的正常进行。国际合作取得一系列新的成果，在全球信息社会峰会上全面阐述了中国的原则立场，发挥了积极的作用。

队伍建设和各项工作取得新的成果 认真贯彻中组部召开的领导班子思想政治建设座谈会精神，部派出巡视组到部分省进行调研，帮助解决实际问题。积极推进行风建设，组织了全国性的“评优帮差”活动和服务质量大检查。在抗击非典斗争中，信息产业各部门提供了通信网络、信息服务和技术产品保障，国家邮政局专门发行了邮票并将全部收入捐给了卫生部门，还为海峡两岸防治非典电视电话会议提供了高质量的通信服务。信息产业部与人事部联合召开了信息产业系统先进集体先进个人表彰大会。扶贫工作取得新的成效。认真做好老干部工作，部机关后勤工作成效显著，为机关提供了优质的服务。

二、全面贯彻十六届三中全会和中央经济工作会议精神，进一步统一思想认识

第一，正确认识当前形势，牢牢把握重要战略机遇期。当前，中国正处于21世纪发展的重要战略机遇期，信息产业面临着有利的国际、国内形势。世界经济逐步回升和结构调整加快，经济全球化和全球信息化趋势快速发展，总体上有利于中国信息产业扩大出口、吸引外资，有利于结构调整与技术进步，有利于企业境外上市和“走出去”，为信息产业更好地在国际竞争中发展壮大带来了难得的机遇。从国内情况看，国家推进经济社会协调发展，实施扩大内需、加快信息化建设、西部大开发、振兴东北老工业基地，以及优先发展信息产业等战略举措，激发了社会对信息技术、网络和服务的需求，为信息产业提供了广阔的市场空间。特别是随着十六届三中全会精神的全面落实，信息产业将面临有利的发展环境和体制环境。

同时，我们也面临着新的挑战。全球生产能力过剩使国际竞争更为激烈，中国电子信息产业面临贸易摩擦和纠纷的压力逐步增大，发达国家信息产业制造能力向外转移的流向出现新的变化，中国电子信息产业吸引外资将面临激烈的国际竞争；全球信息通信业的逐渐复苏，中国电信市场按照加入WTO的承诺逐步扩大开放，特别是取消开放增值业务的地域限制，使外商进入中国电信市场的步伐有可能加快，与中国的分歧与摩擦也将增多；通信、计算机和图像技术加速融合，社会需求日趋多元化，这一趋势使技术与市场的关系更为复杂；中国正处于体制转轨时期，法制环境、市场体系尚不完善，实现有效、有序竞争的任务还相当艰巨；在互联网与信息化建设快速发展的同时，网络与信息安全总体形势还比较严峻，等等。面对新的形势，信息产业在产业结构、技术创新、队伍素质及宏观调控、政策法规、市场监管等方面还存在诸多的不适应，尤其是我们自己的思想认识和工作水平，还不能很好适应社会主义市场经济体制的要求，不能很好适应中国加入WTO之后发展环境的变化，不能很好适应信息产业发展改革的要求，这些都需要在实践中进一步深化和提高。在竞争开放条件下如何更有效地实行政府依法管理，为行业发展创造良好环境，也需要在实践中不断地探索和创新。

信息产业是国民经济的基础产业、支柱产业和先导产业，其发展水平已成为衡量一个国家现代化水平与综合国力的重要标志。信息产业的发展，对促进生产力发展、推动先进文化传播、提高人民生活质量，具有十分重要的作用。我们要进一步提高对信息产业地位、作用的认识，将行业的发展置于国际、国内大环境中进行思考，使自己的思想认识适应客观环境，谋划好行业的发展。

第二，坚持统筹兼顾、协调发展，增强以科学发展观指导工作的自觉性。十六大和十六届三中全会的一个重要创新，就是提出了以人为本，树立全面、协调、可持续的发展观，中央经济工作会议进一步强调了这个问题。我们要深刻理解和准确把握其科学内涵，用以指导信息产业的发展。改革开放以来，中国信息产业整体实力有了显著提高，这一点必须充分肯定。但不容忽视的

是，不论是运营业还是制造业，在速度与效益、规模与结构、东部与中西部、城市与农村等方面，都不同程度地存在着不够协调的矛盾，有些还比较突出。制造业虽然近几年产业集中度不断提高，生产能力明显扩大，但产业结构趋同、低水平重复建设等问题依然存在，软件业比重偏低，关键性基础技术与应用技术落后，尤其是在核心技术方面还受制于人。运营业的用户规模世界第一，但在经营管理、服务水平、综合效益、普及程度等方面仍存在较大差距，网络资源利用率不高，业务创新能力不强，特别是近几年农村通信发展相对缓慢，少数地区甚至出现服务水平下滑现象。信息产业面临着协调发展的紧迫任务。

解决发展不平衡，实现协调发展，客观上为我们提供了新的发展机遇。要以中央提出的“五个统筹”、“五个坚持”为指导，进一步理清发展思路。要正确处理局部与全局、当前与长远、速度与效益、规模与结构、技术与市场、引进与创新、竞争与监管，以及国家、企业、消费者之间的关系，针对各种不够全面、不够协调的问题，从规划、政策等方面加以引导、调控、规范和完善。落实科学发展观，要从社会主义初级阶段的实际出发，既要增强紧迫感，抓住机遇推进各项工作，又要防止操之过急、盲目跟进、违背经济规律。要牢固树立以人为本的服务观。我们的各项工作，都要以最广大人民群众的根本利益为出发点，要让社会公众从发展改革中得到越来越多的实惠。

中央经济工作会议指出，要加快发展以信息技术为主要代表的高新技术产业及电信等服务业。我们要从全局的高度，努力推进全面、协调、可持续发展，使信息产业服务国民经济的水平更高，应对国际竞争的能力更强。

第三，进一步转变观念、转变职能，把政府管理工作的立足点放到创造环境上来。十六大对转变政府职能提出了明确的要求，十六届三中全会又做了进一步强调，要求切实把政府经济管理职能转到主要为市场主体服务和创造良好发展环境上来。近年来政府职能转变的步伐明显加快，从信息产业情况看，行业管理和市场监管工作取得了积极的成效，但职能转变还没有完全到位，“管什么”、“怎么管”的问题还没有真正解决，越位、缺位、不到位现象依然存在。必须进一步提高认识，加快转变，坚持抓大事、议大事，抓环境、促发展，应该由政府管的事情坚决管住、管好，不该政府管的坚决放开，把职能切实转变到引导、规范、监管、服务上来。

政企分开以后，政府对经济的管理应该“后退一步”，不再干预企业的微观经营活动；同时又要“站高一步”，管宏观、管政策、管环境，政府的责任不是轻了，而是要求更高了。当前要着力做好两个方面的工作。一是要为行业发展创造良好的政策环境。目前，信息产业面临着比以往任何时候都要复杂的外部环境，国际、国内，技术、经济，竞争、监管，多种因素相互交织，新情况、新问题层出不穷。在这种情况下，尤其需要政府发挥政策的引导、支持和保障作用，为市场主体服务，为行业发展服务。二是要为行业发展创造公平公正、有效有序的市场竞争环境。中国电信业之所以在多家竞争条件下保持快速健康发展，一个非常重要的原因，就是政府监管不但没有放松，而且是在不断加强、不断完善。而一些地方阻碍互联互通、价格无序竞争等违规行为屡禁不止，影响网络安全畅通，扰乱市场秩序，侵害用户通信权益，则从一个侧面说明了加强监管的必要性。因此，越是竞争开放，就越是需要法制，需要加强监管，需要良好的竞争环境。

企业要进一步解决好靠什么发展的问题。在市场经济条件下，竞争无疑是企业发展的重要手段，但对待竞争必须有一个正确的心态，不能用不正当手段，把自身的发展建立在不择手段挤压对手的生存空间上，不能造成国有资产流失，这不是市场竞争的本来含义。不论是运营业，还是制造业，都要树立正确的竞争观、发展观，加强自律，依法经营，靠技术创新、管理创新、机制创新，靠为信息化建设提供服务来发展壮大。

三、2004年主要工作任务

2004年是中国深化改革、扩大开放、加快发展的重要一年，也是信息产业保持“十五”以来发展势头继续前进的关键一年，做好今年工作意义重大。**今年信息产业工作的总体要求是：以邓小平理论和“三个代表”重要思想为指导，认真贯彻党的十六大、十六届三中全会及中央经济工作会议精神，按照“五个统筹”、“五个坚持”的要求，坚持科学发展观，坚持改革创新，全面做好各项工作。突出抓好结构调整，使速度与效益、规模与结构的关系更加协调，经济增长的质量和效益明显提高；突出抓好技术创新，注重技术与市场的紧密结合，在核心技术和关键技术方面取得新的突破；突出抓好宏观调控与市场监管，转变政府职能，提高依法行政水平，为行业发展创造良好的政策环境和公平公正、有效有序的市场竞争环境，促进信息产业持续快速协调健康发展，更好地为信息化建设和经济社会协调发展服务。**

今年信息产业的宏观发展目标是：信息产业增加值达到8 550亿元。其中，通信业3 450亿元，电子信息产业5 100亿元。通信业务收入5 750亿元，增长11.7%。其中，电信5 190亿元，邮政560亿元。通信固定资产投资2 100亿元。发展固定电话用户4 000万户，移动电话用户5 200万户，固定电话主线普及率和移动电话普及率分别达到23.5%和24.5%。电子信息产业销售收入2.37万亿元，增长26%。其中，软件与系统集成销售额2 100亿元，增长31%；利税总额1 160亿元，增长16%；出口总额1 400亿美元，与上年基本持平。

今年要重点抓好以下几个方面的工作。

（一）加强政策规划指导，促进信息产业由大到强的转变

目前，中国电信业和电子信息产业的规模总量已进入世界大国行列，但是与国际先进水平相比，我们在产业结构、核心技术、管理水平、综合效益、普及程度等方面，还存在较大差距，缺乏创新能力与核心竞争力，“大”而不强。国际国内形势的发展，要求信息产业不仅要做大，而且要做强。客观上，经过改革开放以来的跨越式发展，中国信息产业也已具备了向更高层次发展的坚实基础。因此，应不失时机地推进制造业、运营业由大到强的转变，努力向电子强国、电信强国的目标迈进。要引导企业围绕建设国际一流企业的目标，全面提升技术、业务、管理和机制创新能力，走质量、效益、速度、规模并重之路，增强核心竞争力。必须强调，这是一个战略目标、奋斗目标，是一个长期、渐进的过程，做大不易，做强更难，必须充分认识实现这一转变的艰巨性和复杂性。要对照国际先进水平，分析运营业、制造业的现状和差距，研究如何在做大的基础上做强，以及两大产业之间如何互动发展，坚持科学论证，制定符合实际的目标规划，立足当前，着眼长远，扎实推进。政府部门要加强指导与服务，为行业由大到强的转变创造良好环境。

按照统筹、协调的原则，切实加强规划指导。今年要根据国家统一部署，在“十五”计划中期评估的基础上，有步骤地启动“十一五”计划的研究制订工作。要处理好各种关系，突出全面、协调、可持续的要求，突出规划的科学性、前瞻性和指导性。要适应中国加入WTO后的新形势，适应当前国际竞争国内化、国内市场国际化的新特点，充分利用国际国内两种资源两个市场，推动“引进来”与“走出去”的有机结合。要适应东中西部优势互补、城市农村协调发展的要求，根据不同地区经济、社会发展水平和资源条件的差异，结合各自特点，发挥比较优势，优化资源配置。要适应运营业、制造业和信息服务业互动发展的趋势，促进形成新的产业链，促进全行业整体水平的提高。

加强全局性、方向性、战略性问题的研究，加强产业政策的制定、完善和落实工作。当前的重点，一是全面贯彻落实国务院18号文件关于发展软件产业和集成电路产业的各项政策；二是继续贯彻落实国务院有关文件精神，逐步解决电信改革中的难点问题；三是加快研究第三代移动通信发展规划；四是深入研究制造业与运营业联手“走出去”的有关政策；五是根据中央提出的优先发展信息产业、在经济和社会领域广泛应用信息技术、走有中国特色信息化道路的要求，进一步研究优先发展信息产业和鼓励信息技术应用的政策。此外，还要抓紧有关信息安全产业、军工电子行业管理等方面的政策研究。要争取将行业发展意见纳入国家综合性政策之中，逐步形成完整、系统、有效的信息产业政策体系。政策指导的关键在于抓落实，对已出台的要用好用足，不到位的要积极协调，推动落实。

市场经济是法制经济，政府监管必须依法行事。要以实施《行政许可法》为契机，提高依法行政水平，推动政府职能的转变。要处理好“破”与“立”的关系，按时完成有关行政许可事项、规定及实施主体的审查、清理和报送工作，以保证各项工作的正常开展。加快推进《电信法》起草工作，争取尽快报送国务院审议，并加强协调，配合有关部门做好相关的论证和修改工作。积极推动高级法院尽快出台破坏互联互通行为法律责任的司法解释。继续做好《邮政法》和《无线电管理条例》的修订工作。要加快电子信息产业的法制建设，逐步实现向依法管理的转变。稳步推进邮政体制改革。完善电信体制改革，按照国务院关于条件成熟时逐步扩大电信企业经营范围的要求，抓紧做好相关工作。

要认真履行加入WTO的承诺，依据《电信条例》及《外商投资电信企业管理规定》，做好信息产业政策法规对外通报咨询，以及加入WTO后的影响分析和应对措施的研究工作。重视WTO对中国履行承诺情况的审议，促进国内市场经济规则的建立和完善。积极参与WTO新一轮多边与双边谈判，为中国信息产业发展创造相对稳定和可预见的国际经贸环境。

（二）坚持为经济和社会服务，推进通信业全面协调发展

通信业要抓住世界信息通信技术升级换代的机遇，推动网络、技术、业务与服务质量协调发展，更好地发挥对经济、社会的促进和倍增作用，满足人民群众日益增长的信息通信需求。

坚持以社会需求为导向推进发展。要紧紧围绕国家发展战略重点，引导企业优化网络结构布局，加快业务创新，改善服务质量，拓宽服务领域，促进各项业务的发展，推动社会投资与消费需求的不断增长。网络规划、发展政策及资源配置、人才培训等，要按照有利于西部大开发、振兴东北等老工业基地及地方经济、社会发展的原则，给予必要的支持和倾斜。要积极从政策上加以引导，推进网络运营与系统集成、内容应用的结合，形成互利、互惠、互动的新兴产业链和发展模式，全方位、多层次地开发市场，满足社会各方面和广大消费者的需求。目前，固定通信运营企业面临业务分流的压力和困难，应按照国务院有关文件精神，通过深化和完善改革逐步加以解决。但也应当看到，作为国家通信网和信息化的基础，固定网仍具有不可替代的独特优势，其发展潜力还远没有发挥出来，还是大有可为的。要引导企业克服困难，立足现有资源开拓市场，努力培育新的业务增长点。

加强对电信新技术、新业务发展的政策引导。当前，全球信息通信业正面临向下一代网络的过渡，而中国通信网技术经过跨越式发展，已基本上与发达国家处于同一阶段，长期以来“跟踪”他人发展的条件发生了很大变化，在未来网络发展与技术走向问题上，面临着比以往更为复杂的环境。因此，制定新技术、新业务的规划和政策，必须更加自觉地坚持以市场为导向的原则，将技术的先进性与适用性结合起来，坚持科学论证，坚持先行试验，注重市场培育。要抓紧研究制定电信新业务的管理办法，注意保护好、引导好企业进行业务创新的积极性，同时要加强管理和规范。要按照保证国家通信网完整性、统一性、先进性的要求，加强通信网标准工作，提高网络运行质量，降低运行成本，保障全网安全畅通。当前要重点做好网络互联互通、网间服务质量、网络设备与信息安全等标准的研究制定工作。第三代移动通信的发展，要从国家整体利益出发，坚持统筹兼顾，按照有利于深化电信改革和促进市场有效竞争、有利于通信网升级换代和业务发展、有利于自主知识产权技术和国内产业发展的原则，与有关部委协调配合，积极务实地加以推进。要精心组织好网络技术试验，完善技术，积累经验，并积极参与知识产权对外谈判，继续抓紧开展有关的政策研究。

要树立以人为本的服务观，改善服务质量，提高服务水平。按照"政府监管、企业自律、社会监督"的原则，推进电信服务质量标准的落实，推行以用户满意度为核心的质量评估管理模式，公正透明地向社会通告服务质量，推动行业信用体系建设，并将服务工作与行风建设结合起来，督促运营企业进一步解决群众反映强烈的服务热点问题，不断取得阶段性成果。当前，农村通信发展滞后问题日益突出，全行业必须从实践"三个代表"重要思想和解决"三农"问题的高度，提高认识，着力解决。信息产业部已决定在全国实施"村村通电话"工程，以推动农村通信发展，确保"十五"计划有关目标的实现。其中，一是建立新型的农村通信发展机制，在配合有关部门加快建立电信普遍服务基金的同时，依据《电信条例》有关规定，采取分片包干方式，指定电信企业承担普遍服务义务。二是按照农村通信的特点和要求，研究开发和采用新技术。三是加强与地方政府的协调，争取政策和资金支持。政府部门与运营企业要加强组织协调，共同抓好工作落实。

（三）增强电子信息产业整体实力，推进信息技术应用

电子信息产业要面向国内外市场，面向传统产业改造升级，着力抓好结构调整，着力抓好信息技术推广应用，坚持两者紧密结合，不断提高为信息化建设提供技术装备的能力。

积极推进结构优化和升级。结构调整是"十五"期间的战略任务，要抓住世界电子信息产业结构调整的机遇，坚持市场导向，着力解决产业发展中的深层次矛盾和问题，提高经济增长的质量和效益，进一步增强产业竞争力。一是优化产业结构。推进国家电子信息产业基地和产业园建设，进一步提高产业聚集水平，加快形成若干外资密集、内外结合、带动力强的产业增长带。要推动软件产业上规模、上水平，尽快提高产业比重。二是优化企业结构。继续实施大公司战略，推动产业进一步做大做强，提高产业集中度。今年销售收入超过100亿元的公司争取达到18家，超过200亿元的公司10家，争取在近年内有2~3家企业进入世界500强，并培育若干具有专业化规模生产的"小巨人"。加强指导和协调，继续深化国有企业改革，推进规范的股份制改造，增强企业活力。三是优化产品结构。认真组织信息产品专项工程，重点推进计算机、软件、集成电路、通信与网络设备、信息安全等产品的发展。推动电子信息产品升级换代，提高附加值。引导企业大力开拓农村市场，挖掘市场潜力，开发性能价格比适宜、功能适用的电子产品，满足广大农民群众的需求。四是优化区域结构。进一步加强分类指导。东部地区和内地基础较好的地区，要更加注重质的提高，提升技术档次，进一步加快发展。中西部地区要抓住西部大开发和老工业基地改造的机遇，在发展特色农业和信息技术应用等方面加大力度。东中西部要加强多层次、多渠道、多形式的合作，促进加工制造能力逐步向内地扩散，推动各地协调发展。

以改造提升传统产业为重点，加强信息技术推广应用工作。推动信息技术在各行各业的应用，提高国产产品和装备的市场占有率，既是改造提升传统产业的需要，也为电子信息产业带来了难得的发展机遇。要进一步转变产业发展观念，把信息技术推广应用与开拓电子信息产业发展领域有机地结合起来，将满足各行业的需求纳入我们的工作范围，为传统产业的改造提供强有力的信息技术支撑。要制定具体的规划、政策和措施，扎扎实实地加以推进。一是加快发展汽车电子、机床电子、交通电子、医疗电子等各类应用电子产品，并作为产业来抓，形成新的经济增长点，拓展电子信息产业新的发展空间，满足各行业的需求。二是支持构建公共技术服务能力体系，支持有实力的研发型公司，通过提供技术标准、测试环境等，发展成为面向行业应用的信息技术支持中心，为重点行业信息技术应用提供技术支持与保障。三是面向传统产业改造，发展技术服务、管理咨询、系统集成等业务，扶持一批系统集成商、应用服务提供商等服务企业，促进新型信息服务业的发展。

实施东北地区等老工业基地振兴战略是党中央的重大决策，信息产业要以此作为当前和今后工作的一个重点，积极参与，有所作为。要加强部省合作，结合这些地区的实际，坚持以市场为导向，加快发展电子信息产业，重点是加大信息技术在传统产业尤其是装备制造业的应用力度，推进现代化装备制造基地建设，为东北地区等老工业基地的振兴提供技术支持。

（四）加强技术创新与机制创新，提高核心竞争力

进一步转变职能，加强对信息技术创新的宏观指导　要加快研究编制信息产业科技发展“十一五”计划和中长期发展规划，制定信息产业技术政策和信息产品开发项目指南，通过政策和规划，引导社会资金、技术和人力资源向信息产业重点技术领域投入，整体推进核心技术的突破和关键技术的创新，共同做好重大技术研发和产业化项目的实施工作。电子发展基金的使用，要按照重点突出、相对集中的原则，加大对软件等重点领域的支持力度。

继续推进集成电路、软件等核心技术的自主创新　要积极推动国务院18号文件、《振兴软件产业行动纲要》的全面落实。对贯彻中的具体问题，要积极向有关部门提出意见和建议，主动做好协调工作，促成问题的解决。今年重点要在政府采购、产权交易、软件出口、引进外资、嵌入式软件认定等方面取得突破。继续抓好国产CPU、中文Linux平台及其相关软件等关键技术的开发和专用芯片的发展，提升技术档次。鼓励和支持有条件的软件开发部门转制成为软件公司，享受优惠政策，直接面向社会服务，加快自身发展。引导国内企业与跨国公司开展合作，通过同业间资产重组、提高测试水平和工程化能力，采取外包方式，加快软件出口。做好认证和管理工作，完善集成电路产业链。

加快实施标准战略和知识产权战略　这是信息产业实现跨越式发展的关键。要开展信息产业标准体系的研究，依托国内市场，在比较优势领域不断增加知识产权的拥有量。加强引导和协调，重点支持国内有实力的企业开放式地制定行业标准，并积极参与有关国际标准的制定。要着眼整体发展，加快第三代移动通信技术研发和产业化进程，积极支持TD-SCDMA产业化。继续抓好数字电视、下一代互联网、汽车计算平台等技术的研发工作，尽快形成具有自主知识产权的产业。构建公共技术服务体系，扶持中小型创新企业的发展。

加快军工电子装备和系统的发展　要进一步增强使命感和责任感，以信息化为主导，为完成信息化带动机械化做出积极贡献。今年要抓紧开展军工电子“十一五”计划和2010年发展战略的编制工作，围绕重点任务，认真抓好标准、质量、技改和基础工作，确保各项重点科研生产任务的圆满完成，继续为航天工程及其配套任务提供先进可靠的技术和设备保障。坚持“军民结合、寓军于民”的方针，积极稳妥地做好民用领域企业承担军工任务的准入工作，促进军、民技术相互转化、互动发展。切实加强军工电子行业管理，继续推进各项改革，以部队信息化装备需求为导向，面向军工电子全行业，建立健全竞争、评价、监督和激励机制，增强自主创新能力。

（五）加大依法监管力度，创造公平公正、有效有序的市场竞争环境

当前，信息产业面临的技术、市场和竞争环境发生了深刻的变化，应努力适应新的形势，进一步创新监管理念，完善监管制度，转变监管方式，不断提高监管水平。

国办75号文件的出台是国务院加强电信市场监管的重要举措，今年要以全面贯彻落实75号文件和部的具体规定为重点，运用法律、行政、经济、技术等手段，对阻碍互联互通、价格无序竞争等问题进行综合治理，在整顿和规范电信市场秩序方面尽快取得明显成效。要切实用好国务院赋予的新的行政手段，加强依法行政。按照《电信条例》、国办75号文件和部制定的具体规定，认真执行对各类违法违规行为的处罚标准，抓紧建立政府与企业之间的意见反映、信息沟通和处理情况反馈渠道，形成政府监督管理与企业考核任用相衔接、处罚违规企业与处分违规个人相一致、事前防范与事后惩治相结合的长效机制。工作中，既要坚持原则、严格执法，又要加强协调，多做调解工作，寓管理于服务之中。同时，要科学合理地调整企业之间的经济利益关系，分步骤对网间业务结算关系和标准进行调整，以调动企业做好互联互通工作的积极性。要进一步加快技术手段建设，推进相关技术监测系统的建设和运行，建立质量监测和通报制度及预警机制等。

加强对电信业务市场的监督管理 建立和完善市场准入及退出的政策规定。加大对非法经营国际电信业务的打击力度。继续整顿和规范通信建设市场。要根据增值电信业务对外开放的新情况，制定配套管理办法，完善审批程序，落实监管措施，并抓紧研究外资进入后可能出现的情况，及早提出应对措施。认真做好向港澳地区开放增值电信业务的有关工作，推进海峡两岸直接通邮、通电工作。

推进电信资费管理方式的改革 将经济调节的重心由调节企业与用户的关系向调节企业与企业的关系转移。在政府部门保留必要的宏观调控手段的前提下，根据业务性质和市场竞争水平的不同，对业务资费实行分类管理，给予企业更大的定价自主权，逐步建立电信资费的市场形成机制。同时，要切实做好对在用电信计费系统的检测与管理，完善电信资费违规行为通报制度，加强市场监管，遏制价格无序竞争，保护消费者的合法权益。

要从国家安全和社会稳定的高度，进一步重视和加强网络与信息安全管理 要针对当前信息安全的新特点，在继续落实互联网信息安全工作的基础上，加强对通信短信息、IP地址及电子邮件等方面的管理。充分发挥电信监管部门的优势，加快技术手段建设，完善国家信息安全技术保障体系。要将网络安全与信息安全放到同等重要的位置，加强网络管理工作，完善应急处置机制，增强重要通信保障和应急通信处理能力，确保国家基础通信网和重要通信设施的安全运行。按照“谁主管谁负责、谁运营谁负责”的原则，督促电信运营与服务企业建立健全信息安全管理责任制。同时，加强对信息安全技术和产品研发以及产业化的政策指导，充分发挥互联网协会等组织在行业自律、净化网络环境等方面的作用。

加强全国无线电管理工作的整体协调和无线电监测网络的统一指挥调度，继续完善无线电管理信息网和监测网，切实发挥技术手段的作用，及时、准确地查处各类干扰，不断提高应对突发事件的能力。全面提高频率管理工作的科学性和前瞻性，逐步建立频率资源动态管理机制，促进新技术新业务发展。

要加大电子信息产品市场监管力度 认真落实有关规章，面向电子信息全行业，综合运用法律、经济、标准、质量监督等手段，规范市场竞争秩序。针对行业发展中低水平重复建设和恶性价格战的问题，加强对经济运行的监控和分析，做好重点产品的产销协调，保持健康有序发展。进一步加强电子产品污染防治管理工作。

（六）坚持统筹兼顾，推进经济和社会领域信息化建设协调发展

今年推进信息化工作要全面认真地贯彻落实国家信息化领导小组第三次会议精神，按照“五个结合”的要求，进一步加大工作力度。加快企业信息化步伐，推动重点行业骨干企业的信息化建设，总结推广经验，加强分类指导。积极务实地推行电子政务，推动政府网站、数据库和业务应用系统建设，促进政务资源整合。继续推进国家信息化重大工程建设，支持各部门、各地区建立和完善信息应用系统。加强信息系统工程监理，规范信息化建设市场秩序。积极发展电子商务，着力推动信用体系、支付手段、安全认证和法律法规等关键环节的建设，完善电子商务发展和互联网消费环境。

要按照中央关于统筹经济和社会协调发展的要求，抓好社会领域的信息化建设。继续推进城市信息化，配合有关方面，积极推动全国农村党员现代远程教育试点工程、公民信息服务系统等重点项目建设。加快信息资源开发和利用，推动远程教育、远程医疗等信息服务业的发展。积极开展信息化培训，大力普及计算机网络知识和技能，提高全民信息应用水平。要积极配合卫生、公安、公用等社会管理部门和地方政府建立公共应急反应机制，增强政府对公共事务和全社会抵御各种灾害的能力。要按照建立统一指挥、协调有效的处警机制的要求，做好相关的号码统一工作，将现有的各个报警服务台进行整合，并抓紧开发各种应用软件和产品，为社会应急联动提供支持和保障。

信息化建设为信息产业的发展提供了广阔的市场空间，对运营业和制造业的持续增长具有明显的拉动效应。信息产业要抓住机遇，面向各个领域的信息化应用，通过提供技术、设备、软件、系统集成、网络平台和信息服务来推进信息化，支撑信息化，充分发挥作用。要进一步加快行业自身的信息化建设，引导各大企业和集团公司加大对信息技术应用的投入，提高管理水平。必须强调，信息化是一个发展过程，不可能一蹴而就，应从实际出发，重在应用，重在实效，不搞“花架子”，不要当成“摆设”。要充分利用现有网络资源，加强统筹规划，因地制宜，梯度推进，克服盲目上项目、搞重复建设和刮风炒作的倾向，促进健康发展。

（七）扩大产品出口，加强国际合作与交流

积极推进科技兴贸战略，进一步加大国际市场开拓力度，努力完成今年出口任务。国际环境的变化，尤其是非关税壁垒和贸易摩擦的增多，将会对电子信息产品出口带来一定的影响，对此要有充分的估计和准备，采取积极的应对措施。要继续落实国家各项鼓励出口的政策措施，加强指导和服务，集中力量培育新的出口增长点。坚持以质取胜和市场多元化战略，引导企业提高出口产品的技术含量，加大新兴出口市场开拓力度，促进出口结构逐步优化。支持有实力的企业积极“走出去”，通过海外上市、加工装配、带资承包等方式，更多更好地利用国外资源，鼓励运营企业和制造企业联手拓展国际市场。切实加强对外商投资的政策引导和服务，推动其在华投资与合作，扩大在华采购，加强国内配套，鼓励他们在中国设立研发机构，与国内企业共同研发并转让技术，提高管理人员及产品的本地化水平。

最近国家调整出口退税政策，是一项重大的政策调整，我们要认真执行。同时，对政策调整带来的影响要加强跟踪分析，对产业、产品及外商投资等各个方面的影响，都要分析深、分析透，及时提出对策建议，积极向有关部门反映，并引导企业降低成本，提高质量，调整产品结构，努力克服困难。要针对当前电子信息产业对外贸易纠纷日益增多的问题，研究利用 WTO 规则保护国内产业的政策措施。要加强对电子产品进出口贸易平衡问题的研究分析，实事求是地提出我们的看法，澄清事实，并向有关部门提出对策建议。进一步加强进口管理与调控，完善产业损害预警系统，积极运用技术、环保标准和反倾销、反补贴等保障措施，切实维护我方利益和产业安全。

进一步加强信息技术、业务、监管及人才等各方面的国际合作，为中国信息产业的发展创造良好的国际环境。要健全高层会晤机制，推动双边与多边合作。按照中国与东盟、日本、韩国、俄罗斯等国家和地区签订的合作谅解备忘录等双边协议文件，落实已确定的合作内容。积极为中国企业开拓国际市场及外商投资中国市场提供外事和信息服务，牵线搭桥，帮助排忧解难。按照有关协议，中国将在 5 年内为东盟国家培训 500 名中高级电信管理人员。对外培训有利于和国外同行增进了解，建立联系渠道，提升对中国企业、技术和产品的认知度，可以为中国制造业与运营业联手“走出去”创造有利条件。要在去年培训的基础上，认真总结经验，组织实施好下一步的培训计划，并积极向其他发展中国家拓展，逐步扩大培训范围。

（八）加强人才资源能力建设，提高队伍整体素质

最近，党中央、国务院召开了全国人才工作会议，这在我们党和新中国历史上是第一次。信息产业是高新技术产业，人才资源尤为重要，发展大业，人才为本。要将这次会议与中直和中央国家机关领导班子思想政治建设座谈会、全国组织部长会议、全国人事厅局长会议精神结合起来，抓好贯彻落实，加强人才资源能力建设，为信息产业的发展提供人才保障和智力支持。

要进一步加强领导班子建设。把学习贯彻“三个代表”重要思想新高潮不断推向深入，提高领导干部的理论水平、领导水平和实际工作能力，为信息产业各项工作提供强有力的思想组织保证。部将召开专题会议对上述会议精神的贯彻落实进行部署，各地信息产业厅、局、办也要按照当地党委的要求抓好落实。要进一步加强公务员队伍建设，做好干部培训工作，通过培养和引进，努力造就一支政治思想过硬、政策水平高、大局意识强，专业结构合理的管理者队伍。同时，加强对全行业人才工作的引导，把人才建设纳入行业发展中长期规划，提出目标、政策和措施，推动信息产业人才工作的开展。

要切实转变工作作风。坚持狠抓落实，对于国家的法律法规及部的工作部署，既要有安排布置，也要抓紧督促检查和总结反馈，一抓到底，务求实效。坚持求真务实，牢固树立为基层、为企业服务的意识，把工作做深做细做实。部已决定建立巡视组制度，加强调查研究和督促检查，有关司局要切实抓好组织落实。坚持协调配合，司局之间、部门之间要及时通气，加强沟通交流和协调配合，并进一步加强与地方政府的联系，共同把工作做好。认真做好新形势下的老干部工作，进一步提高机关后勤服务工作水平。

认真贯彻中央政治局最近关于反腐倡廉工作的部署，以及即将召开的中纪委三次全会和国务院廉政工作会议精神，突出工作重点，加强监督检查，探索新的工作方式和方法，进一步加大反腐倡廉工作力度。继续清理和调整行政审批项目，促进从源头上预防和治理腐败。

要充分发挥部直属单位和行业协会、学会的作用。各直属单位要面向政府部门和全行业，搞好科研、咨询、信息服务及新闻出版等支撑服务。要结合政府职能转变，推动行业协会、学会等组织发展成为独立公正、规范运作的专业化中介服务机构，履行行业自律等职能。各单位应面向市场，改革创新，转换机制，加快自身的发展，部机关也要给予支持，给任务、提要求，使他们更好地为行业服务。

第2部分 专 论

积极推进国家电子信息产业基地和产业园建设（节选）

信息产业部副部长 娄勤俭

(2004年6月23日)

改革开放以来尤其是近十多年来，中国电子信息产业一直保持持续快速发展态势，实现了从国民经济新兴工业部门到第一支柱产业的历史性跨越，中国已成为电子信息产业大国。我们也应清醒地看到，虽然中国电子信息产业规模较大，但总体实力和水平还不能完全满足国家现代化建设的需求，与世界IT强国相比也存在很大的差距。如何把中国电子信息产业在做大的同时进一步做强，是摆在我们面前的重大课题。

党的十六大提出，"优先发展信息产业，在经济和社会领域广泛应用信息技术"。"坚持以信息化带动工业化，以工业化促进信息化，走出一条科技含量高、经济效益好、资源消耗低、环境污染少、人力资源优势得到充分发挥的新型工业化路子"。这些论述，对中国电子信息产业的发展提出了新的更高的要求，也为我们加快结构调整和产业升级、保持电子信息产业快速健康发展指明了方向。经过充分的调查研究和分析论证，我们提出，国家电子信息产业基地和产业园建设是实现中国由电子信息产业大国向电子信息产业强国的转变的战略举措，应当抢抓机遇，积极予以推进。所谓国家电子信息产业基地和产业园，就是电子信息产业规模大、科研开发能力强、骨干企业相对集中、产业链和配套服务体系完善的地区，以及在某一专业领域处于全国领先地位的产业聚集区。应该指出的是，我们提出的国家电子信息产业基地和产业园并不是简单意义上的"加工基地"，也不能简单理解为"世界工厂"，而是面向全球建立起包含研发设计、生产制造、软件发展、信息服务、销售流通、跨国经营的产业链体系。

目前，我们推进国家电子信息产业基地和产业园建设面临难得的历史机遇：

一是在全球新一轮产业结构调整中，中国电子信息产业在世界电子信息产业链中发挥重要作用。20世纪90年代以来，世界跨国公司不断将

IT生产制造业务向中国转移，越来越多的跨国公司投资重点逐渐由加工、制造向培训、研发等知识型领域延伸，设立研发机构。国际产业转移为中国电子信息产业借助国际资金、技术以及人才等资源，促进产品更新换代，突破核心技术制约，进一步推动中国IT产业由低端产业链向高端产业链发展创造了有利条件。

二是加入世贸组织后，中国电子信息产业的投资环境具有很大的吸引力。加入世贸组织后，中国电子信息产业处于相对比较规范、多边、稳定和可预见的国际经贸环境下，特别是对外开放的领域和范围进一步扩大，政策透明度逐步提高，中国电子信息产业的综合投资环境在世界上有很强的竞争力。跨国公司积极开展对华直接投资，很多世界知名IT企业均已在华设立分支机构。而且，中国政治稳定，改革开放进展顺利，经济发展有活力和后劲，能保证外国投资者的利益，为中国电子信息产业基地和产业园建设营造了很好的政策环境和社会基础。

三是中国具有成本和人才等综合优势。电子信息产业是一个知识密集型、技术密集型产业，对技术人才的需求量更大，要求的档次更高。中国电子信息产业具有人力资源优势，与发达国家相比，中国电子信息产品制造业的综合生产成本，仅相当于美国的80%、韩国和中国台湾地区的90%，具有非常明显的成本优势。同时，经过多年的发展，中国储备了一大批高素质专业人才，特别是已拥有一支比较庞大的科研技术队伍。作为具备这些条件的为数不多的发展中国家，中国日渐成为全球信息产业资源优化配置的重要市场集散地。

四是中国电子信息产业集群化趋势日益明显。现已初步形成了珠江三角洲、长江三角洲、福州厦门地区和环渤海湾地区等具有国际竞争力的产业聚集带，中西部地区在家电、元器件、军工电子等领域形成特色，东莞电脑基地、上海集成电路基地、昆山台资开发区、苏州（新加坡）新区、深圳和厦门出口基地以及西安、绵阳等具有较大规模的产业园区已具备较好的建设条件。这些为进一步推进中国电子信息产业基地和产业园区工作奠定了基础。

我们要以党的十六大精神为指导，抓住国际信息产业结构调整、中国加入WTO以及国家优先发展信息产业的历史机遇，以加快电子信息产业基地和产业园建设为突破口，尽快实现中国电子信息产业从大国向强国转变。在推进国家电子信息产业基地和产业园建设的工作中，要注意以下几个方面：

一要突出重点，合理布局，形成各具特色的区域性产业基地。比如在东部沿海地区要发展大规模电子信息产品制造基地，大力引进国外资本、技术和设备，重点在珠江三角洲、长江三角洲、环渤海湾地区扩大电子信息产品制造业的生产规模，以整机生产为主体，形成大规模生产配套能力。同时要加大软件产业和信息服务业的发展，在建设电子信息产业基地过程中加快中国信息产业结构调整。而中西部地区则应该发挥比较优势，根据当地基础和条件，发展有自身特色的信息产业。近期，我们将建设若干个产业规模大、布局相对集中、辐射带动作用和出口能力较强的综合性国家电子信息产业基地。在全国形成一批集成电路、软件、电子元件、电子器件、通信、计算机与网络产品、消费类电子产品等有特色的国家电子信息产业园。

二要整合产业链条，优化产业结构，促进中国电子信息产业的自主发展。在发展信息产业基地的同时，必须注重提高开发创新能力和掌握自主知识产权的能力。要通过完善产业链、转变价值链和提高产品附加值等措施，促进中国电子信息产业的自主发展。积极鼓励跨国公司、国内企业或投资机构在电子信息产业基地中建立研发中心，积累有自主知识产权的核心技术，为各行业信息技术应用提供充分的技术和物质支持。重点突破微电子技术、数字技术、软件技术、网络技术等关键生产技术，解决产业发展瓶颈问题，逐步占领信息产品高端市场，提高产品技术含量，增强中国电子信息产业的国际竞争能力。

三要积极创造条件，扶强扶优，加快培育一批具有国际竞争实力的大公司。产业基地和园区建设的启动阶段要以大型骨干企业为核心，形成集加工制造、技术研发、运营服务、物流等配套服务体系为一体、产业链相对完善的电子信息产业基地和产业园，促进产业结构调整升级，引导电子信息产业向技术水平更高、市场控制力更强、经济效益更佳的中高层次发展。鼓励企业通过联合、兼并收购、海内外上市等方式加快发展壮大，推进体制创新，成为有实力的大公司。加强对重点骨干企业的联合、兼并和资产重组工作的指导，尽快培育形成一批具有国际竞争实力的大型企业集团。

四要充分发挥政府在宏观调控方面的作用，为产业发展营造良好的政策环境。要坚持政府引导与市场推动并举、中央与地方合作互动、规模扩张与产业升级并重的原则，发挥区域经济的聚集、辐射和带动效应，优化投资环境，全面整合优势资源，发展规模经济，提升核心竞争力。信息产业部将在发展规划、招商引资、对外合作、吸引人才、产业政策等方面，对产业基地和产业园予以指导和支持。加强规划引导，落实基地建设地方配套发展基金，重点做好外引内联和招商引资工作。国家电子信息产业基地和产业园建设是关系全行业未来发展大局的重大战略部署，将直接对进一步加快各地电子信息产业的发展产生强大的推动作用，地方各级信息产业主管部门都要把推进产业基地和产业园建设作为今后的中心工作和主要任务来抓。信息产业部将加强与有关省市的沟通与协调，积极组织省市间协作，促进形成行政区域的电子信息产业基地，逐步向周边辐射，进而带动全国的发展。

党的十六大为我们描绘了全面小康社会的美好蓝图，电子信息产业在全面建设小康社会的进程中肩负着责无旁贷的历史使命。我们要增强紧迫感和责任感，积极实践“三个代表”重要思想，认清中国电子信息产业面临的新形势，明确在全球信息产业链中的位置与发展方向，充分发挥产业基地和产业园的集聚效应，实现向技术水平更高、市场竞争力更强、经济效益更佳的层次转移，迅速提升中国电子信息产业的国际竞争力，尽快实现由世界电子信息产业大国向世界电子信息产业强国的历史性跨越！

深入贯彻党的十六大精神
大力推动信息技术应用工作（节选）

信息产业部副部长　　苟仲文

(2003年11月)

一、2003年以来，全国信息产业取得新的进展

（略）

二、应用信息技术改造传统产业工作稳步推进

信息技术推广应用一直是信息产业主管部门的一项重要工作。信息产业的发展为信息技术的推广应用提供物质装备和技术支持，信息技术在各行各业的应用又为信息产业发展开拓了市场，成为信息产业发展的动力和源泉。近20年来，信息产业主管部门以传统产业改造为重点，“抓应用，促发展”，推动各行业、各地方信息技术应用工作不断深入开展。

“八五”到“十五”期间，信息产业部先后组织实施了应用信息技术改造传统产业专项，推出了“倍增计划”，电子信息产业发展基金也支持了数十项信息技术应用项目。据不完全统计，“倍增计划”获得银行贷款、企业自筹资金约400亿元。按照1:5的投入产出比计算，该项计划产生直接经济效益达到2 000亿元。通过地方、行业推荐和专家评选，我们评选出了国家电子信息系统“倍增计划”优秀项目88项。

装备制造和工艺流程等企业的信息技术应用进展迅速，作用显著。企业通过应用计算机技术改进管理，有效地降低了成本，提高了生产效率，市场竞争力明显增强。企业信息化稳步推进，出现了联想控股有限公司、海尔集团公司、一汽等一批信息技术应用较成功的典型。在国家重点企业中，80%已建立办公自动化系统或管理信息系统，50%以上建立了内部局域网。一些企业开始实施MIS、CRM（客户关系管理）、ERP系统及电子商务。

但是中国信息技术的开发和应用与国民经济和社会发展的结合还不够紧密和广泛，信息技术应用层次较低，范围较窄，力度和深度不够，信息技术产品特别是软件和大型应用系统开发生产还不能满足经济和社会领域的需要，市场“短缺制约”和“需求制约”并存，结构性矛盾十分突出；观念意识的落后和地区经济发展的不平衡制约着信息技术应用工作的深入开展；信息化建设的支撑环境不适应传统产业提升发展的需要，等等。信息技术推广应用工作任重道远。

三、进一步加强信息技术推广应用工作意义重大

（一）广泛推广应用信息技术，是中国航天事业发展的直接推动力

目前，中国已成为世界第三大电子信息产业大国，许多关键技术直接推动了中国载人航天事

业的迅速发展。

通过实施载人航天工程，电子信息产业的综合技术实力和技术装备水平得到了新的提升，电子信息技术对中国航天事业的渗透性和支撑动力作用得到了充分的展示。

（二）推广应用信息技术，是推动经济结构战略性调整的重要途径

推广应用信息技术的意义不仅仅在于引起新兴产业特别是信息产业的壮大，而且更重要的是它还能够对传统产业进行改造和提升，从而推动整个经济结构的优化和升级。当前，要贯彻党的十六大精神，坚持走新型工业化道路，优先发展信息产业，在国民经济和社会生活中广泛应用信息技术，只有这样，才能逐步实现经济结构的战略性调整。

（三）推广应用信息技术，是中国走新型工业化道路的必然选择

新型工业化实质上讲的就是信息化，就是应用信息技术对传统工业的改造和提升。走新型工业化道路，必须坚持以信息化带动工业化，坚持应用信息技术改造传统产业，要围绕品种、质量、效益和效率，加大信息化投入和信息技术应用的力度，淘汰落后的工艺设备，压缩过剩的一般产品生产能力，加强信息化人才的培育、培养和使用，增加传统工业产品的信息技术含量和价值含量，从而不断优化工业结构。

（四）推广应用信息技术，发展工业应用电子产品，是提升工业产品综合竞争力的重要举措

现代工业产品已经融合了大量现代信息技术的应用，信息技术含量已成为工业产品综合竞争力的核心和重要标志。据测算，目前国内各类工业应用电子产品的产值规模约 8 000 亿元，占整个工业总产值的 5%，相当于 2002 年全国电子信息产品制造业 14 000 亿元销售额的 50%以上，预计到 2010 年，工业应用电子产品规模将超过电子信息产品制造业规模。我们必须采取切实有效的措施，在汽车、机床、钢铁、能源等传统产业中加快推广应用现代信息技术，尽快提高中国工业产品的综合竞争力，加快中国的工业化和现代化建设。

（五）推广应用信息技术是改造振兴东北等老工业基地的重要切入点

信息产业作为国民经济的支柱产业和先导产业，对东北地区等老工业基地改造、振兴具有义不容辞的责任。东北地区工业基础好，信息技术应用有基础，广大干部推广应用信息技术和推进信息化的热情高涨，因此，信息技术的推广应用在东北等老工业基地改造、振兴中大有可为。

（六）推广应用信息技术，是拓宽信息产业发展空间的重要路径

信息产业的发展是信息技术推广应用的动力和源泉，信息技术推广应用又可以为信息产业提供广阔的发展空间，离开信息技术推广应用所创造的市场空间，信息产业的发展就会成为无源之水、无本之木。如金卡、金税等“金”系列国家信息化重大工程的实施及其广泛应用，就直接带动了软件、集成电路、计算机、通信和信息服务业的全面发展。信息产业的发展过程本身就是信息技术的推广应用过程。

四、推动中国信息技术应用工作的几点意见

信息技术推广应用工作的基本思路：以邓小平理论和“三个代表”重要思想为指导，认真贯彻党的十六大关于以信息化带动工业化、以工业化促进信息化和走新型工业化道路的战略方针，通过工业化发展不断深入和加速国民经济信息化；坚持正确的产业发展战略，统筹城乡发展、统筹区域发展、统筹经济社会发展、统筹人与自然和谐发展、统筹国内发展和对外开放，通过政策引导，市场推动，加强协调，立足创新，加大高新技术和先进适用技术在传统产业的推广应用力度，实现产品升级和结构优化，推动国民经济增长方式由粗放型向集约型转变；拓展信息技术推广应

用的市场空间，带动信息产业尤其是软件产业和集成电路产业的快速发展。

信息技术推广应用以改造提升传统产业为发展重点，具体要抓好装备制造业、工艺流程业、工业应用电子产品和管理信息化四个环节。

信息技术推广应用的主要目标：到2005年，信息技术在装备制造业、工艺流程业等传统产业领域得到广泛应用，改造、提升传统产业的作用显著增强，大幅节能降耗，生产效率显著提升。企业信息化水平进一步提高，大中型企业60%~65%达到初级信息化水平，20%~25%达到中级信息化水平，2%~3%达到高级信息化水平。软件产业销售额达到2 500亿元，国产软件和服务的国内市场占有率达到60%。

到2008年，信息技术在装备制造业、工艺流程业等传统产业领域得到广泛应用，大幅节能、降耗，生产效率显著提升，产业素质明显提高。企业管理信息化水平进一步提高，大型企业基本实现生产过程自动化和经营管理信息化，电子商务应用得到普及。应用信息技术改造和提升传统产业成为促进国民经济增长方式根本转变和结构升级的主要手段。软件产业销售额达到5 500亿元，国产软件和服务的国内市场占有率达到80%。

五、加强信息技术推广应用工作的主要措施

(一) 加强组织领导，建立健全工作机制

全国电子信息系统推广办公室是信息产业部信息技术推广应用工作的常设机构，各省市信息产业主管部门也要建立和完善相应机构，形成较为完善的全国信息技术推广应用的工作体系。要加强组织协调，扩展服务领域，面向重点行业，发挥各方面积极性，共同开展信息技术应用工作。加强引导和宣传，鼓励全行业的力量特别是百强企业积极参与传统产业改造，形成全社会关心支持信息技术推广应用工作的声势。

(二) 加强政策法规和标准体系建设

21世纪前20年是中国加快发展的战略机遇期，是信息产业结构调整和产业政策转型的关键时期，要抓紧研究制定《优先发展信息产业政策纲要》、《鼓励信息技术应用政策纲要》和信息技术推广应用的法律法规，会同有关部委和相关省市出台应用信息技术改造传统产业专项政策。根据信息技术与传统产业的发展情况，定期发布《应用信息技术改造传统产业应用指南》，指导各行业、各地区信息技术在传统产业中的推广应用。为中国优先发展信息产业创造良好的环境，为信息技术在国民经济和社会发展中广泛应用提供制度保障。

(三) "行业抓重点、地方抓特色"，开展试点工作

在"倍增计划"项目和企业信息化工作的基础上，与有关部门合作，选择重大行业和重点企业，建立信息技术应用示范工程和示范生产线。要贯彻国家有关老工业基地改造的战略部署，以信息技术推广应用作为东北地区老工业基地改造振兴的重要切入点。推动部、省在推进老工业基地改造上的密切合作，做好规划布局、资金引导、项目扶持、经验交流、典型示范、公共研发服务等工作，在东北地区打造汽车电子、机床电子、船舶电子、光电子、新型照明工程等新型产业基地，形成具有行业和区域特色的东北经济增长带和区域。总结推广传统产业改造和企业信息化的成功经验，抓好典型，以点带面，带动其他地区传统产业改造工作的开展。推动信息技术在城市应急联动系统和远程教育等社会重点领域的应用。

(四) 加大资金支持力度

组织实施信息技术推广应用的"倍增计划"，贴息资金使用要突出重点，集中支持试点项目。充分利用电子信息产业发展基金，重点支持传统产业改造和企业信息化。加强协调，争取和利用好国家有关部委的专项资金。鼓励各省、市积极

开辟资金渠道，以地方经济积极支持当地应用信息技术改造传统产业工作的开展。

(五) 组织实施技改投资专项，提高信息化装备能力和系统集成能力

通过实施产业化专项、合资、合作、加大研发等方式，提高技术创新能力，加快汽车电子、机床电子、电力电子、广播电视设备、煤矿安全信息系统等产业的发展，培育形成信息产业新的增长点。支持有发展前景的软件企业从母体公司剥离出来，享受软件企业税收政策。加强对软件与信息服务企业的指导，提高产业化水平和市场竞争能力，培育软件行业大公司。

(六) 加强技术标准和质量管理

组织重点产品和服务领域的标准制定，引导企业积极采用已有的国家与行业标准，鼓励企业参与ISO9000、ISO14000、CMM等国际质量保证体系认证和国际安全认证，强化企业质量保证体系建设，规范传统产业改造和企业信息化建设的应用环境。

(七) 加强市场监管，规范企业竞争行为

加强计算机系统集成资质认证、软件企业和软件产品认证、CMM认证、信息化工程监理资质认证等工作，建立和完善符合市场经济的市场准入制度。加大市场监管和行政执法力度，增强行业管理的权威性，为企业信息化建设营造良好的外部环境。

(八) 推进信息化培训，加快信息人才培养

加强信息化培训规范管理，逐步完善信息化人才培训体系，推进信息化培训工作深入开展。根据自身条件，制定培养人才、使用人才和留住人才的有效措施，创造条件吸引海外留学生回国创业，为改造、提升传统产业贡献力量。

用科学发展观指导电子信息产业的发展

周子学

党的思想路线就是以马克思的辩证唯物主义、历史唯物主义的世界观和方法论指导实践。中国共产党的几代领导人将马列主义中国化，总结出解放思想、实事求是、与时俱进、求真务实的思想路线新表达，在各个革命和建设时期指导中国人民夺取一个又一个的胜利。学习党的思想路线，用科学的发展观指导实际工作，具有十分重要的现实意义。本文试用科学发展观和求真务实的态度，分析中国电子信息产业的情况，提出在新的历史时期产业发展的思路。

一、25年的改革开放：电子信息产业从小到大

电子信息产业是新兴产业，建国初这个产业几乎是空白。因国防需要，中国建立了少数生产军用电子产品的企业。直到20世纪70年代末，这些企业仍为军工服务，与老百姓关系不大。

改革开放后，电子信息产业率先从军工转向军民结合，寓军于民。同时，国家采取开放政策，大量引进技术和资金。跨国公司纷纷到中国投资建厂，利用中国劳动力价格低的优势，把产业链的制造装配环节转移到中国。经过25年的发展，中国的电子信息市场已高度开放，形成“国内市场国际化，国际竞争国内化”的格局。开放和竞争，使国内的企业在与跨国公司的较量中成长，形成一批有竞争力的大公司，并初步出现“走出去”的端倪。

25年来，中国电子信息产业的平均发展速度超过25%，以高于GDP增速两倍以上速度持续增

长。根据 2003 年的统计，中国电子信息产业的销售收入达 1.88 万亿元，工业增加值 4 000 亿元，增速为 34%。这个产业规模已超过日本，居世界第二位（仅次于美国）。从 1999 年开始，产业规模一直稳居全国工业第一位。2003 年电子信息产品出口达 1 421 亿美元，是全国出口额的三分之一。中国生产的电视机、DVD、电话机、手机、显示器等 10 多种产品，连续多年居世界产量第一。电子信息产业的就业岗位，每年以几十万的数量增加，成为沿海发达地区吸纳内地劳动力（打工青年）的主要行业之一。

回顾历史，25 年时间，中国把一个新兴产业从无到有地培养成世界第二，中国第一。其成就，用“奇迹”来形容，绝不为过。这是改革开放的硕果，是党的解放思想、实事求是、与时俱进、求真务实思想路线的胜利。

二、以科学发展观分析产业：大而不强

历史跨入 21 世纪，党领导人民向全面建设小康社会的目标迈进。对已经成为中国支柱产业的电子信息产业来说，在这新的历史发展时期，应如何找到自己的定位，进而更好地发展，为国家富强、人民生活水平的提高做出更大贡献，这是要认真研究的问题。我们应以求真务实的科学态度，实事求是地认真分析产业现状，找出存在的问题。

目前中国电子信息产业有如下结构方面的情况：

1. 地区结构。产业的地区分布主要集中在沿海省、市。其中广东省的电子信息产业销售收入占全国的三分之一，出口额占全国的二分之一。

2. 产品结构。中国的电子信息产品中，硬件占大头，软件比重很小，近 2 万亿元的销售收入中，软件只有 1 600 亿元，比例失调。软件是核心技术之所在，不上去不行。

3. 技术结构。中国的电子信息产业以制造业为主，在制造过程中的工艺技术，产品中的集成电路、新材料、新型元器件的核心技术中国的企业掌握不多，拥有的知识产权少。

4. 企业结构。在中国的电子信息产业中，跨国公司规模很大，而国内的企业要小得多。国内企业向大公司发展还有一段艰辛的路要走。

5. 资本结构。中国的电子信息产业，引进外资多，外资的资本实力雄厚。相对来说，国内企业（不管是国有企业还是民营企业）资本实力要小得多。

总之，中国的电子信息产业虽然在规模上已经足够大了，但总体上看还不强。我们不仅跟美、日、欧等国家和地区有差距，而且跟周边发展中国家如韩国、印度，在某些领域也有差距。大而不强，是中国电子信息产业的现状。

三、今后的任务：做电子强国

25 年的发展，电子信息产业与国家的经济建设一起快速前进，形成自己的发展特色和规律，成为国民经济的支柱产业和先导产业。在现阶段和今后一个时期，我们必须与时俱进，以科学的发展观为指导，规划未来的发展道路。首先要继续做大。因为发展是第一要务，只有继续做大，积极面对竞争、参与竞争，才能满足人民日益增长的需要和社会经济发展对信息化的要求。但做大不是惟一的目标，要在总结 25 年经验的基础上，使这个产业在今后继续快速发展的同时，逐步做强。中国要做电子信息强国。

要做电子信息强国，一方面要把产业本身做强，在国际竞争中综合实力排在前列；另一方面要用信息技术为国民经济各行各业服务，使中国的工业化和信息化水平快速提高，增强国家的综合国力。只有国家信息化水平和产业发展水平同时提高，才是真正意义的电子信息强国。

从电子信息产业本身做大做强看，一是要继续进行结构调整，使产业的地区结构、产品结构、技术结构、企业结构、资本结构等各方面更趋合理，更符合产业发展内在规律的要求。特别是国内

企业，要尽快改革、改制，适应国际竞争的要求。

二是要提高中国电子信息产业的核心竞争力。核心竞争力在信息产业表现为核心技术、专利、知识产权等，也表现为管理技术、管理经验、企业家素质和产业的整体人力资源素质。这只能靠建立学习型组织，在发展中不断提高。提高核心竞争力，企业是主体，政府在创造良好的发展环境方面也有不可替代的作用。

三是要走出去。中国的电子产品出口已占全国出口额的三分之一。25 年的市场竞争使中国的一些大公司已具备到国外竞争的实力。企业走出去，不仅能在国外受到更严格的市场经济的洗礼，还能解决中国与一些国家之间越来越严重的贸易不平衡问题。政府应帮助企业想方设法走出去。当中国拥有一批自己的电子大跨国公司的时候，我们离电子强国的目标就不远了。

从国民经济信息化的角度看，电子信息产业为各行业提供技术先进、质量可靠、服务优良的产品。用信息化带动工业化，首先表现为对传统工业的改造，使之恢复活力，符合信息时代的发展要求，为国民经济发展再创辉煌。但用信息化带动工业化不仅仅是对传统工业的改造，信息化带动工业化还包括对传统农业、传统服务业的改造，使之适应工业化、信息化的要求。让农业走传统工业化的路，然后再去信息化，这是不可能的。在农村城镇化、农业产业规模化、农产品市场信息化、良种培育、节水农业等方面，必须靠信息技术去支撑，这才叫跨越式发展。

人类社会已经开始向信息社会迈进，中国的全面小康目标和现代化目标必须靠信息产业的支撑。我们任重道远，必须加倍努力，求真务实，才能实现电子信息强国的目标。

信息技术应用情况综述

全国电子信息系统推广办公室

一、信息技术推广应用工作现状

计算机与信息技术推广应用工作始终是信息产业部的一项重要职责和工作任务。20 多年来，信息产业部通过抓计算机应用和推进重大信息系统工程和信息化建设，不仅为信息产业的发展开辟了广阔市场，更重要的是使计算机、通信、软件、多媒体与互联网等信息技术和网络技术广泛应用于国民经济的各行各业与社会生活的各个领域，并以其最广泛的渗透性和增值作用，为传统产业的技术改造、结构调整与产业升级服务，为加快国家经济结构调整、促进经济发展与社会进步，以及推进国家社会主义现代化和信息化建设，发挥着日益重要的作用。

（一）信息技术应用工作逐步深入

“十五”以来“倍增计划”项目每年投入约 50~80 亿元。目前，中国金融、财税、证券交易、电信、电力、铁道、民航、冶金、石化等国家经济命脉与关键基础设施行业对计算机的依赖程度日益加大，比如：中国银行业电子化营业网点覆盖率已达 98%以上，证券业是 100%。这些行业的业务工作已经离不开计算机的应用了。

（二）“金”系列国家信息化重大工程启动实施

自 1993 年，中国先后启动了金桥、金卡、金关、金税等“金”系列国家信息化重大工程，积极探索和实践中国信息化之路。

信息产业部始终是国家信息化建设的推动者

和组织者。

1. 金卡工程取得重要进展。首先，金卡工程的实施加强了国家对经济的宏观调控，促进了全国银行卡业务的联营和发展。全国银行卡发行始于 1986 年，截止到 2003 年 10 月底，全国已有发卡金融机构 99 家，发卡总量超过 6.14 亿张，分别比 1993 年增长了 18 倍和 153 倍，远远超出了金卡工程十年规划目标。目前，银行卡账户人民币存款余额已达 9 941 亿元；可以受理银行卡的商店、宾馆、饭店等联网特约商户约有 20 万家；各种金融机构装备的联网自动柜员机（ATM）总计 5.46 万台，销售点终端机（POS）32.7 万台；全国受理银行卡的电子化业务网点已发展到 14 万个；北京市、上海市、广州市等城市的 32 家金融机构开通了 ATM 跨行转账业务，极大地方便了持卡人跨行、异地的资金汇划和大额支付业务。2003 年上半年，全国银行卡交易总额达到 7.57 万亿元，比 10 年前的同期增长了 76 倍。一个全国性的跨银行、跨地区的银行卡信息交换网络已初步建成。2002 年 1 月，全国开始发行统一“银联”标志的银行卡。这标志着中国银行卡业务进入了一个新的发展阶段。2002 年 3 月，中国银联股份有限公司成立。该公司为做好银行卡联网通用，改善银行卡受理环境奠定了坚实基础。

其次，中国集成电路 IC 卡应用发展迅速，有效地推动了社会信息化进程。随着金卡工程建设的不断深入，种类繁多的卡基应用系统工程也得到蓬勃发展。特别是 IC 卡，由于其具有信息存储量大、安全保密性好、读卡简单快速等优点，已在金融、商贸、交通、建设、电信、医疗、卫生保健、社会保障、税务、工商、公安、海关、组织机构代码管理等许多领域得到广泛的应用，并取得了较好的社会效益和经济效益。截至 2003 年 6 月底，全国累计使用 IC 卡约为 13 亿张。其中，公用电话 IC 卡 7 亿张，移动电话 SIM 卡 3 亿张，总计 10 亿张。其他各种类型的 IC 卡约有 3 亿张。IC 卡在经济和社会各领域的广泛应用，对提高现代化管理水平和改善人民的生活质量，推动整个社会信息化进程都发挥了作用。

第三，金卡工程的实施开辟了新的市场，全面带动了中国电子信息产业的发展。在金卡工程建设中，信息产业部贯彻产用结合的原则，使国家信息化建设立足于国内产业发展的坚实基础上。在信息产业部及各大用户部门的支持下，国内 IT 企业经过不懈的努力，近年来为金卡工程配套的电子信息产业在核心技术和关键产品的研发及产业化方面均取得了显著成绩。国产计算机、通信、网络产品及金卡工程城市信息交换中心大型应用软件系统都在支撑金卡工程的正常运行。新兴的智能卡产业发展迅猛。目前，该产业已经建立了从芯片设计到生产，模块与 IC 卡片制造，信息安全产品及读写机具的研制，到各类应用系统软件的开发、系统集成和提供整体解决方案等一个完整的智能卡产业链。目前，由国内企业自行研制的各类卡、读写机具等电子信息产品已占据了 80%以上的市场份额，为金卡工程配套的信息产品已成为中国信息产业发展的新亮点，同时新兴的智能卡产业已成为国民经济的一个新的增长点。

总之，金卡工程的实施，加强了国家对经济的宏观调控，促进了金融、商贸、旅游业的电子化与信息化建设。该工程不仅全面带动了电子信息产业的发展，同时也提高了全民信息化的意识，促进经济与社会的协调发展，推动了国家信息化的进程。

2. 组织抓好金融、税控共享收款机的试点工作。自金卡工程启动 10 年以来，银行业已应用 330 多万台 POS 机。为了推行统一技术标准的金融、税控一体化机，使金卡工程与金税工程能共享终端 POS 机，信息产业部配合国务院信息办、财政部、税务总局、人民银行、国家标准化管理委员会，以及推行银税一体化机的四个试点城市（北京市、上海市、成都市、长春市）共同组成试点工作协调小组，制定工作计划，明确要求。目前，关于银税一体化机的技术标准制定工作信息产业部已经基本完成，并确定在北京市和成都市先行开展标准的符合性验证工作，以确保金融、税控收款机能够满足实际应用的要求。

为了推广使用银税一体化机，信息产业部将做好如下三项工作：一是由财政部牵头，制定出金融、税控收款机推广使用的优惠政策，以及有利于银行卡消费的鼓励政策；二是由税务总局牵头，会同信息产业部、国家质检总局，抓紧出台金融、税控收款机应用管理办法；三是组织做好金融、税控收款机标准符合性验证工作和产业配套及技术服务工作。

（三）行业信息化建设及传统产业改造取得进展

1. 机床行业的数字化改造。近几年来，以科学院沈阳计算技术研究所为代表的有关单位，开发出具有中国自主知识产权的高档多轴数控系统。

2. 设计自动化与计算机辅助工程（CAD/CAM/CAT/CAP/CIMS 工程）。目前，在中国的重点企业和主要设计单位中，计算机辅助设计 CAD 已基本普及，应用水平达到 20 世纪 90 年代国际先进水平。全国电子信息系统推广办公室会同 8 个部委主抓的 CAD 应用工程，平均投入产出比达到1:17，新增产值 70 亿元。通过对 50 多家 CIMS 应用示范企业的调查统计表明，新产品开发周期平均缩短 1/3~1/2，生产周期缩短 20%~50%。典型调查表明，信息技术在改造传统产业方面的投入产出一般都取得 1:4 以上的“倍增”效益，有些领域甚至达到 1:20 以上。

3. 工业过程控制与企业管理信息化。在国内 300 个国家重点企业中，80%以上的企业建立了办公自动化系统（OA）和管理信息系统（MIS），70%以上的企业接入互联网，50%以上的企业建立了内部局域网。许多企业已从传统的企业管理信息系统（MIS）逐步升级到 CRM、MRPⅡ、ERP。一批具有影响力的企业或企业集团已全面实施 ERP，把分布在全国各地的企业人流、物流、资金流、信息流等进行重新整合，企业管理信息化正在全国范围内展开。在“九五”后期，企业对企业的（B2B）、企业对消费者的（B2C）电子商务平台迅速发展，企业的电子商务网站快速增长，电子商务已经成为企业提高市场竞争力的重要手段。

2002 年中国电子商务网站总量为 3 804 个，全年电子商务交易额累计为 1 809 亿人民币。部分大中型企业集团，如：宝钢、中国石化、联想控股有限公司、北京北大方正集团公司、海尔集团公司等，在实现企业内部 ERP 管理的基础上开展网络营销、网上采购、供应链管理和客户关系管理；在石油、冶金、家电、信息、汽车以及图书等行业，电子商务增长率为 20%左右。网上购物、网上拍卖、网上招标、网上采购等发展迅速。

二、“倍增计划”在信息技术推广应用中发挥引导与示范作用

20 年来，信息产业部通过组织实施计算机应用“倍增计划”，有效地支持了各部门、各行业和各地方的信息技术推广应用工作。该项计划在推进国家信息化建设中发挥了重要作用。

2003 年上半年，安排“倍增计划”应用项目 857 项，总投资额为 134 亿元。在“倍增计划”的选项上，信息产业部始终坚持行业抓重点、地方抓特色，发挥资金的使用效率，取得了一大批优秀应用成果。由于这些项目大都具有节能、降耗、减少污染、提高产品质量等作用。因此，其经济与社会效益显著。实践证明，国家“倍增计划”的组织实施，推动全国信息技术应用工作的普及和向纵深发展。

1. “倍增计划”的组织实施，对推动“以信息化带动工业化”的发展战略，利用信息技术改造和提升传统产业起到了引导和示范作用。通过计算机的应用，提升了企业的核心竞争力，在带动软件产业发展的同时也拉动了区域经济的发展。

2. 为了使信息技术推广应用工作在局部地区

实现突破，全国电子信息系统推广办公室与一些省市主管部门密切合作，结合区域经济的特点，确定了信息技术推广应用工作在当地的重点，加速了地方信息化的进程。如：2001年信息产业部与辽宁省共同签署了《辽宁省人民政府、国家信息产业部"十五"期间应用信息技术改造和提升传统产业合作协议书》，开创了省部合作的先河，在推动辽宁省老工业基地产业结构调整和振兴的同时，也带动了当地信息产业的快速发展。

3. 建立全国电子信息系统推广办公室网站。利用网站搭建信息交换平台，引导各应用部门将需求纳入应用市场网，引导IT企业上网宣传、进行信息沟通、开展网上供需见面和电子交易。该做法不仅降低了商务成本，同时也减少了投资风险，并且还完善了全国电子信息系统推广办公室网站。在网上实施"倍增计划"项目的申报工作，不仅提高工作效率，也是政务公开的具体实施。为了推动应用，今年信息产业部请各行业和地方的电子办推荐"倍增计划"优秀项目，组织专家评审，确定了88个项目，作为近5年来国家"倍增计划"的优秀项目进行表彰、颁奖。

4. 开展信息技术应用人才的培训工作。全国电子信息系统推广办公室发挥各地现有的培训力量，支持组建了中国信息产业商会工业自动化培训中心、厦门远程网络培训中心、全国电子办数控培训中心、全电办深圳软件与应用培训中心以及昆山、海口、大连等市的软件与应用培训基地，加强对社会在职人员的继续教育工作。

三、措施及重点工作

虽然信息技术推广应用工作取得一些成就，但是尚存在问题。为了加快信息技术推广应用，我们将采取以下措施：

（一）转变政府职能，加强"引导、规范、监管和服务"

信息产业部将认真贯彻落实国务院关于"引导、规范、监管、服务"的八字方针，建立部际协调机制和部省合作机制，抓紧拟定涉及信息技术应用的相关政策、法规，营造良好的应用环境和规范的市场秩序，有重点、有步骤、分阶段地推进信息技术应用工作，为产业和应用部门做好服务工作。

（二）营造良好的政策环境

一是加快相关法律及认证体系、标准体系的建设。特别是要认真研究WTO的有关规则，尽快拟定出相应的政策和法规，创造公平的竞争环境。二是加强信息服务业与信息技术应用服务体系的建设。发展一批社会中介机构，专门为信息技术研发企业和广大用户提供服务，发挥中介机构在市场信息、技术测评、管理咨询、人才培训、第三方认证等方面的作用；鼓励建立信息技术研发成果交易中心、信息市场促进中心等机构，创造良好的信息技术交易和转让体系，发挥信息技术作为传统产业重要生产要素的作用。

（三）重视人才培养和应用培训工作

人才是制约中国信息产业发展与信息技术应用的关键因素，要建立三个层次的人才培养体系。首先，与高等院校合作，增设信息技术应用的相关专业，健全学校的基础人才培养体系；其次，形成以企业为核心，政府、学校和科研单位相结合的应用人才培养体系；第三，形成人才的终身教育体系。人才的培养必须从学校教育型转向终身学习型，发挥社会力量，开展在职继续教育。

多年来，全国电子信息系统推广办公室为此已做了大量工作，还将与美国微软公司签约，一年内分四期，为东三省培养百名信息技术应用人才。

用信息技术加快辽宁省老工业基地的调整、改造和振兴

李　兵

《中共中央、国务院关于实施东北地区等老工业基地振兴战略的若干意见》是振兴辽宁省老工业基地的纲领性文件，是中国全面建设小康社会的又一重大战略决策。

辽宁省省委九届六次全会通过了关于振兴辽宁老工业基地的决议，确立了振兴辽宁省老工业基地的总体要求、主要措施，提出了发展要有新思路、改革要有新突破、开放要有新局面、工作要有新举措，用新思路、新体制、新机制、新方式，走出振兴老工业基地的新路子的基本思路。

一、基本情况

辽宁省是中国传统产业相对集中的地方。虽然，近些年来，产业结构有所变化，但是传统产业在该省的经济发展中仍占有举足轻重的地位。2003年，该省实现国内生产总值6 002.5亿元。其中，第一产业实现国内生产总值615.8亿元，第二产业实现国内生产总值2 899亿元，第三产业实现国内生产总值2 488亿元。人均国内生产总值14 258元，地方财政收入447亿元，城镇居民人均可支配收入7 240元，农民人均纯收入2 934元。在高新技术产业中，形成产业规模的信息产业增加值2003年仅占全省GDP的4.88%。电子产品制造业增加值占全省工业增加值的3%左右。在今后相当长的一段时间里，传统产业仍将是全面增加税收、解决就业、扩大出口和促进发展的基础和支撑。近年来，全省进行了改革脱困、社保试点和资源枯竭地区经济转型试点等三项经济工作。通过不断深化改革，扩大开放，一批国有大、中型企业开始走上良性循环的发展道路，民营经济和三资企业快速发展，全省经济实力有所增强，人民生活水平有所提高。与自己相比辽宁省小有进步，同广东省、江苏省、浙江省、山东省等发达地区相比，仍有较大差距。

随着改革开放的不断深入，制约辽宁省经济和社会发展的一些深层次矛盾日趋明显。如：市场化程度较低，经济增长的内在动力不足；传统产业技术装备老化，竞争能力下降；社会保障压力大，就业和再就业矛盾突出；省内地区间发展不平衡，辽西北地区主导产业衰退，亟待接续产业；国有企业历史包袱沉重，经济效益较差，大批企业停产半停产，众多职工放假离岗，形成了所谓“东北现象”。具有雄厚基础的辽宁工业为什么辉煌不再，优势不存？除了深层次矛盾外，主要是辽宁省老工业科技含量不高，企业效益不高，资源消耗大、环境污染严重，人力资源优势得不到发挥等问题较为突出。导致该局面的因素固然很多，企业信息化程度不高是一个共性和根本性的重要原因。为此，用信息技术加快老工业基地的调整、改造和振兴，已经成为重要而迫切的战略性任务。

二、信息技术应用现状

在全省经济发展和传统产业提升与改造过程中，信息化及信息技术的应用发挥着越来越重要的作用。“九五”以来，针对辽宁省工业技术落后、装备老化的实际情况，辽宁省信息产业厅在全省范围内，重点推广了计算机辅助设计(CAD)、变频调速与计算机优化控制、嵌入式软件与智能化技术和网络技术为代表的四大技术。

上述技术主要用于机械、冶金、电子、石化等重点行业。根据2002年对全省100家国有大中型企业的调查分析，目前应用CAD、CAM、CAPP的企业约占60%，应用过程控制技术的企业约占40%，在财务、供应、销售、库存等各方面采用信息技术管理的企业约占75%，应用企业计划（ERT）随着信息技术应用的推广，在辽宁省实现管理信息化和开展电子商务的企业约占10%。涌现出了像沈阳鼓风机厂、“一汽大柴”、鞍钢、大连数据控机床、沈阳黎明等一批先进的典型企业。

几年来，通过信息技术的应用，不仅加快了传统产业的改造，同时也提高了传统企业的竞争能力，并为信息产业自身的发展造就了市场空间。据统计，2003年全省信息产业实现销售收入515亿元（不含通信运营业收入），是全省国民经济各部门增长速度最快的产业之一。其中，信息产品制造业实现销售收入410亿元，软件业实现销售收入105亿元；全行业实现工业增加值123亿元，占全省GDP的比重也由上年的1.4%提高到2%；实现利税20亿元。

信息技术应用促进了全省软件产业的发展。全省软件产业规模不断扩大，特别是培育了一批技术含量高、具有自主知识产权的软件企业。目前，该省通过认定的软件企业有474家，登记软件产品有1 001个，软件研发人员达到两万余人。其中，东软、大连海辉、大连华信等三家软件企业通过了CMM5级认证，占全国通过该类认证企业的一半。

信息技术的应用普遍提高了社会对网络的认知和依赖。截止到2003年底，电话普及率超过50部/百人，同比增长13.6%；互联网用户达到500万户，增长47.5%。

信息技术应用拉动了区域经济的发展。通过开展企业信息化示范工程等工作，对传统产业比较密集的沈阳市、大连市、鞍山市等市的区域经济发展拉动明显。据统计，在“九五”期间，全省GDP年均增长8.6%。在“十五”期间，全省GDP年均增长提高到9%以上，近两年平均在9.6%。

沈阳市通过把推进信息技术应用与各行业技术改造的有机结合，推动了企业产品设计网络化、加工设备智能化、生产过程自动化、企业管理现代化工作，通过实施老工业区的“退二进三”、用先进技术武装制造业基地、开发高科技产业园区等措施，初步实现了产业结构的调整。

大连市全方位推进信息技术应用工作，实现了社会效益和经济效益的同步发展。通过实施企业信息化工程，“城市一卡通”项目，商贸流通、口岸、交通运输等领域的信息化应用，以及电子商务、电子政务，全方位打造“数字大连”。

目前，经过集成人才、技术及资源优势，在辽宁省基本上形成了一支以中科院沈阳自动化所、计算所、东北大学、大连理工大学等为骨干的省内30余家大学、科研单位组成的信息技术研发队伍。在装备制造、冶金、石化等重点行业中，形成了一批样板企业的应用示范体系和以各级生产力促进中心、信息技术服务中心、软硬件开发商组成的中介服务、咨询培训体系。

应用信息技术改造和提升传统产业，推进企业信息化，促进辽宁省产业结构调整和优化升级，已成为振兴辽宁老工业基地的重要手段，并且已经开始发挥作用，取得了效果。这对全省经济的发展无疑起到了带动作用。

三、主要工作任务

在贯彻落实党中央、国务院关于振兴东北等老工业基地的战略决策和辽宁省委、省政府关于振兴老工业基地的部署中，辽宁省信息产业厅深感责任重大。一方面，信息产业本身要做大、做强，成为支柱产业；另一方面，信息产业还要为振兴老工业基地提供技术支撑和服务。综观世界各国的发展，凡是经济大国、强国，信息产业均为其支柱产业。在国内，凡是经济发展的省份，都是信息产业的强省。辽宁老工业基地的振兴以建设

"两大基地"，形成"三大产业"为重点，建设两个基地必然需要信息产品的装备，必然需要广泛应用信息技术以提高现代化水平和综合实力。而高新技术真正形成产业规模的，就该省目前来说还只有信息产业，所以高新技术产业必然要以信息产业为主体。信息产业是同时具备"科技含量高、经济效益好、资源消耗低、环境污染少、人力资源优势得到充分发挥"五条基本特征的最新型产业。因此毫无疑问，加快发展信息产业，使信息产业成为该省支柱产业，同时应用信息技术改造和提升传统产业，是辽宁省老工业基地振兴的客观需要。

老工业基地的优势在于原有的工业基础，振兴的主要任务是改造和调整，而改造和调整的内容除体制创新、转变观念外，最重要的是通过各行业广泛应用信息技术推动产业和产品结构调整和优化升级，提高产业质量，这是实现生产力跨越式发展的必然选择。党的十六大提出："坚持以信息化带动工业化，以工业化促进信息化，走出一条新型工业化路子"。这说明了信息化和工业化的辩证关系，即不推进信息化就不可能真正实现工业化，而工业化又为信息化提供了装备、提供了市场，是信息化的基础。只有用信息技术改造和提升传统产业，才能从根本上提高企业的技术创新能力、先进装备制造能力、现代企业管理水平，实现产业结构、产品结构的根本转变，提高企业核心竞争力，使企业做强，产品做精，产业做大，才能实现该省老工业基地的振兴。

2003 年 5 月 31 日至 6 月 3 日，国务院总理温家宝视察辽宁省，就东北老工业基地振兴发表了重要讲话，强调要大力发展有突破性、起带动作用和科技含量大的高新技术产业，广泛采用高新技术和先进适用技术改造提升传统产业。温总理的重要讲话，进一步提高和增强了该省对加快用信息技术改造和提升辽宁传统产业的认识和责任感。

为了落实温总理讲话精神，加快应用信息技术的步伐，经过运筹，出台了《关于辽宁省百户企业信息化示范工程的实施意见》，并以辽政办发〔2003〕18 号文件形式下发。同时由信息产业厅牵头，会同省科技厅、发改委、经委一起组织召开了全省百户企业信息化示范工程启动大会，正式打响了应用信息技术改造和提升传统产业的攻坚战。

在用信息技术改造和提升传统产业、促进辽宁老工业基地振兴方面，该省信息产业厅明确了指导思想、工作思路和工作目标。

指导思想：坚持"以信息化带动工业化、以工业化促进信息化"的方针，以中央振兴东北等老工业基地的战略决策为契机，以改革开放为动力，加快结构调整和体制创新，加强信息技术的推广应用，进一步发挥信息产业在辽宁老工业基地调整、改造和振兴中的重要作用，加速产业发展，为把该省建成中国电子信息产业基地打好基础，为辽宁省老工业基地振兴做出贡献。

工作思路：坚持以企业信息化为主线，坚持以信息技术与传统产业相融为结合点，坚持以企业信息化的核心应用为切入点，坚持以提高企业核心竞争力为落脚点。

工作目标：通过百户企业信息化建设示范工程，带动千户企业信息化建设，拉动百亿元信息服务市场。

采取的主要政策措施有以下几个方面。

（一）政府推动，做好服务

在实施百户企业信息化示范工程过程中，省政府成立了辽宁省企业信息化示范工程联席会议，负责对全省企业信息化的统筹规划、政策引导、组织协调、监督检查、咨询服务工作。综合运用各种手段推动企业信息化建设，创造有利于企业信息化发展的市场环境，防止资源浪费和低水平重复建设。省政府相关职能部门形成合力，协同推进。政府职能部门通过政府的行政行为，帮助企业搭建交流平台。为 IT 企业与传统企业进行交流对接提供舞台，增进服务商、供应商、企业间的相互了解，便于愉快合作，实现双赢。各市政府要对参加示范工程的企业在资金、政策等方面予以倾斜，进一步强化省、市政府及职能部门的服务功能。

（二）设立专项资金，出台鼓励政策

为切实推进信息化，加快用信息技术改造和提升传统产业的步伐，出台了《辽宁省信息化专项资金管理暂行办法》，建立每年额度为 1 000 万元的专项资金，由省财政设立专户，用于企业信息化建设和传统产业改造，同时要求各有关市和企业做好相应资金的配套工作，扩大了专项资金的效用。辽政办〔2003〕18 号文件出台了鼓励政策：一是把推进企业信息化的项目优先列入国家“倍增计划”、科技发展计划和高技术产业化计划以及经委的技改计划；二是双向扶持政策，即一方面，中小企业在进行信息化过程中，政府可以提供贷款贴息，另一方面，对已承揽了企业信息化项目的软件企业，提供软件开发补贴。

（三）以人为本，抓好培训

信息技术的推广应用根本在人，实施在人。为此，抓好人的培训，特别是企业领导信息化知识的培训至关重要。省信息产业厅和国内外著名 IT 企业合作，免费为企业进行信息化培训，2003 年至 2004 年上半年已分别在北京市、深圳市培训了两批，共有 60 多个企业参加。通过专题讲授，案例分析、参观考察以及模拟沙盘对抗等多种形式，大大提高了企业领导对信息技术应用的认识。此项工作还要继续开展下去，不但在国内培训，还要安排到国外培训，把人才培训贯穿企业信息化的始终。

（四）加强考核、健全机制

省政府文件明确规定企业信息化工程是一把手工程，把是否建立以一把手为首的组织机构，是否有效推动企业信息化工程，作为考核国有大型及特大型企业领导班子的一项重要考核内容。同时会同省科技厅、省发改委、省经委在广泛调研、专家论证的基础上，制定了《辽宁省企业信息化发展水平测评办法（试行)》。该办法采取专家测评和企业自测相结合的方法，遵循科学性、通用性、可操作性和连续性的原则，规定了企业信息化在基础设计、企业业务流程信息化水平、管理信息化水平、企业信息化应用效果、企业信息化支撑力度和企业信息化技术及应用的获奖情况等六个方面的测评指标，为掌握全省信息化情况提供了量化的测评依据。

用信息化带动吉林省老工业基地的改造和振兴

邱恩义

加快信息技术推广应用，是传统产业结构调整和优化升级的重要措施，是信息化带动工业化战略的有效途径，也是该省实施老工业基地振兴改造的战略选择。在该省经济发展中，传统产业比重高，产业结构调整缓慢，企业设备老化，技术落后，面临许多矛盾和困难。但是，吉林省企业拥有良好的传统产业基础，具有后发优势和比较优势，对信息技术应用也有很大的市场需求。为此，近年来该省以一汽集团、通钢集团、长春客车厂、吉林化纤等为代表的一批重点企业，积极应用信息技术改造生产工艺流程，加强企业管理，提高企业效益，市场竞争力明确增强。

一、信息技术应用现状

吉林省的企业信息化建设坚持“跨越式发展，选择性突破，效益型推进，低成本实施”的指导思想，坚持以应用为主导、以企业为主体、以取得经济效益为主要目标的企业信息化工作思路，坚持应用信息技术提高传统产业的生产力水平和市场竞争能力，企业信息化取得了新的进展。

（一）实施企业管理信息化工程。开展了管理信息化示范工程，项目对接，信息技术应用“倍增”计划，企业管理信息化培训等一系列信息技术推广应用工作，企业管理信息化取得了一定的成效。如：一汽集团长春齿轮厂通过 ERP 的应用，其协作件的库存资金由原 820 万元降至现在的 360 万元，存货周转率由原来的 4.8 次升至现在的 6 次，车间在制品减少了 100 万元，生产周期缩短了 1 天，每年增加效益约 1 000 万元。实现了零库存管理。下一步一汽集团将在全厂推广 ERP 管理，提升整个集团的竞争力；通化钢铁集团公司注重发挥信息技术在企业管理中的作用，先后投资 6.2 亿元，全面启动了企业管理信息化，形成了覆盖全集团的广域网，实现了企业办公、财务、物流、营销、库存、人力资源的信息网络化管理。通过整合物流管理系统，使集团仓储的 10 余万种物料全部实现了按信息编码分类管理，统一调配。物流整合后，吨钢储备资金占用由 941 元/吨降低到 632 元/吨，降低了 32.8%；流动资金周转次数 2002 年为 3.35 次，2003 年达到 7.9 次，提高了 1.36 倍。2003 年仅采购成本降低和减少资金占用的综合经济效益就达 1 500 万元以上。该省粮食管理部门正在对全省近千个粮库采用自主开发的粮食管理软件和配套检测设备，实现粮食收储过程和粮食系统管理的信息化。

截止到 2003 年，全省重点企业普遍在管理和营销环节上采用信息技术。其中，70%建立了财务管理系统，32%建立了销售管理，20%建立了采购管理，36%建立了办公自动化（OA），27%建立了库存管理。企业信息技术应用各项比例逐年提高。

（二）实施制造业信息化工程。2002 年以来，省政府确定在吉林省的汽车、石化、冶金、建材、轻工、纺织、医药、食品等 11 个传统行业内开展制造业信息化示范工程，并选定省内 100 户重点制造业企业，推广使用计算机辅助设计、计算机辅助制造、生产过程自动控制以及计算机集成制造等技术。比如：通钢集团把信息技术应用渗透到所有技术改造项目中，在冶炼过程中，涉及到烧结、炼铁、炼钢、轧钢、焦化、动力系统等主要生产环节的 88 条生产控制线均实现了计算机自动化控制，信息技术应用水平提高，每座高炉的日产量由原来的 800 吨提高到 1 000 吨以上，平均产能提高了 25%，能耗费用降低 20%。比如：长春客车厂采用计算机辅助设计技术，设计效率与手工相比，提高了 10 倍以上，并缩短了产品开发周期。由于拥有先进的设计手段，因此在国际与国内竞争招标中赢得优势。目前，该厂铁路客车产量占国内市场的 47%，客车年产量达到 1 550 辆，销售收入为 30 亿元，出口创汇 1 100 万美元。

（三）积极引导企业开展电子商务。在开展企业上网工程的基础上，引导企业利用互联网，开展网上经营活动，改变企业传统的商务模式。目前，省内多数上规模的企业能够运用互联网，开展网上企业宣传、招标与投标、物资采购、经济协作等，企业应用网络技术进行经营活动已具有普遍性。在 2000 年以前，该省上网的企业不足 500 户。截止到 2003 年，全省规模以上的工业企业上网率为 75%。全省重点企业普遍建立了自己的网站或网页，部分企业开展了电子商务应用。

二、几点认识

总结几年来推进企业信息化工作，该省信息产业厅有以下几点认识：

一是信息化工作要从实际出发，突出重点，务求实效。推进企业信息化，应遵循统筹规划和分类指导的原则，特别是在信息化的起步阶段，根据不同行业和企业的特色和需求，从解决企业突出问题入手。通过对企业信息化的分类指导，找准信息化的切入点，提高了企业信息化的实际效果。

二是切实把信息化作为企业的“一把手”工程。推进信息化是企业的一次深刻改革，直接关系到企业组织框架重组、流程再造，关系到企业管理和控制手段的强化，关系到权利和利益的再分配。因此，推进企业信息化建设必须发挥一把手的核心作用。

三是突出抓好重点大中型企业信息技术应用。在推进企业信息化的进程中，大中型企业具有资金和人才等基础条件和优势，通过信息技术的应用，可以快速地提高企业的生产技术水平和市场竞争能力，产生较大的经济效益和良好的社会影响。

四是信息技术要主动进入传统产业改造。推进企业信息化为信息产业特别是软件企业提供了最为广阔的市场和商机。在推进信息技术应用的过程中，信息产业要主动调整经营战略，发挥地域优势，在适应企业信息化需求上做文章，在开发有自身特色软件产品和系统集成上做文章，在改进和完善售后服务上做文章，同时围绕企业信息化，在设计、生产、管理、经营、控制各个环节开发系列配套软件。

三、主要措施和工作计划

一是把老工业基地的改造作为信息化带动工业化的突破口。在汽车、客车、纺织等制造业采用计算机辅助设计和制造技术，缩短设计周期，提高设计质量；在冶金、石化、造纸、水泥、化肥等流程型企业运用计算机技术，实行生产过程自动控制，提高工作效率，提高产品质量，降低生产成本；在传统工业产品中，应用计算机技术，不仅提高产品的技术含量和附加值，同时实现产品的更新换代，并带动传统产业管理的现代化。

二是注重抓好传统产业与信息技术的结合。组织并引导信息产业进入传统产业改造市场。比如：该省金鹰软件公司开发的适合粮食管理的应用软件，在粮食企业中推广应用，取得了较好的经济和社会效益；一汽启明公司开发的企业资源管理ERP软件，在企业中得到推广应用，收到了成效。组织信息企业瞄准传统工业改造对信息资源、信息技术和信息产品的需求，适时调整市场方向以及自身的技术结构和产品结构，不断拓展应用领域，在改造传统产业的过程中成长壮大。支持传统产业向信息产业调整和转移。一汽启明公司、通钢网航公司都是在原企业内部自我服务的信息技术机构的基础上，走向市场，开展独立自主经营，发展成为具有竞争力的信息企业。

三是继续深入开展企业信息化试点工作。在前一段企业信息化试点的基础上，该省信息产业厅将选择全省具有行业代表性的重点企业进行指导和跟踪，经过筛选再确定一批企业信息化试点单位。这次确定的试点企业基本涵盖全省9个市州及传统行业中的大、中型企业和有代表性的企业。其中，在机械行业中，推广数控机床和加工中心，以及柔性制造系统、现代集成制造系统的应用；在轻工行业中，应用电子信息技术，提高家用电器的设计、生产在线检测和质量控制水平；在纺织行业中，推广企业电子分色、电子印花、电子制版、电子配色等电子控制技术；在冶金行业中，提高生产线控制水平，将电炉、精炼、连铸等工艺进行系统集成；在石化行业中，提高各类炼化装置集散控制水平；在建材行业中，推广炉窑自动控制技术；在商贸流通业中，推广信息技术、网络技术及现代管理技术在营销过程中的应用，发展物流信息业。

四是加强信息技术的推广应用。将应用信息技术改造传统产业纳入到东北老工业基地振兴的规划和政策体系之中，加强对企业信息化工作的统筹规划和分类指导，研究制定鼓励传统产业应用信息技术的配套政策和标准系统；配合国家实施东北老工业基地改造的政策，对信息技术的应用给予重点倾斜。对于重点大型企业关键性信息技术攻关、新产品研发和信息技术的转化推广，将在国家老工业基地改造中设立专项资金，给予配套资金予以扶持。

发挥信息化与信息技术在实施老工业基地振兴战略中的倍增作用

王　强

党的十六大明确提出要“用高新技术和先进适用技术改造传统产业，大力振兴装备制造业”。党和国家新的领导集体组成后，在国家信息化领导小组第三次会议上提出“要积极运用信息技术改造和提升传统产业，调整和改造东北等老工业基地，加快企业信息化步伐”。2003 年 10 月，党中央、国务院下发了《关于实施东北地区等老工业基地振兴战略的若干意见》。党中央、国务院对信息化和应用信息技术改造传统产业工作越来越重视，必将进一步激发起全社会对信息技术、网络和服务的需求，为信息化和信息技术发挥倍增作用提供大有作为的舞台。

一、信息化和信息技术在振兴战略实施中大有可为

党中央、国务院提出实施东北地区等老工业基地振兴战略，抓住了解决当前中国经济和社会发展的关键环节，这是黑龙江省在相当长的时期内所面临的一次难得的历史机遇。总结近年来在省委、省政府的领导下，黑龙江省信息化建设快速发展以及由此而产生的效益，该省信息产业厅认为信息化既是黑龙江省实施振兴战略的迫切需要，也是现阶段黑龙江省在众多竞争省份中脱颖而出、实现跨越式发展的一条捷径。在文件提出的振兴任务中，相当多的内容需要由信息化和信息技术作为技术保障和基础支撑，信息化和信息技术在产业结构优化升级，提升整体和个体竞争力，推动黑龙江省经济与社会全面、协调、可持续发展等诸多方面具有覆盖全局的倍增作用。

通过对黑龙江省重点领域信息化建设试点单位的实地走访和召开各层次座谈会，使得该省信息产业厅认识到：坚持走新型工业化道路，在社会经济领域广泛应用信息技术，以企业信息化为切入点，推动传统产业结构优化升级，是实施老工业基地振兴战略的必然途径之一。

（一）在加快体制创新和机制创新方面，应用信息技术可以为明晰企业产权、消除障碍、确保风险内控机制的有效运行等许多方面提供代价较小的技术保障手段。

斯达公司以企业信息化为切入点和突破口，通过信息技术的应用，促进了企业产权制度、内部机制和组织结构的改革，并形成一种良性互动。

斯达公司曾长期存在机制僵化、观念落后、机构臃肿、管理粗放、人浮于事、采购与销售失控等问题，处于亏损状态。1997 年，该公司以合资为契机，实现资产重组和制度变革，并建立了内部激励机制和约束机制。为了更好地推行新的企业制度，该公司应用信息技术修订了生产、经营和管理体系，实现了计算机管理系统、监控系统和控制系统的集成，全面提升了企业的核心竞争力。与实施信息化前相比，近几年该公司取得了显著效益。产量提高 55%，合格率提高 10%，成本降低 27%，利润提高 55%，市场占有率最高时曾达到 63%，职工收入提高 68%。目前，该公司已经发展成为一家产权清晰、制度规范、机制灵活、管理科学的现代企业，并成为全国企业信息化的先进典型。该公司的经验表明：企业实施

信息化的前提是制度创新，但是如果不应用信息技术去支撑和巩固创新后的生产、经营、管理制度，新的企业制度将难以真正发挥长效作用。

（二）在全面推进工业结构优化升级方面，应用信息技术可以提高企业技术水平、产品设计水平和生产效率，堵塞管理漏洞，调动职工积极性，降低成本和扩大需求，极大地提高企业参与国内外市场的竞争力和黑龙江省整体经济的竞争力。

哈飞集团过去是生产单一军品的企业，现在已发展成为生产汽车、飞机和机电产品的多元化大型企业集团。在 20 世纪 90 年代初期，该集团为了加强与法国、新加坡在 EC120 轻型直升机研制上的合作，全面引进了法国达索公司的三维设计软件、美国的计算机辅助设计/计算机辅助制造/计算机辅助工程（CAD/CAM/CAE）软件及 IBMRISC 6000 工作站，从此，开始了该集团的信息化由被动建设向主动出击的转变。目前，该集团的信息化建设已经达到了较高的水平。主要表现在：(1) 应用 CAD/CAM/CAE 及网络技术，与外国公司联合研制新品，提高了新产品的开发速度和水平；(2) 应用企业资源计划（ERP）管理软件，增强了市场应变能力，缩短了生产计划周期，计划下达准确率达到 98%，加班工时减少 32%，劳动生产率提高 5.5%；(3) 实施计算机管理，降低采购费用 2 000 万元/年，制品库存量减少 25%，汽车单车生产成本降低 11%；(4) 改变了信息的手工传递方式，实现了信息的及时、准确和共享，为科学决策提供了可靠依据；(5) 实现了信息技术应用与国际合作企业的同步升级，取得了参与国际合作的“通行证”，增强了国际市场竞争力。

哈电机曾是国家“一五”计划建设的 156 项重点工程之一，是典型的传统制造企业。面对发电设备市场日益国际化和自身在设计、制造、管理上存在的问题，哈电机自 1995 年起分阶段投资 2 600 万元用于信息化建设。目前，该企业已实现营销采购全球化、设计制造集成化、业务流程动态化和产品服务个性化，企业整体创新能力和市场竞争能力均有明显的提高。如：技术标书的准备时间由过去的 4 个月缩短为 3 周，商务标书的准备时间由过去的 3 个月缩短为 1 个月；实现了多国异地联合设计，产品设计能力达到国际先进水平；实现了设计、制造一体化，设备利用率提高 8%~10%，制造周期缩短 1~2 个月。哈电机的信息化实践表明：依靠传统产业自身的技术创新和管理创新很难实现传统产业的改造与提升，必须走以信息化带动工业化的路子，在设计、生产、管理、营销等各个环节上广泛应用信息技术。

（三）在促进资源型企业物流管理变革方面，应用信息技术可以通过加强制度约束，促进资源型企业物流管理变革，产生实实在在的经济效益。

黑龙江鸡西矿业集团物资供应公司（简称物资公司）负责集团所属的 13 家国有大型煤矿生产物资的采购、仓储、供应和管理，年采购额为 35 亿元。过去由于制度不完善，管理手段落后，导致大量质次价高的物资通过各种渠道充斥库房。在 2.6 亿元的库存物资中，合格率只有 30%，吨煤材料费高达 47 元。为了彻底扭转物资采购和管理的混乱局面，该公司于 2002 年 5 月在强化制度约束的基础上，应用信息技术搭建物流管理信息平台，建立了招标与投标、采购、销售、库存和财务等管理信息系统，实现了物流、资金流和信息流的集成。该公司从实施信息化至今，仅投资 90 万元，却取得了显著效果。在 2002 年的两次采购招标中，中标价格比计划价格分别低了 32%和 40%；库存资金占用由 2.6 亿元降到 1.7 亿元；吨煤材料费由 47 元降低到 20 元，按集团公司年产原煤 900 万吨计算，可为集团公司年创造经济效益两亿多元。

物资公司信息化的实践表明：采购、仓储、供应和管理是资源型传统企业物流的关键环节。这些环节在传统的管理制度下，恰恰是企业“跑、冒、滴、漏”最严重的环节。因此，只有通过加强制度约束和信息技术的结合，才能促进资源型企业物流管理的变革和产生实实在在的经济效益。

（四）在实现传统企业的跨越式发展方面，应用信息技术可以通过网络促进企业强化与外界的沟通和协调，大幅度提高经济效益。

16 年前，蓝艺集团是一家濒临破产的小地毯厂，地处偏远的木兰县，交通不便，管理落后，产品设计周期长，经营成本高。为了走出困境，该集团坚持改革创新，推进信息化建设，带动企业发展。1997 年，该集团在国内地毯行业中，第一个引入财务电算化，实现了对资金的精细化管理。1998 年，该集团与科研机构合作研制了国内第一套地毯图案 CAD 系统，设计人员全部采用电脑操作，实现了设计、着色、输出一体化，有效地提高了设计速度和质量，过去 1 个人需要 1 个月的工作量，现在只需 2 天~3 天。1999 年，该集团建立了蓝艺网站，实现了在网上直接传递设计图案、材料采购和销售订单，直接与客户沟通，提高了客户满意度和市场反应速度，降低了生产经营成本。近三年来，该集团产品出口的国家和地区由 10 多个增加到 30 多个，出口额翻了一番。2002 年该集团的出口额达 500 多万美元。同年，在原材料涨价、产品降价等不利条件下，该集团的产品成本平均下降 8%，存货周转比 2001 年的 3.6 次提高了 0.6 次，资金周转速度加快了 16%。

蓝艺集团从一家名不见经传的小地毯厂，通过推进设计、生产、管理、销售的信息化建设，实现了跨越式发展。该集团通过广泛地应用信息技术和构建电子商务平台，建立起了一条通向世界的信息高速公路，通过网络方式实现了与外界设计方案的沟通和商务合同的传递，把地毯销售到俄罗斯、阿联酋、墨西哥、美国等 30 多个国家。

加强信息化建设，利用信息技术改造老工业基地，要注意解决好以下几个问题：一是振兴东北老工业基地，必须尽快理顺体制，转变观念，真正建立起信息技术应用与实际业务相匹配的外部环境。二是企业信息化是利用信息技术改造老工业基地的切入点和突破口。企业信息化不是简单地把企业现有的业务流程电子化，关键在于改造企业传统的组织结构、业务流程和管理体制，减少环节和层次，提高工作效率，提高信息流的速度和质量，加快资金周转，降低运作成本，增加经济效益。三是软件产业和信息服务业是新的增长点。利用信息技术改造老工业基地，存在着对行业应用软件及信息服务的巨大需求。黑龙江省教育比较发达，拥有哈尔滨工业大学、哈尔滨工程大学等著名的高等学府，有发展的条件和能力，要围绕老工业基地信息化改造的内在需求，大力发展与煤炭、钢铁、石油、汽车等传统产业相结合，以 CAD/CAM/CAE 等大型行业应用软件为主的信息产业和信息服务业。

二、在振兴战略中发挥信息化作用的措施

推进信息化建设和推广应用信息技术，是实施振兴战略、振兴黑龙江省老工业基地、改造提升传统产业、走新型工业化道路的需要。为了保证这一进程的顺利推进，黑龙江省拟采取以下措施。

（一）实施企业信息化专项，发挥信息技术的倍增作用

一是培育在黑龙江省乃至全国有推广意义的企业信息化典型。二是扩大企业信息化规模，加大信息技术推广应用的力度。三是筹建黑龙江省数控加工中心管理平台等工程，开展网络化制造技术集成应用工作。四是创建企业信息化公共支撑环境。筹建企业共享软构件库，解决企业信息化软件的成本、风险、进度和重复开发等问题；筹建中、小企业公共服务平台，通过网络化手段和社会化共性技术服务，为中、小企业解决缺少技术力量和资金等的问题；强化共性、关键技术的开发；进一步规范企业信息化建设市场，加强

分类指导和咨询服务。

（二）以应用为主导，推进各领域内的信息化建设

一是要进一步促进农业信息网与其他传媒结合，为农民提供更广泛、更优质的信息服务，探索大规模推广农业专家系统，为更多的农民送去“留在田间、炕头不走的农业专家”；同时要逐步建设社保与低保信息系统、卫生等领域突发事件的信息应急系统、现代物流业信息系统、实现网络化公共服务与社会管理的电子政务、提供便民服务的社区信息化等工程。二是加快各行业急需信息资源的开发。三是推进电子商务和信用体系的建设。四是做好信息安全工作。五是加大科技创新的力度。

（三）建立省市地县联动工作机制

一是在农业信息化上联动。二是在公共信息系统开发与应用上联动。三是在培育信息化典型上联动。四是在招商引资和人才培养上联动。五是在调查研究上联动。

（四）建立与振兴战略相适应的管理队伍

信息化建设所需的信息技术是高新技术，更新换代很快，而信息化建设又是一项全新的事业，没有什么经验可借鉴。在当前阶段，迫切需要建设一支能够满足信息化建设发展需要的高素质技术和管理队伍。要根据振兴战略和黑龙江省信息化建设的要求，突出行业特色，结合当地实际，抓好队伍建设。

第 3 部分　电子信息产业经济运行综合统计资料

综合统计资料说明

1. 电子信息产业制造业的统计范围是：全部国有电子信息产业制造业企业和年产品销售收入在 500 万元以上的非国有电子信息产业制造业企业；软件产业的统计范围是年销售收入在 50 万元以上的软件企业，不包括流通、咨询、服务领域的电子信息企业和个别省、市设在保税区内的电子信息产业制造业企业。

2. 此资料调查方式为普查式。历年本统计资料的报表制度均由信息产业部布置，由各省、自治区、直辖市电子信息产业主管部门收集本地区电子信息制造业年度资料，报信息产业部经济体制改革与经济运行司汇总整理。解释权在信息产业部经济体制改革与经济运行司。

3. 由于历史上的原因，电冰箱、空调等产品属于国家轻工、机械部门管理。因此，在本统计资料中，电冰箱、空调的产量为原电子工业系统的企业生产，不是全国的总产量。

表 1 2001 年~2003 年电子信息产业主要经济指标完成情况

项目名称	单位	2001年	2002年		2003年	
		金额	金额	增长率（%）	金额	增长率（%）
工业总产值（1990 年不变价）	亿元	14 729	17 800	20.9	24 058	35.2
工业总产值（现行价）	亿元	11 463	13 717	19.7	17 835	30.0
工业销售产值	亿元	11 176	13 415	20.0	17 475	30.3
出口交货值	亿元	4 356	6 091	39.8	9 239	51.7
工业增加值	亿元	2 605	2 980	14.4	4 000	34.2
产品销售收入	亿元	11 885	14 000	17.8	18 800	34.3
利税合计	亿元	844	860	1.9	1 038	20.7
其中：利润总额	亿元	563	600	6.6	750	25.0
资产总计	亿元	10 527	12 110	15.0	14 342	18.4
负债合计	亿元	6 180	7 106	15.0	8 680	22.2
从业人员平均人数	万人	301	326	8.3	408	25.2
进出口总额	亿美元	1 241	1 772	42.8	2 743	54.8
其中：进口总额	亿美元	591	851	44.0	1 322	55.3
出口总额	亿美元	650	920	41.5	1 421	54.5
软件及系统集成收入	亿元	751	1 100	46.5	1 633	48.5
其中：软件产品收入	亿元	516	661	28.1	837	26.6
系统集成及计算机服务收入	亿元	235	440	87.2	796	80.9
软件出口额	亿美元	8	15	87.5	20	33.3

备注：2002 年数据为修正值。

表 2　2003 年按经济类型划分的电子信息产业

项目名称	企业数（个）	综合经济效益指数	总资产贡献率	资产保值增值率
合计	10 596	150.74	7.42	113.26
国有经济	860	97.74	3.99	104.42
集体经济	857	134.62	11.38	102.48
股份合作经济	494	147.23	13.88	124.33
股份制经济	1 725	145.11	7.82	110.97
外商及港澳台投资经济	3 987	169.93	7.51	116.08
其他经济	2 673	129.94	11.23	129.03
国有控股企业	1 564	130.50	5.10	104.26

表 3　2003 年按企业规模划分的电子信息产业

项目名称	企业数（个）	综合经济效益指数	总资产贡献率	资产保值增值率
大型企业	824	183.30	7.07	105.53
中型企业	1 017	141.31	7.20	120.04
小型企业	8 755	130.52	8.19	128.80

表 4　2003 年通信设备工业行业

项目名称	企业数（个）	综合经济效益指数	总资产贡献率	资产保值增值率
合计	940	223.04	8.56	109.36
传输设备制造	174	138.58	5.37	104.56
交换设备制造	154	302.41	10.92	118.63
通信终端设备制造	197	176.90	3.17	93.99
移动通信及终端设备制造	58	362.99	10.41	131.75
其他通信设备制造	357	208.36	12.93	109.46

制造业综合经济效益指标完成情况

单位：%

资产负债率	流动资金周转率	成本费用利润率	全员劳动生产率（元/人）	产品产销率
60.52	2.05	4.28	99 462	97.98
61.19	1.01	2.54	53 072	98.40
54.09	2.68	4.40	52 200	98.67
52.31	1.88	9.65	40 824	96.23
53.74	1.32	6.21	89 488	94.38
63.28	2.52	3.94	126 502	98.75
59.62	1.93	6.04	41 095	96.53
57.52	1.27	3.69	91 677	96.33

制造业综合经济效益指标完成情况

单位：%

资产负债率	流动资金周转率	成本费用利润率	全员劳动生产率（元/人）	产品产销率
59.59	2.05	4.01	157 448	97.68
62.01	2.16	3.99	83 462	99.64
61.62	2.01	4.93	57 478	97.88

综合经济效益指标完成情况

单位：%

资产负债率	流动资金周转率	成本费用利润率	全员劳动生产率（元/人）	产品产销率
57.85	1.55	5.33	217 999	95.44
66.51	1.00	4.78	103 859	101.17
55.79	1.05	8.42	329 971	89.06
52.26	1.90	1.41	174 936	98.62
68.41	2.14	5.71	430 357	96.02
52.27	1.63	9.60	152 116	96.67

表 5　2003 年广播电视设备工业行业

项目名称	企业数（个）	综合经济效益指数	总资产贡献率	资产保值增值率
合计	140	101.04	6.74	119.38
广播电视设备及发射设备制造	22	55.49	2.88	106.52
广播电视接收设备及器材制造	100	116.16	8.25	123.05
应用电视设备及其他广播电视制造	18	204.81	22.34	134.62

表 6　2003 年电子计算机工业行业

项目名称	企业数（个）	综合经济效益指数	总资产贡献率	资产保值增值率
合计	759	207.86	6.38	117.05
电子计算机整机制造	189	316.36	7.38	116.34
计算机网络设备制造	69	192.58	7.05	109.84
电子计算机外部设备制造	426	180.10	5.13	119.73
幻灯机及投影设备制造	12	238.12	20.69	84.23
计算器及货币专用设备制造	63	115.70	6.25	118.62

表 7　2003 年家用视听设备行业

项目名称	企业数（个）	综合经济效益指数	总资产贡献率	资产保值增值率
合计	628	156.65	7.22	106.85
家用影视设备制造	288	180.67	7.18	104.05
家用音响设备制造	340	124.90	7.43	124.14

表 8　2003 年电子元件工业行业

项目名称	企业数（个）	综合经济效益指数	总资产贡献率	资产保值增值率
合计	2 695	129.32	7.54	114.36
电力电子元器件制造	457	137.31	9.96	116.05
电子元件及组件制造	2 033	126.52	7.36	113.57
印刷电路板制造	205	146.20	6.19	117.34

综合经济效益指标完成情况

单位：%

资　产 负债率	流动资金 周转率	成本费用 利润率	全员劳动 生产率（元/人）	产　品 产销率
64.89	1.35	3.63	35 998	97.16
80.28	0.54	–0.74	24 261	94.12
53.40	2.10	3.88	39 109	97.96
49.12	2.95	12.82	69 859	98.03

综合经济效益指标完成情况

单位：%

资　产 负债率	流动资金 周转率	成本费用 利润率	全员劳动 生产率（元/人）	产　品 产销率
73.12	2.98	2.64	197 013	99.62
81.14	3.39	2.59	370 970	98.51
64.36	1.66	5.18	172 961	98.27
68.33	2.82	2.36	156 488	99.51
31.41	2.75	10.11	160 502	100.79
47.56	2.30	3.27	37 341	136.85

综合经济效益指标完成情况

单位：%

资　产 负债率	流动资金 周转率	成本费用 利润率	全员劳动 生产率（元/人）	产　品 产销率
61.63	2.26	3.13	115 262	99.14
61.72	2.16	3.06	157 715	99.26
61.16	2.82	3.44	47 249	98.68

综合经济效益指标完成情况

单位：%

资　产 负债率	流动资金 周转率	成本费用 利润率	全员劳动 生产率（元/人）	产　品 产销率
55.75	1.84	5.64	58 358	97.22
57.81	1.45	7.28	59 959	96.72
54.66	1.89	5.53	54 229	97.75
59.37	2.01	4.79	92 766	94.93

表 9　2003 年电子器件工业行业

项目名称	企业数（个）	综合经济效益指数	总资产贡献率	资产保值增值率
合计	1 046	146.72	6.22	116.06
电光源制造	359	127.01	9.12	113.88
电子真空器件制造	112	189.55	8.03	105.07
半导体分立器件制造	210	141.47	7.14	116.07
集成电路制造	211	134.54	2.69	129.39
光电子器件及其他电子器件制造	154	155.90	5.97	131.34

表 10　2003 年电子测量仪器工业行业

项目名称	企业数（个）	综合经济效益指数	总资产贡献率	资产保值增值率
合计	268	118.07	7.05	127.62
环境监测专用仪器、仪表制造	32	142.26	9.97	115.23
导航、气象及海洋专用仪器制造	33	84.26	3.13	125.72
农林牧渔专用仪器、仪表制造	2	242.73	7.66	351.94
地质勘探和地震专用仪器制造	22	115.36	8.45	83.19
核子及核辐射测量仪器制造	5	–16.76	–1.88	89.06
电子测量仪器制造	98	138.58	9.40	152.01
其他专用仪器制造	76	124.39	8.99	123.25

表 11　2003 年电子工业专用设备行业

项目名称	企业数（个）	综合经济效益指数	总资产贡献率	资产保值增值率
合计	631	146.28	7.93	126.15
电子工业专用设备制造	124	99.85	4.30	146.82
其他电子设备制造	507	157.02	8.91	122.32

综合经济效益指标完成情况

单位：%

资产负债率	流动资金周转率	成本费用利润率	全员劳动生产率（元/人）	产品产销率
55.36	1.92	5.04	93 182	97.29
49.74	1.83	7.02	41 059	98.57
55.23	1.72	7.55	148 311	97.35
59.10	1.70	7.32	71 236	96.56
51.78	1.99	1.62	101 389	96.47
64.18	2.53	3.15	109 505	97.96

综合经济效益指标完成情况

单位：%

资产负债率	流动资金周转率	成本费用利润率	全员劳动生产率（元/人）	产品产销率
58.17	0.92	7.57	41 316	97.40
53.63	1.14	8.88	63 421	96.44
54.44	0.57	3.93	26 082	98.81
31.56	1.01	17.53	131 797	99.60
76.35	0.68	7.39	55 150	98.66
56.79	0.45	–17.27	19 703	86.16
62.60	1.07	9.79	47 265	98.76
51.00	1.45	7.47	39 356	94.55

综合经济效益指标完成情况

单位：%

资产负债率	流动资金周转率	成本费用利润率	全员劳动生产率（元/人）	产品产销率
59.11	1.38	7.10	80 779	97.96
65.15	1.01	2.91	46 008	95.64
57.48	1.46	7.79	90 637	98.36

表 12　2003 年电子信息机电行业

项目名称	企业数（个）	综合经济效益指数	总资产贡献率	资产保值增值率
合计	2 944	140.58	9.20	106.47
微电机制造	342	137.76	10.50	113.54
电线电缆制造	1 998	144.34	8.65	113.09
光纤光缆制造	85	198.88	7.36	91.30
电池制造	519	144.55	10.32	119.50

表 13　2003 年其他电子信息行业

项目名称	企业数（个）	综合经济效益指数	总资产贡献率	资产保值增值率
合计	493	151.57	10.42	127.47
信息化学品制造	162	183.86	10.84	131.57
灯用电器附件制造	331	121.03	9.22	115.15

表 14　2003 年省、市、自治区

省、市、自治区名称	企业数（个）	综合经济效益指数	总资产贡献率	资产保值增值率
北京市	400	165.94	7.51	114.20
天津市	392	208.13	5.92	94.41
河北省	273	167.83	8.76	100.24
山西省	48	68.98	2.44	162.61
内蒙古自治区	32	350.14	45.48	186.54
辽宁省	304	127.04	5.11	110.33
吉林省	52	61.86	0.68	92.33
黑龙江省	51	87.05	2.73	90.20
上海市	868	176.33	5.34	114.64
江苏省	1 629	164.00	6.67	122.39

综合经济效益指标完成情况

单位：%

资　产 负债率	流动资金 周转率	成本费用 利润率	全员劳动 生产率（元/人）	产　品 产销率
54.03	1.76	6.53	69 319	97.23
52.74	2.46	6.18	49 643	98.27
60.52	1.85	4.14	89 357	97.59
50.79	1.32	6.34	182 644	98.27
55.31	1.70	8.30	59 987	95.07

综合经济效益指标完成情况

单位：%

资　产 负债率	流动资金 周转率	成本费用 利润率	全员劳动 生产率（元/人）	产　品 产销率
53.31	2.02	9.95	53 090	99.28
51.04	1.89	14.28	78 962	100.87
59.71	2.22	4.80	38 341	97.40

电子信息产业制造业综合经济效益指标完成情况

单位：%

资　产 负债率	流动资金 周转率	成本费用 利润率	全员劳动 生产率（元/人）	产　品 产销率
53.33	1.76	5.44	121 724	96.03
51.26	2.26	2.92	207 395	99.43
55.12	1.19	9.57	107 216	97.86
54.81	0.76	3.04		86.87
26.67	2.38	28.20	140 481	97.58
58.80	1.86	3.57	75 254	98.50
60.10	0.66	–4.33	54 815	95.37
73.59	0.43	4.75	44 556	94.75
61.03	2.44	2.57	152 155	98.78
69.59	2.39	3.28	126 715	98.48

续表 14

项目名称	企业数（个）	综合经济效益指数	总资产贡献率	资产保值增值率
浙江省	1 497	152.34	9.42	125.46
安徽省	213	126.20	9.62	116.41
福建省	379	249.83	11.41	119.41
江西省	81	92.78	6.14	108.60
山东省	544	176.98	10.72	105.66
河南省	204	122.40	6.74	95.78
湖北省	267	154.72	6.58	92.87
湖南省	165	135.59	7.45	113.08
广东省	2 569	136.21	8.11	117.07
广西壮族自治区	73	96.40	5.50	116.54
海南省	15	74.00	0.26	150.67
四川省	228	113.99	5.10	102.75
贵州省	48	104.93	3.93	131.59
云南省	34	107.43	6.39	150.31
重庆市	70	97.17	5.85	110.60
陕西省	104	96.25	4.98	104.61
甘肃省	38	74.84	3.84	112.40
青海省	3	185.91	3.56	1 034.42
宁夏回族自治区	2	15.45	–1.16	91.83
新疆维吾尔自治区	13	58.58	2.38	105.87

表 15　2003 年计划单列市电子信息

计划单列市名称	企业数（个）	综合经济效益指数	总资产贡献率	资产保值增值率
大连市	49	143.06	6.27	91.58
宁波市	61	163.13	10.71	88.32
厦门市	34	353.36	24.61	107.43
青岛市	132	197.63	9.24	101.45
深圳市	74	165.71	9.36	69.17

资 产 负债率	流动资金 周转率	成本费用 利润率	全员劳动 产率（元/人）	产 品 产销率
59.82	1.57	6.14	89 484	96.82
61.80	1.90	5.89	45 187	95.11
64.75	2.43	6.91	228 627	98.86
62.54	1.33	4.52	20 344	96.51
54.25	2.83	4.10	122 328	98.33
69.50	0.87	6.46	68 912	97.15
51.31	1.30	6.88	109 326	95.95
54.94	1.59	7.60	60 433	100.36
60.30	2.23	4.49	68 232	97.69
69.51	0.97	3.84	39 829	97.75
55.38	0.76	–1.20	41 635	97.62
54.82	0.88	4.06	68 245	98.92
52.66	1.11	3.02	55 097	90.80
50.49	1.01	3.64	43 818	97.40
67.82	1.02	4.89	32 741	99.52
63.99	0.71	4.14	43 850	95.86
52.81	0.60	2.08	21 959	100.39
46.88	0.96	1.59		102.34
75.10	0.78	–12.86	40 409	105.19
55.78	0.78	–2.91	26 787	111.25

产业制造业综合经济效益指标完成情况

单位：%

资 产 负债率	流动资金 周转率	成本费用 利润率	全员劳动 生产率（元/人）	产 品 产销率
51.26	2.00	5.23	89 601	98.62
58.29	2.71	5.51	96 689	97.47
71.39	2.94	11.07	330 401	99.13
69.17	3.44	2.51	166 127	99.54
63.90	2.86	4.14	116 969	99.12

表 16　2003 年按企业登记注册类型划分的

项目名称	企业数（个）	亏损企业（个）	工业总产值（不变价）
合计	10 596	2 223	240 580 448
内资企业	6 609	1 176	72 940 837
国有企业	768	329	8 680 660
集体企业	837	141	4 680 990
股份合作企业	494	44	1 341 999
联营企业	92	21	806 390
国有联营企业	25	10	536 815
集体联营企业	20	4	43 628
国有与集体联营企业	27	6	135 783
其他联营企业	20	1	90 164
有限责任公司	1 413	283	31 828 109
国有独资公司	67	19	16 337 677
其他有限责任公司	1 346	264	15 490 432
股份有限公司	379	64	18 984 944
私营企业	2 607	291	6 332 562
其他内资企业	19	3	285 183
港、澳、台商投资企业	2 110	569	50 666 748
合资经营企业（港、澳、台资）	842	231	18 141 398
合作经营企业（港、澳、台资）	182	40	2 635 951
港、澳、台商独资经营企业	1 058	294	26 820 606
港、澳、台商投资股份有限公司	28	4	3 068 793
外商投资企业	1 877	478	116 972 864
中外合资经营企业	718	167	58 616 633
中外合作经营企业	78	18	1 968 638
外资企业	1 053	287	52 864 580
外商投资股份有限公司	28	6	3 523 014

电子信息产业制造业主要经济指标完成情况（1）

单位：万元

工业总产值（现行价）	工业销售产值	新产品产值	出口交货值
178 344 756	174 747 008	40 652 522	92 387 346
51 475 498	49 459 956	19 996 329	8 703 220
4 989 287	4 874 357	1 388 229	1 114 470
5 659 788	5 587 232	2 887 869	777 326
1 355 294	1 304 191	113 989	132 563
683 286	684 503	31 251	28 677
464 184	469 902	22 800	14 792
43 430	40 279	877	6 210
95 020	94 520	1 873	4 125
80 652	79 802	5 702	3 550
18 689 087	18 009 632	8 360 046	3 339 291
6 000 688	5 926 241	3 653 148	1 572 434
12 688 399	12 083 391	4 706 898	1 766 857
13 441 165	12 578 345	6 811 102	2 268 509
6 392 397	6 170 429	387 817	1 035 444
265 196	251 269	16 026	6 940
38 201 150	37 826 894	7 230 384	22 967 464
10 574 701	10 468 695	2 867 426	4 078 886
2 566 285	2 543 547	10 159	2 167 971
23 495 441	23 328 957	4 021 649	16 045 399
1 564 724	1 485 695	331 149	675 208
88 668 107	87 460 158	13 425 809	60 716 662
31 592 011	31 021 252	9 635 925	16 293 177
1 345 664	1 253 696	17 003	498 139
54 035 314	53 462 472	3 621 758	43 399 601
1 695 119	1 722 737	151 123	525 746

表 17　2003 年按经济类型划分的

项目名称	企业数（个）	亏损企业（个）	工业总产值（不变价）
国有经济	860	358	25 555 152
集体经济	857	145	4 724 618
股份合作经济	494	44	1 341 999
股份制经济	1 725	328	34 475 376
外商及港、澳、台投资经济	3 987	1 047	167 639 611
其他经济	2 673	301	6 843 692
国有控股企业	1 564	541	69 179 960

表 18　2003 年按企业规模划分的

项目名称	企业数（个）	亏损企业（个）	工业总产值（不变价）
大型企业	824	222	156 160 844
中型企业	1 017	258	26 917 977
小型企业	8 755	1 743	57 501 627

表 19　2003 年通信设备工业

项目名称	企业数（个）	亏损企业（个）	工业总产值（不变价）
合计	940	246	46 350 526
传输设备制造	174	38	2 694 964
交换设备制造	154	44	11 220 848
通信终端设备制造	197	66	12 073 545
移动通信及终端设备制造	58	12	15 511 636
其他通信设备制造	357	86	4 849 533

电子信息产业制造业主要经济指标完成情况（1）

单位：万元

工业总产值（现行价）	工业销售产值	新产品产值	出口交货值
11 454 159	11 270 500	5 064 177	2 701 696
5 703 218	5 627 511	2 888 746	783 536
1 355 294	1 304 191	113 989	132 563
26 129 563	24 661 735	11 518 000	4 035 366
126 869 258	125 287 051	20 656 193	83 684 126
6 833 264	6 596 019	411 417	1 050 059
38 283 583	36 878 946	18 233 585	9 684 814

电子信息产业制造业主要经济指标完成情况（1）

单位：万元

工业总产值（现行价）	工业销售产值	新产品产值	出口交货值
102 566 794	100 191 657	30 932 628	56 441 666
21 795 748	21 716 339	3 853 616	11 096 030
53 982 214	52 839 011	5 866 279	24 849 650

行业主要经济指标完成情况（1）

单位：万元

工业总产值（现行价）	工业销售产值	新产品产值	出口交货值
34 527 340	32 951 718	14 073 663	10 099 561
1 829 285	1 850 607	925 283	215 763
8 547 399	7 612 716	3 653 233	1 136 484
10 372 435	10 229 414	5 144 511	4 859 811
9 228 293	8 860 576	3 704 428	2 029 873
4 549 929	4 398 404	646 208	1 857 630

表 20　2003 年广播电视设备

项目名称	企业数（个）	亏损企业（个）	工业总产值（不变价）
合计	140	30	568 243
广播电视设备及发射设备制造	22	11	129 281
广播电视接收设备及器材制造	100	19	389 274
应用电视设备及其他广播电视制造	18		49 688

表 21　2003 年电子计算机

项目名称	企业数（个）	亏损企业（个）	工业总产值（不变价）
合计	759	206	68 712 652
电子计算机整机制造	189	51	38 322 710
计算机网络设备制造	69	13	2 603 642
电子计算机外部设备制造	426	118	26 508 257
幻灯机及投影设备制造	12	4	155 907
计算器及货币专用设备制造	63	20	1 122 137

表 22　2003 年家用视听设备

项目名称	企业数（个）	亏损企业（个）	工业总产值（不变价）
合计	628	166	49 589 997
家用影视设备制造	288	82	42 848 403
家用音响设备制造	340	84	6 741 594

表 23　2003 年电子器件工业

项目名称	企业数（个）	亏损企业（个）	工业总产值（不变价）
合计	1 046	225	26 530 290
电光源制造	359	69	2 231 501
电子真空器件制造	112	21	11 475 526

工业行业主要经济指标完成情况（1）

单位：万元

工业总产值（现行价）	工业销售产值	新产品产值	出口交货值
575 219	558 897	83 233	243 938
120 181	113 111	36 201	30 397
400 865	392 682	35 216	210 664
54 173	53 103	11 816	2 877

工业行业主要经济指标完成情况（1）

单位：万元

工业总产值（现行价）	工业销售产值	新产品产值	出口交货值
55 331 258	55 118 889	5 675 277	41 983 603
28 168 147	27 749 431	3 287 709	20 011 050
2 596 469	2 551 653	143 641	1 804 203
23 403 353	23 287 749	2 238 471	19 508 410
171 626	172 982	91	16 521
991 662	1 357 074	5 365	643 420

行业主要经济指标完成情况（1）

单位：万元

工业总产值（现行价）	工业销售产值	新产品产值	出口交货值
28 019 873	27 779 916	13 029 633	12 271 879
22 588 835	22 420 569	12 073 407	7 700 875
5 431 038	5 359 347	956 226	4 571 004

行业主要经济指标完成情况（1）

单位：万元

工业总产值（现行价）	工业销售产值	新产品产值	出口交货值
18 228 106	17 734 852	3 465 577	8 779 096
1 757 832	1 732 680	119 040	798 589
6 547 600	6 374 069	1 409 483	2 212 678

续表 23

项目名称	企业数（个）	亏损企业（个）	工业总产值（不变价）
半导体分立器件制造	210	53	2 844 958
集成电路制造	211	48	5 827 345
光电子器件及其他电子器件制造	154	34	4 150 960

表 24　2003 年电子元件工业

项目名称	企业数（个）	亏损企业（个）	工业总产值（不变价）
合计	2 695	565	30 172 320
电力电子元器件制造	457	83	3 116 391
电子元件及组件制造	2 033	435	21 623 978
印刷电路板制造	205	47	5 431 952

表 25　2003 年电子测量仪器工业

项目名称	企业数（个）	亏损企业（个）	工业总产值（不变价）
合计	268	41	943 268
环境监测专用仪器、仪表制造	32	2	103 987
导航、气象及海洋专用仪器制造	33	9	176 245
农林牧渔专用仪器、仪表制造	2		23 420
地质勘探和地震专用仪器制造	22	5	104 035
核子及核辐射测量仪器制造	5	2	8 784
电子测量仪器制造	98	12	313 893
其他专用仪器制造	76	11	212 906

表 26　2003 年电子工业专用设备

项目名称	企业数（个）	亏损企业（个）	工业总产值（不变价）
合计	631	134	4 395 990
电子工业专用设备制造	124	23	608 691
其他电子设备制造	507	111	3 787 299

工业总产值（现行价）	工业销售产值	新产品产值	出口交货值
1 781 070	1 719 741	154 940	1 019 254
4 481 229	4 322 824	700 523	2 501 311
3 660 375	3 585 538	1 081 591	2 247 265

行业主要经济指标完成情况（1）

单位：万元

工业总产值（现行价）	工业销售产值	新产品产值	出口交货值
23 619 612	22 962 394	2 530 690	13 085 589
2 883 062	2 788 547	386 418	746 382
17 356 112	16 964 753	2 002 437	10 217 538
3 380 438	3 209 094	141 835	2 121 669

行业主要经济指标完成情况（1）

单位：万元

工业总产值（现行价）	工业销售产值	新产品产值	出口交货值
940 450	916 001	143 462	161 676
105 377	101 623	8 113	5 552
165 611	163 645	44 838	5 555
23 929	23 832		1 772
99 976	98 638	15 587	12 747
8 965	7 724	758	
313 457	309 559	40 277	69 509
223 135	210 980	33 890	66 542

行业主要经济指标完成情况（1）

单位：万元

工业总产值（现行价）	工业销售产值	新产品产值	出口交货值
4 479 290	4 387 990	448 051	1 941 093
655 999	627 423	69 056	206 500
3 823 290	3 760 566	378 995	1 734 593

表 27　2003 年电子信息机电

项目名称	企业数（个）	亏损企业（个）	工业总产值（不变价）
合计	2 944	516	9 147 451
微电机制造	342	61	2 557 748
电线电缆制造	1 998	321	1 357 716
光纤光缆制造	85	23	2 471 379
电池制造	519	111	2 760 608

表 28　2003 年其他电子信息行业

项目名称	企业数（个）	亏损企业（个）	工业总产值（不变价）
合计	493	83	3 373 312
信息化学品制造	162	29	1 936 784
灯用电器附件制造	331	54	1 436 529

表 29　2003 年省、市、自治区电子信息产业

省、市、自治区名称	企业数（个）	亏损企业（个）	工业总产值（不变价）
北京市	400	112	14 104 672
天津市	392	145	13 549 471
河北省	273	36	1 192 031
山西省	48	15	162 280
内蒙古自治区	32	11	641 070
辽宁省	304	93	6 768 016
吉林省	52	16	743 081
黑龙江省	51	20	458 521
上海市	868	167	30 037 372
江苏省	1 629	301	28 407 873
浙江省	1 497	134	10 195 168
安徽省	213	47	1 937 264

行业主要经济指标完成情况（1）

单位：万元

工业总产值（现行价）	工业销售产值	新产品产值	出口交货值
9 213 565	8 958 379	702 737	2 447 743
2 694 017	2 647 521	204 026	1 331 828
1 364 992	1 332 032	95 778	135 490
2 447 800	2 405 397	167 787	63 043
2 706 756	2 573 429	235 146	917 383

主要经济指标完成情况（1）

单位：万元

工业总产值（现行价）	工业销售产值	新产品产值	出口交货值
2 646 201	2 627 115	150 431	1 265 957
1 428 968	1 441 470	138 795	625 354
1 217 233	1 185 646	11 636	640 604

制造业主要经济指标完成情况（1）

单位：万元

工业总产值（现行价）	工业销售产值	新产品产值	出口交货值
9 359 425	8 987 699	5 540 760	2 402 561
9 197 722	9 144 860	5 684 479	4 991 350
919 491	899 797	147 653	98 588
142 621	123 897	40 979	6 885
431 822	421 377	921	3 913
4 198 837	4 136 004	510 535	2 606 333
264 934	252 677	37 520	21 466
221 420	209 796	19 994	71 789
21 009 826	20 753 740	2 163 263	13 066 434
28 414 389	27 983 845	4 110 458	18 087 328
9 577 423	9 272 564	2 505 472	2 033 580
992 060	943 531	425 843	87 067

续表 29

省、市、自治区名称	企业数（个）	亏损企业（个）	工业总产值（不变价）
福建省	379	75	14 372 270
江西省	81	24	464 882
山东省	544	77	12 101 223
河南省	204	34	2 062 621
湖北省	267	49	2 568 187
湖南省	165	41	1 873 314
广东省	2 569	633	86 776 897
广西壮族自治区	73	30	397 925
海南省	15	8	35 141
四川省	228	55	7 161 399
贵州省	48	21	811 745
云南省	34	13	189 329
重庆市	70	13	440 271
陕西省	104	33	2 755 126
甘肃省	38	13	356 162
青海省	3		1 073
宁夏回族自治区	2	1	12 652
新疆维吾尔自治区	13	6	3 411

表 30　2003 年计划单列市电子信息产业制造业

计划单列市名称	企业数（个）	亏损企业（个）	工业总产值（不变价）
大连市	49	14	4 171 516
宁波市	61	5	3 523 462
厦门市	34		7 892 387
青岛市	132	36	13 469 715
深圳市	74	8	23 893 802

工业总产值（现行价）	工业销售产值	新产品产值	出口交货值
10 178 153	10 062 299	1 418 341	5 387 741
358 190	345 699	164 643	63 703
11 481 892	11 290 356	5 450 437	2 376 115
1 393 524	1 353 807	584 078	141 086
2 088 930	2 004 314	140 936	144 964
930 404	933 744	106 314	143 624
61 305 441	59 891 287	9 156 491	39 493 656
223 170	218 145	29 893	17 360
18 848	18 399		8 481
3 011 509	2 978 908	1 781 028	838 333
422 716	383 817	245 300	55 448
140 267	136 619	39 303	5 557
301 320	299 889	67 837	16 254
1 502 081	1 439 850	162 932	154 305
246 852	247 823	112 055	62 167
1 076	1 101	828	
6 917	7 275	4 219	1 262
3 499	3 892	10	

主要经济指标完成情况（1）

单位：万元

工业总产值（现行价）	工业销售产值	新产品产值	出口交货值
2 683 710	2 646 751	383 631	1 945 782
2 142 365	2 088 129	1 318 320	361 440
5 782 845	5 732 819	3 969 797	2 951 344
8 767 517	8 727 241	6 207 681	1 463 744
17 915 333	17 758 104	3 272 367	12 313 580

表 31　2003 年按企业登记注册类型划分的电子信息产业制造业主要经济指标完成情况（2）

单位：万元

项目名称	产品销售收入	利润总额	应交增值税	税金总额
合计	175 789 524	6 958 893	2 338 398	2 576 929
内资企业	47 621 510	2 360 252	1 263 514	1 460 819
国有企业	4 756 270	151 417	128 344	143 817
集体企业	5 279 889	223 080	149 312	165 290
股份合作企业	1 277 869	111 896	47 884	54 636
联营企业	592 376	17 699	15 019	17 504
国有联营企业	381 694	10 040	6 590	7 178
集体联营企业	35 889	1 645	1 845	2 178
国有与集体联营企业	92 575	1 459	3 518	3 891
其他联营企业	82 219	4 556	3 066	4 258
有限责任公司	18 019 459	840 130	520 454	583 936
国有独资公司	5 648 549	110 097	124 189	132 329
其他有限责任公司	12 370 911	730 033	396 265	451 608
股份有限公司	11 571 336	669 598	221 091	281 382
私营企业	5 865 527	350 609	176 272	208 532
其他内资企业	258 784	–4 178	5 139	5 723
港、澳、台商投资企业	37 272 181	1 421 893	343 739	365 135
合资经营企业（港、澳、台资）	10 066 514	509 004	173 829	184 348
合作经营企业（港、澳、台资）	2 453 511	46 666	17 506	18 312
港、澳、台商独资经营企业	23 320 801	753 293	127 891	136 120
港、澳、台商投资股份有限公司	1 431 355	112 930	24 514	26 355
外商投资企业	90 895 834	3 426 749	731 145	750 975
中外合资经营企业	31 966 751	1 495 304	347 408	354 236
中外合作经营企业	1 255 400	51 619	25 008	25 344
外资企业	55 880 426	1 713 920	255 055	265 916
外商投资股份有限公司	1 793 257	165 906	103 674	105 479

表 32 2003 年按经济类型划分的电子信息产业制造业主要经济指标完成情况（2）

单位：万元

项目名称	产品销售收入	利润总额	应交增值税	税金总额
国有经济	10 786 513	271 554	259 122	283 322
集体经济	5 315 778	224 725	151 156	167 467
股份合作经济	1 277 869	111 896	47 884	54 636
股份制经济	23 942 247	1 399 631	617 356	732 990
外商及港、澳、台投资经济	128 168 014	4 598 641	1 074 884	1 116 110
其他经济	6 299 104	352 445	187 995	222 404
国有控股企业	35 527 314	1 284 651	606 827	692 993

表 33 2003 年按企业规模划分的电子信息产业制造业主要经济指标完成情况（2）

单位：万元

项目名称	产品销售收入	利润总额	应交增值税	税金总额
大型企业	100 335 862	3 630 584	1 226 635	1 349 814
中型企业	23 152 947	890 801	307 253	330 448
小型企业	52 300 716	2 437 508	804 510	896 667

表 34 2003 年通信设备工业行业主要经济指标完成情况（2）

单位：万元

项目名称	产品销售收入	利润总额	应交增值税	税金总额
合计	33 892 008	1 630 822	614 542	706 839
传输设备制造	2 158 654	100 634	32 316	36 583
交换设备制造	7 444 642	582 332	361 427	421 816
通信终端设备制造	10 266 353	146 728	64 967	76 790
移动通信及终端设备制造	9 652 488	518 121	54 732	60 506
其他通信设备制造	4 369 871	283 008	101 100	111 145

表 35　2003 年广播电视设备工业行业主要经济指标完成情况（2）

单位：万元

项目名称	产品销售收入	利润总额	应交增值税	税金总额
合计	554 656	19 269	14 326	16 735
广播电视设备及发射设备制造	111 246	–859	4 575	5 342
广播电视接收设备及器材制造	387 411	14 340	7 615	9 041
应用电视设备及其他广播电视制造	55 999	5 788	2 136	2 352

表 36　2003 年电子计算机工业行业主要经济指标完成情况（2）

单位：万元

项目名称	产品销售收入	利润总额	应交增值税	税金总额
合计	57 964 982	148 781	80 599	262 124
电子计算机整机制造	31 003 545	85 423	32 908	135 130
计算机网络设备制造	2 622 478	11 172	9 584	18 000
电子计算机外部设备制造	23 207 253	48 280	36 145	86 726
幻灯机及投影设备制造	171 384	–69	–98	
计算器及货币专用设备制造	960 322	3 974	2 061	15 075

表 37　2003 年家用视听设备行业主要经济指标完成情况（2）

单位：万元

项目名称	产品销售收入	利润总额	应交增值税	税金总额
合计	26 387 876	113 634	75 342	384 573
家用影视设备制造	21 151 679	100 536	68 777	355 192
家用音响设备制造	5 236 197	13 097	6 565	29 381

表 38　2003 年电子元件工业行业主要经济指标完成情况（2）

单位：万元

项目名称	产品销售收入	利润总额	应交增值税	税金总额
合计	22 538 942	217 615	157 635	411 862
电力电子元器件制造	2 773 830	33 395	31 874	92 941
电子元件及组件制造	16 573 564	156 322	105 713	277 532
印刷电路板制造	3 191 548	27 899	20 049	41 390

表 39 2003 年电子器件工业行业主要经济指标完成情况（2）

单位：万元

项目名称	产品销售收入	利润总额	应交增值税	税金总额
合计	17 614 245	246 308	182 513	359 057
电光源制造	1 633 567	10 594	9 939	41 040
电子真空器件制造	6 319 725	115 942	103 667	171 370
半导体分立器件制造	1 676 410	29 107	26 467	29 471
集成电路制造	4 310 744	44 561	30 304	73 708
光电子器件及其他电子器件制造	3 673 799	46 104	12 137	43 469

表 40 2003 年电子测量仪器工业行业主要经济指标完成情况（2）

单位：万元

项目名称	产品销售收入	利润总额	应交增值税	税金总额
合计	918 229	16 323	14 691	37 206
环境监测专用仪器、仪表制造	105 630	1 238	1 141	5 126
导航、气象及海洋专用仪器制造	158 121	5 200	5 150	3 807
农林牧渔专用仪器、仪表制造	26 593	383	362	452
地质勘探和地震专用仪器制造	103 980	3 878	3 724	6 555
核子及核辐射测量仪器制造	11 056	24	63	1 269
电子测量仪器制造	305 243	3 637	3 072	12 127
其他专用仪器制造	207 606	1 964	1 181	7 871

表 41 2003 年电子工业专用设备行业主要经济指标完成情况（2）

单位：万元

项目名称	产品销售收入	利润总额	应交增值税	税金总额
合计	4 202 847	46 061	34 675	91 744
电子工业专用设备制造	563 507	13 032	11 512	19 003
其他电子设备制造	3 639 340	33 030	23 163	72 741

表 42　2003 年电子信息机电行业主要经济指标完成情况（2）

单位：万元

项目名称	产品销售收入	利润总额	应交增值税	税金总额
合计	8 456 138	89 234	75 768	220 752
微电机制造	2 510 993	13 140	11 144	50 206
电线电缆制造	1 287 355	18 849	16 421	36 279
光纤光缆制造	2 109 865	27 334	25 886	59 092
电池制造	2 547 925	29 911	22 316	75 177

表 43　2003 年其他电子信息行业主要经济指标完成情况（2）

单位：万元

项目名称	产品销售收入	利润总额	应交增值税	税金总额
合计	2 552 187	37 389	36 273	76 916
信息化学品制造	1 438 108	32 106	32 343	51 964
灯用电器附件制造	1 114 078	5 284	3 930	24 953

表 44　2003 年省、市、自治区电子信息产业制造业主要经济指标完成情况（2）

单位：万元

省、市、自治区名称	产品销售收入	利润总额	应交增值税	税金总额
北京市	10 205 475	66 837	46 521	130 352
天津市	9 019 252	35 320	15 700	97 371
河北省	798 302	14 573	13 920	39 463
山西省	116 740	3 111	1 822	2 554
内蒙古自治区	423 776	724	710	22 883
辽宁省	4 127 151	39 068	28 978	37 607
吉林省	205 553	9 955	8 300	6 178
黑龙江省	207 891	3 753	3 412	6 780
上海市	23 639 703	150 533	82 324	285 289
江苏省	28 571 767	182 502	142 661	342 083
浙江省	9 634 237	91 767	72 309	282 138
安徽省	777 011	7 486	6 947	18 875

续表 44

省、市、自治区名称	产品销售收入	利润总额	应交增值税	税金总额
福建省	9 961 981	89 510	50 882	97 587
江西省	317 308	3 825	3 182	9 787
山东省	10 508 059	67 144	49 473	264 136
河南省	1 423 562	49 924	48 226	48 754
湖北省	1 899 332	16 429	13 362	40 254
湖南省	891 621	20 590	19 293	25 949
广东省	57 954 106	238 833	150 120	630 061
广西壮族自治区	191 484	4 347	4 110	7 915
海南省	18 287	114	57	278
四川省	2 733 294	42 291	38 350	89 778
贵州省	377 091	3 033	3 272	10 684
云南省	134 675	2 319	2 275	6 397
重庆市	269 264	7 514	7 038	9 166
陕西省	1 164 064	44 206	41 166	49 210
甘肃省	207 313	5 195	5 071	14 842
青海省	381	2	2	22
宁夏回族自治区	6 906	259	259	306
新疆维吾尔自治区	3 940	92	91	229

表 45　2003 年计划单列市电子信息产业制造业主要经济指标完成情况（2）

单位：万元

计划单列市名称	产品销售收入	利润总额	应交增值税	税金总额
大连市	2 619 492	21 627	4 170	18 605
宁波市	2 043 537	13 145	9 399	37 165
厦门市	5 885 744	68 943	35 150	58 572
青岛市	12 353 019	41 096	27 522	199 879
深圳市	17 435 339	39 247	23 544	110 607

表 46　2003 年按企业登记注册类型划分的电子信息产业制造业主要经济指标完成情况（3）

单位：万元

项目名称	流动资产平均余额	固定资产净值平均余额	资产总计	负债合计
合计	85 705 985	32 776 523	143 418 433	86 797 291
内资企业	34 754 168	11 223 184	59 348 990	33 596 364
国有企业	6 107 771	2 600 417	10 953 610	7 295 668
集体企业	1 957 220	740 944	3 632 647	1 965 642
股份合作企业	678 423	235 055	1 266 261	662 379
联营企业	687 424	117 353	1 170 682	464 963
国有联营企业	469 095	58 256	853 257	252 835
集体联营企业	26 278	7 690	38 235	19 993
国有与集体联营企业	132 365	39 408	200 104	150 697
其他联营企业	59 686	11 999	79 086	41 438
有限责任公司	12 966 624	3 821 933	21 231 743	12 304 129
国有独资公司	4 093 768	1 517 334	6 705 978	3 779 197
其他有限责任公司	8 872 856	2 304 599	14 525 765	8 524 932
股份有限公司	9 278 978	2 541 125	15 803 036	7 775 024
私营企业	3 008 766	1 141 075	5 145 072	3 001 678
其他内资企业	68 963	25 282	145 940	126 881
港、澳、台商投资企业	16 324 061	7 280 802	27 481 687	17 624 712
合资经营企业（港、澳、台资）	5 288 738	2 062 857	8 418 908	5 530 861
合作经营企业（港、澳、台资）	923 282	404 514	1 464 228	945 327
港、澳、台商独资经营企业	9 288 465	4 153 710	16 005 445	10 398 108
港、澳、台商投资股份有限公司	823 577	659 721	1 593 106	750 417
外商投资企业	34 627 756	14 272 537	56 587 756	35 576 214
中外合资经营企业	13 684 347	5 459 056	21 434 076	13 186 557
中外合作经营企业	738 171	233 460	1 196 368	796 920
外资企业	18 592 972	7 829 984	30 588 490	19 890 639
外商投资股份有限公司	1 612 268	750 037	3 368 823	1 702 099

表 47 2003 年按经济类型划分的电子信息产业制造业主要经济指标完成情况（3）

单位：万元

项目名称	流动资产平均余额	固定资产净值平均余额	资产总计	负债合计
国有经济	10 670 634	4 176 007	18 512 844	11 327 699
集体经济	1 983 498	748 634	3 670 882	1 985 635
股份合作经济	678 423	235 055	1266 261	662 379
股份制经济	18 151 834	4 845 724	30 328 801	16 299 956
外商及港、澳、台投资经济	50 951 817	21 553 339	84 069 443	53 200 926
其他经济	3 269 780	1 217 764	5 570 202	3 320 695
国有控股企业	28 003 588	9 461 539	46 850 926	26 949 350

表 48 2003 年按企业规模划分的电子信息产业制造业主要经济指标完成情况（3）

单位：万元

项目名称	流动资产平均余额	固定资产净值平均余额	资产总计	负债合计
大型企业	48 967 756	19 109 153	81 342 244	48 472 317
中型企业	10 710 638	4 125 120	18 699 828	11 595 939
小型企业	26 027 591	9 542 250	43 376 361	26 729 035

表 49 2003 年通信设备工业行业主要经济指标完成情况（3）

单位：万元

项目名称	流动资产平均余额	固定资产净值平均余额	资产总计	负债合计
合计	21 810 936	3 838 177	30 621 343	17 714 934
传输设备制造	2 150 677	380 459	3 090 275	2 055 409
交换设备制造	7 057 806	1 133 829	10 097 095	5 633 131
通信终端设备制造	5 398 917	1 337 577	7 774 175	4 062 647
移动通信及终端设备制造	4 516 004	399 699	5 665 215	3 875 650
其他通信设备制造	2 687 531	586 613	3 994 584	2 088 098

表 50 2003 年广播电视设备工业行业主要经济指标完成情况（3）

单位：万元

项目名称	流动资产平均余额	固定资产净值平均余额	资产总计	负债合计
合计	409 395	102 961	624 325	405 105
广播电视设备及发射设备制造	205 539	27 336	272 731	218 944
广播电视接收设备及器材制造	184 882	69 637	314 768	168 071
应用电视设备及其他广播电视制造	18 974	5 988	36 826	18 090

表 51 2003 年电子计算机工业行业主要经济指标完成情况（3）

单位：万元

项目名称	流动资产平均余额	固定资产净值平均余额	资产总计	负债合计
合计	19 430 038	4 343 173	28 661 031	20 955 846
电子计算机整机制造	9 142 327	1 266 729	12 900 713	10 467 814
计算机网络设备制造	1 575 588	398 952	2 217 096	1 426 929
电子计算机外部设备制造	8 231 712	2 382 995	12 700 473	8 677 606
计算器及货币专用设备制造	418 039	239 948	735 707	349 871

表 52 2003 年家用视听设备行业主要经济指标完成情况（3）

单位：万元

项目名称	流动资产平均余额	固定资产净值平均余额	资产总计	负债合计
合计	11 655 065	2 810 692	17 473 690	10 769 180
家用影视设备制造	9 796 932	2 289 646	14 677 116	9 058 859
家用音响设备制造	1 858 134	521 046	2 796 574	1 710 321

表 53 2003 年电子元件工业行业主要经济指标完成情况（3）

单位：万元

项目名称	流动资产平均余额	固定资产净值平均余额	资产总计	负债合计
合计	12 243 197	7 322 422	23 534 622	13 121 194
电力电子元器件制造	1 907 127	592 803	3 146 111	1 818 760
电子元件及组件制造	8 748 200	5 360 392	17 034 356	9 311 141
印刷电路板制造	1 587 869	1 369 227	3 354 155	1 991 293

表 54 2003 年电子器件工业行业主要经济指标完成情况（3）

单位：万元

项目名称	流动资产平均余额	固定资产净值平均余额	资产总计	负债合计
合计	9 175 022	8 912 520	22 246 732	12 315 350
电光源制造	891 064	529 004	1 724 388	857 654
电子真空器件制造	3 682 389	3 694 140	8 934 651	4 934 856
半导体分立器件制造	988 747	991 670	2 386 918	1 410 740
集成电路制造	2 162 558	2 872 178	6 397 497	3 312 822
光电子器件及其他电子器件制造	1 450 265	825 528	2 803 279	1 799 278

表 55 2003 年电子测量仪器工业行业主要经济指标完成情况（3）

单位：万元

项目名称	流动资产平均余额	固定资产净值平均余额	资产总计	负债合计
合计	1 003 255	377 245	1 657 871	964 442
环境监测专用仪器、仪表制造	92 823	28 210	147 906	79 324
导航、气象及海洋专用仪器制造	279 212	153 134	487 093	265 184
农林牧渔专用仪器、仪表制造	26 430	2 518	52 165	16 463
地质勘探和地震专用仪器制造	152 433	41 292	207 392	158 341
核子及核辐射测量仪器制造	24 359	9 194	47 122	26 763
电子测量仪器制造	285 185	85 008	457 934	286 655
其他专用仪器制造	142 813	57 890	258 260	131 713

表 56 2003 年电子工业专用设备行业主要经济指标完成情况（3）

单位：万元

项目名称	流动资产平均余额	固定资产净值平均余额	资产总计	负债合计
合计	3 045 184	1 056 774	5 078 023	3 001 704
电子工业专用设备制造	557 072	214 146	1 081 835	704 807
其他电子设备制造	2 488 112	842 627	3 996 188	2 296 897

表 57　2003 年电子信息机电行业主要经济指标完成情况（3）

单位：万元

项目名称	流动资产平均余额	固定资产净值平均余额	资产总计	负债合计
合计	4 810 811	2 427 516	8 736 687	4 720 406
微电机制造	1 019 630	691 788	1 976 867	1 042 564
电线电缆制造	695 578	313 825	1 199 243	725 756
光纤光缆制造	1 598 429	578 096	2 735 493	1 389 445
电池制造	1 497 175	843 807	2 825 084	1 562 642

表 58　2003 年其他电子信息行业主要经济指标完成情况（3）

单位：万元

项目名称	流动资产平均余额	固定资产净值平均余额	资产总计	负债合计
合计	1 261 563	1 301 679	3 294 989	1 756 439
信息化学品制造	759 062	1 090 612	2 433 282	1 241 876
灯用电器附件制造	502 500	211 068	861 706	514 563

表 59　2003 年省、市、自治区电子信息产业制造业主要经济指标完成情况（3）

单位：万元

省、市、自治区名称	流动资产平均余额	固定资产净值平均余额	资产总计	负债合计
北京市	5 803 214	1 404 976	9 605 797	5 123 038
天津市	3 989 355	1 783 056	6 291 030	3 224 792
河北省	669 042	535 640	1 406 933	775 490
山西省	153 532	66 368	308 296	168 987
内蒙古自治区	178 117	23 779	260 888	69 567
辽宁省	2 222 515	967 520	4 108 257	2 415 660
吉林省	313 447	299 860	801 819	481 855
黑龙江省	482 170	165 444	715 586	526 602
上海市	9 669 260	4 719 577	18 049 074	11 015 589
江苏省	11 957 530	5 269 156	20 904 031	14 547 440
浙江省	6 131 062	1 595 140	9 697 389	5 801 055
安徽省	408 482	193 259	723 977	447 414

续表 59

省、市、自治区名称	流动资产平均余额	固定资产净值平均余额	资产总计	负债合计
福建省	4 106 827	1 824 525	6 973 285	4 514 879
江西省	238 066	129 131	435 002	272 031
山东省	3 713 767	1 555 513	6 740 704	3 656 771
河南省	1 642 231	559 384	2 735 487	1 901 227
湖北省	1 462 130	546 450	2 533 605	1 300 081
湖南省	561 854	597 422	1 453 352	798 518
广东省	25 958 824	8 458 561	39 915 022	24 068 922
广西壮族自治区	197 222	75 173	343 402	238 692
海南省	24 064	15 625	42 812	23 708
四川省	3 090 850	836 491	4 612 558	2 528 785
贵州省	338 688	118 398	641 745	337 965
云南省	133 992	41 665	211 827	106 955
重庆市	263 349	125 285	494 631	335 448
陕西省	1 638 773	646 938	2 736 341	1 751 053
甘肃省	343 328	197 573	631 311	333 387
青海省	396	275	837	393
宁夏回族自治区	8 871	21 815	34 989	26 277
新疆维吾尔自治区	5 030	2 526	8 448	4 713

表 60 2003 年计划单列市电子信息产业制造业主要经济指标完成情况（3）

单位：万元

计划单列市名称	流动资产平均余额	固定资产净值平均余额	资产总计	负债合计
大连市	1 308 333	608 197	2 446 180	1 253 940
宁波市	754 155	249 285	1 438 044	838 307
厦门市	2 004 206	542 665	2 782 444	1 986 476
青岛市	3 593 372	1 123 952	5 750 060	3 977 093
深圳市	6 105 175	1 407 555	8 844 787	5 651 752

表61　2002年~2003年主要通信产品产量完成情况

省、市、自治区名称	程控交换机（不含移动通信）		电话单机		移动通信手机
	2002年（线）	2003年（线）	2002年（部）	2003年（部）	2003年（万部）
北京市	4 677 725	14 878 800	26 600	22 740	3 818
天津市	590 580	218 652	812 600	1 232 289	3 650
河北省	264 200	204 200			
山西省			68 400	1 550	
内蒙古自治区					
辽宁省	211 208	213 453	59 653	57 675	38
吉林省	54 520	33 350	64 700	13 228	
黑龙江省	578	752			
上海市	14 960 232	13 838 016	4 346 200	3 356 850	1 876
江苏省	1 268 560	1 398 288	1 549 500	2 298 315	533
浙江省	1 153 596	943 968	107 535	5 700	1 796
安徽省					
福建省		70	10 728 200	12 613 482	535
江西省	29 228	29 295	2 900	97 105	
山东省	2 955 237	2 212 497	368 400	243 651	576
河南省	58 608	67 720	36 633	59 141	
湖北省		531	323 900	367 740	166
湖南省	2 020	10 100	123 100	246 492	
广东省	17 939 461	23 097 305	92 125 000	107 270 310	5 616
广西壮族自治区					
海南省					
四川省		421	98 642		
贵州省	33 595	16 842	1 048 519	1 472 695	33
云南省					
重庆市					
陕西省	6 000	905 752			7

续表 61

省、市、自治区名称	程控交换机（不含移动通信）		电话单机		移动通信手机
	2002年（线）	2003年（线）	2002年（部）	2003年（部）	2003年（万部）
甘肃省	1 442 400				
青海省					
宁夏回族自治区					
新疆维吾尔自治区					

表 62 2002 年~2003 年电视机产量完成情况

省、市、自治区名称	电视机		彩色电视机（投影液晶 PDP）	
	2002年（台）	2003年（台）	2002年（台）	2003年（台）
北京市	207 858		207 858	
天津市	910 822	1 212 503	843 975	1 125 691
河北省				
山西省		161 000		161 000
内蒙古自治区	1 267 016	1 342 993	1 267 016	1 342 993
辽宁省	4 048 200	4 459 415	4 182 325	4 459 415
吉林省	418 775	786 059	418 775	786 059
黑龙江省	355 482	610 171	355 564	610 171
上海市	1 554 050	1 668 243	1 428 013	1 582 819
江苏省	3 823 725	4 676 176	3 823 725	4 676 176
浙江省	2 569 894	3 022 988	463 385	940 485
安徽省	2 383 157	2 653 595	2 383 157	2 653 595
福建省	2 860 226	3 044 958	2 217 215	2 526 964
江西省	414 937		414 937	
山东省	6 830 202	5 556 653	6 802 122	5 536 804
河南省	1 258 250	1 585 800	1 254 900	1 583 700

续表 62

省、市、自治区名称	电视机		彩色电视机（投影液晶 PDP）	
	2002年（台）	2003年（台）	2002年（台）	2003年（台）
湖北省	870		870	
湖南省				
广东省	23 252 555	27 227 680	23 266 511	26 012 010
广西壮族自治区				
海南省				
四川省	9 045 320	8 999 157	9 256 412	8 999 157
贵州省	322 542	426 908	322 542	426 908
云南省				
重庆市		427 000		427 000
陕西省		1 363 122	814 257	1 363 122
甘肃省	814 257	704	808	604
青海省	1 058			
宁夏回族自治区				
新疆维吾尔自治区				

表 63　2003 年其他产品产量完成情况

省、市、自治区名称	收录放机（含复读机）（台）	数字激光视盘机（台）	微型计算机（不含学习机）（部）	显示器（含CRT液晶 PDP）（部）	集成电路（万块）
北京市	289 873	2 161 280	4 692 738	3 596 148	46 892
天津市	80 734	2 721 916	4 209	6 778 252	36 937
河北省					
山西省					
内蒙古自治区			50 571		
辽宁省	6 021	3 093 481	1 782 956	207 544	127

续表 63

省、市、自治区名称	收录放机（含复读机）（台）	数字激光视盘机（台）	微型计算机（不含学习机）（部）	显示器（含CRT液晶 PDP）（部）	集成电路（万块）
吉林省	25 314				
黑龙江省			39 527	8 496	
上海市	792 361	7 922 664	7 881 539	692 338	327 724
江苏省	1 019 963	9 248 328	5 160 217	41 429 475	319 187
浙江省			74 030	3 149	109 582
安徽省			157 962		
福建省	8 635 461	2 992 706	2 417 415	10 029 540	9 848
江西省	580 874	26 414	105 557	15 746	
山东省		418	485 503	482 505	45
河南省			4 966		
湖北省		21 024	4 680	1 458 463	
湖南省			2 685	106 050	8
广东省	49 593 909	39 351 600	9 248 647	8 107 226	278 411
广西壮族自治区	90 300		83		52
海南省				17 573	
四川省		3 188 161	25 202	327 596	56
贵州省					3 334
云南省					
重庆市					
陕西省	12 500		21 523		
甘肃省					108 799
青海省					
宁夏回族自治区					
新疆维吾尔自治区					

表 64　2001 年~2003 年主要电子信息

产品名称	单位	2003年		
		企业数（个）	新增生产能力	年末生产能力
移动通信手持机	万部	37	1 500	22 175
移动通信基站设备	信道	18	28 025	10 689 625
移动通信交换机	万线	4		4 050
无线寻呼机（BP）	万部	2		382
电话单机	万部	28	782	7 322
传真机	万部	8		180
程控交换机	万线	27	50	8 438
台式个人电脑	万台	40	510	2 870
笔记本电脑	万台	18	1 455	1 619
服务器	万台	5		48
电视机	万台	50	586	9 232
其中：彩色电视机	万台	42	520	7 455
录像机	万台	6	169	549
激光视盘机	万台	25	690	6 320
激光唱机（CD 机）	万台	2		160
摄像机	万台	3		85
组合音响	万台	25	780	3 130
显示器	万台	35	1 850	9 650
显像管	万台	18	680	9 530
其中：彩色显像管	万只	10	680	9 180
玻壳	万只	11	3 350	11 980
集成电路	万块	60	423 500	1 308 500
其中：大规模集成电路	万块	30	68 000	300 000

产品生产能力情况

2002年			2001年		
企业数（个）	新增生产能力	年末生产能力	企业数（个）	新增生产能力	年末生产能力
34	9 033	21 914	32	4 345	13 391
16	1 900	10 986 262	14	799 055	5 240 345
4		4 050	2	5 177	18 150
3	1	385	13		867
35	737	6 600	48	696	7 119
8		231	7	5	136
30	4	7 293	49	527	11 212
36	355	2 525	39	506	1 901
10	46	165	4	5	50
5	4	48	5	27	30
52	1 590	9 350	74	629	8 911
50	1 525	8 796	69	650	8 661
5	37	487	5	100	560
26	1 090	5 876	34	1 162	4 529
3		161	4		106
3	5	84	3	1	69
24	623	2 747	30	328	1 472
25	4 297	11 701	29	723	5 771
18	1 050	7 750	16	273	4 636
8	730	5 380	5	51	1 238
9	2 110	8 630	9	1 171	7 348
45	271 136	884 475	55	109 417	588 630
6	86 835	356 710	12	66 913	377 732

表 65　2002 年~2003 年交换机产量与销量情况

产品名称	单位	产量		销量	
		2002年	2003年	2002年	2003年
程控交换机（不含移动程控交换机）	线	42 140 728	58 070 012	39 892 115	57 929 432
局用机	线	38 853 201	19 696 402	36 645 890	19 746 418
用户机	线	1 746 949	2 353 029	1 705 565	2 313 261
其他	线	1 320 578	14 775 152	1 320 660	14 627 852
电报交换机	部		24 000		21 000
其他交换机	线	16 740 020	14 099 966	16 740 427	14 101 410

表 66　2002 年~2003 年用户接入设备产量与销量情况

产品名称	单位	产量		销量	
		2002年	2003年	2002年	2003年
无线接入设备	部		13 315 871		13 310 564
电缆线接入设备	部	145 169	161 387	109 515	182 111
光纤接入设备	部	1 764	14 950	1 624	13 820

表 67　2002 年~2003 年电话单机产量与销量情况

产品名称	单位	产量		销量	
		2002年	2003年	2002年	2003年
普通电话机	部	84 067 060	86 836 241	84 416 341	86 896 878
可视电话机	部	6 188	50 104	5 164	54 229
无绳电话机	部	20 829 271	28 576 227	20 625 062	28 519 605
插卡电话机	部	197 677	106 083	203 321	103 500
其他电话机	部	11 615 425	7 511 468	11 490 985	7 589 393

表 68 2002 年~2003 年数字蜂窝无线电话系统设备产量与销量情况

产品名称	单位	产量		销量	
		2002年	2003年	2002年	2003年
基站设备	信道	5 239 949	3 026 427	5 171 992	3 070 607
基站天线	套	480 052	955 110	474 148	964 716
直放站设备	部	3 165	26 896	2 373	26 610

表 69 2002 年~2003 年移动通信终端设备产量与销量情况

产品名称	单位	产量		销量	
		2002年	2003年	2002年	2003年
GSM手机	部		163 334 300		160 559 900
CDMA手机	部		23 107 000		22 657 400
对讲机	部	1 114 992	3 057 149	1 093 908	3 025 417
小灵通	部	5 738 626	14 450 457	5 738 626	14 126 917

表 70 2002 年~2003 年广播发射设备产量与销量情况

产品名称	单位	产量		销量	
		2002年	2003年	2002年	2003年
短波发射机	部	25	35	27	35
中波发射机	部	194	360	211	297
调频发射机	部	1 459	879	1 526	823
数字声广播发射机	部	51	63	42	55

表 71 2002 年~2003 年电视发射及差转设备产量与销量情况

产品名称	单位	产量		销量	
		2002年	2003年	2002年	2003年
电视发射机	部	887	875	978	812
电视差转机	部	16	166	15	158
电视发射、差转配套设备	部	119	268	207	268

表 72　2002 年~2003 年有线电视网络传输设备产量与销量情况

产品名称	单位	产量		销量	
		2002年	2003年	2002年	2003年
有线电视前端设备	部	280 064	142 471	271 182	143 433
光缆传输设备	部	19 316	2 968	19 617	2 332
电缆传输设备	部	8 055	16 422	10 163	15 052

表 73　2002 年~2003 年卫星广播电视接收设备产量与销量情况

产品名称	单位	产量		销量	
		2002年	2003年	2002年	2003年
卫星广播电视接收设备	部	629 462	1 348 365	624 682	1 331 862
卫星广播电视接收天线	部	1 506 651	1 049 650	1 504 916	1 043 109
卫星广播电视接收高频头	部	570 015	792 094	539 424	824 185
卫星广播电视接收一体机	部	1 119 850	800 000	1 128 577	804 359

表 74　2002 年~2003 年网络设备产量与销量情况

产品名称	单位	产量		销量	
		2002年	2003年	2002年	2003年
终端控制器	部		220		228
以太网络交换器	部	554 083	26 292	528 492	22 644
防火墙（不含纯软件防火墙）	部	8 863	6 059	7 690	5 328

表 75　2002 年~2003 年终端显示设备产量与销量情况

产品名称	单位	产量		销量	
		2002年	2003年	2002年	2003年
字符汉字终端	台	156 978	324 668	131 762	339 297
图形、图像终端	台	24 114	18 833	24 765	17 851
显示器	台	49 275 996	73 260 000	48 136 186	73 730 000
单色显示器（CRT）（含应用电视用）	台	61 889	2 992	59 397	2 992
彩色显示器（CRT）（含应用电视用）	台	44 068 448	51 525 961	43 029 734	51 292 782
平板显示器（含液晶、PDP 等）	台	5 145 659	21 730 749	5 047 055	21 630 218

表76 2002年~2003年输入设备产量与销量情况

产品名称	单位	产量		销量	
		2002年	2003年	2002年	2003年
扫描仪	台	5 219 566	258 826	4 363 329	265 425
鼠标器	个	9 122 390	361 910	9 202 390	361 910
键盘	个	6 379 109	8 680 428	6 377 103	8 657 820
IC卡读写机具	台	119 221	17 671	102 153	17 913
数码照相机	台	1 309 068	2 897 198	958 374	2 872 676
磁卡读写器	台	10 455	26 765	8 376	20 942

表77 2002年~2003年输出设备产量与销量情况

产品名称	单位	产量		销量	
		2002年	2003年	2002年	2003年
打印设备	台	24 088 700	17 168 000	24 114 313	17 135 000
针式打印机	台	568 209	803 414	608 796	802 608
通用针式打印机	台	244 576	296 294	264 393	297 536
票据打印机	台	265 339	264 659	286 107	263 264
行式打印机	台	58 294	242 461	58 296	241 808
激光打印机	台	11 211 832	1 974 672	11 188 663	1 996 647
喷墨打印机	台	12 308 659	1 586 048	12 316 854	1 584 615
多功能打印机	台		112 483		112 492
图形、图像输出设备	台		91 200		74 500

表78 2002年~2003年微机板卡产量与销量情况

产品名称	单位	产量		销量	
		2002年	2003年	2002年	2003年
微机主机卡	块	20 856 235	49 211 897	20 950 199	48 330 955
显卡	块	124 654	275 638	109 048	274 576
网卡	块	919 221	1 186 962	936 039	1 141 281
其他功能卡和接口卡	块	380 491	701 400	300 520	721 415

表 79　2002 年~2003 年外存储设备产量与销量情况

产品名称	单位	产量		销量	
		2002年	2003年	2002年	2003年
软盘驱动器	台	4 020 010	7 081 325	4 020 010	7 107 204
普通软盘驱动器	台	4 020 000	5 673 967	4 020 000	5 651 052
电子盘	台		1 407 358		1 456 152
硬盘驱动器	台	3 922 223	255 319	3 953 422	236 698
光盘驱动器	台	36 581 957	45 984 700	36 404 065	46 191 195
只读光盘驱动器（CD-ROM）	台	20 672 177	20 991 777	20 822 092	21 217 622
DVD 驱动器（DVD-ROM）	台	7 256 949	11 125 994	7 129 185	11 072 654
可擦写 DVD 驱动器（DVD-RW）	台	6 762 831	11 850 784	6 562 788	11 874 939
其他光盘驱动器	台	1 890 000	2 016 145	1 890 000	2 025 980

表 80　2002 年~2003 年电源产量与销量情况

产品名称	单位	产量		销量	
		2002年	2003年	2002年	2003年
开关电源	部	3 821 680	6 956 187	3 858 165	6 931 770
UPS电源	部	11 732	448 780	11 099	458 287

表 81　2002 年~2003 年其他配套产品及耗材产量与销量情况

产品名称	单位	产量		销量	
		2002年	2003年	2002年	2003年
软盘	万片	11 262	27 116	11 053	27 769
光盘	万片	27 051	139 896	25 980	139 501
打印头	万只	137	141	138	142
墨盒	万只	2 488	2 968	2 428	2 942
磁卡	万片	26 145	27 325	24 924	27 272
IC卡	万片	4 779	1 705	4 768	1 716

表 82 2002 年~2003 年电子出版系统产量与销量情况

产品名称	单位	产量		销量	
		2002年	2003年	2002年	2003年
精密照排系统	部	197	4 781	197	4 682
轻印刷系统	部	4 133	148	4 450	148

表 83 2002 年~2003 年金融、商业、税务电子应用产品产量与销量情况

产品名称	单位	产量		销量	
		2002年	2003年	2002年	2003年
点钞机	部	12 833	22 855	9 600	24 418
自动柜员机（ATM）	部	1 669	5 243	1 374	5 291
银行自助服务终端	部	1 233	1 573	1 233	1 573
POS机	部	17 672	13 547	17 698	13 547
其他金融应用产品	部	24 842	26 344	25 672	26 238

表 84 2002 年~2003 年其他应用产品产量与销量情况

产品名称	单位	产量		销量	
		2002年	2003年	2002年	2003年
汽车视频设备	部	4 090	3 970	3 701	3 010
其他计算机应用产品	部	346 706	1 572 817	347 929	1 569 499

表 85 2002 年~2003 年录像机产量与销量情况

产品名称	单位	产量		销量	
		2002年	2003年	2002年	2003年
录放像机	部	14 929 050	3 522 774	14 936 418	3 505 204
放像机	部	480 306	622 876	473 140	634 858
家用摄录一体机	部	210 844	1 258 808	212 301	1 246 521

表 86　2002 年~2003 年电视机产量与销量情况

产品名称	单位	产量		销量	
		2002年	2003年	2002年	2003年
彩色电视机	台	52 002 451	65 214 673	52 599 233	65 001 000
其中：37cm	台	4 135 030	5 711 371	4 487 044	6 018 500
44cm	台		160 324		161 745
51cm	台	1 679 329	1 866 258	1 617 765	1 672 820
54cm	台	19 747 072	22 957 298	20 855 823	22 957 298
56cm	台		6 512 174		6 366 801
64cm	台	10 889 817	11 243 661	11 571 345	11 377 995
74cm	台	11 973 950	12 320 262	10 480 814	12 292 801
74cm 以上	台	2 799 253	2 829 870	2 809 302	2 906 376
投影电视机	台	479 010	803 389	372 627	746 542
背投式投影电视机	台	479 010	803 389	372 627	746 542
PDP电视机	台	18 484	111 851	15 830	95 238
黑白电视机	台	3 093 839	2 794 782	3 131 346	2 841 638
其中：11cm	台	651 700	517 994	637 700	571 994
14cm	台	611 055	648 493	620 193	643 079
31cm	台	271 920	132 355	275 790	127 964
35cm	台	868 849	718 681	890 693	719 851
44cm	台	687 666	79 634	704 262	80 904
44cm 以上	台		697 625		697 846
LCD电视机	台		202 103		190 580

表 87　2002 年~2003 年数字激光音、视盘机产量与销量情况

产品名称	单位	产量		销量	
		2002年	2003年	2002年	2003年
VCD 视盘播放机	台	9 097 693	31 502 075	9 262 278	31 249 865
VCD 视盘录放机	台	253 778	125 343	266 895	123 734
DVD 视盘播放机	台	35 841 123	39 213 392	35 756 625	37 539 401

表 88 2002 年~2003 年家用音响产量与销量情况

产品名称	单位	产量		销量	
		2002年	2003年	2002年	2003年
收音机	台	33 716 700	4 649 578	33 613 563	4 911 397
袖珍机	台	31 667 756	2 929 087	31 462 513	3 032 458
其他	台	2 048 944	1 720 491	2 151 050	1 878 939
组合音响	台	48 632 200	18 527 984	48 888 535	18 521 189
MP3	台	423 645	377 747	420 827	346 963
CD 机	台	406 318	339 258	398 727	332 579
功率放大器	台	594 952	764 463	569 899	791 969

表 89 2002 年~2003 年家用电子电器主要配套件产量与销量情况

产品名称	单位	产量		销量	
		2002年	2003年	2002年	2003年
调谐器	万只	9 599	7 483	9 627	7 481
电子调谐器	万只	9 554	7 301	9 584	7 300
机械调谐器	万只	45	183	42	182
行输出变压器	万只	5 165	1 138	5 119	1 116
偏转线圈	万副	2 771	5 644	2 811	5 485
录音机芯	万只	2 802	2 088	2 800	2 085
CD 机芯	万只	2 675	2 805	2 591	2 805
VCD、DVD 机芯	万只	1 223	4 040	981	4 025
磁头	万只	41 937	15 944	42 216	16 109
录音磁头	万只	15 345	8 248	15 429	8 315
录像磁头	万只	7 301	6 179	7 396	6 278
其他磁头	万只	8 522	943	8 658	943
ROM 光头	万只	4 935	4 820	4 919	4 823
刻录光头	万只	547	673	540	664
天线	万副	7 423	7 455	7 374	7 390
拉杆天线	万副	6 184	6 212	6 141	6 149

续表 89

产品名称	单位	产量		销量	
		2002年	2003年	2002年	2003年
其他	万副	1 239	1 243	1 233	1 241
磁带	万米	1 098 606	1 039 229	1 093 793	1 009 375
录像磁带	万米	988 558	1 037 098	985 805	1 007 196
音像片	万片	24 401	26 087	24 908	24 553
激光唱盘（CD）	万片	6 415	13 776	6 420	12 799
激光视盘（VCD）	万片	9 969	8 740	10 633	8 444
激光视盘（DVD）	万片	377	1 277	376	1 025
其他	万片	7 640	2 293	7 479	2 285
录音、录像磁鼓	万只	2 690	828	2 673	842
VCD、DVD 开关电源	万只	406	352	107	176
电视接收机机顶盒	部	74 244	491 584	66 419	457 993
有线电视机顶盒	部	54 034	352 038	49 631	322 490
卫星广播机顶盒	部	20 210	139 546	16 788	135 503

表 90　2002 年~2003 年其他家用电子电器产量与销量情况

产品名称	单位	产量		销量	
		2002年	2003年	2002年	2003年
电子琴	万台	113	111	114	112
洗衣机	万台	571	703	564	710
电冰箱	万台	789	909	786	910
空调器	万台	864	1 196	894	1 185
电风扇	万台	760	380	765	379
微波炉	万台	831	1 312	845	1 309
电磁灶	台	3 800	52 300	3 300	39 900
电子钟表	万台	3 041	60 652	2 872	53 231
其他	万台	12 489	10 457	9 356	10 546

表 91 2002 年~2003 年各种测量仪器产量与销量情况

产品名称	单位	产量		销量	
		2002年	2003年	2002年	2003年
计数器	台	408	381	389	473
时间测量仪器	台	19	103	19	98
扫频仪	台	320	310	297	352
频谱分析仪	台	213	116	197	141
失真度测量仪	台	935	816	685	794
频偏调制度测量仪	台		194		131
载波通信测量仪	台	245	167	256	178
模拟、数字移动通信基台、移动台	台		10 354		8 290
声级计	台	8 304	7 030	7 624	6 877
倍频滤波器	台	262	579	270	563
声振校准装置	台	202	486	199	501
其他声学仪器	台	3 321	2 379	3 040	2 141

表 92 2002 年~2003 年专用医用电子设备产量与销量情况

产品名称	单位	产量		销量	
		2002年	2003年	2002年	2003年
心、脑、肌、眼仪器设备	台	163	124	146	74
治疗急救装置	台	5 075	6 060	5 421	6 396
血液测定仪器	台		200		200
电子体温、压力测量装置	台		465 340		485 633
超声诊断仪器	台	2 586	1 914	2 964	1 940
超声治疗仪器	台	3 700	23 529	4 956	24 134
生化分析仪器	台	4 128	3 706	3 959	3 709
医用射线诊断、治疗仪器	台	26	120	26	120
各种电疗、磁疗、光疗、针麻仪器	台	187 909	44 450	177 585	46 222
医用光学仪器	台	2 056	1 335	2 376	1 560
其他	台	693 545	991 695	717 136	991 556

表 93　2002 年~2003 年稳压电源产量与销量情况

产品名称	单位	产量		销量	
		2002年	2003年	2002年	2003年
直流稳压电源	台	200 844	286 139	188 081	303 290
交流稳压电源	台	300 869	77 167	298 549	77 980
稳流稳压电源	台	245 686	660 331	256 772	651 034
逆变电源	台	312 566	394 229	317 378	391 710
激光电源	台	240	900	235	896
其他电源	台	223 418	32 076	223 237	32 974

表 94　2002 年~2003 年信号源产量与销量情况

产品名称	单位	产量		销量	
		2002年	2003年	2002年	2003年
低频信号发生器	台	4 103	5 352	4 441	5 362
高频信号发生器	台	266	550	256	723
微波信号发生器	台	351	174	286	310
功率信号发生器	台	300	700	290	705
频率合成器合成发生器	台		1 308		1 117
其他	台		307		298

表 95　2002 年~2003 年工交电子应用仪器产量与销量情况

产品名称	单位	产量		销量	
		2002年	2003年	2002年	2003年
轻纺工业电子应用仪器	台	705	3 597	697	3 355
煤炭工业电子应用仪器	台	8 676	735	8 525	735
石化工业电子应用仪器	台	960	1 202	810	938
水电工业电子应用仪器	台	54 632	221 055	53 477	219 969
矿山电子应用仪器	台	1 326	226	1 361	161

表 96 2002 年~2003 年其他测量仪器产量与销量情况

产品名称	单位	产量		销量	
		2002年	2003年	2002年	2003年
击穿装置	台	773	773	761	789
原子射线仪器	台	5 652	9 826	3 282	10 287
气象仪器	台	97 930	110 972	97 930	110 972

表 97 2002 年~2003 年电子电表产量与销量情况

产品名称	单位	产量		销量	
		2002年	2003年	2002年	2003年
直流电流电压表	万只	25	38	26	38
功率表	万只	104	58	119	65

表 98 2002 年~2003 年电子专用电表产量与销量情况

产品名称	单位	产量		销量	
		2002年	2003年	2002年	2003年
特殊用途电表	万只	165	19	162	18
IC卡智能电表	万只	1 974	4 662	1 979	4 242
IC卡智能煤气表	万只	8	21	7	22
IC卡智能热能表	万只	24	20	24	20
其他	万只	1 775	140	1 874	136

表 99 2002 年~2003 年半导体器件和集成电路专用设备产量与销量情况

产品名称	单位	产量		销量	
		2002年	2003年	2002年	2003年
半导体材料制备、外延和化学机械抛光	台	942	1 149	1 028	1 257
曝光、刻蚀和匀胶显影设备	台	47	15	38	15
化学、物理气象淀积和镀铜设备	台	30	26	32	26
在线工艺检测设备	台		1 677		1 677
中间和成品测试设备	台		114		125
其他	台	23 689	119 575	18 069	118 710

表 100　2002 年~2003 年电真空器件专用设备产量与销量情况

产品名称	单位	产量		销量	
		2002年	2003年	2002年	2003年
电光源生产设备	台	551	425	361	394
显像管及电子枪生产设备	台	310	15	307	16

表 101　2002 年~2003 年水、气净化设备产量与销量情况

产品名称	单位	产量		销量	
		2002年	2003年	2002年	2003年
空气净化设备	台	979	866	492	352
空气过滤器	台	1 708	774	1 708	774

表 102　2002 年~2003 年电子元件专用设备产量与销量情况

产品名称	单位	产量		销量	
		2002年	2003年	2002年	2003年
电阻、电位器生产设备	台	15	9	9	7
电容器生产设备	台	427	255	370	202
陶瓷元件生产设备	台	60	20	55	20
磁性材料及元件生产设备	台	359	345	346	345
线缆生产设备	台	143	179	133	190
其他	台	1 086	232	1 027	207

表 103　2002 年~2003 年电子整机装联设备产量与销量情况

产品名称	单位	产量		销量	
		2002年	2003年	2002年	2003年
装配生产线	台	351	399	348	379
其他	台	1 808	537	1 772	532

表 104　2002 年~2003 年电子工业模具及齿轮产量与销量情况

产品名称	单位	产量		销量	
		2002年	2003年	2002年	2003年
模具	副	2 584	7 395	2 599	7 508
模架	套	128 426	134 521	142 183	138 345
电动工具	件	258 676	16 924	256 415	22 150

表 105　2002 年~2003 年邮政内部处理设备及投递设备产量与销量情况

产品名称	单位	产量		销量	
		2002年	2003年	2002年	2003年
包裹分拣机	台	10	11	7	9
推式悬挂输送机	台	10	8	14	5
指纹信箱管理系统	台		3 951		4 907

表 106　2002 年~2003 年电子通用设备产量与销量情况

产品名称	单位	产量		销量	
		2002年	2003年	2002年	2003年
真空获得设备	台	11 312	23 282	10 337	20 231
超声波设备	台	2 341	1 562	2 452	1 540
精密焊接设备	台	1 839	9 324	1 745	9 062
空调设备	台	1 239	12 407	1 059	12 689
塑料加工设备	台	690	203	696	194
电加工设备	台	435	360	512	345
其他	台	116 693	37 281	124 336	35 979

表 107　2002 年~2003 年电容器产量与销量情况

产品名称	单位	产量		销量	
		2002年	2003年	2002年	2003年
纸介电容器	万只	562 880	32 457	564 195	33 189
金属化和金属箔式纸介电容器	万只	85 440	11 517	91 217	11 250
纸介复合介质电容器	万只	477 439	20 940	472 978	21 940
薄膜电容器	万只	548 462	870 312	548 892	925 415
聚酯膜电容器	万只	361 253	348 764	363 740	344 417
聚丙烯膜电容器	万只	84 408	395 915	82 238	456 998
聚碳酸酯电容器	万只	34	26	31	27
其他有机介质薄膜电容器	万只	87 558	125 583	86 732	123 951
瓷介电容器	万只	6 924 462	9 002 821	6 390 833	8 754 699
低压瓷介电容器（小于 500V）	万只	602 553	271 221	502 810	271 607
高压瓷介电容器（大于 500V）	万只	118 582	180 167	113 688	178 084
交流瓷介电容器	万只	31 856	23 202	25 159	22 781
片式瓷介电容器	万只	6 171 471	8 528 231	5 749 176	8 282 227
云母电容器	万只	242	351	216	319
铝电解电容器	万只	1 481 479	1 676 212	1 497 160	1 630 835
钽电解电容器	万只	116 529	122 211	111 256	124 070
其中：片式钽电解电容器	万只	101 787	111 843	98 174	113 951
其他电解电容器	万只		18 968		18 881
可变电容器	万只	6 418	9 427	6 320	9 049
空气可变电容器	万只	159	51	165	14
薄膜可变电容器	万只	5 134	9 376	5 239	9 035
真空电容器	只	4 000	5 000	4 000	5 000
可变真空电容器	只	4 000	5 000	4 000	5 000
其他电容器	万只	1 108 882	569 273	1 098 257	543 054
电容网络	万个	171	151	167	228

表 108 2002 年~2003 年电阻、电位器产量与销量情况

产品名称	单位	产量		销量	
		2002年	2003年	2002年	2003年
固定电阻器	万只	10 091 386	10 740 649	9 733 368	10 605 547
碳膜电阻器	万只	2 219 854	1 416 564	2 189 188	1 448 512
金属膜电阻器	万只	84 877	127 020	84 344	124 892
氧化膜电阻器	万只	101 236	79 262	98 858	78 885
玻璃釉电阻器	万只	6 448	7 674	6 229	7 846
线绕电阻器	万只	15 454	8 226	15 108	8 033
实芯电阻器	万只	3 400	17 896	3 316	18 167
釉膜电阻器	万只	68	27	70	27
片式电阻器	万只	7 635 167	8 904 080	7 312 901	8 740 633
熔断电阻器	万只	19 142	21 494	17 598	20 744
微带电阻器	万只	2	4	2	4
电位器	万只	67 293	60 787	68 106	59 238
线绕电位器	万只	27	809	26	805
碳膜电位器	万只	43 610	40 186	43 538	39 729
实芯电位器	万只	8 323	2 651	10 015	2 630
玻璃釉电位器	万只	6 128	5 168	5 566	4 890
片式电位器	万只		518		415
预调电位器	万只	1 139	989	989	1 006
高压聚焦电位器	万只	8 065	10 467	7 970	9 763
电阻衰减器	万只	2	3	2	3
电阻网络	万个	8 062	4 602	7 679	4 322

表 109　2002 年~2003 年电连接元件产量与销量情况

产品名称	单位	产量		销量	
		2002年	2003年	2002年	2003年
低频连接器	万只	177 707	330 488	173 217	313 041
圆形连接器	万只	757	6 348	575	5 945
矩形连接器	万只	2 249	1 580	2 165	1 622
印制电路连接器	万只	3 129	883	3 123	870
条形连接器	万只	104 226	103 251	103 292	103 709
带状电缆连接器	万只	5 446	635	5 264	619
片式低频连接器	万只	664	1 253	664	1 253
其他低频连接器	万只	34 494	214 019	31 487	196 546
射频连接器	万只	3 560	14 147	3 520	13 798
通用射频连接器	万只	799	1 043	782	926
大功率脉冲高压射频连接器	万只	153	129	153	127
其他射频连接器	万只	2 491	12 241	2 463	12 033
射频连接器电缆组件	万根	118	734	122	713
其他连接器	万只	47 755	16 416	46 652	16 674
开关	万只	238 361	420 683	236 450	420 004
旋转开关	万只	7 909	394	7 658	390
按钮开关	万只	37 354	45 160	37 703	45 204
键盘开关	万只		154 866		154 260
微动开关	万只	124 992	150 482	124 040	150 250
钮子开关	万只	180	237	180	248
双列直插式开关	万只	120	50	145	49
滑动开关	万只	4 363	4 606	4 405	4 632
薄膜开关	万只	1 480	692	1 015	687
其他开关	万只	61 964	59 425	61 305	59 575
管座（插入式）	万只	122 568	138 659	121 593	121 047
集成电路插座	万只		1 625		1 624

续表 109

产品名称	单位	产量		销量	
		2002年	2003年	2002年	2003年
显像管插座	万只		1 625		1 624
谐振器插座	万只	2 388	3 075	2 305	2 977
电池插座	万只	24 743	54 480	23 012	37 346
其他电子元件插座	万只	95 431	76 954	96 269	76 643

表 110 2002 年~2003 年控制元件产量与销量情况

产品名称	单位	产量		销量	
		2002年	2003年	2002年	2003年
继电器	万只	71 033	116 329	70 302	115 726
直流电磁继电器	万只	21 578	40 958	21 241	41 552
极化继电器	万只	3 328	7 751	3 446	7 501
交流电磁继电器	万只	29 992	35 619	30 046	34 793
温度继电器	万只	39	52	44	54
固体继电器	万只	28	24	27	25
汽车继电器	万只	965	4 700	929	4 657
片式继电器	万只		4 221		4 204
其他继电器	万只	14 764	22 981	14 230	22 920
传感器	万只	7 823	2 577	7 580	2 673

表 111 2002 年~2003 年磁性材料电感变压器产量与销量情况

产品名称	单位	产量		销量	
		2002年	2003年	2002年	2003年
金属软磁元件	万只	22 559	1 295	22 043	1 126
铝硅铁粉芯	万只	22 551	1 295	22 034	1 126
铁氧体软磁元件	万只	461 402	482 012	448 577	459 883
螺纹磁芯	万只	1 215	29 471	907	20 330

续表 111

产品名称	单位	产量		销量	
		2002年	2003年	2002年	2003年
E 形磁芯（EC、EI、ELD 型）	万只	255 563	267 477	249 470	261 652
U 形磁芯	万只	28 589	37 245	28 709	36 368
柱形磁芯	万只	6 280	2 474	5 926	2 473
罐形磁芯（含菱形、X 形、方形）	万只	870	4 399	696	4 435
环形磁芯	万只	64 516	26 569	62 880	26 232
中周磁芯	万只	20 140	21 416	19 008	20 884
偏转磁芯	万只	8 484	11 145	8 474	10 780
双孔、多孔磁芯	万只	4 574	5 452	3 713	4 977
其他磁芯	万只	69 917	76 354	67 462	71 719
铁氧体永磁元件	万只	312 473	349 613	310 738	353 071
钡铁氧体永磁元件	万只	7 468	83 256	7 832	84 217
锶铁氧体永磁元件	万只	261 383	231 790	258 290	233 265
电机用瓦形磁体	万只	31 383	23 257	31 253	24 147
铁氧体粘结元件	万只	12 239	11 310	13 363	11 442
永磁合金	万只	200 907	401 736	196 443	397 758
铝镍钴磁钢	万只	9 552	9 814	9 610	9 844
钐钴磁钢（含钐镨钴磁钢）	万只	510	633	514	577
钕铁硼永磁	万只	190 845	391 149	186 318	387 193
电感器	万只	638 962	661 982	641 915	648 247
固定与色码电感器	万只	48 246	399 722	47 206	400 324
叠层式片式电感器	万只	114 436	232 409	118 270	217 611
线绕式片式电感器	万只	6 408	27 422	6 479	27 950
LC 滤波器	万只	5 924	1 554	5 909	1 503
微波器件	万只	7	11	7	11
微波铁氧体隔离器	万只	6	6	6	7
电子变压器	万只	107 115	1 368 147	105 039	1 350 118

续表 111

产品名称	单位	产量		销量	
		2002年	2003年	2002年	2003年
音频变压器	万只	930	68	936	22
脉冲变压器	万只	24 831	50 400	22 346	50 400
电源变压器	万只	13 369	687 054	13 467	667 627
开关电源变压器	万只	2 117	1 306	2 159	1 306
片式变压器	万只	272	6 944	272	6 944
其他电子变压器	万只	59 540	445 283	59 876	446 661
线圈	万只	111 662	1 868 617	110 298	1 846 509
消磁线圈	万只	1 006	2 455	751	2 251
其他线圈	万只	110 657	1 866 161	109 546	1 844 258

表 112　2002 年~2003 年电声器件产量与销量情况

产品名称	单位	产量		销量	
		2002年	2003年	2002年	2003年
通信电传声器件	万只	12 394	20 449	12 003	20 381
送话器	万只	38	57	41	58
受话器	万只	7 465	11 467	7 271	11 387
组合件	万只	4 891	8 925	4 692	8 936
传声器	万只	604	143	684	237
电容式传声器	只	200	100	100	100
驻极体传声器	万只	604	138	684	230
扬声器	万只	28 895	21 471	29 220	21 193
直接辐射式扬声器	万只	7 153	5 440	7 359	5 402
汽车扬声器	万只	420	734	395	687
其他扬声器	万只	13 390	15 207	13 505	15 076
扬声器音箱音柱	万只	1 184	4 153	1 188	4 773

续表 112

产品名称	单位	产量		销量	
		2002年	2003年	2002年	2003年
高保真扬声器	万只	656	389	631	400
计算机用扬声器	万只	92	182	121	182
其他扬声器	万只	436	136	436	131
耳机	万只	3 926	3 771	3 870	3 724
头戴立体声耳机	万只	41	294	50	290
微型立体声耳机	万只	225	80	224	84
耳塞机	万只	2 647	3 261	2 606	3 224
蜂鸣器	万只	10 457	12 634	10 554	12 488
蜂鸣片	万只	13 247	16 624	12 929	15 431

表 113 2002 年~2003 年频率控制和选择用元件产量与销量情况

产品名称	单位	产量		销量	
		2002年	2003年	2002年	2003年
压电陶瓷及频率元件	万只	88 046	84 890	85 114	82 903
压电陶瓷滤波器	万只	29 293	31 147	28 897	31 921
压电陶瓷谐振器	万只	28 750	27 958	28 446	26 003
压电陶瓷检频器	万只	1 249	3 903	1 374	3 501
片式压电陶瓷器件	万只	10 525	3 536	9 307	3 428
声表面波滤波器	万只	13 915	15 078	13 328	14 948
微波介质器件	万只	4 071	2 913	3 520	2 746
各类延迟线	万只	236	128	234	131
压电石英晶体元器件	万只	337 929	313 199	258 280	285 579
压电石英晶体谐振器	万只	322 433	291 391	244 721	264 375
压电石英晶体振荡器	万只	9 587	21 236	9 841	20 635
片式压电晶体器件	万只	346	566	339	566

表 114 2002 年~2003 年其他元件及零部件产量与销量情况

产品名称	单位	产量		销量	
		2002年	2003年	2002年	2003年
电子陶瓷零件	万只	8 120 516	10 195 440	8 417 992	10 283 186
碳膜电阻瓷件	万只	7 860 000	9 927 000	8 160 000	10 017 000
金属膜电阻瓷件	万只	173 740	120 654	172 335	120 950
氧化铝瓷件	万只	17 185	10 683	17 140	10 258
氧化铍瓷件	万只	139	234	113	216
陶瓷及玻璃绝缘子	万只	67 091	128 005	65 911	126 423
其他陶瓷件	万只	2 361	2 227	2 493	1 957
片式电阻器陶瓷基片	平方米	131 250	193 298	137 531	193 837
电位器用陶瓷基片	平方米	135 081	112 657	134 966	115 492
其他	万只	21 891	5 461	2 502	5 506
面板元件	万只	43 442	18 880	43 478	18 613
减震器	万只	132	230	128	235
电声器件零部件	万只	153 215	141 554	152 496	140 640

表 115 2002 年~2003 年电子印制电路板产量与销量情况

产品名称	单位	产量		销量	
		2002年	2003年	2002年	2003年
单面印制电路板	平方米	3 711 425	4 504 181	3 651 856	4 394 959
双面印制电路板	平方米	1 962 073	1 948 256	1 924 620	1 935 249
多层印制电路板	平方米	1 337 802	6 809 104	1 321 172	5 768 901
挠性印制电路板	平方米		130 333		116 209

表 116 2002 年~2003 年敏感元件产量与销量情况

产品名称	单位	产量		销量	
		2002年	2003年	2002年	2003年
电压敏感电阻器	万只	18 349	23 041	18 402	22 502
光敏元件	万只	2 460	5 741	1 505	5 657
温度敏元件	万只	10 120	13 341	9 847	11 908

表 117　2002 年~2003 年电子管产量与销量情况

产品名称	单位	产量		销量	
		2002年	2003年	2002年	2003年
发射管	万只	19	24	21	22
中小功率玻璃发射管	万只	15	20	17	18
中小功率陶瓷发射管	万只	3	3	2	2
大功率玻璃发射管	只	4 500	4 400	4 300	5 300
大功率陶瓷发射管	只	10 100	7 700	8 600	7 800
超高频管	万只	688	782	708	834
磁控管	万只	604	679	645	693
微波气体放电管	只	7 300	7 700	7 700	7 500
速调管	只	300	300	200	200
行波管	只	100	100	100	100
小陶瓷管	只	1 300	1 200	200	900
固体放电管	万只	83	102	62	140
稳压管	只		2 600		4 000

表 118　2002 年~2003 年电子束管产量与销量情况

产品名称	单位	产量		销量	
		2002年	2003年	2002年	2003年
黑白显像管	万只	427	427	428	287
31cm 以下	万只	219	282	230	144
31cm	万只	38	22	40	22
35cm	万只	115	79	108	81
44cm	万只	54	44	50	40
彩色显像管	万只	5 059	9 051	5 059	8 907
37cm	万只	514	915	517	923
51cm	万只	479	366	477	364
54cm	万只	2 152	1 521	2 156	1 519
64cm	万只	721	652	710	662

续表 118

产品名称	单位	产量		销量	
		2002年	2003年	2002年	2003年
74cm	万只	977	891	989	871
其他	万只	215	6 060	210	5 988
其他电子束管	万只	2 489	2 254	2 453	2 249
监视管（显示管）	万只	2 474	2 245	2 451	2 240
示波管	只		89 400		90 200
离子管	万只	692	6 200	945	6 327
闸流管	只	7 000	14 600	7 000	12 700
整流管	万只	47	143	47	143
放电管	万只	644	6 056	897	6 182
射线计数管	只		20 300		24 200
X光管	只	16 000	17 000	16 000	17 000
其他电真空器件	万只		13 553		13 201
显像管配件	万只	54 692	61 892	52 296	57 437
黑白显像管电子枪零件	万只	5 029	5 408	4 181	5 081
彩色显像管电子枪零件	万只	36 647	41 818	35 094	39 113
黑白显像管玻壳	万只	2 077	4 608	2 050	3 243
31cm 以下	万只	1 758	4 236	1 769	2 895
31cm	万只	62	38	59	31
35cm	万只	174	141	142	155
44cm	万只	67	105	66	92
其他	万只	15	87	15	69
彩色显像管玻壳	万只	7 373	8 363	7 350	8 352
37cm	万只	658	741	609	772
47cm	万只		270		262
51cm	万只	3 591	3 428	3 545	3 536
54cm	万只	1 561	2 173	1 644	2 075

续表 118

产品名称	单位	产量		销量	
		2002年	2003年	2002年	2003年
64cm	万只	341	638	356	598
74cm	万只	581	1 013	568	999
其他	万只	640	100	628	109
彩色显像管用荫罩	万只	3 566	1 961	3 622	1 926
54cm	万只	2 007	571	2 041	579
64cm	万只	467	585	475	590
74cm	万只	814	544	830	505
其他	万只	278	261	276	252

表 119　2002 年~2003 年电光源产量与销量情况

产品名称	单位	产量		销量	
		2002年	2003年	2002年	2003年
卤素灯	万只	354	482	337	491
汽车用灯	万只	1 168	87 338	886	87 334
日光灯	万只	580	7 557	452	7 478
节能灯	万只	7 546	12 927	7 256	13 091
其他	万只	60 367	25 436	66 819	25 828

表 120　2002 年~2003 年半导体光电器件产量与销量情况

产品名称	单位	产量		销量	
		2002年	2003年	2002年	2003年
光电耦合器件	万只	780	2 529	811	2 307
光电探测器件	万只	879 677	37 886	857 611	37 814
光电二极管	万只	879 666	37 853	857 599	37 780
其他光电探测器件	万只	11	33	12	34

续表 120

产品名称	单位	产量		销量	
		2002年	2003年	2002年	2003年
发光二极管	万只	118 532	141 361	114 984	139 237
红外发光二极管	万只	25 581	27 619	24 899	27 726
红色发光二极管	万只	10 078	7 056	10 065	6 380
黄色发光二极管	万只	14 166	2 842	12 400	3 021
橙色发光二极管	万只		2 382		2 184
绿色发光二极管	万只		3 117		3 035
蓝色发光二极管	万只		2 007		1 645
数码管组件	万只	284	2 232	180	1 804
其他发光二极管	万只	68 424	94 106	67 441	93 442

表 121 2002 年~2003 年半导体二极管产量与销量情况

产品名称	单位	产量		销量	
		2002年	2003年	2002年	2003年
锗二极管	万只	856	4 328	5 009	4 755
硅二极管	万只	2 091 785	2 170 204	2 070 019	2 144 600
硅整流二极管	万只	1 205 670	1 515 326	1 250 530	1 507 174
硅开关二极管	万只	76 036	11 973	76 899	11 216
硅稳压二极管	万只	394 742	77 282	391 231	68 664
高压硅堆	万只	28 995	46 449	28 914	47 274
桥式整流器	万只	2 428	5 586	2 458	5 085
变容二极管	万只	146	136	111	168
混频检波二极管	万只	2	2	3	4
肖特基二极管	万只	48 509	16 720	45 208	19 078
其他硅二极管	万只	335 254	496 730	274 662	485 938

表 122　2002 年~2003 年半导体三极管产量与销量情况

产品名称	单位	产量		销量	
		2002年	2003年	2002年	2003年
硅三极管	万只	1 888 884	2 192 750	1 830 843	2 202 110
硅高频小功率管	万只	1 484 003	1 715 627	1 448 481	1 736 592
硅开关三极管	万只	63 189	62 313	60 614	60 870
硅低频大功率三极管	万只	169 504	200 151	157 332	196 339
硅高频大功率三极管	万只	31 739	68 570	30 236	62 993
硅高反压功率管	万只	2 200	8 887	1 861	11 637
达林顿管	万只	24	19	25	18
场效应管	万只	27 767	43 462	25 677	44 698
硅微波功率管	万只	46	47	43	45
闸流晶体管	万只	25 661	13 358	25 011	11 980
其他硅三极管	万只	84 750	80 317	81 565	76 938
化合物三极管	万只	13 027	9 231	10 593	9 539

表 123　2002 年~2003 年特种器件及传感器产量与销量情况

产品名称	单位	产量		销量	
		2002年	2003年	2002年	2003年
敏感器件及传感器	万只	724	5 593	720	4 947
压力敏感器件及传感器	万只	335	4 931	332	4 351
气敏器件及传感器	万只	389	260	388	249
其他敏感器件	万只		402		347
其他器件	万只	164 260	1 113 778	163 694	1 105 694
半导体制冷器件	万只	735	19	735	19
其他器件	万只	163 525	1 113 759	162 959	1 105 675

表 124 2002 年~2003 年集成电路产量与销量情况

产品名称	单位	产量		销量	
		2002年	2003年	2002年	2003年
大规模集成电路	万块	256 251	298 000	205 512	243 000
TTL 电路	万块	3 446	659	2 516	638
ECL 电路	块	33 000	49 100	29 000	22 100
MOS数字电路	万块	72 288	96 273	71 458	96 265
CMOS 电路	万块	46 069	96 273	46 090	96 265
接口电路	万块		152		151
模拟电路	万块	439	27	844	27
电源电路	万块	40 466	81 151	39 009	80 432
普通稳压电路	万块	5 923	7 164	5 810	6 578
其他电源电路	万块	23 609	73 308	22 898	73 308
专用电路	万块	286 195	897 807	278 832	892 108
大规模专用电路	万块	20 208	5 827	19 004	5 800
电视机电路	万块	6 137	6 338	6 113	6 351
黑白电视机电路	万块	4 855	6 337	4 676	6 334
音响电路	万块	55 502	35 303	53 492	35 646
电子钟表电路	万块	1 193	7 815	1 118	3 839
电子玩具电路	万块	7 629	8 600	7 375	8 909
发动机稳速电路	万块		816		810
遥控器发射/接收电路	万块	8 335	9 883	7 877	9 227
通信电路	万块	12 489	3 306	12 193	3 382
移动通信手机电路	万块		265		252
固定通信交换机电路	万块	1 252	509	1 293	505
电话机电路	万块	7 613	1 297	7 405	1 390
其他通信电路	万块	3 624	1 235	3 496	1 235
汽车专用电路	万块	226	343	217	325
数字音、视频电路	万块	58	10	27	10

续表 124

产品名称	单位	产量		销量	
		2002年	2003年	2002年	2003年
其他数字音、视频电路	万块	58	10	27	10
智能卡专用电路	万块	3 232	5 403	3 271	4 613
其他	万块	75 093	819 760	72 210	818 801
存储器电路	万块	353	1 983	350	1 983
微波集成电路	万块	12 532	13 396	12 800	13 396
微波单片集成电路	万块	316	143	313	143
微波毫米波混合集成电路	万块	7	8	7	8
其他微波集成电路	万块	12 208	13 245	12 480	13 245
混合集成电路	万块	8 142	12 887	7 919	12 278
薄膜混合集成电路	万块	487	81	487	86
厚膜混合集成电路	万块	7 655	12 806	7 432	12 192
传感器电路	万块	1 876	3 176	1 694	2 595
其他传感器电路	万块	1 876	3 176	1 694	2 595
集成电路芯片	万片	389 799	340 084	365 042	345 593

表 125　2002 年~2003 年微特电机产量与销量情况

产品名称	单位	产量		销量	
		2002年	2003年	2002年	2003年
驱动微电机	万台	29 310	29 540	30 618	29 494
异步电动机	万台	416	6 509	417	6 382
同步电动机	万台	273	390	282	388
直流电动机	万台	28 621	21 079	29 919	21 240
冷却用小型风机	万台		412		399
平面无刷电动机	万台		1 151		1 085
控制微电机	万台	6 905	7 746	6 591	7 481
专用微特电机	万台	13 749	23 065	13 719	22 935

续表 125

产品名称	单位	产量		销量	
		2002年	2003年	2002年	2003年
电源电机	万台	47	1	47	1
其他电机	万台	606	1 985	583	2 007

表 126 2002 年~2003 年安装线缆产量与销量情况

产品名称	单位	产量		销量	
		2002年	2003年	2002年	2003年
安装线	千米	377 288	1 924 519	360 484	1 921 419
安装电缆	对/千米	857 511	27 169	783 096	23 170
带状电缆	对/千米	177	119	247	208
电话机、计算机用弹簧绳	万根	314	348	313	308
电源插头线	万根	5 020	14 820	5 034	14 822

表 127 2002 年~2003 年射频电缆产量与销量情况

产品名称	单位	产量		销量	
		2002年	2003年	2002年	2003年
CATV同轴电缆	千米	656 243	532 134	633 807	529 528
皱纹外导体射频电缆	千米	1 064	2 559	1 070	2 206
RF同轴电缆	千米		20 016		19 216
通用射频电缆	千米	151 110	9 066	144 727	8 842

表 128 2002 年~2003 年通信及电子网络用电缆产量与销量情况

产品名称	单位	产量		销量	
		2002年	2003年	2002年	2003年
电话通信电缆	千米	4 130 824	3 418 081	4 004 237	3 420 384
井下及隧道用监控、通信电缆	千米	9 099	3 472	9 118	3 365
计算机网络用电缆	千米	58 538	384 418	78 501	333 235

表 129　2002 年~2003 年电子线材产量与销量情况

产品名称	单位	产量		销量	
		2002年	2003年	2002年	2003年
电子元器件引线	吨	389	33	360	
裸铜线	吨	32 438	40 184	31 182	39 163
铜包钢线	吨	438	268	374	296
微细漆包线（小于 0.6mm）	吨	25 151	36 426	24 739	36 046
一般漆包线（大于 0.6mm）	吨	14 928	24 985	15 158	24 634
其他电子线材	吨	788 243	974 550	773 556	947 755

表 130　2003 年光纤产量与销量情况

产品名称	单位	产量	销量
		2003年	2003年
单模光纤	公里	5 739 148	4 478 527
多模光纤	公里	6 700 000	1 200 000

表 131　2002 年~2003 年各种电池产量与销量情况

产品名称	单位	产量		销量	
		2002年	2003年	2002年	2003年
圆柱形密封镉镍蓄电池	千伏安	229 958	53 581	225 443	57 693
扣式镉镍蓄电池	千伏安	131	1 066	358	1 132
非密封镉镍蓄电池	千伏安	31 580	14 364	31 749	12 919
镍氢蓄电池	千伏安	31 686	36 792	28 881	32 462
密封铅酸蓄电池	万千瓦时	1 454 577	4 519 447	1 438 957	4 241 349
液体锂离子蓄电池	千伏安	7 037 394	142 401	6 582 688	113 924
聚合物锂离子蓄电池	千伏安	1 404	62 130	1 056	56 372
普通锌锰干电池	万只	107 186	102 557	104 398	107 083
碱性锌锰电池	万只	15 858	72 373	18 793	60 055
锌汞电池	万只		940		351
其他原电池	万只	192 761	131 227	182 962	130 998

表 132　2002 年~2003 年光缆产量与销量情况

产品名称	单位	产量		销量	
		2002年	2003年	2002年	2003年
普通光缆	皮长公里	850 367	4 427 051	889 032	2 230 331
其他光缆	皮长公里	250 586	928 410	247 979	931 676

表 133　2002 年~2003 年电子元件材料产量与销量情况

产品名称	单位	产量		销量	
		2002年	2003年	2002年	2003年
纸绝缘板	公斤	33 295	64 645	36 628	71 374
纸基敷铜板	公斤	3 188 046	4 722 643	2 936 341	4 175 475
玻璃布基敷铜板	公斤	7 873 755	14 233 558	8 594 705	14 019 300
电子光学玻璃	公斤	2 181 175	5 719 509	2 272 328	5 818 722
电容器用铝箔材料	公斤	10 114 404	15 224 132	10 483 869	15 238 956
铝箔	公斤	5 185 539	7 993 608	5 481 554	8 043 985
聚酯膜	公斤	10 492	7 179	6 133	3 891
聚丙烯膜	公斤	4 918 372	7 223 345	4 996 182	7 191 080
压电材料	公斤	28 804	556 117	23 059	468 605
铌酸锂单晶	公斤	4 873	5 623	20	2 562
人造水晶	公斤	23 932	550 494	23 040	466 043

表 134　2002 年~2003 年真空电子器件材料产量与销量情况

产品名称	单位	产量		销量	
		2002年	2003年	2002年	2003年
钨制品	公斤	217 035	234 911	224 927	232 771
钨丝	公斤	66 752	65 117	67 441	65 943
钨杆	公斤	136 850	145 632	138 147	142 333
钨铰丝加热子	公斤	6 890	8 313	6 695	7 909

续表 134

产品名称	单位	产量		销量	
		2002年	2003年	2002年	2003年
钨片	公斤	6 543	15 848	12 644	16 586
钼制品	公斤	124 205	266 112	118 146	263 647
钼丝	公斤	53 849	65 859	51 069	65 072
钼干	公斤	31 651	56 176	30 736	54 556
钼片	公斤	38 705	144 077	36 342	144 019
镍基合金	公斤	85 770	106 492	84 590	101 845
镍丝	公斤	15 849	31 289	16 115	30 084
镍带	公斤	69 049	73 913	67 560	70 475
镍管	公斤	872	1 290	915	1 286
复合金属电子材料	公斤	94 244	92 605	95 618	95 440
杜镁丝	公斤	94 244	92 605	95 618	95 440
触头材料	公斤	38 832	43 738	36 982	43 454
电真空器件用玻璃	公斤	1 004 362	3 905 947	1 038 715	3 832 296
液晶材料	公斤	136 808	149 394	137 662	144 214
合金材料	公斤	17 084	5 918	16 582	6 095
其他合金材料	公斤	17 084	5 918	16 582	6 095
其他电真空材料	公斤	82 716	103 005	79 533	101 087

[供稿：信息产业部经济体制改革与经济运行司经济运行与进出口管理处]

第 4 部分 各类电子工业

雷达工业

【综述】

2003 年是雷达工业继续深化改革和持续发展的一年。在体制改革上，进行了产权制度改革，实现了投资主体多元化，建立了新的法人治理结构，初步建立了现代企业制度，机制更加灵活，管理更加完善，走上了科学化、规范化和制度化轨道；在用人机制上，推行全员聘用合同制，建立社会用人与企业用人相结合的、灵活的用工机制，逐步形成“岗位凭竞争、管理靠合同、待遇看业绩”的人事管理制度；在分配制度上，实行了新的工资标准，突出改革创新精神，以岗定薪，薪随岗变，根据岗位差异，合理拉开分配档次；在产品结构调整上，依靠科技进步，抓产品开发，抓技术改造，增强企业竞争实力；在基础管理上，依靠管理创新，推进了以法治“企”的进程，提高了全员的素质。

2003 年，信息产业部归口管理的雷达生产企业达 52 家。

生产与销售

2003 年，雷达工业生产继续保持较高的增长速度。全年共实现工业总产值（不变价）796 398 万元，增长率为 16.2%；实现销售产值 750 858 万元，同比增长 17.6%；完成出口交货值 107 211 万元。

科研与新产品开发

2003 年，雷达生产企业加强科技人员队伍建设，制定了有利于企业发展的人才激励政策，形成尊重知识、尊重人才的氛围，为科技人才脱颖而出创造了有利条件。实行项目与奖金挂钩、收入与贡献挂钩的分配原则，完善科研攻关课题奖励办法，对科研课题立项进行评审，加强对项目实施计划、进度的检查和考核，加强同高等院校的合作与交流，新产品的开发速度得到了有效的提升，许多科研项目获得了国家、省部级科技奖，雷达产品的技术水平迈上了新台阶。其中，部分产品达到了国际、国内先进水平，并填补了国内空白。

陕西长岭电子科技有限责任公司 2003年，该公司完成工业总产值1.5亿元，完成25个新产品项目和10个预研课题的阶段性研制任务。其中，新型数字式平板指示器、新型导航计算机和悬停表等6个产品已投入生产。目前，该公司不仅具有雷达高度表、机载火控雷达、多普勒导航雷达、精密进场雷达、潜用火控雷达、气象雷达等6大系列整机及配套仪器的科研生产能力，同时，在新开型天线、微波全固态收发机、高速数字信号处理器、智能化高速信息处理终端等专业领域内也形成了自己的技术核心能力和专业优势。

上海微波技术研究所 2003年，该所完成26项专利项目的申请，在全国性科技刊物上发表论文16篇，获得部级科技进步奖1项。

在新技术和设备研究方面取得的成绩，高速调制解调技术、软件无线电模块化实现技术的预先研究已通过中期评估；兼容型跳频电台完成了样机研制及兼容性试验；全兼容通控器取得新的突破；双体制及小型化数传设备研究取得新的进展；开发并运用GSM短消息、USSD、GPRS等通信技术，研制出WJ3005系列路灯监控终端；WJ2005热网计量终端获得生产许可证。

“配网管理自动化系统”被国家经贸委列入国家重点技术改造“双优一高”项目，并被国家科委等5部委评为“国家级重点新产品”；高压脉冲（直流）周界报警器、家庭防范报警系统通过设计定型；“隐蔽式入侵探测器产品”填补了国内空白；区域联网型报警系统已通过国家安全报警检测中心的检测。

南京大桥机器厂 该厂是信息产业部、国家气象局定点研制生产气象雷达、卫星云图接收设备的重点骨干企业。主要产品门类有：气象雷达、气象卫星云图接收设备、通信设备、无线电专用设备、民用消费类电子产品等。主要产品有：固定站、车载机动站、野外便携站、船载站等。其中，卫星云图接收设备包括可收极轨卫星、同步卫星、极轨及同步卫星所发信息的3个品种。该厂自行研制的“气象保障雷达系统”已完成设计定型，该产品的综合性能处于国内领先水平，填补了风廓线雷达不适用于机动的空白；高空气象雷达获得国家科学进步一等奖；二次测风雷达2003年获得南京市科技进步一等奖；静止卫星高分辨云图接收设备系列能够准确跟踪美国NOAA系列、日本GMS和中国FY系列极轨、静止气象卫星，为用户提供各种遥感信息，该系统在大气探测、海洋观测、植被监测、农业生产、森林防火、自然灾害评估、军事等领域具有应用前景；车载式卫星云图接收处理设备在大气探测、海洋观测、植被监测、农业生产、森林防火、自然灾害评估等领域具有应用前景。

桂林长海发展有限责任公司 该公司研制、生产雷达、电子对抗设备、船用闭路电视系统、建筑机械等大型投资类产品。全年完成工业总产值1.23亿元，同比增长13%；实现产品销售收入1.22亿元，增长19.9%。2003年公司顺利通过质量保证体系换证工作，产品质量也有提高。其中，大型投资类电子产品一次交验合格率达98%以上。为了加强新产品开发，该公司成立了长海技术中心，全年完成科研项目7个，实现新产品产值4 014万元，占公司产值的35%。

国际合作与对外贸易

为了提升中国雷达制造技术和水平，雷达工业企业在加强与高等院校合作的同时，还加强与国际同行之间的交流与合作，并在许多项目的合作上取得了进展。为了寻求新的经济增长点，雷达工业企业开拓国际市场，在境外建立办事处和代理机构，并在国际相关的专业杂志上刊登产品广告进行宣传。目前，中国雷达工业产品已分别出口到亚洲、北美等地区的近10个国家。

主要企业

中国西南电子设备研究所 2003年，该所除承担重大系统工程50余项外，还围绕微波通讯产品、定位产品、软件、天线和专用设备等核心技术，根据不同的市场、客户需求，有针对性地开发适销对路的产品。通讯产品市场与爱立信，软件市场与微软、高通、联想集团有限公司等国内外知名企业洽谈技术，进行市场合作；卫星通讯ODU产品市场订单取得进展；智能交通系统、城管、银行监控工程等项目也取得了经济效益。2003年，该所共获得国防科学技术奖7项。其中，一等奖2项，二等奖2项，三等奖3项。成功开发手机地图软件和网络数字硬盘录放机NVD两个新项目。GPS车辆监控系统获得四川省科技进步二等奖，压控振荡器获得四川省科技进步三等奖。2003年，该所继续加强国际合作与交流，与数十个国家建立了联系。2003年对外签约逾3 000万美元，与爱立信等公司探讨共同开发新产品等事宜；在香港、北美等地区建立了办事处和代理机构，并签订了出口订单。

辽宁辽无一电子有限公司 2003年，该公司实现工业总产值1.7亿元，实现销售收入9 903万元。该公司采用ERP系统进行联网管理，具有高新技术、机电一体化产品的研制开发、生产制造的综合能力。高机动全固态雷达、旋转铰链、询问机天线等产品取得较好的经济效益。目前，该公司加大预研项目的攻关力度，在各类雷达产品中进行技术改进，力求取得具有全固态、全相参体制、探测威力大的性能。

武汉市滨湖机械厂 该厂是一家从事雷达、通信等大型电子设备研制、开发和生产的企业。该厂建有完整的雷达生产线，可生产雷达天线、发射机、接收机、信号处理、雷达方舱及分机、机柜等；建有完整的雷达整机调试场地、固态发射机生产线、环境试验中心、淋雨测试台，可以满足批量调试和试验的要求。该厂组建CAD中心，建立了与英特网相连的企业局域网、办公自动化及CAD/CAPP/CAM/CAE/PDM系统，拥有大规模集成电路设计、三维结构设计分析、高速DSP开发系统等各类软件，可完成百万门级可编程集成电路的开发应用，拥有一批雷达专业的技术骨干力量，并聘有多名国内知名专家学者长年担任专家委员会成员，形成了以中低空雷达为主导产品的生产结构。工厂质量保证体系持续有效运行，通过广泛开展“质量月”活动、质量攻关活动，产品设计、制造质量不断稳步提高，产品生产周期逐步缩短。

该厂开展对外交流与合作，多次派出技术人员出访国外，与THOMSON、M/ACOM等公司在内的有关机构进行技术交流。目前，该厂拟与美国、俄罗斯等有关公司就雷达技术开展交流与合作，不断增强技术实力。

辽宁陆平机器股份有限公司 2003年，该公司占地面积30万平方米，建筑面积10万平方米，拥有员工1 500名，产值和销售收入均突破5亿元。企业利用专业管理咨询公司的专业优势，进行系统的制度架构，对原有的各项制度进行梳理和完善，经过近一年的努力，初步形成了贴近企业实际的制度体系，为企业管理的现代化提供了科学的依据。2003年11月，该公司通过了GJB9001A-2001版质量体系认证。

该公司引进先进的技术和设备，加大技术改造力度，全年共实施技改项目20多个，共完成100多种产品的设计，实现技术创新近20项。目前，该公司征地170亩，准备兴建生产厂房，开始实施民用改装车发展项目。该公司部分产品出口到东南亚、非洲等10多个国家，有的产品被列入联合国采购目录。

市场分析及展望

随着雷达工业企业在体制上的不断转化，机制上的不断灵活，管理上的不断创新，产品结构的不断调整和优化，产品技术性能上的不断提升，综合能力的不断加强，中国雷达工业具有良好的发展前景。2004 年，将是中国加入 WTO 的第 3 年，外企的大举进入将进一步带来政治全球化、文化全球化、经济全球化和人才全球化。中国雷达工业将面对一个充满竞争，加速上台阶、上规模、“跨越式”发展的市场。因此，必须在技术创新、机制创新、管理创新上加大力度，抓住机遇，迎接挑战，占领和夺取下一次发展的制高点。

[撰稿：王辉　靳宁　审稿：王绍祥]

电子通信工业

【综述】

近几年，中国通信产业持续保持着良好的发展势头，行业利润水平名列电子信息产业各行业之首。其中，电信运营业市场规模增长迅猛，服务水平不断提高，业务结构日趋多元化；同时，在电信运营业的带动下，中国通信设备制造业迅速崛起，技术水平不断提高，程控交换机、手机等产品的产量都已经居世界第一位。依托运营业的高速发展，国内厂商抓住机遇，通过各自独特的发展战略，陆续推出了一批批符合中国电信网发展要求的优质产品和先进技术。凭借得天独厚的市场服务优势，占据了很大的市场份额。从 1994 年起，程控交换机的全面突破形成的“巨大金中华”,到目前包括移动、数据、光通信等在内的全线产品的提供，国内厂商已经成为中国通信行业的重要推动者，程控交换机的国产比例已经超过 95%。可以说，电信业的发展为通信产品制造业提供了广阔的市场空间，而制造业的发展又为电信业的发展提供了有力的支撑，从而形成了互动的良性发展的格局。

2003 年，移动通信继续高速发展，国产移动通信设备和终端市场份额过半，对电信业手机用户首次超过固定用户功不可没；TD-SCDMA 产业联盟进一步巩固和扩大，3G 测试和试验进展顺利；宽带接入设备逐渐成为市场主角；国产数字集群系统研发和应用获得突破；光通信设备步入复苏性发展；网络设备在占领中低端市场的同时开始撬动高端市场；政府和企业全力推动 IPv6，中国下一代互联网 CNGI 计划启动；产品出口额大幅增加；企业核心竞争力进一步提升，制造业对电信业的支撑力度明显加强。中国企业开始全面走向世界。

生产与销售

产销稳中有升，经济效益名列前茅　2003 年，全国通信设备制造业共完成产品销售收入 3 389. 20 亿元，同比增长 7.39%，占电子信息产业产品销售收入的 18.03%；完成工业增加值 823.39 亿元，增长 22.96%，占电子信息产业工业增加值的 20.58%；实现利润总额 163.08 亿元，与上年基本持平，占电子信息产业利润总额的 23.43%；出口额为 173.79 亿美元，增长 50.16%。

2003 年，通信设备的产品销售收入和工业增加值位居电子信息产业各行业第二，利润总额名列第一。通信设备制造业利润总额占电子信息产业利润总额的 22.18%，分别高出计算机类和电子家电类产品所占比重 5 个和 13.9 个百分点；上缴国家税金 72 亿元，占电子信息产业税金比重的 27.6%，分别高出计算机类和电子家电类产品 17 个和 12.9 个百分点，成为拉动电子信息产业经济效益增长的重要力量。

移动通信产品质量监督抽查　为了加强对信息产品质量监督管理和规范市场秩序，2003 年信息产业部对包括移动电话机在内的 6 类重点电子信息产品进行了重点质量情况调查及消费者投诉情况调查。

根据信息产业部移动通信产品质检中心报告，该中心在 2003 年所承担的移动终端进网检测任务中包含 GSM 移动电话机进网检测数量将近 300 款，CDMA 移动电话机进网检测数量超过 100 款，一次性检测合格率为 95%，经过企业按规定程序的整改之后，99%的移动电话机能达到检测规范要求。通过对检测不合格项的分析，发现部分带有 GPRS 功能的移动电话机的接收灵敏度比较差。移动电话机常规检测项目中功率、频率误差、相位误差和功能等也常发生不合格现象。

根据中国消费者协会 2003 年度受理投诉情况统计，全年共受理消费者投诉 695 141 件，其中有关家用电子电器类产品投诉 155 333 件，其中移动电话机投诉 51 371 件。移动电话机投诉量在全部受理投诉的 57 类小产品中名列第三位，投诉量比上年上升 50%以上；在移动电话机的投诉内容方面，质量问题有 43 623 件，占投诉内容的 84.92%。另根据中国泰尔实验室移动通信产品质量鉴定中心报告，从 2003 年 1 月到 2003 年 6 月，该中心接到反映移动电话机产品质量及“三包”责任的电话共 461 次，涉及 31 个厂家。从市场反映来看，移动电话机用户在使用过程中发现的问题是由多方面原因造成的，既有移动电话机本身的质量问题，也有网络和用户使用的因素。用户投诉率相对较高的有屏幕黑损、音质、进液、死机、自动关机等问题。

科研与新产品

第三代移动通信的系统开发和终端研制工作稳步推进 2003 年，大唐集团公司进一步完善了 TD-SCDMA 标准，使其更为实用，同时开发出基于 TD-SCDMA 标准的全系统样机，并通过现场试验，验证了 TD-SCDMA 系统的技术指标和业务功能。目前，TD-SCDMA 系统的内部实验网也已开通，现场实验用单载波智能天线系统已开始投产，正在进行三载波基站产品的开发工作，TD-SCDMA 系统开发已进入最后商品化阶段。新增近百项专利，并形成了一批具有重要商业价值的核心专利。其中 12 项重要专利已进行国际申请。

2003 年，华为技术有限公司、中兴通讯股份有限公司、东方通信股份有限公司研制开发的 WCDMA 系统均通过了 MTNet 测试，在与国外著名通信公司同台较量中表现良好，各项参数指标等同甚至优于国外同类产品。中兴通讯股份有限公司、华为技术有限公司、东方通信股份有限公司、首信股份有限公司等国内生产企业还进行了 CDMA2000 1X 系统的研发及产业化工作，其系统均达到商用标准，并参加了联通的二期投标。目前，各公司正在加紧 CDMA2000 系统（包括后续的 EV-DO、EV-DV）的研发。

在移动通信终端的研制方面，2003 年重庆邮电学院成功研制出中国第一台拥有完全自主知识产权的 3G 手机。TD-SCDMA 产业联盟的其他企业，如：大唐集团公司、凯明信息科技股份有限公司、海信集团有限公司等在 TD-SCDMA 手机终端研发方面也取得较大进展。预计，到 2005 年 1 季度前后，可以提供商用 TD-SCDMA 手机。中国企业在 WCDMA、CDMA2000 标准的技术、软硬件方面也都具有相当程度的积累，正在加紧终端的研发工作。

40Gb/s SDH 光纤通信项目 2003 年，由武汉邮电科学研究院承担的国家重点项目 40Gb/s SDH 光纤通信项目取得了一系列成果。在设备开发方面，完成了具有 40Gb/s 接口盘位的 40Gb/s SDH ADM 设备开发，该设备已经参加北京国际通信设备展和北京移动测试。在 40Gb/s 光接口研制方面，完成了 40Gb/s 光接口试验板电路图和 PCB 设计、40Gb/s 光接口盘和电接口盘的电原理图设计。在 40Gb/s 光传输试验方面，采用不同的调制器进行了最长达 200 公里的光传输实验；在 40Gb/s 信号色散补偿、光信号放大技术等方面积累了一定经验。在关键的 ASIC 开发方面，完成了具有

40G 交叉容量的交叉芯片 FPGA 原型设计和验证，即将进行系统联试。在光电子器件的研制方面，已经研制出 40Gb/s PIN-PD 管芯、用于 40G 的色散补偿器、40G 喇曼放大器、PMD 补偿样机等光电子器件。该项目现已取得了多项专利，其中有 3 项中国发明专利、6 项中国实用新型专利、1 项美国发明专利，目前已授权 2 项。

数字集群系统研发和应用获得突破 由中兴通讯股份有限公司研发的 GoTa 数字集群项目是国际上第一个基于 CDMA 技术的数字集群系统。2003 年，中兴通讯股份有限公司开展了 GoTa 数字集群的标准化工作，先后完成了技术规范、空中接口规范和 A 接口规范，以及测试规范等一系列的数字集群标准的撰写工作，并在国内外申请了包括系统总体、技术要点在内的多项专利，是拥有自主知识产权的第一个集群通信产品，打破了国外产品对国内集群通信市场的垄断。

同时，华为技术有限公司也推出了自己的 GT-800 系统。GT-800 成功地对 TDMA 和 TD-SCDMA 技术进行了大量的创新，在共享信道增强、组呼、快速呼叫、动态重组、安全性、故障弱化等方面已形成 20 余项核心专利，所有技术在产业链内开放，确保了 GT-800 数字集群系统完备的性能。除了中兴通讯股份有限公司的 GoTa、华为技术有限公司的 GT-800 以外，首信股份有限公司公司基于 CDMA-1X 技术的系统、大唐集团公司基于 TD-SCDMA 的系统、金鹏科技有限公司基于 CDMA-1X 的系统也正在研制之中。

IPv6 有新进展 中国十分重视 IPv6 的发展。虽然国内厂商与国外厂商相比起步稍晚，但是却后发先至。当前国内 IPv6 产品开发商主要有华为技术有限公司、中兴通讯股份有限公司、佳讯飞鸿信息技术有限公司、清华紫光比威网络技术有限公司以及国防科技大学等。2003 年进展如下：

中兴通讯股份有限公司 已推出支持 IPv6 的路由器 GAR，该设备容量为 8G，转发速率 24Mbps，支持 POS 以及以太网接口，最高接口速率 622Mbps，可以基于软件/硬件转发 IPv6 数据。

华为技术有限公司 当前已经有一款低端 IPv6 路由器经过了入网检测，已得到入网试用批文。目前支持 IPv6 的产品包括 NE80、NE40、NE08、NE16 等，其中 NE80、NE40 已完成开发，正在准备试验。

清华紫光比威网络技术有限公司 受国家支持研发的 IPv6 已有一款高端路由器在做入网测试（最高 2.5G 接口），目前尚未完成。此外，清华紫光比威网络技术有限公司还有 1~2 款低端路由器正在完善中。

佳讯飞鸿信息技术有限公司 受国家支持研发 IPv6 路由器，目前已经有一款低端路由器在教育网中使用。

国防科技大学 正在研发 IPv6 产品。银河玉衡 9200 支持 2.5G 接口，122G 容量。

此外，天地互连（BII）作为中国最早进行 IPv6 技术研发的企业，也一直从事 IPv6 的研发和市场研究。由其推出的 BII1122 IPv6 过渡服务器已经在 6NET、北京邮电大学 IPv6 实验网、湖南 IPv6 实验网方面得到了广泛的应用。

总体上看，中国 IPv6 网络建设在技术上基本能与国际上最新的技术保持一致，但是在技术的产业化能力方面还稍显欠缺。而在大规模芯片设计、高速印制板设计和制造、大型软件开发、操作系统等核心技术上的不足也是中国网络产品发展的最大阻碍。另外，电信运营商未能大规模采用 IPv6 网络，也造成了许多设备厂商还在持观望态度，不敢贸然加大投入，进行设备研发。

重大工程与重点项目

为增强中国发展下一代互联网的核心竞争力，确立中国在国际上下一代互联网标准制定、科学研究、技术开发和产业发展等方面的地位，2003 年，在国家统一部署和规划下，由国家发改委主抓的中国下一代互联网（CNGI）示范工程正式启动。该计划分两期进行，第一期为 2003~2005 年，目标是建成下一代互联网示范网络，攻克一批关键技术，开发一批重大应用，在设备制造、软件开发和运营服务方面初步实现产业化。第二期为 2006~2010 年，目标是建成全球规模最大的下一代互联网，在设备制造、软件开发和运营服务方面形成较大规模产业。CNGI 项目将在充分利用中国现有的通信基础设施基础上，建立起国家创新能力信息基础设施平台，并推动中国信息化建设和应用，增强中国综合国力和可持续发展能力，实现中国国民经济和社会进步的跨越式发展。

自 2000 年起，国内的电信运营商就已经纷纷成立内部项目组，开展对下一代网络技术和业务能力的研究。根据 CNGI 项目的整体规划，到 2005 年，在政府指导下，中国五大电信运营商和学术科研网 CASNET（China Academy of Science Network）将构筑 6 个全国性的 IPv6 骨干网络（覆盖全国 39 个重要节点）和至少 2 个交换中心，以实现各 IPv6 骨干网络的互联互通；基于这一全国性的大规模 IPv6 网络平台，各大运营商将配合各大部委的 IPv6 攻关课题，并根据各自的网络条件及业务发展需求进行 IPv6 关键技术试验、开发、重大应用示范，以及应用推广。

国际合作与对外贸易

进出口贸易 近年来，中国电子信息产品进出口保持了较高增长速度，进出口额逐年上升。据海关统计，2003 年中国通信设备出口额为 173.71 亿美元，同比增长 50.13%，约占电子信息产品总出口额的 12.31%。通信设备进口额为 117.03 亿美元，增长 38.81%，约占电子信息产品总进口额的 8.85%。

2003 年出口产品中，技术含量较高的产品出口增幅明显加大，手机出口额同比增长 39.47%，各种交换机的出口额增长 81.81%，光传输设备出口额增长 193.13%，主要通信产品出口增长率都明显高于 2002 年。出口额的大幅增长，除了与国际上信息产业开始复苏，国内电信业快速发展有关外，还说明通信设备制造业结构调整已取得成效，国家实施的“走出去”战略初见成效。

虽然 2003 年的进口额低于出口额，但是其增长幅度高于 2002 年。如：手机进口量为 2 206 万部，进口额为 28 亿美元，比 2002 年有所增长。

参与国际竞争 企业“走出去”参与国际竞争是国家的战略决策。2003 年，国内有实力的通信企业开始全面走向国际市场。华为技术有限公司的海外业务在 2003 年取得很大成绩。2003 年中，英国电信决定采用华为技术有限公司 U-SYSNGN 解决方案，为英国电信搭建 VoIP 长途商用网。这标志着华为技术有限公司已成功打入欧洲主流运营商市场。2003 年，华为技术有限公司的 GSM 和 CDMA 产品相继进入俄罗斯、印度尼西亚、北非等国家和地区，华为技术有限公司还是亚太专区 GSM/CDMA 系统主要供应商之一，应用国家包括印度、泰国、孟加拉、柬埔寨和尼泊尔等。在光网络领域，华为技术有限公司设备成功进入了 40 多个国家和地区。

2003 年，中兴通讯股份有限公司的 GSM/CDMA 产品也成为出口的主力，仅 GSM 设备出口合同上半年就超过 1 亿美元。在整个 2003 年中，中兴通讯股份有限公司 GSM、CDMA、交换机、传输产品等频频获得大额合同，海外市场比往年有大幅度上升。

主要企业

中国普天信息产业集团公司 中国普天信息产业集团公司是立足通信行业的信息产品和服务提供商。公司成立于 1980 年，前身为中国邮电工业总公司，是国务院国有资产监督管理委员会管辖的中央特大型企业。

自 20 世纪 80 年代起，中国普天通过引进技术、消化吸收、自主研发，建立了以普天首信股份有限公司、普天东信等为骨干企业的移动通信系统产业基地。产品从合资合作的 TACS、GSM，到自主研发的 GSM、CDMA，成为国内规模最大的移动通信系统设备制造商。同时，中国普天亦在从事 WCDMA、CDMA2000、TD-SCDMA 端到端的 3G 移动通信网络整体解决方案研究，并在国内 TD-SCDMA 的产研中担纲重要角色。

在网络应用方面，中国普天凭借多年在通信行业的经验和对网络客户的了解，在认证、授权、计费、网络管理、系统监控以及网络安全、网络优化等方面均提供相应的产品、服务和解决方案。在终端业务领域，中国普天拥有首信股份有限公司、东信、波导、普天四种自主品牌，爱立信、诺基亚、松下、摩托罗拉四种合资品牌以及普天三洋、普天东芝两种复合品牌的移动终端产品，在国内移动终端产品（GSM、CDMA、PHS 等）领域居于领先地位。

TCL 移动通信有限公司　TCL 移动通信有限公司成立于 1999 年 3 月，是一家致力于手机等移动信息终端产品的研发、设计、制造、销售和服务的现代化高科技企业。公司以“创建国际化的移动通信企业”为发展目标，以“天人一体”的系统论思想为指引，用国际化思路打造国际化企业。

2003 年，公司实现手机销售 982 万台，销售收入达 94.5 亿人民币，利润 8.11 亿元。提高了公司“中国手机新形象”的知名度和美誉度，基本具备了与世界同行企业同台竞技的能力。

2003 年 12 月 11 日，TCL 移动通信公司名列德勤首届亚太区高科技高成长 500 强企业排行榜第四位，从而成为连续两届入选前五强的高科技企业。

目前，TCL 手机的年生产能力已经达到 2 000 万台，现在有惠州和内蒙古两个生产基地，计划在未来三年争取达到年生产能力 4 000 万台。结合公司研发实力强，具备散件级开发、设计能力的特点及目前市场销售形势的需要，目前采用的生产模式为流水线作业为主、自主生产的模式。

华为技术有限公司　2003 年，该公司在全球市场的销售额突破 300 亿元。其中，海外销售额突破 10 亿美元，同比增长 81%。该公司的产品已经覆盖到世界五大洲的 40 多个国家和地区，华为技术有限公司品牌不仅在中国得以巩固，在全球也已初步建立品牌地位。

2003 年，该公司进一步巩固了其在移动、固定、光网络、数据通信、业务软件、OSS 等各个领域的全球市场份额和品牌地位。在客户服务、产品技术进步、管理业务变革、国际竞争力等方面体现了不俗的实力。尤其在移动通信领域，该公司已经成为业界主要的移动通信设备供应商。移动通信已经成为华为技术有限公司重要的新成长领域。目前，该公司已经拥有自主知识产权的全套 GSM 产品、WCDMA 产品和 CDMA2000 产品，成功地为国内外 80 多个运营商提供移动通信产品和解决方案，服务于全球 2 000 多万用户。其中 GSM 国内外应用已超过 15 万载频。

在传统交换机和接入网市场，2003 年，华为技术有限公司在全球市场销售超过 2 500 万线，连续三年全球出货量第一，累计网上应用 1.3 亿端口，覆盖全球 50 多个国家和地区。在光通信领域，华为技术有限公司光网络全球市场应用已超过 19 万套，除中国外，在法国、德国、俄罗斯、泰国、巴西、新加坡、西班牙等 40 多个国家和地区获得了规模应用。

中兴通讯股份有限公司　中兴通讯股份有限公司于 1985 年成立。1997 年，中兴通讯股份有限公司 A 股在深圳证券交易所上市。中兴通讯股份有限公司作为综合性的电信设备及服务提供商，拥有无线产品、网络产品、终端产品（手机）三大产品系列，在向全球用户提供多种通信网综合解决方案的同时，还可以提供专业化、全天候、全方位的优质服务，并逐步涉足国际电信运营业务。

在无线通信领域，中兴通讯股份有限公司已形成 CDMA、GSM、PHS 等全网解决方案，成为国产无线设备“第一品牌”。在联通 CDMA 三期招标中，中兴新获市场容量超过 300 万线，主设备进入联通 15 个省分公司市场。从联通 CDMA 开始建网至今，中兴通讯股份有限公司是惟一拥有全套自主开发、自主品牌基站、交换系统的中国厂商。

在有线通信领域，中兴通讯股份有限公司宽带数据产品异军突起，ADSL 设备大规模服务于上海、北京、武汉、南京、深圳、西安等大城市，国内运行超过 500 万线。公司软交换产品已步入国际前沿，并在国内主要运营商市场获得正式商用，牢固确立了国内第一品牌的地位。中兴通讯股份有限公司在高端光网络市场不断扩展，连续获得中国电信西北环、新疆联通全区网等一大批国家级和省级骨干 DWDM 传输网合同。

在全球范围的电信业调整中，中兴通讯股份有限通过实施积极的市场策略，发挥多元化产品优势，加强管理，实现了持续增长，合同销售额保持 34.1%的复合增长率，成为全球通信设备领域最受关注、最具差异化竞争力的通信设备企业之一。2003 年，中兴通讯股份有限公司共实现主营业务收入 160 亿元，净利润 7.5 亿元，分别同比增长 45.66%和 32.72%。

市场分析及展望

(一) 主要产品市场

1. 移动通信设备

2003 年，中国共生产手机 1.86 亿部，同比增长 54.8%，销售 1.83 亿部，同比增长 56.1%，出口手机接近 1 亿部，同比增长 50%，出口金额达到 73.8 亿美元，同比增长 39%；生产移动交换机 1 761 万线，同比增长 5.18%，销售 1 761 万线，同比增长 5.15%；生产移动基站 302.64 万信道，同比下降 42.24%，销售 307.06 万线，同比下降 40.63%。2003 年，中国手机产量已经占全球生产总量的 35%，生产能力超过 2.5 亿部，成为全球最大的移动手机生产基地。国内主要手机生产企业有 TCL 集团有限公司、波导股份有限公司、海信集团有限公司、海尔集团公司、普天首信股份有限公司、普天东信公司等近 40 家。2003 年中国国内手机市场销售量为 7 379 万部，同比增长 18.1%；市场销售额为 1 189.3 亿元，同比增长 10.4%。

2. 光通信设备

2003 年，光通信设备产业开始扭转前几年的衰退局面，形势出现好转。全年共计 12 家企业生产各类光通信设备 10.23 万部（套），同比增长 58.85%，销售 10.03 万部（套），同比增长 68%。作为光通信设备核心的光传输设备，2003 年市场的规模比 2002 年有所扩大，增幅大约为 10%左右，达到 110 亿元，主要生产企业有华为技术有限公司、中兴通讯股份有限公司、武汉烽火通信股份有限公司等。

总体上讲，2003 年光通信设备由于受 2002 年全球电信业衰退的影响，增长幅度缓慢。但是，国内企业开始占据越来越高的市场份额，国内厂商已具备与国外厂商展开竞争的能力；CWDM 开始成为光传输设备中新的亮点。

3. 网络设备（路由器、以太网交换机）

在路由器方面，运营市场中的高端路由器设备仍以国外产品为主。如：全国骨干网核心路由器仍是国外品牌占据绝对优势。国产中、低端路由器设备已进入国内市场，主要应用在省网骨干、城域网核心层或汇聚层，主要厂商有华为技术有限公司、中兴通讯股份有限公司等。2003 年，中国路由器市场销量超过 23.5 万台，销售额达到 54.1 亿元，与 2002 年相比，增长率分别达到了 26%和 17%。

在以太网交换机方面，作为网络设备的重要组成部分，其市场发展依然呈增长势头。2003 年，国内以太网交换机市场共销售 1 789 万端口，销售额为 69.5 亿元，与 2002 年相比分别增长了 25%和 11%。主要生产厂商有华为技术有限公司、港湾网络有限公司、实达电脑集团股份有限公司、神州数码控股有限公司等。

4. 用户接入设备

2003 年是接入设备大发展的一年。据统计，全国有 8 家企业生产各类用户接入设备（无线接入设备、电缆线接入设备、光纤接入设备等）1 350.18 万部，同比增长 3 倍；销售 1 351.35 万部，同比增长 3.2 倍。主要企业有华为技术有限公司、中兴通讯股份有限公司、实达电脑集团股份有限公司、联想集团有限公司、TCL 集团有限公司、上海贝尔阿尔卡特股份有限公司等。

在接入设备中，以 ADSL 为主的宽带接入设备的发展最为迅猛。2003 年，ADSL 终端销售量达到 700 万部，销售额为 21.7 亿元；ADSL 局端销售量达到 1 520 万部，销售额为 65.3 亿元。

（二）存在的问题

1. 国际标准研发能力相对较弱；

2. 核心技术研发实力相对弱势；

3. 应对国际化趋势所带来的挑战的能力较弱。

（三）未来的发展趋势

1. 数据化、宽带化、光纤化和无线化成为通信网络技术的主流趋势；

2. 行业集中度越来越高；

3. 外资企业仍将占据半壁江山；

4. 结构性矛盾仍将继续困扰通信设备制造业健康发展。

【统计数据】

表 1　2002 年~2003 年主要通信设备出口情况

产品名称	2002年			2003年		
	数量（万台）	出口额（万美元）	增长率（%）	数量（万台）	出口额（万美元）	增长率（%）
电话机合计	16 881.52	140 480.66	–0.36	19 323.77	166 575.36	18.58
其中：可视电话	0.71	32.41	–75.84	0.68	180.45	456.71
传真机	421.68	50 618.37	14.51	413.73	50 972.18	0.70
各种程控交换机	3.88	24 909.25	21.14	14.72	45 288.24	81.81
以太网络交换机	124.16	17 341.02	215.61	312.08	23 498.07	35.51
手持（车载）无线电话	6 329.24	528 946.62	28.23	9 534.31	737 703.86	39.47
对讲机	1 987.04	18 684.75	7.98	2 653.40	26 372.93	41.15
移动通信基地站	1.87	47 062.38	116.35	1.93	51 185.07	8.76
光通信设备	2.46	3 912.08	18.52	1.88	11 467.41	193.13

数据来源：中国电子信息产业发展研究院。

表 2　2002 年~2003 年主要通信设备进口情况

产品名称	2002年			2003年		
	数量（万台）	进口额（万美元）	增长率（%）	数量（万台）	进口额（万美元）	增长率（%）
电话机合计	119.95	1 969.04	–3.52	111.03	2 648.10	34.49
其中：无绳电话	48.95	659.02	–24.28	51.16	882.40	33.90

续表 2

产品名称	2002年 数量（万台）	2002年 进口额（万美元）	2002年 增长率（%）	2003年 数量（万台）	2003年 进口额（万美元）	2003年 增长率（%）
其中：可视电话	0.64	124.09	78.42	1.98	435.94	251.30
传真机	78.83	9 772.81	52.36	138.99	17 453.46	78.59
各种程控交换机	1.70	2 409.40	–30.82	2.07	6 338.46	163.07
以太网络交换机	47.22	39 720.09	–15.19	44.42	39 925.12	0.52
手持（车载）无线电话	1 719.68	237 582.23	233.21	2 206.61	281 308.70	18.40
对讲机	4.72	546.40	–33.25	14.80	1 496.02	173.79
移动通信基地站	0.87	15 025.67	–55.72	1.37	18 878.44	25.64
光通信设备	3.17	19 745.05	–46.92	3.34	11 268.17	–42.93

数据来源：中国电子信息产业发展研究院。

表 3　1998 年~2003 年光传输设备市场规模

项目名称	1998 年	1999年	2000年	2001年	2002年	2003年
市场规模（亿元）	38	80	120	150	100	110
增长率（%）		110	50	25	-33.3	10

数据来源：中国电子信息产业发展研究院。

[撰稿：乔跃山　审稿：赵波]

广播电视设备工业

【综述】

中国广播电视设备工业协会现有会员单位 132 家。根据协会掌握的统计资料，2003 年末，固定资产净值 289 455 万元，从业人员 30 786 人。广播电视设备行业各类产品生产企业数如下：中波广播发射机生产企业 8 家，短波广播发射机生产企业 2 家，调频广播发射机生产企业 16 家；1kW 以上米波电视发射机生产企业 10 家，1kW 以上分米波电视发射机生产企业 9 家，300W 以下米波电视发射、差转机生产企业 7 家，300W 以下分米波电视发射、差转机生产企业 7 家；有线电视设备生产企业 29 家；应用电视设备生产企业 10 家；微波传输设备生产企业 3 家；卫星接收设备生产企业 5 家；音频、视频节目制作及播控设备生产企业 11 家。广播电视配套设备生产企业 15 家。

生产与销售

根据中国广播电视设备工业协会对全行业各企业主要经济指标统计结果：2003 年，全部产品完成工业总产值（现价）625 717 万元，同比增长 19.5%。其中，广播电视设备产品现价工业总产值 259 048 万元，同比增长 25.4%；全部产品完成工业增加值 151 709 万元，同比增长 21.7%。其中，广播电视设备产品完成工业增加值 39 672 万元，增长 13.3%；全部产品销售收入 670 285 万元，增长 19.9%，其中，广播电视设备产品销售收入 257 806 万元，增长 19.8%。

按广播电视设备各类产品的生产量、销售量、销售收入的统计结果是：中波广播发射机生产量 739 部，同比增长 122.6%；销售量 669 部，增长 92.2%；销售收入完成 4 113 万元，增长 13.5%。短波广播发射机生产量 38 部，同比增长 40.7%；销售量 25 部，下降 25.5%；销售收入 8 883 万元，增长 14.9%。调频广播发射机生产量 1 189 部，同比下降 54.3%；销售量 1 049 部，下降 59.7%；销售收入 5 914 万元，增长 69.6%。1kW 以上的米波电视发射机生产量 309 部，增长近 4 倍；销售量 291 部，增长 5 倍多；销售收入 5 296 万元，增长近 4 倍。1kW 以上的分米波电视发射机生产量 174 部，增长 163.6%；销售量 159 部，增长 165%；销售收入 4 701 万元，增长 145.6%。300W 以下的米波电视发射、差转机生产量 3 444 部，同比增长 2.6 倍；销售量 3 418 部，增长 2.6 倍；销售收入 1 616 万元，增长 99.5%。300W 以下的分米波电视发射、差转机生产量 179 部，同比下降 89.7%；销售量 180 部，下降 90.1%，销售收入 429 万元，下降 18.4%。有线电视产品销售收入 164 788 万元，同比增长 17.8%；应用电视产品销售收入 16 810 万元，增长 37.7%；广播电视微波传输设备销售收入 527 万元，下降 2%；卫星接收设备销售收入 1 343 万元，增长 96.6%；音频、视频节目制作及播控设备销售收入 9 179 万元，增长 97.4%；广播电视配套设备销售收入 13 309 万元，增长 8.6%。

有的产品生产量、销售量和销售收入增减比例不同步，甚至相差很大，主要是由于同类设备的功能、功率大小及价格差异较大造成的；有的产品门类没有累计生产量、销售量，同期比较只有销售收入增减的比较，也是因为同类产品设备的大小、功能、价格相差很大，累计相加进行数量比较没有实际意义。

经济运行的主要特点

2003 年广播电视设备工业经济运行的主要特点如下：

1. 市场向优势企业集中

统计数据表明，主要经济指标排序前五名的企业占上报企业数的 7%。但是现价工业总产值占全行业的 44.7%，工业增加值占 75%，销售收入占 72%，实现利税占 80%以上。以上数据表明，在市场经济条件下，市场竞争日趋激烈，市场向优势企业集中，大型优势企业有了很大的发展。

2. 产品结构发生变化

2003 年无线广播电视发射设备的生产与销售都有很大的发展。根据统计结果，无线广播电视发射设备销售收入同比增长 61.8%。其中，中波广播发射设备销售收入同比增长 13.5%，短波广播发射设备销售收入增长 14.9%，调频广播发射设备销售收入增长 69.7%，1kW 以上的米波、分米波电视发射机销售量增长 3 倍，销售收入增长 191%。这是近年来少有的好形势，是“西新工程”给企业发展带来的新机遇。

【统计数据】

表 1 2002 年~2003 年广播电视设备行业主要经济指标完成情况

序号	项目名称	单位	2002年	2003年	增长率(%)
1	工业总产值（现价）	万元	523 748	625 717	19.5
	其中：本行业产品工业产值	万元	206 638	259 048	25.4
2	工业增加值	万元	124 669	151 709	21.7
	其中：本行业产品增加值	万元	35 031	39 672	13.3
3	销售收入	万元	558 715	670 285	19.9
	其中：本行业产品销售收入	万元	215 251	257 806	19.8
4	实现利税总额	万元	88 934	69 217	–22.2
	其中：本行业产品利税总额	万元	23 275	25 969	11.6
5	实现利润总额	万元	68 581	46 217	–32.6
	其中：本行业产品利润总额	万元	17 785	17 326	–2.6

备注：本行业指广播电视设备行业。

表 2 2003 年广播电视设备产品产、销、存情况

产品名称	产量(部)	销量(部)	销售收入(万元)	库存量(部)	企业数
中波广播发射机	739	669	4 113	175	8
短波广播发射机	38	25	8 883		2
调频广播发射机	1 189	1 049	5 914	264	16
VHF 1kW 以上电视发射机	309	291	5 296	10	10
UHF 1kW 以上电视发射机	174	159	4 701	4	9
V 300W 以下电视发射、差转机	3 444	3 418	1 616	27	7
U 300W 以下电视发射、差转机	179	180	429	4	7
有线电视设备			164 788		29
应用电视设备			14 810		10
卫星电视接收设备			1 343		5

续表 2

产品名称	产量（部）	销量（部）	销售收入（万元）	库存量（部）	企业数
音、视频节目制作及播控设备			9 179		11
广播电视微波传输设备			527		3
广播电视配套设备			13 109		15

[撰稿：吴凤德　审稿：黄邦周]

消费类电子工业

【综述】

2003 年，全球 IT 产业增长缓慢。面对国际经济贸易摩擦加剧，中国彩电出口遭遇美国反倾销，加之国内自然灾害、非典疫情等不利影响，视听类企业克服重重困难，加速新产品和高端产品的开发，促使产品结构向适应技术升级、市场需求方面调整，使行业产品产销两旺，主要产品产量有较大增长，出口仍持续增长，企业效益逐步回升，全行业保持了快速健康的发展势头。

2003 年，消费类电子产业（指家用视听类方面）在产品结构逐步优化中取得了平稳、快速的发展。视听类产品 2003 年工业总产值 2 847.5 亿元。据不完全统计，2003 年从事电视机、收音机、收录机、录像机、数字激光视盘机等产品生产的企业有 720 多家。

生产与销售

电视机　2003 年全行业共生产电视接收机 6 922.5 万台，较 2002 年的 5 492 万台增长 26.0%；销售 6 887.5 万台，较 2002 年的 5 551 万台增长 24.1%。2003 年生产黑白电视机 279.5 万台，较 2002 年的 309 万台下降 9.5%，销售 284.2 万台，较 2002 年的 313 万台下降了 9.2%。

2003 年全行业共生产彩色电视机 6 521.5 万台，较 2002 年的 5 200 万台增长了 25.4%；销售 6 500.1 万台，较 2002 年的 5 260 万台增长 23.6%；产销率达到 99.7%。全国年产量在 1 000 万台以上的企业有两家；年产量在 100 万台以上的企业有 16家，16 家总产量达 6 275 万台，占全行业总产量的 96.2%，生产集中度已达到相当高的水平。从 1981 年至 2003 年，国内总计生产彩色电视机 4.55 亿台。截止到 2003 年底，城镇居民的彩色电视机的普及率达到每百户154 台，农村每百户达到57 台。

据中国电子视像行业协会统计，2003 年背投彩色电视机的产量为 94 万台，较 2002 年的 48 万台增长 95.8%；销售了 88.8 万台，较 2002 年的 37 万台增长 140.0%。2003 年等离子彩色电视机的产量 11.2 万台，较 2002 年的 2 万台增长了 460%。2003 年液晶（LCD）电视机的产量 20.2 万台，销量 19.1 万台。

数字激光视盘机(含 VCD 机、DVD 机)　2003 年共生产 VCD、DVD 机 11 550 万台，较2002年增长27.7%，生产 VCD 机、DVD 机用光学头38 500 万只，生产 VCD 机、DVD 机用机芯9 199.6 万只。

经过几年的努力，VCD、DVD 机所用关键件的本地化已经取得了突破性进展。2003 年，自主开发生产的 VCD 光学头（不包括来件组装的）超过 2 000 万只，与其配套的激光器、非球面物镜及精密塑胶件等均已规模生产，有力地支持了光学头的本地化集成，小电机及微型轴、配套小机芯、大机芯也都实现了大规模生产销售。DVD 光学头的研制和开发取得初步进展，已进入小批量生产阶段。

目前国内企业生产的各类光盘产品不但能够满足国内市场的需求，而且畅销欧美和亚洲其他地区。

音响类产品 据中国电子音响工业协会统计：

2003 年，收音机产量为 25 525 万台，较 2002 年的 21 795 万台增长 17.1%。录音机产量为 23 496.5 万台，较 2002 年的 21 222 万台增长 10.7%。家庭影院总产量为 712.3 万台（套），较 2002 年的 418 万台增长 70.4%。复读机产量为 1 100 万台，与 2002 年基本持平。CD 唱机产量为 10 000 万台，较 2002 年的 6 189 万台增长了 61.6%；汽车电子音响设备产量为 3 231.4 万台，电子琴生产量为 110.7 万台，与 2002 年的 113 万台基本持平。

录像机 2003 年共生产录放像机及放像机 414.5 万台，较 2002 年的 1 542 万台减少 73.1%。

摄录一体机 2003 年共生产摄录一体机 125.9 万台，较 2002 年的 21 万台增加了 499.5%。

科研与新产品

2003 年，视听类的消费电子产品仍取得好的发展势头。由于企业对技术开发的重视，逐年加大科研及新品开发的投资力度，产品结构调整取得明显成效，不但使高端产品、高附加值产品的比例逐年提高，大部分骨干企业还取得多项专利，不仅有适用新型及外观等方面的专利，许多企业还取得了发明专利。

彩电产品的开发 显像管（CRT）式的彩电新产品开发主要集中在高端产品方面。虽然 2003 年中国有线数字电视和地面数字电视的传输标准还未确定，但是为了适应数字电视的发展，产业界已提前做了准备。大部分彩电骨干企业开发了标准清晰度及高清晰度显示器或数模兼容一体机。为了适应国际市场对数字电视接收机的需求，开发生产了适应美国地面数字电视标准（ATSC）的数字电视接收机，已出口到美国市场；生产了符合欧洲有线数字电视标准（DVB-C）和卫星数字电视标准（DVB-S）的机顶盒，已向欧洲市场及使用 DVB-C 和 DVB-S 的其他国家大量出口。

平板电视机 平板电视机的快速发展是 2003 年彩电行业的亮点。根据市场需求，企业开发生产了 15 英寸、17 英寸、20 英寸、21 英寸、28 英寸、30 英寸等一系列液晶（LCD）电视，开发生产了 42 英寸、43 英寸、50 英寸等尺寸的等离子（PDP）电视。该类产品不但供应国内市场，同时还有部分产品出口到发达国家。2003 年，液晶电视生产了 23 万台，等离子电视生产了 11 万台。但是，关键部件，如：显示屏及控制模块仍依赖进口。在未来彩色电视机的发展中，平板电视的比重将会逐年上升，但是如果显示屏及控制模块不能实现本地化生产，国内企业将很难得到主动发展。

背投影彩色电视机 2003 年投放市场的背投影电视仍主要以投影管背投彩色电视机为主。由于产品质量水平的提高，市场也进入快速增长期。2003 年该类电视机的销量较 2002 年翻了一番，增长率超过 100%，国内品牌产品市场占有率迅速上升。一部分企业的背投彩电进入规模化生产，产品的清晰度、亮度、可靠性进一步提高，价格有较大下降。国内品牌产品的性能价格比较国外品牌高，消费者普遍接受了国产品牌，使得国产品牌的产品市场占有率较上一年又有所上升。

2003 年，使用 LCOS 技术的背投彩电的开发取得较大进展，不但整机产品已小批量推向市场，光机的开发也取得明显成效，有的企业以较高的投资力度添置了高、精、尖的设备，并加强了工艺的开发，有望经过一两年的努力能实现光机的批量生产。为降低 LCOS 背投影机成本，形成较强的市场竞争力，在行业协会的组织下，部分企业组成了联合体，进行单片 LCOS 投影机的开发，力争在较短的时间内形成整机的批量生产。

使用 DLP 技术和 LCD 技术的背投影机的开发和生产在 2003 年也取得较大进展，部分企业的产品已小批量生产，并投放市场。

前投影机　国内前投影机市场需求近年来急速上升，特别是教育系统需求量大。前些年，前投影机几乎是进口品牌产品一统天下。近年来，国内企业加大了开发力度，不但生产了自有品牌的整机产品，关键部件也实现了批量生产，国产的前投影机已大量进入教育领域，产品受到用户的好评。

数字电视　2003 年是中国数字电视启动年，并确定发展数字电视以有线数字电视为切入点，为此，广电部门制定了数字电视三年和中长期发展规划。截止到 2004 年 3 月底，广电部门已批准 46 个城市 53 个有线数字电视试验网，45 套付费广播影视频道，其中电视节目 38 套，广播节目 7 套。规划提出了建立节目平台、传输平台、服务平台及监管平台在内的全国有线数字广播影视技术新体系；对节目制作实施开放政策；在电视中心数字化方面明确建立三个系统，即节目制作网络化、播出硬盘自动化、节目资源数字化。三个系统建立起来后，相互连接，实现电视中心数字化、网络化。

针对广电部门及国内数字电视发展的需要，产业界密切配合，积极开发生产了数字电视前端需要的编码器、复用器、调制器、解码器等产品及网管系统；开发生产了演播室设备；开发生产了数字节目存储的光盘库、硬盘库等产品；大量开发生产了应用各种显示器件的终端显示器及接收机。

在有线数字电视开播试验的进程中，网络运营商为实现数字电视开播后部分频道需付费收看的目标，采用了条件接收系统对用户进行管理。但由于各地广电有线网络运营商在采用数字电视条件接收（CA）系统时未能全国统一部署，几乎国外有的 CA 系统都引入了国内，再将国内开发的 CA 系统计算在内，目前国内采用的 CA 系统将近有 20 种。由于选择的 CA 系统各不相同，导致机顶盒与 CA 系统需一一对应，即机顶盒与 CA 系统捆绑的形式。这样就将中国超过 1 亿有线电视用户的大市场人为地分割成了许多小市场，使机顶盒厂商不得不针对不同的网络运营商的 CA 系统制作不同的机顶盒，难以获得规模生产效益，导致运营商向用户赠送机顶盒负担更为沉重，这诸多的弊端导致计划在 2003 年实现 100 万有线数字电视用户的计划未能实现。到 2003 年底，有线数字电视用户还不到 30 万户。

针对有线数字电视在试验播出中出现的问题，信息产业部提出了实施机卡分离的产业技术政策。经过论证提出的 3 个可以实现机卡分离的方案：PCMCIA 接口大卡方案，USB2.0 接口、CAM 卡方案及 ISO7816 接口智能卡方案。2003 年，以上方案已开始研发并进入 IC 开发阶段，这些方案的实施将有力地促进机卡分离的实现。

数字激光视盘机及其关键件　国内数字激光视盘机从 1995 年开始批量生产 VCD 机，到 2003 年已近 10 年，整机产品已从前些年以生产 VCD 机为主转向以生产 DVD 机为主，骨干企业则以生产便携式 DVD 机为主和开发生产新一代产品。

2003 年国内数字激光视盘机的产量达 11 550 万台，出口 9 780 万台。中国是数字激光视盘机生产大国，并且已具有稳定的产业基础。在国内市场，城市以消费 DVD 机为主，农村对 VCD 机的需求量还较大，有些较富裕的地区也进入 DVD 机的消费阶段。

国内数字激光视盘机产业经过近 10 年的发展，已从单纯的组装生产迈向自主研究开发新的格式和生产新一代产品的阶段。

根据市场发展的需求，数字激光视盘机产业的骨干企业已不再生产 VCD 机，VCD 机转向由中小企业生产，供应国内农村市场及出口。大企业以生产 DVD 机为主，其中有实力的大企业还加大了开发力度，开发生产了要求及难度很高的车载 DVD 机、家用可吸入式的高档 DVD 机。由于此类产品附加值高，从而也提高了企业的经济效益。根据国际市场的需求，部分企业生产了可录 DVD 机供出口。

VCD 机及 DVD 机是基于红光技术的产品，且国内已有较好的产业基础。为适应显示设备高清晰度对节目源高清的要求，适时地开发高清视盘机是产业持续发展的需要。国内企业凭借已具备的实力，研发了有自主知识产权的新一代高清晰度视盘机，并且制定了产品的标准，有代表性的产品为以北京阜国数字技术有限公司为首的 EVD 联盟早期开发的 EVD 机，已有企业批量生产投放市场，产品的图像质量水平已达到了高清晰度的要求；以晶晨半导体（上海）有限公司为首的 HVD 联盟开发的 HVD 机、北京凯诚高清电子技术有限公司主导的 HDV 机也已投放市场。尽管格式标准未统一，对产品的清晰度情况有争议，但毕竟中国企业已开始着手开创新的格式，利用现有的光学头、小机芯可以生产出高清晰度的视盘机，可以用一张光盘（用现有的设备生产的盘）存放一部高清电影。这是中国人的成功，不能不说是中国人对世界光盘产业发展的贡献。

2003 年，数字激光视盘机关键件的开发和生产又向前迈进了一步。视盘机用主要关键件有 IC、光学头和机芯。目前 IC 仍主要使用进口产品；机芯生产已大部分本地化，大型骨干企业自配套机芯；VCD 机用光学头国内自主开发的产品产量已超过 2 000 万只，DVD 光学头在电子发展基金的支持和多家企业的努力下，不但完成了普通 DVD 机用光学头的开发和生产，还开发了车载 DVD 机用光学头，国产 DVD 光学头已进入批量生产阶段；VCD 光学头用的非球面物镜已可批量生产，DVD 光学头用非球面物镜仍在开发和小批量试产之中。目前光学头用的难度较大的多维力矩器、光电转换器等关键件还有待于开发，需完善生产工艺，解决专用设备、筹集资金等一系列问题，才能实现产业化。

2003 年，视盘机产业发展中另一个突出的方面是国内企业已注重培养设备开发人才，在开发专用设备上下了大力气，并且取得了突出成效，已开发出小机芯检调机。

数字电影设备 在数字电影方面，国内数字影院数量已达到 55 家，居全球第二位。目前企业在数字电影节目制作设备、传输设备及播放设备方面正在加紧研发，拟形成系列化产品，满足各方需求。

音频产品的研发 国内音频产品在保持以中、低端产品为主进行大规模生产，供应国内外市场的基础上，已迈向高端产品的研发生产阶段，特别是为家庭影院配套的功率放大器及音箱产品的水平已可满足高端市场的需求，产品价位既有发烧级消费者需求的几万元、十几万元一套的产品，也有可满足一般消费的几千元一套的产品，产品的外观、工艺水平可与国外同类产品相媲美，而性能价格比远远高于国外产品。特别值得一提的是，数字功放产品所用集成电路一改全部依赖进口的局面，国内自主开发的数字功放 IC 已实现批量生产，应用国内的 IC 开发生产了专业级的数字功放产品，为提升整个行业的水平奠定了基础。

对外贸易与国际合作

视听类主要产品 2003 年出口情况 彩色电视机出口 2 277.2 万台，出口金额为 25.6 亿美元，较 2002 年出口 1 919 万台增长 18.7%；黑白电视机出口 199.6 万台，较 2002 年出口 230 万台减少 13.2%；录放像机出口 346.6 万台，较 2002 年出口 1 122 万台下降 69.1%；收音机出口 24 625 万台，较 2002 年的 21 000 万台增长 17.3%；收录机出口

18 441 万台，较 2002 年的 20 300 万台下降9.2%；CD 唱机出口 7 600 万台，较 2002 年的 6 131 万台增长 24.0%；数字激光视盘机出口 9 780 万台，较 2002 年出口 7 545 万台增长 29.6%，出口额为 35.6 亿美元，占全国出口总额的 1%，成为机电产品出口的重要组成部分。

2003 年，中外企业“竞合”加强，出现并购联合新热潮。例如：长虹电器股份有限公司与东芝、海信集团有限公司与佳友分别在彩色电视机研发、生产、销售方面展开了不同形式的合作；TCL 集团有限公司与汤姆逊合并彩电和 DVD 资产及业务，并对品牌进行了重新整合，新的联合体总值 5 亿欧元，该重组在国际上产生了较大影响；在音响行业，多家世界著名的音响企业与国内企业合资合作落户广东省中山市小揽镇，为小揽镇创建音响产业基地奠定了基础。

市场发展趋势预测

音视频产品将向数字化、网络化发展，这是不争的事实。

彩色电视机　　将向数字电视和 3C 融合的信息家电发展，平板电视的市场将进入快速成长期；数字激光视盘机将向刻录机及高清晰度方面发展，光盘录和硬盘录的组合机将会受到消费者的欢迎；在投影机方面，背投影机市场仍会看好，且投影管背投机、LCD 背投机、DLP 背投机和 LCOS 背投机将并行发展，占领不同层次的市场，前投影机不再单纯集团消费，将会适时地进入家庭；音响产品将向高档化及多样化发展，家庭影院需求将呈较快上升的局面，对音响产品如 MP3 等随身听产品的需求将向更方便、适用、存储量更大的方向发展。

由于国内社会稳定，人民收入逐年提高，住房改善，因此国内市场对消费电子的需求量将会在上一年的基础上平稳上升，且高档产品的需求量上升会较大，但竞争也会不断加剧。

出口面临国际新贸易保护主义。如：欧盟制定的《关于在电器电子设备中限制使用某些有害物质的指令》、《关于报废电子电器设备指令》，美国对中国彩电的反倾销、高额知识产权费的收取等等，这些都对中国企业产品的出口带来了不利影响。2004 年，若想保持或超过上一年视听类产品的出口量，必须使产品达到国际市场规定的要求，同时须改变国内企业出口粗放经营的方式。

行业发展中存在的主要问题如下：

1. 消费类电子产品生产能力普遍过剩，由于缺乏核心技术，产品同质化，市场竞争加剧；

2. 跨国公司向中国转移生产，并加快了向中国市场投放高档新产品的速度，同时，低端产品低价（同国产品牌价格相当）投放市场，更加剧了国内市场竞争的激烈程度；

3. 中国加入 WTO 后，履行承诺，关税逐年降低，甚至出现关税倒挂现象（元器件的关税高于整机的税），影响了产品本地化进程；

4. 国内企业产品出口粗放经营方式没有改变，自有品牌出口比重极低，出口价格持续下滑，出口品种和市场依然单一，出口缺乏有效的组织，没有向大型企业集中。另外，企业获得国际市场信息的能力还是比较弱，这也影响对国际市场的开拓；

5. 行业协会缺乏调控手段，在企业间无序竞争中，依然难以发挥作用。

【统计数据】

表 1 2002 年~2003 年主要消费类电子产品产销量与出口量情况

单位：万台

产品名称	2002年		2003年				
	产量	销量	产量	增长率(%)	销量	增长率(%)	出口量
电视机	5 492	5 551	6 923	26.0	6 888	24.1	2 477
其中：彩色电视机	5 200	5 260	6 522	25.4	6 500	23.6	2 277
背投电视机	48	37	94	95.8	89	140.0	5
黑白电视机	309	313	280	-9.5	284	-9.2	200
录放像机	1 562	1 562	415	-73.5	415	-73.5	347
摄录一体机	21	21	126	499.5	125	493.8	93
收音机	21 795	21 795	25 525	17.1	25 525	17.1	24 625
收录机	21 222	21 222	19 041	-10.3	19 041	-10.3	18 441
家庭影院	418	418	712	70.4	712	70.4	
组合音响	1 075	1 075	1 853	72.4	1 852	72.3	1 668
CD唱机	6 189	6 189	10 000	61.6	10 000	61.6	7 600
数字激光视盘机（含 VCD、DVD）	9 045	9 045	11 550	27.7	9 780	8.1	9 780
电子琴	113	114	111	-2.0	112	-2.1	111
光学头	32 540	32 540	38 500	18.3	38 500	18.3	34 000
机芯	8 775	8 775	9 200	4.8	9 172	4.5	8 191

[撰稿：白为民 审稿：肖华]

计算机产业

【综述】

2003 年，在经历了非典型肺炎疫情的严峻考验后，中国计算机产业继续在改革中迅速发展。目前，中国（包括中国台湾）已成为全球电子计算机制造产业第三大国。自从中国加入世贸组织后，计算机产业的制造优势得以更好地发挥，计算机行业已经成为在中国电子信息产业制造业中占比重最大的行业。

目前，国际上著名的计算机类跨国公司都在中国设有生产企业或科研机构，近年来还出现了中国台湾电子信息产品制造业向祖国大陆转移的新趋势。新一轮台商投资热潮已从珠江三角洲和闽南地区扩展至长江三角洲。据中国台湾资策会调查分析，中国台湾信息技术产品（硬件）转移到祖国大陆生产的比重，2003 年将首次超过 50%。其中，台式计算机为 55.3%，计算机主板为 60.4%，阴极射线管显示器为 71.2%。目前，投资计算机产业的中国台湾企业形成了以龙头企业为主，生产配套齐全，研发、制造、销售同步发展的格局。

随着数字化技术的广泛应用和信息产品的共享，个人计算机、传真机、手机等大量进入家庭，使投资类和消费类产品的边界趋于模糊，3C（Computer，Consumer，Communication）技术的融合，使传统家用电器、计算机、通信终端逐步融为一体的信息家电不断涌现。智能家居、网络电视、MP3、多媒体移动终端等利用网络实现信息互动为特点的产品层出不穷。

生产与销售

2003 年，中国计算机产业继续保持快速发展，产业结构不断调整，经济效益继续提高。随着信息技术产品关税的取消和外商进入的更加容易，计算机产品产量不断增加，发展规模进一步扩大。2003 年销售收入 5 796 亿元，完成工业增加值 1 081 亿元，实现利税 164.7 亿元，产销率为 100%，出口额为 663.4 亿美元，增长 85.5%。计算机类产品的产销规模占电子信息产业全行业产销比重迅速攀升，由 2002 年的 27.3%上升至 2003 年的 33.6%，提高了 6.3 个百分点，名列全行业之首。

2003 年，各计算机主要生产企业生产台式微型计算机 1 883 万台，生产便携式微型计算机 1 332.9 万台，显示器 7 326.0 万台，各类打印机 1 716.8 万台，各类驱动器 5 332 万台。

中国计算机产业已经成为中国电子信息产业中最具活力的重要组成部分。强大的生产能力不仅能充分满足国内市场日益增长的需求，而且已成为世界计算机产品的主要生产基地。到目前为止，中国基本上形成了珠三角、长三角、环渤海三大产业基地。

珠江三角洲　目前，珠江三角洲是全国最大的计算机及零部件生产地，仅东莞一个地区的计算机磁头、机箱、驱动器、敷铜板、扫描仪、键盘、主板产量在全球市场分别占有 15%~40%的份额。

长江三角洲　长江三角洲正成为外商联系海外市场和进入内地市场非常有利的地区，其中，苏州正发展成为全球计算机硬件生产中心之一。中国台湾的主要电脑企业、四大扫描仪企业、第一电源大厂、第一连接器大厂、第一鼠标大厂、一些印刷电路板大企业等都开始在这一地区投资，形成了以龙头企业为主，生产配套齐全，研发、制造、销售同步发展的格局。全球五大笔记本电脑 OEM 厂家已经在上海及周边地区建厂。2001 年以来，中国台湾主要的笔记本电脑企业相继落户苏州和上海。由此带来的集聚效应是这些笔记本电脑企业的上游供应企业也随之前往上海及其周边地区，就近提供支持。笔记本电脑 OEM 企业云集，造成全球笔记本电脑产业的重心向长江三角洲地区转移，形成了一个笔记本电脑研发和生产制造的生态系统。长江三角洲正在成为全球新的笔记本电脑生产基地。

环渤海湾地区　尽管并没有形成珠三角和长三角那样规模庞大的电子计算机制造基地，但大多数国内外著名的电子计算机企业（包括联想集团有限公司、方正、清华同方和 IBM 等）都在该地区设立了研发和运营基地，其优势在于科研力量雄厚，全国性的技术研究开发很大一部分集中在这一地区，而且创新气氛活跃，技术交流频繁。

在细分产品领域，计算机系统产品销售收入在 2003 年超过 1 600 亿元，增长最快的市场是数字产品（见表 1）。

计算机系统市场在计算机产品市场中具有举足轻重的地位。2003 年中国计算机系统市场销量增长 17.4%。由于价格迅速下降，特别是 PCs 产品的价格下跌，导致该市场销售收入增长缓慢。全年销售收入增长 9.2%，是首次跌入个位数增长的一年（见表 2）。

2003 年，由于多功能一体机（MPF）、投影机、以及外部磁盘存储系统容量的增长带动，使外部设备市场整体销售量有较大幅度的增长。同样，由于外设产品价格的急剧下降，导致外设产品整体销售收入呈现个位数增长。包括 OEM 及自有品牌的显示器在 2003 年销量突破 1 300 万台，LCD 显示器增长迅猛，传统 CRT 显示器市场继续萎缩。打印机产品大众化趋势已经在 2003 年表现得十分明朗，包括照片打印机在内的喷墨打印机在消费 IT 市场中表现突出。多功能一体机在销售量方面出现了 153%以上的增长，而扫描仪产品销量在 2003 年却出现负增长。另一个值得关注的产品是投影机，2003 年的销量增长超过 60%。UPS 增长缓慢。外部磁盘存储系统安装容量在 2003 年增长 57%，达到 6 871TB。光存储产品中，DVD、ROM 及 DVD 刻录机增长明显（见表 3）。

2003 年，中国网络产品市场取得了较大的增长，其主要驱动因素来自于行业与企业网络建设、电子政务以及校园网工程。同时，宽带的热潮推动了网络产品及 ADSL 终端的快速增长。2003 年，中国网络设备市场销售收入增长 23.9%，最主要的增长来自于包括无线网络（WLAN）/宽带终端接入（ADSL），以及网络安全设备等新兴网络设备市场。在传统网络产品领域，交换机端口数增长 24.9%，达到 1789 万端口。路由器 23.5 万台，同比增长 18.7%。宽带刺激 ADSL 增长 337.5%，达到 700 万线。除集线器以外，其他网络产品均有不同程度的增长（见表 4）。

国际合作与对外贸易

1. 出口情况

2003 年，中国计算机产品出口总额达 663.4 亿美元，同比增长 85.5%。除扫描仪、数字化仪及软盘驱动器分别出现负增长及缓慢增长以外，其他产品均保持了快速增长的势头。计算机出口产品中，涌现出了一批科技含量、附加值高，且增长速度迅猛的产品，成为计算机出口的新亮点。这进一步表明中国已经成为全球最重要的计算机产品生产基地。

美国仍然是中国计算机产品的出口大国。2003 年，中国超过 660 亿美元的计算机产品出口中，美国占据了 27.2%的份额，其次分别是中国香港特别行政区和日本，上述国家和地区占据整个计算机产品出口额的近 65%。同时，中国计算机产品在德国、法国、韩国以及爱尔兰等国家的销售额增长十分迅猛。

中国计算机出口贸易方式仍然以进料加工贸易为主，占据了整个出口市场 82.6%的份额，与 2002 年相比增长 87.8%，全年累计达到 547.8 亿美元。来料加工装配贸易在 2003 年占据了 14%的出口份额。

2003 年，低附加值产品出口仍占重要地位。计算机零部件、磁盘、光盘、键盘、鼠标、软盘驱动器等产品合计出口 198.37 亿美元。

2003 年，外商独资企业仍然占据中国计算机产品出口的领导地位，出口金额在 2003 年增长一倍，总体出口规模超过 500 亿美元。在计算机产品出口中，中外合资企业也具有重要地位，2003 年中外合资企业出口额超过 90 亿美元。在计算机产品出口方面，涉及外资的企业出口总额超过 90%。另外值得关注的是私营企业，在 2003 年计算机产品出口方面，增长超过 10 倍以上。国营企业产品出口增长缓慢。

在主机产品中，笔记本电脑出口增长 4 倍以上，出口金额超过 110 亿美元；台式 PC 的出口增长也超过 55%，全年出口 378 万台；数字相机、打印机、UPS、光盘存储设备等出口增长迅猛（见表 5）。

2. 进口情况

2003 年，中国计算机产品进口总额 344.6 亿美元，同比增长 102%。在计算机产品出口高增长的同时，计算机产品进口增长同样十分迅猛。在相关产品中增长迅速的产品包括笔记本电脑硬盘与光盘驱动器以及 Modem 等产品。

在计算机进口产品国家和地区的排名中，中国台湾省、韩国、日本占据了47%以上的份额，进口金额分别达到63亿、54亿及44亿美元，同比增长均保持在1倍以上，特别是从韩国的进口额增长超过4倍。中国从美国进口的产品继续呈现负增长。

在进口贸易方式方面，进料加工贸易方式继续占据主导地位，并保持145%以上的增长。来料加工、装配贸易和保税区仓储转口货物贸易方式增长也十分迅猛。一般贸易形式在2002年负增长的基础上有所回升。

与计算机产品出口对应的是，外资企业及私人企业计算机产品进口增长迅速，其中，外商独资企业进口额达到228.2亿美元，占整个计算机产品进口总额的66.2%。尽管国有企业计算机产品进口增长缓慢，但与计算机产品出口企业构成不同的是，国有企业计算机产品进口仍然占据了16.8%的份额。

2003年，台式PC产品进口出现负增长，除软盘驱动器以外的存储产品增长迅猛，硬盘驱动器和光盘驱动器进口增长均在1倍以上，并占据了中国计算机进口产品中最大的份额（见表6)。

市场分析及展望

中国IT市场的显在规模目前仍小于美国、日本等主要发达国家。但中国拥有近7 000万互联网用户、2.6亿手机用户，以及850万以上的企业用户，同时还有数以十万计的学校和政府部门，从以上数据可以看出，中国具有巨大的潜在市场。

未来几年，拉动中国计算机市场成长的将会是中小企业市场。因此，厂商必须深刻了解用户需求，针对不同用户，提供个性化服务，切入传统行业市场；提供普及服务，拓展新兴行业市场；正视各行业的应用差异及细分市场，明确产品定位，以丰富的产品线应对不同行业市场的需求。

行业信息化、企业信息化一直为中国计算机市场的发展创造了巨大的需求空间。中国计算机市场在国家良好的宏观经济形势和政策因素环境下，依托国内应用需求的持续增长，2004年仍将保持稳定发展。

从计算机产业的发展现状来看，大致可以将计算机分类为高端产品和低端产品两大类。而这两大类产品的目前市场格局是，低端计算机市场群雄并起、竞争激烈，价格战是最常见的竞争模式；高端计算机市场基本被少数国外品牌厂商所把持，虽然市场总体规模不大，但利润丰厚，国内品牌在高端计算机产品方面（如笔记本电脑和高端服务器）无论从品种、质量、技术水平，还是产品的开发能力上，都还落后于国际品牌厂商。未来国内品牌厂商的产品战略必然是围绕着技术提高、产品升级来进行，向盈利率更高的高端产品挺进。

【统计数据】

表 1 2001 年~2003 年中国计算机产业市场规模情况

单位：亿元

产品名称	2001年	2002年	2003年	增长率（%）
计算机系统	846.4	949.5	1 037	9.2
外部设备	381.3	407.3	443	8.8
数字产品	42.0	69.0	122	77.4
总计	1 269.7	1 425.8	1 603	12.4

数据来源：赛迪顾问。

表 2 2001 年~2003 年中国计算机系统销量情况

单位：万台

产品名称	2001年	2002年	2003年	增长率（%）
台式 PC	868.7	990.7	1 141.1	15.2
笔记本电脑	63.3	88.5	126.0	42.4
PC服务器	20.1	23.5	27.7	17.9
NT工作站	2.0	2.4	2.7	14.8
RISC服务器	1.9	2.1	2.3	10.6
UNIX工作站	1.1	1.3	1.4	7.8
总计	957.2	1 108.4	1 301.2	17.4

数据来源：赛迪顾问。

表 3 2001 年~2003 年中国外部设备市场销量情况

单位：万台

产品名称	2001年	2002年	2003年	增长率（%）
显示器	960.1	1 131.3	1 304.9	15.3
打印机	350.9	433.0	520.7	20.2
多功能一体机	11.6	19.7	50.0	153.5
扫描仪	98.6	110.3	105.5	-4.3

续表 3

产品名称	2001年	2002年	2003年	增长率(%)
UPS	79.1	84.2	91.2	8.3
投影机	6.1	10.1	16.3	60.9
光存储	1 054.6	1 223.5	1 540.7	25.9
外部磁盘存储系统（TB）	2 823.6	4 376.6	6 871.2	57.0
总计	5 384.6	7 388.7	10 500.5	42.1

数据来源：赛迪顾问。

表 4　2001 年~2003 年中国主要网络设备销量情况

单位：万台

产品名称	2001年	2002年	2003年	增长率(%)
交换机（万端口）	1 132.0	1 431.9	1 789.0	24.9
网卡	669.0	832.0	1 016.0	22.1
ADSL	51.0	160.0	700.0	337.5
Modem	196.0	269.0	356.0	32.2
集线器	484.0	525.0	480.0	–8.6
路由器	17.0	19.8	23.5	18.7
总计	2 549.0	3 237.7	4 364.5	34.8

数据来源：赛迪顾问。

表 5　2003 年中国主要计算机产品出口情况

产品名称	出口量（万台）	出口额（亿美元）	增长率(%)
微型计算机	377.9	22.04	55.51
笔记本电脑	1 329.6	113.14	413.72
计算器	43 855.4	9.41	21.17
打印机	3 951.2	43.17	65.53

续表 5

产品名称	出口量（万台）	出口额（亿美元）	增长率（%）
其中：针式	95.3	0.94	51.80
激光	1 423.6	28.24	77.79
喷墨	2 197.6	12.95	41.68
扫描仪	1 383.2	4.42	–1.78
硬盘驱动器	4 603.4	20.55	21.84
软盘驱动器	7 519.7	3.81	4.37
光盘驱动器	13 497.2	27.62	74.32
显示器	6 331.4	95.72	
其中：液晶显示器	2 985.0	68.02	
其中：阴极射线管显示器	3 198.6	25.60	
自动柜员机	0.8	0.70	69.99
不间断供电电源	751.4	2.60	59.16
集线器	1 076.9	0.90	
路由器	829.4	1.63	
调制解调器	5 336.1	4.93	38.54
计算机软件	8.6	0.72	36.14
数字相机	4 863.5	29.56	227.95

数据来源：国家海关总署。

表 6　2003 年中国主要计算机产品进口情况

产品名称	进口量（万台）	进口额（万美元）	增长率（%）
微型计算机	1.9	4 708	–25.4
笔记本电脑	66	52 356	95.6
计算器	1 828	3 730	28.4
打印机	647	84 225	12.8
硬盘驱动器	4 028	303 484	121.3
软盘驱动器	3 543	24 994	8.3

续表 6

产品名称	进口量（万台）	进口额（万美元）	增长率（%）
光盘驱动器	4 547	221 160	130.2
显示器	339	60 230	
路由器	72	25 953	
调制解调器	2 077	35 184	58.3
数字相机	72	6 498	–12.7

[撰稿：侯建仁　审稿：张琪]

软 件 产 业

【综述】

2003 年恰逢国务院《鼓励软件产业和集成电路产业发展的若干政策》（国发 [2000] 18 号）（简称“18 号文件”）颁布实施三周年，软件产业政策落实取得了明显成效，产业发展环境不断改善，软件产业呈现出良好的发展势头，对国民经济和社会发展的影响与带动作用越来越大。

2003 年，尽管受全球经济缓慢复苏、SARS 等因素影响，中国软件产业依然发展迅速，取得了良好的成绩，软件产业总额达到 1 633 亿元，同比增长 48.5%。其中，软件产品销售额为 836.7 亿元，同比增长 26.7%，软件服务 264.9 亿元，同比增长 34.4%，软件出口 20 亿美元（165 亿元），同比增长 33.3%。国内软件市场销售额从 2002 年的 976 亿元，增加到 2003 年的 1 435 亿元，同比增长 47%。软件产业总额占信息产业总额和世界软件产业总额的比重分别为 8.5%和 2.58%。

截止到 2003 年底，全国共认定软件企业 8 700 多家，登记备案的软件产品有 18 900 多个，其中，2003 年新认定的软件企业 2 000 多家，新登记的软件产品约 8 000 个。全国软件行业从业人员总数约为 62 万人，占整个电子信息产业从业人员的 15.2%。

生产与销售

2003 年，中国软件产品销售额达到 836.7 亿元，比 2002 年的 660.5 亿元增长 26.7%。其中，系统软件销售额为 78 亿元，同比增长 14.7%，占软件产品销售总额的 9.5%；支撑软件销售额为 132 亿元，增长 19.3%，占软件产品销售总额的 16.1%；应用软件销售额为 595 亿元，增长 85.5%，占软件产品总额的 74.2%。

2003 年，在中国软件产品市场上，国外品牌的软件产品仍然占据系统软件、支撑软件的大部分市场份额。但是随着国内软件企业的不断发展壮大，国外品牌长期垄断高端软件市场的格局已开始发生变化，国内品牌的软件产品在财务管理软件、单机版防杀毒软件、中文信息处理软件及信息安全、电子政务、教育、排版、证券等应用领域优势明显。金山、无锡永中等公司的OFFICE集成办公软件和瑞星、江民等公司的反病毒软件在政府采购中多次中标，初步显示了国产软件的发展潜力。另外，国内品牌的软件产品在通信、网络应用软件等方面也有所突破，在IP软核、高性能计算、网格计算和航天等高端软件技术方面也取得了很大的成绩。

重大工程与重点项目

2003年，国家相继组织实施了一系列重大工程和重点项目，以支持软件产业发展。信息产业部利用2003年度电子信息产业发展基金，积极组织实施了基于XML的数据集成中间件、J2EE应用服务器中间件、企业级数据库加速引擎、基于软件构件复用技术的业务基础平台、Linux公共开发平台、Linux操作系统的优化升级及产业化、基于Linux的集成电子政务系统、互联网内容发布与管理系统、基于通用操作系统的安全平台、嵌入式实时操作系统等重大招标项目，大力支持操作系统及相关软件的开发和产业化，不断促进基础核心技术及产品持续创新，同时增加配套应用中间件产品，开发应用基础平台及应用软件，以适应国家信息化建设的需要。在电子政务建设方面，国务院办公厅批准立项的“十五”国家重大科技专项“电子政务试点示范工程（南海项目）”在佛山市南海区通过验收；烟台市等地区相继启动了以国产软硬件建设电子政务平台的试点工作等。在教育信息化建设方面，中组部启动了全国农村党员干部现代远程教育工程试点，积极采用国产系统及软件；在高等教育领域，截止到2003年底，教育部批准了68所高校陆续开展现代远程教育试点，形成了以中国教育卫星宽带传输网和CERNET为主要支撑和特征的中国现代远程教育体系。2003年，突如其来的非典型肺炎疫情使得医疗卫生信息化得到空前的重视，党中央、国务院要求利用三年的时间，建立健全突发公共卫生事件应急机制、疾病预防控制体系、医疗救治体系和卫生执法监督体系，积极启动国家公共卫生信息系统建设。在数字奥运信息化建设领域，北京市批准实施了“800M数字集群无线政务网”重大建设项目等。在网络游戏领域，国家“863”计划启动了“网络游戏通用引擎研究及示范产品研发”、“智能化人工交互网络示范应用”两个项目，扶持网络游戏产业发展。另外，2003年3月~4月，国家科技部“863”数据库重大专项还组织了国产数据库产品的第二次公开评测等。

国际合作与对外贸易

2003年，微软公司首次将其操作系统源代码有条件地向中国政府开放，中国信息安全产品测评认证中心及其授权的七家单位将可以在源代码查看实验室通过协议规定的方式查看微软公司Windows操作系统的大部分源代码，进行信息安全方面的研究。2003年2月26日，微软公司董事长比尔·盖茨访华，签署了与中国工商银行的合作协议及与中国联通公司的战略合作备忘录。IBM、Oracle、Sun等也纷纷加大了对华投资和市场开拓。2003年，IBM在Linux方面加大了与国内企业和政府的合作，IBM与国内Linux厂商红旗软件正式签署了系列战略合作协议。2003年10月，Oracle中国公司第二个研发中心在北京成立，重点研究电子商务套件——数字城市无线应用解决方案等。2003年，Sun在北京与合作伙伴共建了Java技术应用中心（JCOE），用友软件工程有限公司、神州数码软件有限公司、东软软件股份有限公司、北京华胜天成科技股份有限公司和现代设备有限公司成为第一批与Sun共建JCOE的合作伙伴。印度软件业加快了进军中国市场的步伐，在较短的时间内，已有多家印度公司在中国投资建立软件园或办事处等机构。

2003年，中国软件出口依然保持了较高的增长速度。2002年软件出口为15亿美元（124亿元）。尽管受非典型肺炎疫情的影响，2003 年软件出口仍达到 20 亿美元，同比增长 33.3%。软件出口地区比较广，包括日本、美国、欧洲、东南亚等地。整体而言，无论是软件出口额还是从事软件出口企业的数量，对日出口都占绝对多数地位。2003 年，软件企业开拓欧美市场的能力有所增强，取得了一定成效。软件出口额相对集中在上海、北京、深圳、大连等几个地区。

软件企业发展

软件企业认定工作成绩显著。截至 2003 年底，全国已认定软件企业 8 700 多家。软件企业主要集中在北京、上海、深圳、广州、天津、沈阳、南京、杭州、大连、珠海、福州、厦门等经济文化比较发达的地区。截止到 2003 年底，全国有 1 411 家企业经过严格的评定被授予系统集成商资质。其中，一级资质的企业 64 家，二级资质 261 家，三级资质 712 家，四级资质 374 家。2003 年，进入国家规划布局内的重点软件企业有 172 家。其中，北京市、上海市、深圳市等地有 10 家以上。在国家政策的鼓励下，通过 CMM 评估和 ISO 9000 体系认证的企业数量增多。截止到 2004 年 3 月，全国通过 CMM2 级以上评估的软件企业已超过 100 家，比 2002 年的 50 多家翻了一番。其中，通过 CMM3 级以上评估的软件企业有 40 家，通过 CMM4、CMM5 级评估的有 9 家。此外，软件企业在研发投入、建立和完善技术创新体系、提高创新能力等方面也有了长足的发展。

重点软件企业发展情况良好。东软集团有限公司在 2003 年年初发布了针对高端网络安全产品市场的新产品 NetEye Firewall 3.2 版和 NetEye IDS 2.1 版，并推出以“信赖缔造姻缘、安全成就百年”为主题的全国巡展活动。该新版产品不但为用户的网络安全提供了更高的可靠性，而且能够使得用户在安全管理方面的效率得到有效的提升。在推出新产品的同时，东软集团有限公司还决定向其他厂商开放 NAP（Network Alert Protocol）协议，标志着东软集团有限公司向网络安全产品的标准化进程迈出了重要的一步。东软集团有限公司还继续加强了针对网络安全产品的安全咨询和服务体系的建设，通过对渠道伙伴的深入培训和认证，使渠道伙伴具备更强的安全服务能力。2003 年，用友软件股份有限公司在公司业务产品线、渠道合作伙伴等方面加大力度，进一步巩固其优势地位。用友软件股份有限公司首次进军人力资源软件市场，在并购深圳塑旺的基础上，增强了其在人力资源软件研发方面的能力。用友软件股份有限公司推出的 e-HR 产品，使用友 ERP更加完整和成熟，企业信息化建设所需软件产品线更加齐全。2003 年，用友软件股份有限公司携手国际领先的金融服务商 SunGard，结成战略联盟，全力挺进国内金融和集团财务市场。根据客户需求及用友 ERP 走向 RTE 的产品规划，用友软件股份有限公司还在其 ERP-NC V2.11 的基础上，吸收中国新一代 ERP 先进理念，推出了用友 ERP -NC V2.20 产品。

行业管理

2003 年，信息产业部等国家有关部门积极采取有效措施，推动 18 号文件等产业政策的落实，加强行业监管和服务，为软件产业营造更加良好的发展环境。

继续做好软件企业认定和软件产品登记备案（简称“双软认定”）工作，推动落实税收优惠政策。2003 年，信息产业部继续授权 34 个省、自治区、直辖市和计划单列市的软件行业协会为地方“双软认定”工作机构，积极落实软件产业政策的日常工作，为软件企业尽快享受有关优惠政策创造了条件。截至 2003 年底，全国共认定软件企业 8 700 多家，登记软件产品 18 900 多个，三年累计退税近 100 亿元，大大促进了软件产业的发展。

利用 2003 年度电子信息产业发展基金，支持重点软件产品研发和产业化项目。信息产业部认真组织了软件产业重点产品项目的评审工作和对影响全局的核心软件、工具软件、平台软件、中间件等重大软件项目的招标工作，利用 2003 年度电子信息产业发展基金，重点支持了以 Linux 为代表的操作系统软件、自主研发的集成办公软件、中间件、电子商务平台软件、电子政务平台软件等关系国家信息化建设和软件产业发展的重大产品研发及产业化项目，有效地带动了各级政府和社会各界对软件产业的资金投入，加速了软件产业的发展。

积极培育骨干软件企业和促进软件出口。信息产业部继续加强国家规划部署内的重点软件企业认定工作，2003 年共认定重点软件企业 172 家，并积极落实了相应的税收政策。国家发改委、信息产业部和商务部共同确定了北京、上海、天津、大连、西安、深圳等六家国家软件出口基地，积极推动软件出口工作。

财政部还会同信息产业部等部门研究制定《软件政府采购管理办法（试行)》及其实施细则，积极利用政府采购手段，扶持本国软件产业发展。另外，2003 年恰逢 18 号文件颁布实施三周年，为了进一步落实党的十六大和十六届三中全会精神，总结交流 18 号文件落实情况和经验，研究解决现存问题的措施建议，信息产业部于 11 月份在山东济南组织召开了“落实国务院 18 号文件工作会议”，对今后落实软件产业政策做出了明确的部署。

软件行业协会也充分发挥中介机构在促进中国软件产业发展过程中的积极作用。除了认真做好“双软认定”工作外，软件行业协会还在加强宣传和行业管理、贯彻落实国家相关文件精神、做好相关交流和培训、促进软件产业发展等方面做了大量工作。

市场分析及展望

2003 年，中国软件产业尽管遭受到非典型肺炎疫情的冲击，仍然保持了 30%以上的较高增长速度，产业总额达到 1 633 亿元，在世界软件业中的比重从 2002 年的 1.91%上升到 2.58%。从国内软件产品市场来看，应用软件产品占据了市场的大部分份额，高达 595 亿元，明显高于支撑软件（132 亿元）、系统软件（78 亿元）的市场份额。随着政府采购、电子政务工程等稳步推进，行业专用软件在应用软件产品市场中的比重加大；企业管理信息化（ERP）软件加快了行业通用软件市场的成长；网络应用软件、安全及反病毒软件和游戏软件快速增长，成为通用类软件市场的亮点。2003 年国内软件服务市场销售额为 630 亿元，同比增长 34.4%，软件服务的市场份额主要集中在应用软件领域。

软件产业在快速发展的过程中也显现出了一系列问题，主要表现为整体产业规模仍然偏小，在全球软件产业中的地位低微；缺乏软件人才、核心产品和关键技术；国产软件的市场份额较低；企业规模较小，出口能力弱、国际竞争力不强等。

从今后中国软件产业发展趋势来看，软件产业将朝着市场细分、服务专业化和业务流程化、管理规范化的方向发展；软硬一体化、软件服务化的趋势将更加明显；开放源代码软件将成为软件产业发展的重点核心趋势；信息服务在软件产业中所占的比重将逐渐增大；行业应用软件的开发和应用将成为软件产业增长的巨大拉动力，嵌入式软件成为信息产业软硬结合的着力点等。相信在国家的高度重视和业界的努力推动下，未来中国软件产业将得到更快的发展，取得更加优异的成绩。

【统计数据】

表 1　2001 年~2003 年中国软件产业构成情况

单位：亿元

产品名称	2001 年	2002年	2003年	增长率 (%)
软件产品	330	507	805	53.8
软件服务	406	469	630	15.4
软件出口	60	124	165	106.7
产业总额	796	1 100	1 633	48.5

数据来源：中国软件行业协会。

表 2　1996 年~2003 年国内软件市场情况

单位：亿元

产品名称	1996年	1997年	1998年	1999年	2000年	2001年	2002年	2003年
软件产品	92	112	138	182	238	330	507	805
软件服务	113	148	187	239	322	406	469	630
合计	205	260	325	4 421	560	736	976	1 435
增长率（%）	46.8	31.0	26.4	27.0	35.0	31.4	32.7	47.0

数据来源：中国软件行业协会。

表 3　2003 年软件产业总额占国内信息产业、全球软件产业总额的比重

类别	产业总额（亿元）	国内信息产业总额（亿元）	占国内信息产业总额比重（%）	全球软件产业总额（亿美元）	占全球软件产业总额比重（%）
2002 年	1 100	14 000	7.90	6 965	1.91
2003 年	1 633	18 800	8.50	7 480	2.58
增长率（%）	48.50	34.29	7.60	7.39	35.08

数据来源：中国软件行业协会。

表 4 1999 年~2003 年中国国内软件产品市场构成情况

单位：亿元

年份＼类别	系统软件	支撑软件	应用软件	合计	增长率(%)
1999	21.0	44.8	110.2	182.0	32.0
2000	33.2	49.6	155.0	238.0	31.0
2001	50.0	81.9	198.1	330.0	38.7
2002	68.0	110.6	328.8	507.4	53.8
2003	78.0	132.0	595.0	805.0	58.7

数据来源：中国软件行业协会。

表 5 1999 年~2003 年中国软件出口情况

单位：亿元

年份	软件产业总额	软件出口额	出口额百分比(%)	增长率(%)
1999	442	21	4.8	
2000	593	33	5.6	57.0
2001	796	60	7.5	80.0
2002	1 100	124	11.2	100.0
2003	1 600	165	10.3	33.3

数据来源：中国软件行业协会。

表 6 2003 年已授权的地方软件行业协会名单

序号	地区	授权单位
1	北京市	北京市软件行业协会
2	上海市	上海市软件行业协会
3	天津市	天津市软件行业协会
4	重庆市	重庆市软件行业协会
5	浙江省	浙江省软件行业协会
6	浙江省	宁波市软件行业协会
7	江苏省	江苏省软件行业协会
8	广东省	广东省软件行业协会

续表 6

序号	地区	授权单位
9	广东省	深圳市软件行业协会
10	福建省	福建省软件行业协会
11	福建省	厦门市软件行业协会
12	海南省	海南省软件行业协会
13	云南省	云南省软件行业协会
14	山东省	山东省软件行业协会
15	山东省	青岛市软件行业协会
16	四川省	四川省软件行业协会
17	陕西省	陕西省软件行业协会
18	河南省	河南省软件行业协会
19	河北省	河北省软件行业协会
20	湖北省	湖北省软件行业协会
21	江西省	江西省软件行业协会
22	安徽省	安徽省软件行业协会
23	甘肃省	甘肃省软件行业协会
24	贵州省	贵州省软件行业协会
25	吉林省	吉林省软件行业协会
26	辽宁省	辽宁省软件行业协会
27	辽宁省	大连市软件行业协会
28	黑龙江省	黑龙江省软件行业协会
29	宁夏回族自治区	宁夏回族自治区软件行业协会
30	广西壮族自治区	广西壮族自治区软件行业协会
31	新疆维吾尔自治区	新疆维吾尔自治区软件行业协会
32	内蒙古自治区	内蒙古自治区软件行业协会
33	山西省	山西省软件行业协会
34	湖南省	湖南省软件行业协会

资料来源：信息产业部。

[撰稿：陈英　审稿：张琪]

金 卡 工 程

【综述】

金卡工程的实施加强了国家对经济的宏观调控，促进了金融、商贸、旅游等行业的电子化与信息化建设，全面带动了中国电子信息产业的发展，同时也提高了全民信息化的意识，推动了中国国民经济和社会信息化的进程。

促进银行卡业务联营和发展 2003 年，金卡工程继续加强了国家对经济的宏观调控，促进了全国银行卡业务的联营和发展。

截止到 2003 年底，全国已有发卡金融机构 92 家，发卡总量超过 6.48 亿张，其中 IC 卡 300 万张。2003 年全国银行卡交易总额达 3 801 万亿元，跨行交易金额达 3 805 亿元。目前银行卡账户人民币存款余额已达 1.13 万亿元；可以受理银行卡的商店、宾馆、饭店等联网特约商户约 23.5 万家；各金融机构装备的联网自动柜员机（ATM）总计近 6 万台，销售点终端机（POS）约 35 万台；全国受理银行卡的电子化业务网点已发展到 14 万个。一个全国性的跨银行、跨地区的银行卡信息交换网络已初步建成。

IC 卡应用推动社会信息化进程 随着金卡工程建设的不断深入，种类繁多的卡基应用系统工程也得到蓬勃发展，有效地推动了社会信息化进程。特别是 IC 卡，由于其具有信息存储量大、安全保密性好、读卡简单快速等优点，已在金融、商贸、交通、建设、电信、医疗、卫生保健、社会保障、税务、工商、公安、海关、组织机构代码管理等许多领域得到广泛的应用，并取得了较好的社会效益和经济效益。中国历年 IC 卡发卡量如图 1 所示。

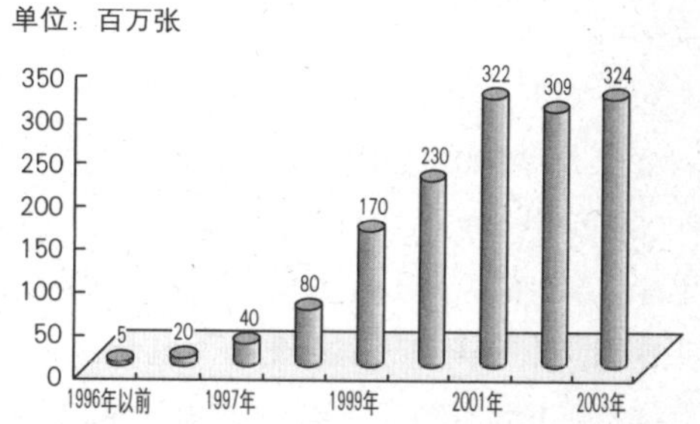

图1 1999年～2003年中国IC卡发卡情况

2003 年，全国发行 IC 卡 3.24 亿张，占全球发卡量的 14%。IC 卡在经济和社会各领域的广泛应用，对提高现代化管理水平和改善人民的生活质量，推动整个社会信息化进程都发挥了重要作用。2003 年 IC 卡应用在各行业中所占份额情况如图 2 所示。

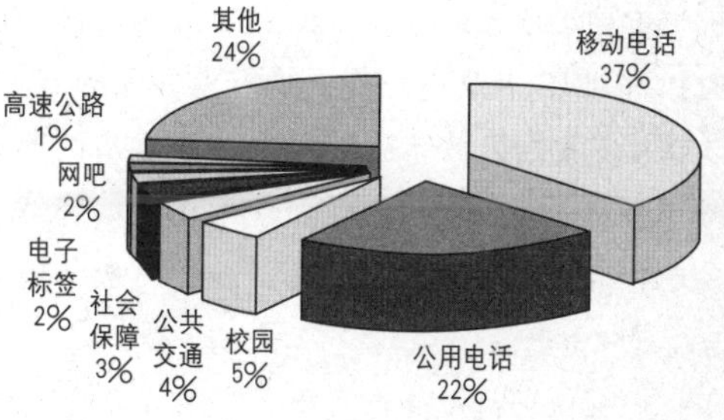

图2 2003年IC卡应用在各行业中所占份额情况

1. 信息产业部门

信息产业部门一直是中国最大的 IC 卡应用市场，2003 年依然保持最大的市场份额和快速增长的势头。移动电话卡发卡量历年累计超过 4 亿张，2003 年，仅两个运营商的采购量就达到 2.6 亿张左右。16K 和 32K 的大容量卡片成为移动运营商采购的主流。

2. 第二代居民身份证 IC 卡

公安部采用非接触式 IC 卡制作第二代居民身份证，2004 年 1 月开始在试点城市开展换发工作。至 2008 年将完成 9 亿张发卡量。

根据国务院要求，信息产业部要确保完成换发第二代身份证对芯片、模块、IC 卡及各类读卡机具的产业配套工作，组织好相关产品的开发和产业化。

3. 公交卡

公交卡在 2003 年的发行量创下了历年之最，达 1 300 万张，约占 2003 年非接触卡发行量的三分之一。到目前为止，公交卡累计发行近 3 000 多万张。公交卡发卡量大部分集中在几个规模应用的城市，如上海、广州、南京、青岛、武汉等。

4. 社会保障卡

截止到 2003 年 12 月底，全国共发行社会保障卡 4 000 多万张。截至 2003 年 10 月，34 家公司的 42 个 COS 产品通过了检测，获得了《社会保障（个人）卡 COS 检测合格证书》。

5. 税务 IC 卡

金税工程三期今年开始推广银税一体化机(即金融税控收款机)，以及流通领域的税控收款机，中国银行卡也将从磁条卡向 IC 卡过渡，这些应用都对 IC 卡及芯片有大量需求。税务 IC 卡和防伪稽核税控机已经在全国 20 多个省市的部分税务征收机关投入使用，主要应用在发票管理、纳税申报和缴纳税款记录方面，涉及一般纳税人达 100 万户以上。

6. 组织机构代码卡

组织机构代码卡作为中国组织机构的身份证和基本信息卡，已经在银行、外汇管理、公安车辆管理、税务征管、海关通关、人事信息管理等领域得到了广泛应用。截至 2003 年年底，组织机构代码卡在全国近 30 个省市共发行 370 万张。

7. 电子口岸 IC 卡

通过发行使用电子口岸 IC 卡，可以实现政府部门、企业身份认证，其中政务 IC 卡由海关、外汇、税务、外贸等政府部门用于国家各行政机关的身份数字认证。自从 2001 年 8 月起在全国正式推广运行以来，截止到 2003 年年底，全国共发行电子口岸 IC 卡 44.5 万张。

8. 电子标签

电子标签也成为 2003 年卡市场的一大热点。电子标签的市场还处在启动阶段，相关的产业和应用尚在起步，有关的标准也正在制定之中。学生电子购票项目达 800 万~1 000 万张；三表（水表、气表、热能表）将采用电子标签，全国总量将超过 3 000 万张。

9. 网吧 IC 卡

网吧 IC 卡也成为产业部门 2003 年关注的又一个热点，许多地方的 IC 卡应用系统正在不断完善，中国的上网人员已接近 1 亿人，从网吧上网的人员也有三四千万人，为 IC 卡产业提供了新的市场商机。2003 年，网吧 IC 卡采购量超过 1 000 万张。

配套产业发展迅速　在信息产业部的组织领导及各大用户部门的支持下，国内 IT 企业经过不懈努力，为金卡工程配套的电子信息产业在核心技术和关键产品的研发及产业化方面取得了显著成绩。国产计算机、通信、网络产品及金卡工程城市信息交换中心大型应用软件系统都支撑着金卡工程的正常运行。新兴的智能卡产业发展迅猛，目前已经建立了从芯片设计、生产，模块与 IC 卡片制造，信息安全产品及读写机具的研制，到各类应用系统软件的开发、系统集成和提供整体解决方案等一个完整的智能卡产业链。

目前，相关企业约有 2 100 家左右，包括：IC 卡生产厂、芯片厂、卡基生产厂、模块厂商、软件商、机具厂商、设备生产厂、耗材生产厂商、销售商、以卡为主的集成商等，其中经销型企业约占 48%，生产类企业约占 30%。从业人员约有 10 万人，其中：管理人员占 9%，生产人员占 34%，销售人员占 25%，研发人员占 6%，其他人员占 26%。

国内研制的各类卡、读写机具等电子信息产品已占据了 80%以上的市场份额，为金卡工程配套的信息产品已成为中国信息产业发展的新亮点，同时，新兴的智能卡产业已成为国民经济的一个新的增长点。

存在的主要问题 金卡工程建设目前还存在一些不足和问题，主要有：

1. 一些部门和地方对金卡工程 IC 卡应用认识不足、重视不够，有关规划和管理工作滞后于应用的发展。IC 卡应用市场不够成熟和规范，管理及服务跟不上，用卡环境不完善，制约了 IC 卡应用的健康发展，也影响产业的快速成长。

2. 银行卡应用还不普及，一些地区跨行联网通用，特别是 POS 机、ATM 机的设备共享还未真正实现，银行卡交易处理效率和服务质量有待进一步提高，用卡环境还需继续完善。

3. 跨行业的“一卡多用”设备共享和信息资源共享的试点工作进展缓慢，效果不明显，许多应用还不能做到资源共享、互联互通，跨部门的组织协调工作力度不够。

4. 中国金卡工程配套产业分散、规模较小、资金缺乏、竞争力较弱等。

下一阶段的重点工作 1. 在认真总结金卡工程十年工作的基础上，根据金卡工程领导小组已发布的《全国 IC 卡应用规划》，抓紧组织制定金卡工程第二个十年的发展目标及重点任务。

2. 巩固、完善全国银行卡联网通用工作成果，全面提高跨行交易处理的效率和质量，大力普及银行卡应用。积极推动银行业从磁条卡应用向 IC 卡应用的转换，促进银行卡和各行业 IC 卡应用的资源共享与协调发展。

3. 进一步加强对 IC 卡发行和应用的指导与监督管理，规范市场和企业行为，保证各类 IC 卡应用的便捷、安全和可靠。

4. 以各大行业 IC 卡应用为重点，推广普及 IC 卡在社会各领域的应用，加快金卡工程的发展步伐。同时，要采取切实有效的措施，积极推进“一卡多用”的试点。

5. 组织抓好金融税控共享收款机的试点工作。积极推动金卡工程与金税工程统一信息交换平台的建设，达到信息资源与技术服务的共享，使金卡、金税等国家信息化重大工程发挥更大的作用。

6. 加快信息基础设施建设和信息产业的发展，为金卡工程等国家信息化重大工程建设提供全面的通信网络、信息装备、软件和技术服务。

[撰稿：侯建仁 审稿：张琪]

电子专用设备工业

【综述】

2003 年是全球信息产业走出低谷、迈向复苏的一年。在这一年里，中国电子信息产品制造业继续保持旺盛的发展势头，产业结构不断调整，经济效益继续提高。面对非典疫情给企业的生产和经营带来的困难，中国电子专用设备行业采取各种措施，积极应对，保证了全行业持续健康的发展，各项指标都保持了同步增长的态势，为中国信息产业的发展做出了贡献。

据中国电子专用设备协会统计，2003 年从事电子专用设备生产和研发的企业共有 91 家，从业人员 34 156 人，比 2002 年增长 2.3%，其中工程技术人员 7 242 人，比 2002 年增长 0.8%。

2003 年是电子专用设备行业队伍近 20 年来发展最快的一年，仅新加入中国电子专用设备工业协会的单位就达 23 个，预计 2004 年也不会低于这个数字。这从一个侧面反映出电子专用设备行业越来越受到各方面的重视，预示着行业发展的高潮即将到来。

随着半导体设备市场的快速发展，从事半导体设备开发和生产的企业正在迅速增加，已经从低潮时的 20 家左右增长为 50 家以上，一些国外企业也已开始在中国设厂，为行业的发展注入了新的动力。

此外，2003 年行业内的民营企业数由 2002 年的 21 个上升为 27 个，总人数增长 83%，技术人员增长 49%，固定资产原值增长 100%。民营企业快速增长，已经成为行业发展的一个亮点，在一定程度上推动了行业的快速发展。

生产与销售

2003 年，电子专用设备行业总产值、销售收入、利税总额和实现利润继续保持增长态势。根据对行业内 91 家企事业单位的统计，2003 年电子专用设备行业总产值（现价）363 288 万元，销售收入342 165 万元，利税总额 54 475.4 万元，实现利润28 852 万元，分别比 2002 年同期增长 12.9%、21.2%、42.6%和 22.2%。

虽然 2003 年行业总产值的增长幅度低于 2002 年的增长幅度，但是与 2002 年相比，2003 年的销售收入、利税总额、利润总额的增长速度分别提高了 15、29.7 和 12.1 个百分点，是近年来增长幅度最高的一年。

2003 年中国电子专用设备总产量为 133 551 台，产销率为 101.5%，比 2002 年提高了 5.4 个百分点。电子专用设备销售额占所有设备销售总额的 66.3%，比 2002 年提高了 5.8 个百分点，是近 20 年来的最高比例，这说明行业的产品结构正在向市场发展最快、技术附加值最高的各种电子专用设备迅速调整。按专业门类分析，除电子元件设备的销售额与 2002 年基本持平及电子模具销售额比 2002 年有所下降外，其他各类产品的销售额都增长了，其中电子整机装联设备销售额10 912 万元，同比增长 196.2%，增长速度位于各类产品的第一位；半导体器件和集成电路设备的销量同比下降了 28.8%，而销售收入却同比增长了 51.3%，这有力地说明了产品档次和技术附加值的提升幅度较高；电子通用设备销售额 35 640 万元，同比增长了 161.1%；电真空器件和光电器件设备 2003年也出现了较大幅度的增长。与电子专用设备相比，电子专用工模具的发展形势不容乐观，销售额比 2002 年下降了 8 个百分点，其中电子专用工具销售 489.1 万件，产销率 98.6%，销售额 5 871 万元，比 2002 年增长 21.5%；电子专用模具销售 930 副，产销率 83.4%，销售额 13 425.7 万元，同比下降 15.4 个百分点。

按照销售收入排名（不含亏损企业），江苏苏净集团有限责任公司和北京七星华创电子股份有限公司仍位居行业的前两位，中国电子科技集团公司第四十八研究所和第二研究所首次跻身前 10 名，分列第 8 和第 10 位，中国电子科技集团公司第四十五研究所从 2002 年的第 10 位跃升为第 7 位。2003 年前 10 名企业的销售收入总额为 178 925 万元，比 2002 年增长了 23.3%，占到了全行业的 52.3%；完成利税总额 31 253 万元，占全行业利税总额的 57.3%，比 2002 年增长了 36.5%；实现利润 18 001 万元，占全行业利润总额的 70.3%，比 2002 年增长了 1.8%；出口交货值为 11 557.8 万元，占全行业出口交货值的 64.4%。行业第 10 名企业的销售收入为 8 273 万元，比 2002 年提高了 1 901 万元，意味着行业前 10 名的门槛提高了近 2 000 万元。2003 年前 10 名单位中有 8 家实现利润在 1 000 万元以上，而 2002 年只有 5 家。

2003 年全行业亏损企业有 18 家，比 2002 年增加了 2 家，其中设备单位 13 家、工模具单位 5 家。由于湖北建昌机器有限公司改制，致使该公司 2003 年亏损额达到 8 240 万元，所以，2003 年全行业亏损总额达到 14 528.8 万元，比 2002 年增长了 89.5%。

科研与新产品

2003 年全行业累计完成新产品项目 443 项，比 2002 年增加了 272 项，其中电子专用设备和电子专用工模具共完成 352 项，比 2002 年增加了 208 项，增长了 144%。这些新产品的陆续投产，将为中国电子专用设备开拓新的市场。

在半导体和集成电路生产设备方面，由中国电子科技集团公司第四十五研究所、四十八研究所，北京七星华创电子股份有限公司，国投南光有限公司，西北机器厂，西安电子科技大学等单位负责研制，中国电子科技集团公司第二十四研究所负责应用研究的国家重点攻关项目——6 英寸 0.5 微米集成电路芯片生产线关键设备共计 14 种、18台套全部顺利通过了由信息产业部主持的鉴定和验收，并已经在生产线上投入使用。这 14 种设备包括电子束曝光机、分步重复投影曝光机、M-RIE 金属刻蚀设备、RIE 介质刻蚀设备、IMD-CVD 设备、LPCVD、大束流离子注入机、磁控溅射台、氧化扩散系统、ECR-CVD、硅片匀胶显影处理系统、石英管清洗机、硅片腐蚀清洗系统、旋转冲洗甩干机等。这个项目突破重大关键技术 152 项，取得专利 49 项，培养和锻炼专业技术人才 189 人。这是中国自行研制的第一条 6 英寸 0.5 微米的集成电路生产线，它的研制成功为缩小中国与国际先进水平的差距做出了贡献，为振兴电子专用装备制造业奠定了良好的基础。此外，由北京七星华创电子股份有限公司研制的 8 英寸立式扩散炉、中国电子科技集团公司第四十五研究所研制的 8 英寸硅片划片机和全自动键合机、北京京运通真空设备厂研制的 8 英寸单晶炉等一批新产品也都取得了重要进展。

国家高科技项目中的光刻机、离子注入机、刻蚀机、大直径硅单晶炉项目等的开发正在加紧进行。电子信息产业发展基金安排的 8 英寸快速热处理设备、8 英寸多工位硅片清洗腐蚀设备、8 英寸硅片自动划片机、集成电路自动封装系统、VXI 数模混合集成电路测试系统等，以及一部分企业自行安排的材料制备设备和后工序设备的研制也已进入尾声。

兰州兰新高科技产业发展股份有限公司自主开发研制的中国第一台 3 英寸~4 英寸硅片双面抛光机，经用户使用及信息产业部专用材料质量检测中心测试验证，已达到德国瓦克、韩国 LG 等公司同类产品的标准，在控制及设备整体运行精度等方面已达到国内领先水平。该公司还自主开发了 X62 424P 3D-1、X62 228P 3D-1、X62 140P 2D-1、X62 140P 1D-1 型等 4 种双面精密抛光机，目前正在用户试用中。

在电子元件生产设备方面，2003 年，18 家磁性材料设备主要生产企业共开发了 18 项新产品，大多为中高档铁氧体生产线设备。中国电子科技集团公司第四十五研究所研制的片式钽电容器编带机、点焊粘接机和玻璃釉电位器生产线设备等已经在用户投入使用。

上海希瑞电子设备有限公司、西北机器厂西安捷运科技有限公司、国投南光有限公司等单位研制的超薄膜（2 微米）高速（280 米/分）分切机、新型金属化薄膜电容器自动卷绕机、电容器 Dv/Dt（高频特性/脉冲特性）测试试验仪、电容器分选装置数据采集系统等设备正在进行研制。

北京冠鹏净化设备有限责任公司为中国酒泉卫星发射中心先后提供了 20 多台该公司生产的 LFL型风淋室，在过去的“神舟”号飞船四次发射中，经受了考验，受到用户的好评。

在中国电子专用设备工业协会和上海博华国际展览有限公司共同主办的“第十二届中国国际电子生产设备展览会”上，广州爱斯佩克环境仪器有限公司等12个参展单位展出了22台设备实物，吸引了不少观众。

重大工程与重点项目

信息产业部2001年度电子信息产业发展基金支持指标重点支持项目——8英寸立式扩散炉，在北京七星华创电子股份有限公司微电子设备分公司研发成功并已进入设备调试阶段。该设备填补了国内集成电路专用立式炉的空白，兼容性强，结构简洁，配置先进。

中国电子科技集团公司第四十五研究所集成电路封装关键专用设备高技术产业化示范工程项目和电子元器件专用设备二期建设两项国家重点项目正在加紧进行中。

在信息产业部2003年电子信息产业发展基金支持指标中，中国电子科技集团公司第四十八研究所的四元化合物材料生长用金属有机化学汽相淀积（MOCVD）设备中标。这是继该所承担的由国家“863”计划以及电子信息产业发展基金支持的GaN MOCVD之后的又一种用于InGaAlP、InGaAlAs等四元化合物材料生长的LED、LD生产线关键设备，将为中国LED及半导体照明领域的发展创造有利的条件。

2003年，中国电子科技集团公司第二研究所研制的两项液晶生产线设备——真空液晶灌注机、液晶偏光片除泡机和太原风华信息装备股份有限公司的偏光片贴片机产品，被列入2003年国家重点新产品计划。

七星华创自动化设备公司研制的AA-1550型镍氢电池极片全自动生产线，被国家科技部确定为国家火炬计划项目。

肇庆新宝华电子设备有限公司承担的总投资为1.7亿元的新型元器件专用设备技术改造国债项目于2003年8月1日竣工，并通过验收。项目完成后，公司的年电子专用设备生产能力将从原来的300台（套）提高到1 000台（套）。通过技术改造，该公司拥有了包括五轴联动加工中心、数控转塔冲床和数控三坐标测量机在内的近60台先进的精密数控机械加工、检测设备和具有世界先进水平的UG三维机械设计软件，为公司今后的快速发展打下了基础。

国际合作与对外贸易

2003年5月，中国电子科技集团公司第二研究所的LCD生产设备成功地出口日本，这是该所产品继2002年第一次出口后，又一次进军国际市场，标志着该所设计和生产水平迈上了一个新的台阶。此外，该所还与荷兰飞利浦公司、美国麦尔科特公司、日本罗姆公司等在华设立的独资企业签订了订购LCD生产设备的合约，并与世界500强之一的罗克韦尔公司多次接触，确立了进一步加强合作的意向。

中国电子科技集团公司第四十五研究所生产的内圆切片机和清洗甩干机分别出口到英国和新加坡，为该所半导体设备的出口提供了宝贵的经验。

2003年，全行业的出口交货值为17 938万元，比2002年的11 236万元增长了60%。

2003年10月，铜陵三佳（集团）有限责任公司和韩国丰山微电子株式会社共同出资组建的铜陵丰山三佳微电子有限公司正式开业，一期注册资金2 000万美元，生产具有国际竞争力的“半导体集成电路引线框架”及“引线框架模具”，计划于2004年~2007年分两期共投资7 500万美元，届时铜陵将成为中国引线框架和引线框架模具最大的生产基地。

2003年10月，北京七星华创电子股份有限公司与法国QUALIFLOW公司就质量流量计和流量控制器等有关技术签订了合作意向书。此次合作旨在发挥七星华创在流量控制器和质量流量计的模拟化技术方面的国内领先优势和先进经验，利用法国QUALIFLOW公司在数字化技术领域的先进地位，形成七星华创公司新的经济增长点。

2003年3月在上海举行的“2003国际半导体

设备和材料展览会暨研讨会（SEMICON CHINA 2003）”，展出面积 23 000 平方米，比 2002 年扩大了一倍，640 家国内外厂商参展，近 40 000 观众参观，展示了半导体设备国际合作与对外贸易的良好势头。

青岛旭光仪表设备有限公司与法国 AET 公司经过多次商谈，本着互惠互利、优势互补的精神，2003 年在半导体设备生产方面达成了合作意向。合作拟从半导体设备的关键部件“电加热元件”开始，在青岛旭光生产国际先进水平的“电加热元件”，并在此基础上进一步合作生产相关的半导体设备。

2003 年，中国电子专用设备工业协会应美国半导体设备和材料国际协会（SEMI）的邀请，于 7 月赴美参加 2003 年美国西部半导体设备和材料展览会暨研讨会（SEMICON WEST 2003）。代表团由所属会员单位的 14 位成员组成。在美期间，除参观展览会和交流会外，还参观了有关半导体设备制造公司，洽谈了合作生产设备和购买零部件等事宜，这是中国电子专用设备工业协会首次组团出国访问。

由于中国电子专用设备市场的迅速发展，已经吸引了越来越多的国际电子专用设备厂商的关注，许多厂商已经或正在筹划在华设厂或进行国际合作，其中尤以半导体设备和表面贴装设备最为突出。例如美国环球仪器公司已经在深圳蛇口建立了环球仪器制造中心， 2003 年该中心生产的产品有：GSM 自动贴片机；与 Dover Technologies 协作的全套 SMT 生产线配套产品；Vantis 中型自动贴片机等。2005 年将有多达 50%的环球仪器产品在深圳蛇口制造中心生产。

主要企业

2003 年，行业排名前 10 名的企业中除兰新高科技产业发展股份有限公司外，销售收入都有较大的增长。其中，江苏苏净集团有限责任公司销售收入 40 961 万元，比 2002 年增长 25%，保持了连续十几年增长的纪录；七星华创电子股份有限公司销售收入达到 34 607 万元，增长 57.1%，其所属的自动化设备公司电池设备的销售收入超过 3 000 万元。其中，锂离子电池设备超过 90%。预计，2004 年其电池设备的销售收入将要翻一番，并会有较大出口；中国电子科技集团公司第四十五研究所的销售收入增长 61.3%，利润增长 68.4%；中国电子科技集团公司第四十八研究所的销售收入增长 56%，利润增长 40.9%；中国电子科技集团公司第二研究所的销售收入增长 304.4%，利润增长 118.7%；西北机器厂的销售收入增长 25%，利润增长 49.6%，产品的技术含量正在迅速提高。

截止到 2003 年 12 月 8 日，仅有 252 名员工的广州爱斯佩克环境仪器有限公司完成年销售收入 1 亿元，提前 23 天完成了全年的销售计划目标，比 2002 年全年的销售收入增长 31.5%。广州爱斯佩克已经成为中国最大的气候环境模拟试验设备生产厂。

广东肇庆新宝华电子设备有限公司近年来在开发镍电极多层片式陶瓷电容器（BMEMLCC）生产线关键设备工作中取得了重大进展。其中，气氛钟罩炉、气氛排胶炉、气氛烧端炉和气氛隧道炉等四种窑炉设备已在生产线上投入运行。薄膜丝印机、叠层机等关键工艺设备也已交付使用。目前，该公司的上级单位风华集团申报的装备制造业基地项目，已被广东省列为装备制造业重点技术改造项目，得到了广东省的大力支持，预计将对广东省乃至中国电子专用设备的发展发挥较大作用。

随着中国光学光电子行业的飞速发展，兰州兰新通信设备集团有限公司生产的磨、抛设备得到了广泛的应用。为满足光学光电子材料加工市场的需求和工艺要求，兰新集团近年来相继开发了十多种光学光电子材料加工设备，受到了用户的好评。

市场分析及展望

在半导体与集成电路设备方面，自 1994 年以来，中国集成电路行业一直保持了高速发展的态势。 2001 年，集成电路总产量达到 63.6 亿块，销售额为 200 亿元，分别是 1989 年的 60 倍和 50 倍；2002 年，世界集成电路市场仅增长 1.5%，中国集成电路市场需求却增长 63.4%，占世界市场的 12.6%；2003 年，中国集成电路总产量 124.1 亿块，增长 37.5%。预计，2005 年中国集成电路总产量将达到 200 亿块，销售额在 600 亿元~800 亿元；2010 年将达到 500 亿块，销售额 2 000 亿元。预计 2010 年中国将成为全球第二大集成电路市场，2020 年，有可能成为全球最大的集成电路制造基地之一。集成电路的快速发展，带动了中国半导体设备市场的快速增长。SEMI 数据表明：2003 年中国半导体设备市场（不含旧设备）已达 11.6 亿美元。此外，由于中国半导体分立器件行业的快速发展，也将带动国产半导体设备市场的较大增长。

在电子整机装联设备方面，在电子信息产业高速发展的带动下，2003 年，中国SMT 的应用得到了进一步增强，这主要表现在表面贴装（SMT）生产线设备方面。贴片机是 SMT 生产线的主要设备，往往占到整线投资额的 60%以上，贴片机的装机数量直接影响着当今一个国家电子信息产业的生产规模和整体水平。据海关统计，在 2000 年到2002年的 3 年中，中国内地进口 10 146 台贴片机(2000 年 1 733 台，2001 年 3 170 台，在 2002年 5 243 台)。2003 年中国进口贴片机 7 648 台，进口额达到 10.91 亿美元，仍然呈高速增长趋势。由于中高档自动贴片机中国尚无商业化产品投入市场，预计，2004 年表面贴装设备市场仍将以进口为主，但是中国无铅焊接设备发展迅速，将有望提高国产设备在国内市场的占有率。

新型显示器件专用设备方面，在显示器件领域，由于 CRT 产品生产线不会再有大规模的投入，预计各种新型显示器件生产线设备将逐步占据主导地位。LCD 生产设备市场 2000 年较 1999 年突增 60%，达到 34.03 亿美元；2001 年跌至 21.08 亿美元；2002 年升至 52 亿美元；2003 年预计上升 23%，达 64 亿美元。根据专业市场分析公司预测，2003 年~2004 年，全球对 TFT-LCD 的设备的投资将高达 123 亿美元。2002 年 LED 全球销售额为 12 亿美元，增长 36%。有机构预计，在未来的三年内，LED 产值可达 30~40 亿美元。中国内地从事 LED 生产的企业有 100 多家，90%为后封装企业，外延片及管芯主要依赖进口。据预测，2002 年~2005 年，中国 LED 显示屏需求量将以每年 35%的速度递增，2005 年市场需求将达到 22 亿元。其中，高亮度 LED 占 35%。2001 年全球生产 PDP 40 万台，2003 年预计上升到 150 万台，2005 年市场预计为 400 万台，年均增长率近 80%。2002 年国内市场的 PDP 电视机销量为 1.7 万台；2003 年，预计销售 6~8 万台。1999 年全球 OLED 销售额为 400 万美元，2001 年 8 400 万美元，2002 年上升到 2.1 亿美元，增长近 53 倍。预计，2005 年将突破 16 亿美元，2007 年增长到 30 亿美元以上。此外，其他新型显示器件生产线设备的市场也将有不同程度的发展。

电子元器件生产设备方面，磁性材料设备仍将是中国电子元件生产线设备中的大头。目前，国产磁性材料设备国内市场占有率已经达到 90%。2003 年，国产磁性材料设备的销售额为 2.3 亿元。中国现已成为世界磁性材料生产大国，正在向世界磁性材料生产的强国转变。为此，2004 年中国磁性材料生产企业预计将继续加大投资力度，向生产高档磁性材料发展。这样既为中国磁性材料设备的生产企业提供了一个大市场，也对企业提出了更高的要求。因此，虽然 2004 年中国磁性材料设备的市场有恢复性增长的可能，但是能否被国内设备厂家占领，则取决于国内新一代产品的开发速度和质量。由于当前汽车、钢铁等行业的发展，将会带动永磁铁氧体市场需求的快速发展。2004 年永磁铁氧体生产设备将会有较大的增长。预计，2004 年磁性材料设备的销售收入不会低于 2 亿元。

【统计数据】

表1 2003年电子专用设备工业规模情况

类 别	研究所数（个）	企业数（个）	总人数（人）	其中：人员构成 技术人员	固定资产原值（万元）
国有及国有控股	4	48	26 071	5 584	262 374
民营		27	4 070	813	32 655
股份		11	3 383	722	40 982
三资		5	632	123	6 579
合计	4	87	34 156	7 242	342 590

表2 2002年~2003年电子专用设备产品销量情况

产品名称	单 位	2002年		2003年	
		销 量	增长率（%）	销 量	增长率（%）
半导体与集成电路设备	台	1 648	−64.0	1 174	−28.8
电子元件设备	台	3 584	18.7	10 953	205.6
电真空器件设备	台	837	−10.0	1 295	54.7
环境与可靠性试验设备	台	1 879	−8.3	2 153	14.6
净化设备	台	82 699	36.4	94 858	14.7
电子整机装联设备	台	551	5.0	1 261	128.9
电子通用设备	台	16 292	−9.4	23 904	46.7
电子专用工具	万件	415	−51.3	489.1	17.7
电子专用模具	副	904	−0.2	930	2.9

表3 2002年~2003年电子专用设备产品销售情况

单位：万元

产品名称	2002年		2003年	
	销售额	增长率（%）	销售额	增长率（%）
半导体与集成电路设备	16 764	−31.0	25 361	51.3
电子元件设备	39 511	5.5	39 401	−0.3

续表 3

产品名称	2002年		2003年	
	销售额	增长率（%）	销售额	增长率（%）
电真空器件设备	18 154	-6.3	24 536	35.2
环境与可靠性试验设备	15 429	27.8	17 887	15.9
净化设备	41 326	14.6	49 582	20.0
电子整机装联设备	3 684	-11.8	10 912	196.2
电子通用设备	13 622	-0.8	35 640	161.6
电子专用工模具	20 969	106.0	19 297	-8.0

备注：表 1~表 3 中的数据由中国电子专用设备工业协会统计。

[撰稿：王勃华 金存忠　审稿：肖华]

电子测量仪器工业

【综述】

2003 年是中国电子测量仪器工业继续深化改革与加快发展的一年。电子测量仪器企业的体制改革主要集中在两个方面，一是中小企业的股份制改造工作，如南通南峰电子有限公司等一批小企业；二是较大企业的集团化改造工作，集团化下的子公司小型化和专业化已经成为电子测量仪器企业发展的国际潮流。成都前锋电子电器（集团）有限公司、宁波中策电子有限公司、江苏绿扬电子有限公司、辽宁无线电二厂等企业在这方面进行了比较成功的探索。

在第 18 届中国电子信息百强企业评比中，辽宁无线电二厂以 122 795 万元的销售收入名列第 88 位，成为电子测量仪器企业惟一进入电子信息百强企业的厂家。他们的成功经验是在集团化的运作下，以电子测量仪器为依托，利用电子测量仪器技术的辐射和派生能力，形成多元化的产品和产业结构，采取联合、合资等多种形式，在国内、国外多方寻求合作，使产品大量销往国外，销售额大幅增长。成都前锋电子电器（集团）股份有限公司在集团化运作下，利用成都市东郊工业区结构调整的时机，及时将前锋集团的生产中心迁往成都市高新技术西区，开辟新的发展平台“前锋园”，并于 2003 年 4 月落成投产。此次搬迁，紧紧结合企业的发展需求，与企业改革和制度创新相结合，与招商引资和技术改造相结合，为企业搭建了新的发展平台。前锋集团高新技术产业园计划总投资 1.3 亿元，占地 200 亩，可使企业的生产能力提升 3 至 5 倍，企业的经营规模在 5 年内将达到 10 亿元以上，为企业向通讯测试、数字视听测试、环保、税控收款机、水电气远程集抄管理系统、智能化电池等多方向发展奠定了发展基础。

生产与销售

据中国电子仪器行业协会统计分析，2003 年电子测量仪器工业总产值 430 957 万元，同比增长 18%；总销售额 435 665 万元，同比增长 20%。

2003 年，电子测量仪器和电子应用仪器的总产量为 6 292 231 台，总销量为 6 266 595 台，分别增长 66%和 67%。其中，电压测量仪器产量 1 828 763 台，销量 1 831 231 台，分别比 2002 年增长 360%和 355%；微波测量仪器产量 81 164台，销量 76 336 台，分别增长 25%和 19%；通信测量仪器产量 10 521 台，销量 8 468 台；广播电视测量仪器产量 10 085 台，销量 10 379 台，增长68%和 59%；稳压电源产量1 450 842 台，销量 1 457 884 台，分别增长 13%和 14%；信号源产量 8 391 台，销量 8 515 台，分别增长 41%和 48%；医用电子仪器产量 1 538 568 台，销量 1 561 707 台，分别增长 57%和 58%；工交电子应用仪器产量 343 432 台，销量 338 395 台，分别增长 314%和 316%；文教电子应用仪器产量 454 810 台，销量 415 335 台，分别增长 47%和 33%。上述产品的大幅增长主要有两个原因：一是市场的巨大需求，特别是通信、广播电视市场的巨大发展，引发了电子测量仪器市场的迅速增长；二是电子测量仪器行业近几年迅速向数字化、智能化方向发展，推出了部分数字化产品，因而在若干个门类品种上获得了较快增长。值得指出的是，示波器等一些市场较大的产品门类，由于国内产品在数字化、智能化水平上跟不上市场的要求，因而国内市场大部被国外产品所占据。

科研与新产品

据中国电子仪器行业协会不完全统计，2003 年电子测量仪器行业完成新产品鉴定 36 项，新产品继续向数字化、软件化、智能化、宽带化、集成化、多功能化、电路专用化、误差分析模型化、测试系统模块化、高精度、高稳定性方向发展。

中国电子科技集团公司第四十一研究所开发的 VXI 总线数字存储示波器模块，最大带宽达 500MHz，4 通道，采样速率 100MSa/s；射频捷变频信号发生器，频率范围 252kHz~2060kHz，频率分辨率 0.01Hz，稳幅功率（-110~+13）dBm，具有 4 种调制方式；超宽带合成扫频信号发生器，频率范围 10MHz~40GHz（带低频插件可扩展至 1Hz~10MHz），频率分辨率 0.1Hz，稳幅输出功率（-20~+8)dBm，扫描时间 10ms~100s。

成都前锋电子仪器厂开发的 QF6610 型 VXI 总线 2GHz 合成信号源模块，频率范围 0.1Hz~2100MHz，输出幅度（-127~+16)dBm，频谱纯度（谐波）<-30dBc；QF4943 型数字移动无线发射机测试仪，频谱分析范围 100Hz~8.5GHz，GSMK 测量频率 10MHz~3GHz，GSM 测量频率 10MHz~2.1GHz，CDMA 可进行频率测量、平均功率测量、所占带宽测量、I/Q 信号测量等；QF3912 型测试接收机，射频输入 150kHz~1300MHz，频偏测量 0~±400KHz，调幅测量 0%~99%，调相测量 0rad~400rad，射频频率 100kHz~2600MHz，调谐射频电平精度（-127~0）dBm，音频分析 20Hz~250kHz。

北京大华无线电仪器厂研制完成了 2 厘米频率捷变雷达测试仪，为雷达捕捉瞬时信号和跳变信号的功能测试提供了有力的保障，填补了国内空白。该测试仪频率范围 15 000MHz~±400MHz，定标功率 0dBm±1.0dBm，输出电平 0dBm~80dBm，测频引导灵敏度<-6dBm，信号及干扰通路调制方式：等幅、内方波、内脉冲调制、外调制、外触发，调制深度≥80dB。

上海新建仪器设备有限公司研制成功的 XJ4832 型数字存储大功率半导体管特性图示仪，是一种数字化新产品，具有数据存储功能和测试预置功能，仪器本身有集电极扫描信号、基极阶梯信号以及彩色 LCD 显示。

北京凯弘电子仪器有限公司研制的 KH4136 型系列全自动数字低失真度测量仪（平衡、不平衡式）KH1603 型、06C 型、55C 型、56C 型系列数字合成（DDS）信号发生器等产品，深受用户欢迎，已转入小批量生产。

重大工程与重点项目

2003 年 4 月，设在中国电子科技集团公司第四十一研究所的华东电子测量仪器光电计量校准中心，一次性通过了国家实验室认可评审组的全面评审。

成都前锋电子仪器公司的数字电视信号发生器系列产业化项目，已被列入国家数字电视专项。该项目总投资 6 000 万元，将在企业现有条件基础上引进关键仪器设备，完善开发和生产环境，重点开发数字电视信号发生器系列和数字电视生产专用调试测试设备。项目建成后，将形成年产数字电视信号发生器和测试解码器 1 000 台的能力。

川嘉电子有限公司的数字电视信号发生器及测试仪器产业化项目也已被列入国家数字电视专项。项目总投资 4 000 万元，用于提高集中信号源系统、数字电视信号分析仪系统综合研发和生产能力。项目建成后，将形成年产数字电视集中信号源系统 255 套、数字电视信号分析仪 25 套的能力。

北京自动测试技术研究所在集成电路检测生产线国产化工程中，共为无锡华润华晶微电子有限公司等国内集成电路生产骨干企业安装了该所自行研制生产的 BC3196 大规模数/模混合集成电路测试系统 100 多台，开创了国产测试系统装备整条集成电路检测生产线的先河，节约投资近 1.5 亿元。

国际合作与对外贸易

2003 年，不少企业都将开展国际合作列入了企业的工作重点，积极地与国际行业组织及有关企业进行联系和沟通，探寻合资或合作的可能性，有的已经进入合作的实质洽谈阶段。在对外贸易方面，宁波中策电子有限公司保持了近几年出口一直在 4 000 万元以上的水平，2003 年出口 4 700 万元，比 2002 年增长 18%；成都前锋电子仪器厂 2003 年成功地打通了东南亚的出口渠道，向印度出口了多种电子测量仪器。其他不少企业在出口方面也都有不同程度的增长。

2003 年，电子测量仪器的进口仍然呈高速增长态势。例如：在税则号列 90.30 内的电子测量仪器，2003 年进口额为 12.2 亿美元，同比增长 28%，进口量为 2.68 万台，增长 27.8%。目前，中国已成为国际电子测量仪器市场的重要组成部分。

2003 年 3 月，美国泰克公司投资 3 000 万美元建设的“泰克科技（中国）有限公司”在上海金桥开发区开业。该公司是国际著名的电子测量仪器生产厂商，其示波器产品在全球的市场占有率位居首位。“泰克科技（中国）有限公司”成立后，将在中国生产数字示波器等电子测量仪器产品并销往国内外市场。

市场分析与展望

据测算，2003 年电子测量仪器的国内市场比 2002 年增长了 26%，中国电子测量仪器市场已经成为世界上最具有潜力的电子测量仪器市场之一。展望未来几年，由于中国经济发展形成的巨大需求，电子测量仪器的国内市场仍将呈高速发展的趋势，特别是数字电视和通信市场的高速发展，将使中国电子测量仪器行业面临巨大的挑战和机遇。据预测，“十一五”中国数字电视的市场将达到 1 000~1 500 亿元/年，将对电子测量仪器产生较大的需求；与此同时，通信市场的发展速度仍然比较强劲，但是国产通信电子测量仪器的市场占有率很低，因此，加快国产通信电子测量仪器的开发和商品化，已经成为本行业的迫切任务。

面对中国高速发展的电子测量仪器市场，电子测量仪器有关企业将加快技术进步和市场开发的步伐，努力做好国内外市场的开拓工作，真正把中国的电子测量仪器产业做强做大，将更多、更好、更新的电子测量仪器产品提供给广大用户。

[撰稿：王勃华 徐春龄　审稿：肖华]

半导体器件和集成电路工业

【综述】

2003年，中国集成电路产业快速成长，集成电路设计、芯片制造和封装测试三业并举、协调发展，主要表现在：产业规模不断扩大，在1999年~2003年的5年时间里，产业规模扩大了4倍，年均增长率达到45%，为全球各国同期增长最高，在全球所占的份额由不足1%快速提高到了3%；产业结构不断得到优化，为投资类整机配套的集成电路迅速增加，比重达46%，消费类产品用电路比例为27%，IC卡芯片、ASIC电路以及SOC系统级芯片发展迅速，成为新的经济增长点；投资规模迅速扩大，在2000年~2003年4年间，中国集成电路领域的投资额相当于过去10年投资总额的4倍，有力地促进了产业规模的迅速扩大；技术水平不断提高，集成电路大生产技术已达0.25微米~0.18微米，设计方面已经具备千万门的设计能力，与国外差距逐步缩小；完整的IC产业链基本形成，8英寸硅材料、关键专用设备等已开始小批量生产，集成电路设计、制造、封装、测试与设备、材料之间初步具备了相互支撑的条件，具有先进制造技术的本地化目标开始实现；产业群聚效应日益凸现，长江三角洲、京津环渤海湾以及珠江三角洲地区已经成为中国集成电路产业集中的重点地区，全国集成电路销售收入的95%以上来自于以上三个地区；资本运作开始走上良性循环的轨道，2003年以来，中国已有多家半导体集成电路企业成功上市，上市的企业已经涉及整个产业链；人才结构从单一的设计、工艺技术人才，拓展到了投资、管理、贸易、信息服务、教育培训等领域。

设计业

2003年，中国集成电路设计企业得到了快速增加，到2003年年底，集成电路设计单位总数已经达到463家。2000年国务院18号文的颁布，推动了中国集成电路设计业的大发展，已经成为目前增长最为迅猛的领域，2003年，集成电路设计业在中国集成电路产业销售收入中所占的比例首次超过10%。在鼓励自主创新思想指导下，以“方舟”、“龙芯”、“神威”等嵌入式CPU，“星光”、“爱国者”等数字音视频芯片，“华夏网芯”等网络产品芯片为代表的一批新产品不断推向市场，设计水平已达到0.18微米、1 400万门。IC设计人才队伍在不断壮大，已从2000年的不足5 000人发展到2003年的2万人。

芯片制造业

芯片制造业是目前集成电路产业发展的重心，是中国半导体行业投资的热点。截至2003年底，在中国大陆建成和在建的5英寸~8英寸芯片生产线达20余条，芯片生产线的总投资额约为100亿美元，最高工艺水平为中芯国际集成电路制造（北京）有限公司正在建设的12英寸、0.13微米生产线；中芯国际集成电路制造（上海）有限公司已采用0.13微米标准铜布线制造工艺。在已经运行的芯片生产线中，总产能约63万片，其中8英寸生产企业有6个，产能约为30万片/月；6英寸生产线有7~8条，产能约为20万片/月；5英寸生产线有5条，产能约为13万片/月。上海宏力半导体制造有限公司投资16.3亿美元建设的8英寸、

2.7万片/月、0.15微米生产线，和舰科技（苏州）有限公司投资12亿美元建设的8英寸、6万片/月、0.18微米生产线，上海先进投资6.87亿美元建设的8英寸、3万片/月、0.25微米芯片生产线等正式投产；以上海为中心的长江三角洲地区集成电路产业已经形成群聚效应，成为全国最重要的集成电路芯片加工制造地区，全国80%的芯片生产线分布于此。

封装业

中国的集成电路封装业目前仍居国内集成电路产业的主体地位，其发展相对平稳，年均增幅保持在25%左右。目前，中国的集成电路封装业已经形成了以上海、江苏、天津、北京、广东为主的规模化生产基地，多家国际大型集成电路生产企业已在中国建立了独资或合资的集成电路封装厂。截至2003年底，中国具有一定规模的集成电路封装企业数目已经超过50家，集成电路封装总能力超过170亿块，2003年排名前8家集成电路封装企业中，处于行业领先地位的以外资企业为主。Intel公司投资5亿美元在上海建成的集成电路封装企业，使中国制造的奔腾4 CPU产品2003年开始投向市场，AMD（苏州）公司多芯片封装产品大量出口海外市场。

半导体分立器件

近年来，中国半导体分立器件产业已经形成一定规模，全国共有各类分立器件企业 (包括所有从事半导体分立器件芯片制造、封装及测试) 近200家，从业人员约10万人。截至2003年底，全国共有已建、在建和筹建的4英寸以上半导体分立器件芯片生产线21条，总投资额约为15亿元。分立器件芯片生产线的产能约为23万片/月，其中6英寸芯片生产线有2条，产能为1.5万片/月；5英寸芯片生产线有6条，产能为6万片/月；4英寸芯片生产线有13条，产能为15.5万片/月。在企业生产规模方面，2003年，产量超过10亿只的分立器件生产企业由2002年的8家增加到14家。其中，乐山无线电股份有限公司2003年产量已经达到174.67亿只。产量新上10亿只水平的6家企业有无锡华润微电子有限公司、深圳深爱半导体有限公司、山东沂光电子股份有限公司、宁波明昕微电子股份有限公司、上海旭日电子有限公司、广州半导体器件厂等。

生产与销售

进入2003年，中国集成电路产业运行情况良好。2003年中国IC总产量为134.1亿块，比上一年增长了39.3%，销售额为351.4亿元，比上一年增长30.9%，其中集成电路设计业全年销售额达到44.91亿元，比2002年增长107.9%，占同年集成电路产业总销售额的12.8%，年销售额超过1亿元的设计企业有10家；集成电路芯片制造业的销售额为60.5亿元，比2002年增长80.3%，占同年中国集成电路销售额的17.2%；集成电路封装业的销售收入为246亿元，比2002年增长15.4%，占同年中国集成电路销售额的70%，封装企业中年销售额超过5亿元的企业有11家，其中超过10亿元的企业有2家。集成电路销售额在电子信息产品制造业销售额中所占的比重为1.87%，占世界集成电路市场销售额的比重为3.1%。

2003年，中国半导体分立器件总产量为498.71亿只，同比增长41.9%，实现销售收入58.48亿元，同比增长15.6%。销售收入过亿元的分立器件生产企业为15家，销售额合计达到50.36亿元，占国内分立器件总销售额的85.9%。其中，乐山无线电股份有限公司的销售额达到11.73亿元，增长17%，占全国分立器件总销售额的20%。

科技开发与新产品

2003年，在集成电路领域取得了一批具有自主知识产权的新产品开发成果，一些产品及时进入国内外市场并取得良好效益。具有自主知识产权的产品占据一定市场份额，掌握核心技术的企业不断涌现。这些企业以有广阔市场前景的整机产品为重点和突破口，把市场需求、核心技术研发与推广应用相结合，做好产需衔接，通过政策和创新项目的支持，走自主创新、全球发展之路。北京方舟科技公司研发的方舟一号、二号，以及中科院计算所研发的“龙芯”CPU 产品已成功地用于网络计算机产品及信息家电等产品中，并与长城计算机集团、海尔集团等结成产业联盟，共同推进产品的应用。四川南山之桥微电子有限公司成功开发出采用 0.18 微米技术、集成度为 1 400 万门的千兆位以太网路由器交换核心芯片“华夏网芯”，填补了中国在以太网路由器芯片领域的空白；大唐微电子公司自行研制生产用于移动通信手机的 SIM 卡芯片，被中国移动指定为SIM卡供应商并已累计销售 4 500 万片，该公司首创的动态 STK 业务空中下载技术，是全球第一家正式实现商用的技术，标志着中国移动通信应用开发技术的飞跃；华为技术有限公司研发成功的 WCDMA ASIC 套片，形成了 30 多个系统专利和 ASIC 设计专利；北京中星微电子公司研发的“星光系列”五代数字多媒体芯片，实现了七大核心技术突破，拥有该领域 200 多项国内外专利，处于国际领先地位，“星光数字多媒体芯片”已被三星、飞利浦等多家国际知名企业大批量采用，在全球市场的销售量目前已突破 1 000 万枚，成功占领了计算机图像输入芯片世界市场 40%以上的份额。

2003 年 6 月，由科技部、信息产业部等相关部委和地方政府组成了国家半导体照明工程协调领导小组，正式启动了“国家半导体照明工程”，并在国家科技攻关项目中安排引导资金，积极组织相关企业进行关键技术的研发。

重大工程与重点项目

移动通信手机专项　信息产业部于 2003 年 9 月完成了 2002 年移动通信手机专项集成电路项目及专项经费的申报及调整工作，并由部清算司报财政部。对大唐微电子技术公司承担的 SIM 卡项目、宁波明昕微电子公司功率器件项目、宁波晶体管厂片式发光二极管项目和扬州晶辉电子公司片式三极管项目进行了验收。还召开了移动通信配套产品推介会，为整机与元器件的结合搭建桥梁。

数字电视专项　2003 年，数字机顶盒用集成电路研发工作进入实质性阶段，信息产业部已在电子发展基金中安排招标项目给予支持，中标企业陆续完成了产品的研发工作。其中深圳市国微电子股份有限公司研发的 CAM 卡已取得国内外知名供应商中视联、爱迪德公司的授权，并与国内大型整机企业康佳、创维联合研发整机产品，研发工作已进入推广应用阶段。

国际合作与对外贸易　随着中国半导体产业的快速发展，越来越多的国际半导体巨头公司把业务重心转移到中国来，特别是 2003 年全球半导体市场逐渐回暖、新一轮的增长即将开始之时，国际知名半导体大公司都纷纷开始加强中国业务，希望不会错过大好时机。2003 年 6 月，台积电在上海松江科学园区的投资计划正式启动，以直接投资方式设立芯片生产基地，建立 8 英寸芯片厂。该厂以 0.25 微米以上成熟工艺为主，注册资本为 3.71 亿美元，计划投资额将达到 11.2 亿美元，并于 2004 年第 4 季投产，月产量约 3.5 万片。2003 年 10 月，中芯国际集成电路制造（上海）有限公司（简称中芯）与摩托罗拉（中国）电子有限公司宣布签署长期战略合作协议。通过股权置换，摩托罗拉在天津的 MOS17 半导体前工序生产厂成为中芯国际集成电路制造（天津）有限公司，实现了资产合理高效利用。2003 年 10 月，日本富士通在上海宣布：富士通独资企业—富士通微电子（上海）有限公司（FMC）正式成立，并于 10 月 30 日投入运营。新公司的成立是富士通致力开拓中国半导体市场长远战略的一部分，新公司将成为富士通在中国的半导体业务核心，统筹富士通在中国的半导体设计、开发及销售业务。德国英飞凌公司继把中国总部从新加坡搬至上海后，又与中新创投合作建立了集成电路内存芯片封装与测试企业即英飞凌科技（苏州）有限公司。该项目计划总投资约 10 亿美元，计划于 2005 年年初开始，主要生产存储器产品，年封装能力最大达 10 亿只。此外，IBM 公司大中华区 E&TS 总部正式落户上海。

随着集成电路产业与市场的快速发展，中国集成电路进出口规模迅速扩大，2003 年的进出口总值达到 461 亿美元，其中进口集成电路（包括微电子组件）419 亿块，进口金额 404 亿美元，分别比 2002 年增长 39.7%和 58.3%，其中未经切割加工的集成电路圆片 22.9 万片，价值金额 13.9 万美元；出口集成电路（包括微电子组件）135 亿块，出口金额 57 亿美元，分别比 2002 年增长 28.3%和 26.8%，其中未经切割加工的集成电路圆片 2.9 万片，价值金额 5.3 万美元。

在进出口总规模迅速扩大的同时，中国集成电路领域的贸易逆差也在迅速扩大。2003 年，中国贸易逆差达到 347 亿美元，同比增长 71.0%。

从进口贸易的地域分布来看，2003 年中国集成电路进口最多的地区为中国的台湾省和日本，其进口额分别占集成电路进口总额的 23.7%和 19.8%；出口额最多的地区是中国香港，占出口总额的 50.1%。

2003 年，中国半导体分立器件进出口两方面都出现了较大幅度增长，全年实现进出口总量 2 385.65 亿只，73.98 亿美元，分别比 2002 年增长了 22.3%和 22.2%。其中，进口各类分立器件 1 352.8 亿只，增长 26.9%；进口额为 57.1 亿美元，增长 21.2%。出口各类分立器件1 032.89 亿只，增长16.7%；出口额为 16.84 亿美元，增长25.8%。

中国台湾地区和日本一直是中国大陆最大的分立器件进口来源地。2003 年，从中国台湾和日本进口的各类分立器件分别占进口总量的 22.3%和 15.5%，而马来西亚则在 2003 年首次超过中国香港成为国内第三大分立器件进口国，其他依次为中国香港、韩国、泰国、菲律宾、新加坡、美国、德国等，这 10 个国家（地区）2003 年的对华出口占中国大陆分立器件总进口量的四分之三。目前中国在分立器件的对外出口方面仍然主要依赖香港地区进行转口贸易，无论在数量上还是金额上，2003 年，中国香港地区均占当年国内分立器件出口的半壁江山。新加坡则是中国分立器件出口的第二大目的国。除以上两地外，中国台湾、日本、美国、德国等国家（地区）也是中国大陆分立器件出口的主要目的地。

主要企业

大唐微电子技术公司　大唐微电子技术公司主要从事通信专用集成电路的设计与开发，同时从事光通讯传输系统和 IC 卡应用系统的开发。自 1998 年起，大唐微电子公司陆续推出了中国第一个具有自主知识产权的公用电话 IC 卡集成电路芯片、国内第一个具有自主知识产权的数字移动通信 GSM 手机专用 SIM 卡和 CDMA 手机专用 UIM 卡芯片等一系列产品，可提供移动通信智能卡、软件、读卡机具及增值服务的全套解决方案。2003 年大唐微电子的年销售额达到了 6.2 亿元，与 2002 年相比增长了 199%，成为 2003 年中国集成电路设计业的排头兵，移动通信业务是大唐微电子高速增长的关键领域。

杭州士兰微电子股份有限公司　杭州士兰微电子股份有限公司包括杭州士兰微电子股份有限公司和杭州友旺电子有限公司。目前杭州士兰用 0.5 微米~0.8 微米模拟集成电路、0.5 微米~0.25 微米的 MOS 集成电路设计技术开发的 Bi-CMOS 产品已形成特色。杭州士兰瞄准了集成电路高端产品的设计，通过开发如光盘机伺服电路等量大面广的产品迅速占领市场，全年销售额超过 3.4 亿元。随着杭州士兰业务领域从设计向制造业延伸，它将具备设计与制造的协同优势。2004 年杭州士兰继续保持良好的发展势头。

北京中星微电子有限公司 北京中星微电子有限公司是采用标准硅谷风险投资模式、由多位来自硅谷的留美博士企业家参股组建的。中星微电子公司产品主要是多媒体图像处理芯片“星光系列”，从“星光一号”到“星光五号”，已经被三星、飞利浦、惠普、富士通、NEC、联想集团有限公司、波导、同方等企业大批量采用，在国际市场的销售量目前已突破 1 000 万片。

绍兴芯谷科技有限公司 绍兴芯谷科技有限公司是由华越微电子有限公司、浙江省建设房地产开发公司、公司经营和技术团队三方共同投资组建，于 2003 年 2 月注册，注册资本 1 500 万元人民币。芯谷科技现有员工 70 余人，其中工程技术人员 40 余人，占员工总数的 60%。业务覆盖消费类、通讯类、投资类等多个领域，主导产品已形成 6 大类、100 多个品种。绍兴芯谷是由原来华越微电子公司的设计部门独立出来的，由于华越微电子有限公司拥有成熟的 4 英寸、5 英寸芯片加工、封装、测试生产线，同时 0.8μm~2μm 双极双层布线工艺在国内也具有一定优势，因此绍兴芯谷与华越微电子公司在设计与制造方面互相支持。2003 年绍兴芯谷实现销售额 2.39 亿元。

中芯国际集成电路制造（上海）有限公司

中芯国际集成电路制造（上海）有限公司成立于 2000 年，是目前国内规模最大的集成电路代工厂，在上海拥有三座芯片代工厂，其中包括一座铜制程代工厂。目前，该公司 8 英寸的投片为 3.8 万片，能提供 0.35 微米~0.18 微米的工艺制造服务。2003 年，中芯国际完成了与摩托罗拉天津工厂的股权置换，使之成为中芯国际集成电路制造（天津）有限公司，目前正在北京建设的中芯国际集成电路制造（北京）有限公司是一座 12 英寸芯片代工厂。中芯国际的工艺制造能力包含逻辑电路、混合信号/射频电路、高压电路、系统级芯片、嵌入式及存储器等，同时还提供设计服务、光掩模制造、芯片制造和测试服务等。该公司与多家设计服务公司及 EDA 工具提供商建立了良好的合作伙伴关系。该公司装备了目前中国最先进的光掩模生产线，在美国、欧洲和日本设立了市场及客户服务中心，在韩国及以色列则通过销售代理提供完善的服务。中芯国际是目前国内最具竞争力的集成电路代工企业之一。在 2003 年世界集成电路代工厂中排序第 5 名。

华虹 NEC 电子有限公司 华虹 NEC 电子有限公司成立于 1997 年 7 月，由上海华虹（集团）有限公司、日本 NEC、NEC（中国）共同投资 7 亿美元组建，是中国大陆第一条 8 英寸芯片生产线。2003 年 11 月，美国捷智半导体公司和华虹国际公司增资华虹 NEC，注册资本增至 7.8941 亿美元。华虹 NEC 目前主要采用先进的 0.35 微米、0.25 微米、0.18 微米生产工艺，可提供主流工艺设计流程和测试服务等，客户地域覆盖中国、韩国、日本、美国等。华虹 NEC 承接加工的产品包括各种智能卡芯片、LCD Driver、DSC、Power MOS，以及各类先进的存储器芯片（SDRAM、MSRAM、FLASH）等。目前华虹 NEC 已引进了 0.25 微米~0.13 微米 Logic/MIX/射频（RF）CMOS 工艺技术，将在 2004 年 6 月实现 0.18 微米技术产品。2003 年华虹 NEC 的销售收入达到 15.61 亿元，比 2002 年增长 6.7%。华虹 NEC 计划继续提升生产能力，力争在 2004 年将产能提高到月产 4 万片~4.5 万片。

上海先进半导体制造有限公司 上海先进半导体制造有限公司（ASMC）由飞利浦电子（中国）有限公司、上海贝岭股份有限公司、上海久事公司、上海东方资产管理公司共同投资 3.264 亿美元设立。目前上海先进已成为国内主要的集成电路加工服务的提供者，尤其是在逻辑、数模混合、功率和智能卡工艺领域。ASMC 现拥有一条月产 4 万片的 5 英寸生产线和一条月产 3.5 万片的 6 英寸生产线；2003 年，上海先进投资 6.87 亿美元建设的 8 英寸、0.25 微米芯片生产线正式投产，月产量可达到 3 万片，并计划在 2004 年将其工艺水平从 0.25 微米提升到 0.18 微米。2003 年，该公司的销售额达到 7.84 亿元，增长 21.4%。

无锡华润微电子有限公司　无锡华润微电子有限公司是中国华晶电子集团公司改制后于 2002 年 12 月，经省、市政府同意，正式加盟华润集团公司的，并将企业更名注册为外商独资的“无锡华润微电子有限公司”，主要从事集成电路、分立器件的设计、制造和销售，总资产逾 15 亿港元，年销售额逾 10 亿港元。2003 年，华润微电子公司明确了今后重点发展微电子芯片设计、圆片制造、器件封装和测试四大主营业务，通过向外引入合作伙伴和内部协同配套的专业化发展，使华润微电子成为一流的消费类 IC 和分立器件开发商与供应商。华润微电子积极参与市场竞争，不断提升企业竞争能力，实现了经济持续高速增长，生产经营呈良性发展态势，多项技术经济指标屡创历史新高。公司实现产品销售收入（不含税）10.5 亿港元，同比增长 20%；经营利润 1.1 亿港元；出口 1 993 万美元，增长 57%。

华润上华科技有限公司　华润上华科技有限公司 (CSMC) 成立于 1997 年，是中国最早的晶圆代工厂，提供 CMOS 逻辑以及 mixed-mode 晶圆芯片代工，拥有月产 1.8 万片 6 英寸晶圆的生产能力，技术水平为 0.4 微米工艺。2003 年华润上华的芯片代工销售收入为 3.49 亿元，增长 3%。华润上华今后将在以下方面寻求发展：一是在现有基础之上扩充 6 英寸产能，并寻找机会进军 8 英寸代工市场；二是进一步提升技术，开发 0.35 微米及更高水平的工艺技术；三是扩大服务，入股中国本地优质的设计、测试和封装公司。

英特尔产品 (上海) 有限公司　英特尔产品 (上海) 有限公司是英特尔公司在华成立的封装测试企业，项目总投资目前已达 5 亿美元，其中注册资本 1.7 亿美元。英特尔 (上海) 于 1998 年 2 月开始试生产，工厂投产初期主要是进行快闪存储器的封装及测试，并向全球的客户供货。公司于 2001 年开始 845 芯片组 (Brookdale) 的封装和测试生产。2003 年，英特尔（上海）公司对工厂进行改造和扩建，使其具备封装和测试英特尔奔腾 4 处理器系统的能力，首批可用于商业目的的奔腾 4 芯片已于 2003 年上半年下线并交付使用。

南通富士通微电子有限公司　南通富士通微电子有限公司是由南通华达微电子有限公司和日本富士通株式会社共同投资的中方控股的中外合资企业，注册资本 1 456 万美元。公司专业从事集成电路的封装和测试，现有 DIP、SIP、SOP、QFP、SSOP、TSOP、TQFP、LCC、MCM、BCC 等系列封装形式。其测试生产线可提供微处理器、微控制器、数字电路、模拟电路、数模混合电路的成品测试及硅圆片测试。2003 年南通富士通完成集成电路封装量 10.5 亿块，销售收入 7.6 亿元，比 2002 年增长 31.5%。南通富士通投资 7 000 万美元建设的崇川新工厂已于 2003 年 9 月投入使用，新工厂拥有年封装集成电路 15 亿块、测试成品 8 亿块、测试芯片 4 亿块的生产能力。

江苏长电股份有限公司　江苏长电股份有限公司于 2000 年成立，是由江阴市新潮科技有限公司等八家公司出资组建的股份制有限公司，该公司目前主要从事集成电路封装、测试和分立器件的制造、销售业务，产品有 20 多个系列、1 000 多个品种。该公司先后开发了 SOP 系列、QFP 系列等片式集成电路封装技术，SOT 系列、SOD 系列片式器件，并正在开发BGA、CSP 等国际主流封装技术的产品。2003 年，长电科技集成电路封装量达到 18.9 亿块，销售收入 6.96 亿元，比 2002年增长 7.2%。2003 年 6 月，长电科技在上海证交所成功上市，总股本为18 287 万股，共募集资金 37 966 万元。资金主要用于组建片式三极管 30 亿只/年封装生产线、快闪存储器封装生产线、片式场效应管（MOSFET）功率器件封装生产线等。

天水华天微电子有限公司　天水华天微电子有限公司 (原国营永红器材厂) 是国内西部地区主要的集成电路封装企业。其产品包括模拟集成电路、混合集成电路、DC/DC 电源、集成压力传感器、变送器等五大类 300 多个品种，现有总资产 3 亿元，并参股厦门永红电子有限公司等。2003 年，天水华天的封装量达到 9.6 亿块，销售收入达到 1.53 亿元。目前天水华天正在进行集成电路塑封生产线技术改造，通过技术进步切入 BGA、CSP、FC、MCM 等高端封装品种，实现集成电路封装能力、年销售额新的目标。

行业管理

2003 年，为贯彻落实国务院 18 号文件有关集成电路的产业政策，信息产业部完成了以下几项工作：

1. 积极会同国家税务总局共同起草《集成电路设计企业及产品认定机构管理办法》；

2. 会同国家计委、外经贸部、海关总署、国税总局等有关部门编制的《集成电路企业免税进口自用生产性原材料、消耗品目录》、《集成电路企业净化室专用建筑材料、配套系统免税商品目录》及《集成电路生产设备零、配件免税目录》经国务院批准后，已经进入落实阶段；

3. 《线宽小于 0.8 微米集成电路企业免税进口自用生产性原材料、消耗品目录》已编制完成，将会同国家计委、外经贸部、海关总署、国税总局等有关部门上报国务院；

4. 2003 年 12 月 23 日，国家税务总局“关于印发《享受税收优惠集成电路产品名录（第一批)》的通知”（国税函〔2003〕1384 号文）正式出台，对符合条件的 649 种集成电路产品开始按照规定程序办理增值税即征即退手续。

5. 针对美国半导体协会提出的中国集成电路产业政策违反 WTO 相关规定的问题进行专题研究，并及时与国家税务总局、海关总署和商务部等有关部门沟通情况，积极应对。

6. 针对集成电路和半导体分立器件进口环节增值税由 17%下调为 13%，对国内集成电路和半导体分立器件产业带来的影响深入了解情况，并提出相关建议。

中国半导体行业协会于 2003 年 3 月在上海举办了中国第一个涵盖整个集成电路产业链的“2003 中国国际集成电路产业展览暨研讨会”（IC China 2003），努力构筑国际交流的合作平台，吸引了来自美国、日本、比利时及中国香港、台湾省等国家和地区的众多 IC 企业及相关厂商前来参展参会。协会多次组织与韩、日、美、欧等国和地区半导体企业、协会以及相关组织之间的互访，有力地推动了中国半导体产业与国际间的信息交流和合作。

2003 年，为贯彻落实国务院 18 号文件,中国半导体行业协会根据信部联产〔2002〕86 号文精神，组织了专家评审会，对前来申报集成电路设计企业和申报的集成电路产品进行了审核。

市场分析与展望

得益于全球计算机与网络、移动通信、数字家电等电子整机产品的供需两旺，以及这些产品的生产制造越来越多地向中国转移的形势，2003 年，中国集成电路的市场需求迅速扩大，无论在总量规模方面，还是在增长速度方面都取得了新的突破，市场规模达到 2 451 亿元，同比增长 41.0%，为近三年来的最大增幅。中国集成电路市场在全球半导体市场中的比重得到迅速提高，2003 年占到了全球集成电路市场的 17.5%，成为仅次于美国和日本的第三大集成电路市场。2003 年中国集成电路市场依然呈现大进大出的特点，即国内所需要的集成电路主要依赖进口，而生产的集成电路却又大量出口，进出口规模的增长十分快速，尤其是进口数量和金额表现得更为明显。

2003 年，随着中国作为全球消费电子产品制造大国地位的日渐巩固，中国集成电路市场呈现出如下特点：市场规模高速增长；产品结构明显升级；计算机及网络首次成为最大应用领域；需求旺盛带动市场快速发展。

从供需分析来看，大进大出仍然是 2003 年维持中国集成电路市场供需总量平衡的基本措施，但需求结构变化带动了整体市场平均价格的上升。从竞争格局来看，2003年，欧美厂商在中国市场中的地位有所下降，尤其是在价格较敏感领域的市场份额萎缩明显，而中国台湾省厂商则凭借成本和价格优势抢得了更多的中低端市场份额，日本厂商则依靠大规模资本投入进一步巩固了自身的市场地位。目前，中国集成电路市场的竞争仍然集中在国际巨头之间，本土企业由于历史较短、基础薄弱等因素的限制，目前仍相当弱小，产品主要集中在中低端领域，尚无法对市场竞争格局产生重要影响。

受中国宏观经济增长的拉动、国家政策的扶持以及奥运会带来的商机等因素带动，电子信息产业持续高速发展，为集成电路市场的增长提供了有力保障；产品结构变化、技术升级的趋势也将越来越明显，高端产品的需求对提高产品设计、生产水平有更迫切的要求，这将成为集成电路市场增长的新一轮推动力；应用创新成为集成电路市场新的业务增长点；由于中国对集成电路需求的技术层次较宽，产品可以多代共存，产品生命周期也相对较长，因此现有市场将继续扩张和升级；国际电子信息产业转移为中国集成电路市场的增长提供了广阔的空间。

随着信息技术推广应用及国家信息化建设的进一步发展，中国集成电路市场会出现新的发展势头。

展望未来，中国集成电路产业将呈现如下趋势：90纳米技术应用于工业化生产，SOC将成为芯片的主要发展方向；营销渠道模式呈现多样化，面向大客户的直销渠道日益受到厂商的重视，集成电路设计公司在渠道合作中的作用日益突现；3C技术的融合，为电子信息产品和芯片的创新带来大的市场机遇。数字电视将带动消费类集成电路市场快速增长，移动通信新业务的需求将为通信类芯片市场带来新的契机，计算机和网络的快速发展成为带动集成电路发展的主要领域，IC卡芯片、半导体照明和汽车电子将成为新的经济增长点。

未来5年将是中国集成电路产业发展的大好机遇期，集成电路市场仍将保持高速增长的势头，其年均增幅将维持在30%左右。预计，2004年中国集成电路市场销售额将达到4 000亿元，增长31%；到2008年，市场规模将达到6 314.2亿元，届时中国将成为全球第二大集成电路市场。为了在迅速发展的市场中获得持续的竞争力，集成电路企业正针对中国集成电路市场的发展趋势制定发展策略，密切关注半导体技术发展趋势，把握热点产品市场机会；集成电路设计公司、芯片制造企业与封装企业密切合作，积极寻找新的市场机会相信在不久的将来，中国在世界集成电路领域将会有属于自己的一片天地。

【统计数据】

表1　2003年国内前10名集成电路设计企业销售情况

序号	企业名称	销售额（万元）
1	大唐微电子技术有限公司	62 308
2	杭州士兰微电子股份有限公司	34 194
3	绍兴芯谷科技有限公司	23 932
4	杭州友旺电子有限公司	19 821

续表 1

序号	企业名称	销售额（万元）
5	无锡华润矽科微电子有限公司	16 288
6	北京中星微电子有限公司	15 094
7	北京希格玛晶华微电子股份有限公司	14 682
8	中国华大集成电路设计中心	13 769
9	上海华虹集成电路有限公司	13 513
10	深圳市国微电子股份有限公司	11 760

表 2　2003 年国内部分集成电路芯片制造与封装企业销售情况

序号	企业名称	总产量（万块）	总销售额（万元）
1	摩托罗拉（中国）电子有限公司半导体天津厂	35 601	798 867
2	上海华虹 NEC 电子有限公司 *		156 138
3	瑞萨四通集成电路（北京）有限公司	16 309	131 380
4	上海先进半导体制造有限公司 *	73 123	78 443
5	南通富士通微电子有限公司	104 605	76 365
6	江阴新潮科技集团有限公司	189 276	69 554
7	深圳赛意法微电子有限公司	133 793	68 384
8	首钢 NEC 电子有限公司 *	21 530	56 155
9	上海松下半导体有限公司	9 385	39 538
10	华越微电子有限公司 *	48 421	36 363
11	无锡华润上华科技有限公司 *	6 英寸 20（万片）	34 956
12	无锡华润微电子有限公司 *	45 265	32 830
13	飞索半导体（苏州）有限公司	6 259	26 855
14	上海纪元微科电子有限公司	54 076	16 270
15	天水华天微电子有限公司	81 840	15 330
16	珠海南科集团 *	105 720	13 783
17	福建福顺微电子公司 *	4 英寸 36（万片）	11 094

备注：* 为芯片制造企业。

表3　2003年国内部分分立器件制造与封装企业销售情况

序号	企业名称	总产量（万只）	总销售额（万元）
1	四川乐山无线电有限责任公司	1 769 451	123 416
2	江阴新潮科技集团有限公司	748 307	89 670
3	深圳赛意法微电子有限公司	69 078	36 827
4	吉林华星电子集团有限公司 *	82 482	36 380
5	苏州固锝电子股份有限公司 *	341 888	32 883
6	无锡华润微电子有限公司 *	432 242	29 256
7	天津市中环半导体有限公司 *	60 164	26 324
8	上海新康电子有限公司 *	159 189	25 122
9	汕头华汕电子器件有限公司	140 398	18 934
10	深圳深爱半导体有限公司 *	161 254	18 520
11	佛山市蓝箭电子有限公司	202 918	16 615
12	扬州晶来半导体（集团）有限责任公司 *	24 108	15 721
13	瑞萨四通集成电路（北京）有限公司	6 192	15 072
14	淄博美林电子有限公司	210 329	11 519
15	上海仪电科技有限公司 *	180 670	11 071
16	济南晶恒有限责任公司（济南半导体总厂）*	104 102	10 467

备注：* 为芯片制造企业。

表4　2003年国内集成电路进出口规模情况

项目名称	进出口量	进口量	出口量	逆差量
数量（亿块）	554	419	135	284
增长率（%）	36.7	39.7	28.3	45.9
金额（亿美元）	461	404	57	347
增长率（%）	51.3	58.3	26.8	71.0

表 5 2003 年国内分立器件进出口规模情况

项目名称	进出口量	进口量	出口量	逆差量
数量（亿只）	2 386	1 353	1 033	320
增长率（%）	22.3	26.9	16.7	74.0
金额（亿美元）	74	57	17	40
增长率（%）	22.2	21.2	25.8	22.6

[撰稿：陈舢 关白玉 审稿：丁文武]

真空电子器件工业

【综述】

2003 年，中国真空电子器件工业随着国外各大电子公司产业结构的调整也出现了很大的变化：飞利浦公司把中国台湾的彩管生产线集中到了南京华飞彩色显示系统有限公司；福地彩色显像管股份有限公司并入了佛山汤姆逊彩色显像管有限公司；安彩集团在国际彩电行业走低的大环境下，逆势而上，不仅收购了美国康宁公司的彩玻生产线，而且还与飞利浦公司合作，在郑州建设了合资的彩玻生产企业，其生产规模进一步扩大。国内地方国营企业的机制改革继续深化，民间资本收购了徐州电子管厂和新安江电子管厂。经营机制的转化，调动了企业职工的积极性，扭转了企业的亏损局面，促进了企业的发展。

2003 年真空电子行业总体生产规模变化不大，国有企业深化改革，转换经营机制，民营企业有显著的发展。行业协会年终统计表明，2003 年真空电子行业的企事业单位总数有 86 家，其中，国有企业 24 家，比上年的 29 家减少 17%；民营企业 18 家，比上年的 12 家增长 50%；股份制企业 20 家，三资企业 17 家，事业单位 7 家，基本上没有变化。

2003 年真空电子行业的职工有 122 961 人，比上年的 120 803 人增长 1.8%。其中，技术人员 17 702 人，比上年的 17 367 人增长 1.9%；管理人员 11 378 人，比上年的 11 695 人减少了 2.7%；工人 93 881 人，比上年的 91 741 人增长 2.3%。真空电子行业的总体规模趋于稳定，随着行业的发展，职工队伍、技术人员和工人都有小幅度的增长，而管理人员略微减少。

2003 年全行业生产真空电子器件 2.4 亿只，比上年的 2 亿只增长 20%；完成工业总产值（不变价）1 172 亿元，比上年的 975 亿元增长 20%；实现销售收入 658 亿元，比上年的 580 亿元增长 13%；实现利税 57 亿元，比上年的 42 亿元增长 36%；完成出口创汇 24 亿美元，比上年的 18.4 亿美元增长 28%。

上述统计结果表明：2003 年真空电子行业各项经营指标全面增长，特别是利税与出口创汇增长幅度较大，说明真空电子产品已经适应了世贸规则，正在逐步扩大国际市场的出口份额，提高了企业经济效益。但是，2003 年真空电子行业仍有 6 家亏损企业，其亏损额为 644 万元。

生产与销售

2003 年，中国真空电子器件的总产量 24 138 万只，比上年的 20 044 万只增长 20%，销量 23 246万只，比上年的 19 956 万只增长 16%，产销率为96%；显像管配件（玻壳、荫罩）产量 13 940万只，比上年的 12 307 万只增长 13%，销量13 657万只，比上年的 12 899 万只增长 6%，产销率达到98%；电光源的产量 16 138 万只，比上年的14 683 万只增长 10%，销量 14 876 万只，比上年的 14 393 万只增长 3%，产销率达到 92%。

彩色显像管（CPT）2003 年的产量 5 787 万只，比上年的 4 916 万只增长 17.7%，销量 5 752 万只，比上年的 4 947 万只增长 16%，产销率达到 99%。

彩色显示管（CDT）2003 年的产量 2 621 万只，销量 2 628 万只，分别与上年的产量 2 653 万只、销量 2 661 万只基本上持平。

彩管玻壳的产量 6 700 万套，比上年的 5 326 万套增长 25.8%，销量 6 540 万套，比上年的 5 971 万套增长 9.5%，产销率达到 97.6%。

荫罩的产量 6 020 万片，比上年的 5 821 万片增长 3.4%，销量 5 937 万片，比上年的 5 798 万片增长 2.4%，产销率达到 98.6%。

2003 年彩管及其配套的彩玻、荫罩企业的总产值（不变价）965 亿元，比上年的 902 亿元增长 7%，占全行业总产值 1 172 亿元的 82%；销售收入 557 亿元，比上年的 529 亿元增长 5%，占全行业销售收入 658 亿元的 85%；实现利税 46 亿元，比上年的 34 亿元增长 35%，占全行业利税 57 亿元的 81%。综上可见，彩管及其彩玻、荫罩企业的产值、销售收入增幅不大，但是，利税增幅较大，表现出企业提升了管理水平，经济效益明显增长。尽管彩色显示器件的市场受到了 LCD、PDP 等新型彩色显示器件的冲击，致使彩色显示管的发展止步不前，维持着原有的市场份额，但是彩色显像管依靠性能价格比的优势，仍然保持着市场主导产品的地位，而且出口国际市场呈上升趋势，维持了彩色显像管的稳定发展。

黑白显像（示）管行业 2003 年的产量 1 582 万只，比上年的 1 329 万只增长 19%，销售量 1 512 万只，比上年的 1 210 万只增长 25%，产销率达到 96%。黑白玻壳的产量 1 220 万套，比上年的1 160 万套增长 5%，销量 1 180 万套，比上年的 1 130 万套增长 4%。黑白电子枪的产量 1 888 万只，比上年的 1 363 万只增长 38%，销量 1 854 万只，比上年的 1 367 万只增长 35%。从事黑白显像管生产的企业有十几家，其中规模较大的企业有上海广电电子股份有限公司，2003 年生产黑白显像管 203 万只，黑白电子枪 360 万只。大连大显股份有限公司 2003 年生产黑白电子枪 616 万只，湖南曙光电子集团公司生产电子枪 458 万只，石家庄宝石电子集团公司生产电子枪、销钉、阳极帽等配套产品。黑白玻壳的生产点主要是天津和山东日照的两家企业，产量供不应求，部分玻壳尚需进口。

真空开关管是中国真空电子行业的新兴产业，近年来，一直保持着稳定发展的势头。据 16 家企业统计，2003 年真空开关管的产量 87 万只，比上年的 70 万只增长 24%，销量 82 万只，比上年的 65 万只增长 26%，产销率达到 94%。2003 年这些企业完成工业总产值（不变价）22 亿元，比上年的 19 亿元增长 16%；实现销售收入 14.4 亿元，比上年的 13.3 亿元增长 8%；实现利税 2 亿元，比上年的 1.7 亿元增长 18%，各项指标均有稳定增长。真空开关管的发展带动了一批相关配套企业的发展，陶瓷管壳已形成规模的企业有广东大埔县特种陶瓷有限公司、宜宾金洋电子陶瓷厂和锦州金属陶瓷有限公司，这些企业均具有 20 万只陶瓷管壳的生产能力。锦州天华波纹管有限公司和陕西斯瑞工业有限责任公司已成为波纹管和触头材料的主要供应商。现在主要存在的问题是真空开关管及其配套企业的货款回收率比较低，流动资金周转困难，严重地阻碍了真空开关管行业的正常发展。

真空电子管主要包括收讯放大管、发射管和超高频电子管，2003 年的产量 864 万只，比上年的 706 万只增长 22%，销量 909 万只，比上年的 700 万只增长 30%，产销率达到 105%。其中主要是微波灶用的连续波磁控管，2003 年的产量 782 万只，比上年的 640 万只增长 22%，尚不能满足市场需求，仍需大量进口。离子管主要是过电压保护气体放电管，2003 年产量 6 200 万只，比上年的 5 682 万只增长 9%，销量 6 326 万只，比上年的 5 861 万只增长 8%。真空荧光显示管（VFD）的产量 6 087 万只，比上年的 4 554 万只增长 34%，销量 6 036 万只，比上年的 4 355 万只增长 38.6%，产销率达到 99%。目前国内生产真空荧光显示管（VFD）的主要企业是上海广电电子股份有限公司、京东方浙江真空电子有限公司、曙光电子集团公司和常州益达利电子有限公司，此外还有江苏、福建等地十几家民营企业生产低档 VFD 产品供应市场。

随着城镇建设的发展，电光源市场越来越大，目前，国内从事电光源生产的企业很多，分布在各个系统，只有从事特种光源生产的原电子系统的企业纳入了电子口的行业管理。2003 年真空电子行业生产的电光源 16 138 万只，比上年的 14 683 万只增长 10%，销量 14 876 万只，比上年的 14 393 万只增长 3.4%，产销率达到 92%，其中，高压钠灯生产量 170 万只，比上年的 165 万只增长 3%，销量 160 万只，比上年的 157 万只增长 2%；汽车灯的产量 922 万只，比上年的 770 万只增长 20%，销量 780 万只，比上年的 765 万只增长 2%；节能灯的产量 5 612 万只，比上年的 4 875 万只增长 15%，销量 5 313 万只，比上年的 4 876 万只增长 9%；荧光灯的产量 9 434 万只，比上年的 8 873 万只增长 6%，销量 8 623 万只，与上年的销量 8 596 万只基本持平。

科研与新品开发

2003 年，真空电子行业通过省部级鉴定的科研与新品开发项目有 48 项，比上年的 56 项减少 14%，其中，微波管 24 项，占 50%，真空开关管 12 项，占 25%，电子管 4 项，占 9%，其他各类产品均有 2 项。

微波电子管属于真空电子行业中的高新技术产品，在国家重点工程中占有重要地位，必须依靠自己的科研开发力量，完成整机所需要的核心部件，所以每年的科研与新品开发项目中微波管的课题比较多。2003 年，微波电子管的新品研发项目完成 24 项，比上年的 13 项增长 85%，占项目总数的 50%。

真空开关管是真空电子行业中正在发展的产业，新技术、新产品、新材料不断涌现。2003 年，真空开关管的科研与新品开发项目完成 12 项，占项目总数的 25%。其中，京东方电器股份有限公司研发的 R 触头真空开关管在莫斯科通过了国际型式试验，为中国真空开关管进入国际市场创造了条件。

国际合作和对外贸易

据中国机电进出口商会统计，2003 年中国真空电子行业进口用汇 33.3 亿美元，比上年的 30.4 亿美元增长 9.5%；出口创汇 23.5 亿美元，比上年的 18.4 亿美元增长 28%；进出口逆差 9.8 亿美元，比上年逆差 12 亿美元下降 18.3%。数据表明，中国真空电子行业的对外贸易稳步增长，但是，进口额度增幅较小，而出口创汇增幅较大，进出口逆差正在缩小。

2003 年进口彩色显像管 1 842 万只，比上年的 982 万只增长 87.6%，用汇 10 亿美元，比上年的 6.9 亿美元增长 47.6%；出口彩色显像管 1 595 万只，比上年的 1 347 万只增长 18.4%，出口创汇

7.5 亿美元，比上年的 6.3 亿美元增长 17.7%；进口彩管的平均单价 55.5 美元，比上年的 70.6 美元下降 21%，而出口彩管的平均单价 46.8 美元，比上年的出口平均单价下降 0.6%。进口价格的大幅度下降、出口价格基本未变，彩管的进出口价格日趋接近，说明国内彩管的性能价格比具有市场竞争力，但也增加了市场竞争的难度。2003 年彩色显示管进口 2 264 万只，比上年的 2 319 万只下降 2.4%，用汇 10.9 亿美元，比上年的 12.8 亿美元下降 15%；出口彩色显示管 557 万只，比上年的 398 万只增长 40%，出口创汇 2.4 亿美元，比上年的 1.5 亿美元增长 63%。进口彩色显示管的平均单价 48.1 美元，比上年的 55.3 美元下降 13%，出口彩色显示管的平均单价 43.9 美元，比上年的 37.1 美元增长 18.3%。说明中国生产的彩色显示管质量水平日益提高，国内外的市场价格日趋接近，所以进口减少，而出口逐年增加。

2003 年黑白显像（示）管进口 710 万只，比上年的 482 万只增长 47%，用汇 7 117 万美元，比上年的 8 755 万美元下降 18.7%，其中进口黑白显像管 574 万只，比上年的 365 万只增长 57.3%，用汇 6 437 万美元，比上年的 7 712 万美元下降 16.5%。由于进口单价 11.2 美元，比上年的 21.1 美元下降 46.9%，所以，进口数量增加，用汇反而减少。2003 年出口黑白显像（示）管 607 万只，比上年的 436 万只增长 39.2%，出口创汇 3 869 万美元，比上年的 2 217 万美元增长 74.5%，其中黑白显像管出口 527 万只，比上年的 202 万只增长 160%，出口创汇 2 944 万美元，比上年的 907 万美元增长 224%。黑白显示管的出口数量减少 65.6%，出口创汇下降 29.4%。可见黑白显示管的市场受到彩色显示管和液晶显示器件（LCD）的冲击，其市场日趋萎缩。

2003 年电子管进口 8 256 万只，比上年的 5 537 万只增长 49%，用汇 21 825 万美元，比上年的 16 753 万美元增长 30.3%，其中进口微波灶用的连续波磁控管 2 876 万只，占进口电子管总数的 34.8%，比上年进口的 2 506 万只增长 14.8%，用汇 14 534 万美元，占电子管进口用汇总额的 66.5%，比上年的 12 688 万美元增长 14.5%。其他电子管包括大功率发射管、X-射线管、CT 机用的球管、医用放电管、闸流管、真空开关管等，2003 年进口 5 066 万只，比上年进口的 2 263 万只增长 124%，占进口电子管总数的 61.4%，用汇5 645 万美元，比上年的 2 293 万美元增长 146%，占电子管用汇总额的 25.9%。CT机用的球管是国外的专利产品，在国内尚属空白，每年都需花费大量的外汇。电子管出口 4 391 万只，比上年的2 465 万只增长 78%，出口创汇 5 901 万美元，比上年的 3 783 万美元增长 56%，其中，主要是其他特殊用途的电子管，出口 4 105 万只，比上年 2 243 万只增长 83%，占电子管出口总数的 93.5%，出口创汇 4 534 万美元，比上年的 2 857 万美元增长 60.4%，占电子管出口创汇总额的 76.8%。

2003 年显像管零件进口用汇 3.9 亿美元，比上年的 3.1 亿美元增长 23.7%，出口创汇 2.6 亿美元，比上年的 2.3 亿美元增长 15.7%，进出口贸易稳定增长；其他阴极射线管零件进口用汇 3.3 亿美元，与上年的 3.3 亿美元持平，出口创汇 4 934 万美元，比上年的 4 752 万美元增长 3.8%；电子管零件进口用汇 2 589 万美元，比上年的 2 255 万美元增长 14.8%，出口创汇 403 万美元，比上年的 658 万美元下降 38.7%。

特种电光源主要包括卤钨灯、荧光灯、金属卤化物灯和气体放电灯四类产品，2003 年进口特种电光源 29 686 万只，与上年进口的 29 836 万只基本持平，进口用汇 16 673 万美元，比上年的 12 769 万美元增长 31%；出口特种光源 311 779 万只，比上年的 216 673 万只增长 44%，出口创汇 94 306 万美元，比上年的 70 551 万美元增长 34%。2003 年特种电光源进出口顺差 77 633 万美元，比上年的顺差 57 782 万美元增长 34%，其中主要是卤钨灯进出口顺差 18 768 万美元，荧光灯顺差

51 841 万美元。

主要企业

电子信息百强企业 2003 年电子信息百强企业入围标准为销售收入 10.3 亿元，比上年的入围标准 7.8 亿元增长 32%。中国真空电子行业入围本届电子信息百强的企业有彩虹集团公司、京东方科技集团股份有限公司、安彩集团有限责任公司、华东电子集团公司、大连大显集团有限公司和石家庄宝石电子集团有限责任公司 6 家企业，其总销售收入 476 亿元，占电子信息百强总销售收入 6 631 亿元的 7.2%；实现利润 18.3 亿元，占电子信息百强利润总额 283 亿元的 6.5%；上缴税金 16.2 亿元，占电子信息百强税金总额 230 亿元的 7%。近年来，随着企业集团化的发展与产业结构的调整，真空电子行业中还有上海永新彩管有限公司、上海索广映像有限公司、北京松下彩管有限公司、南京华飞彩色显示系统有限公司、深圳赛格日立彩色显示器件有限公司、天津三星视界有限公司、广东福地彩色显像管有限公司等企业均已达到入围标准，但没有单独申报，而是纳入各自集团公司进入电子信息百强企业。

国有企业 随着社会主义市场经济的发展，国有企业继续深化改革，转换经营机制，完善了现代企业管理制度。大中型国有企业适应了市场竞争的外部环境，进入了企业快速发展的轨道；小型地方国有企业有的引入了民间资本，从根本上转换了企业的性质，提高了企业的竞争力，转亏为盈。据协会统计，2003 年国有企业有 24 家，比上年的 29 家减少 17%；拥有职工 4.3 万人，比上年的 4.7 万人减少 8.5%，占全行业职工人数的 39%；完成工业总产值（不变价）137 亿元，比上年的 151 亿元减少 9%，占全行业总产值的 12%；实现销售收入 86.9 亿元，比上年的 93 亿元减少 6.6%，占全行业销售收入的 13%；实现利税 8.7 亿元，比上年的 9.2 亿元减少 5%，占全行业利税总额的 15%。

彩虹集团公司是全行业最大的国有企业，通过强化管理，打造核心竞争力，提高产品质量，降低成本，开拓国内外市场，取得了良好的成效。2003 年，彩虹集团公司生产彩色显像管 1 200 万只，比上年的 933 万只增长 28%；完成工业总产值 125 亿元，销售收入 78 亿元，利润总额 5.9 亿元，上缴税金 3.5 亿元，各项经营指标均排在全行业第一位。锦州华光电力电子（集团）公司继续深化改革，加强管理，降低成本，提高产品的竞争力，2003 年生产真空开关管 10 万只，比上年的 7.8 万只增长 28%。国营 8230 厂多年来一直保持了矿用低压真空开关管的名牌信誉。国营新安江电子管厂是多年亏损的地方小型国有企业，2003 年引入私人资本，进行股份制改造，转换经营机制，实现利税 47 万元，转亏为盈，步入了良性发展的轨道。

民营企业 2003 年是民营企业大发展的一年，现有民营企业 18 家，比上年的 12 家增长 50%；有职工 4 530 人，比上年的 1 784 人增长 154%；完成工业总产值（不变价）4.6 亿元，比上年的 3.4 亿元增长 35%；实现销售收入 3.6 亿元，比上年的 2.6 亿元增长 38%；实现利税总额 4 912 万元，比上年的 2 631 万元增长 87%。

民营企业具有经营灵活和成本低廉的特点，在技术成熟、劳动密集型的领域表现出了市场竞争的优势。山东晨鸿电工有限责任公司是民营企业中生产真空开关管规模较大的企业，2003 年生产真空开关管 5 万只，完成工业总产值 14 450 万元，比上年的 12 668 万元增长 14%；实现销售收入 13 740 万元，比上年的 11 904 万元增长 15%，利润总额 1 434 万元，比上年的 1 320 万元增长 9%。常州益达利电子有限公司是民营生产平板显示器件的企业，2003 年生产真空荧光显示管（VFD）700 万只，完成工业总产值（不变价）4 200 万元，销售收入 4 000 万元，实现利税总额 600 万元，出口创汇 300 万美元。无锡兰虹电子公司生产中低压真空开关管及接触器、断路器等产品，在市场供不应求。温岭紫光电器有限公司现有职工 50 人，不仅实现利税 210 万元，而且注重新品研发工作，现已研制出 126kV 的超高压真空开关管的样管，电参数合格，正在等待进行整机型式试验。

三资企业 真空电子行业中的三资企业 17 家，大部分都是从事彩色显像管及其配套产品生产的企业。2003 年，三资企业拥有职工 33 863 人，比上年的 34 199 人减少 1%，占全行业职工总数的 28%；完成工业总产值（不变价）604 亿元，比上年的 583 亿元增长 3.6%，占全行业的 52%；实现销售收入 380 亿元，比上年的 363 亿元增长 4.6%，占全行业的 58%；实现利税 33 亿元，比上年的 21 亿元增长 57%，占全行业的 58%。上述数据表明，三资企业拥有的职工人数不到全行业的三分之一，却完成了全行业总产值、销售收入和利税的一半以上，由此，三资企业对中国真空电子行业的发展贡献之大，也体现了三资企业高效能的管理水平，这是值得其他企业借鉴的。

汤姆逊广东显示器件有限公司运营比较晚，前几年一直亏损，2003 年彩管产量达到 238 万只，比上年的 165 万只增长 44%；完成工业总产值（不变价）33 亿元，比上年的 26 亿元增长 27%；实现销售收入 19 亿元，比上年的 10 亿元增长 90%；实现利税 1 亿元，转亏为盈。上海索广映像有限公司拥有职工 599 人，2003 年生产彩管 33 万只，完成销售收入 12.9 亿元，实现利税 2.4 亿元，出口创汇 1.3 亿美元，该企业的经济效益达到了人均利税 40 万元/人·年。天津三星视界有限公司拥有职工 1 459 人，2003 年生产彩管 544 万只，完成工业总产值（不变价）75 亿元，实现销售收入 39.6 亿元，利税 11 亿元，达到人均产值 514 万元/人·年，人均利税 75 万元/人·年，远远超过全行业的人均水平。

股份制企业 2003 年股份制企业有 20 家，拥有职工 38 116 人，比上年的 34 814 人增长 9%，占全行业职工总数的 31%；完成工业生产总值（不变价）421 亿元，比上年的 234 亿元增长 80%，占全行业工业生产总值的 36%；实现销售收入 182 亿元，比上年的 118 亿元增长 54%，占全行业销售收入的 28%；利税总额 14 亿元，比上年的 11 亿元增长 27%，占全行业利税总额的 25%。

安彩集团有限责任公司是中国彩玻行业的龙头，近年来，经过一系列国内外兼并收购，已经成长为世界彩玻行业的第三大企业，2003 年生产彩色显像管玻壳 3 140 万套，比上年的 2 680 万套增长 17%，占中国彩玻总产量 6 700 万套的 47%；完成工业总产值（不变价）148 亿元，比上年的 110 亿元增长 35%；实现销售收入 64 亿元，比上年的 54.6 亿元增长 17%，实现利税总额 4.2 亿元，比上年的 2.7 亿元增长 56%；出口创汇 12 331 万美元，与上年的 12 307 万美元基本持平，其中，彩玻的产量、工业总产值、销售收入和利税都有较大幅度的增长，不仅有力地支撑了中国彩管行业的发展，而且企业也取得了较好的经济效益。陕西宝光真空电器股份有限公司是中国无源真空器件行业的排头兵，2003 年生产真空开关管 17 万只，比上年的 14 万只增长 21%；完成工业总产值（不变价）4.6 亿元，比上年的 3.6 亿元增长 28%；实现销售收入 2.7 亿元，比上年的 2.5 亿元增长 8%；实现利税总额 4 495 万元，比上年的 1 667 万元增长 169%；出口创汇 50 万美元，比上年的 40 万美元增长 25%。尽管销售收入增幅不大，但是，加强企业的科学管理、降低成本，利税增幅很大，企业的经济效益明显增加。

事业单位 真空电子行业中有 7 家事业单位，2003 年拥有职工 3 276 人，其中技术人员 2 006 人，占职工总数的 61%；管理人员 230 人，占职工总数的 7%；工人 1 040 人，占职工总数的 32%。这些事业单位 2003 年共完成工业总产值（不变价）5.2 亿元，销售收入 5.2 亿元，利税 9 621 万元，出口创汇 1 150 万美元。这些事业单位主要是从事真空电子行业中的科研、教学、行业管理和检测服务工作。近年来，随着国家经济体制改革的不断深化，研究所也正在向企业化方向发展，除了承担国家重点工程项目的研究与新产品开发之外，已开始注重把科研成果转化为市场急需的产品。

中电科技集团第五十五研究所 2003 年完成销售收入 4 亿元，比上年的销售收入 2.6 亿元增长 54%；实现利税 8 867 万元，比上年的利税 5 761 万元增长 54%。中电科技集团第十二研究所已把研制多年的投影管电子枪技术、陶瓷管壳金属化技术等推向市场。芜湖电真空技术研究所在芜湖新技术开发区建立了“华夏科技园”，正在把多年研究的显示器件成果产业化。

【统计数据】

表 1　2003 年真空电子行业规模情况

项目名称	企业数（个）	总人数（人）	其中：人员构成		
			技术人员	管理人员)	工人
国有企业	24	43 176	4 699	3 740	34 737
民营企业	18	4 530	599	610	3 321
股份企业	20	38 116	6 050	4 645	27 421
三资企业	17	33 863	4 348	2 153	27 362
事业企业	7	3 276	2 006	230	1 040
合计	86	122 961	17 702	11 378	93 881

表 2　2002 年~2004 年真空电子器件产销量情况

单位：万只

产业名称	产品分类	2002年		2003年				2004年	
		产量	销量	产量	增长率（%）	销量	增长率（%）	产量	销量
电子管	合计	706	700	864	22.4	909	29.9	1 000	950
	收讯放大管	54	49	58	7.4	53	8.2	60	55
	发射管	11	10	24	118.2	22	120.0	30	25
	超高频管	641	641	782	22.0	834	30.1	900	850
电子束管	合计	9 032	8 975	10 899	20.7	9 892	10.2	10 000	10 000
	黑白显像管	1 329	1 210	1 582	19.0	1 512	25.0	1 500	1 500
	彩色显像管	4 916	4 947	5 787	17.7	5 752	16.3	6 000	6 000
	彩色显示管	2 653	2 661	2 621	−1.2	2 628	−1.2	2 500	2 500

续表 2

产品名称	产业分类	2002年		2003年				2004年	
		产量	销量	产量	增长率(%)	销量	增长率(%)	产量	销量
离子管		5 682	5 861	6 200	9.1	6 326	7.9	6 500	6 500
X光管		1.64	1.59	1.7	3.7	1.7	6.9	1.8	1.8
真空开关管		70	65	87	24.3	82	26.2	90	85
真空荧光显示管		4 554	4 355	6 087	33.7	6036	38.6	7 000	7 000
显像管配件	合计	12 307	12 899	13 940	13.3	13 657	5.9	14 700	14 700
	黑白玻壳	1 160	1 130	1 220	5.2	1 180	4.4	1 200	1 200
	彩色玻壳	5 326	5 971	6 700	25.8	6 540	9.5	7 000	7 000
	彩色荫罩	5821	5 798	6 020	3.4	5 937	2.4	6 500	6 500
电光源	合计	14 683	14 393	16 138	9.9	14 876	3.4	17 180	15 570
	高压钠灯	165	157	170	3.0	160	1.9	180	170
	汽车灯	770	765	922	19.7	780	2.0	1 000	900
	节能灯	4 875	4 876	5 612	15.1	5 313	9.0	6 000	5 500
	荧光灯	8 873	8 596	9 434	6.3	8 623	0.3	10 000	9 000

备注：2004 年数值为预测值。

表 3　2002 年~2004 年真空电子行业产值与销售情况

项目名称	单位	2002年	2003年	2004年
产值	万元	9 752 814	11 724 793	13 000 000
销售额	万元	5 799 012	6 580 464	7 300 000

备注：2004 年数值为预测值。

表 4　2003 年真空电子行业科研成果项目情况

单位：项

类别	彩色显像管	彩色玻壳	平板显示	真空开关管	微波管	电子管	其他	总计
数量	2	2	2	12	24	4	2	48

表 5 2002 年~2003 年真空电子行业产品进出口额情况

单位：万美元

产品名称	2002年		2003年			
	进口额	出口额	进口额	增长率（%）	出口额	增长率（%）
彩色显像管	69 283	63 397	102 291	47.6	74 606	17.7
彩色显示管	128 174	14 984	108 946	–15.0	24 443	63.1
黑白显像（示）管	8 755	2 217	7 117	–18.7	3 869	74.5
其他阴极射线管	1 284	692	1 702	32.6	365	–47.3
电子管	16 753	3 783	21 825	30.3	5 901	56.0
显像管零件	31 279	22 639	38 690	23.7	26 199	15.7
其他射线管零件	33 270	4 752	33 122	–0.4	4 934	3.8
电子管零件	2 255	658	2 589	14.8	403	–38.8
电光源	12 769	70 551	16 673	30.6	94 306	33.7
合计	303 822	183 673	332 955	9.6	235 026	28.0

[撰稿：李庆和　张立成　审稿：季国平]

电子元件工业

【综述】

2003 年，电子元件制造业有专业研究所 10个。现纳入信息产业部电子元件行业主要经济指标统计范围的企业数为 5 039 个（2002 年统计数 4 437个），占电子信息产业制造业工业企业总数的 47.55%，其中属于通用电子元件生产企业的为 2 695 个（上年 1 967 个）。2003 年，按国家统计局新制造业分类办法，这些通用电子元件业可分为电子元件及组件制造、电力电子元器件制造和印制电路板制造，厂点数分别为 2 033、457 和 205 个。属于电子信息机电行业企业的有 2 944 个，包括微电机制造业企业 342 个（上年 302 个），电线电缆业 1 998 个（上年 1 989 个），光纤光缆业 85 个，电池业 519 个（上年 179 个）。全年从业人员平均人数 131.55 万人，比上年增长 1.3%，占电子信息产业制造业从业人员平均人数的 36.9%。

电子元件类企业通过资产重组和结构调整，正发展为具有国际竞争力的大公司。

1. 行业内实现强强联手

江苏永鼎集团兼并原国营大型线缆企业湖北红旗集团，将在高压电缆，尤其海底电缆和光缆等产品方面，形成更具有竞争力的优势。江苏远宇和深圳美欧合资成立瑞声声学科技（深圳）有限公司。

2. 跨行业实现联营

横店集团东磁公司与淮北矿业集团签约，将共同投资兴建煤电铝合作项目。

3. 与跨国公司结成战略合作伙伴

厦门宏发电声有限公司与松下电工株式会社之间，松下以股份转让的形式参股宏发，结成战略伙伴关系；厦门宏发电声有限公司还携手国际著名的继电器企业德国海拉公司和美国赛特勒公司，合资成立厦门得宏赛电子有限公司。

4. 业内企业实现优势互补

西安华经微电子公司、陕西省投资公司与华星无线电器材厂共同投资组建陕西华经北川电子科技有限责任公司，实现技术优势、产品优势和管理优势的结合。

5. 实施多元化发展

横店东磁公司加快实施多元化战略，产业结构日趋合理，初步形成以磁性材料为龙头，形成电机、扬声器、电池、铝箔、电容器等多元发展的格局。江苏永鼎集团以制造业为基础，以市场需求为导向，以科技为先驱，以资本为链条，按照国家有关产业政策的要求，继续加大对线缆、汽车和交通领域的投资力度，形成“三足鼎立、板块联动”的多元化发展格局。广东风华集团在已有的电子元器件及电子材料具有一定产业规模的基础上，经过全面调研，把数码类产品作为二次腾飞的主要产业，实施多元化发展。比亚迪公司由电池向汽车、显示器进军。

6. 继续深化体制改革

国内最大的三大电声零部件企业——浙江天乐、宁波向阳和横店东磁等都改制成股份制企业。广州国光电器等一些企业正为其股票上市做最后准备。

7. 加入电子信息大型企业，成为集团的有机组成

从公布的2004年（第18届）电子信息百强企业名单中可以看出，除以光电线缆类（8个）和电池产品（2个）为主业的企业外、只有以磁性材料为主业的横店集团东磁有限公司、以偏转线圈等为主的咸阳偏转集团公司、以覆铜板为主业的广东生益科技股份有限公司和以阻容电子元器件为主的广东风华高新科技股份有限公司等上市公司还留在百强中，它们分别处于第51、70、98和99位，其他19个进入新百强企业的都是拥有电子元件类的企业。但这种集团关系已不是历史上的“大而全”的内部配套性质（只有个别整机企业是有此意图），而是属新一轮的综合型或多元化大公司发展结构。有的公司是采用并购方式形成的，如北大方正巨资并购珠海多层电路板有限公司。有的是历史原因，如中国振华、江苏宏图、江西电子集团公司等。

生产与销售

2003年，中国电子元件行业克服困难，抓住机遇，进入一个平稳发展阶段。

根据信息产业部的统计，2003年电子元件行业（含电子信息机电行业）5 039个企业的工业产值（现价）为3 283.32亿元，比上年增长5.1%；工业增加值802.64亿元，比上年增长21.9%；工业销售产值3 041.26亿元；销售收入3 099.51亿元，同比增长5.1%。利润总额全行业为171.24亿元，已扭转下降趋势，同比增长30.3%；电子元件全行业税金总额63.26亿元。

以信息产业部经济体制改革与经济运行司对产量和销售量统计资料为基础，对电容器、电阻器与电位器、电声器件、电感、变压器和线圈的产量及销售量等进行核对调整，2003年电子元件类产品产量为3 778.02亿只，与2002年同比增长11.0%；电子元件总销售量3 735.15亿只，同比增长13.2%。

据中国电子元件行业协会印制电路分会调查，2003年中国印制电路板产值500.69亿元，同比增长32.4%。印制电路板总产量6 473.29万平方米，其中单面板2 039.99万平方米，双面板856.46万平方米，多层板2 989.41万平方米，柔性板587.43万平方米。

2003年，又有一批电子元件企业通过ISO 9001（2000版），或ISO 14000，或QS 9000认证。还有2个单位分别通过新类型认证，福建精

密印制线路板公司通过 ISO/TS 16949：2000 版认证（是为汽车制造链提供持续改进、加强缺陷预防、减少变差和浪费方法的质量体系规范）；厦门宏发公司检测中心获 TUVISO/IEC17025 认证（继电器性能和安全测试）。

表 1 给出了 2001 年~2003 年电子元件类产品产量及销量。

科研与新产品

2003 年电子元件行业全年新产品产值为 323.34 亿元，占全年工业现价产值的 9.8%。

据不完全统计，2003 年完成的电子元件类新产品有 401 项，其中能达到国际先进水平的有 147 项。

浙江富通集团的全合成光纤预制棒技术被列入 2003 年信息产业六项重大技术发明，受到表彰。该技术的研制成功和顺利投产，使中国第一次掌握该领域的核心技术，打破了光纤预制棒生产的产业瓶颈和国外技术的垄断。

重大工程与重点项目

在首次载人航天飞行任务中，配套的数十万计的电子元件没有出现一个故障，一批军工定点电子元件企业和个人立功受奖。

2003 年完成的一些重点基建和技改项目有浙江东磁公司的高性能永磁铁氧体生产线技改项目、法尔胜光子有限公司承担的国家 863 科技项目“保偏光纤产业化技术开发”和“十五”国家科技攻关计划的“光纤预制棒产业化技术开发”、厦门宏发电声有限公司承担的国家专项“继电器技术改造项目”、联创光电承担的国家级火炬计划“物理发泡射频同轴电缆”等分别通过验收。

国际合作与对外贸易

引进外资、合资、合作　厦门宏发电声有限公司在德国与伊莱斯达电子有限公司合资成立宏发子公司——宏发伊莱斯达元件欧洲有限公司。美国 Microtek 实验室与常州电子产品质量监督检验所合资成立麦可罗泰克（常州）产品服务有限公司，以满足中国境内 PCB、CCL 专业厂商对 UL 等标准的认证试验需求及快捷、方便的产品检测和技术服务。

进出口贸易　海关总署统计的“2001 年~2003 年电子元件产品进出口额”见表 2。2003 年全年电子元件类进口额 190.18 亿美元，比上年增长 26.0%；出口额为 132.51 亿美元，同比增长 24.7%；连续第 5 年出现逆差，且逆差额继续扩大到 57.6 亿美元，比上年增加 13 亿美元。值得注意的是，绝大部分电子元件类进口额增长率高于出口的增长率，仅光电线缆和镉镍蓄电池出口额增长率高于进口额增长率。这反映国内市场即整机生产所需电子元件市场有较大增长，中国越来越成为全球电子元器件消费的重要市场，但国内生产的电子元件对国内整机的需求的适应性还有相当大的差距。

2003 年信息产业部统计的电子元件企业出口交货值 1 553.33 亿元，比上年增长 25.7%，占工业销售产值的 48.66%，占电子工业系统出口交货值的 16.8%。

主要企业

经企业申报、各省市行业主管部门推荐和信息产业部审核，电子元件类生产企业进入 2003 年（第 18 届）电子百强的有 34 个，其中严格意义上的电子元件类为主的企业只有上海飞乐（第 35）、以磁性材料等为主的横店集团东磁公司（第 51）、以偏转线圈等为主的咸阳偏转集团公司（第 70）及以阻容电子元器件为主的广东风华高新科技股份有限公司（第 99）。进入百强企业最多的是以光电线缆为主的企业：永鼎集团有限公司（第 43）、亨通集团有限公司（第 49）、杭州富通集团公司（第 53）、浙江富春江通信集团有限公司（第 54）、上海金陵股份有限公司（第 58）、长飞光纤光缆有限公司（第 65）、华伦集团（第 80）、江苏中天科技集团（第 85）、宏安集团有限公司（第 91）等 9 个企业；以电池为主的有比亚迪股份有限公司（第 36）、哈尔滨光宇电源集团股份有限公司（第 86）；以覆铜板为业的广东生益科技股份有限公司（第 98）。其他企业都不是以电子元件类为主营的综合性企业，它们只是有电子元件类的专业厂。

经企业申报和中国电子元件行业协会审核，按 2003 年营业收入（不仅是电子元件类产品的收入）排定的第 17 届电子元件百强企业销售收入总额达 586.63 亿元，比上届百强净增 123.23 亿元，首次突破 500 亿元。

这届百强的最低入围标准超过 1 亿元，有 14 家超过 10 亿元，比上届多 5 家，前 5 名都超过 20 亿元。它们是：上海飞乐（53.3 亿元）、永鼎集团公司（31.7 亿元）、亨通集团公司（28.5 亿元）、厦门 TDK 有限公司（24.5 亿元）、横店集团东磁有限公司（22.7 亿元）。本届电子元件百强企业出口创汇 30.05 亿美元，比上届增加约 10 亿美元，同比增长 37.2%。

表 3 给出了电子元件百强企业 2003 年按经济类型和行业类别的收入情况。股份制企业和外资企业在百强收入中占 69.1%，是电子元件行业的支柱，与上年比增长也最快，其中外资企业出口总额达 17 亿美元，占百强企业的 56.6%。

中国化学与物理电源行业协会根据会员单位所报 2003 年年度统计情况和行业调查，排列电池百强，已是第十一届。2003 年年度电池百强总销售收入 256.08 亿元，比上届百强增长 27.4%；百强销售收入超过 10 亿元的有 4 个，比上届增加 2 个；超过 1 亿元的由上届的 54 家增加到 60 家。前 10 名依次为：比亚迪股份有限公司（40.63 亿元）、广州市虎头电池集团有限公司（14.29 亿元）、哈尔滨光宇电源（13.06 亿元）、飞毛腿（福建）电子（12.75 亿元）、宁波双鹿电池、河南环宇电源、保定风帆、福建南孚、江苏双登、艾诺斯（中国）华达电源（5.98 亿元）。

中国电子元件行业协会印制电路分会根据 2003 年企业销售收入排序，编制了第三届中国电子电路企业排行榜。印制电路板企业销售收入超过 1 亿元的有 60 个，其中超过 10 亿元的有 8 个，前 3 名依次为：雅新电子（东莞）有限公司（13 亿元）、广州添利线路板有限公司、至卓飞高线路板（深圳）公司。覆铜板企业销售收入超过 6 000 万元的有 12 个，最大的是广东生益科技股份有限公司（10.8 亿元）。印制电路其他原辅材料企业收入超过 3 000 万元的有 22 个，最大的是惠州合正电子科技有限公司（5 亿元）。

行业管理

协会继续加强培养和培训人才。中国电子元件行业协会电声分会委托南京大学电声所举办了第 14 期“电声强化班”，学员 105 人；微特电机分会举办了“直线电机与现代驱动技术培训班”；印制电路分会举办了“PCB 标准与检验知识培训班”、“高级检验工培训班”，通过培训和考核，使学员获得高级检验工国家职业资格证书。

建设和重视行业专家组的作用：中国电子元件行业协会 15 个分会已有电声器件、微特电机与组件、压电石英晶体、电子变压器、光电线缆、印制电路、磁性材料与器件、电容器等 8 个成立了专家组，并定期召开专家组会，为行业发展提供建议，评审和推广行业内的技术成果等。

制定行业标准，既保护消费者利益，又体现本行业的水平，促进中国企业的发展。中电元协印制电路分会已提出多项行业标准稿；石英晶体器件分会也已制定 2 项标准草案。

中电元协光电线缆分会受国家发改委及相关政府部门的委托，按照中国机械工业联合会《关于发布调整部分通信电缆光缆产品行业平均成本的通知》要求，在 2003 年召开了四次行业反低价倾销工作研讨会，为协助行业主管部门做好制止低价倾销，维护行业正常生产秩序，开展行业自律，做了大量工作。

国家科技部组织，有三位中科院院士参加的光纤预制棒发展战略课题组，完成了“十五”光纤预制棒发展战略软课题，对国内外光纤技术、生产和市场发展进行调研，突出重点，从市场、竞争的观点和从产业链、企业自身出发，提出了可持续发展战略。

企业越来越重视企业文化在企业发展中的导向、约束、凝聚、激励和辐射等的巨大作用，不断地提出有企业特色的“公司企业文化理念系统”、“企业文化精神实施纲要”等企业文化的纲领性、规范性工作准则，进一步弘扬企业文化。

协会2003年发展新会员情况：电子元件行业协会发展新会员单位271个，是发展会员单位最多的一年，在册会员单位达1 843个。中国化学与物理电源行业协会发展新会员单位13家，会员总数达382家。

展望

目前，中国信息产业已经具备了向更高层次发展的基础。随着电子信息技术进一步向社会和经济领域的全面渗透及电子技术的日益融合，电子信息产品的发展也必然越来越快，市场进一步扩大。从满足一般需要，到满足人性化需要再到满足个性化需要，具有新功能的电子整机产品日新月异，市场寿命越来越短，因此对电子元器件各方面的要求更高，电子元件产品的发展速度会更快。

电子元器件企业面临一个被消费者偏好分化、变化迅速且无法预测的买方市场。只有研究市场，研究和掌握消费心理，搞好市场运作，不断地推出符合不同消费群体的商品，刺激新的消费欲望，才有出路。决定企业的成败因素，已经由过去的企业规模（效应）、定位、专业化水平、市场控制力等因素，逐渐转变为反应速度、柔性生产能力、资源集成能力和创新能力。

【统计数据】

表 1　2001 年~2003 年电子元件类产品产销量情况

单位：万只

产品名称	2001年		2002年		2003年	
	产量	销量	产量	销量	产量	销量
电子元件	21 979 523	21 486 174	34 030 951	32 984 866	37 780 203	37 551 540
电容器	10 815 557	10 437 039	16 198 369	15 551 395	18 532 948	18 320 589
电阻、电位器	8 380 510	8 319 356	14 457 997	14 149 999	15 635 156	15 663 458
电连接元件	502 855	501 673	708 931	693 214	920 533	884 699
继电器	94 134	91 099	71 033	70 301	118 905	118 398
磁性材料、电感、变压器	1 839 820	1 806 169	1 948 902	1 926 161	2 291 543	2 250 628
磁头			48 071	48 248	15 944	16 109
电声器件	57 254	56 578	111 070	88 516	124 498	108 288
压电陶瓷及超声元件	74 854	72 070	226 034	218 537	84 890	82 903
敏感元器件			43 687	41 318	77 541	73 249

续表 1

产品名称	2001年		2002年		2003年	
	产量	销量	产量	销量	产量	销量
压电石英晶体元器件	208 268	195 693	208 468	188 868	313 199	285 579
厚薄膜混合集成电路	6 095	5 844	8 166	7 940	12 887	12 278
电子设备用电表	176	223	341	369	115	121
印制电路板（平方米）	11 201 505	10 756 549	16 168 265	16 483 490	40 250 886	37 281 610
电子线缆及光缆（千米）	16 457 318	16 340 035	20 877 073	20 745 482	25 436 496	17 377 800
原电池（万只）	96 668	94 265	315 805	306 153	307 670	298 828
碱性及锂蓄电池等 (kVAH) *	1 468 120	1 457 937	8 900 376	8 497 251	772 213	709 069
微特电机（万台）	22 103	22 310	67 985	68 589	62 337	61 919
其他电子元件及零件（万只、万件）	6 670 905	6 030 159	8 322 834	8 619 624	10 394 573	10 486 069

备注：从印制电路板以下不计入电子元件总数内。从 2002 年开始启用新的统计分类目录。

*铅酸蓄电池和物理电源未计入。

表 2　2001 年~2003 年电子元件产品进出口额

单位：万美元

产品名称	2001年		2002年		2003年			
	进口额	出口额	进口额	出口额	进口额	增长率 (%)	出口额	增长率 (%)
合计	1 146 584.0	877 775.3	1 509 088.9	1 062 179.0	1 901 794.6	26.0	1 325 135.2	24.8
电容器	102 624.8	55 267.1	235 702.9	84 096.6	307 987.1	30.7	101 781.1	21.0
电阻器	45 642.7	20 998.6	75 312.3	30 194.4	92 851.1	23.3	36 709.3	21.6
磁性材料	24 792.5	33 738.1	28 440.8	30 567.0	31 924.7	12.2	47 756.3	56.2
磁头	7 833.5	12 156.4	5 258.5	14 978.8	3 473.6	–33.9	7 215.5	–51.8
厚薄膜混合电路	258 740.2	60 456.6	371 769.9	135 552.7	472 782.8	27.2	193 419.0	42.7
蜂鸣器	3 632.8	4 459.2	3 672.1	4 656.7	4 243.0	15.5	3 131.6	–32.8
压电晶体器件	48 995.7	29 750.8	69 945.2	37 607.4	96 591.3	38.1	50 484.5	34.2
继电器	19 775.3	21 738.0	18 668.9	26 346.0	23 889.6	28.0	28 301.5	7.4
开关灯座	42 014.6	33 360.0	47 630.6	37 556.1	61 293.6	28.7	48 286.3	28.6

续表 2

产品名称	2001年		2002年		2003年			
	进口额	出口额	进口额	出口额	进口额	增长率（%）	出口额	增长率（%）
连接器	106 375.3	68 910.2	79 186.7	40 677.6	105 392.8	33.1	51 140.9	25.7
电声器件	43 619.3	140 505.0	33 851.1	154 618.4	49 482.9	46.2	198 322.0	28.3
拾音器	12 347.4	19 027.0	15 466.4	24 711.6	13 551.7	–12.4	23 620.8	–4.4
微电机	119 743.5	157 831.4	150 236.6	179 235.7	159 718.3	6.3	189 274.9	5.6
光缆	11 415.2	3 616.5	8 839.5	2 434.6	4 515.5	–48.9	3 992.5	64.0
电子线缆	83 484.2	43 120.3	88 235.4	50 956.3	100 640.1	14.1	69 726.6	36.8
印制电路板	193 444.9	151 967.8	248 101.0	180 321.2	363 385.1	46.5	239 811.3	33.0
镉镍蓄电池	23 102.1	20 857.5	28 771.0	27 667.9	23 623.1	–17.9	32 161.1	16.2

表 3　第 17 届电子元件百强企业按行业划分的收入情况

行业类别	企业数（个）	收入（亿元）	所占比重（%）	增长率（%）
综合型企业	11	134.14	22.9	27.8
光电线缆	10	120.86	20.6	37.8
印制电路	15	63.04	10.7	15.6
磁性材料与器件	11	57.79	9.9	22.2
电声器件	10	47.07	8.0	14.5
电容器	10	44.04	7.5	2.5
微特电机与组件	8	37.27	6.4	–1.1
电子变压器	4	24.87	4.2	4.7
电接插元件	6	19.46	3.3	25.4
电阻电位器	5	15.91	2.7	18.8
石英压电晶体	3	8.61	1.5	50.0
继电器	3	5.15	1.1	15.8
电子陶瓷与器件	3	5.18	0.9	11.7
混合集成电路	1	1.25	0.2	20.4

[撰稿：杨宇坤　林素芬　审稿：季国平　邓雷]

电子专用材料工业

【综述】

2003 年从事电子材料行业研究、生产的企业几千家，从业人员 10 余万人，有国企、民营、合资、独资等各种性质的企业，已分布到国民经济和国防建设的各个领域。2003 年上半年，因受 SARS 影响，电子材料企业的生产、销售、出口也都受到一定影响。但从 7 月份开始，行业情况很快好转，本系统电子信息专用材料产销情况见表 1。由于整机和元器件的降价，迫使电子材料的价格年年下调，2003 年各种电子材料产销量虽然有了增长，但利润很微薄。企业以人为本，加强技术创新力度，开发新产品，各企业的高档产品或高附加值产品比例都有所增加，促进了行业技术进步和产业升级的发展。

生产与销售

半导体材料　中国硅材料行业经过四十多年发展已取得相当大的进展，主要有北京有研硅股、杭州海纳半导体材料公司、宁波立立电子公司、洛阳单晶硅厂、万向硅峰电子材料公司、上海晶华电子材料公司、峨眉半导体材料厂、河北宁晋半导体材料公司等。研究生产企业约 35 家，从业人员近4 000 人，以 5 英寸、6 英寸产品为主，2003 年国内硅单晶产量达 1 100 吨左右（太阳能电池硅单晶约占 58%），平均年增长率为 27.5%。由于 2002 年以来国际半导体市场需求的回升，特别是中国半导体产业的快速增长，硅材料企业基本上都处于满负荷生产状态，有的企业还加快了 12 英寸硅片的研究开发，以适应未来市场发展的需要。

近年来经过自主攻关、技术引进、对外合作等多种形式的努力，中国在砷化镓材料领域已处于世界较先进国家行列。产品性能方面，中国自主研制成功 4 英寸、6 英寸 GaAs 单晶和 4 英寸 InP 单晶，主要技术指标与国外先进水平相当；工艺技术方面，中国已拥有生长该类材料的各种主要技术。如：高压液封切克劳斯基工艺（HPLEC）、常压液封切克劳斯基工艺（LPLEC）、水平布里奇曼工艺（HB）、垂直布里奇曼工艺（VB）、垂直梯度冷凝工艺（VGF）、蒸气压控制直拉工艺（VCZ）等，其中一些主要技术已经成熟；在产业化方面，在引进、自主建设等各种方式的努力下，有多家企业已完成了产业化的前期工作。由于美国目前已基本没有 GaAs 材料的生产能力，因此综合比较，中国可在日、德之后处于世界第三位。

中国电子科技集团四十六所和中科院半导体所（中科镓英半导体公司）是承担各种国家任务的主要单位。在完成这些任务的过程中，中国电子科技集团四十六所形成了一批具有自主知识产权的核心技术，生长出中国第一棵 4 英寸和第一棵 6 英寸砷化镓单晶，在 LEC 工艺生长砷化镓单晶的位错密度控制技术、微缺陷密度控制技术、砷化镓多晶合成技术等方面，拥有一批世界领先的科研成果。半导体所（中科镓英半导体公司）也在微重力下生长砷化镓单晶方面取得了在世界上具有一定影响的成果。光电器件用低阻砷化镓材料研制方面，目前国内以中国电子科技集团四十六所和国瑞电子公司为主。中国电子科技集团四十六所研发出具有自主知识产权的垂直布里奇曼技术，并正在开展产业化工作；国瑞电子主要采用水平布里奇曼技术进行低阻砷化镓材料的生产。

液晶材料　国内有液晶材料生产企业 4 家，即石家庄实力克液晶材料公司、北京清华亚王、西安瑞联公司、烟台万润，总的生产能力约 40 吨/

年，其中 TN 材料占 80%，STN 有一定量产品，TFT-LCD 用液晶正在开发。

ITO 导电玻璃 中国导电玻璃的生产主要在中国大陆和中国台湾地区。

国内外的总产量为 1.5 亿片，中国大陆占了约 1 亿片，生产企业约 20 多家，产品以 TN 类为主，有部分 STN 产品；日本以 STN 为主，台湾地区 TN、STN 各一半。

光纤材料 随着近十多年通信业的迅速发展，中国光纤产业取得了长足进步，由原来有限规模的一两家企业，较单一的生产工艺，逐步形成了涵盖 PCVD、MCVD、VAD、OVD 等多种生产工艺的企业群体。经过多年的不懈努力，国内光纤产业在质和量两方面都发生了巨大变化。近几年在国家有关部门的重点支持下，相关企业直接参与，使光纤预制棒这一新兴产业有了较快的发展。特别是科技部在“十五”国家科技攻关和“863”光电子新材料研究计划中，安排了光纤预制棒产业化技术开发及相关主要原材料项目，加快了具有自主知识产权的光纤预制棒新技术、新工艺和新材料的开发步伐，初步解决了光纤发展中的“瓶颈”问题。

目前，中国光纤预制棒生产技术已基本融入世界制棒技术主流，形成了以长飞、法尔胜、富通为主的多个光捧生产企业格局，生产能力达 1 850 万公里/年，市场占有率达 34.4%，成为世界第三大光纤生产国，2003 年光纤产量约 1 300 万公里。目前已申报的光纤预制棒方面的专利 30 多项。

激光晶体材料 激光晶体材料研发生产企业有 16 家左右，主要有华北光电所、西南技物所、上海光机所、福建物构所、山东大学、北京人工晶体研究院、吉林激光材料厂等。

主要品种：Nd:YAG 晶体生产规模最大，年产值超过 4 000 万元，除满足国内市场外，还有出口；Nd:YVO4 晶体，年产值超过 2 000 万元，产品出口，其他小批量生产的激光晶体有 10 多种。

中国激光晶体的研究水平与国际上保持一致，除大尺寸 YAG 以外，钕钆镓石榴石（Nd:GGG）、钕氟磷酸锶（Nd:S-FAP）、可调谐新波长晶体以及 LD 原浦晶体材料正在大力开发和产业化。

电子陶瓷材料 随着表面贴装技术（SMT）中片式元器件用量的日益上升，电子陶瓷材料要满足片式化、小型化、复合化、智能化以及微波高频大容量等方面的需求。综合领先的是日本、美国等发达国家，实现全系列化、产量最大、应用领域最广、综合性能最优，处在世界领先地位。

MLCC 瓷料世界市场需求约 1 200 吨，电容器产量为 7 200 亿只，研发企业近百家，年产量 1 800 余吨。中国风华高科的 X7R 瓷料、成都宏科的 Y5V、昆山长风的 2F4 瓷料综合性能与国外同类产品相同，个别性能和工艺性能超过国外同品种，具有较好的市场前景。

中国 MLCC 瓷料产量约 800 吨，需求约 3 000 吨，电容器产量约 2 000 多亿只。目前，需要解决的问题：一是品种不全，特别是无铅、镉瓷料的开发生产要有自主知识产权；二是加工生产手段陈旧；三是培养技术水平高、认真敬业的技术队伍。

覆铜板材料 2003 年覆铜板总产量为 10 590 万平方米。其中，玻布基板 5 720 万平方米，增长 44.44%；纸基板 4 395 万平方米，增长 9.06%；复合基板 475 万平方米，增长 18.75 万平方米。

2003 年挠性覆铜板需求已达 587 万平方米。

2003 年全国覆铜板总销售量为 10 378 万平方米，总体增长 30.20%。其中，玻布基 5 615 万平方米，纸基 4 327 万平方米，复合基 436 万平方米。

2003 年，全国覆铜板销售收入为 615 135 万元，总体增长 18.5%。其中，玻璃布基 391 250 万元，纸基 188 260 万元，复合基 35 625 万元。

2003 年，全国覆铜板出口量为 90 436 吨，增长 29.19%；出口额为 28 820 万美元，增长 31.62%。2003 年，全国覆铜板进口量为 185 565 吨，增长 31.33%；进口额为 67 452 万美元，增长 36.85%。

2003 年行业经济运行最显著的特点是：CCL 的需求量大幅度增长，产量、销量都已大大超过历史最旺盛的 2000 年。主要原因是，全球经济的复苏，中国电子信息产业的持续发展，也有欧美订单向中国转移的因素。

然而全行业的经济效益却在下降，除个别规模特大、产品技术档次高的企业外，绝大多数企业主营业务收入大幅上升的同时，能达到利润总额有小幅上升；有些艰难应对，只能达到基本持平；还有一些出现亏损。行业利润总额较 2002 年有所下降。

造成这一结果的原因是原材料价格大幅上涨，CCL 价格不能同步上升，其次是产能供大于求，同行恶性竞争，市场秩序无法规范等。主要是台湾地区和韩国的需求量太大，2003 年这两处各进口 74 140 和 29 183 吨，约合 4 100 万平方米，几乎控制了大陆市场总需求的 40%。如此大量不受任何限制的需求，也就同时拥有了对市场价格控制的主动权。这种状况如果得不到遏制，大陆 CCL 业的艰难状况将难以转变。

锡焊料材料　随着人们环保意识的加强及人们生活质量的提高，欧盟对电子整机中六种有毒有害物质限制使用日期的到来，世界各国对无铅产业体系的建立迫在眉睫。中国是世界上最大的电子产品生产和消费国，具有丰富的矿产资源，焊料厂家为了自身的生存和今后的发展，近几年来都投入了大量的人力、物力、财力，用于开发生产无铅焊料。2003 年从事焊料生产企业约 300 多家，已有 70%以上的锡焊料生产企业生产不同类型的无铅焊料。产品中焊丝、焊条占相当大的比重（约占焊料市场的 50%以上），2003 年国内用量约 70 000 吨，品种类型多为 Sn-Ag 系、Sn-Ag-Cn 系和 Sn-Cu 系。主要用于手工焊和波峰焊、回流焊的焊膏年用量约 1 500 吨，2003 年国内各种无铅焊料的产量约 1 万吨，年增长率在 50%以上。现面临的问题是要开发具有自主知识产权的无铅焊料产品。

磁性材料　改革开放以来，中国的磁性材料工业走上了一条高速发展的道路，现已基本形成了自己的产业体系。从产量来看，中国已成为磁性材料的生产大国，但只从产品的档次和性能来看，中国目前还不是磁性材料生产强国。

2003 年，中国的永磁铁氧体产量已达到 21.9 万吨。其中，软磁铁氧体产量 9.5 万吨、钕铁硼产量 0.95 万吨、铝镍钴产量超过 3 000 吨。在出口创汇方面，东磁企业集团和厦门 TDK 公司都超过 1 亿美元，分别达到 17 849 万美元和 16 331 万美元。

近十年来，中国磁性材料工业在形成产业体系的同时，出现了一批行业龙头企业。在浙江东阳形成了以铁氧体永磁为主导产品的生产基地，产量约占全国产量的一半以上，东阳磁性企业集团成为世界上最大的铁氧体永磁生产企业。在浙江宁波地区、京津地区和山西省形成了中国钕铁硼生产的三大基地，产量占全国产量的 90%以上，中科三环、宁波韵升和山西恒磁已成为世界上最大的钕铁硼生产企业之一。在铁氧体软磁方面，海宁天通股份公司已经上市，天通和东磁的产量已排在世界前列。

在行业发展方面，宜宾 899 厂吸收了五粮液的投资，生产高档铁氧体永磁，还将扩展到软磁和稀土永磁领域。津滨发展投入巨资，发展钕铁硼生产。武钢、鞍钢和本钢等企业，也对磁性材料生产加大了投资力度。

中国加入 WTO 后，为磁性材料行业提供了新的机遇与挑战。我们要抓住机遇，加强科技创新，加速技术改造，使中国成为世界磁性材料生产基地、相关产业配套基地和销售市场。

重大工程与重点项目

微电子和光电子材料是电子材料发展的主要方向，2003 年微电子配套材料“863”重大专项的实施，在 12 英寸硅片、193nm 光刻胶、环氧塑封料的研制方面取得较好的进展，突破了 12 英寸硅单晶热场设计和单晶拉制技术，掺氮对 COP 缺陷的控制技术，初步掌握了 12 英寸硅片切、磨、抛加工技术。在 193nm 和电子束光刻胶方面，重点发展了成膜聚合物的选择与合成和光致产酸剂的选择、配方的研究等工作。环氧模塑料方面中国已掌握了高精度混合技术、热混炼温技术、高纯化技术、微量元素添加技术等关键技术，形成了 QFP、TQFP 用环氧塑封料的批量生产线，使中电华威电子公司的产品市场占有率进一步扩大，销售额和利税分别增长 42%和 98%，公司的经济效益逐年上升。

2003 年完成了光纤预制棒产业化技术攻关项目第一阶段的攻关任务，并通过科技部主持的专家验收，基本缓解了国内光纤生产中的瓶颈问题，促进了国内光棒产业的发展。为了提高我们的整体竞争力，今后将从产业链的原材料上作进一步的研制提高。

主要企业

中国电子科技集团公司第四十六研究所是从事研究、生产电子材料的专业研究所，产品有半导体材料和特种光纤等，同时也是信息产业部专用材料质量监督检验中心。近年来，所领导大胆开拓，加快了向企业转化的进程。2002 年针对国际、国内砷化镓市场出现的新格局，抓住机遇，投资引进了一整套直径 4 至 6 英寸砷化镓材料生产线。在消化吸收国外设备工艺的基础上，成功地研制出中国第一根直径为 6 英寸的砷化镓单晶，实现了中国直径 6 英寸砷化镓单晶研制零的突破。目前，直径 4 英寸、6 英寸砷化镓产品性能和质量均达到国际水平，实现了抛光片“开盒即用”。为了更好地开发利用该生产线，2003 年重点进行了 VB 法低阻砷化镓抛光片批生产技术研究，计划用 2 年~3 年时间使低阻砷化镓单晶抛光片达到 20 万片/年的生产规模，同时开展了超薄锗单晶抛光片加工工艺研究，已打通 170 微米锗抛光片加工工艺，下一步重点开展批次一致性、工艺稳定性和器件应用研究，争取在 2004 年年底前实现批量生产。另外，该所特种光纤的研制也取得突破性进展，熊猫型保偏光纤已实现批量生产，新近又开发了掺镱双包层光纤、大芯传能光纤、保偏光纤耦合器、光纤激光器等产品，是国内特种光纤研究开发品种最多的单位。

广东生益科技股份有限公司主要生产环氧玻璃布基覆铜板及多层印制电路用黏结片。2003 年，该公司销售收入 108 901 万元，比 2002 年增长 27.6%，约占全国覆铜板销售收入的 17.7%，连续多年居全国覆铜板行业十强第一名，先后四次扩产，使其东莞工厂产能由最初的 66 万平方米/年增至 600 万平方米/年。2002 年，该公司与陕西华电材料总公司合资成立陕西生益华电科技有限公司。2004 年 3 月，该公司在苏州市新建的苏州生益科技有限公司正式投产。目前集团公司总产能达到 1 200 万平方米/年，成为国内规模最大的高品质环氧玻璃布基覆铜板及黏结片制造企业。

该公司近年来的高速发展，很大程度上取决于他们坚持追求产品的高技术、高品质、高档次和不断提高管理现代化的水平。该公司是中国覆铜板行业最具实力的研发机构，从人才、科研手段、测试仪器、中试手段到科研投入、科研成果，在全行业均位居第一。目前该公司研发了高 Tg、微波用、阻挡 UV 光、超薄、高精度控制、复合基等各种刚性覆铜板及 RCC（涂树脂铜箔）等多品种产品和全系列覆铜板制造技术。该公司的产品认证、质保体系认证、环保体系认证、信息体系认证等各种认证，一般都在行业率先通过，其产品客户群坚持定位于满足全球知名大公司。该公司是国内覆铜板行业惟一的上市公司，2003 年被推选为覆铜板材料分会的理事长单位。

行业管理

制定行业发展战略　2003 年，协会在各分会的积极配合下，为国家科技部编写了《中国电子信息材料科技产业中长期发展战略研究》报告初稿，完成了国防科工委科技司组织的《中国国防电子材料中长期发展战略》电子信息材料部分的研究报告，为“十一五”计划的编制做了前期的基础工作。

主动应对加入 WTO 后及全球经济一体化的新格局，维护行业利益 长期以来中国的覆铜板材料，一直未列入《中国高新技术产品出口目录》中，无法享受国家对高新技术产品出口的优惠政策。经过协会多年努力，在 2003 年，终于使覆铜板和多层板用黏结片等材料列入《中国高新技术产品出口目录》，使这两类产品获得了 17%的出口退税率的优惠政策待遇。

半导体材料行业根据国家 18 号、25 号、51 号、54 号和 70 号文件对高新技术产品优惠税率的政策，积极协助有关单位办理了税收优惠政策。硅材料等产品的增值税从 17%降至 3%，使许多硅材料厂家成本下降，进一步提高了产品的竞争力。

2003 年，印度政府对中国覆铜板材料向印度出口提出诉讼，诉中国覆铜板有倾销现象。覆铜板材料分会积极与商务部沟通，策划出口企业应对、咨询对策，为国家商务部、信息产业部等主管领导部门提供关于光纤反倾销方面的数据素材。

积极组织各种国内外交流活动 组织了“光纤预制棒材料及制造设备”赴欧访问考察团，获得了国际上有关光纤材料领域发展的许多信息。参加“SEMICON EUROPA2003”，访问了德国、比利时、意大利等半导体材料及设备公司。

2003 年，协会配合信息产业部经济运行司开展了电子信息产品有毒有害物质替代工作，电子真空与电子专用金属材料、电子陶瓷材料、覆铜板材料、电子锡焊料材料等技术和市场研讨会。

举办了“第四届中国（国际）磁性材料及设备和应用展览会”，并在第五届会员代表大会期间邀请了日本、德国、韩国及中国港、台地区的学者、专家进行交流，寻找与国外合作的渠道和机会，以进一步提高中国磁性材料工业在国际上的地位。同时还开展了组织建设、刊物出版等工作。

市场分析与展望

历史的发展表明，信息功能材料是信息技术发展的基础和先导。没有光纤材料的发明，砷化镓等化合物材料的研究突破，超晶格、量子阱材料的研制成功，就不会有今天先进的光通信、移动通信和数字化高速信息网络技术。因此说，电子信息材料为通信、计算机、信息家电、网络技术等现代信息产业的发展提供了重要的、必不可少的支撑条件和物质基础。随着经济的发展、信息量的增加，以及高容量和高速度信息的传输，信息的载体将由微电子发展到光电子。目前，信息的探测、传输、存储、显示、运算和处理已由微电子和光电子共同参与完成。光通信、光存储和光电子显示技术的兴起和它们的快速发展，已使人们认识到光电子技术的重要性和它的广阔发展前景。新型元器件材料对电子整机的更新换代、小型化、多功能等具有非常重要的作用。今后信息技术的发展，微电子材料、光电子材料以及新型元器件材料，将是发展最快、最重要的电子信息材料。因此，展望未来，大力发展电子信息材料是十分必要的。

【统计数据】

表 1 2003 年电子系统电子信息专用材料产销情况

产品名称	单位	企业数（个）	产量	销量
电子元件材料制造				
电子元件材料合计	公斤	30	40 520 604	39 792 432
纸绝缘板	公斤	2	64 645	71 374
纸基敷铜板	公斤	2	4 722 643	4 175 475
玻璃布基敷铜板	公斤	7	14 233 558	14 019 300
电子光学玻璃	公斤	2	5 719 509	5 818 722
电容器用铝箔材料	公斤	11	15 224 132	15 238 956
铝箔	公斤	7	7 993 608	8 043 985
聚酯膜	公斤	2	7 179	3 891
聚丙烯膜	公斤	4	7 223 345	7 191 080
压电材料	公斤	8	556 117	468 605
铌酸锂单晶	公斤	2	5 623	2 562
人造水晶	公斤	6	550 494	466 043
真空电子器件材料制造				
真空电子器件材料合计	公斤	11	4 908 121	4 820 849
钨制品小计	公斤	3	234 911	232 771
钨丝	公斤	3	65 117	65 943
钨杆	公斤	3	145 632	142 333
钨铰丝加热子	公斤	1	8 313	7 909
钨片	公斤	1	15 848	16 586
钼制品小计	公斤	3	266 112	263 647
钼丝	公斤	3	65 859	65 072
钼干	公斤	3	56 176	54 556
钼片	公斤	1	144 077	144 019
镍基合金小计	公斤	1	106 492	101 845
镍丝	公斤	1	31 289	30 084

续表 1

产品名称	单位	企业数（个）	产量	销量
镍带	公斤	1	73 913	70 475
镍管	公斤	1	1 290	1 286
复合金属电子材料小计	公斤	2	92 605	95 440
杜美丝	公斤	2	92 605	95 440
触头材料小计	公斤	1	43 738	43 454
电真空器件用玻璃	公斤	3	3 905 947	3 832 296
液晶材料	公斤	1	149 394	144 214
合金材料小计	公斤	2	5 918	6 095
其他电真空材料	公斤	2	103 005	101 087
半导体材料制造				
半导体材料合计	公斤	27		
半导体单晶小计	公斤	12	740 556	683 753
硅单晶	公斤	12	740 556	683 753
半导体片材	万片	10	1 018	969
半导体抛光片	万片	5	297	283
其他半导体片材	万片	6	721	687
半导体封装材料		7		
封装用金属管壳	万只	2	764	733
分立器件塑封引线框架及金属带材	万只	3	602 007	563 402
集成电路塑封引线框架及金属带材	万只	2	123 030	123 365
其他半导体封装材料	吨	2	3 610	3 480
石英制品	公斤	2	471	447
信息化学品材料制造				
信息化学品材料合计		3		
荧光粉小计	公斤	1	155 329	155 130
黑白荧光粉	公斤	1	155 329	155 130
碳酸盐	公斤	1	816 000	714 000

续表 1

产品名称	单位	企业数（个）	产量	销量
消气剂小计	万支	1	9 384	10 068
蒸散型	万支	1	9 374	10 051
汞钛剂	万支	1	10	17
光刻胶	公斤	1	1 940	1 931

[撰稿：袁桐　鲁瑾　审稿：季国平　关白玉]

光学光电子工业

【综述】

当今光电技术成为信息系统和网络中最引人注目的核心技术，光电产业得到广泛的重视和发展。2003 年，中国电子行业中的光电器件、LED 显示屏、液晶、激光、红外及激光全息等行业都经受了市场经济的洗礼，创造机遇，迅速发展，已成为当今国民经济和军事领域里具有重要战略意义的产业。

光电器件

2003 年度是中国 LED 产业大发展并具有重大意义的一年，特别是超高亮度及白光 LED 的发展更是空前的。

根据中国光协光电器件分会的初步统计与估算，2003 年全国 LED 产量达 200 亿只，其增长率为 25%，其中超高亮度 LED 约 50 亿只，增长率约 50%。芯片产量：普通亮度 LED 芯片产量为 30 多亿只（南昌欣磊公司为主），超高亮度芯片（含四元系 AlGaInP 和 GaN 基蓝、绿芯片）产量为 15 亿~20 亿只。LED 产值约 130 亿元，其增长率为 30%。从事 LED 生产的企业约 500 家（含 LED 应用产品的开发和生产企业），就业人员约 4 万人。目前 LED 产品的品种较全，除了普通的 LED 产品之外，还有各种背光源、信号灯、SMD-LED、白光 LED、功率 LED 以及 LED 特种照明产品等。LED 产业的整体配套能力较强。

超高亮度及白光 LED

近年来国内外超高亮度及白光 LED 发展迅速，增长率达到 30%~50%。据初步统计，全国进行超高亮度 LED 外延、芯片研究开发的主要单位有十几家，如北京大学、清华大学、南昌大学、深圳大学、北京工业大学、西安交通大学、中科院长春物理所等，还有浙江大学、复旦大学和厦门大学等研究机构也做了大量基础研究工作，并取得了可喜成果，将会推动超高亮度 LED 产业化的进程。

中国超高亮度 LED 外延、芯片研发和生产的主要企业也有十几家，如厦门三安电子公司、大连路明科技公司、深圳方大公司、江西联创光电、山东华光光电子公司、上海北大蓝光科技公司、上海蓝宝材料公司、南昌欣磊公司、上海金桥大晨光电公司、北京长电智源光电公司、普光（广州）科技公司和山东英克莱公司等。据初步统计，2003年芯片产量为15~20亿只，主要光电性能、成品率和抗光衰能力都有较大提高，特别是四元系AlGaInP的红、橙、黄色芯片和GaN基绿色芯片已逐步批量生产，GaN基蓝色芯片也已进入批量生产阶段。

中国目前后工序封装企业有200多家。其中，广东省约有100家左右，福建省仅厦门市就有10余家企业，近几年新增封装企业超过100家。全部封装能力超过200亿只/年。其中，超高亮度及白光LED封装产量约50亿只，LED加工出口有几十亿只。这些厂可封装各种外形尺寸和不同颜色的LED显示器件，包含各种单管、复合管、红外器件、数码显示器、专用显示器、背光源和SMD器件等。

目前，国内进行超高亮度LED和特种照明的应用开发及生产单位超过200家。很多企业加大诸如全彩屏的大、中、小屏幕显示装置，各种不同颜色变化的背光源，汽车内外的照明和显示装置，航空、航海、铁路等交通信号指示用的特种照明灯等的研发力度。随着超高亮度及白光LED应用面的不断扩大，在技术上的进一步突破，生产成本的不断下降，将会推进LED应用于普通照明的进程。

LED显示屏

2003年LED显示屏行业总体来讲发展比较快，逐步走向成熟，初具规模的企业越来越多。销售额在千万元以上的企业已超过50个，其中名列前茅的六七家企业的销售额总和接近占全国的1/3份额。

2003年LED显示屏总的销售额为24亿元，比2002年的19亿元增加了5亿元，增长了26%。其中，全彩屏由2002年的8亿元增至13亿元，增长了约38%。若按行业分会成员的销售额占全国的80%计算，全国的LED显示屏销售额约为30亿元，比2002年的24亿元增加6亿元，约增长25%。

2003年LED显示屏的出口额近4亿元，比上年的5亿元减少了20%，其中全彩屏为2.8亿元，比2002年的4亿元下降了30%。行业内年销售额在千万元以上的50个单位的销售总额为22亿元，占全国30亿元的73%；年销售额在5 000万元以上的单位有12个，销售额之和为12亿元，占全国的40%。其中西安青松、上海三思、惠州德赛和比京利亚得4个公司的销售额过亿元。

液晶

2003年是中国液晶行业发展的好年头。在2002年恢复性增长的基础上，全行业各方面都有了显著的增长。尤其是国内两大电子厂商上广电和京东方启动了5G TET-LCD生产线的建设，这将极大地改变中国液晶行业的面貌，使中国液晶产业进入发展的快车道。

截至2003年底，液晶行业协会会员发展到了119家。协会对全行业2003年状况进行了调查，并对其中65家问卷调查表进行统计，其结果是：2003年全行业销售总值为132.46亿元，比上一年增加73.06亿元，增长123%，其中液晶显示器件销售额107.79亿元，占81.38%；相关材料销售12.04亿元，占9.09%；制造设备销售额1.29亿元，占0.97%；其他（包括配套服务、贸易等）11.34亿元，占8.56%。

LCD器件

根据不完全统计，中国大陆现有LCD生产厂家约96家，我们对业内主要的30家内资企业及部分合资企业2003年经营状况进行了调查。这30家企业总投资为56.15亿元，有职工42 765人，其中管理、技术人员约占19.7%；2003年销售额为107.79亿元，比上一年增加70.28亿元，增长187%。这其中液晶屏产量为288.6万平方米，销售额72.89亿元；模块1 889.46万块，销售额34.37亿元。

目前 LCD 企业主要分布在三个区域：以深圳市为中心的华南地区，约有 56 家；以上海市为中心的华东地区，约有 25 家；华北、东北地区约有 15 家。在 96 家企业当中，外商独资或外商控股的企业约为 49 家，占 51%。

2003 年中国液晶产业之所以有突破性发展，要归功于京东方等几家大企业的重大举措。2003 年 2 月 12 日，京东方科技集团以 3.8 亿美元的价格，成功收购了韩国现代显示技术株式会社（HYDIS）的 TFT-LCD 业务，包括三条完整 TFT-LCD 生产线的生产设备、厂房和其他固定资产以及 HYDIS 的各项 TFT-LCD 技术、专利、工艺和其全球 TFT-LCD 营销网络等无形资产；6 月 13 日，京东方宣布总投资 12 亿美元的 5 代生产线随正式开工，2005 年的一季度投产；11 月，京东方 TFT-LCD 模块线宣布正式投产。

2003 年 3 月，NEC 与上海广电集团正式达成协议，将投资 1 145 亿日元，建设第 5 代 TFT-LCD 生产线，其玻璃基板的尺寸为 1100mm×1300mm，产品将主要用于电脑以及电视等，NEC 将提供相关技术，上广电负责制造。

2003 年 5 月，由 LG-Philips 在南京投资 7 700 万美元设立的 TFT-LCD 模板工厂如期投入运营。

在加速发展 TFT-LCD 的同时，中国 STN-LCD 的彩色化的进程也在加快。深圳天马等一批实力强的企业正全力推出彩色 STN 产品，以满足手机显示屏彩色化的要求。与此相对应的深圳莱宝的彩色滤色膜生产线也已于前年年底投入生产，目前运行良好。

LCD 相关材料

2003 年液晶材料是液晶器件三大材料之中发展最快的。中国四家液晶材料企业共出售 79.5 吨液晶（含单体和混合液晶），销售额 2.78 亿元，同比分别增长 200%和 57%。石家庄实力克在四家当中规模最大，品种最多。

偏振片现有温州侨业、深纺乐凯、福地日合 3 家生产企业，2003 年三厂共销售 96 万平方米，销售额为 8 100 万元，比上年销售量增长 19.5%，销售额增长 53.9%。

ITO 导电玻璃生产厂家已超过 10 家，其中规模比较大的是深圳南玻和深圳莱宝。2003 年共生产 ITO 玻璃 646.24 万平方米，销售总额 6.62 亿元，同比产量增长 25.97%，但是销售总额却下降了 23%。这说明低端产品产量已过剩。导电玻璃目前不但已能基本上满足国内需求，出口比例也达到一定水平。生产导电玻璃的成套设备目前也在逐步从低端向中高端方向发展，具备实现国产化的能力。

此外，掩膜版、背光源、取向剂、封接胶、光刻胶以及其他相关材料的国内自给率有了很大的提高。据不完全统计，光刻胶产量达 90 吨、取向剂 1 吨、环保清洁剂 800 吨、端子 120 亿只。从事这方面生产的企业超过 7 家，实现年产值 2.45 亿元。

LCD 制造设备

各方经过多年努力，中国目前已能批量生产部分 LCD 制造设备及测试仪器，但与 LCD 器件和相关材料比，仍显得滞后一些。虽然从事这方面工作的企业在增加，但每一家的规模都偏小，一些高端产品也大多停留在仿制阶段，缺乏比较强的竞争力。尤其是国内还未能形成提供成套设备的环境和条件，限制了设备制造业的发展，高端设备方面仍大量引进的局面难以打破。

国内设备制造企业在成盒后的流水线设备配套能力提高，切割机、灌晶机、偏光片裁片机等后工段的主要设备的国内配套能力也达到较好的水平，性价比已经达到让日本、韩国企业基本失去竞争力的程度。在前工序的设备上，部分企业已可以制造一些要求不算太高的清洗设备。从去年开始，部分企业通过与日本公司合作的方式，涉足如摩擦机、高要求清洗机等高端设备制造。

2003 年主要 8 家设备制造厂家的销售额 1.29

亿元。主要产品是各种清洗机、摩擦机、玻璃切割机、盒厚测量仪、显影机、蚀刻机以及 ITO 镀膜生产线等。

激光

经过四十余年、几代人的艰辛努力，中国的激光、光电子学研究获得了重大发展，不仅取得许多具有国际先进水平的科研成果，而且还成功地推动了一大批实用技术的进展。据不完全统计，目前中国从事激光技术研究、激光应用产品研制生产的单位有 400 余家（不含光显示、光存储及一些光通信设备如光纤的生产单位等），其中常年有定型产品生产和销售并具有一定规模的生产单位有 200 余家，从业人员近 3 万人，已经形成一支具有相当实力的产业队伍。2003 年已出现 8 个年销售额超亿元人民币的生产单位，中国激光、光电子技术和产业继续保持良好的发展势头。

中国激光产品市场在克服非典疫情等自然灾害带来的重重困难后，在 2003 年也获得较大幅度的增长。由中国光学光电子行业协会激光分会负责并联合中国光学学会激光加工专业委员会和全息防伪专业委员会共同完成的“2003 年度全国激光产品销售统计”结果表明，截至 2004 年 7 月底，全国共有 220 家生产单位（其中，激光产品生产单位 137 个，全息制品生产单位 83 个）上报了统计数据，在不包括激光音像制品与设备、光通信工程、激光条码以及激光二次效益情况下，2003 年全国激光产品市场销售总额达到 36.89 亿元，比 2002 年的 28.62 亿元增长 28.9%。其中，激光产品的销售额为 29.76 亿元，比 2002 年的24.04 亿元增长 23.8%；全息制品的销售额为 7.13 亿元，比 2002 年的 4.58 亿元增长 220%以上。受国内外多种不利因素影响，2003 年中国激光产品出口创汇再度下滑，由 2002 年的 2 157.27 万美元，降至 1 717.86 万美元。出口创汇主要产品为：光通信、激光加工和激光元器件等。

一、全国激光产品销售按主要应用市场分类统计

1. 光通信

尽管国际光通信市场连续几年在低谷中徘徊，但是全国光通信激光器市场 2003 年出现了较大幅度增长，市场销售额由 2002 年的 3.073 亿元增至 5.323 亿元，增长了 73.2%，净增 2.25 亿元。

2. 激光加工

2003 年全国激光加工市场依旧保持强劲发展势头。尽管激光打孔、划片和快速成型机设备等产量下降，整个激光加工市场的销售额仍达到 12.596 亿元，比 2002 年的 10.355 亿元增长 21.6%，净增 2.241 亿元。其中，激光打标（雕刻）机市场由 2002 年的 5.029 亿元增至 7.438 亿元，增长 47.9%，净增 2.409 亿元；激光切割机市场由 2002 年的 2.417 亿元增至 2.5803 亿元，增长 6.7%，净增 1 633 万元；激光焊接机市场由 2002 年的 8 655.7 万元增至 1.4707 亿元，增长 69.8%，净增 6 048.3 万元；激光热处理机市场由 2002 年的 1 148 万元增至 2 825.5 万元，增长 146.1%，净增 1 677.5 万元。

激光划片机、激光快速成型机、激光加工机和激光打孔机市场因订单减少，2003 年的销售额均出现较大幅度下滑，其中：激光划片机由 2002 年的 1 978.3 万元降至 496.6 万元；激光快速成型机由 2002 年的 4 750 万元降至 3 060.9 万元；激光加工机由 2002 年的 9 746 万元降至 5 795.3 万元；激光打孔机市场则由 2002 年的 1 948.8 万元降至 73 万元，减少 96%。

3. 激光医疗

2003 年全国激光医疗市场继续稳步回升，销售额达到 21 375 万元，比 2002 年的 1 965 万元增长 8.7%。其中，激光美容机由 2002 年的 8 126.2万元增至 12 855 万元，增长 58.2%，净增 4 729万元；YAG 激光治疗机由 2002 年的 2 521.5 万元增至 3 580.1 万元，增长 41.9%，净增 1 058.6 万元；CO_2 激光治疗机由 2002 年的 1 685.5 万元增至 1 754.4 万元，增长 4%，净增 68.93 万元；半导体

激光治疗机由 2002 年的 121.5 万元增至 1 057.4 万元，增长 770.2%以上，净增 935.9 万元。

HeNe 激光治疗机和激光血疗仪市场出现下降。其中，HeNe 激光治疗机由 2002 年的 408.3 万元降至 211.6 万元；激光血疗仪则由 2002 年的 255.35 万元降至 25.6 万元。

4. 激光测距、准直

2003 年全国激光测距、准直市场比 2002 年略有增长，销售额由 3.169 亿元增至 3.542 亿元，同比增长 11.8%，净增 373 万元。

5. 激光器件

2003 年全国激光器件市场比 2002 年有所下降，由 1 965 万元降至 1 456 万元，同比减少 25.9%，其中，半导体激光器随着通信市场开始复苏，在产量增长、价格下降等不利情况下，比 2002 年增长 9.9%，由 1 198 万元增至 1 317 万元，净增 119 万元；YAG 激光器由 2002 年的 1 707.4 万元增至 2 601.4 万元，增长 52.3%，净增 894 万元，这主要归功于激光加工和激光测距应用的增长；CO_2 激光器由 2002 年的 2 169.5 万元降至 1 610.3 万元，减少 25.7%。国外激光器件（主要为 30W~100W 中小功率）的大量进口，是造成 CO_2 激光器销售额下降的重要因素之一；HeNe 激光器由 2002 年的 532.15 万元降至 205.7 万元，下降 61.4%，减少 326.45 万元。这表明其应用领域由于大部被半导体激光器所取代而日趋萎缩。

6. 全息制品

根据中国光学学会全息防伪专业委员会提供的数据，涉及 2003 年全国全息制品销售统计的生产厂家有 83 家，总销售额为 7.13 亿元，比 2002 年的 4.58 亿元增长 55.6%。其中，全息防伪标识销售额继续下降，由 2002 年的 2.98 亿元降至 2.01 亿元；全息包装材料虽利润低但销售额有较大幅度的增长，由 2002 年的 1.6 亿元，增至 5.12 亿元，增长 220%以上。

7. 激光材料、元器件

激光材料、元器件类产品主要是指各类激光晶体、非线性晶体和光学元件等。2003 年全国激光材料、元器件市场有较大增长。其中，激光晶体由 2002 年的 3 969.11 万元增至 5 476.6 万元，增长 37.9%，净增 1 507.49 万元；非线性晶体由 2002 年的 3 217.35 万元增至 4 621.62 万元，增长 43.6%，净增 1 404.27 万元；光学元件销售额达到 3 324.5 万元，尽管依旧低于最高年份 2001 年的 7 511.9 万元，但是比 2002 年的 1 378.56 万元增长 141%，净增 1 945.94 万元。

8. 激光部件

激光部件类产品主要是各类激光辅助器件。如：各种调制器、泵浦灯、电源及功率能量计等。2003 年全国激光部件市场有较大的增长，由 2002 年的 5 278.04 万元增至 8 334.82 万元，增长 57.9%，净增 3 056.78 万元。

二、 全国激光产品销售按主要激光器件分类的统计

1. HeNe 激光产品

2003 年全国 HeNe 激光产品销售额比 2002 年有所增长，由 1 299.33 万元增至 1 393.9 万元，增长 7.3%。HeNe 激光器的主要应用领域是文教、检测和医疗等。

2. CO_2 激光产品

2003 年全国 CO_2 激光产品销售额比 2002 年有较大的增长，由 55 210.56 万元增至 78 515.07 万元，增长 42.2%，净增 23 304.51 万元。这主要是激光加工产品市场的增幅较大。2003 年 CO_2 激光加工产品市场的销售额由 2002 年的 47 630.8 万元增至 65 455.5 万元，增长 37.4%；仅这一项就增加了 17 824.7 万元。

3. YAG 激光产品

2003 年全国 YAG 激光产品销售额比 2002 年略有增加，由 90 447.5 万元增至 98 255.6 万元，增长 8.6%。其中主要是激光加工市场的增长。2003 年，YAG 激光加工市场的销售额为 57 132.02 万元，比 2002 年的 51 973.9 万元增长 9.9%，净增 5 158.12 万元。

4. 半导体激光产品

2003 年，全国半导体激光产品的销售额比 2002 年有较大的增长，由 52 314.5 万元增至 78 115.94 万元，增长 49.3%。这主要得益于光通信市场的复苏。光通信市场的销售额由 2002 年的 30 730 万元增至 52 933.6 万元，增长 72.2%，净增 22 203.6 万元。在测距、准直、医疗、检测和加工等领域，半导体激光应用整机的销售额也都有不同程度的增长，且具有很大的发展空间。

三、全国激光产品出口创汇的统计

2003 年全国激光产品出口创汇很少，只有 1 717.86 万美元，比 2002 年的 2 058.06 万美元减少 14.6%。出口创汇主要产品：光通信、加工和元器件等。

四、全国激光产品市场销售份额的地区分布

全国激光产品市场（不含全息制品）的基本格局 2003 年未出现太大变化，主要分布在湖北省、北京市、上海市、江苏省、广东省（含深圳市、珠海市特区）等经济发达省市。其中，湖北省、北京市、江苏省、上海市和广东省等 5 省市的销售额均超过亿元（湖北省已接近 10 亿元），仅这 5 省市的销售额就有 26.25 亿元，约占全国总销售额的 88.2%。

红外技术

中国的红外技术依然处在产业化的进程之中，较具规模的红外机构约有 30 家，其中多数为科研机构。在体制上，大部分机构实现了从事业单位向企业的转型，它们分别属于电子、兵器、航空、航天和船舶等集团公司。更多的红外机构或是规模偏小，或是独立法人的下属部门。随着改革的深化，已从科研院所和工厂独立出一些专业公司，其规模虽然偏小，产品较单一，但是市场竞争能力已有所增强。例如：人工晶体研究院改制后，2002 年和 2003 年的产值和销售额均递增约 50%。近年在红外高技术领域组建的一些公司（包括民营公司）具有较强生命力。如：进口非制冷焦平面阵列芯片后制造并销售非制冷热像仪的几家公司。外资和合资企业正在中、高端产品领域扩大它们的市场份额。

2003 年度，中国红外产业界为成功抗击非典做出了贡献。抗击非典型性肺炎的需求推动了非接触式红外测温技术的发展和广泛应用，催生了一批应用于大流量人群体表温度检测或筛查的红外测温仪器，被广泛应用于各级医疗防疫部门、工厂、学校、车站、机场等公共场所。其中使用最广的是手持式红外测温仪，其次是固定式红外测温仪，制冷型和非制冷型红外热像仪也有较大用量。

2003 年度红外产品市场在防非典疫情中出现了超常增长，生产与销售红外测温仪的中美合资北京雷泰光电技术公司销售额达到创纪录的 8 200 多万元；时代集团北京世纪之峰科技有限公司 2003 年度红外测温仪销售额突破人民币 1 000 万元；国内某非制冷热像仪制造商 2003 年度实现销售额 7 000 万元，其中出口销售额占 1/2。

少数红外企业已在中国市场上展现出一定优势，其中部分企业的产品市场占有率超过 50%。在红外光学材料领域，北京有色金属研究院国晶辉红外光学材料有限公司生产的锗单晶 2003 年度的销售额为 2 500 万元，中国市场占有率接近 80%。在红外探测器领域，生产热电探测材料与器件及其衍生产品的上海尼赛拉传感器有限公司 2003 年产量超过 3 亿只，年产值和销售额分别达到 3 亿元和 2.29 亿元，占全国产量和产值的 90% 以上；该公司全员人均产值和销售额分别超过 130 万元/人和 160 万元/人。在红外理疗领域，北京周林频谱总公司生产的周林频谱仪 2003 年度的销售额维持在 4 000 万元的水平上。

红外探测器作为红外技术和产业的基础，其研制工作在 2003 年度继续取得进展。在 128×128 锑化铟焦平面阵列和 512×512ptsi 焦平面阵列进入实用化研制阶段的基础上，碲镉汞焦平面阵列的实验室阵列规模可达 320×240 元。其分子束外延工艺有所突破，样品阵列规模可达 256×256 元。GaAs/GaAlAs 量子阱焦平面阵列技术在继续研究之中。在非制冷焦平面阵列方面，已制成 100×100 元氧化钒微测辐射热计阵列样品。总体来看，实用红外探测器的品种依然较少，光电探测器、热电偶与热电堆、热敏电阻探测器等的产量较少，产品性能的一致性、稳定性和可靠性有待进一步提高，并需大力推广应用。

热成像技术的第一代产品仍在继续推广应用中。但是，这类光机扫描型制冷热像仪正面临非制冷热像仪日益激烈的竞争。即使排除非典这一偶然性因素，非制冷热像仪的发展依然迅猛，并在扩大其工业应用的同时也切入了军事应用。焦平面阵列芯片依赖进口的格局短期内难以改变。

【统计数据】

表 1　2003 年光电器件企业分布情况

企业总数（个）	其中：		
	前工序企业（个）	后工序企业（个）	应用开发企业（个）
500	50	250	200

表 2　2003 年光电器件产业从业人员情况

总人数（人）	其中：人员构成		
	技术人员	管理人员	工人
40 000	5 000	3 500	31 500

表 3　2002 年~2004 年光电器件产销量情况

单位：亿只

2002年		2003年				2004年	
产量	销量	产量	增长率（%）	销量	增长率（%）	产量	销量
160	150	200	25.0	190	26.7	250	230

备注：2004 年的数值为预测值。

表 4　2002 年~2004 年光电器件产值与销售情况

单位：亿元

2002年		2003年				2004年	
产值	销售额	产值	增长率（%）	销售额	增长率（%）	产值	销售额
100	80	130	30.0	100	25.0	150	120

备注：2004 年的数值为预测值。

表 5　2003 年 98 个会员单位从业人员情况

总人数（人）	其中：人员构成					
	管理人员	所占百分比（%）	科技人员	所占百分比（%）	工人	所占百分比（%）
8 800	1 470	16.7	3 480	39.5	3 850	43.8

表 6　2002 年~2003 年 98 个会员单位销售情况

单位：亿元

项目名称	2002年	2003年	增长率（%）
销售总额	19	24	26.3
其中：全彩屏销售额	8	11	37.5
总出口额：	5	4	–20.0
其中：全彩屏出口额	4	2.8	–30.0

表 7　2001 年~2003 年中国液晶行业发展情况

项目名称	单位	2001年	2002年	2003年
会员单位	个	104	114	119
职工人数	人	21 966	26 083	52 936
技术及管理人员数	人	5 492	5 928	10 786
全行业销售额	万元	535 200	594 000	1 324 600
LCD年产量	万平方米	150	200	424
ITO玻璃年产量	万平方米	376	513	646
液晶材料年产量	吨	16	27	80
偏振片年产量	万平方米	75	80	96

表 8　2000 年~2004 年全国激光产品销售情况

单位：亿元

产品名称	2000年	2001年	2002年	2003年	2004年
激光产品	16.05	28.39	24.04	29.76	33
全息制品	3.06	4.01	4.58	7.13	9
合计	19.11	32.40	28.62	36.89	42

备注：2004 年数值为预测值。

表 9 2001 年~2003 年全国激光产品销售额按应用市场分类情况

单位：万元

产品名称	2001年		2002年		2003年	
	销售额	增长率（%）	销售额	增长率（%）	销售额	增长率（%）
光通信激光器	144 800.0	120.0	30 730.0	−78.8	53 230.0	73.2
激光加工	63 220.2	85.9	103 550.0	65.0	125 960.0	21.6
激光医疗	10 743.6	12.8	19 650.0	82.9	21 370.0	8.8
测距、准直	25 703.5	15.5	31 694.7	23.3	35 420.0	11.8
全息制品	40 100.0	31.0	45 800.0	14.2	71 300.0	55.7
材料、元器件	15 147.8	−3.6	8 635.1	−43.0	13 422.7	55.4

表 10 2001 年~2003 年全国激光产品销售额按主要激光器件分类情况

单位：万元

产品名称	2001年		2002年		2003年	
	销售额	增长率（%）	销售额	增长率（%）	销售额	增长率（%）
He−Ne 激光	2 635.5	20.9	1 299.3	−50.7	1 393.9	7.3
CO_2 激光	31 942.5	110.1	55 210.6	72.8	78 515.1	42.2
YAG激光	66 288.6	33.5	90 447.5	36.4	98 255.6	8.6
半导体激光	156 974.8	132.2	52 314.5	−66.7	78 115.9	49.3

表 11 2003 年全国激光产品销售额排前 15 名的地区情况

序号	地区名称	销售额（万元）
1	湖北省	91 348.2
2	广东省	79 354.0
3	北京市	40 610.7
4	江苏省	28 239.7
5	上海市	12 442.6
6	山东省	10 519.6

续表 11

序号	地区名称	销售额（万元）
7	河南省	7 131.0
8	浙江省	5 602.5
9	辽宁省	4 095.0
10	重庆市	3 745.8
11	福建省	3 300.0
12	天津市	2 925.7
13	四川省	2 276.0
14	广西壮族自治区	1 843.0
15	陕西省	1 584.0

表 12　2002 年~2004 年主要红外产品销售额

单位：万元

产品类型	2002年	2003年	增长率（%）	2004年
光电探测器与配套件	8 670	10 100	16.5	11 000
热探测器与配套件	25 700	26 210	2.0	26 300
测温仪	7 560	22 500	197.6	11 000
热像仪与热电视	14 270	23 500	64.7	18 000
报警器	4 550	5 000	9.9	5 500
分析仪器	4 200	5 000	19.0	5 500
加热涂料	2 200	2 200		2 200
加热元件	7 010	7 010		7 010
加热装置与系统（含各类理疗仪）	21 530	21 530		21 530

备注：2004 年数值为预测值。

[撰稿：中国光学光电子行业协会　审稿：季国平]

中国科学院电子信息产业

【综述】

2003 年，中国科学院的院、所投资科技型企业在基本按《公司法》完成改制的基础上，企业股权社会化程度有所提高。

中国科学院促进高技术企业发展逐步从以自我发展为主的科技成果转化模式转向走社会化和规模产业化之路。中国科学院鼓励以科技人员加成果吸纳资本、管理、市场等社会优势资源共同投资组建企业，以多种途径、多种方式实现企业投资主体多元化和社会化，并按照现代企业制度要求，规范公司股东会、董事会、监事会和经营管理者的权责。通过与社会优势资源的优化组合，提高高技术企业的核心综合竞争能力，从而促进企业做大做强，保障企业健康、稳定和可持续发展；促进经营性国有资产的增值与发展，为中国的经济社会发展做出更大贡献。

生产与销售

根据对中国科学院院、所投资的 394 户企业的统计，2003 年度，企业营业收入 533.7 亿元，同比增长 7.8%；利润总额 20.3 亿元，减少 43.6%；利税总额 34.0 亿元，减少 32.8%；资产总额 414.2 亿元，减少增长 5.7%；所有者权益 154.5 亿元，减少 6.9%；企业从业人员 60 871 人。企业经营规模逐步扩大，2003 年度，中科院转让了深圳科健集团公司、北京中科大洋科技发展股份有限公司等一批较大规模公司的股权，对全院汇总营业收入、上交税金总额、股东权益等项指标产生了一定的影响。

科研与新产品

2003 年度，院、所投资企业有 R&D 费用发生的企业共 122 户，占院、所投资企业全部总数的 30.96%；R&D 费用合计为 16.31 亿元，占这些企业的营业收入的 3.42%。R&D 费用占营业收入 5% 以上的企业有 92 户，占院、所投资企业全部总数的 23.35%。

院、所投资企业获得的专利授权数合计为 468 项，同比减少 18 项。其中，发明专利 146 项、实用新型专利 193 项、外观设计专利 129 项。授权发明专利项数比去年提高 56.99%，授权专利的质量有大幅度的提高。

在院、所投资企业中，有 120 户企业在本年度进行了新产品的开发，共开发新产品 666 项；承担 622 项科技活动课题；生产 331 项符合“国家高新技术产品目录”的高新技术产品，其销售收入为 271.62 亿元，年出口创汇额为 2.09 亿美元。

主要企业

联想集团有限公司控股有限公司是一家以从事非相关多元化产业投资为主的投资控股公司，投资控股的企业包括：联想集团有限公司、神州数码控股有限公司、联想投资有限公司、北京融科智地房地产开发有限公司等。多年来，经过不懈努力、开拓创新，联想控股有限公司探索出了一条具有联想特色的“贸、工、技”的高科技产业化发展道路，真正实现了技术有效地转化为产品、产品变成资金、资金再投入新技术产生更高效益的良性循环。目前，该公司拥有员工 18 500 余人，在北京市、上海市、成都市、西安市、沈阳市、深圳市等地设有地区总部，在全国各地建有数千家代理分销网点；在欧洲、美洲、亚太地区设有海外平台。2003 年，联想集团有限公司控股有限公司又上了一个新台阶，营业收入超过 403 亿元，利税总额为 19.7 亿元。

中国网络通信有限公司成立于 1999 年 8 月，由中国科学院、国家广播电影电视总局、铁道部、上海市政府联合投资设立，承担“中国高速互联网络示范工程”的建设和运营工作，其主营业务范围是：带宽批发业务、高速公众互联网接入业务、高速数据中心及其主要服务、VPN（虚拟专网）、虚拟 ISP、IP 长途电话等。中国网通肩负着“体制创新与技术创新相结合，探索建立中国新一代通信公司的管理、发展与竞争模式，为国企改革、电信体制改革和知识创新的战略服务”的历史使命，其组织结构是依据国际通行的现代企业机制建立的。该公司在创建现代企业组织结构与科学管理体系的同时，也在创建网通人的价值观，创建网通奋斗、奋发向上的企业文化。

中科实业集团（控股）公司是中国科学院大型综合性高技术企业集团，在其成员企业中，有中国大恒（集团）有限公司、北京三环新材料高技术公司、北京中科大洋科技发展股份有限公司、北京中科希望软件股份有限公司、中科集团科技园总公司、北京中科科仪技术发展有限责任公司等一批电子信息行业的大中型企业。充足的资金支持和规范的管理使企业经营规模迅速扩大，盈利能力增强，业绩显著提高。2003 年该集团实现销售收入 24.7 亿元，利税总额 1.9 亿元。

【统计数据】

表 1　2003 年中国科学院信息领域营业收入和利税总额排前 10 名的企业情况

单位：万元

序号	公司名称	营业收入	序号	公司名称	利税总额
1	联想控股有限公司	4 033 096	1	联想控股有限公司	196 991
2	中国大恒（集团）有限公司	219 267	2	中国大恒（集团）有限公司	6 583
3	沈阳红网科技有限公司	27 659	3	上海尼赛拉传感器有限公司	6 047
4	上海尼赛拉传感器有限公司	24 538	4	中科实业集团 (控股) 公司（本部）	5 971
5	中科软科技股份有限公司	16 773	5	沈阳新松机器人自动化股份公司	4 425
6	沈阳新松机器人自动化股份公司	15 848	6	恩益禧–中科院软件所有限公司	1 750
7	北京中科希望软件股份公司	14 687	7	中科软科技股份有限公司	1 598
8	北京东方中科集成科技有限公司	13 247	8	北京科诺伟业科技有限公司	1 411
9	上海华虹集成电路有限公司	12 221	9	南京紫台星河电子有限责任公司	1 170
10	上海新进半导体制造有限公司	11 888	10	上海华虹集成电路有限公司	1 141

[撰稿：刘新　审稿：陈文开]

中国科学院信息领域重要技术突破和进展

联想深腾 6800 超级计算机研制成功

由国家“863”计划和中国科学院共同支持的国家网格主结点——联想深腾 6800 超级计算机研制成功，安装于中科院网络中心。

联想深腾 6800 系统峰值速度为每秒 5.3248 万亿次浮点运算，运行国际标准的 Linpack 基准测试程序 HPL，实测性能达每秒 4.183 万亿次浮点运算，列当时世界计算机 TOP500 第 14 位；运行国际标准的 TPC-H（1TB 量级）基准测试程序，性能结果为 9 950QphH，列世界当时 TPC 项排名第 4 位，达到了当前高端机群系统产品的国际领先水平。该机在整机系统均衡设计和优化、机群平台上事务处理系统设计和优化、机群系统软件以及网格环境若干支撑技术等方面也有重要创新。

联想深腾 6800 系统基于通用开放架构，配备较为丰富的应用支撑环境和工具，可以高效地支持科学计算和事务处理两类应用，在石油、气象、机械设计模拟、电力、核能、基础科学研究、金融、电信等国家信息化建设方面有广阔的应用前景。

量子通信取得新进展

目前使用的密码技术本质上是不完全安全的，一旦更高性能计算机研制成功，就有可能攻破现有密码体系但量子密码从原理上讲可提供不可窃听、不可破译的保密通信。2003 年，中国科学技术大学成功地在 50 公里光纤上传送量子密钥；建立起 6.4 公里的量子保密系统，可保密地传送动态图像；在网络量子密码研究上取得重要突破，设计出具有自主知识产权的量子路由器，为最终建立国家量子保密系统迈出关键的一步。

OPCPA（光学参量啁啾脉冲放大）小型超短超强激光系统取得国际领先成果

由中科院上海光学精密机械研究所研制的 OPCPA 小型超短超强激光系统取得国际领先成果。该系统实施了比国际同类研究更为先进的总体创新方案，在国际上首次建成基于 OPCPA 新原理的小型化 1 064 纳米波长 10 太瓦级超短超强激光装置，获得国际上高量级泵浦 OPCPA 激光系统研究中峰值输出功率最高（16.7 太瓦）且对应输出脉冲宽度最短（120 飞秒）的世界领先总体结果，超过了迄今国际同类研究的最好水平，在若干关键单元技术与基础实验中也取得了国际领先水平的创新成果。该项目已授权和受理专利 17 项（其中发明专利 10 项）。该系统是国际激光高科技领域的最新发展，也将为重大科学前沿、交叉学科领域与相关战略高技术的发展提供全新实验手段与强有力的推动。目前，科研人员在此装置上已开展了一系列具有重要学术价值和战略应用背景的学科前沿与重大应用研究。

龙芯 CPU 取得新进展

龙芯 1 号扩大应用　龙芯产业化联盟在第一批七个单位基础上又增加二十多家企业，成立了龙芯开放实验室。龙芯 1 号 CPU 芯片已实现批量生产，在网络计算机（NC）、刀片式安全服务器、网络存贮服务器、安全网关与防火墙卡、指纹识别系统、视频会议系统、工业控制计算机等领域得到应用。具体包括：曙光“龙腾”服务器、神州天脉网络终端机（NC）、海尔数字电视芯片、厦华数字录像机、浪潮公司服务器用安全隔离卡等。龙芯1号目前的销售情况如下：基于龙芯1号的网络计算机（NC）已生产1 000台，已安装近600台。神州龙芯公司的龙芯1号评估板及开发系统已销售30余套，供整机厂商做系统开发用。另外，龙芯已签订5 000片的订货合同，用于机顶盒产品。

龙芯2号通过测试

龙芯2号于2003年10月完成样片封装，进行了在线测试。目前，该芯片运行正常，并通过SPEC CPU2000基准测试。初步的性能评测表明，在相同的主频下，龙芯2号运行SPEC CPU2000的性能为龙芯1号的4~5倍。与龙芯2号配套的主板已经定型，操作系统改造也基本完成。样机上已能运行大量应用软件，包括媒体播放、浏览器、游戏、简单的文字处理等。

龙芯2号主要的应用目标是Linux桌面PC、低端服务器、网络防火墙、路由器交换机等。在龙芯2号应用产品的开发方面，曙光公司的安全服务器、英吉利达公司的百兆防火墙等都已在做原型实验，一旦芯片问世，就可以很快推出产品。

IPv6网络关键技术研究和城域示范系统取得重要进展

中科院知识创新工程重要方向项目“IPv6网络关键技术研究和城域示范系统”取得重要进展，为推动中国下一代互联网进程创造了良好的条件。该项目瞄准IPv6实用化的目标，在IPv6网络测试、IPv4/IPv6转换与互通、IPv6网络监控管理、具有授权认证和计费功能的移动IPv6、IPv6信息过滤、IPv6DNS根服务器开发等一系列关键支撑技术和系统上取得突破，并在此基础上与重庆网通等运营商合作建设了纯IPv6城域示范网络。该项目已申请20项国家发明专利，其研制的IPv6协议测试系统具有完全自主知识产权，是目前功能最全面、覆盖最完整的IPv6协议测试设备,该测试系统已被法国电信、韩国电信等大型运营商和众多网络设备生产厂家采用。针对IPv4/IPv6转换性能问题研发的基于网络处理器的高性能IPv4/IPv6转换网关设备，已成功应用在IPv6城域示范网上。

提出数字音视频编解码标准（AVS）

计算技术研究所在信息产业部的支持下牵头成立了“数字音视频编解码技术标准工作组”，提出了中国自主的数字音视频编解码技术标准AVS（Audio Video coding Standard）。

该标准包括系统、视频、音频等三个主要标准。“系统”部分与国际标准MPEG-2兼容，“视频”编码效率超过了国际上的MPEG-4 AVC/H.264标准，在高清晰度应用方面处于国际领先水平，“音频”部分采用主流技术框架，性能高于国际标准或类似方案。

AVS标准是音视频编解码领域一批关键技术的集中体现，该标准的完成表明中国在本领域进入国际先进行列。在中国工程院信息与电子工程学部于2003年7月12日在北京召开的“AVS技术”评估会议上，评估委员会认为AVS的产业化可以节省相当可观的MPEG-2专利费，压缩效率比MPEG-2高出一倍，节省信道资源和光盘存储资源，为中国数字电视等音视频产业和相关芯片产业提供跨越式发展的技术源头。目前，已有65家大学、研究所、企业成为AVS标准的成员单位。

多总线集成的分布式工业控制系统

知识创新工程重要方向项目“多总线集成的分布式工业控制系统”通过了验收。该项目根据国际现场总线技术发展的最新趋势，紧密结合工业控制系统的应用需求，对多总线集成分布式工业控制系统中的关键技术进行了深入的研究与开发。在多种协议信息转换技术、系统集成技术、先进分布控制技术和冗余技术、软PLC通用平台技术和现场总线产品化技术等方面取得了突破；并形成了一整套具有自主知识产权的现场总线控制系统产品；申报发明专利2项，申请软件著作权8项；提出的部分标准方案被FF现场总线基金会采纳。

该控制系统有望为改变中国工控领域的落后面貌，发展民族自动化产业做出较大贡献。其成果目前已在天津第二煤气厂、唐钢炼焦制气厂进行了成功的示范应用，得到了用户的认可，一年取得经济效益 2 503 万元。

微系统技术有突破

上海微系统与信息技术研究所实施的先进惯性传感器技术项目，紧密结合现代化建设对先进 MEMS 传感器的需求，研发了微机械高冲击加速度传感器和微机械陀螺。

微机械高冲击加速度传感器在器件设计和提高动态特性方面的技术创新已获得发明专利。对比实验表明器件性能优于进口产品。芯片制造移植到新建成的 4 英寸微系统平台，实现了批量制造和封装，并大大提高了器件成品率，设计、制造和测试等全过程纳入相应质量管理体系。

微机械陀螺主要技术指标已能在室温下满足用户的基本要求，且具有较好的对旁轴加速度的抗干扰能力。它的相关研究申请发明专利 2 项。这些工作显示出我院的微系统研究取得新的突破性进展。

网络安全防护若干关键技术突破与防范实验平台建立

中国科学院建立了一个综合的网络入侵防范实验环境，该实验环境是一个由交换机、路由器等设备组成的千兆位级局域网，其中运行了 Windows、Linux、UNIX 操作系统平台，配有 DNS、Telnet、HTTP、MAIL、FTP、数据库管理等网络服务，集成了十种自主开发和已有的相关安全工具，可以进行网络防护、预警、漏洞检测等旨在保障网络空间安全的实验。目前已完成了网络隐患扫描与安全性能评测工具、漏洞检测与主动防御工具、监控预警工具、安全网管与入侵取证工具等四个安全工具的开发，并取得了 4 项软件著作权。此外，项目还自主开发了攻击特征库和安全漏洞库。该项目的实施不仅对国家信息安全保障体系的建设具有重要意义，而且具有良好的社会效益。项目实施单位依托该实验平台对社会开展了信息安全专业技术培训，已成为北京市信息安全服务高级工程师、工程师的定点培训单位。

EDA 中心进展良好

中国科学院 EDA 中心已建成世界一流水平的开放式电子设计自动化网络平台。初始的 9 个理事单位已联网，软件使用量开始大幅度上升。初步开发出一套先进的管理软件和平台解决方案，完成两套参考优化设计流程，开展了多次集中培训和交流研讨会，为中科院在 IC 设计领域的跨越式发展提供了良好的支持保障条件。该中心与中芯国际（SMIC）、上海宏力（GSMC）等企业开展合作，共计为 9 个 IC 设计项目提供了多目标芯片（MPW）流片服务，为促进本土 IC 产业链的建立和完善起到了作用。目前，该中心正在与上海市、广东省等省市洽谈合作，为社会经济发展做贡献。

科学数据库蓬勃发展

“科学数据库及其应用系统”项目是中国科学院“十五”信息化建设专项。该项目将科学院多年来在科研工作中产生和积累的宝贵科技信息资源进行组织加工，用先进的计算机网络技术搭建共享平台，为科学研究和国民经济提供共享服务。截至 2003 年 11 月底，科学数据库数据资源建设已有专业数据库 313 个，总数据量达 8.7TB。目前，科学数据库分布在各地的网站 36 个，上网数据量达到 4.3TB，通过 Internet 提供免费服务。

[撰稿：李兆杰]

中国航天科技集团公司电子工业

【综述】

2003年6月，中国航天科技集团公司召开了第一次财经工作会议，通过对经济数据的全面分析，揭示了集团公司的经济形态和结构、经济增长方式、一般规律和经营管理中存在的问题，提出了建立一项制度、完善两个体系的财经工作目标和工作要求。建立一项制度就是按照现代企业制度的要求，完成集团公司母子公司体制的构建；完善两个体系，就是要建立和完善高效的经济运行体系和有效的监督体系。该集团公司今后一个时期财经工作的方向更加明确。

2003年，中国航天科技集团公司按照“进一步清理整顿公司，规范公司管理，把投资链条缩短到四级”的工作思路，将187家公司列入清理整顿范围，完成了107家公司的清理；围绕卫星应用、计算机软件、汽车零部件等产业开展了多项重组工作；加强对上市公司的管理，“香港航科”整体扭亏为盈，实现利润3 036万港元，六院控股的“航天动力”成功上市，发行流通股6 500万股，募集资金2.28亿元；加大民品核心企业和重点产品的培育，民品新经济增长点的培育取得新的进展，国内外市场的开拓得到了进一步加强，初步形成了集团层面的民品市场开发支持体系。

生产与销售

2003年，中国航天科技集团公司国有及国有控股单位（控股公司中包括中兴通讯股份有限公司、德尔福万源公司、万源金德公司）完成生产总值（GDP）139.4亿元，同比增长35.5%；完成工业总产值367.8亿元，增长42.9%；实现总收入469.4亿元，增长22.3%。在集团公司内所属的28户国家预算内工业企业中，盈利企业有24户，亏损企业有4户，全年盈亏相抵工业企业实现利润1.93亿元，比上年增盈1 707万元。

科研生产

2003年，中国航天科技集团公司完成六星一船的发射任务，将1996年以来长征系列运载火箭连续成功发射的纪录续写为33次。

载人航天工程取得历史性突破。2003年10月15日，神舟五号载人飞船由长征二号（F）运载火箭在酒泉卫星发射中心成功发射，将中国首位航天员杨利伟送入太空。飞船按计划绕地球飞行14圈、自主飞行21小时30分后，于16日安全返回内蒙古四子王旗着陆场。中国首次载人航天飞行取得圆满成功，实现了中华民族千年的飞天梦想。

卫星发射连续成功。北斗一号03星、资源一号02星、创新一号小卫星、第18颗返回式科学实验卫星、中星20号通讯卫星、探测一号赤道星相继发射成功，在轨运行正常，已交付用户使用。在轨的17颗各类卫星均稳定运行，为中国国民经济建设提供了广泛的服务。

航天技术的发展稳步推进，突破了以液氧煤油发动机为代表的诸多关键技术。载人航天工程获得国家科技进步特等奖，北斗一号导航定位卫星系统获得国家科技进步一等奖，4个项目获得国家科技进步二等奖，还有93个项目获得国防科学技术奖。其中，一等奖10项、二等奖25项、三等奖 58 项。

国际合作和外经外贸

2003 年，中国航天科技集团公司（含控股公司）实现外贸进出口总额 9.48 亿美元，同比增长 5.8%。其中，出口额为 3.88 亿美元，增长 1.1%；进口到货额为 5.6 亿美元，增长 9.4%。

【统计数据】

表 1 2003 年中国航天科技集团公司航天发射情况

运载火箭	发射地点	发射时间	卫星名称	备 注
长征三号甲	西昌	2003.05.25	北斗一号 03 星	成功
长征二号（F）	酒泉	2003.10.15	神舟五号载人飞船	成功
长征四号乙	太原	2003.10.21	资源一号 02 星、创新一号小卫星	成功
长征二号丁	酒泉	2003.11.03	第 18 颗返回卫星	成功
长征三号甲	西昌	2003.11.15	中星 20 号	成功
长征二号丙 SM	西昌	2003.12.30	探测一号赤道星	成功

[撰稿：路明辉 审稿：李旭文]

中国航天科工集团公司电子工业

科研生产

2003 年，航天科工集团公司广大干部职工认真贯彻党的十六大精神，全面落实集团公司第四次工作会议确定的重点任务，团结拼搏，开拓进取，各项工作取得了显著成绩。

集团公司型号科研生产任务取得较好成绩，重点型号研制工作取得重大进展。圆满完成了载人航天工程重要产品的研制生产和试验任务，为神舟五号载人飞船的成功发射和顺利返回做出了重要贡献。集团公司承担的“863”、“973”项目和运载火箭卫星配套产品研制、民用航天单项技术研究取得重大进展；微小卫星研制和开拓者一号固体运载火箭遥二科研摸底试验的成功，为快速进入空间提供了基础。全面启动了航天科技中长期发展战略研究以及“十一五”计划的论证工作。国防基础科研工作取得了较好进展，一批研究成果在研制和生产中发挥了重要作用。

生产与销售

2003 年，集团公司经济发展继续保持良好态势，主要经营计划指标完成情况较好。全年完成工业总产值 147.3 亿元，同比增长 10.84%；全年完成营业（销售）收入 248.27 亿元，增长 17%；完成产品销售收入 166.11 亿元，增长 10.6%；利润结余总额 11.7 亿元，增长 42.51%。集团公司在中国 500 强企业中的排名，从 2002 年的 82 位上升到 57 位。

汽车发动机、改装车、热补偿器、铝加工设备等重点项目保持了较好发展势头；防伪税控系统的大范围推广、航天建筑产业的发展，为集团公司的民品生产经营做出了贡献。资产运营取得新突破，航天信息公司顺利上市，筹资额达 9.6 亿元；航天电器上市和航天长峰增发工作取得阶段性成果；航天通信、航天科技的再融资工作有序推进；股权转让和资产重组工作依法展开，促进了集团公司的结构调整。

外经贸与国际合作

外经贸进一步发展，全年进出口总额同比增长 32%；大力开展国际合作，积极参与中欧伽利略计划并取得重要阶段性成果；中俄导航接收设备合作协议正式签署，并被列为中俄两国总理会晤航天分委员会项目之一。与国外合资组建科研机构工作开始启动，进一步促进了与国际知名公司和机构的合作。

[撰稿：胡秋雁　审稿：朱中元]

第 5 部分 科技综述与人力资源

2003年信息产业部电子科技工作综述

【综述】

2003 年信息产业科学技术工作结合信息产业发展的新形势、新任务和新职能，以促进信息产业科学技术发展、经济增长、结构调整、扩大出口、互联互通和行业管理及监管为重点展开的。

科研与基础技术

2003 年度重点抓了通用微处理器（CPU）、软件操作系统（OS）、高清晰度数字电视（HTDV）、第三代移动通信（3G）、汽车移动计算平台和下一代网络（NGN）等 6 个方面的科研开发工作；在技术试验方面，在继续完成第三代移动通信技术试验 Mtnet 测试的基础上，开展了 3G 网络技术的试验工作。

1. 高性能通用微处理器和软件操作系统

在 2002 年完成 CPU 评测工作的基础上，组织相关领域的专家，对国产 CPU 评测工作进行了总结与分析，提出了国产 CPU 的研发现状、存在问题及发展的建议。在软件操作系统方面，与有关部门共同起草了有关发展中国操作系统的建议的措施。

2. 高清晰度数字电视（HDTV）专项

信息产业部围绕数字电视知识产权、科技开发专项和技术发展政策等方面的工作，完成了相关的研究与科研组织工作，并分别提出了下一步 HDTV 技术开发工作的思路、方案及重点项目。

3. 第三代移动通信 TD-SCDMA 研究开发与产业化重大专项

在推动第三代移动通信 TD-SCDMA 产业联盟、第三代移动通信系统研究开发项目（C3G）领导小组组织建设工作的基础上，重点推进了 TD-SCDMA 专项的科研开发与产业化工作，并按照专项实施方案，组织开展了有关落实和实施工作。

4. 汽车计算平台工程

提出了实施汽车计算平台工程的有关意见，并成立了国家汽车计算平台工程项目专家组。

5. 下一代网络（NGN）专项研究和技术开发

组织通信科技委专家完成了“下一代网络研

究报告”的初稿审议工作，并对推动中国下一代互联网发展及发展战略提出了建议。

6. 3G MTnet技术试验与网络技术试验

组织开展了第三代移动通信技术试验，完成了对WCDMA、cdma 2000和TD-SCDMA在MTnet进行功能、性能的测试工作。

通过MTnet测试，验证了第三代移动通信系统和设备功能、性能及其互联互通、兼容性、可操作性；客观、真实地反映了3G系统的成熟情况；为中国制定第三代移动通信技术标准奠定了基础，为网络建设、规划和优化、网络过渡积累了经验；为制定中国第三代移动通信发展战略和产业政策，以及3G通信经营许可、技术选择、频率规划、业务和资源管理提供了技术依据。

为了进一步在实际环境中组网，全面验证3G网络系统、终端的功能、性能以及互联互通、互操作性，根据3G技术试验工作的整体部署，启动了第三代移动通信技术试验第二阶段网络技术试验工作。

知识产权和科研成果

在知识产权方面，主要抓了6项重点工作：

1. 筹备“第五届信息技术领域专利态势发布会”工作，举行了第三届专利态势发布会。

2. 组织完成了DVD涉外知识产权谈判等工作，为企业解决移动存储专利纠纷、计算机DVD和数码相机专利问题等提供了知识产权管理的指导。

3. 组织通信制造企业、标准化机构、通信标准化协会等方面的专家，启动了3G知识产权研究与知识产权谈判工作。

4. 组织开展了HDTV知识产权的梳理、评估和谈判准备工作，提交了HDTV技术开发情况及知识产权情况的报告。

5. 开展了标准与知识产权的研究工作，针对私有协议对中国信息网建设的影响，进行了有关调查、分析和研究，提出了专项研究报告。

6. 完成了《加强信息产业知识产权的若干意见》的起草工作。

在科研成果评审方面，主要抓了以下工作：

1. 组织完成了国家及国防科技奖电子评审组/电子专业评委会的换届工作。组织电子评审组/电子专业评委会完成了年度评审工作，其中，评审组评出获奖项目6项（科技进步一等奖2项，二等奖3项，技术发明二等奖1项）；评委会初评出106项推荐项目（一等奖9项，二等奖31项，三等奖66项），其中信息产业部系统的获奖项目为91项。

2. 组织开展了第八届中国专利奖项目的推荐与评选工作，共向国家知识产权局推荐了5个单位的7项专利项目参加评选。完成了信息产业重大技术发明奖的组织申报工作，共受理信息产业重大技术发明申报项目24项，评选出重大发明6项，推介项目22项。

2003年，共完成信息产业科技成果鉴定、登记工作120项。其中，军工项目94项，民用项目26项。

标准制定和质量管理

2003年，信息产业部科学技术司共组织下达信息产业标准制定、修订计划项目237项。其中：国家标准126项（电子87项，通信39项），行业标准111项（电子15项，通信96项）。完成行业标准审批发布74项（电子15项，通信59项），国家批准发布的信息产业国家标准62项（电子）。

在电子标准方面，完成了以下工作：

1. 组织完成了宽带无线IP网络、电子政务、光电子技术3项重大技术标准专项的申报及可行性论证工作。

2. 组织开展了电子信息产品标准体系结构与发展战略的研究工作。目前，已完成标准体系框架调研与草案的编制准备工作。

3. 对20个技术委员会和分技术委员会进行了组织换届与组织建设工作。

4. 结合产业发展重点和市场热点，分别成立了信息设备资源共享协同服务、有线数字电视机顶盒机卡分离接口、第二代居民身份证、平板显示技术 4 个标准工作组。截至 2003 年年底，电子成立标准工作组达 21 个。通过开放式制定标准工作，调动了企业参与标准化工作的积极性。

5. 重点完成了《税控收款机》、《信息技术系统间远程通信和信息交换局域网和城域网特定要求：无线局域网媒体访问控制核物理层规范》等一批关系产业和规范市场急需的重要标准。

在通信标准方面，完成了以下工作：

1. 为 GPRS、WAP 和 CDMA 等新业务的开通、中国 3G 技术实验，以及 2G 向 3G 移动通信过渡策略等提供技术依据，重点抓了 GPRS、无线智能网系列标准的研究制订工作，800MHz CDMA 1X 移动通信系统相关系列参考性技术文件的审批发布，继续完善了中国第三代移动通信 TD-SCDMA 的标准。

2. 结合互联互通、服务质量监管的急需状况，协调各电信运营企业，重点组织开展了固定网和移动网短消息互通的技术要求、网间服务质量技术要求、网间主叫号码的传送、电信网计费要求等互联互通技术标准的研究制定工作。完成了 ADSL、VDSL、EDSL 等接入网技术的要求和基于以太网技术的接入网设备测试方法的系列标准以及 NO.7 信令与 IP 互通适配层等通信协议技术规范的制定工作。

3. 结合新技术、新业务的发展，开展了数字域名 ENUM、远程教学系列标准、无线局域网系列标准、IP 网络安全的框架标准的研究工作，完成了第三代移动通信、自动交换光网络、宽带 IP 网络等国家重大标准课题的申报工作，以及多媒体 IC 卡公用电话系统技术规范等一批终端设备的技术标准。

4. 在标准化组织建设方面，通过广泛吸收科研、技术开发、设计单位、产品制造企业、通信运营企业、高等院校及学术组织，加快了标准制、修订速度；通过改革和完善标准工作程序，改变了过去在标准化管理工作中，政府管理部门从选题立项、计划下达、筹集分配经费、进度检查、“三稿三审”、出版发行、标准复审等的每一个过程都参与布置、管理、监督、审查的做法，提高了标准的制订、修订质量与时效性。

在电子产品质量监督管理方面：

1. 实施软件过程及能力成熟度评估国家认可制度，会同国家认证机构认可委员会（CNAB），完成了对信息产业部组建的 3 个评估试点机构国家认可评审，会同国家认监委（CNCA）组织起草了《软件过程及能力成熟度评估监督管理办法》。

2. 组织制定了《无线广播电视发射设备生产许可证实施细则》，结合税控收款机实施生产许可证管理，组织制定了《税控收款机生产许可证实施细则》。

3. 组织完成了《终端接收站点国产主要设备推荐名录》。

4. 对 12 种电子信息产品实施了国家产品质量监督抽查，对 2 种电子信息产品实施国家市场监督抽查，组织实施 14 项电子信息产品行业质量监督抽查。

5. 组织对微型计算机和家用视听商品“三包”维修人员职业资格考核及持证上岗管理措施的落实情况进行了检查，组织对《家用电子信息产品维修资质管理办法》进行了修改。

6. 组织实施了 2003 年移动通信手持机和激光视盘机“中国名牌产品”评价推荐工作，推荐了通信手持机“中国名牌产品”7 家（GSM 手机 4 家、CDMA 手机 3 家）、激光视盘机“中国名牌产品”8 家。

7. 完成了电子质检机构检测能力资源调查和信息资源调查，对信息产业部质检机构的计量认证和审查认可开展了评审工作。

在通信产品质量监督管理方面：

1. 完成了对 8 家通信产品质检机构的计量认证和审查认可。组织完成了对电信研究院提出的

3G 模拟实验网建设项目可行性研究报告的审查和批复工作。

2. 在充分调查研究和广泛听取意见的基础上，提出了关于开展电话计费检测工作的思路，明确了电话计费监管是电信管理机构的重要职责，确定了检测范围，对检测机构、检测人员、检测仪表提出了要求。截至 2003 年底，有 20 个省份开始启动了这项工作，对所辖区的检测工作进行了安排和布置，电信企业开始对网上运营的计费系统自查自纠。北京市、上海市、山东省、内蒙古自治区等省正式开始检测这项工作，为通信监管机构利用技术手段、第三方机构加强对电信市场进行监管提供了借鉴，起到了示范作用。

3. 在有关“三包”维修资质管理分中心的设立问题没有完全解决之前，重点抓了移动、固定电话机“三包”工作中的 3 项工作。一是信息产业部属维修资质管理中心按照已有的渠道，稳妥地开展临时资质证书的换证、延期工作，保证了已有工作的开展和延续；二是组织审查了维修资质等级标准和评审程序等技术文件；三是起草了移动固定电话机故障判定机构管理授权办法、故障判定标准和程序。

科技政策研究

1. 组织开展了电子信息产品制造业、通信业、软件业和信息化等相关科学技术发展的政策研究工作。2003 年共安排了《我国第三代移动通信发展策略研究》、《SARS（非典）疫病对我国通信业的影响研究》、《我国下一代电信网发展策略的研究》、《我国软件标准战略研究》、《我国信息产业知识产权战略研究》、《我国电子信息产业技术性贸易措施战略》等近 100 项有关信息技术发展与技术政策方面的研究课题。

2. 积极开展信息产业科技发展“十一五”规划以及 2020 年中长期发展规划前期研究工作，编制并下达了 2003 年年度信息产业科研（民品）计划，其中涉及集成电路、软件、数字电视与数字音视频、移动通信、光通信、卫星通信、计算机与信息处理、信息网络及各类信息化应用、信息安全、新型元器件与电子功能材料等八大技术领域共 314 项。

对外科技合作与交流

1. 2003 年 3 月，中俄双方在上海市召开了第一次信息产业科技合作会议。中俄双方就各自国家有关高新技术合作及知识产权保护政策、高新技术合作机制与工作方式、双方感兴趣的合作范畴与项目进行了讨论。

2. 2003 年，派出参加国际会议团组共 82 个，367 人次，其中与国际电信联盟（ITU）有关的 43 个，233 人次，涉及 22 个专家研究组。完成 ITU 提案 66 篇，共收到国际标准化组织（ISO）和国际电工委员会（IEC）文件 3 285 份，文件答复率平均为 95%以上。其中，等离子显示器（PDP）测试方法、有机电致发光显示器（OLED）测试方法等两项中国标准提案已正式列入 IEC 标准制定计划，藏文大丁字符集编码方案已提交，并在美国召开的 ISO/IEC 会议上讨论通过，成为国际标准。

工作计划

2004 年，是完成“十五”计划、开展“十一五”规划，承上启下十分关键的一年。信息产业科技工作总体思路是：围绕中央经济工作会议和全国信息产业工作会议提出的工作目标与任务，实施科技兴业战略，加大技术创新，强化技术标准、知识产权、质量监管和试验评测四大战略建设，加大对信息产业科技发展与技术跨越的指导，做好对信息产业发展的科技支撑。

2004 年重点抓好以下八个方面的工作：

1. 组织开展科技规划研究工作

全面组织、开展《信息产业科技“十一五”计划和 2020 年中长期发展规划》的编制工作，及其他相关信息产业技术发展指南或政策，指导信息产业科技发展与产业化工作。

2. 抓好重点领域的研究开发

继续推进以集成电路、软件为代表的核心及关键技术的自主创新工作，抓好基于国产 CPU 和操作系统平台的关键技术开发，攻克适合中国国情的信息安全核心技术；重点抓好 TD-SCDMA、高清晰度数字电视（HDTV）、下一代网络（NGN）3 大专项的技术研发及产业化，完成《汽车计算平台》的论证等工作；组织开发适合中国国情的农村通信、应急通信系统。

3. 做好技术试验，推进产业化

重点组织完成 3G 网络技术试验工作，为中国 3G 发展科学决策提供依据；着力抓好国产 CPU 和 Linux 软件的技术试验、评测等工作；继续推进音视频（AVS）、家庭信息网络和新一代高密度数字光盘体系的试验和产业化，开展具有自主知识产权的数字集群通信系统的开发和试验。

4. 解决热点领域的知识产权问题

组建国内 3G 知识产权谈判小组，开展 3G 知识产权对外的谈判工作；继续完成高清晰度数字电视（HDTV）专项知识产权梳理、评估工作；对网上使用的“私有协议”开展专项调研工作。

5. 做好技术标准的研究制定工作

开展电子信息产品、通信网络和信息化建设标准战略与体系的研究、制定工作，推动具有自主知识产权技术标准战略的实施，重点抓好中文信息处理、数字电视、软件、网络互通互联、网间服务质量、网络设备与信息安全的标准和制定、修订工作。加大第三代移动通信、下一代网络、多媒体和新型显示器等标准的制定力度与参与工作。

6. 加强质量监管，规范市场秩序

加强信息产业链的计量、检测与评价能力建设，强化电子信息和通信网络产品的质量监督以及信息化建设的监管，重点抓好电子信息产品生产许可证、质量监督抽查、“三包”规定、电话计费检测和规范软件市场 5 项行业管理与监管工作，提高信息产品质量，维护和规范市场秩序。

7. 抓好军工电子技术基础工作

全面完成军工电子技术基础“十五”计划的各项工作任务，围绕军事电子装备科研、生产和试验，按照“以信息化带动机械化”和寓军于民的国防现代化建设方针，重点抓好军工电子技术基础“十一五”计划的编制、落实和行业指导工作。

8. 推进国际科技合作与交流

抓好伽利略计划与中欧信息通信技术合作项目，推动中、日、韩在集成电路与软件、第三代移动通信、数字电视，以及中俄在高新技术开发和知识产权领域的合作，做好 ITU、ISO、IEC 等国际组织的对口研究工作，参与和推进国际标准的研究和制定。

[供稿：信息产业部科学技术司]

2003年信息产业部电子信息产品质量工作综述

【综述】

2003 年信息产业部电子信息产品质量工作在本着“引导、规范、监督、服务”的思想指导下，职能进一步向政策调控、宏观指导的方向转变，在发挥市场拉动机制和企业主体作用的同时，大力加强质量法制建设，推行国际通行的合格评定制度，建立符合市场经济体制的公平竞争机制。

另一方面，充分发挥由质量监督检验机构、认证机构、质量管理协会等中介组织形成的产业化服务体系的作用来推动各项制度的贯彻，加快质量监督管理法制化、科学化、规范化和实现与国际接轨的步伐。通过采取上述措施，有效地改善了企业提高产品质量的外部环境，提高了企业的用户意识和竞争意识。

完善法律法规的建设 2003 年，在电子信息产品质量管理方面发布的法规有：《军工电子产品可靠性定量要求管理办法》、《军工电子产品可靠性试验管理办法》、《计算机信息系统集成资质与信息系统工程监理资质评审规则》、《信息系统工程监理资质评审机构管理办法》和《无线广播电视发射设备生产许可证实施细则》；完成的法规初稿有：《信息产品标准符合性及质量评价管理办法》、《军工电子产品质量与可靠性信息统计工作管理办法》和《税控收款机生产许可证实施细则》。

加强产品质量监督抽查 为了规范市场环境，落实国务院整顿和规范电子信息产品经济秩序的工作要求，根据国务院赋予信息产业部对电子信息产品的质量监督管理职能，2003 年信息产业部会同国家质量监督检验检疫总局，对 14 种电子信息产品实施了国家产品质量监督抽查；会同国家工商管理总局对 2 种电子信息产品实施国家市场监督抽查；组织实施了 14 项电子信息产品行业质量监督抽查。

2003 年，信息产业部组织有关部门对 LCD 显示设备、手持个人信息处理设备、人民币伪钞鉴别仪、病毒防火墙、入侵检测系统（IDS）、企业资源管理系统（ERP）、医院信息管理系统、红外人体表面温度快速筛检仪、稳压电源、光耦合器、光缆、印制电路板、焊锡丝、锡铅焊料共 14 项（类）电子信息类产品进行了产品质量行业监督抽查，共抽查了全国 286 家企业生产的 281 种产品。抽查结果：225 家企业生产的 231 种产品合格，企业抽样合格率为 78.7%，产品抽样合格率为 82.2%。各种产品抽查结果见表 1。

加强对质检机构的监督管理 根据国家对各部门质检机构的管理要求，加强对信息产业部质检机构的监督管理，制定了 2003 年信息产业部质检机构计量认证和审查认可计划，并组织专家现场审查、确认质检机构检测能力和资格，并对其检测业务给予授权。2003 年，信息产业部共对 21 家质检机构组织进行了计量认证评审，其中有 19 家质检机构为计量认证扩项/监督评审，2 家质检机构为复查评审。

做好产品生产许可证的管理工作 2003 年，信息产业部继续与国家质量监督检验检疫总局做好电子信息产品生产许可证的管理工作：组织实施了无线广播电视发射设备生产许可证工作；启动了重要的电子元器件、仪器及电源装置生产许可证准备工作；启动了税控收款机生产许可证准备工作。

做好商品的修理、更换、退货责任规定 为落实信息产业部 24 号令关于微型计算机和家用视听商品“三包”规定的要求，检查“三包”维修人员职业资格考核及持证上岗等管理措施的落实情况，组织有关部门对电子信息产品维修机构的资质进行评定。

推进软件过程能力评估制度的实施 为了支持软件企业进行内部软件过程改进和软件能力的评估，组织推进了国家软件能力与成熟度评估制度的建设工作，会同国家认监委完成评估机构认可基本要求和认可准则的起草工作，启动了行业培训和评估试点及国家认可工作。2003 年共完成了 3 个试点机构的国家认可，并开始全面推进实施。

推行监理资质管理制度的实施 2003 年信息产业部协助有关部门做好计算机信息系统集成资质管理和系统工程监理资质管理工作。

配合中组部实施现代远程教育工程的建设

协助信息产业部远程办（中组部全国农村党员干部远程教育项目办公室）工作。根据《终端接收站点技术方案》和《终端接收站点建设实施意见》，组织完成了《终端接收站点国产推荐产品技术要求》、《终端接收站点国产产品企业推荐名录》和《终端接收站点产品检验机构推荐名录》，目前试点省市已根据此文件开始了招标工作。

推进名牌战略的实施 2003 年，信息产业部配合中国名牌战略推进委员会开展了移动通信手持机和激光视盘机产品的中国名牌产品的评价认定工作，产品名单已于 2004 年 9 月 1 日正式发布：通信手持机“中国名牌产品”8 家（GSM 手机 5 家、CDMA 手机 3 家），激光视盘机“中国名牌产品”8 家。

GSM 获得 2003 年“中国名牌产品”称号的企业有：

1. 夏新电子股份有限公司；
2. 宁波波导股份有限公司；
3. 海尔集团公司；
4. TCL 集团股份有限公司；
5. 熊猫电子集团有限公司。

CDMA 获得 2003 年“中国名牌产品”称号的企业有：

1. 海尔集团公司；
2. 海信集团有限公司；
3. 深圳市中兴通讯股份有限公司。

激光视盘机获得 2003 年“中国名牌产品”称号的企业有：

1. 江苏新科电子集团有限公司；
2. 广东步步高电子工业有限公司；
3. 厦门厦新电子股份有限公司；
4. 四川长虹电器股份有限公司；
5. 万利达集团有限公司；
6. 上海广电数码科技有限公司；
7. 东莞市金正数码科技有限公司；
8. 深圳先科企业集团。

推进质量管理小组活动和用户满意工作 2003 年，中国电子质量管理协会评选出电子工业优秀质量管理小组 290 个、优秀质量信得过班组 38 个、质量管理小组活动先进单位 43 个、质量管理小组活动优秀领导者 36 名、质量管理小组活动优秀推进者 63 名。

部分电子信息产品质量指标统计情况 2003 年统计到的电子代表性产品共 6 大类 33 小类，在对上报数据甄别和分析的基础上，最终统计结果为：元器件类质量指标为 94.00%，消费电子产品类为 96.61%，通信产品类为 97.04%，计算机与网络产品类为 99.72%，计算机外部设备及配套产品类为 99.15%，电子测量仪器类为 98.18%。从整体情况看，各大类质量水平基本稳定，具体到小类产品，2003 年度集成电路质量水平稳步上升，成品率由去年同期的 73.49%增长到 2003 年 4 季度的 88.89%。

2003 年电子元器件类总体质量指标是 94.00%，从 2003 年全年各季度来看一直很稳定。消费电子产品类质量指标长期以来基本稳定，指标波动基本保持 1 个百分点以内，本期质量指标为 96.69%；通信产品类质量指标与去年同期（96.15%）及上期（96.85%）相比也很稳定，本期指标为 96.95%；计算机与网络产品类、计算机外部设备及配套产品类和电子测量仪器类质量指标分别为 100%、98.67%、97.29%，均达到较高水平（见图 1、表 2）。

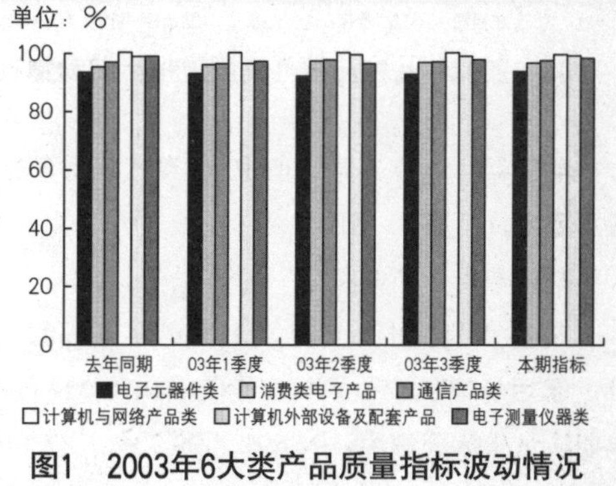

图1 2003年6大类产品质量指标波动情况

可以看出 6 大类产品在近五期的质量指标基本稳定，波动均在 2 个百分点内。

1. 电子元器件类产品

2003 年电子元器件类产品总体质量指标为 94.00%，具体到小类产品，片式元器件类质量波动较大。集成电路产品的质量基本呈稳步增长的趋势（见图 2）。

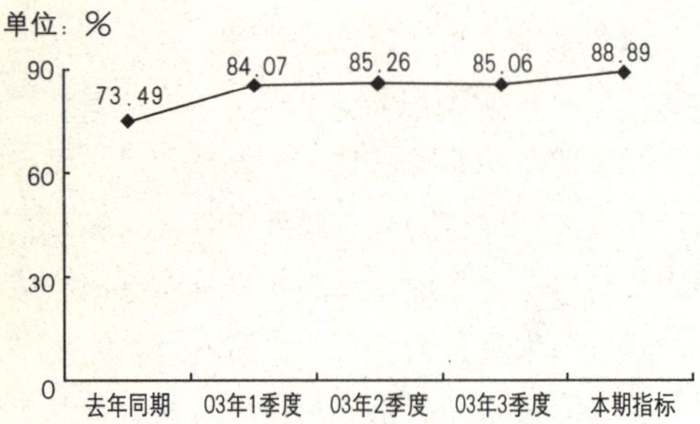

图2　2003年集成电路类质量指标情况

片式元器件的数据主要来自风华高科、天津中环、振华新云等代表性企业。质量波动情况如图 3 所示。

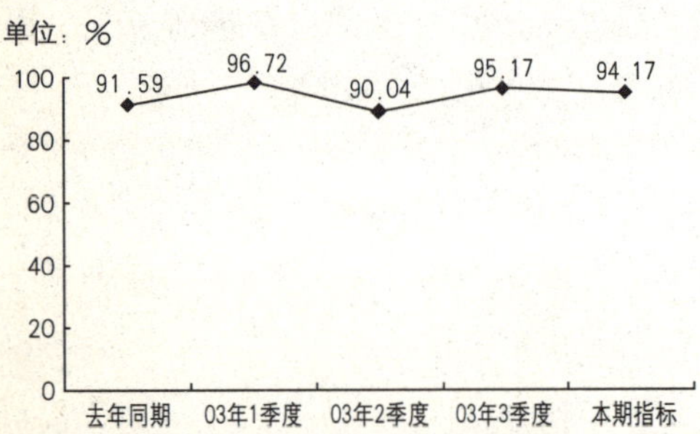

图3　2003年片式元器件类质量指标波动情况

电阻器、电容器等其他 10 小类产品质量指标基本稳定（见表 3、图 4、图 5）。

2. 消费电子产品类

2003 年消费电子产品类上报产品有彩色电视机、家用录像机、收录机和 VCD (DVD) 视盘机，本期质量指标分别为：94.69%、99.73%、87.14%、96.60%。家用摄录一体摄像机缺报。该大类本期整体指标为 96.61%。长期以来该类产品质量水平基本稳定（见表 4、图 6）。

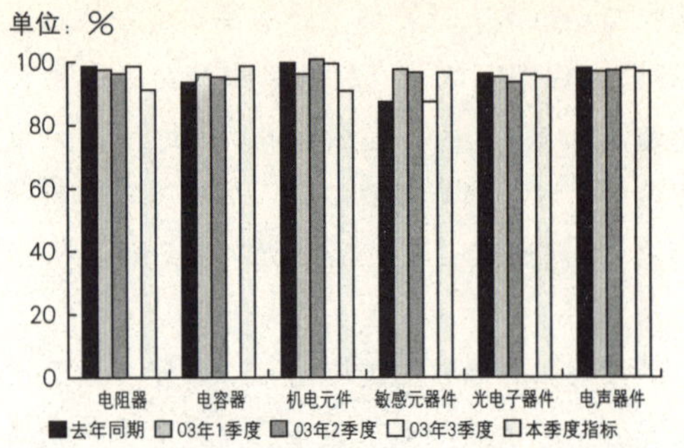

图4　2003年电子元器件类质量指标情况

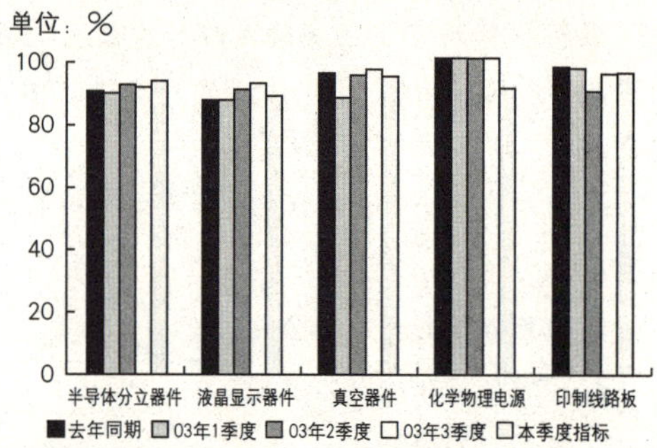

图5　2003年电子元器件类质量指标情况

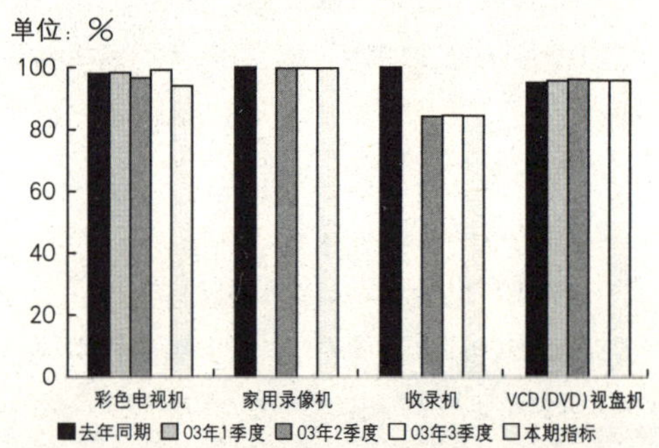

图6　2003年消费电子产品类质量指标情况

3. 通信产品类

2003 年，通信产品类共统计 7 小类产品，总体质量指标为 97.04%，具体到各小类产品质量指标均无大的波动。光端机、数字移动电话手持机、卫星通信地球站设备、卫星电视接收设备、程控交换机、电话机、传真机等质量指标分别为：99.67%、96.62%、100%、99.90%、99.27%、98.27%、98.54%（见表 5、图 7）。

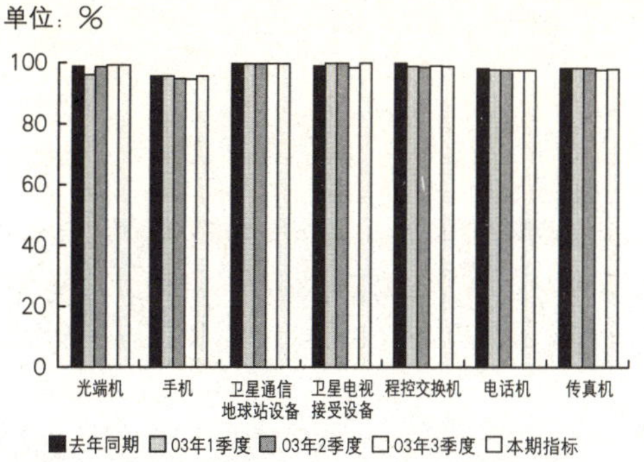

图7　2003年通信产品类质量指标情况

4. 计算机与网络产品类

2003 年，该大类缺报产品较多，如：微机服务器、微机工作站、调制解调器等。就微型计算机而言，其指标一次交验合格率达到 100%，结合以往统计结果来看，微型计算机质量指标一直处于较高水平（见图 8）。

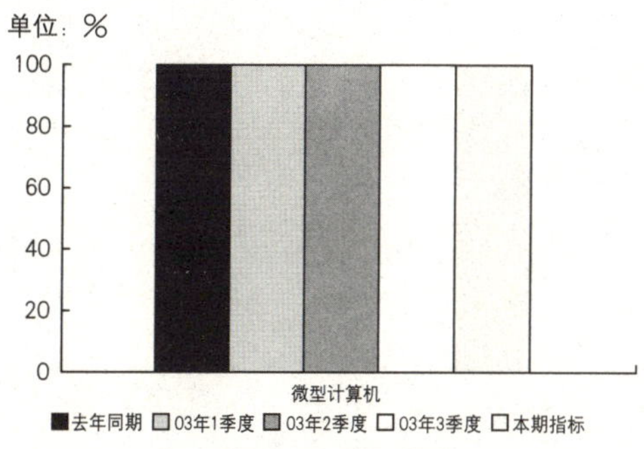

图8　2003年微型计算机质量指标情况

5. 计算机外部设备及配套产品类

2003 年，该大类整体指标为 99.72%，和前几期相比基本稳定，统计到的产品有：针式打印机 99.64%、显示器 98.56%、输入输出设备 99.69%、智能卡 99.98%。这几小类产品的质量指标基本稳定，且均保持较高水平（见表 6、图 9）。

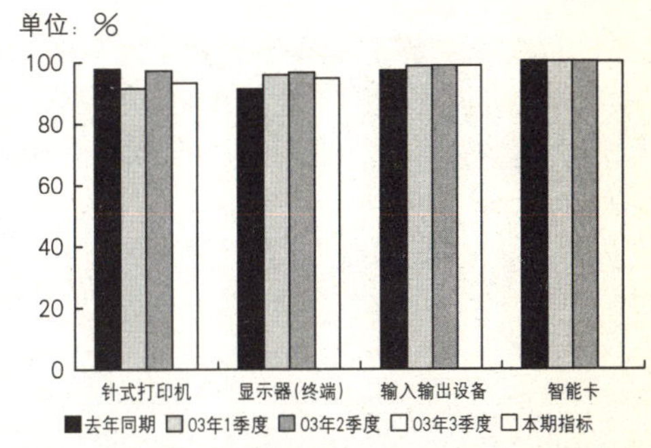

图9　2003年计算机外部设备及配套产品质量指标情况

6. 电子测量仪器类

2003 年，电子测量仪器类共统计到 3 种产品，即：示波器、信号源、电源。他们的质量指标分别为：98.50%、91.69%、100%，依据 3 种产品数据的统计，电子测量仪器类产品总体质量指标达到 97.29%（见图 10）。

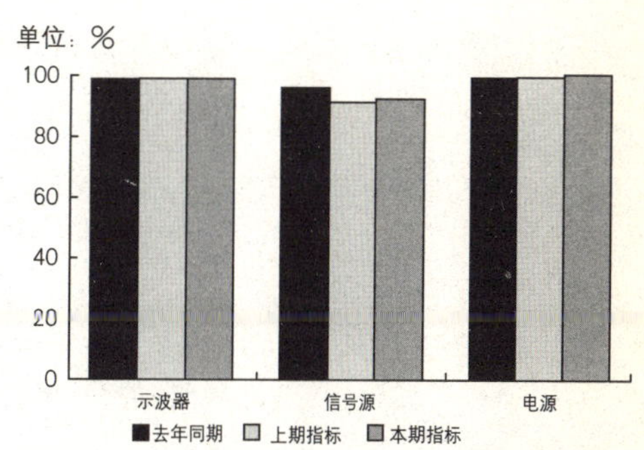

图10　2003年电子测量仪器类质量指标情况

【统计数据】

表 1　2003 年信息产业部产品质量监督抽查结果汇总情况

序号	产品名称	抽查企业数（个）	合格企业数（个）	抽查产品数（种）	合格产品数（种）	企业抽样合格率（%）	产品抽样合格率（%）
1	LCD显示设备	19	19	17	17	89.5	89.5
2	手持式个人信息处理设备	23	23	14	14	60.9	60.9
3	人民币伪钞鉴别仪	26	24	16	16	61.5	66.7
4	防火墙	10	10	7	7	70.0	70.0
5	入侵检测系统（IDS）	9	9	4	4	44.4	44.4
6	企业资源管理系统（ERP）	15	14	13	13	86.7	92.6
7	医院信息管理系统	18	17	16	16	88.9	94.1
8	红外人体表面温度快速筛检仪	10	8	7	7	70.0	87.5
9	稳压电源	21	23	21	23	100.0	100.0
10	光耦合器	7	7	6	6	85.7	85.7
11	光缆	13	13	12	12	92.3	92.3
12	印制电路板	27	27	25	25	92.6	92.6
13	焊锡丝	44	46	32	36	72.7	78.3
14	锡铅焊料	44	41	35	35	79.5	85.4
	合计	286	281	225	231	78.7	82.2

表 2　2003 年 6 大类电子产品质量指标情况

单位：%

产品分类	去年同期指标	本期指标	其中		
			1季度	2季度	3季度
电子元器件类	93.80	94.00	93.01	92.53	93.52
消费电子产品类	96.12	96.61	96.60	96.85	96.69
通信产品类	97.04	97.04	96.94	97.07	96.95
计算机与网络产品类	100.00	99.72	100.00	100.00	100.00
计算机外部设备及配套产品类	98.12	99.15	96.88	99.05	98.67
电子测量仪器类	98.09	98.18	97.16	96.64	97.29

表 3　2003 年电子元器件类质量指标情况

单位：%

产品名称	去年同期指标	本期指标	其中		
			1季度	2季度	3季度
电阻器	98.41	93.37	97.96	97.64	93.41
电容器	95.09	98.43	96.48	95.60	96.83
机电元件	99.00	92.93	97.77	99.24	99.14
片式元器件	91.59	94.17	95.08	93.55	90.87
敏感元器件	88.74	98.30	98.62	98.20	98.17
光电子器件	98.10	96.85	96.86	96.04	96.18
电声器件	98.50	97.84	98.07	98.34	98.18
半导体分立器件	89.62	92.96	89.33	91.77	91.17
集成电路	73.49	88.89	84.07	85.26	85.06
液晶显示器件	87.31	88.49	87.30	90.34	92.26
真空器件	95.28	94.42	87.73	94.73	96.47
化学物理电源	99.90	90.96	99.94	99.93	99.90
印制线路板	97.02	95.55	96.72	90.04	95.92

表 4　2003 年消费电子产品类质量指标情况

单位：%

产品名称	去年同期指标	本期指标	其中		
			1季度	2季度	3季度
彩色电视机	98.34	94.69	98.52	97.00	99.28
家用录像机	100.00	99.73		99.73	99.73
收录机	100.00	87.14		87.10	87.14
视盘机	95.98	96.60	96.51	96.84	96.59

表5　2003年通信产品类质量指标情况

单位：%

产品名称	去年同期指标	本期指标	其中		
			1季度	2季度	3季度
光端机	99.46	99.67	97.00	99.31	99.56
GSM数字移动电话手持机	96.51	96.62	96.58	96.12	96.56
卫星通信地球站设备	100.00	100.00	100.00	100.00	100.00
卫星电视接收设备	99.44	99.90	99.89	99.90	99.01
程控交换机	100.00	99.27	99.30	99.10	99.27
电话机	98.76	98.21	98.39	98.24	98.22
传真机	98.76	98.54	98.92	98.78	98.26

表6　2003年计算机外部设备及配套产品质量指标情况

单位：%

产品名称	去年同期指标	本期指标	其中		
			1季度	2季度	3季度
针式打印机	99.64	99.64	97.59	99.23	98.17
显示器（终端）	98.56	98.56	98.89	98.97	98.59
输入输出设备	99.69	99.69	99.59	99.61	99.61
智能卡	99.98	99.98	100.00	100.00	99.97

[供稿：信息产业部科学技术司]

2003年度批准发布的电子信息产业各类标准情况

【综述】

2003 年度电子信息产业标准工作主要围绕产业重点领域，着手制定出产业发展急需的税控收款机、数字电视、第二代居民身份证 IC 卡、宽带无线 IP、中文信息处理、电子政务、十进制网络和喷墨打印机用的墨盒等产品的标准工作，开展了数字音视频、集成电路 IP 核、平板显示、卫星导航、数据库与软件结构库和中文办公软件等方面的标准制定研究工作。

2003 年度信息产业部共批准发布电子信息产业各类标准 168 项。其中，国家标准 64 项（表 1），国家军用标准 13 项（表 2），行业标准 17 项（表 3），行业军用标准 74 项（表 4）。

从 1997 年开始，截止到 2003 年年底，累计批准发布国家标准 608 项、国家军用标准 402 项、行业标准 249 项、行业军用标准 609 项。1997 年~2003 年电子信息类国家标准批准发布情况见图 1，1997年~2003 年电子信息类国家军用标准批准发布情况见图 2，1997 年~2003 年电子信息类行业标准批准发布情况见图 3，1997 年~2003 年电子信息类行业军用标准批准发布情况见图 4。

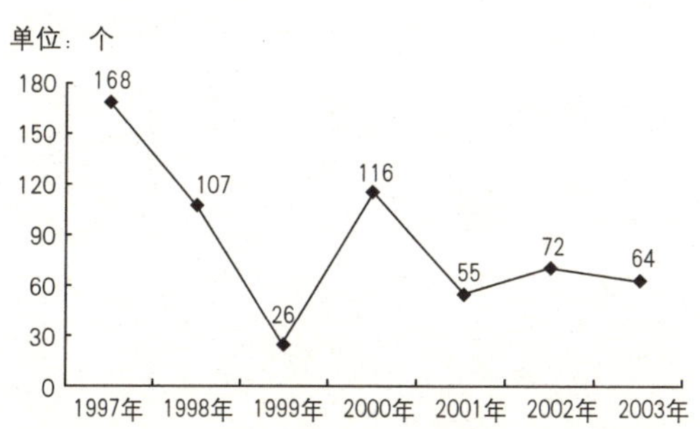

图1　1997年～2003年国家标准批准发布情况

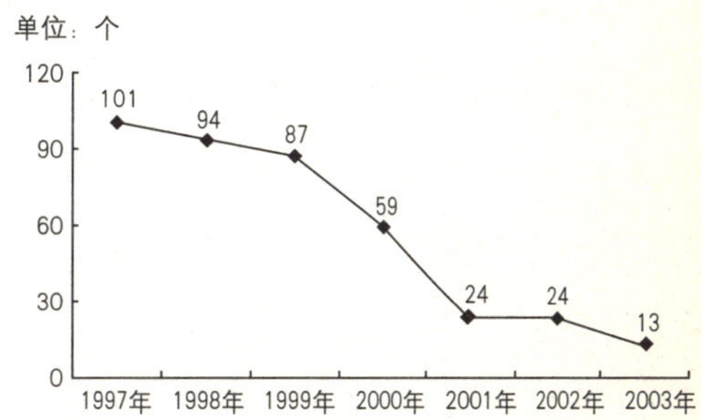

图2　1997年～2003年国家军用标准批准发布情况

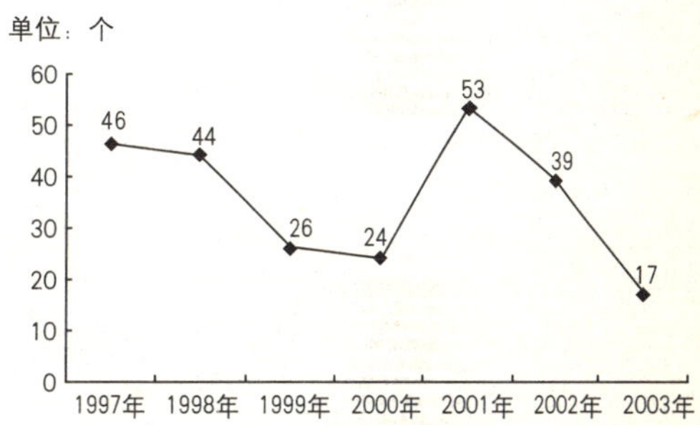

图3　1997年～2003年行业标准批准发布情况

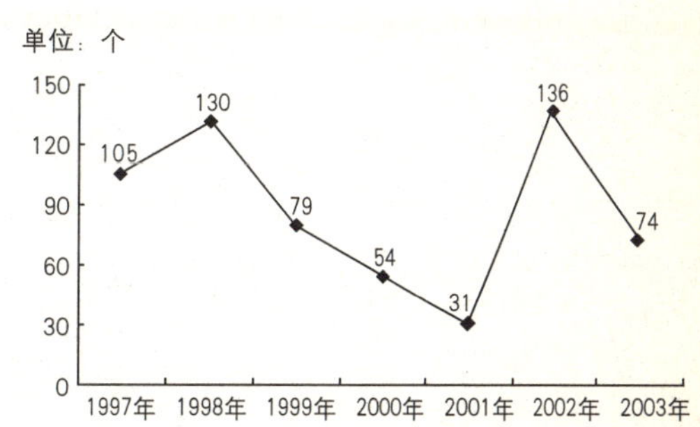

图4　1997年～2003年行业军用标准批准发布情况

【统计数据】

表 1　2003 年批准发布的国家标准目录

序号	标准编号	标准名称	发布日期	实施日期
1	GB/T 11297.1-2002	激光棒波前畸变的测量方法	2003-01-22	2003-05-01
2	GB/T 4183-2002	钼钨合金丝	2003-01-22	2003-05-01
3	GB/T 6495.8-2002	光伏器件 第 8 部分：光伏器件光谱响应的测量	2003-01-22	2003-05-01
4	GB/T 6589-2002	半导体器件 分立器件 第 3-2 部分：信号（包括开关）和调整二极管电压调整二极管和电压基准二极管（不包括温度补偿精密基准二极管）空白详细规范	2003-01-22	2003-05-01
5	GB/T 9634.1-2002	铁氧体磁心表面缺陷极限导则 第 1 部分：总则	2003-01-22	2003-05-01
6	GB/T 9634.2-2002	铁氧体磁芯—表面缺陷极限导则 第二章：RM 磁芯	2003-01-22	2003-05-01
7	GB/T 9634.3-2002	铁氧体磁芯—表面缺陷极限导则 第三章：ETD 磁芯和 E 型磁芯 Y	2003-01-22	2003-05-01
8	GB/T 11297.3-2002	掺钕钇铝石榴石激光棒消光比的测量方法	2003-01-22	2003-05-01
9	GB/T 14598.1-2002	电气继电器 第 23 部分：触点性能	2003-01-22	2003-05-01
10	GB/T 15142-2002	方形开口镉镍单体蓄电池总规范	2003-01-22	2003-05-01
11	GB/T 15157.7-2002	频率低于 3MHz 的印制板连接器 第 7 部分：有质量评定的具有通用插合特性的 8 位固定和自由连接器详细规范	2003-01-22	2003-05-01
12	GB/T 16649.8-2002	识别卡 带触点的集成电路卡 第 8 部分：与安全相关的行业间命令	2003-01-22	2003-05-01
13	GB/T 16649.10-2002	识别卡 带触点的集成电路卡 第 10 部分：同步卡的电信号和复位应答	2003-01-22	2003-05-01
14	GB/T 17562.8-2002	频率低于 3MHz 的矩形连接器 第 8 部分：具有 4 个信号接触件和电缆屏蔽用接地接触件的连接器详细规范	2003-01-22	2003-05-01
15	GB/T 18310.1-2002	纤维光学互连器件和无源器件 基本试验和测量程序 第 2-1 部分：试验-振动（正弦）	2003-01-22	2003-05-01
16	GB/T 18310.5-2002	纤维光学互连器件和无源器件 基本试验和测量程序 第 2-5 部分：试验-扭转/扭绞	2003-01-22	2003-05-01
17	GB/T 18310.7-2002	纤维光学互连器件和无源器件 基本试验和测量程序 第 2-7 部分：试验-弯矩	2003-01-22	2003-05-01
18	GB/T 18310.12-2002	纤维光学互连器件和无源器件 基本试验和测量程序 第 2-12 部分：试验-撞击	2003-01-22	2003-05-01
19	GB/T 18310.19-2002	纤维光学互连器件和无源器件 基本试验和测量程序 第 2-19 部分：试验-恒定湿热	2003-01-22	2003-05-01
20	GB/T 18310.21-2002	纤维光学互连器件和无源器件 基本试验和测量程序 第 2-21 部分：试验-温度-湿度循环组合试验	2003-01-22	2003-05-01

续表 1

序号	标准编号	标准名称	发布日期	实施日期
21	GB/T 18896-2002	彩色投影显像管测试方法	2003-01-22	2003-05-01
22	GB/T 18897-2002	多普勒甚高频全向信标性能要求和测试方法	2003-01-22	2003-05-01
23	GB/T 18901.1-2002	光纤传感器 第 1 部分：总规范	2003-01-22	2003-05-01
24	GB/T 18902-2002	超高频测距仪性能要求和测试方法	2003-01-22	2003-05-01
25	GB/T 18903-2002	信息技术 服务质量：框架	2003-01-22	2003-05-01
26	GB/T 18904.1-2002	半导体器件 第 12-1 部分：光电子器件 纤维光学系统或子系统用带/不带尾纤的光发射或红外发射二极管空白详细规范	2003-01-22	2003-05-01
27	GB/T 18904.2-2002	半导体器件 第 12-2 部分：光电子器件 纤维光学系统和子系统用带/不带尾纤的激光二极管模块空白详细规范	2003-01-22	2003-05-01
28	GB/T 18904.4-2002	半导体器件 第 12-4 部分：光电子器件 纤维光学系统或子系统用带/不带尾纤的 PIN-FET 模块空白详细规范	2003-01-22	2003-05-01
29	GB/T 18905.1-2002	软件工程 产品评价 第 1 部分：概述	2003-01-22	2003-05-01
30	GB/T 18905.2-2002	软件工程 产品评价 第 2 部分：策划和管理	2003-01-22	2003-05-01
31	GB/T 18905.3-2002	软件工程 产品评价 第 3 部分：开发者用的过程	2003-01-22	2003-05-01
32	GB/T 18905.4-2002	软件工程 产品评价 第 4 部分：需方用的过程	2003-01-22	2003-05-01
33	GB/T 18905.5-2002	软件工程 产品评价 第 5 部分：评价者用的过程	2003-01-22	2003-05-01
34	GB/T 18905.6-2002	软件工程 产品评价 第 6 部分：评价模块的文档编制	2003-01-22	2003-05-01
35	GB/Z 18906-2002	开放式电子图书出版物结构	2003-01-22	2003-05-01
36	GB/T 18908.1-2002	工业用时间继电器 第 1 部分：要求和试验	2003-01-22	2003-05-01
37	GB/T 18909-2002	按能力批准评定质量的电子设备用高频电感器和中频变压器分规范	2003-01-22	2003-05-01
38	GB/T 18910.1-2002	液晶和固态显示器 第 1 部分：总规范	2003-01-22	2003-05-01
39	GB/T 18911-2002	地面用薄膜光伏组件 设计鉴定和定型	2003-01-22	2003-05-01
40	GB/T 18912-2002	光伏组件盐雾腐蚀试验	2003-01-22	2003-05-01
41	GB/T 18913-2002	船舶和航海技术 航海气象图传真接收机	2003-01-22	2003-05-01
42	GB/Z 18914-2002	信息技术 软件工程 CASE 工具的使用指南	2003-01-22	2003-05-01
43	GB/T 18917-2002	彩色投影显像管空白详细规范	2003-01-22	2003-05-01
44	GB/T 7154.2-2003	直热式阶跃型正温度系数热敏电阻器 第 1-2 部分：加热元件用空白详细规范 评定水平 EZ	2003-03-26	2003-08-01

续表 1

序号	标准编号	标准名称	发布日期	实施日期
45	GB/T 7154.3-2003	直热式阶跃型正温度系数热敏电阻器 第 1-3 部分：浪涌电流用空白详细规范 评定水平 EZ	2003-03-26	2003-08-01
46	GB/T 7154.4-2003	直热式阶跃型正温度系数热敏电阻器 第 1-4 部分：温度敏感用空白详细规范 评定水平 EZ	2003-03-26	2003-08-01
47	GB/T 18904.5-2003	半导体器件 第 12-5 部分：光电子器件 纤维光学系统或子系统用带/不带尾纤的 PIN 光电二极管空白详细规范	2003-03-26	2003-08-01
48	GB 15629.11-2003	信息技术 系统间远程通信和信息交换局域网和城域网特定要求 第 11 部分：无线局域网媒体访问控制和物理层规范	2003-05-26	2003-12-01
49	GB/T 18237.4-2003	信息技术 开放系统互连 通用高层安全 第 4 部分：保护传送语法规范	2003-08-29	2003-10-01
50	GB/T 19248-2003	封装引线电阻测试方法	2003-08-29	2003-10-01
51	GB 19212.1-2003	电力变压器、电源装置和类似产品的安全 第 1 部分：通用要求和试验	2003-07-28	2004-02-01
52	GB 7424.3-2003	光缆 第 3 部分：分规范——室外光缆	2003-08-29	2003-10-01
53	GB/T 19244-2003	信息技术 高性能串行总线	2003-08-29	2003-10-01
54	GB 18240.1-2003	税控收款机 第 1 部分：机器规范	2003-06-25	2003-10-01
55	GB 18240.2-2003	税控收款机 第 2 部分：税控 IC 卡规范	2003-06-25	2003-10-01
56	GB 18240.3-2003	税控收款机 第 3 部分：税控器规范	2003-06-25	2003-10-01
57	GB 15629.1102-2003	信息技术 系统间远程通信和信息交换局域网和城域网特定要求 第 11 部分：无线局域网媒体访问控制和物理层规范：2.4GHz 频段较高速物理层扩展规范	2003-05-26	2003-12-01
58	GB/T 7154.1-2003	直热式阶跃型正温度系数热敏电阻器 第 1-1 部分：限流用空白详细规范 评定水平 EZ	2003-02-21	2003-06-01
59	GB/T 18904.3-2002	半导体器件 第 12-3 部分：光电子器件 显示用发光二极管空白详细规范	2003-01-22	2003-05-01
60	GB/T 19245-2003	电子名片信息交换规范	2003-08-29	2003-10-01
61	GB/T 19247.1-2003	印制板组装 第 1 部分：通用规范 采用表面安装和相关组装技术的电子和电气焊接组装的要求	2003-08-29	2003-10-01
62	GB/T 19247.2-2003	印制板组装件 第 2 部分：分规范 表面安装焊接组装的要求	2003-08-29	2003-10-01
63	GB/T 10239-2003	彩色电视广播接收机通用规范	2003-10-22	2004-05-01
64	GB/T 19246-2003	信息技术 通用键盘汉字输入通用要求	2003-08-29	2003-10-01

表 2 2003 年批准发布的国家军用标准目录

序号	标准编号	标准名称	发布日期	实施日期
1	GJB 33A/12-2003	半导体分立器件 2CK36 型硅大电流开关二极管详细规范	2003-07-21	2003-10-01
2	GJB 33A/13-2003	半导体分立器件 2CK37 型硅大电流开关二极管详细规范	2003-07-21	2003-10-01
3	GJB 33A/14-2003	半导体分立器件 3DG44 型硅超高频低噪声晶体管详细规范	2003-07-21	2003-10-01
4	GJB 597A/18-2003	半导体集成电路 CMOS 门阵列器件详细规范	2003-07-21	2003-10-01
5	GJB 5021-2003	柔软和半硬射频电缆用高可靠同轴连接器通用规范	2003-07-21	2003-10-01
6	GJB 5022-2003	PIN、APD 光电探测器件通用规范	2003-07-21	2003-10-01
7	GJB 5024-2003	军用光缆阻水纱规范	2003-07-21	2003-10-01
8	GJB 5025-2003	射频固定和可变电感器通用规范	2003-07-21	2003-10-01
9	GJB 5029-2003	斯特林制冷机通用规范	2003-07-21	2003-10-01
10	GJB/Z 136-2003	通用信息处理平台集成与运行指南	2003-07-21	2003-10-01
11	GJB 734A-2002	旋转开关（电路选择器、小电流容量）通用规范	2003-02-08	2003-05-01
12	GJB 2438A-2002	混合集成电路通用规范	2003-02-08	2003-05-01
13	GJB 4538-2002	军用开关型大功率直流试验电源规范	2003-02-08	2003-05-01

表 3 2003 年批准发布的行业标准目录

序号	标准编号	标准名称	发布日期	实施日期
1	SJ/T 11141-2003	LED显示屏通用规范	2003-06-04	2003-10-01
2	SJ/T 11281-2003	LED显示屏测试方法	2003-06-04	2003-10-01
3	SJ/T 11282-2003	印制板用“E”玻璃纤维纸规范	2003-06-04	2003-10-01
4	SJ/T 11283-2003	印制板用处理“E”玻璃纤维布规范	2003-06-04	2003-10-01
5	SJ/T 11284-2003	通信电缆屏蔽用金属塑料复合箔	2003-06-04	2003-10-01
6	SJ/T 10890-2003	阴极射线管有效屏面缺陷规范	2003-06-04	2003-10-01
7	SJ/T 10891-2003	阴极射线管玻壳检验规范	2003-06-04	2003-10-01
8	SJ/T 2885-2003	电子设备用固定电感器 第一部分：总规范	2003-06-04	2003-10-01
9	SJ/T 11293-2003	企业信息化技术规范 第 1 部分：企业资源规划系统（ERP）规范	2003-06-04	2003-10-01
10	SJ/T 11285-2003	彩色电视广播接收机基本技术参数	2003-06-04	2003-10-01

续表 3

序号	标准编号	标准名称	发布日期	实施日期
11	SJ/T 11286-2003	背投影彩色电视广播接收机通用规范	2003-06-04	2003-10-03
12	SJ/T 11290-2003	面向对象的软件系统建模规范 第 1 部分：概念与表示法	2003-06-04	2003-10-01
13	SJ/Z 11289-2003	面向对象领域工程指南	2003-06-04	2003-10-01
14	SJ/T 11291-2003	面向对象的软件系统建模规范 第 3 部分：文档编制	2003-06-04	2003-10-01
15	SJ/T 11292-2003	计算机用液晶显示器通用规范	2003-06-04	2003-10-01
16	SJ/T 11287-2003	电子设备用固定电感器 第 2 部分：分规范 表面安装电感器	2003-06-04	2003-10-01
17	SJ/T 11288-2003	电子设备用固定电感器 第 2-1 部分：空白详细规范 表面安装电感器 评定水平 E	2003-06-04	2003-10-01

表 4　2003 年批准发布的行业军用标准目录

序号	标准编号	标准名称	发布日期	实施日期
1	SJ 20862-2003	中长波战术电台通用规范	2003-06-04	2003-12-01
2	SJ 20860-2003	军用光缆引接设备通用规范	2003-06-04	2003-12-01
3	SJ 20861-2003	军用 SDH 传送网技术规范	2003-06-04	2003-12-01
4	SJ 20863-2003	数字车内通话器通用规范	2003-06-04	2003-12-01
5	SJ 20864-2003	有源抗噪声送受话器组通用规范	2003-06-04	2003-12-01
6	SJ 20527A-2003	微波组件通用规范	2003-06-04	2003-12-01
7	SJ 20527/6-2003	微波组件 WFB2002 型低噪声放大器详细规范	2003-06-04	2003-12-01
8	SJ 51420/3-2003	半导体集成电路陶瓷针栅阵列外壳详细规范	2003-06-04	2003-12-01
9	SJ 50597/57-2003	半导体集成电路 JW584/JW584A 型可编程电压基准详细规范	2003-06-04	2003-12-01
10	SJ 20527/7-2003	微波组件 WFZ1006 型锁相介质振荡器详细规范	2003-06-04	2003-12-01
11	SJ 50597/58-2003	半导体集成电路 JB726 型限幅放大鉴频器详细规范	2003-06-04	2003-12-01
12	SJ 50597/59-2003	半导体集成电路 JB523 型宽带对数放大器详细规范	2003-06-04	2003-12-01
13	SJ 50063/2A-2003	CAK-1 型有可靠性指标的气密封固体电解质固定钽电容器详细规范	2003-06-04	2003-12-01
14	SJ 50733/3-2003	CAK-35 型有可靠性指标的气密封非固体电解质固定钽电容器详细规范	2003-06-04	2003-12-01

续表 4

序号	标准编号	标准名称	发布日期	实施日期
15	SJ 51312/1-2003	CA-301 型非固体电解质钽电容器详细规范	2003-06-04	2003-12-01
16	SJ 51520/4-2003	CAK41 型有可靠性指标的模压固体电解质钽电容器详细规范	2003-06-04	2003-12-01
17	SJ 52142/1-2003	覆铜箔聚苯醚玻纤布层压板详细规范	2003-06-04	2003-12-01
18	SJ 20865-2003	钼铼合金分析方法	2003-12-25	2004-03-01
19	SJ 20866-2003	交叉辗压钼铼合金片规范	2003-12-25	2004-03-01
20	SJ 20867-2003	电子陶瓷用氧化铍粉体材料规范	2003-12-25	2004-03-01
21	SJ 20868-2003	电荷耦合成像器件测试方法	2003-12-25	2004-03-01
22	SJ 20869-2003	铌酸锂集成光学波导调制器测试方法	2003-12-25	2004-03-01
23	SJ 20870-2003	磁航向传感器通用规范	2003-12-25	2004-03-01
24	SJ 20871-2003	连续氪弧灯通用规范	2003-12-25	2004-03-01
25	SJ 20872-2003	KDB9001 型电动波导开关详细规范	2003-12-25	2004-03-01
26	SJ 20873-2003	倾斜仪、水平仪通用规范	2003-12-25	2004-03-01
27	SJ 20873/1-2003	CW-14 型高精度水平仪详细规范	2003-12-25	2004-03-01
28	SJ 20874-2003	表面安装集成电路试验用插座通用规范	2003-12-25	2004-03-01
29	SJ 20875-2003	扁平封装集成电路插座通用规范	2003-12-25	2004-03-01
30	SJ 20462/1-2003	GDB-593 型光电倍增管详细规范	2003-12-25	2004-03-01
31	SJ 20463/12-2003	2SG707 型单色显示管详细规范	2003-12-25	2004-03-01
32	SJ 20783/1-2003	TWZ5-75 微型灯详细规范	2003-12-25	2004-03-01
33	SJ 20463/13-2003	5SG31Y43 型单色显示管详细规范	2003-12-25	2004-03-01
34	SJ 20463/14-2003	16SG302Y22-DC60 型彩色显示管详细规范	2003-12-25	2004-03-01
35	SJ 20463/15-2003	26SG301Y22-DC70 型彩色显示管详细规范	2003-12-25	2004-03-01
36	SJ 20463/16-2003	20SJ260Y14 型示波管详细规范	2003-12-25	2004-03-01
37	SJ 50033/162-2003	半导体分立器件 2CW1022 型硅双向电压调整二极管详细规范	2003-12-25	2004-03-01
38	SJ 50033/163-2003	半导体分立器件 3DK457 型功率开关晶体管详细规范	2003-12-25	2004-03-01
39	SJ 50033/164-2003	半导体分立器件 PIN0002 型 PIN 二极管详细规范	2003-12-25	2004-03-01
40	SJ 50033/165-2003	半导体分立器件 PIN0003 型 PIN 二极管详细规范	2003-12-25	2004-03-01

续表 4

序号	标准编号	标准名称	发布日期	实施日期
41	SJ 50734/8-2003	KX031 型旋转开关详细规范	2003-12-25	2004-03-01
42	SJ 50734/9-2003	KX105 型旋转开关详细规范	2003-12-25	2004-03-01
43	SJ 50598/1-2003	系列 1 JY3111 卡口连接锡焊式接触件接电缆的固定电连接器（E、F、J 和 P 类）详细规范	2003-12-25	2004-03-01
44	SJ 50598/2-2003	系列 1 JY3116 卡口连接锡焊式接触件直式自由电连接器（E、F、J 和 P 类）详细规范	2003-12-25	2004-03-01
45	SJ 50599/1-2003	系列Ⅱ JY27477 卡口连接锡焊式接触件气密封压紧螺母安装固定电连接器（Y 类）详细规范	2003-12-25	2004-03-01
46	SJ 50676/6-2003	HBG008B、HBG008C 型高功率结型波导环行器详细规范	2003-12-25	2004-03-01
47	SJ 51065/8-2003	GDR012A、GDR022A、GDR028A、GDR036 型插入式带状线射频隔离器详细规范	2003-12-25	2004-03-01
48	SJ 51424/5-2003	GW9040 型 S 波段微带隔离器详细规范	2003-12-25	2004-03-01
49	SJ 52453/3-2003	XGS208/160H 型钐钴稀土永磁磁环系列详细规范	2003-12-25	2004-03-01
50	SJ 54409/2-2003	CY-YZ-002 型抗电磁干扰动态压力传感器详细规范	2003-12-25	2004-03-01
51	SJ 54409/3-2003	CY-YZ-003 型绝压传感器详细规范	2003-12-25	2004-03-01
52	SJ 54409/4-2003	CY-YZ-004 型差压传感器详细规范	2003-12-25	2004-03-01
53	SJ 20876-2003	军用测试接收机通用规范	2003-12-25	2004-03-01
54	SJ 20877-2003	军用射频功率放大器通用规范	2003-12-25	2004-03-01
55	SJ 20878-2003	军用数字矢量信号源通用规范	2003-12-25	2004-03-01
56	SJ 20879-2003	智能卡安全应用要求	2003-12-25	2004-03-01
57	SJ 20880-2003	军用信息传送安全标记	2003-12-25	2004-03-01
58	SJ 20881-2003	安全证书管理系统技术要求	2003-12-25	2004-03-01
59	SJ 20882-2003	印制电路组件装焊工艺要求	2003-12-25	2004-03-01
60	SJ 20883-2003	印制线路组件装焊后的清洗工艺方法	2003-12-25	2004-03-01
61	SJ 20884-2003	相控阵天线测试方法	2003-12-25	2004-03-01
62	SJ 20885-2003	GPS探空系统通用规范	2003-12-25	2004-03-01
63	SJ 20886-2003	机载雷达告警器通用规范	2003-12-25	2004-03-01
64	SJ 20887-2003	星箭靶场用初始段测量雷达通用规范	2003-12-25	2004-03-01

续表 4

序号	标准编号	标准名称	发布日期	实施日期
65	SJ 20889-2003	战场频谱管理信息交换格式	2003-12-25	2004-03-01
66	SJ 20890-2003	电子装备的处理与涂装	2003-12-25	2004-03-01
67	SJ 20892-2003	铝和铝合金阳极氧化膜规范	2003-12-25	2004-03-01
68	SJ 20893-2003	不锈钢酸洗与钝化规范	2003-12-25	2004-03-01
69	SJ 20894-2003	电子设备零部件包封、灌封材料选择与使用	2003-12-25	2004-03-01
70	SJ 20895-2003	电子产品生产中的临时性防护要求	2003-12-25	2004-03-01
71	SJ 20896-2003	印制电路板组件装焊后的洁净度检测及分级	2003-12-25	2004-03-01
72	SJ 20888-2003	地面阻塞式 GPS 干扰机通用规范	2003-12-25	2004-03-01
73	SJ 20891-2003	化学镀镍-磷合金层规范	2003-12-25	2004-03-01
74	SJ 20897-2003	聚对二甲苯气相沉积涂敷工艺规范	2003-12-25	2004-03-01

[供稿：信息产业部科学技术司]

2003年国内授权专利情况

【综述】

2003 年，中国专利局共授权电子类发明专利 1 703 件，比 2002 年增加了 1 067 件，增幅 168%。其中，测量测试类有 212 件，基本电气元件类有 400 件，计算机软、硬件类有 363 件，电子通信类有 404 件，其他类还有 324 件。除了测量测试类外，其他各类的授权量与 2002 年相比都成倍的增长。2003 年国内授权电子专利专业分布情况见图 1。1999 年~2003 年按专业划分的国内授权电子专利情况见表 1。1999 年~2003 年电子各专业授权专利情况分别见图 2、图 3、图 4、图 5、图 6。从电子各专业授权专利情况可以看出：1999 年，国内电子专利授权量处于较低水平；与 1999 年相比，2000 年国内电子专利授权量大幅上涨，并在此后的两年内维持在一个较高水平；与 2002 年相比，2003 年国内电子专利授权量陡涨，电子通信技术领域增长尤其迅猛。

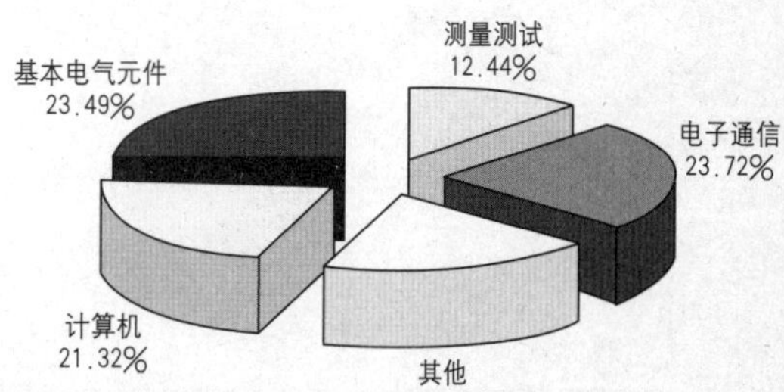

图1 2003年国内授权电子专利专业分布情况

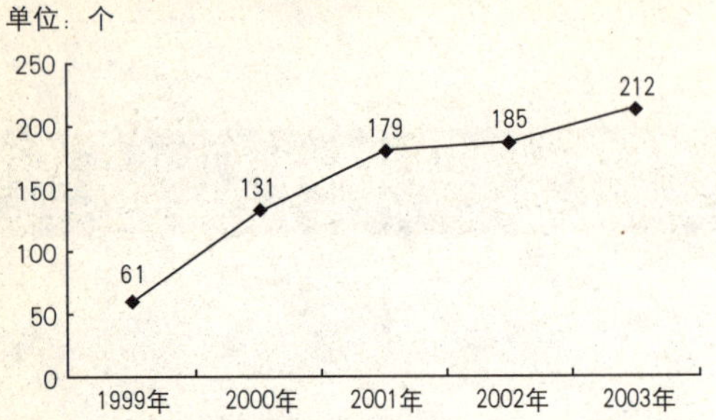

图2　1999年～2003年国内测量测试类授权专利情况

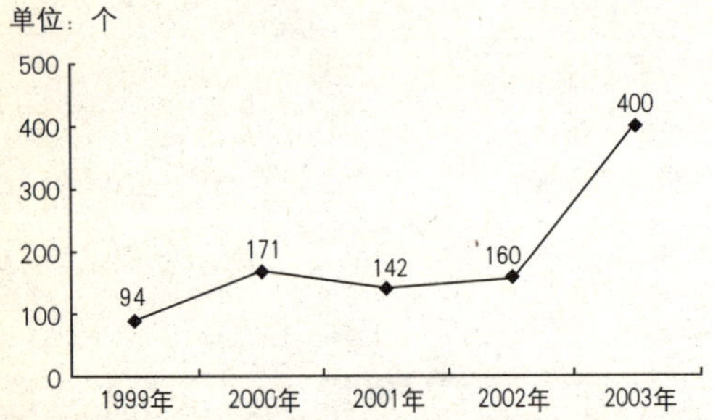

图3　1999年～2003年国内基本电气元件类授权专利情况

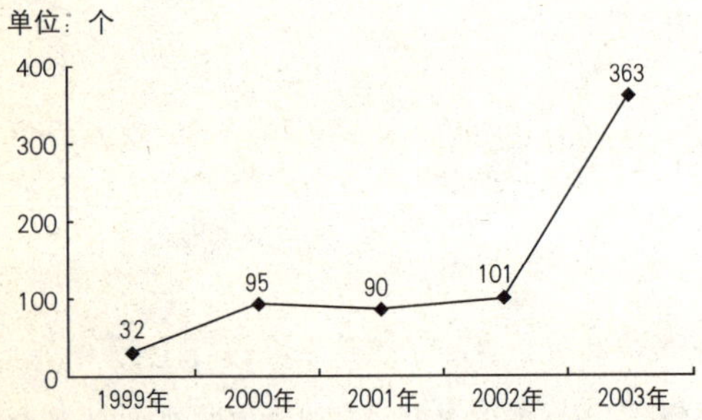

图4　1999年～2003年国内计算机软硬件类授权专利情况

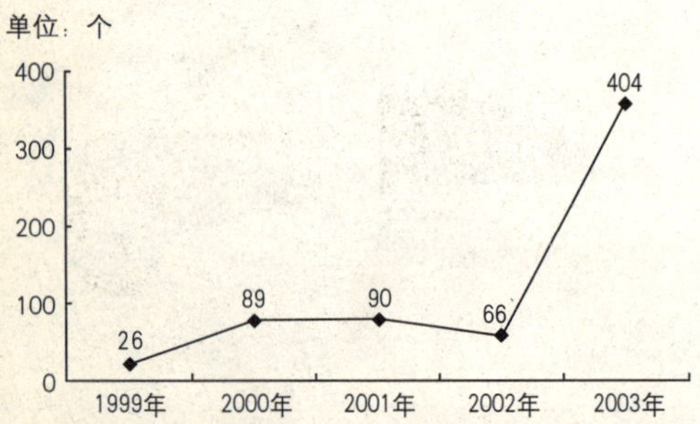

图5　1999年～2003年国内电子通信类授权专利情况

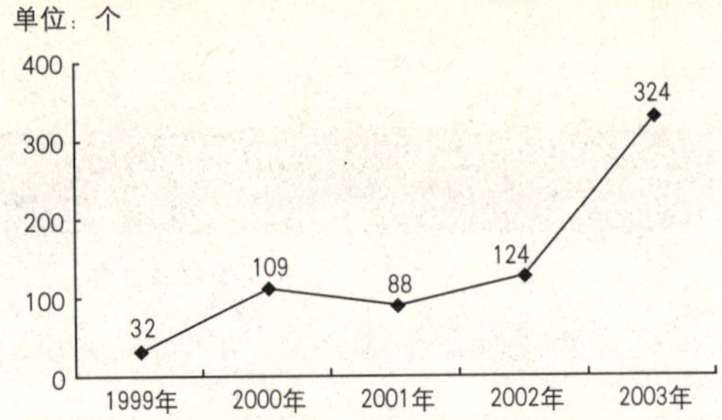

图6　1999年～2003年国内其他类授权专利情况

【电子专利侵权案例】

1月2日　朗科科技有限公司向媒体证实了朗科与北京宏基（Acer）讯息有限公司在京签署庭内和解协议的事实，并向社会发表公开声明。和解协议的主要内容包括：

1. Acer（宏基）作为国际知名厂商，充分尊重并承认朗科的知识产权；

2. Acer（宏基）承诺全面停止销售 USB 闪存系列产品。

1月24日　思科对华为技术有限公司及其美国分公司起诉。思科提出如下4项指控：

1. 盗用 IOS 源代码　　思科指控华为技术有限公司盗用部分思科 IOS 源代码并将这种技术整合到其 Quidway 路由器和交换机的操作系统中。在华为技术有限公司的操作系统中的文字符、文件名以及程序瑕疵与在思科 IOS 源代码中出现的相同。

2. 盗用思科技术文件　　思科指控华为技术有限公司从思科已经获得知识产权的技术文件中进行了大量抄袭，并将思科用户手册的全部内容复制到华为 Quidway 路由器和交换机的用户手册中。

3. 盗用命令行接口　　思科指控华为技术有限公司盗用思科的命令行接口及其相应的屏幕显示。CLI 是由思科注册的 IOS 软件的重要组成部分，这种用户接口使得用户可以和路由器对话。众多的思科 CLI 及辅助屏幕的主要组成部分都一字不漏地出现在华为 Quidway 路由器的操作系统中。

4. 侵犯专利权　思科指控华为技术有限公司至少侵犯了与思科所拥有的路由协议相关的5项专利技术，并将这些技术整合到华为 Quidway 路由器和交换机中。

1月25日　华为技术有限公司回应思科起诉，表明该公司一贯尊重他人知识产权，并注重保护自己的知识产权。

2月8日　华为技术有限公司宣布从美国市场撤下遭思科起诉的涉嫌侵权的产品。

3月6日　SCO 控告 IBM 侵犯了其知识产权并索赔30亿美元。SCO 认为 IBM 使用了大量的 Unix 代码到 Linux 中去，而这严重违反了 IBM 与该公司签署的 Unix 协议内容。另外，SCO 还表示，因为 Unix 代码被加入到 Linux 产品中，因此它将向 Linux 用户收取单台计算机1 399美元的使用费用。并且，SCO 通知 IBM，如果 IBM 不按软件协议内的要求纠正其某些违反协议的行动，SCO 将在100天内采取法律行动，终止其使用和发行。终止的最终期限是2003年6月13日午夜12点。

3月6日　拥有 Unix 操作系统专利权的 SCO 公司，向总部所在地美国犹他州盐湖郡的第三地方法院提出诉讼，控告 IBM 公司盗用 SCO 拥有的 Unix 技术并擅自植入 Linux 内，要求赔偿10亿美元以上，IBM 涉嫌的罪名包括盗用商业机密、不公平竞争、违约和非法干预 SCO 的商业经营。

3月14日　思科拒绝美国联邦调查局插手对华为技术有限公司进行刑事调查。

3月18日　华为技术有限公司的一名前雇员声称，华为所生产的软件和思科的产品甚至连瑕疵处都一样。

3月18日　华为技术有限公司否认剽窃思科系统的知识产权，并指控思科为垄断而诋毁华为技术有限公司的形象。

3月20日　3Com 公司和华为技术有限公司成立合资公司，声称华为没有侵权行为，以挑战思科公司。

3月26日　思科坚持要求美国地方法院下令禁售华为技术有限公司产品。

同日　思科与华为技术有限公司二次交锋，华为提及 VRP 中可能包含了思科的一些代码。

4月3日　北京市版权局依照《计算机软件保护条例》做出了行政处罚决定，责令新浪公司停止侵权传播计算机软件的行为，并处以人民币5.7万元人民币罚款。2001年10月，韩国 final data 有限公司向北京市版权局提起投诉，诉称新浪公司通过信息网络侵权传播其享有著作权的计算机软件 final data 1.0，至2001年3月13日北京市版权局调查完毕，确认投诉的侵权事实成立。

4月14日　华为技术有限公司回应思科指责，声称早已采取有效步骤从美国市场上撤回了那些产品。

5月15日　好莱坞的派拉蒙公司与20世纪福克斯公司向美国纽约地方法院提起诉讼，控告5家 DVD复制软件制造商因破解了 DVD 上的内容保护系统而触犯了千年数字版权法，并请求美国纽约地方法院下强制令，禁止五家公司销售 DVD复制软件。被告的五家公司为：Internet Enterprises Inc、Rdestiny LLC、HowtocopyDVDs.com、DVD-Backupbuddy.com 以及 DVDSqueeze.com。

在旧金山的联邦法庭中，Sony、AOL、迪士尼、环球影视、米高梅、Pixar Animation Studios 和 Saul Zaentz 几家公司请求法院判定由321 Studios 所制作的 DVD X Copy 及 DVD Copy Plus 软件因为侵犯著作权法而违法。

5月20日　StorageTek 公司就硬盘及存储产品制造商昆腾公司侵犯其专利权的行为，向美国丹佛地区法院提起诉讼。根据诉讼书，昆腾公司涉嫌在美国非法制造和销售磁带和磁带机产品，侵犯了该公司的两项专利。即：美国6 236 529号专利和6 549 363号专利。StorageTek 公司要求禁止昆腾公司继续销售涉及这些专利的 Super DLT 产品，并且从昆腾此前所售 Super DLT 产品所获利益中取得合理赔偿，其中包括故意侵犯其专利权的 3 倍赔偿，但 StorageTek 不愿透露赔偿的具体金额。

6 月 1 日　非盈利的 Linux 协会组织 LinuxTag e.V. 和 IT 咨询公司 Tarent GmbH 向德国慕尼黑的一家地区法院提起诉讼，请求法庭制止 SCO 公司在没有提供任何证据的情况下就声称 Linux 开放源代码侵犯了其知识产权。法庭最后批准了 LinuxTag e.V. 和 Tarent GmbH 的诉讼请求。LinuxTag 发言人安德里亚·戈伯哈德表示，在慕尼黑法庭下达判决后，SCO 公司在德国就被禁止发布有关 Linux 源代码侵犯其知识产权的声明。

6 月 3 日　台湾厂商威盛电子宣布向美国旧金山加州地方法院控告联发科技股份有限公司侵犯威盛的光驱控制芯片专利。对于联发科光驱控制芯片之侵权行为，威盛电子将向该公司提出损害赔偿，并针对其侵权产品请求禁制令，以维护公司的合法权益。威盛电子表示，联发科技股份有限公司所生产的 CD-ROM、DVD-ROM、CD-RW、CD-RW/DVD Combo 等产品的控制芯片都侵犯了威盛电子拥有的美国 6 459 665 专利号。

6 月 7 日　美国得州法院发布初步禁止令，判决华为技术有限公司停止使用思科提出的有争议的一些路由器软件源代码、操作界面以及在线帮助文件。

6 月 11 日　3Com 要求判决与华为技术有限公司合资生产的产品没有侵权。

6 月 16 日　SCO 提出了对 IBM 的诉讼赔偿，申请永久禁令：要求 IBM 停止并终止对 AIX 的所有使用权和发行权，销毁或返还 UNIX 系统 V 源代码的版权。在赔偿诉讼中，由于 IBM 未能遵从 SCO 公司于 3 月 7 日提出的终止使用权和发行权的要求，SCO 的终止行为自动生效，SCO 将追加自 6 月 13 日午夜起因 IBM 造成的对 AIX 相关业务的数十亿元损害赔偿。

6 月 17 日　SCO 集团向美国犹他州联邦地方法院递交的文件中指控了 IBM 公司更多的不当行为，并将要求获得的赔偿数额提高了 3 倍，至少为 30 亿美元，并要求 IBM 停止销售 Unix 操作系统。

6 月 26 日　美国弗吉尼亚州里士满上诉法院的 3 人审判团推翻了联邦地方法院的一项裁决——强制微软公司必须在其 Windows 操作系统中捆绑 Sun 公司的 Java 编程语言。该审判团认为，此前地方法院发布的强制微软公司捆绑竞争对手的软件的预裁决令是错误的。

7 月 9 日　继日本三洋之后，日本索尼向东京地方法院提交了诉讼请求，控告中国民营充电电池生产商比亚迪公司侵犯索尼公司锂离子电池专利权，要求禁止比亚迪在日本销售有关电池。针对索尼方面指控的侵权问题，比亚迪的回应是：比亚迪之锂离子电池工艺、技术均由自己开发，绝无侵权情况。

7 月 11 日　路透社向其美国主要竞争对手彭博社提出诉讼，指控彭博社侵犯其专利权。目前路透社正向彭博社要求“法律救济和损害赔偿”。彭博社是由纽约市市长迈克尔·彭博控制的私人公司。诉状中称，彭博社侵犯了路透社 3 项专利技术，它们是路透社向世界范围的银行业和证券业提供资讯的业务核心，专利期长达 17 年。其中包括所谓的“匹配系统”，供日交易量达 1.2 万亿美元的外汇以及证券交易市场的交易商使用。

7 月 17 日　美国联邦地方法院作出了一项重要裁决，在一桩由 InterTrust 公司提起的专利起诉中作出了不利于微软公司的裁决。法官初步裁定微软公司在包括从其 Windows 操作系统到 Xbox 游戏机在内的多项产品中侵犯了 InterTrust 公司的数字化版权管理专利权。

8 月 4 日　Linux 产品销售商 Red Hat 在美国衣阿华州的联邦法院正式向 SCO 提出诉讼，原因是 SCO 集团打击 Linux 的行为严重影响了它的业务，希望能够就 Linux 产品是否侵犯了 Unix 的专利得到一个合理的判决。

8 月 7 日　IBM 公司正式向 SCO 公司提出反

诉，IBM 提交了一份长达 45 页的反诉书面文件，指控 SCO 侵犯软件专利权、违反合同等 10 项罪名。IBM 认为，在 SCO 的软件产品中侵犯了 4 项 IBM 公司的技术专利。此外，SCO 一度宣称将终止对 IBM 公司 Unix 产品——AIX 的使用授权，严重影响了该公司的商业行为。

8 月 7 日　微软公司被欧盟指控为垄断，有可能面对欧盟的重罚。根据欧盟法例，罚金最高可以是公司全球总销售的 10%，即：金额可高达 32 亿美元，微软并且可能被勒令将其媒体播放软件 MediaPlayer 从 Windows 操作系统中分离销售。欧盟竞争委员 MarioMonti 称微软利用 Windows 操作系统在市场的销售优势，打击对手的同类产品。

8 月 21 日，联邦陪审团裁定微软对 Michael-Doyle 支付 5.21 亿美元，后者是 Eolas 技术公司的创始人，原因是微软侵犯了 Doyle 在加州大学担任研究人员期间得到的专利权。该专利涉及浏览器如何打开其他软件提供商所制作的外部应用程序。微软公司打算对陪审团裁决提出上诉。在此期间，微软要按照法院判决修改它的 IE 网络浏览器。

8 月 22 日　联想集团有限公司、七喜电脑股份有限公司、方正集团等国内 50 家大型的电脑整机品牌商接到一封来自 DVD 6C 许可联合体的律师函，该律师函要求这 50 家企业在购买 DVD 光驱这一配件时，应选择已获 DVD 6C 专利许可的产品。这是 DVD 6C 许可联盟继去年向 DVD 整机企业收取专利费后，再一次将专利大棒举向更大规模的 PC 产业。

9 月 1 日　SCO 集团在美国犹他州证实，由于该公司没有完全执行 6 月 1 日德国法院关于 SCO 必须停止有关 Linux 开放源代码侵犯其知识产权的声明的判决，SCO 公司已经被罚款 10 000 欧元。

9 月 23 日　日本日亚化学公司正式在中国台湾一家法院起诉台湾晶元光电公司侵犯了其相关的蓝光 LED 的知识产权。日亚化学对晶元光电的一款 ES-CEBH7 12:A3 产品进行了侵权起诉，日亚声称其享有的“具有欧姆电极之 III-V 族氮化镓基化合物半导体装置及其制造方法”相关专利 (台湾专利号码：160 722) 受到侵权侵害。

9 月 25 日　IBM 对其 8 月 7 日对 SCO 提起的反诉讼状进行了修改，增加了控告侵犯版权的条款。这宗修正后的诉讼状还请求法院进一步判决，以决定 SCO 是否有权向 Linux 用户收取每台处理器 699 美元的许可费。

10 月 2 日　思科暂时中止其针对华为技术有限公司的版权诉讼。双方已经达成初步协议。

10 月 9 日　北京市第一中级人民法院正式受理 Wemade 公司起诉上海盛大网络侵犯知识产权一案，Wemade 公司确信并有充足证据证明盛大网络游戏《传奇世界》侵犯了 Wemade 公司的知识产权。

11 月 14 日　美国某审查委员会在查明微软蓄意侵犯 SPX 公司下属的 Imagexpo LLC 子公司的技术专利后，做出了微软向 SPX 的 Imagexpo 子公司支付 6 230 万美元赔偿金的判决。微软侵犯其专利是因为在 NetMeeting 会议软件中使用了白色书写板功能。据 SPX 称，微软将在 12 月 30 日前向其支付 6 000 万美元。

12 月 7 日　微软突然提出要对已成普遍标准，但已渐趋过时的 FAT 文件系统要求专利费。微软在 FAT (File Allocation Table) 文件系统技术上一共有 4 项专利，它们的专利号分别为：U.S. Patent #5 579 517、U.S. Patent #5 745 902、U.S. Patent #5 758 352 和 U.S. Patent #6 286 013。微软早在 1976 年就申请了 FAT 文件系统技术的专利，按说这 4 项专利过了保护时限。但是微软表示其后又对这项技术做了一些小范围的修正并重新申请了专利，因此还保留享有 FAT 技术的专利权。

12 月 22 日　被指控破解好莱坞 DVD 加密方式的挪威程序员 Johansen 被宣判无罪。Johansen 因编写破解 DVD 反盗版技术的软件工具受到犯罪指控。挪威一个上诉法院认为，根据挪威的法律，Johansen 并没有犯罪。Johansen 被宣判无罪是非常重要的，因为这个判决突出说明了数字千年版权法的缺陷。美国电影协会在宣判 Johansen 无罪之后发表声明称，如果目前的判决是法院的最终判决，我们希望挪威立法机构尽快采用国际知识产权组织版权协议，改正挪威法律中的这个明显的错误。

12 月 24 日　SPX 宣布 SPX 公司针对微软的一项侵权诉讼在陷入僵局之后终于达成和解，微软已于日前同意支付 6 000 万美元的赔偿，并向原告 SPX 申请获得白色书写板技术许可。通过该和解方案，微软有权在美国 58 206 934 号专利号范围内使用这项技术，即“交互式电脑会议所采用的方法和设备”。

【统计数据】

表 1　1999 年~2003 年按专业划分的国内授权电子专利情况

产品分类	1999年	2000年	2001年	2002年	2003年	合计
测量测试	61	131	179	185	212	768
基本电气元件	94	171	142	160	400	967
计算机软硬件	32	95	90	101	363	681
电子通信	26	89	90	66	404	675
其他	32	109	88	124	324	677
合计	245	595	589	636	1 703	3 768

[供稿：信息产业部电子知识产权咨询服务中心]

突破“人才瓶颈”　实施“人才强业”

中国信息产业经过几代人的努力，从无到有，由小到大；与此同时人才队伍也在不断壮大，成为产业发展的坚强支柱。截止到 2003 年年底，电子信息产业的从业人员是 408 万人，比 2002 年增加了 23.5 万人，增长 11%。其中，电子制造业从业人员 349.5 万人，比 2002 年增长 7.2%；软件业 59 万人，增长 18%。特别是电子制造业从业人员的增速高出全国工业人员增幅 3.3 个百分点，占全国工业从业人员的比重由 2002 年的 5.9%提高到 2003 年的 6.2%，推动了全国就业人员的增加，为促进中国就业增长做出了新贡献。

经过多年的建设，电子信息产业形成了一支科研能力较强、有一定技术水平、有理想有抱负、善于攻关打硬仗的人才队伍。但是总体上讲，信息产业人才队伍还存在一些矛盾和问题。

第一，企业的体制和机制还不能完全适应产业由大到强的转变和发展要求。在信息产业中，国有企业占相当大的比重，受体制的制约，其在人才的培养、吸引、使用等方面尚有许多亟待解决的问题，因而影响着企业人才队伍的建设。有些企业实行了转制，建立了现代企业制度，在人才机制上有所创新，并取得了一些成效，但是整体上还处于探索阶段。

第二，人才总量与产业发展速度相对不足。在过去的 20 年时间里，中国电子信息产业以年平均 25%的速度发展，但是与产业的发展速度相比，中国信息产业人才队伍的总量相对不足。在中国电子信息产业从业人员队伍中，工程技术人员和管理人员比例较低，尤其缺乏研发人才和高级管理人才。

第三，人才结构不合理。合理的 IT 人才结构是产业发展的重要条件。目前，中国 IT 人才市场结构性短缺的问题严重。从人才结构看，大致呈橄榄形的分布，一方面，高层次的专业技术人员、复合型人才普遍缺乏；另一方面，高技能的技术工人严重不足。据统计，中国技师和高级技师在电子信息产业技术工人中的比例只有 3.2%，低于生产制造业的平均水平（平均水平 4%~4.5%），与发达国家 20%~40%的比例更是相差甚远。就是这 3.2%的技师和高级技师也还存在着“少、老、低、缺”的毛病，即：数量少、年龄偏大、文化程度偏低、电子信息产业特有职业岗位缺。因此，技能型人才和专业技术人才的短缺所造成的结构性矛盾，已经严重地制约了产业的发展。

第四，人才地区分布和人才企业类型分布不平衡。改革开放以来，中国电子信息产业发展呈现出越来越明显的区域性的特征，大量高校毕业生和信息产业相关专业人才向东部地区和产业基地集聚。有数据表明，中国信息产业高级人才的 85%集中在东部地区。因此，这些地区的人才资源充裕，部分城市还出现人才过剩，甚至人才浪费的现象。而中西部地区和小城市的人才资源相对缺乏。

从企业类型看，一方面，中国电子信息领域外商投资企业仍以劳动密集型的加工贸易企业为主；另一方面，国有企业中人才的作用没有得到发挥，在相对短缺中存在着资源浪费。

第五，人才供给与需求错位。近年来，随着经济结构调整步伐的加快，各地积极调整人才政策，促进人才合理流动。在人才市场供需结构上的直接反映是，IT 人才市场上总体供大于求，这种供大于求不是简单的人才过剩，而是人才供给与职位需求在专业类型和总体数量上存在着一定的差距，人才供需错位现象比较严重。目前，在 IT 人才市场上，计算机专业、管理专业仍以中高学历需求为主，IT 项目经理、高级复合型人才是用人单位主要青睐的对象，与招聘岗位相比，这类人才的供给相对不足。同时，对占据了求职人员较大数量的本科以下学历的求职人员，岗位需求相对不足，显示出这些专业人才供给的结构性矛盾比较突出。再就是由于观念的作用，求职者不愿到国有企业工作，造成国有企业人才队伍的后继乏人。

第六，具备知识，但欠缺技能现象普遍存在。信息产业的发展需要大批掌握熟练技能的专业人才。目前，中国信息产业技能型人才短缺，高等院校的毕业生具备相应的知识水平，但是在技能上欠缺，实践操作能力和新技术应用的能力较差，与企业人才需求的目标有一定差距。

为了有效解决人才队伍中存在的矛盾和问题，突破人才“瓶颈”，我们着重做了以下几项工作。

1. 加强“人才强业”课题研究

王旭东部长在 2004 年信息产业工作会议上提出建设电子强国和电信强国，对电子信息产业的发展提出了新的要求，即在全面建设小康社会、实现中华民族的伟大复兴中，电子信息产业要实现由大到强的转变。结合贯彻落实全国人才工作会议精神，信息产业部人事司提出了电子信息产业“人才强业”课题的研究，目的就是坚持将科学的发展观与科学的人才观有机结合，坚持人才这个第一资源要始终为发展这个第一要务服务并提供支撑，坚持以人为本，创出一条使人的素质全面提升与产业全面、协调、可持续发展相适应的人才工作新思路和新机制；解决好产业由大到强转变过程中人才队伍建设所遇到的矛盾和问题。目前，该课题已经进入调研阶段。

2. 加快软件人才的培养与队伍建设

加快中国软件人才的培养和软件人才队伍建设。教育部、信息产业部、科技部、人事部等9部委联合下发了《关于加快软件人才培养和队伍建设的意见》，该文件明确了中国软件人才培养和队伍建设的总体目标，力争通过5年的努力，使中国人才队伍的规模、结构和技术水平基本适应国家软件产业的发展需要，为中国软件产业的振兴提供坚实的人才保障。

3. 推动职业教育改革

为了落实《国务院关于大力推进职业教育改革与发展的决定》，促进职业教育更好地适应社会主义现代化建设对生产、服务第一线技能型人才的需要，缓解人才市场上制造业和现代服务业技能型人才紧缺的状况，教育部、信息产业部、交通部等6部委联合发出《关于实施职业院校制造业和现代服务业技能型紧缺人才培养、培训工程的通知》，选定500所职业院校作为技能型紧缺人才示范培训基地，加强与1 400个企事业单位的合作，在5年内输送100万名相关专业毕业生，提供相关专业技能提高培训300万人次。计算机应用和软件技术已被纳入该项工程。

4. 推出职业资格证书制度

改革计算机技术与软件专业技术资格（水平）考试，将其纳入职业资格证书制度。为加快软件人才队伍的建设，不拘一格选拔人才，在总结10年计算机技术和软件水平考试经验的基础上，2003年10月信息产业部与人事部联合发布了《计算机技术与软件专业技术资格（水平）考试实施办法》。这是信息产业行业推出的第一个纳入国家职业资格证书制度统一管理的职业门类，它包括了计算机软件、计算机网络、计算机应用技术、信息系统、信息服务5个专业类别，囊括了20个职业岗位。每个类别分为初、中、高3个级别，对应原有的助理工程师、工程师、高级工程师。它具有职业资格考试、专业技术资格考试和水平考试性质，报考不需要任何学历、资历的附加条件，考试一年两次。对合格者由人事部和信息产业部颁发资格（水平）证书，资格证书实行定期登记制度，每三年登记一次。再次登记前，需要接受必要的继续教育和业务技术培训，否则，将不予登记。这项考试推出后，相应专业的技术职务任职资格评审将被取消。

5. 启动高技能人才培养工程

为了加快培养一批企业和行业急需的技术技能型、知识技能型、复合技能型人才，推动行业形成高、中、初技能型人才梯次发展的人才资源结构，信息产业部与劳动和社会保障部联合发出《关于实施电子信息产业高技能人才培养项目的通知》，启动了信息产业高技能人才培养工程。这个项目主要选择了20个信息产业发达的重点城市，联系了一批具有规模实力、技术设备先进、管理规范、效益好的企业集团，建立了100个符合条件的信息产业高技能人才培养基地，组织开展高技能人才培养。同时，为了贯彻劳动和社会保障部“三年五十万”新技师培养计划，组织实施高级工、技师、高级技师职业技能鉴定，开展“四新”（即新技术、新工艺、新设备、新材料）技术技能培训。

人才是一条完整的供应链，包括各个方面的人才，缺一不可。各种人才有机地结合在一起，才能造就整个产业和整个社会。我们必须在产业中真正形成尊重劳动、尊重知识、尊重人才、尊重创造的良好氛围，给各类人才提供合理的发展环境，使产业人才济济，做到全面、协调、可持续发展。

[撰稿：王耀光]

第 6 部分　市场运行

2003年电子信息产业经济运行情况

【综述】

2003 年，面对不断加剧的市场竞争，以及全球 IT 产业增长缓慢、国际经济贸易摩擦加剧、非典型肺炎疫情等带来的不利影响，电子信息产业抓住机遇，克服困难，保证了全行业经济运行持续、快速、协调、健康发展。

2003 年，电子信息产业全行业实现销售收入 18 800 亿元，同比增长 34%；完成工业增加值 4 000 亿元，增长 34%；实现利税总额 1 000 亿元，增长 16%。其中实现利润 700 亿元，增长 17%；产品出口贸易额 1 421 亿美元，增长 53.2%。

全行业蓬勃发展　截止到 2003 年年底，全行业拥有企业 17 506 个，同比增长 27%。其中，电子制造业 10 506 家，增长 16.5%，增长幅度超过全国工业 9.3 个百分点。特别是元器件行业增长最快，增长幅度超过全行业 2.1 个百分点。在国家各项优惠政策的扶持下，软件业发展迅猛，企业个数大幅度增长。截止到 2003 年年底，全行业拥有软件企业 7 000 家，同比增长 40%，高出全行业增长幅度 13 个百分点。2000 年~2003 年电子信息产业企业增长情况见图 1。

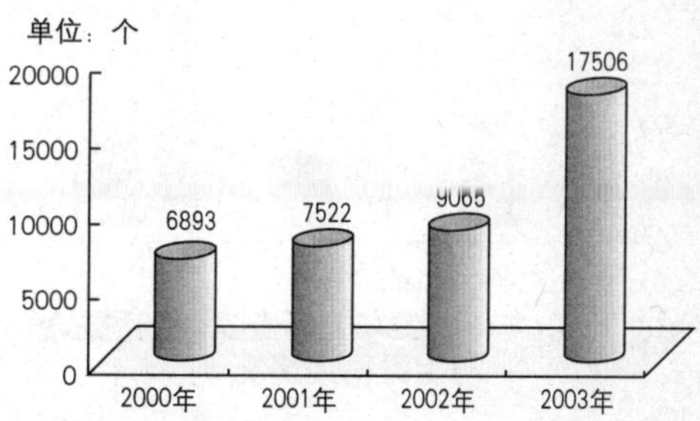

图1　2000年～2003年电子信息产业企业增长情况

产业规模三年翻一番　2003 年全行业完成产品销售收入 18 800 亿元，比 2000 年翻一番。

中国全面建设小康社会的奋斗目标是：到 2020年国内生产总值力争比 2000 年翻两番。中国电子信息产业的销售收入仅用 3 年时间就翻了一番。2000 年~2003 年全行业完成产品销售收入情况见图 2。

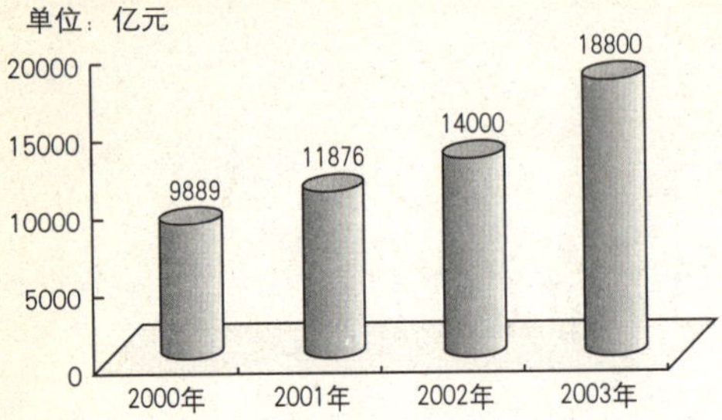

图2　2000年～2003年全行业完成产品销售收入情况

利税总额突破 1 000 亿元　2003 年，电子信息产业全行业经济效益发展态势良好。全年实现利税总额首次突破 1 000 亿元，同比增长 16%。其中，上缴国家税金总额超过 300 亿元，增长 10%。这是 3 年来，电子信息产业第一次实现摆脱全行业负增长，向国家上缴税金；是电子信息产业对国家贡献最大的一个年份。2001 年~2003 年电子信息产业全行业实现利税总额与上缴税金情况见图 3。

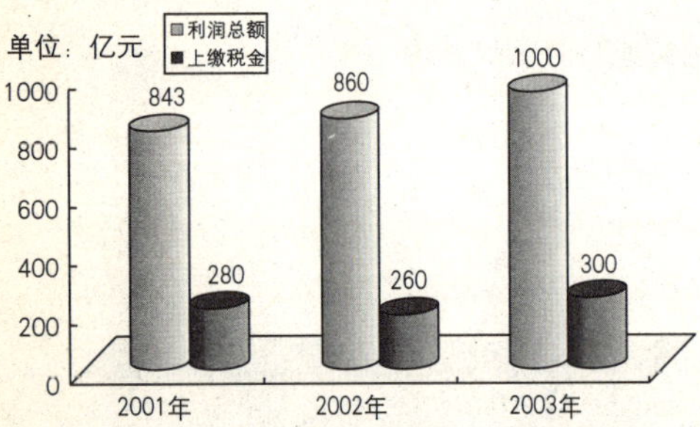

图3　2001年～2003年全行业实现利税总额与上缴税金情况

主要产品产销两旺　2003 年，全行业产、销衔接情况较好，产销率为 98%，同比提高 0.3 个百分点。其中，移动通信手机、微机、显示器、集成电路等产品的增长速度均超过 30%以上。2003 年主要电子信息产品的产、销情况见表 1。

出口贸易继续增长　2003 年，中国电子信息产品出口贸易继续保持良好的发展态势。其增长速度高出全国出口贸易 19.8 个百分点，占全国出口总额的 32.4%，对全国出口增长贡献率为 44.4%，是拉动全国外贸出口的主要力量。2001 年~2003 年电子信息产业出口贸易增长情况见图 4。2001 年~2003 年电子信息产业出口贸易情况见图 5。

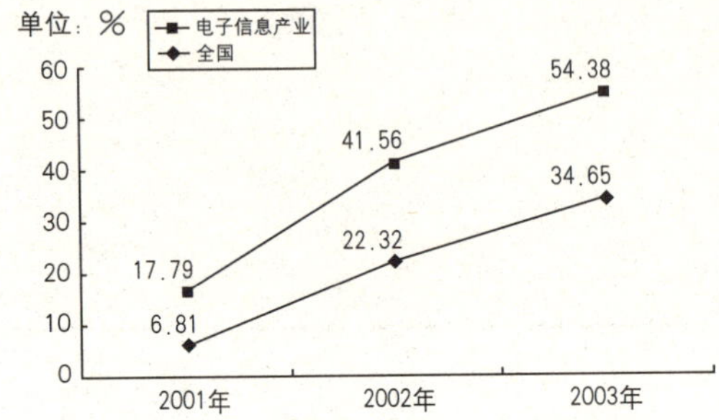

图4　2001年～2003年电子信息产业出口贸易增长情况

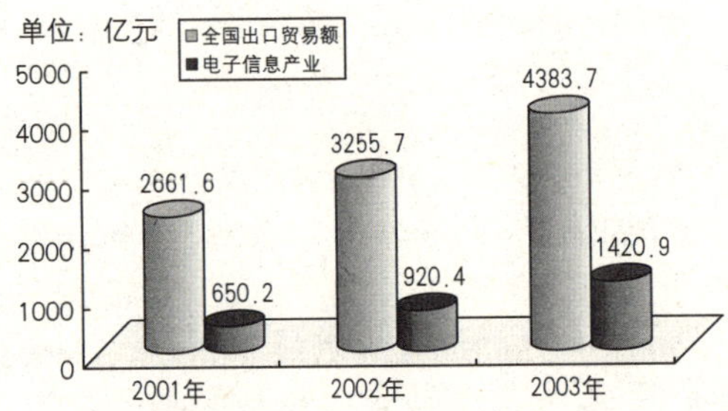

图5　2001年～2003年电子信息产业出口贸易情况

产业规模继续领先　2003 年，电子信息产业增长速度高出全国工业发展速度 10 个百分点，产业规模不断扩大。全行业完成产品销售收入继续居全国工业各行业之首。2003 年各行业规模占全国工业比重情况见图6。

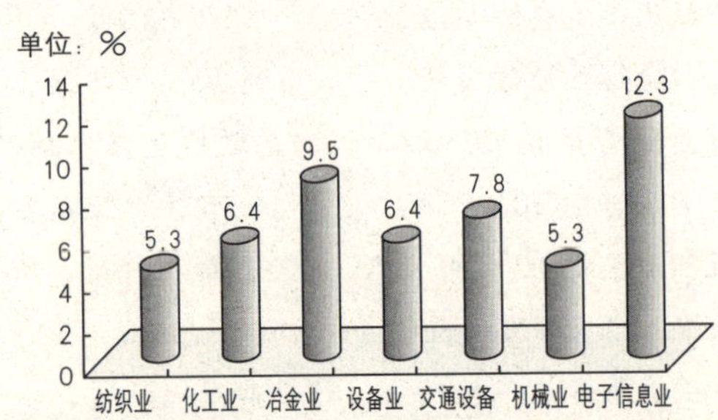

图6　2003年各行业规模占全国工业比重情况

从业人员不断增加 2003 年电子信息产业全行业从业人员 408 万人，同比增长 11%，增加 23.5 万人。其中，电子制造业从业人员 349.5 万人，增长 7.2%；软件业从业人员 59 万人，增长 18%。在全国工业从业人员中，电子制造业占 6.2%，其增长速度高出全国工业从业人员 3.3 个百分点。2001 年~2003 年电子信息产业从业人员增长情况见图 7。

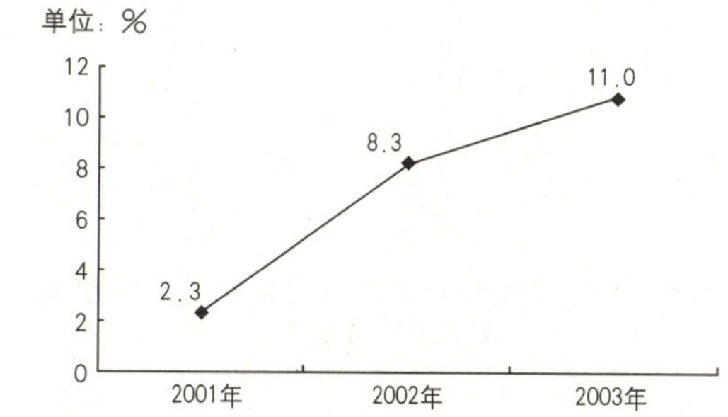

图7 2001年～2003年电子信息产业从业人员增长情况

拉动全国 GDP 的增长 2003 年，电子信息产业对中国 GDP 增长的拉动作用增强，对国民经济增长的贡献率提高。全行业完成工业增加值 3 546 万元，占全国 GDP 的 3.4%，同比提高 0.4 个百分点；对国民经济增长的贡献率为 0.64%，提高 0.25 个百分点。2000 年~2003 年电子信息产业占全国 GDP 比重情况见图 8。

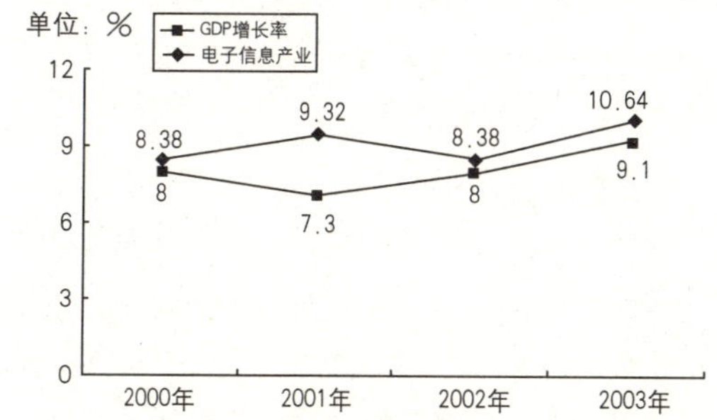

图8 2000年～2003年电子信息产业对GDP增长的作用

主要特点

2003 年电子信息产业经济运行的主要特点如下：

1. 计算机行业增长迅速

2003 年电子信息产业结构调整加快。电子专用设备和计算机类产品的生产增长较快。其增长速度分别超过全行业的发展速度 11.6 和 30.9 个百分点。特别是计算机类产品的产、销规模在全行业中所占比重上升到 33%，同比提高 6.3 个百分点，居全行业之首。通信类、元器件类、家用视听类产品的产、销规模在全行业中所占比重均有不同程度的下降，分别为 19.5%、22.9%和 15%，同比下降 2.1、1.6 和 1.8 个百分点。2003 年各类电子信息产品在全行业中所占份额情况见图 9。

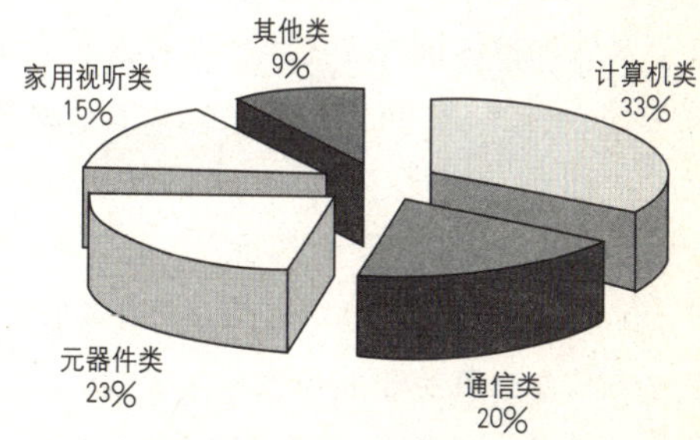

图9 2003年各类电子信息产品在全行业中所占份额情况

2. 全行业经济效益稳步提高

2003 年全行业经济效益不断好转，经济效益总体指标为 160.4%，高出全国工业经济效益指数 10 个百分点。其中，总资产贡献率为 12.9%，同比提高 1.05 个百分点，并高出全国工业水平 2 个百分点；全员劳动生产率增长 10%；成本费用利润率为 6.5%，提高 0.9 个百分点，分别高出全国工业水平 1 个和 0.8 个百分点；资产负债率为 56.3%，下降 0.8 个百分点；流动资金周转率为 1.6 次，加快 0.2 次。

3. 全行业研发能力有所增强

2003 年，中国电子生产企业注重提高研发能力，产品的技术水平有所提高；并在高附加值和高新技术产品的研发方面，获得长足的进步。

方舟、龙芯系列芯片和 Linux 软件等具有自主知识产权的产品取得新的突破；在第二代移动手机的应用层软件、射频模块设计技术、核心芯片及协议层软件等开发方面，国内企业取得较大进展；通信系统设备研发取得群体性的突破；大规模集成电路的研发已达到0.25~0.18μm水平。

4. 国际市场开拓能力逐步显现

目前，中国大部分电子企业都在开拓国际市场，推动产品出口。一些企业在稳定国内市场的同时开拓国际市场，并形成具有国际竞争力的中国跨国公司，使中国电子信息产业的海外研发中心规模以及生产能力不断增强。2003 年，全行业电子家电类产品前 5 家、通信类产品前 10 家以及软件业前 15 家等企业均在国外建有研发中心或生产线，其海外市场的收入占本企业的总收入大部分都超过 20%以上，为全行业出口增长做出了有效贡献。

5. 三资企业的作用继续攀升

2003 年，中国政府对外商投资政策更加优惠，促进电子外商投资企业的规模迅速扩大，促使其拉动全行业经济增长的作用继续攀升。2003 年，虽然电子外商及港、澳、台投资企业 4 026 个，占全行业企业个数的 23%，但是其销售收入、利税总额、工业增加值、出口额等经济指标在全行业中所占的比重均超过一半以上，分别为 67.5%、57.9%、52%和 82.7%。由此可见，电子外商投资企业对全行业经济运行起到了重要作用。2003 年各种经济类型企业拉动行业经济增长情况见表 2。

6. 通信类产品贡献最大

2003 年，电子信息产业在国内外两个市场的拉动下，产业结构继续调整，产销规模也发生了变化。从经济效益增长情况看，在全行业产销规模中，虽然通信类产品小于计算机类产品 14.1 个百分点，但是其对全行业经济增长的贡献率最大。

2003 年，通信类产品完成利润总额 177.2 亿元，居全行业之首，占全行业利润总额的 25%，高出计算机类 5 个百分点，高出家电类产品 13.9 个百分点；上缴国家税金 72 亿元，占全行业上缴税金的 27.6%，高出计算机类 17 个百分点，高出家电类产品 12.9 个百分点。2003 年通信类产品是拉动全行业经济效益增长的主要产品。2003 年各类电子信息产品完成利润总额与上缴税金情况见图 10。

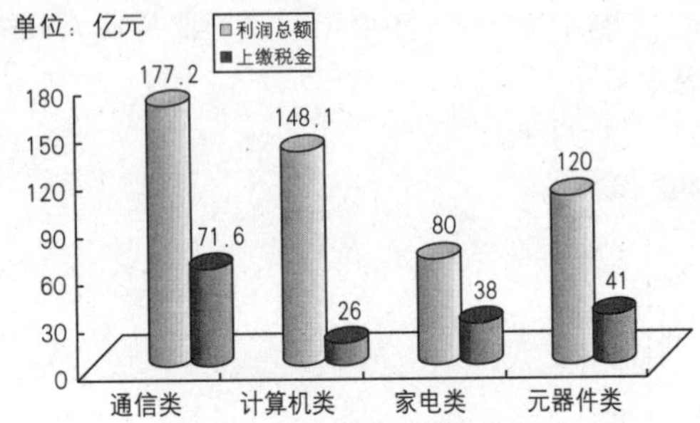

图10　2003年各类电子信息产品完成利润总额与上缴税金情况

7. 国内品牌手机内销市场扩大

2003 年以来，国内品牌手机生产企业发挥价格低、性价比高、服务好、消化吸收快、政策支持等优势，迅速崛起。全年国内品牌 GSM 手机生产 4 830 万台，销售 4 732.9 万台，分别占手机总产量与总销量的 30%和 29.5%，占国内市场销售的54.7%，同比提高 15.5 个百分点。波导、TCL、康佳等企业进入全行业产量与销量的前 10 名。其生产与销售总量分别占国内品牌企业生产与销售总量的 56.6%和 56.3%，国内市场占有率为 31.6%。其中，波导手机在国内的销售量已超过全部外资企业，位居全行业之首。

8. 软件产业快速成长

2003 年以来，中国软件产业继续保持增长势头，对电子信息产业经济运行的支撑作用更加明显。2003 年获得认定的软件企业有 8 582 家，软件产品登记 1.8 万个；完成软件与系统集成收入 1 600 亿元，同比增长 45%；完成软件出口额 20 亿美元，同比增长 33%，创历史最好水平。

嵌入式软件与传统产业相结合，并应用于信息家电、通信产业及工业控制等众多领域。2003

年嵌入式软件收入占纯软件产品收入的 50%以上，同比提升 10 个百分点。此外，智能卡、工交卡、一卡通等产品随着中国智能技术水平和产品智能化应用的提高，产销大幅度增长，全年增幅在 80%以上。

9. 产业规模向优势企业集中

随着信息产业部大公司、大集团战略的推进，各电子企业的经济体制改革不断深入，经济规模继续向优势企业集中、人才继续向优秀企业流动、市场份额继续向名牌产品扩大，全行业不仅形成一批具有国际竞争实力的大公司、大集团企业，同时还出现一批跨国公司。如：海尔集团公司、华为技术有限公司、深圳创维-RGB 电子有限公司、TCL 集团股份有限公司、联想控股有限公司等大企业在国外均设有生产企业或研发中心，在国际市场上也形成了竞争力。这些企业的快速成长对全行业的支撑作用进一步增强。

2003 年电子信息百强企业完成产品销售收入 5 933 亿元，同比增长 21%，占全行业销售收入的 31.5%；实现利税 444 亿元，增长 16%，占全行业的 44%。其中，实现利润 240 亿元，增长 20%，占全行业的 34%。2003 年电子信息百强企业各项经济指标在全行业中所占份额情况见表 3。

10. 沿海地区增速依然强劲

2003 年，长江三角洲地区电子信息产业发展增速，继续强劲。上海市、江苏省、浙江省等省市的增长幅度分别达到 79.2%、63.2%、43.1%，均超过全行业平均水平 10 个百分点以上。东南部沿海地区的 8 个省市的产品销售收入和利润总额分别占全行业的 93.7%和 92%。广东省电子信息产业在全行业经济增长中占主导地位。其销售收入、利润总额均超过全行业总量的三分之一。2003 年产业规模排前 8 名的省市在全行业中所占份额情况见图 11。

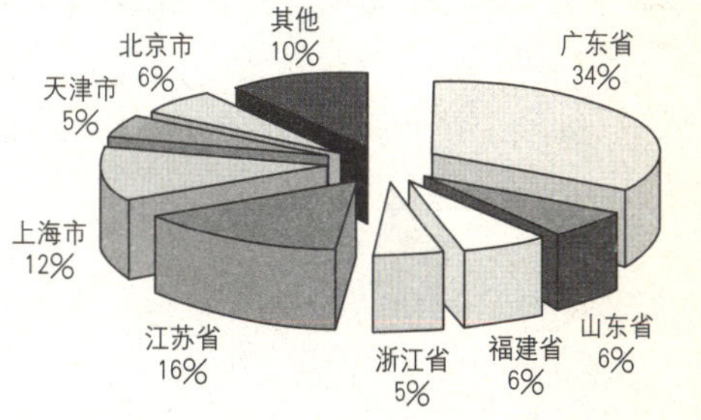

图11 2003年产业规模排前8名的省市在全行业中所占份额情况

问题与展望

当前，电子信息产业发展仍然存在着一些矛盾和问题。一是结构性矛盾以及低水平重复建设问题仍制约着电子信息产业的快速发展；二是国际贸易摩擦不断增加；三是国内市场竞争不断加剧。

2004 年是电子信息产业深化环境、扩大开放、加快发展的重要一年，机遇与挑战并存。预计，2004 年电子信息产品市场需求将稳中有升。其中，通信类、计算机类产品增长较快。全行业经济效益继续看好，经济运行的总体态势继续保持持续、健康、快速发展。

【统计数据】

表 1　2003 年主要电子信息产品产、销情况

产品名称	单位	产量		销量		出口额	
		产量	增长率（%）	销量	增长率（%）	出口额（亿美元）	增长率（%）
移动通信手机	万部	18 644	54.5	18 321	56.1	73.8	39.4
程控交换机	万线	5 807	39.0	5 387	34.6	4.5	81.8
彩色电视机	万部	6 521	30.3	6 500	23.8	25.6	16.6
微型计算机	万部	3 216	98.0	3 083	98.9	22.0	55.5
显示器	万部	7 326	56.2	7 373	55.2	95.7	62.4
彩色显像管	万只	9 051	16.1	8 906	15.7	7.5	17.7
集成电路	亿块	124	37.5	123	40.5	59.7	165.7

表 2　2003 年各种经济类型企业拉动行业经济增长情况

企业类别	发展速度（%）	拉动全行业的增长（百分点）	对全行业增长的贡献率（%）
国有及国有控股企业	14.9	3.5	10.0
外商港澳台投资企业	39.6	28.1	80.3
其他企业	59.3	3.4	9.7

表 3　2003 年电子信息百强企业各项经济指标在全行业中所占份额情况

单位：亿元

项目名称	销售收入	增长率（%）	利税总额	增长率（%）	利润	增长率（%）
全行业	18 800	34	1 000	16	700	17
电子信息百强企业	5 933	21	444	16	240	20
所占比重（%）	32		44		34	

[撰稿：信息产业部经济体制改革与经济运行司]

2003年中国软件产业发展现状与发展趋势

【综述】

2003 年，中国软件产业的政策环境、市场环境得到改善，产业规模得到扩大，并继续保持高速发展的态势。在顺应数字化、智能化和 3C 融合的趋势下，软件产业正加速向通信、家电、汽车、医疗、娱乐、移动应用等重点领域渗透。

信息产业部与国家统计局联合统计调查结果表明：2003 年全行业共完成软件与系统集成销售收入 1 633 亿元，同比增长 48.5%，占全国电子信息产业销售总额的 8.7%。其中，软件出口额为 20 亿美元，增长 33.3%，占电子信息产品出口总额的 1.4%。1999 年~2003 年软件与系统集成销售总收入情况见图 1。

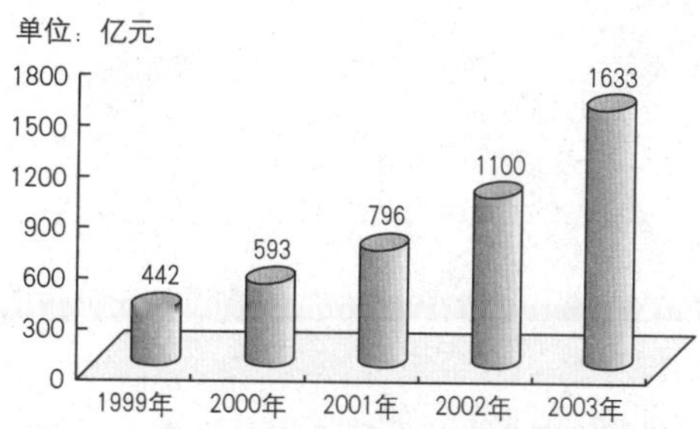

图1 1999年～2003年软件与系统集成销售总收入情况

国际市场份额上升 2003 年，全球软件产业的发展规模为 7 480 亿美元，中国软件产业在世界软件产业中所占份额从 2000 年的 1.2%增长到 2.6%，取得长足的进步。目前，中国软件产业正处于高速发展时期，但是与美国、西欧各国、日本等软件产业发达的国家相比，还存在差距。在出口外包方面，与印度、爱尔兰等国家竞争激烈。2000 年~2003 年中国、美国、西欧、日本等国在全球软件产业中所占份额情况见表 1。

出口规模增长 2003 年，全国软件出口额为 20 亿美元。中国软件产业仍是以满足内需为主，外向型、出口型的企业不多。1999 年~2003 年中国软件出口增长情况见表 2。1999 年~2003 年软件出口额与软件产业总额相比较情况见图 2。

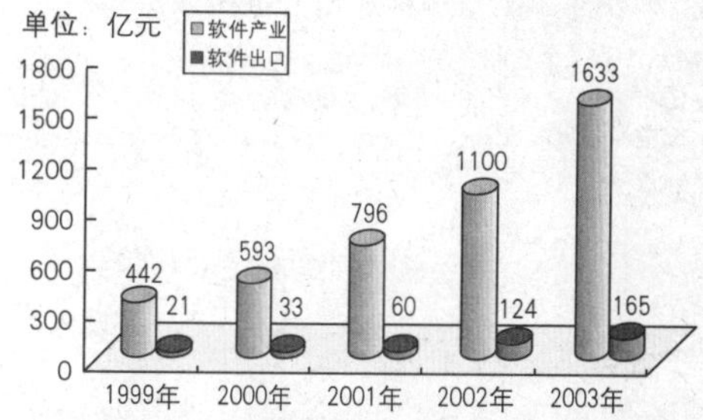

图2 1999年～2003年软件出口额与软件产业总额相比较情况

软件服务与系统集成市场份额上升 2003 年，中国软件产业销售总收入为 1 633 亿元。其中，软件产品销售收入为 837 亿元，占总收入的 51%，系统集成销售收入为 531 亿元，占总收入的 33%；软件服务销售收入为 265 亿元，占 16%。从市场构成情况看，软件服务与系统集成所占市场份额不断增大，占总销售收入的 49%。2002 年软件服务与系统集成占市场份额的 40%。目前，中国软件企业已经意识到软件服务市场的重要性，并逐渐加大对软件服务与系统集成市场的投入力度。2003 年中国软件产业市场构成情况见图 3。

应用软件是主导产品 2003 年，软件产品市场销售收入为 837 亿元。其中，系统软件为 20 亿元，占产品总收入的 2%；支撑软件为 33 亿元，占产品总收入的 4%；嵌入式软件为 360 亿元，占 43%；应用软件为 424 亿元，占 51%。

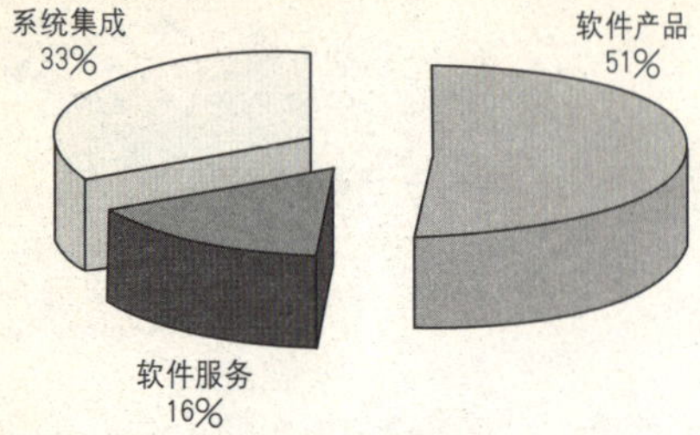

图3 2003年中国软件产业市场构成情况

近年来，中国嵌入式软件产品发展较快，在软件产品中所占比重逐年加大。嵌入式软件提供的各类增值服务，拉动信息服务业快速增长。2003 年软件产品市场构成情况见图 4。

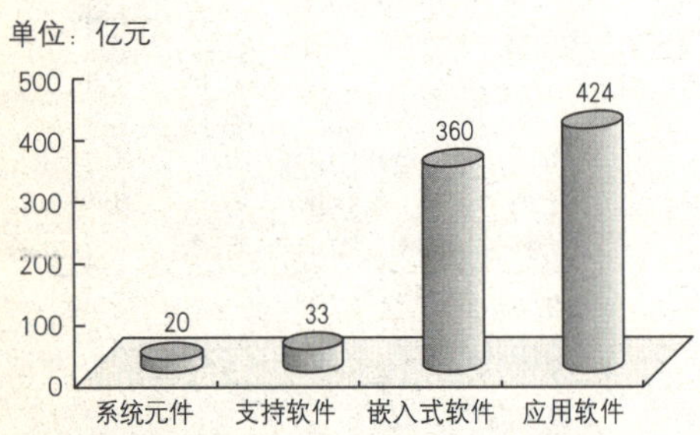

图4 2003年软件产品市场构成情况

软件队伍扩大 目前，中国已经拥有一支优秀的软件人才队伍。2003 年，全国软件行业从业人员约有 62 万人，占电子信息产业全行业总人数的 15.2%。2000 年~2003 年中国软件产业从业人员情况见图 5。

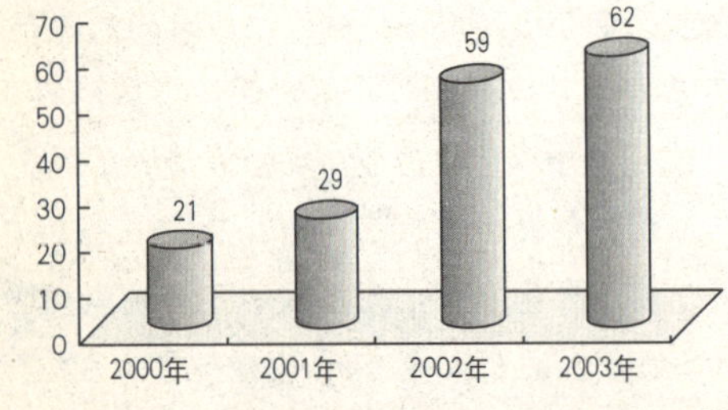

图5 2000年～2003年中国软件产业从业人员情况

企业与软件产品认定 2003 年，全国新认定软件企业 2 000 多家，新登记软件产品 8 000 件，全年退税额约为 30 亿元。截止到 2003 年 12 月底，全国累计认定软件企业 8 700 多家，登记软件产品 18 900 多件，累计退税额约为 100 亿元。2003 年共登记进口软件产品 130 多个。

产业发展情况

2003 年，销售收入超过亿元的企业有 223 家，销售收入在 1 000 万元以上的企业有 1 691 家。

国家 11 个软件产业基地、6 个软件出口基地和全国软件产业最大规模前 100 家企业，分布在全国人才相对密集，具有软件研发与市场规模优势的地区；独立软件开发商（ISV）、嵌入式软件开发商、系统集成商（SI）及从行业内发展壮大起来的软件企业都在快速发展。2001 年~2003 年软件企业销售收入分布情况见图 6。

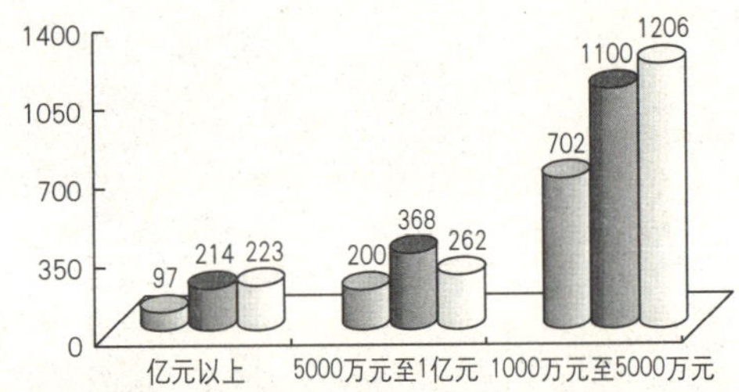

图6 2001年～2003年软件企业销售收入分布情况

产业规模向优势地区集中 中国软件产业发展较快的地区主要分布在环渤海地区、珠江三角洲、长江三角洲地区。其中，北京市、广东省、浙江省位居前 3 位。这 3 个地区的软件销售总收入为 869 亿元，占软件产业销售总收入的一半以上。2003 年软件与系统集成销售收入排前 5 名的省市情况见图 7。

这几个地区具有如下相同的特点：第一，拥有良好的城市基础设施建设与产业配套基础；第二，拥有当地政府在政策上的大力支持；第三，

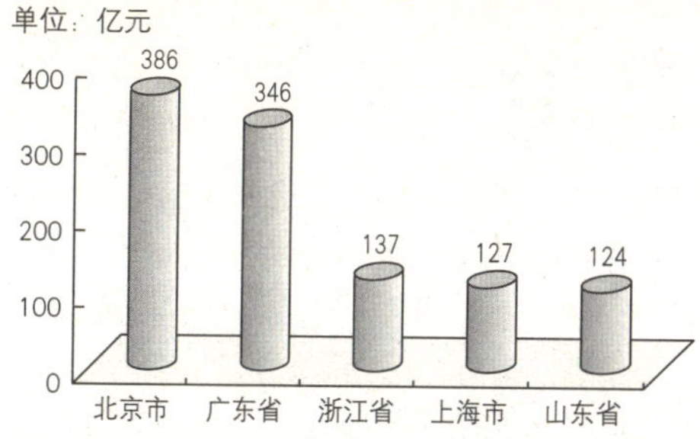

图7 2003年软件与系统集成销售收入排前5名的省市情况

拥有良好的市场竞争环境；第四，积聚了一大批高素质的软件人才；第五，软件企业已经在此形成了群体优势，并拥有较为完整的软件产业链。

股份制经济、外商及港、澳、台企业占主导地位 目前，在中国软件产业发展中，股份制经济、外商及港、澳、台企业占主导地位。其中，股份制企业的销售收入为 807 亿元，占销售总额的 49.4%；外商及港、澳、台企业的销售收入为 407 亿元，占 24.9%。2003 年按经济类型划分的软件企业销售收入情况见图 8。

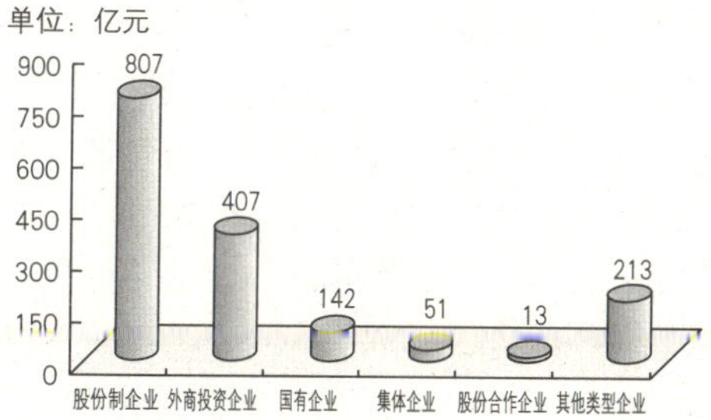

图8 2003年按经济类型划分的软件企业销售收入情况

参与国际竞争 截止到 2004 年 3 月，全国通过 CMM2 级以上评估的软件企业超过 100 家，同比增加一倍。其中，通过 CMM3 级以上评估的企业超过 45 家，通过 CMM4、CMM5 级评估的企业有 9 家。全国通过 CMM3 以上评估的软件企业情况见表 3。

人才供需有待改进 从整体情况看，“数量供不应求”与“结构不尽合理”仍是 2003 年中国软件人才体系的突出特点。软件人才数量上供不应求的总体特点并没有根本改变，高端的复合型、国际化人才仍然缺乏。

目前，中国软件从业人员的组成结构呈现出“橄榄型”的特点，即：不仅缺乏软件高端人才，包括系统分析师、项目管理、外包项目接单、软件测试等，同时也缺乏软件低端人才，包括软件编码工人等。

从专业细分来看，通用型软件人才需求趋缓，以游戏开发、嵌入式软件与 IC 设计、Linux 软件、出口外包接单、虚拟现实、系统仿真为代表的专业软件人才供不应求现象明显。

从地区分布来看，上海市、广东省等沿海经济发达城市的软件人才需求量较多；一些经济欠发达地区，软件人才需求数量逐年增加，但留不住人才的现象依然严重。

市场发展情况

2003 年中国软件市场发展较快。其中，嵌入式软件市场发展最快，信息安全市场增长幅度较大。国外品牌长期垄断高端软件市场的格局开始转变，中国软件出口仍是以日本市场为主。

以日本为主，开拓欧美市场 目前，中国软件出口的方式为多样化，既有软件外包定制加工，又有具有自主知识产权的软件产品出口，还有大量的装入智能化数字设备的嵌入式软件出口，还有一些技术出口。软件出口地区遍布世界各地，从整体上看，无论是软件出口额，还是从事软件出口企业的数量，对日本软件的出口占中国软件出口总额的 61%。此外，软件企业开拓欧、美市场的能力逐渐增强。2003 年中国软件出口地区分布情况见图 9。

嵌入式软件市场发展快 近年来，中国嵌入式软件产品发展较快，是中国软件产业新的市场增长点。2003 年嵌入式软件在移动设备、数字家电、数控机床、汽车电子、医疗电子、航天航空、工控等领域得到广泛应用。尤其是在通信领域中，起到重要的作用。该种软件占嵌入式软件销售总

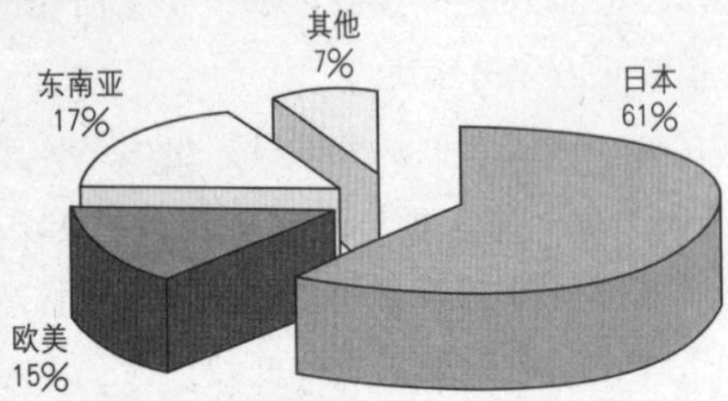

图9 2003年中国软件出口地区分布情况

收入的 78%。

电子政务市场软件投资增大 2003 年，中国电子政务市场逐步摆脱“重硬件、轻软件”的建设模式。在中国政府 350 亿元的电子政务采购中，软件和信息服务的投入比例逐渐提高，已达到 30%左右。投资重点从基础软件转向应用软件。管理软件、网络安全软件、操作系统等，是 2003 年电子政务建设中主要的软件产品。

信息安全市场增长加快 2003 年 7 月，中国首次提出了建立“国家信息安全保障体系”的方针，拥有自主知识产权的信息安全产品在电子政务、电子商务和关键信息系统中占主导地位。2003 年，中国信息安全市场规模快速增长，其增长速度在 80%以上。信息安全的主要应用市场是政府、金融、电信和教育，这些市场对信息安全的投资保持了较高的水平。

Linux 行业应用市场细化 中国 Linux 应用已扩展到服务器领域、嵌入式系统、互联网领域以及信息安全领域等各个方面。其在金融、电信、邮政、传媒、烟草等行业的应用不断增多，并开始向 PC 桌面系统渗透。

从市场分布来看，2003 年，政府应用市场份额保持稳定，中、小型企业在中国 Linux 操作系统市场中所占份额有所上升，同比翻了一番。推进该市场份额增长的主要因素是 Linux 软件厂商与数据库等其他软件厂商共同联手，细分市场。

目前，中国很少有企业能够在 Linux 业务上实现全面赢利，多数处于亏损或持平状态。如何准确找到自己的盈利模式，已经成为所有在 Linux 平台之上进行开发的软件厂商必须面对的课题。

高端自主知识产权产品取得突破 2003 年，在国内软件产品市场上，国外品牌的产品仍然占据系统软件、支撑软件的大部分市场份额。但是，国外品牌长期垄断高端软件市场的格局已开始发生转变。2003 年，国内品牌产品在财务管理软件、单机版防杀毒软件、中文信息处理软件及信息安全、电子政务、教育、排版、证券等应用领域优势明显，金山、无锡永中、瑞星、江民在政府采购中屡屡中标。2003 年，中国在通信和网络应用软件等方面有所突破，在高性能计算、网格计算和航天等高端软件技术方面取得成绩。

市场发展趋势

2003 年，中国软件产业体系正在逐步形成。Linux 受到重视，产业发展重心仍是以中间件和应用软件为主；政府与中、小企业已成为需求的热点。但是，软件产品的服务供给不足，以及解决方案短缺，仍制约着信息化建设的发展。网络应用为中国软件市场的发展提供了机遇。

预计，2004 年中国软件市场的销售额将达到 2 100 亿元，同比增长 28.6%。其中，软件产品收入 1 008 亿元，增长 20.4%；系统集成收入 714 亿元，增长 34.5%；软件服务收入 378 亿元，增长 42.6%。预测 2004 年软件市场销售收入增长情况见图 10。

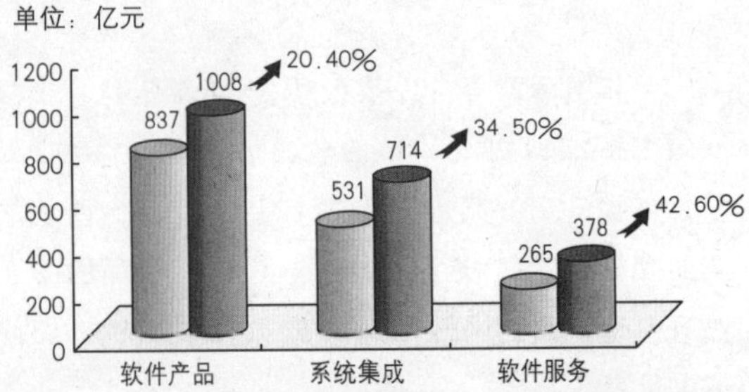

图10 2004年软件市场销售收入增长预测情况

2004 年中国软件产业发展趋势如下：

1. Linux 进入推广应用的关键时期

2004 年 Linux 将进入应用的关键时期。开放源代码与跨平台应用是国际软件技术开发的重点，Linux 开放平台的开发应用是中国软件产业发展的机会。2004 年 Linux 不仅在电子政务中被广泛应用，同时在企业信息化、电子商务、教育信息化等方面也将获得发展。

2. 软件服务成为市场竞争的手段

根据专业化分工的需求，软件多元化增值服务已成为软件产业发展的趋势。软件与服务外包、软件定制以及软件网络化服务、呼叫中心、数据加工等软件服务模式正在为人们所接受。软件服务作为市场竞争的方式之一，已成为 IT 行业中发展最快的一部分。2004 年，将有越来越多的软件企业向服务提供商和软件集成商（SI）转型，软件服务市场将进一步增大。

3. 嵌入式软件的市场不断扩大

嵌入式软件为信息产业的发展带来了新的发展机遇。该类软件被视为中国软件产业新的增长点之一。中国拥有强大的电子信息整机制造能力和消费市场，随着经济信息化程度的加深和对传统工业改造的加速，制造业将带动软件产业发展，嵌入式系统及软件与传统产业的结合将愈加紧密，中国将有越来越多的企业从事嵌入式软件的开发与应用，并利用嵌入式软件提高整机系统的附加值。2004 年，在推动国务院 18 号文件、《振兴软件产业行动纲要》全面落实的同时，将继续推进集成电路、软件等核心技术的自主创新。信息产业部的工作重点将放在政府采购、产权交易、软件出口、引入外资、嵌入式软件认定、中文 Linux 平台等方面，鼓励并支持有条件的软件开发部门转制成为软件公司，享受优惠政策，直接面向社会服务，加快自身发展；引导国内企业与跨国公司开展合作，通过同业间资产重组提高软件测试水平和工程化能力，采取外包方式加快软件出口步伐。

【统计数据】

表 1　2000 年~2003 年中国、美国、西欧、日本等国在全球软件产业中所占份额情况

单位：亿美元

	中国	美国	西欧	日本	印度	韩国	全球	增长率（%）
2000年	72	2 400	1 860	572	89	83	5 960	
所占份额（%）	1.2	40.2	31.2	9.6	1.5	1.4	100	
2001年	96	2 612	1 980	661	102	99	6 219	4.4
所占份额（%）	1.5	42.0	32.0	11.0	1.6	1.6	100	
2002年	133	2 797	2 159	712	122	168	6 965	12.0
所占份额（%）	1.9	40.2	31.0	10.2	1.8	2.4	100	
2003年	197	2 967	2 248	785	160	201	7 480	7.4
所占份额（%）	2.6	39.7	30.1	10.5	2.1	2.7	100	

表 2　1999 年~2003 年中国软件出口增长情况

单位：亿元

年份＼项目名称	软件产业总额	软件出口额	出口额所占百分比（%）	增长率（%）
1999	442	21	4.8	
2000	593	33	5.6	57.0
2001	796	60	7.5	80.0
2002	1 100	124	11.2	100.0
2003	1 633	165	10.1	33.3

表 3　中国通过 CMM3 级以上评估的软件企业情况

序号	企业名称	等级	通过时间
1	东软集团	CMM5	2002年 12 月
2	大连海辉科技股份有限公司	CMM5	2003年 3 月
3	摩托罗拉中国软件中心	CMM5	2000年 9 月
4	新宇科技集团	CMMI5	2003年 9 月
5	华为印度研究所	CMM5	2003年 8 月
6	大连华信	CMM5	2004年 2 月
7	华为南京研究所	CMM4	2003年 5 月
8	华为北京研究所	CMM4	2003年 1 月
9	上海宝信软件股份有限公司	CMM4	2004年 3 月

［撰稿：信息产业部经济体制改革与经济运行司］

2003年电子信息百强企业经济运行分析综述

2003 年，电子信息百强企业的规模再创新高，运行质量明显改善，经济活力进一步增强，体制改革进程稳步推进。

经济运行基本情况

1. 规模创新高，运行质量改善

2003 年，电子信息百强企业实现营业收入 6 847 亿元，同比增长 21%；完成产品销售收入 6 300 亿元，增长 19%；上交税金 222 亿元，增长 18%；实现利润总额 257 亿元，增长 15%；全年完成出口交货额 1 528 亿元，增长 31%。年末资产总额达到 5 678 亿元，增长 19%。

利润总额排名靠前的企业有华为技术有限公司（38 亿元）、TCL 集团有限公司（16 亿元）、中兴通讯股份有限公司（15 亿元）。从利润率的角度看，排名靠前的企业有航天信息 20.7%、广州无线电集团 19.6%、比亚迪 19.5%。

从资产经营状况来看，2003 年电子百强企业资产总额同比增长 19%，其中净资产增长 14%，负债增长 22%。全年总资产收益率为 4.91%，营业利润率为 3.75%；总负债规模 3 469 亿元，其中流动负债 3 069 亿元；总资产负债率为 60.37%，处于较高水平；资产周转次数 1.21 次，存货周转次数 13.93 次，应收账款周转次数 6.51 次，企业的运营效率比去年有较大提高。

截至 2003 年 12 月底，在电子信息百强企业中有 3 家亏损，比去年减少 1 家，亏损企业亏损额为 5.5 亿元。利润下降的企业有 26 家，比去年减少 15 家。

2. 出口大幅增长

2003 年百强企业共完成出口交货值 1 528 亿元，同比增长 31%，出口占销售收入比重达到 24%，出口已经成为拉动行业增长的重要力量。从出口量来看，增长较快的产品是：电话机增长 98%，手机增长 50%，彩色电视机增长 50%，空调器增长 48%，显示器增长 34%，彩色显像管增长 21%。从出口销售收入来看，增长最快的依次是通信类企业（增长 67%）、计算机类企业（增长 61%）、家电类企业（增长 27%）、元器件类企业（增长 17%）。

3. 主要产品销售良好

（1）通信类企业利润高速增长。

全年通信类企业实现产品销售收入同比增长 22%，利润增长 42%，营业利润率为 5.7%。

全年累计销售程控交换机 3 686 万线，其中出口 247 万线。深圳华为销售 1 277 万线，上海贝尔销售 748 万线，中兴通讯销售 720 万线。

全年累计销售手机 11 208 万部，其中出口 4 427 万部，产品出口率为 39%。中国普天销售 5 242 万部，出口 2 729 万部；上广电销售 1 346 万部，出口 1149 万部；TCL 销售 982 万部。

（2）元器件类企业效益快速回升。

2003 年元器件行业全面回升。彩色显像管、汽车电子、手机电池、计算机配套件等产品类企业普遍高速增长，企业处于满负荷生产状态。全年元器件类企业实现销售收入同比增长 28%，利润增长 37%，营业利润率为 5.8%，为各行业最高水平。

彩色电视机市场的好转带动了彩色显像管生产企业产销的回升，全年累计销售彩色显像管 3 089 万只。其中出口 771 万只，产品出口率为 25%。彩虹销售 1 160 万只，出口 296 万只；上广电销售 671 万，出口 97 万只；华东电子销售 570 万只，出口 87 万只。

显示器累计销售 1 234 万台，出口 518 万台，产品出口率为 42%。苏州孔雀销售 502 万台，出口 317 万台；京东方销售 357 万台，出口 137 万台；北大方正销售 195 万台。

（3）家电类企业盈利状况欠佳。

2003 年，由于钢材等原材料价格上涨，电力供应紧张，加上国外公司收取专利费等因素，直接提高了家电企业成本，导致家电类企业效益下降。

全年家电类企业销售收入同比增长 17%，而利润同比下降 18%，利润率仅为 2.1%。

全年电子信息百强企业彩色电视机累计销量为 5 890 万台，其中出口 1 867 万台，出口比例为 32%。其中长虹销售 1 160 万台，出口 426 万台；TCL 销售 1 159 万台，出口 372 万台；康佳销售 899 万台，出口 108 万台。

激光视盘机累计销售 1 824 万台，其中出口 1 465 万台，产品出口率为 80%；其中华录销售 302 万台，出口 281 万台；长虹销售 294 万台，出口 283 万台；江苏新科销售 349 万台，出口 196 万台。

（4）计算机类产品平稳增长。

全年计算机类企业实现销售收入增长 17%，利润增长 7%，营业利润率为 3.3%。

全年累计销售计算机 788 万台，其中联想销售 365 万台，北大方正销售 161 万台，清华同方销售 94 万台。

(5) 软件与系统集成类企业经营状况不理想。

软件类企业实现销售收入下降 2%，利润下降 57%，营业利润率为 2.0%。

4. 加大研发投入，增强专利意识

2003 年百强企业用于研究开发的经费支出共计 256 亿元，比上年增长了 21%，其中华为用于研发的支出占营业收入比重高达 15%。近年来，百强企业申请专利的意识大大增强。截至 2003 年末，百强企业中申请专利数最多的是海尔集团公司，达 4 774 项。申请发明专利最多的企业是京东方 2 125 项，其次是中兴 1 414 项、海尔 516 项、华为 331 项、联想 300 项、彩虹 227 项。从百强企业的发展状况可以看出，拥有较多专利的企业具有很大的发展潜力，能够保持多年的持续增长，盈利水平也相对较高。

百强企业运行特点

1. 积极响应国家提出的要大力推进国民经济信息化，以信息化带动工业化，以工业化促进信息化，走新型工业化道路的发展战略。2003 年，东软集团、中软集团、朝华科技等软件和系统集成类企业积极参与政府、教育、医疗、工商、金融、网络、网络安全及基础设施工程项目的招标活动，主管业务均有一定突破。在通信和计算机制造领域，联想集团计算机销量达到 365 万台，创出历史最高水平；方正、华为、中兴等企业各项经济指标也呈现了快速上升的发展态势。

2. 百强企业的集中度进一步提高为实施电子强国战略和带动产业做大做强奠定了基础。2003 年百强企业中一批大企业保持了稳定、快速、健康的发展态势，海尔集团实现营业收入突破 800 亿元，实现了历史性跨越；超过 100 亿元的企业达到了 15 家。这 15 家企业实现营业收入总额占百强企业营业收入总额的比重达到了 62%。经济规模继续向优势企业集中，人才资源向优势企业流动，一批具有国际竞争力的大公司在逐步形成，海尔、华为、TCL 等公司相继在国外建立生产基地和研发中心，提升核心竞争力，推进企业国际化发展战略，企业综合竞争力的提高对全行业的发展和做大做强发挥了有力的支撑作用。

3. 通过深化企业改革，推进资本运作，给企业带来新的效益提升空间和新的发展模式。如 TCL 集团积极整合资源，推进产权制度改革，实现了整体上市，提升了企业在彩色电视机和手机两大产业中的竞争力。京东方 2003 年收入突破 100 亿元，企业以 3.8 亿美元境外收购韩国现代显示技术和相关业务，从而在 TFT-LCD 领域拥有了世界一流技术，又以增发资金 10.5 亿港元收购全球第二大显示生产商冠捷科技 26.36%的股权，合资成立了东方冠捷科技有限公司。京东方在 2003 年实现了在液晶显示器技术领域的重大突破，公司年度实现利润大幅度增长。

4. 一批民营企业继续呈现出蓬勃的发展态势。华为、中兴大力提高研发水平，加大开拓国际市场，盈利水平大幅度提高；侨兴集团抓住市场发展机遇，快速提高手机产能，在去年首度跨入电子信息百强行列后，就实现了产品销售额翻番的优良业绩；朝华科技积极推进产业转型，构建完成了分销与系统集成、软件应用服务、数码产品和数字娱乐 4 大产业布局，2003 年营业收入同比增长达到了 62%；比亚迪作为电池行业的新秀，近几年市场规模持续扩大，呈现了跳跃式的发展态势，去年实现营业收入翻番，一举突破 50 亿元大关；亨通是一家乡镇企业，公司通过抓市场、重服务、促研发，2003 年实现利润同比增长 100%。民营企业的发展给电子百强企业注入了发展活力。

面临的问题与对策

1. 出口退税率下调，企业利润降低

近年来，外贸出口快速增长，出口拖欠退税问题也日渐突出。2003 年，国务院发布了《关于改革现行出口退税机制的决定》，包括 2003 年电子产品出口量居前 5 位的显示器、手机、集成电路、激光视盘机、打印机等大多数电子产品，出口退税率下调幅度达到 4 个百分点，税率的变化直接影响了产品出口的生产成本。

面对政策的变化，企业应以下几个方面采取应对措施，以保持电子产品出口的稳定增长：

（1）变进料加工为来料加工。进料加工的税务成本比来料加工高，来料加工国内企业只收取加工费，而加工费免征增值税。

（2）调整出口产品结构，大力发展高端产品。如海信出口已转向等离子电视、液晶电视、符合欧洲环保要求的新冷酶、高能效比变频空调等高技术含量的高端家电产品。

2. 彩电反倾销问题影响家电企业的发展

彩电出口反倾销案受到了国内有关政府部门、法律界、有关企业的高度关注。在国家有关部门和企业的努力下，事态已朝着有利的方向发展。归纳起来，有以下几个方面需要企业和政府在以后的工作中给予重视：

（1）尽快建立预警机制和应诉机制，加强国际反倾销重点指控产品的监控，并提出预警方案。政府部门、民间协会、研究机构和有关企业要协同配合，建立有关机构，认真总结反倾销应诉经验和技巧,帮助企业更好地规避市场风险。

（2）企业要加快对外投资步伐，要在对我诉倾销较集中的国家建立生产基地，以此规避反倾销。

（3）企业要改变出口策略。避免在短期内对某一特定地区出口过于集中、增长过快。加快产品更新换代，以高端产品打开国际市场。

（4）要加强反倾销国际合作，加强与利益共同体的沟通和联系，改善关系。主动遵守市场经济规则，有序融入国际经济。

3. 能源紧张、原材料涨价对企业发展产生了一定影响

2003 年能源、原材料价格涨势迅猛，电力等能源供应紧张，百强企业生产成本增加，产品市场竞争力和效益下降。面对形势的变化，企业应积极采取应对措施：

（1）理性控制投资规模，避免在已经过热的投资领域新增投资或盲目扩大生产能力。

（2）提高成本核算意识，推进节能降耗，采用节能环保设备和措施。

（3）适应市场需求，在产品的节能环保功能上做文章，提高产品竞争力。

[撰稿：信息产业部经济体制改革与经济运行司综合处]

加快机制创新　全力做大做强

【综述】

依据企业 2003 年营业收入排定的第 18 届电子信息百强企业中，海尔集团公司以实现年营业收入 806 亿元蝉联电子信息百强企业之首，联想控股有限公司、TCL 集团股份有限公司以 403 亿元、382 亿元分列第 2、3 名。第 4 至 10 名的企业分别是：上海广电（集团）有限公司，熊猫电子集团有限公司，海信集团有限公司，华为技术有限公司，北京北大方正集团公司，广东美的集团股份有限公司，中兴通讯股份有限公司。

2003 年，中国信息产业克服了 SARS 等诸多不利因素，全行业保持了持续、快速发展的势头，全年完成工业增加值4 000亿元，同比增长34%；实现销售收入1.88万亿元，增长34%；利税总额突破1 000亿元，增长16%；电子信息产品出口额1 421亿美元，增长54%，增速高出全国出口额20个百分点。百强企业作为行业的主力军，在技术创新、资源优化配置、开拓市场、扩大开放、产权改革等方面取得了优异的成绩，进一步推动了企业做大做强，为建设电子强国奠定了基础。

本届电子信息百强企业体现了以下几个新特点。

1. 企业规模不断扩大

本届电子信息百强营业收入达到6 631亿元，比上届增加912亿元，增长16%。营业收入超过800亿元的企业有1家；超过300亿元的企业达到4家；超过200亿元的企业达到7家；超过100亿元的企业有16家，比上届增加4家；超过50亿元的企业达到36家，比上届增加7家。

本届百强企业共实现利润总额283亿元，比上届增长19%。上交税金230亿元，比上届增长20%。利润总额超过1亿元的企业达到57家，比上届增加12家，上交税金超过1亿元的达到47家，比上届增加14家，企业的运行质量和效益不断提高；其中，华为技术有限公司2003年实现利润总额38亿元，名列百强之首。利润总额排序2至10名的企业依次是：海尔集团公司、TCL集团股份有限公司、上海广电（集团）有限公司、联想控制股，有限公司、中兴通讯股份有限公司、比亚迪股份有限公司、上海飞乐股份有限公司、夏新电子有限公司、北京北大方正集团公司。

本届电子信息百强企业入围标准从上届的7.8亿元提升至10.4亿元，提高幅度达33%。

2. 龙头企业对行业的带动作用明显

移动通信、信息家电、个人电脑和宽带网络等行业成为中国电子信息产业的支柱，以华为、中兴通讯、TCL、长虹、联想等为代表的一批整机企业，带动了京东方、彩虹、赛格、比亚迪等一批配套的元器件企业，实现了规模效益双丰收，有力地促进了软件和集成电路产业的发展。

在重点产品产销方面，市场产品名牌效应日趋突出。电子信息百强企业销售彩电5 744万台，占全行业的88%；程控交换机3 604万线，占全行业的67%；手机5 966万部，占全行业的33%；激光视盘机1 824万台，占全行业的60%；彩色显像管2 856万只，占全行业的32%。

本届百强企业的销售总额占全行业销售额的比重达35%，其中前10家企业的营业收入达到3 131亿元，占到全行业的17%。从实现利润总额的情况看，本届百强企业的利润总额占全行业的40%，利润排名前10家企业合计利润140亿元，占行业利润总额的20%。本届百强企业合计上交税金230亿元，占全行业的77%。

3. 制度创新取得进展，企业活力不断提高

百强企业顺应市场经济发展潮流，混合经济成分进一步发展。本届百强中国有及国有控股企业54家，集体企业和民营企业46家。从股权结构来看，企业积极推进股份制改造，本届百强中有65家公司（或其控股公司）已经上市。国有企业通过改制改组，逐步呈现多种经济成分共存的局面。

近年来，百强企业一直在进行现代产权制度改革的探索，有些企业已初见成效，如TCL集团通过现代产权改革进一步理顺了产权关系，激发了员工积极性，使企业走上健康发展的道路。京东方等股份制改革也取得了初步成功。

4. 品牌价值提升，“走出去”取得新进展

在2003年中国最有价值品牌前10名中，海尔、联想、TCL、四川长虹、广东美的分列第1、4、6、7、8位。2004年2月，世界品牌实验室、世界经理人周刊等机构联合发布世界最具影响力的100个品牌中，海尔集团榜上有名。

百强企业坚持“走出去”战略，不少企业国际化取得了新成果。本届百强企业共实现出口交货值1 483亿元，比上届增加26%。华为、海尔、

中兴通讯、长虹等海外销售都取得了显著增长。许多企业积极参与跨国协同合作，如 TCL、京东方等已进行了以资源整合打造自身竞争优势的并购活动，使自身成为具有跨行业、跨地区、跨国界经营能力的大型企业集团。

5. 加大技术创新力度，不断开拓新的增长点

海尔、华为、中兴通讯、浙大网新、夏新、许继集团等企业，紧密依托高新技术，凭借机制与人才的优势，加大新产品研发，不断培育新的经济增长点。浙大网新科技公司推出网新易盛新一代视讯产品，解决了传统视频会议产品在有网关防火墙等条件下难运行及在内容安全、数据交互性上存在缺陷等难题。许继集团坚持高投入、高起点开发新产品，使主导产品从最初的继电器及保护装置迈向了以计算机集成技术为基础的数字化装备，呈现出持续发展的良好态势。河南新飞电器在做好家电主业的同时，进军专用汽车、可视电话、网络计算机、税控机等高科技领域，不断开拓新的经济增长点。

6. 区域产业基地形成，集聚效应初步显现

从本届百强企业区域分布来看，珠三角有 26 家，营业收入占百强总体的 30%；环渤海地区有 26 家，营业收入占百强总体的 38%；长三角有 26 家，营业收入占百强总体的 20%；3 个区域百强企业数占百强总体的 78%，营业收入占百强总体的 88%；百强企业超过 100 亿元的 16 家中有 15 家分布在上述 3 个区域。其中，珠三角 7 家，环渤海地区 6 家，长三角 2 家。

【统计数据】

表 1　第 18 届电子信息百强企业名单

排序	单位名称	营业收入	利润总额	上交税金	出口交货值	研究与发展经费支出	信息化投资总额
1	海尔集团公司	8 064 840	145 714	176 850	490 372	385 000	8 000
2	联想控股有限公司	4 033 096	123 730	75 433	176 936	115 818	6 500
3	TCL集团股份有限公司	3 820 434	142 340	180 267	1 279 382	128 842	5 421
4	上海广电（集团）有限公司	3 068 636	134 906	36 402	1 239 655	104 144	1 175
5	熊猫电子集团有限公司	2 632 697	56 989	46 166	768 055	31 182	1 800
6	海信集团有限公司	2 211 327	30 749	61 428	295 171	80 184	9 524
7	华为技术有限公司	2 166 990	381 031	281 399	371 205	317 885	
8	北京北大方正集团公司	1 812 026	82 746	33 691	45 265	94 100	5 100
9	广东美的集团股份有限公司	1 750 000	37 200	50 000	415 000	54 000	6 000
10	中兴通讯股份有限公司	1 745 705	121 914	221543	216 864	133 151	
11	京东方科技集团股份有限公司	1 610 360	42 375	44838	256 494	38 643	946
12	四川长虹电子集团有限公司	1 581 212	28 211	38 031	543 787	79 013	2 100

续表 1

排序	单位名称	营业收入	利润总额	上交税金	出口交货值	研究与发展经费支出	信息化投资总额
13	康佳集团股份有限公司	1 280 868	13 400	81 546	70 172	48 232	2 108
14	中国长城计算机集团公司	1 172 102	20 170	8 298	947 101	31 981	
15	深圳创维-RGB 电子有限公司	1 028 500	8 457	25 612	165 571	42 847	234
16	深圳华强集团有限公司	1 024 809	12 613	10 974	817 909	30 000	980
17	上海贝尔阿尔卡特股份有限公司	974 225	56 541	88 356	174 231	69 159	17 604
18	广东格兰仕集团有限公司	969 080	48 222	11 225	389 734	54 368	253
19	大连大显集团有限公司	854 912	16 116	15 130	379 701	35 165	1 245
20	浪潮集团有限公司	829 351	18 763	17 869	25 496	37 843	6 365
21	惠州市德赛集团有限公司	785 930	34 515	31 238	465 048	24 521	2 300
22	彩虹集团公司	782 495	59 487	50 606	109 171	14 586	236
23	惠州市华阳集团有限公司	738 136	44 648	4 875	542 304	2 814	1 036
24	侨兴集团有限公司	695 632	35 301	16 913	16 104	2 456	897
25	夏新电子有限公司	684 592	84 284	42 637	32 816	34 000	195
26	厦门华侨电子企业有限公司	678 962	6 905	9 523	96 063	14 050	2 400
27	河南安彩集团有限责任公司	678 015	27 059	27 584	102 345	18 699	4 668
28	华东电子集团	674 558	31 922	10 468	82 076	22 518	50
29	华立控股有限公司	673 506	43 210	35 609	65 685	12 096	956
30	清华同方股份有限公司	669 374	20 055	20 068	29873	7357	360
31	江苏新科电子集团有限公司	651 199	10 425	8 408	348 389	6 250	810
32	广东科龙电器股份有限公司	617 851	22 000	19 954	180 000	37 060	32 051
33	青岛澳柯玛集团总公司	605 490	9 284	11 224	42 278	31 759	720
34	深圳市赛格集团有限公司	582 756	49 339	15 002	238 812	5 188	520
35	上海飞乐股份有限公司	533 579	88 208	11 773	178 114	26 679	5 069
36	比亚迪股份有限公司	503 105	98 094	68 296	188 703	13 337	1 533
37	深圳桑达电子集团有限公司	454 792	13 232	2 071	213 149	1 603	1 151
38	许继集团有限公司	414 241	39 210	25 599	2 742	24 560	530

续表 1

排序	单位名称	营业收入	利润总额	上交税金	出口交货值	研究与发展经费支出	信息化投资总额
39	中国华录集团有限公司	393 327	17 452	1 509	288 085	14 165	73
40	长白计算机集团公司	366 754	3 500	1 594	187 670	2 636	120
41	托普集团科技发展有限责任公司	355 699	20 846	8 207	513	16 953	5 972
42	广州南方高科有限公司	343 125	6 640	2 585	1 654	12 009	0
43	永鼎集团有限公司	317 457	11 943	11 762	811	72 140	150
44	广州金鹏集团有限公司	307 170	2 299	3 404		8 517	923
45	西安海星科技投资控股（集团）有限公司	302 837	12 123	2 493		2 708	50
46	中国科健股份有限公司	300 000	5 000	2 420	15 000	3 000	
47	江苏宏图电子信息集团有限公司	298 000	3 940	5 100	72 235		
48	浙江浙大网新科技股份有限公司	297 331	7 912	5 390	1 817	4 460	11 700
49	亨通集团有限公司	285 340	21 520	11 250	4 875	970	670
50	大恒新纪元科技股份有限公司	284 236	8 894	6 100	7 122	14 212	400
51	横店集团东磁有限公司	277 086	20 668	14 145	160 280	11 763	783
52	威海北洋电气集团股份有限公司	271 747	10 694	1 888	187 288	8 942	560
53	富通集团有限公司	259 374	16 938	11 981	4 282	12 645	1 300
54	浙江富春江通信集团有限公司	256 592	8 545	7 132	3 670	3 000	300
55	河南新飞电器（集团）股份有限公司	251 301	11 378	13 271	24 276	2 275	3 000
56	上海宏盛科技发展股份有限公司	248 620	5 852	254	247 734	267	22
57	武汉邮电科学研究院	234 460	4 237	18 609	8 138	15 258	633
58	清华紫光股份有限公司	230 941	2 892	2 687		9 234	952
59	福建实达电脑集团股份有限公司	229 087	1 470	6 606		5 529	300
60	上海金陵股份有限公司	215 791	21 881	7 214	63 303	6 470	2 150
61	上海飞乐音响股份有限公司	209 846	16 177	3 934	42 456	3 114	170
62	航天信息股份有限公司	209 172	43 276	10 883		6 275	300
63	东软集团有限公司	205 321	13 770	14 897	13 307	24 430	
64	广州七喜电脑股份有限公司	204 660	6 380	3 936	450	1 200	150

续表 1

排序	单位名称	营业收入	利润总额	上交税金	出口交货值	研究与发展经费支出	信息化投资总额
65	长飞光纤光缆有限公司	203 214	4 732	8 790	11 512	1 745	175
66	中国振华电子集团有限公司	202 297	3 952	6 909	31 076	1 332	550
67	四川汇源科技产业控股集团有限公司	194 988	10 094	6 470			
68	中国四联仪器仪表集团有限公司	181 527	6 963	11 000	10 681		110
69	北京国际交换系统有限公司	178 770	21 551	14 741	179	8 598	1 467
70	咸阳偏转集团公司	178 592	2 772	3 107	70 063	4 600	1 000
71	朝华科技（集团）股份有限公司	176 245	2 130	3 024	2 272	2 356	1 215
72	深圳市新天下集团有限公司	176 097	6 879	10 131		4 292	455
73	江苏赛博电子有限公司	169 017	4 732	1 956	91 718	5 787	1 643
74	石家庄宝石电子集团有限责任公司	161 957	6 214	12 865	2 212	1 139	110
75	广东东菱凯琴集团有限公司	155 633	7 299		156 283	8 000	250
76	四川九洲电器企业集团	150 592	13 584	5 683	28 419	9 869	1 153
77	北京益泰电子集团有限责任公司	142 806	8 467	1 796	84 310	5 379	33
78	北京 JVC 电子产业有限公司	14 2421	2 146	1 220	124 220		
79	西湖电子集团有限公司	139 666	3 236	2 292	59 141	3 050	4 767
80	华伦集团	139 490	4 866	3 785		2936	106
81	江西省电子集团公司	138 960	4 859	5 350	30 022	9 000	1 000
82	上海精密科学仪器有限公司	132 804	10 668	13 671	69 412	1 006	83
83	宁波韵升（集团）股份有限公司	131 892	7 724	4 930	119 114	3 400	341
84	上海自动化仪表股份有限公司	130 950	6 898	5 815	3 093	2 352	100
85	江苏中天科技集团	128 500	11 500	7 800	800	5 800	1 000
86	哈尔滨光宇电源集团股份有限公司	127 565	14 296	5 676	15 009	284	150
87	烟台首钢东星（集团）公司	126 572	9 055	14 057			
88	辽宁无线电二厂（集团）	123 795	7 831	2 468	66 847	3 095	980
89	乐山无线电股份有限公司	123 416	9 494	3 833	107 261	3 700	80
90	天津市中环电子计算机公司	122 006	9 983	1 923	66 369	1 092	50
91	宏安集团有限公司	121 563	11 514	6 798		3 647	26

续表 1

排序	单位名称	营业收入	利润总额	上交税金	出口交货值	研究与发展经费支出	信息化投资总额
92	广州无线电集团	120 357	23 541	5 346	9 603	8 133	595
93	山东中创软件工程股份有限公司	116 018	1 890	1 421	4 167	1 542	460
94	江阴新潮科技集团有限公司	113 538	9 053	4 056	23 931	55 723	300
95	深圳兰光电子集团有限公司	112 642	1 020	2 741	86 433	4 200	500
96	广州华南信息产业集团有限公司	109 819	8 404	2 390	98 915	1 250	557
97	江苏紫金电子集团有限公司	109 565	5 539	4 050	500	3 835	350
98	广东生益科技股份有限公司	108 901	14 122	3 509	76 623	244	65
99	广东风华高新科技股份有限公司	106 000	3 500	4 300	44 900	4 750	2 850
100	成都国腾通讯（集团）有限公司	103 878	7 697	5 763	0	10 160	3 540

[撰稿：信息产业部经济体制改革与经济运行司综合处]

中国数字电视产业发展综述

【综述】

数字电视是消费类电子视听产品制造业和广播电视产业发展的重要趋势，其与第三代移动通讯和新一代因特网共同构成了 21 世纪的 3 大信息基础设施。目前，美国、欧洲、日本等一些发达国家都把发展数字电视放在增强综合国力、争夺信息领域制高点的战略高度上，都在加快实施各自的数字电视产业发展计划。

目前，中国已建立起以整机为主、关键配套件为支撑的较为完整的电视工业体系。其产业和市场规模均居世界首位。广播电视及其相关产业已成为拉动中国电子信息产业快速发展的重要支柱产业。随着数字电视技术的日趋成熟，与中国数字电视广播进程的逐步推进，中国将形成地面无线、卫星、有线 3 种接收方式，覆盖节目制作、发射、传输、接收和基础配套件的较为完整的产业体系。

预计，2010 年数字电视整机产品市场额将达到 2 600 亿元，数字电视专用电路、条件接收卡、专业设备仪器和软件市场额将达到 400 亿元。预计，到 2010 年中国数字电视及相关产业的规模将达到 5 000 亿元。数字电视将逐渐成为推动中国电子信息产业发展的新经济增长点。

数字电视发展历程

中国数字电视产业发展历程，可以归纳为如下 3 个阶段：

20 世纪 80 年代的跟踪起步阶段　早在 1985 年中国部分大学、研究机构和企业就已开展了数字电视的跟踪研究工作，并采用国外芯片试制出了一批“数字处理电视机”（DPTV）。在这一过程中，中国不仅积累了数字电视技术的研究经验，同时也培养了一批人。

20 世纪 90 年代的科研攻关阶段　为了发展

中国的高清晰度电视（HDTV），原国家科委在1989年成立了“HDTV软科学专家组”，在1993年4月成立了“HDTV战略研究专家组”。经过几年的前期论证和准备，在1996年5月，启动了HDTV功能样机系统的攻关和研发工作。在1998年的年底，科研人员完成了中国第一套HDTV系统功能样机的开发工作。

20世纪90年代末以来的推动阶段 从90年代末期开始，中国的数字电视产业步入高速发展时期。1999年，由国家发展计划委员会牵头，会同国家经贸委、科技部、信息产业部、国家广播电影电视总局、国家标准化委员会，成立了“国家数字电视研究开发及产业化领导小组”。从此，中国数字电视的发展步入统一协调和规范中。该领导小组负责组织与制定数字电视标准体系、推进时间表、发展目标、规划以及相关的政策。

五年来，有关部门在标准制定、核心技术开发和产业化、广播电视事业准备等方面做了如下工作：

1. 明确提出自主制定中国数字电视相关标准。以有线电视为切入点，启动国内市场的中国数字电视总体发展思路。

2. 制定出“十五”期间将颁布的国家数字广播标准和相关配套标准。2008年国内主要大城市将普及地面和有线数字电视商用广播，将通过数字高清晰度电视向世界广播奥运会的总体发展目标。

3. 推动标准的研究与制定工作。目前，数字电视相关产品标准的制定工作已接近尾声。

4. 连续4年组织实施国家数字电视专项。对国内一大批数字电视研发和产业化项目已投入数亿元的国家资金，并带动社会投资数十亿元，推动数字电视相关产品的开发和产业化、配套基础设施建设。目前，已初步形成了从芯片到整机设备、从软件到硬件、从终端到系统，制造业、节目内容产业和广播电视服务“三位一体”的数字电视产业体系架构，为中国数字电视发展奠定了基础。

5. 研究并制定出促进中国数字电视产业发展的产业政策。

数字电视相关产业进展

中国产业部门对数字电视产业发展的关注始自“八五”期间。1998年信息产业部成立后，始终将数字电视产业发展作为推动中国电子信息产业持续、健康发展的新的增长点。几年来，该部推动国内企业和研究机构进行数字电视相关产品的开发和产业化工作。目前，国内产业界在数字电视发射、部分有线前端系统、条件接收、中间件、数字电视机顶盒、数字电视接收一体机以及MPEG解码芯片、视频处理芯片、HDTV彩色显像管、光学引擎等关键件的开发和产业化方面已取得进展。

加强组织领导和协调 根据广播电视系统数字化改造进程和科研开发工作的实际进展，在2002年的年底，信息产业部加大了对数字电视产业发展的组织领导和协调力度。在2003年的年初，信息产业部成立了以娄勤俭副部长为组长，综合规划司、科学技术司、电子信息产品管理司、经济体制改革与经济运行司等领导为成员的“信息产业部数字电视产业发展专项工作组”。与此同时，在综合规划司内，设立了专项工作组办公室，成立了数字电视专家组，组织并推进数字电视产业的发展工作。

研究制定产业发展规划 通过总结中国彩色电视机工业20多年来的发展经验，借鉴国外数字电视的发展进程，针对国内数字电视市场的需求和产业发展的实际情况，研究制定出中国数字电视产业发展规划。

机卡分离的有线数字电视技术政策 针对视听类电子产品的特点，根据数字电视接收一体机的发展需要，为了企业组织规模生产、降低产品成本，为了有线数字电视运营商的用户降低成本，2003年信息产业部提出了机卡分离的有线数字电视技术政策。该部组织骨干企业、行业和用户等有关专家对该项技术政策进行论证，并明确在近期内，将以基于PCMCIA接口的技术方案作为国内有线数字电视产品产业化的重点内容。

目前，该项政策已经得到国家数字电视研究开发及产业化领导小组各成员部门，以及国内外大多数企业的认同和支持，并调动了大型骨干彩色电视机企业加快数字电视产业发展的积极性。在 2004 年第 4 次领导小组会议上，机卡分离的有线数字电视技术政策再次得到全体成员的一致支持。

推进产业化专项实施 2003 年，自从机卡分离的有线数字电视技术政策出台后，信息产业部与国家发展和改革委员会共同组织实施了以机卡分离产品产业化为核心的 2003 年数字电视专项，重点支持国内骨干的彩色电视机、集成电路设计企业基于 PCMCIA 接口的机卡分离数字电视接收机（机顶盒和一体机）、条件接收卡及专用芯片等机卡分离相关产品的开发和产业化，同时也加快了数字电视专用生产测试设备仪器的研发和产业化工作。目前进展情况如下：

在数字电视接收一体机方面：2003 年国内彩色电视机骨干企业均设立专项、组建研发队伍、购置专用仪器设备，面向国内外两个市场，强化基于 PCMCIA 接口方式的数字电视接收机的研发和产业化。2004 年 10 月，部分企业已完成机卡分离数字电视一体机开发工作，并在深圳“高交会”期间推出。

在条件接收（CAM）卡方面：2003 年以来，已有两家国内主要的集成电路设计企业先后展开了 CAM 卡的专用芯片设计、硬件设计和软件开发工作。2004 年上半年推出了国产 CAM 卡产品，同年 9 月，第一版国产 CAM 卡专用芯片投片成功。预计，2005 年国内将有多个 CAM 系列产品供应市场，支持数字电视一体机市场发展和有线电视数字化改造，并为地面无线电视的数字化奠定基础。

建设相关产业基础平台 依托中国电子技术标准化研究所建立了“数字电视标准符合性检测中心”，进一步完善产业发展相关配套基础设施。该中心建成后，将具备数字电视新技术评估、测试工具（软、硬件）的开发和验证、企业新产品开发的网络仿真环境、认证测试的示范平台等行业公共的基础性服务平台，数字电视业务、数据模型、软件协议、接口测试和一致性认证的实验测试手段和公共的试验平台。形成为政府、行业和消费者提供数字电视前端仿真、终端产品测试认证等服务能力。

工作重点

面对国内市场对数字电视消费需求的不断增长、国际数字电视快速发展的新形势，面对 2008 年北京奥运会向世界进行数字电视传送的要求，加快推动数字电视产业发展已成为一项十分紧迫的任务。

根据国家数字电视研究开发及产业化专项领导小组第 4 次会议的精神，今后政府和产业界应重点做好以下几个方面的工作：

1. 加快数字电视地面标准的制定进程。在 2004 年年底前，完成国家数字电视地面广播标准的制定工作。

2. 坚持机卡分离原则。国家有关部门密切配合、通力合作，抓紧开展机卡分离技术的产业化、试点和有关标准的制定工作。

3. 加快“中国数字电视产业发展政策”的研究制定工作，为中国数字电视运营业和制造业的健康发展营造政策环境。

前景与展望

面向新世纪数字化浪潮的机遇和挑战，能否加快产业结构调整，提高创新和参与国际竞争的能力，适应以知识产权为主要竞争手段的新规则，是决定中国数字电视产业持续、健康发展的关键。发展数字电视是一项复杂而艰巨的系统工程，需要产业界、科技界、广播电视界同仁的配合与共同努力。经过几年的技术积累，中国数字电视的研究开发和产业化都取得了进展，信息产业部将继续做好促进国内数字电视产业发展的各项工作，推动中国信息产业持续健康发展。

［撰稿：韦俊　审稿：王建章］

熊猫电子－创新科技提升人类生活品质
PANDA
通信/家电/机电仪/电子制造/系统集成
创业创新 追求卓越
熊猫电子集团自强不息，业绩斐然，位居中国电子信息百强企业前列。中国驰名品牌－熊猫牌电子产品更以高品质和创新精神为消费者生活提供超值利益！
www.chinapanda.com.cn
熊猫电子

Great Wall 长城
品质铸就长城
远航 供您所需
长城电脑乘风破浪，引动超一流国际品质
长城电脑以20年的锐意创新摘取今日硕果，凭借强大的国际化制造水平，
不仅荣升为拥有多项PC技术的中国名牌，
更被英特尔公司列入合格供应商名单，
凭借超强质素实现出口3.2亿美元，
以破浪之势一路扬帆前进，
卓越品质追求生生不息。
长城电脑
卓越品质，实惠之选
长城笔记本电脑
挥洒商务精巧全能
长城服务器
性能优异，稳定高效
如意服务
satisfied service
庞大的服务基础网络，在全国设立了33个直属客户服务中心，与300多家专业化的合作伙伴结成了战略服务联盟，覆盖全国200多个城市。近千名专业服务工程师能够随时提供专业、标准、规范的技术支持服务。
服务热线：400-811-8888　电话：82730066　网址：www.greatwall.com.cn
中国长城计算机深圳股份有限公司 服务器存储事业部　地址：北京市海淀区学清路8号 科技财富中心B座九层

第 7 部分 国际合作与产品进出口贸易

加强国际合作与交流 促进信息产业快速发展

【综述】

信息产业是中国近年来发展最快的产业之一，经过 20 多年来的快速发展，已经成为中国国民经济中的第一支柱产业和最为重要的基础产业，对国民经济发展发挥着举足轻重的作用。

信息产业能够持续多年快速增长，在很大程度上得益于中国的改革开放政策和信息产业界持续开展的对外合作。通过合作和不断引入先进技术、国际资本、先进管理经验及研发能力，使得中国信息产业的整体水平和实力明显提高。同时，也拓展了市场空间，为开展对外合作创造了物质条件，发展与对外合作相得益彰。另外，随着近年来国内企业实力的明显增强，“走出去”战略也得到了很好的实施，对中国信息产业的持续健康发展起到了积极的推动作用。

信息产业对外合作概况

信息产业是中国最早引进外资的重要领域之一，也是在华外资企业最活跃的领域。据统计，截止到 2002 年底，在中国电子信息产业企业中，外商投资企业总数已达 12 000 家，投资总额超过 900 亿美元，实际利用外资近 400 亿美元。2002 年国内电子信息产品外商投资企业实现产值 1 445 亿美元，销售收入 1 080 亿美元，分别占电子信息产品制造业的 68%和 69%。目前，外商投资企业在中国信息产业发展中占着举足轻重的地位。

2003 年，随着投资环境好转，外商投资企业的规模迅速扩大，拉动全行业经济增长的作用不断增强。全年外商及港澳台投资企业有 4 026 个，占全行业企业个数的 23%，其销售收入、利税总额、工业增加值、出口额等经济指标在全行业中所占比重均超过一半以上，分别为 67.5%、57.9%、52%和 82.7%，对全行业经济运行起着重要作用。

近年来，通过技术引进，通信设备制造业已成为增长最快，同时也是最主要的行业。据统计，2002 年全国通信设备制造业签订技术引进合同 840 项，占全年合同总数的 13.38%，合同总额为 96.36 亿美元，同比增长近 8 倍，占全年合同总额的 55.41%，居各行业之首。2003 年上半年，全国通信设备制造业签订技术引进合同 490 项，合同总额为 15.29 亿美元，技术引进额仍居同期全国各行业之首。

2003年中国生产彩色电视机6 512万台，同比增长30%；激光视盘机7 050万台，增长56%；手机1.8亿部，增长55%；音响设备1 100万台，增长18%；录音机6 600万台，增长14%。目前，中国已成为全球范围内电视机、影碟机和手机的主要生产国。

2003年中国电子信息产品制造业实现销售收入17 579亿元，完成工业增加值3 545亿元，利税总额696亿元；电子信息产品出口额1 421亿美元。

近年来，中国信息产业出现一批具有国际竞争实力的跨国企业，中国信息产业在海外研发中心的规模以及产品生产能力不断增强。截止到2003年底，全行业电子家电类产品前5家、通信类产品前10家以及软件业前15家等生产企业均在国外建有研发中心或生产线，其海外市场的收入占本企业总收入的比例大部分都超过20%以上，为全行业出口增长做出贡献。

外企战略调整，内企对外拓展

近年来，随着中国信息产业整体实力的不断增强，外国企业更加重视中国市场。2002年以来，外国在中国的企业纷纷调整发展战略，一是重新定位中国在全球战略中的位置，二是加快把生产、研发向中国转移的步伐。与此同时，中国企业在开拓海外市场过程中也获得发展。

（一）外资企业进入发展新阶段

2002年以来，随着中国经济持续稳定发展，在信息产业领域中的外资企业纷纷锁定中国市场。其做法：一是加大在中国的投资力度，组建新的独资合资企业；二是加快本地化进程，从组织架构、人力资源战略、研发战略等方面进行调整，更多地分享中国经济增长的成果。近两年来，在中国从事信息产业领域生产、销售的外资企业在发展上呈现出以下特点。

1.“中国战略”全面升级

从2003年开始，在中国的外资企业开始实施新的“中国战略”。即：对人员调配、组织架构、市场定位、产能投入等进行全方位升级。

（1）调整组织架构和市场定位，重点支持、发展中国市场。

外商投资企业最初进入中国的战略是把中国作为产品销售的目标市场。但是随着市场扩大、竞争加剧，特别是近年来中国在世界经济中地位的不断上升，中国已成为很多外资企业最重要的利润来源。因此，大多数外资企业开始对公司的管理架构进行调整，大幅度提高其在中国分支机构的级别，并把开拓中国市场作为公司全球发展的重点内容。

诺基亚中国公司　目前，该公司正在实施整合中国业务计划。该公司把其在中国的4家合资企业进行合并，把这些公司的生产能力都集中到总部设在北京的新公司中。新的公司将成为诺基亚目前在中国的最大合资企业，其不仅拥有国内最大的手机生产和出口能力，同时也加强了诺基亚手机在市场中的竞争优势。

摩托罗拉中国公司　该公司提出：在未来5年内，摩托罗拉中国公司将完成以“天津为生产基地，以北京为研发与管理中心，辐射中国，服务全球”的战略格局。中国将成为该公司在全球的第二大市场。2003年9月，摩托罗拉在北京设立了全球个人通讯事业部北亚地区，管辖日本、韩国、中国（包括港澳台）等市场。同年，摩托罗拉还在北京投资9 000万美元建立了研发中心。

索尼公司　到2005年，其在中国的销售额将是2002年的5倍；到2008年，将在2005年的基础上再翻一番。中国将成为索尼公司在全球的第二大市场。在2003财政年度，索尼公司把全球业务的主要区域进行重新划分，中国大陆被列为该公司在东亚业务区域的重点。

惠普公司　在2007年前，该公司将向中国投资2亿美元，用于发展信息服务业务，包括中国的客户支持服务、咨询与集成服务和外包服务。该公司拟在上海建立金融服务中心，把上海作为下一阶段的投资重点。

戴尔公司 中国是该公司仅次于美国和日本之后的全球第三大个人电脑市场，是戴尔公司在全球的第四大市场。该公司关注中国的个人市场，并准备在消费类电子产品领域中谋取新的突破。

(2) 增大在中国的投资和生产规模。

近两年来，外资企业追加其在华的投资，扩大在华企业的生产能力。其目的：一是更有效地占领中国市场，二是提升其在全球市场中的竞争力。

2003年下半年，伊莱克斯、西门子、博世、ACA北美电器等外资企业先后进入中国的厨房家电市场。

ACA北美电器先后收购了中国伊莱克斯的南京伯乐冰箱、商用空调生产基地。仅用了一年的时间，ACA北美电器在中国已形成厨房、个人护理、居室清洁等小家电生产线。

2003年，三星电子集团对其在全球的生产布局进行调整，拟在2004年内关闭其在西班牙的生产线，该生产线将迁移到天津三星通信技术有限公司。目前，三星电子公司在全球有5个生产企业。据不完全统计，2003年该公司设置在中国天津的“天津三星通信技术有限公司”的产量已达到1 500万部。

近5年来，三星电子集团在中国的发展速度为年平均增长40%。截止到2002年底，三星中国公司在中国累计投资26亿美元，占三星电子集团同期全球投资的三分之一。目前，中国已经成为三星电子除本土以外投资最多的国外市场。2003年以来，三星电子集团借助其在IT、通讯产品上的优势，在中国开拓彩色电视机、空调、冰箱等传统家电领域的同时，以高端产品为主导，不断拓展其在中国的市场。在2003年年底，三星电子集团宣布了该集团全球业务整合计划。该项计划根据发展需要，将现有的产品种类划分为数码家庭、移动办公业务、移动通讯业务及数码配套产品等4大领域。2004年，三星电子集团将启动中国战略，数码摄像机和数码照相机、液晶显示器、背投彩色电视机等均作为市场第一目标。与此同时，该集团将拓宽其在中国的产品线，引进DLP背投、音响系列产品等。预计，到2004年底，中国生产基地将成为三星电子集团最大的海外基地。到2010年，中国生产基地的规模将达到400亿美元。

2. 本地化步伐明显加快

从2002年起，为了在激烈的市场竞争中固守已占有的市场，以及充分利用中国廉价的高素质技术人才，外资企业开始采取“本土化”发展战略。为了该项战略的实施，外资企业开始在中国进行企业并购、建设研发中心、招募大批研究人员，并针对中国市场设计专门产品。

2003年6月，诺基亚公司宣布：在未来5年中，该公司将加大其在中国的生产和研发的创新与投入。目前，该公司不仅在中国的北京市、杭州市分别建立了全球研发中心，同时为了推动手机研发的本地化，还在北京市成立了产品开发中心。

索尼中国公司并购成都索贝数码科技股份有限公司。其目的：一是为中国客户提供网络化配套系统解决方案；二是促进索尼中国的本地化发展进程，实现设备、网络和服务在中国的全面本土化。索贝数码科技股份有限公司已成为索尼在海外市场的一个重要研发基地。2002年，索尼公司先后在中国各地设立了设计、开发机构，其中包括位于无锡市的“技术中心”、位于上海市的“张江软件研究开发工程中心”和位于大连市的“信息系统方案（ISS）研发部门”等。2003年，索尼中国公司已陆续向中国市场推出了数十种由中国本土生产的、技术领先的IT产品。

2003年9月，微软中国技术中心在北京正式成立。该中心将把微软公司最新的技术开发环境带到中国，与合作伙伴在产品开发、技术创新等方面进行深层次的合作。2004年，微软公司在全球将投入68亿美元从事研发活动，其中将有20亿美元投入到中国区。在所有跨国公司中，微软公司目前在中国建立的科研机构最多。2002年，微软公司先后在中国地区设立了微软全球技术中心、微软亚洲研究院、微软中国研究开发中心等科研机构。2003 年，微软公司又在中国组建了微软中国技术中心、微软亚洲工程院。这其中，微软全球技术中心规模最大，它是微软公司服务全球化战略和技术支持投资战略的一个重要组成部分，也是全球 500 强企业在中国设立的第一个全球中心。2003 年，微软与信息产业部签署了合作备忘录，双方将在人才培养、软件开发、支持中国软件企业发展方面展开合作。

为了保持科技领先地位和进一步拓展中国市场，GE 推出的发展战略是在中国上海市浦东张江高科技园区设立 GE 中国全球研发中心。这是 GE 的第三个全球研发中心。该中心设有 28 个实验室，拥有员工 500 多名。预计，到 2005 年，该中心将拥有雇员 1 200 名。

2003 年，美国朗讯科技公司宣布：该公司将在中国投资 5 000 万美元设立研发中心，从事 3G 的研发。西门子将向位于上海市的电信设备工厂投资 3 000 万美元，使其成为该公司第二个 3G 产品生产中心。北电网络宣布：为了增强 3G 技术的开发，该公司在 2003 年底，把中国研发中心的雇员规模扩大 1 倍，增至 400 人；在 2004 年底，雇员规模继续将扩大，增至 800 人。与此同时，该公司拟在北京市建设全球开发基地。NEC 公司在北京市设立了中国研究院，进行基础性研究。该研究院是 NEC 在全球四大研发基地之一。

2002 年 5 月，英特尔公司在上海市投资建设 CPU（0.13 微米、12 英寸技术）封装和测试工厂，面向全球提供最高性能的处理器产品（奔腾Ⅳ产品）。2003 年 8 月，英特尔经过对中国西部地区进行考察和全球范围的评定，决定在中国成都地区投资 3.75 亿美元，建设新的 CPU 封装测试工厂。该厂建成后，将产生 11 亿美元的年销售额，出口 10 亿美元，并为当地创造 3 000 人~15 000 人的直接和相关的就业机会。

（二）“走出去”战略获得发展

近两年来，中国电子信息企业在“走出去”方面取得明显成效。在维持消费类电子产品传统出口地位的基础上，投资类电子信息产品已成为电子信息产品对外出口的主要力量。在拓展海外市场方面，出现了以深圳市中兴通讯股份有限公司、华为技术有限公司、TCL 集团股份有限公司、海尔集团公司等为代表的一批实力雄厚的国内电子信息企业。这些企业采取并购、合资、直接投资等方式，先后打入发达国家高端电子信息产品市场。

1. 投资类电子信息产品市场

目前，中国电子信息企业采用以产品贸易为主的方式，开拓海外市场。在世界电子产品市场中，一些中国电子信息企业已占有重要的地位。除去消费类电子产品外，电信设备等投资类产品的出口也取得了进展。这一进展为“走出去”战略的实施创造了良好的条件。

华为技术有限公司　近年来，该公司的海外业务发展态势良好，海外市场销售额每年都有 90%至 100%的增长。2003 年，该公司的销售额为 317 亿元，其中，海外销售额为 10.5 亿美元，占该公司销售额的 27%。目前，该公司占全球 NGN 市场份额的 13%，位居全球第二；占全球 ADSL 市场份额的 32.9%，位居全球第一。在 2001 年~2003 年期间，该公司获得全球交换机新增市场份额的 32%，位居全球第一。另外，该公司在古巴、埃及、哥伦比亚、厄瓜多尔、委内瑞拉等市场均获得成功。

深圳市中兴通讯股份有限公司　该公司把参与国际运营项目的竞争确定为海外发展的长期战略目标之一。2003 年，该公司全球合同销售额为 251.9 亿元，其中，国际市场合同额为 6.1 亿美元。目前，该公司的产品和技术已经出口到世界 50 多个国家和地区。此外，与肯尼亚、埃及、古巴、刚果（金）、罗马尼亚、尼日尔、塔吉克斯坦等国的合作项目正在顺利开展。该公司正在计划联合国内运营业的合作伙伴与肯尼亚的合作伙伴组成联合体，争取肯尼亚第二张固网运营牌照项目。

TCL 集团股份有限公司 该公司成立手机海外事业部，主要面向东南亚、俄罗斯市场；在香港成立 TCL 移动信息国际有限公司；在越南、泰国、印尼等国设立办事机构，并建立 TCL 手机专卖店网络，主要目标是占据海外中低档电子信息产品市场。该公司海外市场发展战略是以中国内地为中心，向香港、澳门市场发展，再向东南亚、远东、中东市场发展，并向南美、非洲地区及欧美市场扩张。该公司的发展目标是海外与国内市场的销售业务比例为 2:1。

2. 采用不同方式获取中、高端市场

目前，中国一些实力雄厚的出口企业将发展目标锁定在欧美的中、高端市场上，以此抢占产业制高点。中国企业或是收购那些在世界电子市场上已经成熟的品牌，或是与主要的当地生产商合作，其目的是迅速建立起该企业在当地的整体形象。此外，中国企业通过与这些国外大公司合资、合作，不仅及时掌握世界电子信息产品销售的运作方式，同时也提升了企业的管理与研发水平，并获得优势技术。

2002 年，TCL 集团股份有限公司以 820 万欧元收购德国施耐德公司，包括“施耐德”品牌，并成立新的德国施耐德电子有限公司。TCL 集团旗下的 TCL 国际控股有限公司通过其新成立的全资附属公司 Schneider Electronics GmbH 收购德国施耐德公司的生产设施、存货及多个品牌。其中，包括“施耐德”（SCHNEIDER）及“DUAL”等著名品牌的商标权益。Schneider Electronics GmbH 同时协议租用位于 Tuerkheim，面积达 2.4 万平方公尺的生产设施，用以建立其位于欧洲的生产基地。在 2003 年德国 IFA 展会上，施耐德以 TCL集团成员的形象首次登台，获得 3 000 万欧元的产品订单，并与 350 个重要客户重新建立了业务关系。

2003 年底，TCL 集团股份有限公司与法国汤姆逊公司在中国广州市签订协议草案，重组双方的彩色电视机业务，组建全球最大的彩色电视机供应企业——TCL 汤姆逊电子公司。TCL 集团股份有限公司将成为合资公司的主要股东，占合资公司全部股份的 67%，汤姆逊持有 33%的股份。这是中国家电企业首次与世界 500 强公司在主流业务上进行重组。

自 2002 年以来，华为技术有限公司在海外分别收购了一家设备制造商和一家网络芯片制造商。目前，该公司计划加强拓展与美国子公司的业务，并通过合资合作以及兼并收购等方式，扩大其在美国市场的份额。

3. 逐步创立“本地化”品牌

目前，一些有条件的中国电子信息企业已经进入较高层次的本地化阶段，并取得了成效。

在 1998 年~1999 年期间，海尔集团公司生产的冰箱在美国市场上的出口额分别为 1 700 多万美元和 3 100 多万美元，出口量已经超过建立生产性企业的盈亏平衡点。因此，海尔集团公司在美国南卡州建立生产制造基地。这是该公司在海外的第一个“三位一体本土化”的生产制造基地，即：设计中心在洛杉矶、营销中心在纽约、生产中心在南卡州。此时，该公司立足当地，利用本地人才和资金，开始向本土化的世界名牌发展。截止到目前为止，该公司先后在世界上多个国家建立了 10 个信息站、6 个设计分部、22 个海外工厂和 2 个工业园，专门开发适合当地人消费需求的家电产品。

2002 年 3 月，海尔集团公司在美国纽约中城百老汇购买了原格林尼治银行大厦作为该公司的北美总部。此举标志着该公司已经在美国树立起本土化的名牌形象。2003 年，海尔集团公司采用 IMC 方式，在国外先后建立了 9 家工厂，国际化进程提速。

4. 运营与设备联合“走出去”开始启动

在目前中国电信运营商在海外服务市场的拓展中尚存不少困难情况下，电信运营商与通信设备制造商联合“走出去”，可以获取“双赢”的互动效果。

2002年，网通集团收购亚洲环球电讯公司(AGC)，获得了泛亚洲的海缆资产及电信运营牌照。该项收购为网通集团进入当地运营业的竞争奠定了基础。这也是该集团实现中国政府“走出去”战略和电信体制改革战略部署的具体行动。该项发展战略是：通过以中国为中心的、连接泛亚洲主要城市的区域性网络，向大型企业客户提供一体化的解决方案，成为泛亚洲地区的区域运营商。

2003年11月，网通集团成立了中国网通集团国际通信有限公司。

目前，网通国际公司通过与通信设备制造企业进行合作，参与肯尼亚电信市场第二家固网运营商投标等活动。

问题

在对外合作和企业海外发展中，由于国内政策进行调整和相关政策不够配套，对企业的发展产生了影响。主要包括如下几点。

（一）政策变动将影响外商在中国的投资

目前，中国电子信息产品制造业已经具备了良好的发展基础和相当规模的生产能力。因此，很多跨国公司不仅把中国作为其全球的生产、研发基地，同时在中国电子产品市场上，大量采购基础产品，并开展出口业务。如：2002年，飞利浦公司的出口额为40亿美元，约占其在中国业务总量的60%；惠普公司在中国采购70亿美元，用于进行全球生产配套；摩托罗拉出口额为36亿美元，其在本地采购26亿美元；诺基亚年出口额为25亿欧元，并带动较多的国际配套企业为其进行全球配套。现在出口退税政策发生变动，在一定程度上不仅增加企业产品的出口成本，同时也影响外商在中国的投资和产品出口。

（二）信息沟通渠道不畅通

目前，在中国通信设备出口中，面临的一个突出问题是中国企业与运营商对国外目标市场的主要运营测试标准不了解。这些标准是进口国进口技术壁垒的重要组成部分。这个问题在手机行业中尤为突出。目前，大多数企业的信息沟通渠道不畅通，其信息获取来自于客户，或者服务提供商。这是一种狭窄、滞后的信息获取方式，并造成较多的人力、时间、资金浪费。此外，由于企业间的竞争，导致无效的重复性工作量增加。对各国来说，服务市场的开放都是高度敏感的内容。因此，中国国内电信运营企业实施“走出去”发展战略，将面临较高的政策壁垒；企业对此的影响力非常有限。

（三）融资难的问题将阻碍企业发展

在中外企业面对面的竞争中，最主要的问题是资金实力。中国电信运营商开拓海外市场的核心问题也是如何解决其在海外运营的资金问题。

目前，中国有很多投资类电子信息产品生产企业将出口市场的定位放在那些新兴发展中的国家市场上。这些国家一方面经济风险较高，对企业自身的抗风险能力提出了较高的要求，其中最重要的一点是资金实力；另一方面，这些国家的客户自身资金实力不强，在市场开拓过程中对中国企业提供出口买方信贷及其他融资优惠的能力较为看重。这也是中国企业与国外大公司竞争的重要砝码之一。目前，在出口融资方面的主要问题是资金额度不大，手续较为繁琐，操作周期较长。“融资难”问题，不仅延长了项目周期，同时加大了经济风险。

展望

2004年，为了促进产业发展和国内外企业间的合作与交流，信息产业部将加强如下几个方面的工作。

（一）促进与世界各国的交流与合作

第一，加强与世界电子信息强国的合作与交流，引进和吸收发达国家的资金、技术和管理经验。在与美国企业合作上，中国政府做了大量工作。其中，包括组织信息产业代表团对美国进行访问，推进中美两国信息产业界的交流与合作，为双方在信息技术领域中加强合作创造宽松、有利的国际环境。

第二，发展与周边国家的贸易与经济合作关系，组织、推动和参加东盟“10+3”和“10+1”合作机制、中日韩三国信息通信部长会晤机制、中俄总理定期会晤机制下通信与信息技术合作分委会的工作机制。

第三，促进与发展中国家的合作，其中，包括在多边机构中和在重大国际会议上多做发展中国家的工作，培育市场，推动通信制造企业和运营企业联合“走出去”。

南南国家是中国信息产业“走出去”的重点目标市场国。作为发展中国家，中国推进南南国家相互合作与交流，有助于改善中国信息产业发展的国际环境，增强中国信息产业的竞争力，加快信息强国目标的实现和增强中国IT大企业的国际竞争力。目前，中国已经形成了一批具有国际竞争实力的大公司、大集团企业，其中，有些企业已在部分发展中国家投资设厂、成立控股公司、设立贸易公司、建立研发中心等。但是，仍有很多的企业需要政府帮助他们开拓海外市场，搭建合作平台。因此，信息产业部不仅采取多种形式，包括组织召开信息产业南南合作论坛、邀请发展中国家信息产业主管对中国进行访问等，同时还将与联合国开发计划署等国际组织以及国内其他部委合作，推动与发展中国家的交流与合作，为中国企业实现“走出去”、开拓发展中国家创造条件市场。

信息技术的发展和产品开发能力的提高将促进和带动运营业信息内容服务业的发展。因此，制造业和运营业联合“走出去”是一种优势互补的合作。为此，政府将推动并为制造与运营企业联合走出去营造一个良好的外部环境。目前，南亚、东亚、非洲、拉美都是中国企业走出去的重要目标市场。

（二）促进企业与国际大公司的合作、交流

近两年来，信息产业部采取多种形式，推动中国企业与微软、INTEL、诺基亚、飞利浦、西门子、IBM、惠普、朗讯、北电网络、松下、东芝、EPSON、爱立信、阿尔卡特、三星电子、LG等跨国公司开展不同层面的合作，推进这些大公司在中国进行投资、建立研发中心、元器件采购和产品出口等，并取得了良好的效果。根据目前外资企业对其在中国业务的重视、资金投入力度加大等情况，政府将把工作重点放在推进外资企业加强对中国企业的技术转移，以及在研发方面的合作，促进中国企业实现核心技术领域的突破。

（三）支持和推进行业协会对外开展工作

近年来，信息产业部一直支持并推动信息产业行业协会对外开展工作，其中包括支持软件行业协会举办软件博览会，组团对巴基斯坦、印度等国的软件产业进行考察；电子企协与日本、韩国的同行交流并组团出国考察；半导体行业协会与国际半导体界进行交流；指导和协助中国电子商会、中国电子企业协会在北京举办第八届世界电子论坛等。目前，正在推动有关行业协会加入相关的国际组织。

今后，政府将提高行业协会在对外经贸活动中的组织与协调能力，发挥行业协会在维护市场秩序、促进企业界对外交往、处理非政府间的国际纠纷（包括组织企业应对“反倾销”诉讼）等方面的作用，突出行业组织的服务功能，为企业营造良好的发展环境，为国内、外企业构筑合作平台，推进以企业为主体的国际交流与合作活动。

（四）加快国际化人才培养

中国企业“走出去”的前提条件之一是要有一批懂专业、懂语言、通晓国际法律法规的国际合作人才。因此，中国企业既要吸引高层次的国际化人才投身到“走出去”的工作中去，又要开展对现有人员的培训工作。政府可以考虑支持这些企业在行业内开展一些关于开拓国际市场的专题培训工作。

［撰稿：张轩］

电子信息产业利用外资情况

【综述】

改革开放以来，中国电子信息产业抓住国际产业梯次转移的机遇，通过多种方式利用外资，取得了成绩。电子信息产业已成为中国利用外资的主要产业之一，外商投资企业正在成为推动中国电子信息产业发展的主力，其在行业中的地位和作用日益突出。

利用外资，推动产业持续发展

2003年，中国电子信息产业销售收入为18 800亿元，同比增长34%，引进和利用外资是确保中国电子信息产业多年来快速发展的重要因素之一。

（一）利用外资，提供资金保障

电子信息产业的发展需要大量的资金投入，外商投资能够有效弥补国内建设资金的不足。据不完全统计，1990 年~2002 年期间，中国政府和企业对电子信息产业的总投入约为 1 800 亿元，同期外商在中国电子信息产业的投资总额为 700 亿美元，实际利用外资约是同期国内投资的 2 倍。估计，目前外商投资总额超过 1 000 亿美元，合同利用外资约为 750 亿美元，实际利用外资约为 400 亿美元。在集成电路、移动通信、计算机及外部设备等领域，外商实际投资已占主导地位。因此，国外投资已成为中国电子信息产业发展的重要资金来源。

（二）利用外资，促进产业规模扩大

近年来，中国电子信息产业长期保持高速增长，产业规模迅速扩大。2003 年电子信息产业工业增加值为 4 000 亿元，其中，外商投资企业的迅速发展起到不可忽视的作用。目前，外商投资企业的发展规模在中国电子行业中已占有相当的比重。据有关统计，2004 年 1 月至 5 月，行业内统计电子信息三资企业实现销售收入 6 814.8 亿元，占全行业销售收入的 77.5%，对全行业增加值增长的贡献率为 86.2%。

（三）利用外资，推动信息技术发展

外商在对中国电子信息产业扩大投资领域和投资规模的同时，也将国外的先进技术和产品不断引入，从而加快了中国国内产业技术的更新换代速度。通过对外合作的形式，国内许多经济技术实力较弱的企业，采用来料加工、SKD、CKD 组装生产等方式，通过消化、吸收，逐步掌握了较先进的技术，并积累了资金，培养了人才。目前，部分企业已由合作初期对外商的全面依赖，发展到与外商联合开发和生产新产品，并实现了自主创新。

（四）利用外资，加快产品出口

近年来，中国电子信息产品出口贸易发展较快。1990 年全国电子信息产品出口总额约为 37 亿美元。截止到 2003 年年底，电子信息产品出口贸易额为 1 420.9 亿美元，其增长速度高出全国出口贸易 19.8 个百分点，占全国出口总额的 32.4%，对全国出口增长贡献率为 44.4%。

2003 年，中国电子外资企业实现出口额 1 189.6 亿美元，占全国电子信息产品出口总额的 83.7%，其中，外商独资企业出口额为 844.5 亿美元，同比增长 73.77%。外商独资企业是中国电子信息产品出口的主力军。

（五）利用外资，创造就业机会

随着外商投资企业本地化进程的加快，利用外资，增加外商投资企业的数量和规模，将有助于缓解中国日益严峻的就业压力。据不完全统计，1979 年，中国电子信息产业从业人数为 114.74 万人，截止到 2003 年年底，从业人员已经扩大到 408 万人。与 2002 年相比，2003 年电子信息产业提供就业岗位 23.5 万人；与改革开放前相比，增

加就业岗位近 300 万人，其中，外商投资企业的建立和发展所提供的工作岗位占了相当的份额，例如，摩托罗拉在华企业人员接近 2 万人，诺基亚在北京的“星网工业园”可提供 1 万个就业岗位，昆山规模型的台资企业人数一般在 1 000 人以上，部分企业达到万人。

（六）利用外资，提高经营管理水平

国内企业通过与外商企业的合资、合作或竞争，市场意识、质量意识、成本意识和竞争意识不断增强，经营机制转换步伐加快，全行业生产和经营管理水平大幅度提升，市场应变能力增强。这些成绩在较大程度上是得益于利用外资。

利用外资的发展趋势

（一）跨国公司逐渐成为投资主体

在 20 世纪 90 年代以前，在中国投资的外商企业多以中小企业为主；进入 90 年代后，情况发生变化，外商企业多以大型企业为主。目前，在世界 500 强中的电子电气类跨国公司已全部来中国投资。美国的 IBM、Intel、HP、AMD、摩托罗拉、微软、朗讯，日本的松下、东芝、日立、富士通、索尼、夏普、三菱、三洋、NEC、JVC、TDK，德国的西门子，法国的阿尔卡特，荷兰的飞利浦，芬兰的诺基亚，瑞典的爱立信，加拿大的北电网络，瑞士的西屋电气，韩国的三星、LG 以及东南亚、中国香港和台湾等的大公司都纷纷在中国大陆投资，设立多家三资企业。

（二）外商投资企业数量和规模扩大

进入 21 世纪以来，由于中国利用外资的环境得到改善，电子外商投资企业的数量不断增加，规模不断扩大。2000 年，平均每家跨国公司在中国投资 8 个企业，平均投资额约为 1 000 万美元，超过 1 亿美元的大型项目不断增加。据不完全统计，美国摩托罗拉公司目前已在中国设立了 10 家企业，投资总额约为 35 亿美元；上海华虹 NEC 项目投资 12 亿美元；日本松下电器公司在中国已设立了 38 家企业，投资总额约为 10 亿美元；北京诺基亚计划投资 12 亿美元，在北京兴建星网工业园。截止到 2002 年底，中国电子外商投资企业有 11 996 家。估计，2003 年电子外商投资企业约有 13 000 家。

（三）珠江三角洲、长江三角洲等是产业发展的聚集带

经过多年发展，中国电子信息产业已形成珠江三角洲、长江三角洲、环渤海湾和福州厦门沿海四大产业聚集带。2003 年，四大产业带的产业规模占全国电子信息产业总规模的 90%以上。外商对中国投资的重点和热点地区也集中在四大产业带中。

珠江三角洲的外商企业不仅数量多，产业结构也正向更高层次转移，如：深圳市已成为中国名列前茅的外向型电子信息产业城，东莞市已发展成为电脑加工基地。长江三角洲在 20 世纪 90 年代末，成为吸引外资的热点地带。目前，已有来自全球各地的电子信息企业 2 000 余家在此落户，占外商投资企业的 15%左右，其中，有 100 多家企业是世界 500 强企业。此外，以北京市、天津市为核心的环渤海湾地区，以其诸多的优势，吸引了摩托罗拉、LG、三星等跨国公司将亚太总部设在此地区；以厦门市、福州市等为中心的福厦沿海地区也吸引了包括戴尔在内的不少外资企业入驻。

（四）投资领域向产品工序前端和产业链上游延伸

目前，出于全球竞争的考虑，外商企业在中国的投资已不仅局限在设立技术含量很低的组装加工工厂，许多跨国公司和国外大财团还把技术含量较高的电子信息产品生产基地转向中国大陆，发展配套产业，建立产业群，带动了相关供应商来中国投资，并将在中国生产产品的工序前移。与此同时，许多跨国公司还开始把研发中心建在中国大陆，其中以欧美公司居多，如：摩托罗拉、IBM、朗讯、阿尔卡特、诺基亚、爱立信等。这些公司的研发中心尤其注重与中国高校建立广泛的合作关系，如：摩托罗拉与中国 26 所高校建立了合作关系，IBM 公司与全国 30 多所高校建立了合作关系。与此相比，日本、韩国企业在中国设立研发中心则较少。

（五）外商企业投资方式正在发生变化

近年来，外商投资企业，尤其是那些在技术和资金等方面占有优势的跨国公司在中国的投资方式正在发生变化。主要表现为间接投资减少，直接投资增加；新建项目减少，整合力度加强；合资企业减少，独资企业增多。

过去部分外商到中国投资，为了绕过贸易壁垒，多采取合资等间接投资方式。随着中国加入WTO后，关税大幅度降低，一些非关税壁垒被取消，外国公司为了获取高额利润，往往更多的采用在中国直接投资建厂的方式。外商投资企业在不断增加投资规模的基础上，开始或是重新建企业，或是把项目向其在中国投资企业上整合，或是向项目上转变。一些外商企业通过出售其在中国的企业，调整其在中国的投资结构，通过收购或兼并实现其在中国投资的扩张，如：法国的阿尔卡特公司通过控股比利时贝尔公司进入上海贝尔公司，实现在中国业务的扩张。此外，随着中国对外开放程度的加大，跨国公司为了避免出现与中国国内合资伙伴之间产生利益冲突等不利影响，近几年来，他们更多采用以设立独资企业的方式进入中国。因此，近期内在中国新设外资企业中，独资企业数量明显增加。

［撰稿：韦俊　审稿：王建章］

2003年电子信息产品进出口情况

【综述】

2003年，中国电子信息产业对外贸易额为2 742.7 亿美元，其中，进口额为 1 321.8 亿美元，出口额为 1 420.9 亿美元，占全国比重均超过32%，同比增速均超过 50%，均创下了历史最高水平。其顺差值为 99.1 亿美元，占全国贸易顺差38.8%。

2003 年电子信息产品出口贸易取得多项突破。一是出口额首次突破 1 000 亿美元，并提前两个月超额完成全年出口任务，实现“五年翻两番”的发展目标；二是占全国出口比重接近 1/3，比 1998 年翻了一番多；三是月出口额持续攀高，从 4 月份起，每月出口额均突破百亿美元，12 月份出口额为 166.9 亿美元，创下历史新记录。2003 年电子信息产品各月出口情况见图 1。

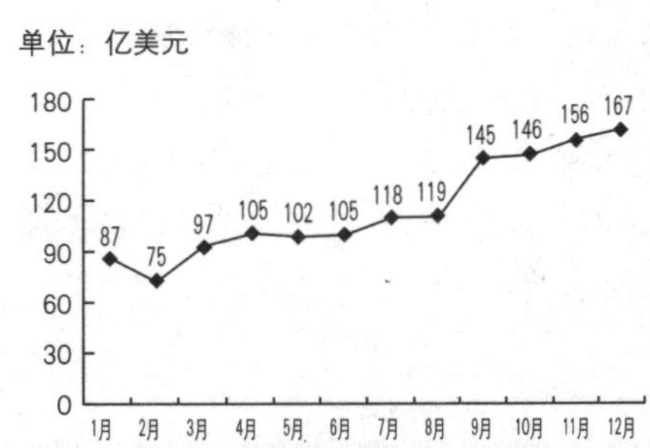

图1　2003年电子信息产品各月出口额情况

电子信息产品出口的高速增长带动了国家外贸出口的持续增长。2003 年电子信息产品各月的出口增速均高出全国出口增速 10 个百分点以上；12 月底，其增速为54.4%，比全国出口增速高 19.8 个百分点，对全国出口增长的贡献率为 44.4%。

出口特点

与 2002 年电子信息产品出口相比，2003 年电子信息产品出口呈现出如下特点：

1. 计算机、通信类拉动增长，家电类增速放缓

据不完全统计，2003 年计算机类产品出口额为 663.4 亿美元，同比增长 85.5%，占电子信息产品出口总额的 46.7%，对全行业出口增长的贡献率是 61.1%，其中，笔记本电脑增长最快，为全行业

第一大出口产品，全年累计出口 1 329 万台，出口额为 113.1 亿美元，增长 4 倍多。打印机、显示器、微型计算机增速均达 50%以上。

通信设备产品出口额为 173.7 亿美元，增长 50.2%，占全部出口额的 12.2%，其中，程控交换机累计出口额为 4.5 亿美元，增长 81.8%；光通信设备出口额为 1.1 亿美元，增长约 2 倍；手机出口额为 9 534 万部，出口额为 73.8 亿美元，增长 39.5%。

受国际贸易纠纷的影响，家电行业的出口增长放缓，出口额为 270.1 亿美元，增速仅为 22.1%。2003 年出口额在 20 亿美元以上的电子信息产品出口情况见表 1。

2. 进料、来料加工贸易占主导地位

2003 年，进料、来料加工贸易出口额为 1 274.9 亿美元，占全部出口额的 89.7%，其中，进料加工贸易出口额为 1 061.2 亿美元，同比增长 58.8%，占出口总额的 74%；来料加工出口额为 213.7 亿美元，增长 35.2%；一般贸易出口额为 107 亿美元，增长 50.6%，占 7.5%；保税区仓储转口货物贸易出口额为 32.3 亿美元，增长 75.9%。2003 年不同贸易方式电子信息产品出口所占份额情况见图 2。

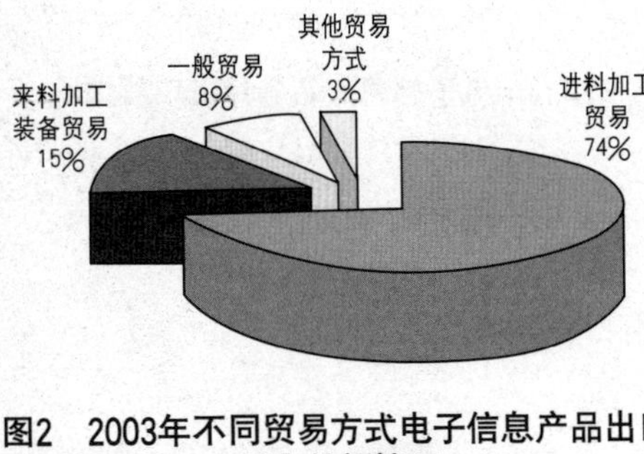

图2　2003年不同贸易方式电子信息产品出口所占份额情况

3. 三资企业占主力，私营企业增势明显

2003 年，三资企业出口额为 1 189.6 亿美元，占全部出口额的 83.7%，其中，外商独资企业出口额为 844.5 亿美元，同比增长 73.8%，占出口总额的 59.4%；中外合资企业出口额为 310 亿美元，增长 41.4%。国有企业出口增速放慢，出口额为 164.8 亿美元，增长 6.6%。私营企业增速最明显，出口额为 38.3 亿美元，增长 2.5 倍。从产品角度看，广播电视与计算机产品的出口增长速度分别为 11.8 和 11.6 倍。2003 年不同经济类型企业电子信息产品出口所占份额情况见图 3。

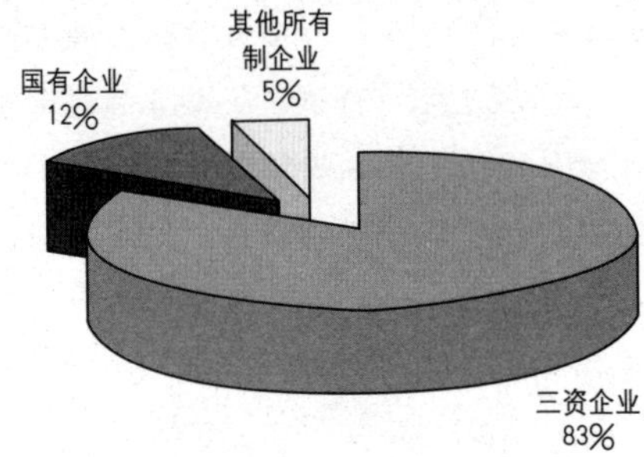

图3　2003年不同经济类型企业电子信息产品出口所占份额情况

4. 出口市场集中在欧美日等地区

2003 年，在中国电子信息产品出口市场中，排在前 10 位的国家和地区总额为 1 171.8 亿美元，占全部出口额的 82.5%。

中国特别行政区香港仍是最大的贸易伙伴。其与中国大陆的贸易进口额为 341.2 亿美元，占中国电子信息产品出口总额的 24%，同比增长 48.8%；其次是美国，与中国的贸易进口额为 324.7 亿美元，占 22.9%，增长 54.5%；第三是日本，与中国的贸易进口额为 159.6 亿美元，占 11.2%，增长 41.7%。三者合计从中国进口电子信息产品 825.5 亿美元，占中国电子信息产品出口总额的 58.1%。2003 年中国与有关国家出口电子信息产品贸易情况见图 4。

5. 出口省市仍集中在东部沿海地区

2003 年，电子信息产品出口额排前 5 位的省市分别为：广东省、江苏省、上海市、天津市和福建省，其中，广东省居首位，占全部出口额的 48.8%；其次是江苏省，占全部出口额的 19.1%；

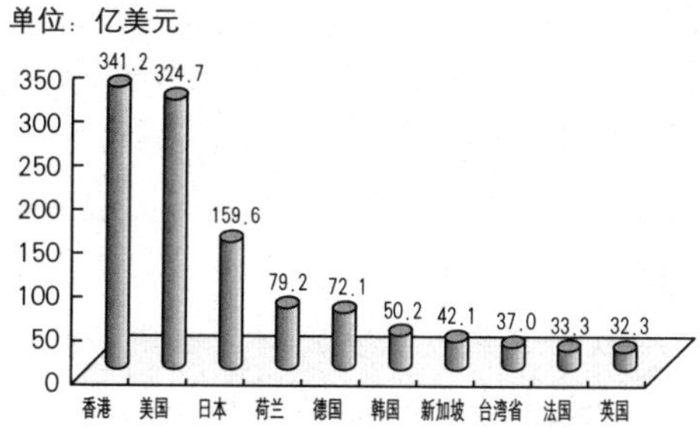

图4 2003年中国与有关国家出口电子信息产品贸易情况

第三是上海市，占 12.7%；第四是天津市，占 4.8%；第五是福建省，占 3.9%。江苏省和上海市的增势最为明显，同比均增长 1 倍，占全国比重分别比上年提高了 4.3 和 2.9 个百分点。

在中西部地区中，湖北省出口增长较快，增长 64.7%；受大宗出口产品（彩色电视机）增势下滑的影响，四川省出口增长放缓，增长 4.2%。2003 年电子信息产品主要出口省市情况见图 5。

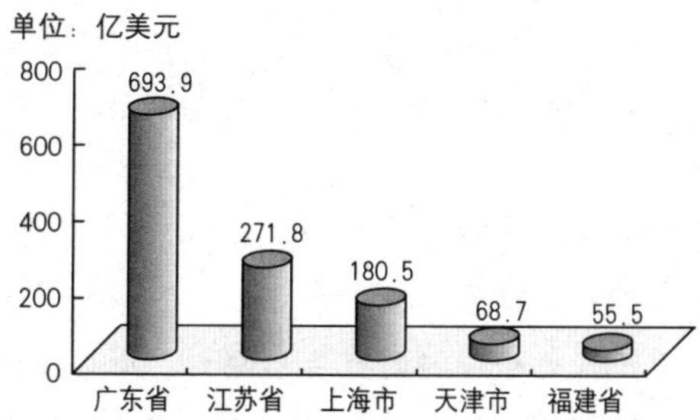

图5 电子信息产品出口额排前5名的省市情况

出口增长原因

总结归纳 2003 年电子信息产品出口增长的原因，有如下几点：

1. 调整，规避 SARS 影响

2003 年春夏期间的 SARS 疫情，给电子信息企业的生产经营和产品出口带来诸多的负面影响。对此，全行业采取相应措施，把 SARS 疫情的负面影响降到较小范围，使出口继续保持高速增长。为了配合企业推进出口，信息产业部的领导会见古巴贸易部长，协调中古彩色电视机合作项目；走访部分合资企业，对企业出口中的问题进行调研，帮助企业分忧解难、增强信心；与商务部、机电商会、进出口银行、出口保险公司协调尼日利亚通信项目，促进通信产品出口。各地在落实国家政策的同时采取应对措施，创造条件维持经济正常运行：广东省创造条件，保证中国出口商品交易会正常举行；北京市出台多项措施，为电子信息产品出口继续保持快速增长发挥了重要作用。企业在采取有效措施规避 SARS 影响的同时，也在国际市场拓展方面取得新进展，如：厦华集团中标美国最大家电销售商 Best Buy，获得 1.8 万台数字高清晰度电视机订单；四川长虹电子集团有限公司参与伊拉克战后的数字卫星电视体系建设，获得 100 万台数字接收机订单。

2. 国际产业转移，推动出口贸易

全球电子信息产业结构调整不断深化，产业链分解和区域转移趋势日益明显。中国电子信息产品市场巨大、人力资源丰富低廉，以及不断完善的投资环境，使得跨国公司加大对中国投资转移的热潮继续“升温”。

2003 年以来，日本、韩国等家电企业纷纷将制造工厂向中国转移，台湾半导体与计算机厂商加大对大陆的投资力度；一些跨国公司把更多的加工环节向中国转移，将原设在其他地区特别是东南亚国家的工厂关掉，或是在中国设立新工厂、或是委托中国国内企业为其贴牌生产再出口，这些都继续推动电子信息产品出口快速增长。

3. 新产品涌现，带动出口增长

由于信息技术具有高创新性和渗透性，因此，电子信息产品的更新换代十分迅速，出口种类和范围也日益扩大。2003 年，尽管家用电子电器产品出口减少，但是由于计算机类和通信设备产品的出口取得高速增长，从而推动全行业的出口继续保持快速发展态势。同时，数码产品、网络产品等也带动全行业出口的快速增长。笔记本电脑出口 1 330 万台，出口额为 113 亿美元，同比均增长 4 倍多；数码相机出口 4 863 万台，出口额为 29.6 亿美元，同比均增长 2 倍多。

出口贸易特点

在国家出口宏观政策的引导下，信息产业部为推动产品出口贸易的快速增长做了大量工作。2003 年电子信息产品出口贸易有如下特点：

1. 推进科技兴贸战略，创造外部环境

信息产业部与外经贸部、科技部等相关部门共同开展科技兴贸工作，扩大联合工作机制范围，研究制定相关扶持政策，把科技兴贸的战略工作做实；参与技术性贸易措施部际联席会议；参与对欧盟 REACH 协定（新化学品政策）等外国相关政策的评议工作，减少电子信息产品出口面临的潜在障碍；组织企业参加中国高新技术产品交易会（深圳）、北京国际科技产业博览会等活动，为企业提升产业技术水平、扩大出口发挥引导和推动作用。

2. 召开会议，表彰成绩优秀企业

2003 年 8 月 15 日，信息产业部在云南省昆明市召开“2003 年全国电子信息产品出口工作会”。在会上，娄勤俭副部长做了“抓住机遇，扎实工作，促进中国电子信息产品出口再上新台阶”的报告。该会统一了思想、调动了各方面的积极性，对后几个月电子信息产品出口的高速增长起到促进作用。

3. 推进国际合作，引导企业拓展市场

推进与北欧国家的经贸合作。组团对瑞典等北欧四国的电子信息产品技术、市场及信息化建设进行考察，落实双边合作项目，并推动企业到北欧投资办厂和引进先进的电子信息技术；对埃及通信市场进行考察，为通信制造企业拓展埃及和中东市场创造条件；参与商务部在埃及组织的中国高新技术产品展览，促进中国与埃及电子信息产业的交流与合作；协调中国与古巴有关彩色电视机和通信的合作项目，增进两国经贸合作，帮助企业开拓古巴市场；与商务部、机电商会、进出口银行、出口保险公司协调尼日利亚通信项目，促进通信产品出口。

4. 协调贸易纠纷，解决入世后的问题

继续支持音响协会开展 DVD 专利谈判，与各专利集团的谈判不断取得新进展，推动 DVD 产品出口继续保持快速增长；及时针对美国对我彩色电视机反倾销投诉进行研究，支持国内企业积极应诉；配合商务部等有关部门，参与光纤反倾销损害调查工作，保护国内企业利益，引导产业健康发展。

5. 引导全行业，规避 SARS 影响

在 SARS 期间，信息产业部配合有关部门抓好相关政策的落实，为企业扩大生产经营、争取国外订单做好服务工作。当 SARS 疫情得到有效遏制时，信息产业部的领导带队，走访部分合资企业，帮助企业分忧解难，有效规避了 SARS 带来的负面影响。与此同时，把国外市场信息及时传递给国内企业，帮助企业拓展出口业务。

6. 加强研究，解决问题

信息产业部对电子信息产品出口所面临的突出问题进行了深入研究，组织地方信息产业主管部门对 SARS 疫情、出口退税等相关问题进行调查分析，提交研究报告，供有关部门决策参考，指导出口工作有序展开；加强对美国、日本、韩国、印度、瑞典等国家信息技术与市场的研究，使中外信息产业比较课题研究不断深入；每月按时编制《电子信息产品出口简报》，及时分析出口中遇到的新情况、新问题，供有关部门和领导决策参考。

出口形势展望

2004 年电子信息产品出口贸易面临诸多困难。预计，2004 年中国电子信息产品的出口增速将放缓。特别是一季度，随着出口退税政策的正式实施，这种趋势将更加明显。另外，部分国内配套率较高的产品出口速度将放慢，来料加工贸易的比重将有所提高，东部沿海地区出口增势将受到明显的影响，对亚洲国家的出口增速将逐步加快。此外，随着国内进口的增加，贸易平衡的压力将有所加大，甚至有可能出现贸易逆差。

2004年在电子信息产品进出口贸易中，有如下几个问题是不可忽视的：

1. 推进与港、澳及周边国家的经贸关系，利于出口扩大

2003年，中国内地与香港签署了《内地与香港关于建立更紧密经贸关系的安排》。该条款将推进内地与香港的经贸关系，有利于扩大内地电子信息产品通过香港的中转出口；与澳门签署了《内地与澳门关于建立更紧密经贸关系的安排》。该条款将发挥积极效应。同时，随着亚洲“10+1”、“10+3”自由贸易区建设的不断深入，中国与周边国家的经贸关系更加紧密，并推动中国电子信息产品向亚洲地区，特别是东盟国家的出口。

2. 出口退税政策的调整，对出口影响深远

为了解决不断增长的退税拖欠问题，国务院决定从2004年1月1日起正式对出口退税政策实施改革，决定加大中央财政对出口退税的支持力度，建立中央和地方共同分担出口退税的新机制，并对出口退税率进行结构性调整，适当降低出口退税率，其中，95%以上的电子信息产品出口退税率将降至13%。这项政策的出台将对电子信息产品出口及产业发展带来深远影响，其一，它将缓解因出口欠税给企业带来的各种负面影响，并对出口产品结构调整、企业素质提高起到长远的促进作用；其二，它将增加企业税赋和出口成本，影响企业国际竞争力，并促使企业调整经营策略，导致产业链的发展出现了一些新变化。

3. 贸易壁垒对出口的阻碍作用将日显突出

2003年11月，美国在对中国彩色电视机反倾销诉讼中初裁倾销成立，判定中国彩色电视机产品存在28%~46%的倾销幅度，一旦2004年4月的终裁成立，将会基本堵死中国彩色电视机出口美国的渠道。同时，知识产权保护将继续成为制约中国产品出口的主要障碍。由于中国出口产品核心技术受制于人、加工贸易占据较大比重，因此，知识产权引起的贸易纠纷将呈上升趋势。此外，技术性贸易壁垒和区域性贸易壁垒等仍将影响出口扩大。

4. 人民币升值及贸易顺差的压力将影响出口

随着中国产品出口规模、贸易顺差的持续扩大，国际上特别是美国等国家对中国不断施加压力。与此同时，人民币升值的压力仍存在。这些都将对中国电子信息产品的出口带来影响。

出口工作重点

为了推进电子信息产品出口，2004年，信息产业部有关部门将做好以下几项工作：

1. 推进科技兴贸战略，创造良好外部环境

与其他部门配合，推进政策措施在行业中的落实，为电子信息产品出口创造顺畅的外部环境；针对当前出口所面临的突出问题，如：出口退税、非关税壁垒、贸易纠纷等，与商务、海关、质检、税务等相关部门加强沟通协作；借助技术性贸易措施部际联席会议的平台，做好对国外政策的评议工作，减少中国电子信息产品出口所面临的贸易壁垒。

2. 加强国际市场开拓规划，引导企业开拓新兴市场

开拓新兴市场，组织企业进行市场考察、参展办展，并邀请外国电子信息企业及相关政府部门来华考察访问，加强与国际交流合作，落实双边电子信息产业合作项目。探索在新形势下，如何扩大电子信息产品边贸的措施，特别是对广西壮族自治区、云南省等边境地区进行重点考察，提出扩大电子信息产品对东南亚等周边国家出口的政策建议。

3. 开展工作，培育新的增长点

继续引导地方做好招商引资工作，完善投资环境，引导外资企业加强其在中国的配套生产，以及把研发中心向中国转移；提升国内产业聚集水平，推进信息产业基地建设，特别是要把软件出口基地建设作为一项重点工作，为扩大软件出口创造条件；对国有和民营企业加强政策引导和

培训支持，增强其拓展国际市场的能力；扶持出口前景看好的产品出口，如：消毒电器、视讯系统、数码产品、网络产品等；引导通信制造企业与电信运营商联合开拓国际市场，发挥整体优势，拓展通信产品的国际市场。

4. 研究出口退税政策调整后，对企业的影响

加强对相关规则的学习和培训，及时让企业了解、适应新的政策；引导企业采取应对措施，减小出口退税率下调带来的负面影响；进行实际调研，了解政策执行中存在的问题和企业的要求，向相关部门反映并予以协调解决。此外，要研究并争取对部分关键产品继续实施出口全额退税的优惠政策。

5. 做好产品出口信息服务体系的建设

筹建电子信息产品出口信息平台，为企业拓展国际市场作好信息与撮合服务，并促进国际电子商务发展；加强与电子信息产品出口企业的联系，特别要与出口大型企业建立联系工作机制，加强相互间的信息沟通。

6. 支持中介组织，发挥有效作用

加大对中介机构的扶持力度，增强中介机构在促进出口中的地位，特别是在国际贸易纠纷、行业自律等方面，发挥其组织、协调与管理作用。引导部分行业协会组织企业有针对性地拓展国际市场，举办展览及其他贸易促进活动，加强中外产业交流合作；为中外中介组织的交流合作创造条件，引导国内行业协会学习国外同行的先进经验，并与之建立良好的沟通与合作平台。

【统计数据】

表 1 2003 年出口额在 20 亿美元以上的电子信息产品出口情况

单位：亿美元

产品名称	出口额	增长率（%）
笔记本电脑	113.1	413.7
显示器	95.7	67.0
手持（车载）无线电话	73.8	39.5
集成电路	59.7	165.7
激光视盘放像机	53.7	50.4
打印机	43.2	65.5
数字照相机	29.6	228.0
光盘驱动器	27.6	74.3
彩色电视机	25.6	19.7
收录放音组合机	24.3	0.1
印刷电路	24.1	33.6
微型计算机	22.0	55.1
电声器件	22.2	26.6
硬盘驱动器	20.6	21.8

表 2 2003 年通信设备产品进口情况

单位：万美元

产品名称	单位	进口量	进口额	增长率（%）
电话机合计	万台	111.03	2 648.09	0.34
其中：无绳电话	万台	51.16	882.40	0.34
可视电话	万台	1.98	435.94	2.51
传真机	万台	138.99	17 453.46	0.79
各种程控交换机	万台	2.07	6 338.46	1.63
其中：数字式程控电话交换机	万台	0.07	4 797.63	2.25
模拟式移动通讯交换机	万台		189.76	95.87
以太网络交换机	万台	44.43	39 925.12	0.01
IP电话信号转换设备	万台	2.65	590.24	0.39
手持（车载）无线电话	万台	2 206.61	281 308.70	0.18
对讲机	万台	14.80	1 496.02	1.74
移动通信基地站	万台	1.37	18 878.44	0.26
无线寻呼机	万台		8.73	
光通信设备	万台	3.34	11 268.17	–0.43
其中：光端机及脉冲编码调制设备	万台	2.72	3 963.64	0.15
波分复用光传输设备	万台	0.62	7 304.54	–0.55

表 3 2003 年通信设备产品出口情况

单位：万美元

产品名称	单位	出口量	出口额	增长率（%）
电话机合计	万台	19 323.78	166 575.37	0.19
其中：无绳电话	万台	8 777.01	127 223.76	0.23
可视电话	万台	0.68	180.45	4.57
传真机	万台	413.74	50 972.18	0.01
各种程控交换机	万台	14.73	45 288.24	0.82
其中：数字式程控电话交换机	万台	0.05	22 106.54	1.09

续表 3

产品名称	单位	出口量	出口额	增长率（%）
模拟式移动通讯交换机	万台	2.15	95.40	5.32
以太网络交换机	万台	312.09	23 498.07	0.36
IP电话信号转换设备	万台	1.54	225.47	0.56
手持（车载）无线电话	万台	9 534.32	737 703.86	0.40
对讲机	万台	2 653.40	26 372.93	0.41
移动通信基地站	万台	1.93	51 185.07	0.09
无线寻呼机	万台	88.37	909.78	–0.16
光通信设备	万台	1.88	11 467.41	1.93
其中：光端机及脉冲编码调制设备	万台	1.22	453.89	
波分复用光传输设备	万台	0.67	11 013.53	2.18

表 4　2003 年广播电视设备产品进口情况

单位：万美元

产品名称	单位	进口量	进口额	增长率（%）
广播电视用无线电广播、电视发射设备	万台	0.02	4 948.69	2.09
电视用卫星地面站设备	万台		174.75	51.16
电视摄像机	万台	0.28	622.56	–0.09
广播级电视摄像机	万台	0.01	486.95	–0.54
其他数字照相机	万台	476.74	50 516.62	11.75

表 5　2003 年广播电视设备产品出口情况

单位：万美元

产品名称	单位	出口量	出口额	增长率（%）
广播电视用无线电广播、电视发射设备	台	93 217	417.21	–0.47
电视用卫星地面站设备	台	8 379	44.16	–0.16
电视摄像机	台	7 680	437.74	42.06
广播级电视摄像机	台	57	7.29	–0.28
其他数字照相机	万台	4 863.46	295 600.51	2.28

表 6 2003 年电子计算机产品进口情况

单位：万美元

产品名称	单位	进口量	进口额	增长率（%）
微型计算机	万台	1.93	4 708.04	–0.25
笔记本电脑	万台	66.03	52 356.03	0.96
计算器	万台	1 827.98	3 730.90	0.28
打印机	万台	647.67	84 225.20	0.13
其中：针式打印机	万台	84.83	20 058.43	0.09
激光打印机	万台	126.34	33 919.88	0.19
喷墨打印机	万台	427.87	24 758.00	0.06
扫描仪	万台	92.09	8 024.36	–0.20
数字化仪	万台	0.18	138.30	0.10
硬盘驱动器	万台	4 028.06	303 484.86	1.21
软盘驱动器	万台	3 543.31	24 994.92	0.08
光盘驱动器	万台	4 547.26	221 160.55	1.30
显示器	万台	339.14	60 230.17	
其中：液晶显示器	万台	201.04	44 266.13	
阴极射线管显示器	万台	130.76	13 151.03	
自动柜员机	万台	0.48	8 749.72	–0.03
不间断供电电源	万台	9.47	8 034.76	0.06
集线器	万台	10.98	1 012.73	
路由器	万台	72.69	25 953.78	
调制解调器	万台	2 077.09	35 184.58	0.58

表 7 2003 年电子计算机产品出口情况

单位：万美元

产品名称	单位	出口量	出口额	增长率（%）
微型计算机	万台	1 329.57	1 131 412.91	4.14
笔记本电脑	万台	43 855.40	94 144.48	0.21

续表 7

产品名称	单位	出口量	出口额	增长率（%）
计算器	万台	3 951.17	431 666.45	0.66
打印机	万台	95.33	9 399.47	0.52
其中：针式打印机	万台	1 423.60	282 400.25	0.78
激光打印机	万台	2 197.59	129 506.15	0.42
喷墨打印机	万台	1 383.22	44 175.56	–0.02
扫描仪	台	56.00	4.84	–0.28
数字化仪	万台	4 603.44	205 532.23	0.22
硬盘驱动器	万台	7 519.72	38 124.50	0.04
软盘驱动器	万台	13 497.23	276 221.31	0.74
光盘驱动器	万台	6 331.40	957 241.14	
显示器	万台	2 985.04	680 207.34	
其中：液晶显示器	万台	3 198.60	255 973.90	
阴极射线管显示器	万台	0.83	7 014.71	0.70
自动柜员机	万台	751.40	25 950.79	0.59
不间断供电电源	万台	1 076.94	8 990.60	
集线器	万台	829.44	16 286.74	
路由器	万台	5 336.09	49 288.68	0.39
调制解调器	万台	8.57	7 169.38	0.36
计算机软件	万套	8.57	7 169.38	0.36

表 8　2003 年家用电子电器产品进口情况

单位：万美元

产品名称	单位	进口量	进口额	增长率（%）
彩色电视机	万台	78.05	4 188.82	
其中：显像管彩色电视机	万台	12.53	733.99	
液晶彩色电视机	万台	58.29	2 709.52	
等离子彩色电视机	万台	0.06	194.36	

续表 8

产品名称	单位	进口量	进口额	增长率（%）
黑白电视机	万台	2.29	16.39	–0.31
家用型视频摄录一体机	万台	7.25	2 202.30	0.40
袖珍盒式磁带收放机	万台		12.50	0.47
袖珍盒式放声机	万台	0.39	26.52	0.36
激光视盘放像机	万台	59.84	4 594.47	
激光唱机	万台	39.49	4 236.41	1.10
收录放音组合机	万台	36.80	638.06	0.52
汽车用收音及收录放组合机	万台	110.65	6 793.84	1.68
彩色视频投影机	万台	1.40	2 072.38	1.97
正射投影仪	万台	0.07	226.50	–0.33
收音机	万台	27.04	228.70	5.18
微波炉	万台	6.25	318.59	0.81

表 9 2003 年家用电子电器产品出口情况

单位：万美元

产品名称	单位	出口量	出口额	增长率（%）
彩色电视机	万台	2 277.15	255 611.15	
其中：显像管彩色电视机	万台	2 010.82	232 088.81	
液晶彩色电视机	万台	218.64	15 131.85	
等离子彩色电视机	万台	1.76	3 388.79	
黑白电视机	万台	1 393.57	18 885.50	0.10
家用型视频摄录一体机	万台	44.47	7 574.54	2.94
袖珍盒式磁带收放机	万台	971.37	2 452.67	–0.33
袖珍盒式放声机	万台	1 361.64	2 036.98	–0.09
激光视盘放像机	万台	12 053.71	537 174.93	
激光唱机	万台	7 222.50	99 353.40	0.09

续表 9

产品名称	单位	出口量	出口额	增长率（%）
收录放音组合机	万台	23 296.48	243 199.73	0.01
汽车用收音及收录放组合机	万台	2 228.15	67 461.68	0.34
彩色视频投影机	万台	35.84	22 539.62	3.04
正射投影仪	万台	19.13	1 798.10	1.03
收音机	万台	4 793.46	10 107.95	0.26
微波炉	万台	2 974.48	109 602.51	0.37

表 10　2003 年家用电子元器件产品进口情况

单位：万美元

产品名称	单位	进口量	进口额	增长率（%）
电容器	万公斤/千个	4 156.56	241 907.13	0.35
电阻器	万公斤/千个	1 751.51	78 491.48	0.23
印刷电路	万公斤/千个	1 063 389.86	363 841.14	0.47
智能卡	万个	28 600.63	37 855.24	0.46
集成电路（包括微电子组件）	万个	4 691 457.25	4 016 079.75	1.86
其中：未经切割加工的集成电路圆片	万个	229 354.21	139 689.26	
彩色显像管	万只	1 841.89	102 291.32	0.48
黑白显像管	万只	573.52	6 437.40	–0.17
彩色数据图形显示管	万只	2 263.79	108 946.30	–0.15
晶体管	万个	11 119 005.90	361 452.35	0.34
彩色电视机零件	万公斤	1 598.66	32 886.67	0.59
黑白电视机零件	万公斤	81.80	510.97	–0.11
光缆	万公斤	451.31	4 515.49	–0.49
电声器件	万个	150 630.50	71 195.67	0.39

表 11 2003 年家用电子元器件产品出口情况

单位：万美元

产品名称	单位	出口量	出口额	增长率（%）
电容器	万公斤/千个	4 126.39	89 268.37	0.19
电阻器	万公斤/千个	1 716.08	33 514.09	0.18
印刷电路	万公斤/千个	630 158.92	240 932.96	0.34
智能卡	万个	8 998.19	18 708.86	4.00
集成电路（包括微电子组件）	万个	1 109 788.24	596 676.05	1.66
其中：未经切割加工的集成电路圆片	万个	29 663.56	53 534.28	
彩色显像管	万只	1 594.73	74 606.24	0.18
黑白显像管	万只	526.97	2 943.89	2.25
彩色数据图形显示管	万只	557.06	24 443.20	0.63
晶体管	万个	8 154 626.09	88 241.38	0.33
彩色电视机零件	万公斤	6 150.88	57 461.39	0.40
黑白电视机零件	万公斤	970.08	6 961.15	-0.05
光缆	万公斤	467.08	4 001.96	0.64
电声器件	万个	308 512.15	221 771.28	0.27

表 12 2003 年按贸易方式划分的

贸易方式	进口总计	增长率(%)	通信设备	广播电视设备
合计	13 217 678.97	0.55	1 170 268.64	86 209.99
进料加工贸易	6 907 651.22	0.63	240 036.84	37 445.56
一般贸易	3 095 061.42	0.34	824 711.13	26 909.72
来料加工装配贸易	1 433 550.21	0.37	15 263.97	3 374.15
保税区仓储转口货物	1 259 494.15	1.30	45 081.09	17 668.63
外商投资企业作为投资进口的设备、物品	299 709.78	0.36	16 736.20	183.30
保税仓库进出境货物	138 315.39	0.44	24 461.38	386.41
加工贸易进口设备	43 860.62	0.50	146.14	3.40
出口加工区进口设备	26 707.35	1.43	174.55	3.84
其他	9 361.45	0.47	3 494.82	62.25
国家间、国际组织无偿援助和赠送的物资	2 429.90	0.33	160.19	150.14
华侨、港澳台同胞、外籍华人捐赠物资	714.76	3.21	2.33	3.08
边境小额贸易	265.50	–0.14		
免税外汇商品	225.37	–0.78		19.52
出料加工贸易	201.56	0.05		
租赁贸易	130.29	–0.36		

表 13 2003 年按贸易方式划分的

贸易方式	出口总计	增长率（%）	通信设备	广播电视设备
合计	14 209 034.62	0.54	1 737 190.61	200 527.23
进料加工贸易	10 612 134.77	0.59	1 412 806.80	131 093.15
来料加工 装配贸易	2 136 733.69	0.35	98 485.74	35 321.43
一般贸易	1 070 123.79	0.51	206 357.36	17 779.93
保税区仓储转口货物	323 242.96	0.76	6 402.50	14 655.58
保税区仓库进出境货物	50 542.23	0.38	11 556.48	1 042.91

电子信息产品进口情况

单位：万美元

计算机	家用电子电器	电子仪器设备	电子元件	电子器件	电子材料
3 445 793.46	709 304.84	909 097.83	1 397 813.53	5 270 614.08	228 576.61
1 821 955.78	378 864.59	191 270.31	816 177.00	3 340 351.63	81 549.51
660 775.43	179 981.56	291 665.60	199 967.41	876 391.98	34 658.59
217 966.02	89 542.69	37 133.19	261 501.33	702 237.14	106 531.72
687 705.84	24 260.63	56 866.52	100 809.09	322 927.02	4175.34
21 975.70	5 091.05	253 559.91	995.64	882.68	285.29
29 777.78	30 049.17	9 287.23	17 585.86	25 771.93	995.63
1 190.39	214.05	42 241.12	28.72	31.88	4.92
1 548.65	170.60	24 385.35	73.84	348.22	2.31
1 519.60	688.30	1 713.69	602.53	1 171.85	108.40
960.87	317.06	472.26	26.48	342.90	
336.48		372.26	0.27	0.34	
	0.22	0.11	0.28	0.02	264.88
80.92	124.93				
			45.07	156.49	
		130.29			

电子信息产品出口情况

单位：万美元

计算机	家用电子电器	电子仪器设备	电子元件	电子器件	电子材料
6 633 733.63	2 701 524.48	588 162.98	1 214 208.56	1 097 007.13	36 680.01
5 478 258.28	1 896 983.20	382 535.64	692 212.28	605 773.59	12 471.83
928 816.91	472 793.68	108 403.36	216 592.36	268 029.96	8 290.24
57 325.81	272 334.04	74 595.24	268 868.95	159 303.00	13 559.46
156 340.74	37 819.62	15 439.63	29 784.19	60 564.91	2 235.80
10 827.74	13 915.36	5 357.16	4 746.01	3 073.14	23.43

续表 13

贸易方式	出口总计	增长率（%）	通信设备	广播电视设备
边境小额贸易	10 377.72	0.66	493.73	348.71
对外承包工程出口货物	2 715.56	0.38	978.38	110.16
其他	1 484.33	7.33	53.62	58.03
国家间、国际组织无偿援助和赠送的物资	1 330.20	–0.03	52.43	117.33
易货贸易	246.46	–0.83		
出料加工贸易	100.94	–0.34	3.57	
寄售代销贸易	1.53			
租赁贸易	0.45	–0.86		

表 14　2003 年按不同经济类型划分的

企业经济类型	进口总计	增长率（%）	通信设备	广播电视设备
合计	13 217 678.97	0.55	1 170 268.64	86 209.99
外商独资企业	7 582 077.12	0.86	307 121.30	32 139.85
中外合资企业	2 387 508.04	0.32	363 036.39	34 848.62
国有企业	2 301 203.87	0.09	432 190.55	15 547.76
私人企业	488 399.20	1.94	43 220.70	2 847.03
中外合作企业	267 844.44	0.27	13 467.94	434.72
集体企业	184 952.75	0.35	11 122.19	350.13
其他企业	5 693.55	0.48	109.59	41.89

表 15　2003 年按不同经济类型划分的

企业经济类型	出口总计	增长率（%）	通信设备	广播电视设备
合计	14 209 034.62	0.54	1 737 190.61	200 527.23
外商独资企业	8 444 817.84	0.74	855 296.31	94 875.11

计算机	家用电子电器	电子仪器设备	电子元件	电子器件	电子材料
815.02	6 045.07	651.45	1 787.56	138.43	97.76
409.13	100.40	926.26	189.31	1.92	
109.85	1 254.80	6.04	1.10	0.70	0.18
778.70	79.70	247.23	24.77	30.04	
51.42	195.04				
	2.07	0.53	2.017	91.44	1.32
0.03	1.51				
			0.45		

电子信息产品进口情况

单位：万美元

计算机	家用电子电器	电子仪器设备	电子元件	电子器件	电子材料
3 445 793.46	709 304.84	909 097.83	1 397 813.53	5270614.08	228576.61
2 282 240.90	290 277.49	476 211.27	783 139.93	3 221 690.08	189 256.29
364 436.83	199 015.89	132 101.27	297 191.46	971 196.69	25 680.90
578 297.85	147 941.70	236 890.86	211 058.29	670 687.94	8 588.93
130 389.10	38 591.48	33 720.98	49 447.30	187 583.79	2 598.83
56 307.38	19 233.27	14 007.55	36 916.25	125 865.76	1 611.58
32 638.08	13 298.37	15 329.65	19 046.33	92 332.76	835.24
1 483.33	946.63	836.25	1 013.98	1 257.05	4.84

电子信息产品出口情况

单位：万美元

计算机	家用电子电器	电子仪器设备	电子元件	电子器件	电子材料
6 633 733.63	2 701 524.48	588 162.98	1 214 208.56	1 097 007.13	36 680.01
5 019 156.11	959 181.81	334 142.26	518 049.80	642 973.02	21 143.42

续表 15

企业经济类型	出口总计	增长率（%）	通信设备	广播电视设备
中外合资企业	3 099 777.71	0.41	670 244.01	54 925.59
国有企业	1 648 286.76	0.07	145 572.01	29 623.43
私人企业	382 840.30	2.46	8 545.70	17 916.67
中外合作企业	351 038.26	0.16	16 122.76	889.33
集体企业	281 858.21	0.43	41 330.80	2 293.57
其他企业	415.55	0.07	79.01	3.52

表 16　2003 年各省、市、自治区

省、市、自治区名称	进口总计	增长率（%）	通信设备	广播电视设备
合计	13 217 678.97	0.55	1 170 268.64	86 209.99
广东省	5 606 044.37	0.41	355 101.15	30 011.84
江苏省	2 436 748.10	1.32	120 237.28	4 021.94
上海市	2 268 847.97	0.82	127 118.85	18 030.25
北京市	663 446.72	0.13	145 358.73	20 311.89
天津市	600 884.92	0.27	108 066.00	6 105.72
福建省	480 478.64	0.60	43 678.27	443.00
浙江省	368 899.66	0.62	151 319.24	2 561.29
辽宁省	269 592.13	0.22	20 987.43	1 247.78
山东省	235 367.87	0.27	66 661.45	616.37
四川省	88 275.40	0.23	2 666.89	259.64
湖北省	36 021.06	0.48	4 538.53	482.72
陕西省	24 485.19	0.36	6 167.42	122.93
吉林省	22 408.79	1.11	343.70	206.44
贵州省	16 528.49	1.23	8 989.09	58.29
湖南省	16 474.35	0.02	378.00	21.44

计算机	家用电子电器	电子仪器设备	电子元件	电子器件	电子材料
901 410.67	820 185.57	78 227.31	276 069.32	291 920.59	6 794.65
425 176.64	548 277.75	100 141.56	267 347.53	125 950.78	6 197.06
62 345.82	174 217.25	38 040.90	61 111.97	18 741.60	1 920.39
152 210.78	88 475.22	26 468.15	58 303.76	8 037.04	531.21
73 190.47	111 162.48	11 111.62	33 307.34	9 368.64	93.29
243.15	24.39	31.18	18.84	15.45	

电子信息产品进口情况

单位：万美元

计算机	家用电子电器	电子仪器设备	电子元件	电子器件	电子材料
3 445 793.46	709 304.84	909 097.83	1 397 813.53	5 270 614.08	228 576.61
1 342 475.87	324 008.80	263 729.00	684 870.09	2 580 816.09	25 031.55
772 876.75	94 124.15	202 414.61	221 175.48	998 617.94	23 279.96
739 853.50	90 730.80	183 847.15	197 314.28	780 961.59	130 991.55
183 960.37	48 424.61	67 728.04	34 542.83	160 750.10	2 370.16
45 982.97	30 776.03	32 204.76	96 684.65	247 458.03	33 606.81
191 156.69	16 925.85	27 672.81	38 708.94	160 728.81	1 164.28
41 259.64	5 624.21	29 140.19	31 886.81	104 494.77	2 613.51
64 963.21	32 294.08	15 390.94	33 221.21	99 714.61	1 772.87
19 646.44	39 390.96	18 403.38	40 059.90	49 422.73	1 166.65
10 944.09	6 029.70	12 176.77	6 036.05	48 221.24	1 941.02
7 129.93	1 837.89	7 124.71	2313.24	10 693.49	1 900.55
2 760.39	1 222.85	6 873.34	1370.26	5 415.95	552.06
2 363.92	7 884.04	5 373.13	3 562.21	2 592.96	82.40
2 573.05	166.14	3 398.62	972.77	349.65	20.89
1 706.14	422.29	4 732.40	459.01	8 500.90	254.15

续表 16

省、市、自治区名称	进口总计	增长率（%）	通信设备	广播电视设备
重庆市	12 157.71		1 579.21	14.19
黑龙江省	11 707.90	-0.35	480.66	76.48
河北省	9 960.20	0.02	858.00	86.82
安徽省	8 269.11	-0.05	401.08	86.70
江西省	7 426.27	0.86	272.74	16.42
河南省	6 415.80	0.21	451.91	559.13
海南省	6 010.00	0.61	329.99	683.62
广西壮族自治区	5 585.46	-0.03	2 706.76	118.80
云南省	4 723.67	-0.43	548.57	14.80
新疆维吾尔自治区	3 011.97	0.02	78.11	34.81
山西省	2 553.70	-0.20	43.18	8.40
甘肃省	2 334.95	-0.39	331.62	5.75
内蒙古自治区	1 524.23	-0.38	12.81	0.17
西藏自治区	930.52	1.47	551.33	
宁夏回族自治区	342.35	-0.07	7.12	2.37
青海省	221.46	-0.27	3.60	

表 17　2003 年各省、市、自治区

省、市、自治区名称	出口总计	增长率（%）	通信设备	广播电视设备
合计	14 209 034.62	0.54	1 737 190.61	200 527.23
广东省	6 939 206.77	0.43	666 972.82	103 421.56
江苏省	2 718 199.94	1.00	251 375.69	16 109.32
上海市	1 805 191.75	0.99	169 137.35	32 587.36
天津市	687 307.99	0.24	269 904.16	15 964.11
福建省	554 805.00	0.44	17 127.71	2 577.10

计算机	家用电子电器	电子仪器设备	电子元件	电子器件	电子材料
1 469.55	3 276.35	4 077.55	742.58	981.47	16.82
2 682.10	2 120.71	4 193.89	408.75	1 727.49	17.81
3 062.80	170.90	3 456.40	775.82	982.22	567.25
1 403.03	436.26	2 094.58	839.16	2 942.85	65.46
1 070.14	101.33	2 006.60	99.26	3 408.39	451.40
1 396.54	528.39	2 949.50	254.29	239.23	36.81
801.46	2 241.17	1 144.74	722.64	86.38	
658.08	66.46	1 025.74	99.07	436.79	473.75
1 286.97	90.46	2 656.98	35.46	79.89	10.55
692.84	224.49	1 577.92	25.40	378.05	0.35
726.52	66.71	1 461.13	50.87	182.49	14.41
364.39	34.20	1 034.47	385.17	178.78	0.58
305.97	29.73	810.97	60.38	140.99	163.21
2.50	52.73	159.94	69.86	94.17	
116.85	1.77	143.99	67.10	3.01	0.16
100.77	0.79	93.59	0.01	13.05	9.65

电子信息产品出口情况

单位：万美元

计算机	家用电子电器	电子仪器设备	电子元件	电子器件	电子材料
6 633 733.63	2 701 524.48	588 162.98	1 214 208.56	1 097 007.13	36 680.01
3 299 977.00	1 633 030.62	331 030.28	640 977.89	258 679.12	5 117.47
1 752 520.71	297 306.91	93 835.06	170 120.54	132 801.74	4 129.96
874 760.32	191 045.19	47 848.44	77 595.78	406 866.69	5 350.63
86 787.08	142 925.58	15 125.18	49 752.28	100 394.05	6 455.55
369 812.55	86 175.76	21 359.26	34 283.31	22 431.14	1 038.18

续表 17

省、市、自治区名称	出口总计	增长率（%）	通信设备	广播电视设备
北京市	365 285.73	0.26	203 072.95	11 747.23
辽宁省	350 991.66	0.16	19 965.99	5 105.55
浙江省	339 826.73	0.58	59 217.44	6 465.88
山东省	223 215.33	0.29	55 948.21	5 215.63
四川省	92 201.41	0.04	857.06	64.60
湖北省	27 604.32	0.65	17 759.24	196.02
陕西省	16 845.69	0.26	808.58	8.92
安徽省	13 187.30	0.19	305.96	479.77
河北省	12 210.59	0.28	501.16	11.41
湖南省	10 256.90	0.08	365.05	74.97
黑龙江省	7 781.89	–0.21	390.63	54.38
贵州省	6 682.71	3.28	2 229.66	3.71
吉林省	6 631.84	0.87	30.29	20.99
新疆维吾尔自治区	5 192.02	1.01	369.75	83.32
重庆市	4 539.92	0.46	216.49	32.53
河南省	4 422.81	0.39	79.55	8.90
广西壮族自治区	4 353.59	0.55	37.83	18.42
江西省	3 941.07	0.55	81.95	18.17
宁夏回族自治区	1 845.21	0.13		
海南省	1 736.25	–0.06	62.81	18.89
云南省	1 439.53	0.43	236.77	2.78
山西省	1 296.60	0.40	16.12	0.05
甘肃省	1 279.49	5.36	0.02	
西藏自治区	943.07	–0.08	90.22	234.52
内蒙古自治区	562.10	0.06	9.66	1.14
青海省	49.41	0.94	19.47	

计算机	家用电子电器	电子仪器设备	电子元件	电子器件	电子材料
27 892.28	31 388.07	7 043.54	18 283.36	60 619.91	5 238.37
116 237.87	116 087.94	24 855.81	47 275.60	21 049.14	413.76
53 234.05	69 568.60	25 254.76	96 097.31	28 893.50	1 095.20
32 891.21	47 056.59	12 726.86	45 927.83	23 182.86	266.14
7 784.38	63 199.04	551.97	3 876.52	15 211.20	656.64
2 153.96	1 450.58	370.20	4 109.55	1 558.41	6.36
39.22	2 134.00	1 420.24	1 088.32	11 108.35	238.04
212.76	6 054.06	963.10	2 041.22	3 109.26	21.16
193.53	1 404.87	2 126.48	3 560.30	1 777.19	2 635.63
5.31	846.81	443.00	2 775.96	5 504.44	241.36
4 087.89	1 711.55	100.46	711.21	725.65	0.14
2 736.89	1 294.06	108.38	248.97	60.75	0.30
92.90	2 064.04	594.56	2 227.78	1 203.60	397.68
276.22	3 410.79	502.29	422.02	26.69	100.93
22.30	1 335.28	674.83	2 071.98	186.35	0.17
15.64	972.95	101.28	2 486.88	179.90	577.72
203.04	72.93	85.23	3 775.09	159.36	1.69
66.73	242.10	167.64	1 397.89	898.81	1 067.78
0.12	0.86	38.37	203.40	19.58	1 582.89
132.73	226.82	236.66	907.12	151.23	
337.96	33.96	27.04	787.46	13.48	0.08
2.56	16.70	443.97	648.85	127.12	41.23
1 150.79	14.61	2.73	53.05	54.34	3.94
99.13	429.81	39.41	49.01	0.97	
6.08	16.19	85.48	431.78	10.77	1.00
0.38	7.19	0.50	20.31	1.55	

表 18　2003 年各国和地区

国家和地区	进口总计	通信设备	广播电视设备	计算机
日本	2 662 366.98	232 022.66	40 818.95	440 530.14
中国台湾省	2 268 552.47	96 656.14	4 124.04	629 935.39
韩国	1 807 985.11	344 309.77	7 114.07	540 285.08
中国	1 677 801.66	104 240.02	6 892.10	710 446.11
马来西亚	867 248.40	26 562.84	6 081.77	154 907.18
美国	848 643.07	87 910.50	4 092.84	187 570.96
菲律宾	567 267.10	2 407.25	206.28	143 659.96
新加坡	491 114.67	14 620.74	758.51	156 048.40
中国香港	458 048.49	38 407.90	6 119.49	57 153.27
泰国	383 857.45	16 217.71	4 697.70	192 752.60
德国	269 367.67	32 736.29	602.11	24 193.42
法国	105 825.46	41 034.91	344.96	4 054.82
印度尼西亚	89 468.04	1 372.83	706.48	58 365.32
墨西哥	85 839.59	3 752.77	9.57	42 207.87
爱尔兰	72 747.24	5 183.01	0.13	34 655.58
英国	61 459.33	8 334.16	158.96	13 752.18
瑞典	58 612.28	34 508.38	33.93	3 224.16
哥斯达黎加	55 621.68	119.79	0.03	3 791.55
加拿大	45 825.69	19 383.12	298.00	7 607.96
芬兰	40 806.75	16 399.00	46.45	2 216.37
以色列	38 770.80	7 020.56	50.05	2 194.31
意大利	34 427.49	7 372.81	289.75	5 845.88
荷兰	29 263.66	924.17	97.86	1 430.34
马耳他	22 561.42	0.89	0.15	
奥地利	20 788.86	2 099.69	27.89	1 398.67
瑞士	16 770.02	743.47	2 298.08	1 212.64

电子信息产品进口情况

单位：万美元

家用电子电器	电子仪器设备	电子元件	电子器件	电子材料
155 053.71	288 160.21	348 752.61	1 108 495.88	48 532.83
36 707.84	84 959.10	260 806.19	1 131 214.13	24 149.65
65 531.93	58 291.26	146 305.81	638 247.26	7 899.94
191 969.61	72 209.53	313 418.33	277 111.29	1 514.66
16 248.77	10 496.36	43 950.66	606 385.67	2 615.15
58 432.93	148 817.30	43 483.14	228 012.46	90 322.94
7 520.11	5 632.70	14 290.12	393 295.92	254.76
30 366.64	14 945.30	36 765.88	235 314.82	2 294.37
41 755.74	24 319.53	69 333.97	217 864.02	3 094.56
7 557.20	10 052.52	26 778.54	125 798.45	2.72
36 063.00	80 779.80	18 395.29	73 161.91	3 435.85
2 696.47	15 597.10	4 858.55	32 363.70	4 875.00
2 339.09	1 393.25	10 323.64	14 917.93	49.51
928.63	1 543.34	6 114.47	31 209.07	73.85
7 685.35	2 603.80	703.67	3 859.67	18 056.03
6 139.99	13 995.62	4 146.74	13 262.58	1 669.10
4 011.48	7 753.27	3 283.46	5 735.10	62.50
53.51	197.43	2 423.50	49 035.87	
6 681.56	4 824.28	1 773.20	5 075.78	181.79
12 711.12	3 415.21	1 279.50	4 585.23	153.87
893.85	8 319.15	2 162.51	1 808.46	16 321.91
1 740.88	8 989.51	4 627.40	5 188.79	372.48
1 616.70	17 310.48	1 785.34	5 818.37	280.40
36.54	6.60	0.03	22 517.20	
636.91	3 773.84	80 43.56	4 619.55	188.76
700.71	5 251.75	3 410.67	3 042.11	110.59

续表 18

国家和地区	进口总计	通信设备	广播电视设备	计算机
比利时	14 993.99	4 087.94	5.87	2 786.64
澳大利亚	13 630.55	1 646.96	76.32	3 142.17
罗马尼亚	11 945.18	11 446.45		54.36
匈牙利	11 773.69	835.79	0.03	4 412.10
葡萄牙	11 684.77	1.00	73.34	6 309.20
摩洛哥	9 991.76	1.31		12.87
丹麦	8 697.41	1 089.90	35.88	533.95
捷克	8 466.35	90.06		1 264.89
西班牙	6 253.77	926.91	43.22	1 372.46
挪威	5 467.70	1 927.36	60.74	489.55
波多黎各	5 045.60	3.02	17.66	4 868.09
巴西	4 856.08	281.55		54.49
印度	4 660.43	144.68	0.09	187.29
俄罗斯联邦	4 650.18	559.13	0.01	0.58
越南	4 491.23	144.25	19.24	545.19
波兰	1 361.15	88.23	0.37	38.49
拉脱维亚	1 313.42	1 310.15		0.09
新西兰	1 304.07	305.95		9.51
乌克兰	1 013.17	256.65		49.45
爱沙尼亚	991.58	210.36		1.60
南非	490.26	242.44	0.64	15.80
斯洛文尼亚	457.86	0.86		1.06
斯洛伐克	324.72	30.16		99.55
白俄罗斯	294.82	183.15		0.02
斯里兰卡	280.77			4.36
希腊	258.55	2.06		
澳门	258.00	22.38		7.02
朝鲜	200.24	29.80		1.52

家用电子电器	电子仪器设备	电子元件	电子器件	电子材料
1 221.79	1 684.54	1 162.35	3 843.04	201.82
3 065.00	1 961.97	2 476.52	1 244.34	17.27
322.37	22.02	20.02	79.37	0.59
2 201.21	569.56	878.39	2 869.12	7.50
71.95	59.88	1 333.20	3 836.21	
0.42	16.69	68.87	9 891.60	
1 786.65	3 162.18	1 606.99	219.28	262.60
21.04	370.24	4 283.74	2 418.45	17.93
321.46	1 837.35	1 300.71	389.93	61.74
244.03	2 105.72	216.55	129.29	294.46
5.91	28.66	0.01	120.76	1.49
989.40	164.87	1 543.18	1 336.08	486.52
145.76	869.27	753.24	2 538.79	21.32
1 006.55	683.30	156.02	1 622.20	622.39
85.67	198.86	2 741.68	756.35	
505.77	168.44	365.59	142.41	51.85
0.03	0.12		3.02	
97.79	591.94	162.79	136.11	
109.66	64.85	465.93	54.44	12.20
501.86	271.42	5.25	1.09	
39.34	26.99	6.75	157.76	0.59
26.67	26.98	346.55	55.70	0.04
38.90	17.87	52.87	85.29	0.09
0.04	19.93	0.31	90.50	0.87
7.66	5.22	243.65	18.15	1.74
76.56	137.38	16.43	26.11	
2.59	166.68	18.44	40.88	
	0.18	4.50	164.24	

续表 18

国家和地区	进口总计	通信设备	广播电视设备	计算机
保加利亚	175.86	0.23		2.03
阿根廷	173.86	0.17		1.68
突尼斯	154.83			0.06
萨尔瓦多	129.92			
土耳其	122.10	0.27	0.10	2.13
多米尼加	87.30	0.02		
摩纳哥	70.81			
蒙特塞拉特	52.92			52.92
沙特阿拉伯	39.95		0.10	0.17
伊朗	32.71	3.36		12.05
厄瓜多尔	25.81			
克罗地亚	24.31	15.27		1.74
阿曼	19.15	1.59		
冰岛	17.49			0.06
列支敦士登	14.22			0.24
卢森堡	12.05			0.34
文莱	11.94	0.51		0.02

表 19　2003 年各国家和地区

国家和地区	出口总计	增长率(%)	通信设备	增长率(%)	广播电视设备	增长率(%)
中国香港	3 412 168.66	0.49	335 929.97	0.40	30 334.61	2.18
美国	3 247 237.42	0.54	435 591.49	0.37	57 027.39	0.37
日本	1 596 265.03	0.42	110 285.54	0.42	38 095.82	0.16
荷兰	792 457.68	0.65	42 131.68	1.49	12 568.61	0.42
德国	721 163.14	0.90	176 703.81	0.51	7 460.96	0.62
韩国	502 408.08	0.54	70 744.41	0.05	7 915.08	0.80

家用电子电器	电子仪器设备	电子元件	电子器件	电子材料
	16.97	3.21	153.42	
154.20	17.13	0.62	0.06	
	13.15	137.93	3.69	
	0.23	127.34	2.34	
91.82	13.20	4.44	10.13	
	87.28	0.01		
	87.28	0.01		
0.08	13.55	0.20	56.98	
39.63	0.03	0.02		
1.06	0.15	13.23	2.86	
	0.06		25.75	
0.30	3.58	1.32	2.10	
			17.55	
	15.30	0.01	2.13	
6.22	6.43	0.66	0.67	
1.37	4.84	1.47	3.93	0.09

电子信息产品出口情况

单位：万美元

计算机	增长率(%)	家用电子电器	电子仪器设备	电子元件	电子器件	电子材料
1 616 281.00	0.60	2 701 524.48	588 162.98	1 214 208.57	1 097 007.13	36 680.01
1 720 118.62	1.02	421 073.76	144 630.12	433 381.76	421 896.97	8 640.48
732 737.69	0.81	702 529.78	114 734.77	121 499.59	88 875.79	6 860.00
531 016.33	0.84	334 679.35	99 654.93	184 982.18	87 020.91	8 808.63
338 841.64	1.72	152 345.55	15 785.31	14 135.04	24 245.10	230.08
143 196.43	1.48	109 010.70	37 536.96	32 475.83	18 599.62	533.63

续表 19

国家和地区	出口总计	增长率（%）	通信设备	增长率（%）	广播电视设备	增长率（%）
新加坡	421 010.47	0.31	63 194.71	1.31	1 416.75	−0.31
中国台湾省	369 761.17	0.58	14 078.86	1.44	5 641.96	7.83
法国	332 918.21	2.19	41 008.46	1.72	1 328.67	−0.14
英国	322 808.41	0.60	21 033.39	0.48	3 297.54	0.46
马来西亚	304 402.27	0.18	21 534.07	−0.20	7 547.71	1.77
泰国	150 111.38	0.23	24 498.71	−0.19	1 167.81	2.10
澳大利亚	140 105.45	0.76	12 939.65	0.64	1 670.01	1.16
匈牙利	129 646.19	1.00	93 876.51	2.35	902.71	1.35
加拿大	113 366.90	0.62	8 692.22	0.32	2 599.59	0.35
爱尔兰	106 666.95	0.89	2 565.00	−0.41	610.06	3.90
芬兰	100 716.92	0.38	22 463.78	0.08	4 782.00	0.38
阿拉伯联合酋长国	96 080.73	0.54	16 398.77	1.12	1 138.43	1.01
墨西哥	95 517.42	0.07	7 808.01	0.38	1 964.60	0.03
菲律宾	92 214.93	1.22	5 894.41	0.68	619.08	0.51
意大利	84 989.29	0.57	10 202.45	1.30	1 231.52	0.61
比利时	77 660.48	0.72	8 460.19	4.94	1 374.16	−0.15
印度	69 767.46	0.21	32 906.73	0.32	346.66	0.89
俄罗斯联邦	65 162.84	0.89	7 764.38	0.46	166.64	0.10
巴西	61 095.72	0.63	19 397.40	1.73	459.73	0.05
西班牙	60 426.17	0.93	4 444.71	1.54	1 236.82	0.73
印度尼西亚	59 119.66	0.24	6 066.44	0.81	1 146.36	1.27
捷克	57 284.10	0.70	16 832.87	2.81	36.59	−0.56
土耳其	50 359.30	1.01	3 000.30	3.33	297.45	2.68
奥地利	35 078.73	0.64	6 053.38	−0.45	78.36	0.96
南非	32 630.65	0.44	2 295.20	−0.55	651.22	1.02
瑞典	30 158.60	0.74	12 212.84	2.47	571.26	2.27

计算机	增长率（%）	家用电子电器	电子仪器设备	电子元件	电子器件	电子材料
161 014.10	0.26	88 785.15	24 844.75	80 849.91	81 804.00	4 268.35
179 565.01	0.62	36 413.07	13 046.49	45 429.14	100 170.68	325.53
213 263.62	4.83	24 099.21	30 668.04	34 617.88	78 632.44	2 457.79
143 653.92	0.73	50 688.12	14 104.75	8 661.56	3 841.79	21.24
163 605.98	0.54	118 565.12	12 216.86	17 983.46	5 804.53	253.59
72 961.68	0.45	29 857.17	5 307.44	31 944.41	42 914.55	1 690.94
68 322.24	1.24	14 098.10	4 234.10	16 746.50	16 028.61	375.84
12 979.19	–0.27	47 048.41	2 432.31	6 422.81	1 268.98	1.04
43 116.96	1.24	5 958.58	2 255.20	9 679.89	3 994.11	
97 759.71	1.06	45 890.54	5 237.99	5 909.34	1 840.72	79.54
17 634.95	1.69	1 196.54	2 159.61	1 427.38	948.66	
17 742.74	0.79	44 905.77	2 085.28	4 607.59	4 063.28	174.28
31 907.25	0.07	47 402.92	3 131.12	7 499.33	2 766.80	0.63
17 036.76	1.07	32 857.41	6 511.50	7 418.56	7 022.91	27.18
27 441.62	0.43	11 583.01	1 800.54	13 917.34	40 963.73	400.07
33 249.02	1.33	30 828.95	4 375.52	8 666.01	2 197.18	46.05
11 387.64	0.44	23 764.10	2 030.65	7 327.40	1 200.04	254.91
22 054.68	1.78	10 118.56	2 630.13	7 044.99	5 194.08	138.67
9 432.61	0.28	22 882.20	2 405.64	3 991.35	5 834.87	63.09
16 318.79	1.38	18 323.24	2 049.91	5 243.49	6 095.85	93.49
11 943.00	1.09	28 656.11	1 999.13	6 199.69	1 406.44	164.49
34 530.37	0.31	18 814.53	2 542.84	9 512.86	9 065.74	27.88
8 957.59	3.32	2 885.30	781.11	1 688.61	472.49	56.76
19 505.69	4.49	20 706.66	2 132.75	9 421.21	5 843.15	0.18
8 654.37	0.81	4 246.12	1 061.28	3 815.36	318.49	0.04
4 032.44	0.99	14 088.87	705.05	2 255.19	3 978.87	1.88

续表 19

国家和地区	出口总计	增长率(%)	通信设备	增长率(%)	广播电视设备	增长率(%)
卢森堡	28 674.11	8.16	4 680.75	333.52	37.41	0.73
伊朗	23 525.34	1.90	7 915.31	3.31	33.57	1.41
尼日利亚	20 733.72	1.32	4 545.69	10.76	194.25	0.53
巴基斯坦	17 971.48	0.18	4 153.02	−0.20	124.38	0.17
以色列	17 305.27	0.49	1 129.25	−0.12	139.08	0.42
丹麦	16 823.22	0.65	941.03	0.85	424.54	2.33
沙特阿拉伯	16 130.63	0.32	1 196.00	−0.02	52.88	−0.35
智利	15 875.67	0.39	666.17	1.16	436.53	−0.25
波兰	15 823.35	0.17	971.26	3.00	118.21	0.51
新西兰	15 697.86	0.74	2 480.05	1.03	150.23	0.64
乌克兰	14 567.84	0.94	227.80	2.42	366.85	−0.18
巴拿马	13 845.43	0.40	181.48	0.51	250.71	−0.48
越南	12 556.22	0.39	1 038.00	−0.11	85.02	0.97
瑞士	11 857.30	0.85	827.54	1.26	93.01	0.57
埃及	11 604.43	0.53	3 546.85	2.10	71.87	−0.18
澳门	10 014.81	0.77	1 326.57	0.33	21.90	

计算机	增长率 (%)	家用电子电器	电子仪器设备	电子元件	电子器件	电子材料
22 489.98	26.99	9 000.74	1 197.53	1 699.77	1 443.22	0.81
2 007.69	1.73	187.46	16.52	137.35	1 124.64	
1 276.90	2.06	9 204.41	1 461.87	1 944.72	955.20	2.58
1 282.41	–0.17	6 145.82	2 192.73	5 359.37	1 018.96	
6 121.99	1.13	5 989.65	1 201.11	3 860.95	1 341.16	18.80
2 820.66	0.66	6 981.73	958.13	1 618.49	336.35	20.20
3 523.92	0.68	9 101.04	957.54	2 334.79	243.37	0.30
3 026.36	0.48	9 311.04	831.39	880.65	334.53	0.22
4 606.09	0.27	9 577.84	563.81	1 100.13	504.83	
5 727.50	0.86	5 131.37	2 189.50	2 126.02	667.09	13.82
2 994.94	0.59	6 320.55	443.77	414.40	160.77	0.58
1 241.82	0.60	8 652.73	501.28	1 344.15	430.60	49.49
2 550.00	0.34	11 275.29	71.10	667.73	157.28	
3 423.90	1.77	4 159.51	1 018.03	2 567.28	1 135.89	2.50
2 312.64	0.26	3 502.91	499.00	3 382.98	123.30	4.64
6 040.04	0.98	2 843.00	657.86	1 451.99	701.01	19.20

[供稿：信息产业部经济体制改革与经济运行司经济协调处]

2002年~2003年中外合资、合作项目

2002年

1月8日 用友软件股份有限公司宣布，与世界顶级软件企业 IFS（Industrial & Financial Systems）公司合资成立北京用友艾福斯软件系统有限公司，由用友公司控股。该公司将致力于提升中国大型资产设备密集型企业和大型工程项目企业的信息化管理水平，为双方软件产品拓展高端行业市场。

1月11日 微软公司与中星微电子有限公司在北京签署合作备忘录，中星微公司的多媒体 XP 旗舰产品“星光一号”成为正式通过与微软 Windows XP 操作系统全面兼容性测试的全球第一个数码影像产品。中星微公司也是国内首家通过 Windows XP 认证的企业。

1月16日 中关村科技发展（控股）有限公司、四通集团和微软公司在北京共同宣布成立合资企业——中关村软件有限公司。该合资公司注册资本为1亿元人民币，成为进驻中关村软件园的首家大型软件企业。该公司将致力于发展自主产权的企业和政府信息化应用软件，为企业和政府信息化提供系统集成服务，提供软件外包产品、培训和咨询服务。微软公司当日在北京宣布成立微软大中华区战略合作部，支持中国企业进入全球市场。

1月29日 普天信息技术研究院同美国星运网络（Starent Networks）、加拿大 Telos Technology 公司举行联合开发签字仪式。三方将成立联合实验室，联合开发符合中国市场需求的移动核心网络产品。

2月4日 中国科学院计算技术研究所与英特尔公司共同宣布，双方为期两年合作研究开发的重要成果“IA-64 开放源码编译系统”正式通过鉴定。该系统是面向英特尔新一代64位处理器架构 IA-64 的优化编译系统，能够提高英特尔安腾处理器家族的总体性能与效率。

2月28日 由国内外17家企业共同出资、联手创办的凯明信息科技股份有限公司（COMMIT）正式成立，投资总额达2.3亿元。主要投资方为中国普天信息产业集团公司、电信科学技术研究院、德州仪器中国公司、诺基亚（中国）投资有限公司和 LG 电子株式会社等中外大企业。该公司将立足于世界最先进的通信、计算机、消费类电子、软件开发、集成电路设计等信息技术，积极开发多媒体信息终端产品。

3月 东方通信公司与美国摩托罗拉公司在杭州签署了新一代移动通信技术合作协议。通过对目前移动终端市场的分析，双方确定了目标产品的产品定义，并且在此基础上对相关的技术细节问题进行了充分的沟通。

4月9日 TCL 集团总裁李东生和日本松下电器株式会社社长中村邦夫在北京就家电领域的技术研发、生产制造、渠道分销、元器件采购等方面进行多元化的合作达成协议。

4月11日 上海联和投资有限公司和微软公司共同宣布成立合资企业——上海微创软件有限

公司，总投资额达 400 万美元，合资双方各占 50%。该公司业务范围包括两种类型的软件服务：一方面，外包大型跨国企业的软件支持外包服务；另一方面，开发具有自主知识产权、面向国内外企业的客户管理应用软件产品。微创软件公司也同时宣布它已获得微软公司面向全球 Windows 和 Office 客户的软件支持外包服务合同。

4 月 27 日 日本电气株式会社（NEC）、松下通信工业株式会社和华为技术有限公司联手成立合资公司——上海宇梦通信科技有限公司。该公司注册资金为 800 万美元，主要从事第三代移动终端的研究和开发，向全球提供 NEC/松下最先进的第三代移动通信技术，加速第三代移动通信技术以及移动互联网的普及并促进市场的扩大。

5 月 16 日 微软（中国）有限公司与 TCL 移动通信有限公司在北京签署了合作备忘录。根据双方在备忘录中所达成的意向，TCL 移动通信有限公司基于微软移动软件平台将开发下一代开放式多媒体信息终端 (OMIT) 产品。

5 月 23 日 厦华集团与日本三菱公司在厦门成立了联合实验室，双方将在数字多媒体等尖端技术方面强强合作。这一实验室是三菱公司与中国彩电业合作设立的第一家科研机构，科研成果的知识产权将归厦华专有。

5 月 28 日 中国通信行业的第一家外商投资股份制公司——上海贝尔阿尔卡特股份有限公司正式成立。这标志着阿尔卡特在上海贝尔有限公司中的股权进行了调整，并将上海贝尔转制为股份有限公司的法律程序已经完成，也标志着阿尔卡特在中国的主要业务与上海贝尔的整合已经完成。信息产业部部长吴基传、阿尔卡特公司董事长兼首席执行官谢瑞克出席了在上海举行的成立仪式。

6 月 12 日 山东大学、济南得安计算机技术有限公司和微软公司在北京举行签字仪式，宣布三方开展拥有中国自主知识产权的安全产品的开发和推广合作。此合作将进一步增强 Windows 的安全性，推广 PKI 的安全应用，更好地满足国内电子政务、电子金融、电子商务等领域对于安全性的严格要求，也将同时促进国内关键信息安全技术，特别是在密码算法、密码协议的本地化等方面的深度研究。

6 月 26 日 国家发展计划委员会主任曾培炎和微软公司首席执行官（CEO）鲍尔默共同签署了谅解备忘录。根据该备忘录，微软将投资 62 亿元，在国家计委的支持下，与国内企业、科研单位、高等院校、国家软件产业基地等开展包括出口、投资、人才培养、技术开发等在内的一揽子合作计划。

7 月 11 日 微软公司和上海联和投资有限公司共同出资成立的上海微创软件有限公司正式开业。这是自 6 月 26 日微软 CEO 鲍尔默抛出“长城计划”之后，微软中国策略转向的又一体现。

7 月 30 日 日本大型贸易商住友商事株式会社与海信集团在青岛签署协议：以各自 50%的投资比例在日本合资成立海信住商（日本）有限责任公司，主营海信系列家电产品在日本的销售，一期投资规模为 1 亿元人民币。

8 月 16 日 康佳集团与三星 SDI 公司在韩国天安总部举行了等离子电视（PDP）合作签约仪式。康佳将与三星公司在 PDP、LCD 背投电视等新型显示器领域开展广泛合作。

8 月 微软中国和用友公司共同投资建设联合开发实验室。这是中国惟一一家与微软共同成立的联合开发实验室，同时也是亚太地区惟一一家与微软共同成立的联合开发实验室。联合开发实验室总共有四大合作方向：一是在产品架构技术层面，二是在应用集成方面，三是产品安全技术方面，四是新技术应用和趋势方面。

9月5日　苹果电脑公司正式与清华紫光签署合作协议，指定清华紫光为其服务器产品 Xserve 的中国区总代理。此次合作标志着自 8 月初该公司宣布其产品进入亚洲市场之后，苹果服务器 Xserve 正式进入中国。

9月9日　阿尔卡特公司与烽火通信科技公司宣布，双方已经正式签订谅解备忘录，共同在中国创建一个合资公司。该合资公司以制造并销售阿尔卡特的全系列的光纤产品和烽火通信的光缆系列产品。新的合资公司将成为中国领先的光纤供应商之一。

9月11日　摩托罗拉强芯（天津）集成电路设计有限公司举行成立签字仪式。新公司由摩托罗拉公司与天津强芯半导体芯片设计有限公司共同出资成立，注册资金达 1 000 万美元。天津已经成为摩托罗拉全球范围内最重要的通信及半导体制造基地之一。

9月　由长虹与飞利浦共同组建的中外联合实验室经过近 1 年的科研攻关，在已推出的超级单片的基础上，又成功推出了新型超级单片——蓝色芯片。这一全球领先产品的成功推出，标志着长虹与飞利浦的合作已进入了一个全新的发展阶段。

10月21日　中国联通与摩托罗拉、朗讯、北电网络和爱立信 4 家国际公司在美国纽约签订了 CDMA 网络设备及服务采购框架协议，合同总金额达到 102.71 亿元人民币。本次签约的设备将通过上述国际企业在中国的合资、合作企业供货，用于中国联通 CDMA 网二期工程建设。

10月31日　中创软件公司与美国 E5 公司在北京召开新闻发布会，宣布双方将建立战略合作伙伴关系，共同开拓国际软件市场。中创软件公司将与 E5 公司建立长期的战略合作伙伴关系，为海外客户提供承接外包软件的服务，主要目标为美国市场。双方将合作建设大型软件出口开发基地，争取在 3 到 5 年内使软件年出口额达到 1 亿美元，成为国内最大的软件出口开发基地之一。

11月18日　海信集团与日立公司正式签约，双方各出资一半并各占 50%的股份，成立海信日立商用空调系统有限公司，共同开发生产商用空调。

11月18日　日出料量 280 吨的国内最大的彩色玻壳锥炉在河南郑州东开发区点火投产，此次投产的安飞电子玻璃有限公司，由河南安彩集团有限责任公司、世界最大的彩管制造企业 LG-PHILIPS 公司，以及华飞彩色显示系统有限公司三方出资 17 亿元共同组建。

11月22日　UT 斯达康与大唐移动在北京正式签署合作协议，共同开发 TD-SCDMA 系统设备，推动 TD-SCDMA 技术的产业化和市场化进程。通过此次合作，UT 斯达康和大唐移动旨在充分利用各自在第三代移动通信领域的技术优势，加快 TD-SCDMA 解决方案的开发速度。

12月13日　全球信息存储领导厂商美国 EMC 公司与南京联创科技股份有限公司在北京举行签约仪式暨新闻发布会，正式宣布联创科技成为 EMC 软件平台开发计划（EMC Developers Program，缩写为 EDP）合作伙伴。联创科技成为中国第一家与 EMC 建立开发合作关系的应用软件开发商和解决方案提供商。通过 EMC 公司对联创科技开放WideSky APIs和CLIs协议，使双方能够更广泛地共享软件开发工具系列、利用更广泛的支持资源以及访问其他EMC程序界面。

2003年

1月16日 意法半导体与大唐移动通信设备有限公司联合宣布，意法半导体获大唐移动TD-SCDMA技术许可，开发多模式、多媒体的TD-SCDMA片上系统。利用中国政府最近划分给TDD的155MHz非对称频段，以及世界其他地区分配给TDD的专用频段，意法半导体将首先针对中国市场开发这些器件，再扩展到全球其他市场。

1月20日 由大唐移动、飞利浦电子和三星电子联合组建的天碁科技有限责任公司（英文名称T3G）在北京揭牌成立。天碁科技将为终端用户设备和移动终端提供核心TD-SCDMA芯片组和参考设计及相关技术使用授权。该公司计划为手机厂商和手机设计公司提供包括参考设计、硬件和软件在内的完整解决方案，加快TD-SCDMA标准的商用化进程，以推动首部商用化TD-SCDMA手机在2004年按计划推出。

2月12日 京东方科技集团成功收购韩国现代显示技术株式会社的TFT-LCD（薄膜晶体管液晶显示器件）业务，收购耗资达3.8亿美元，其资产交割已于2003年1月22日全部完成。这是迄今为止中国金额最大的一宗高科技产业海外收购。京东方此次收购韩国现代显示的资产，包括3条生产线的生产设备、构筑物、厂房和其他固定资产，以及营销网络等无形资产。收购韩国现代显示后，京东方的TFT-LCD年生产能力将达到300万片以上。

2月20日 南京市政府和LG电子正式签订了建立等离子（PDP）模板工厂的投资意向书。双方经过协商决定，LG电子和南京市政府将共同建立年产量24万块模板的等离子电视生产厂，大力进军PDP市场，新厂预定10月投入生产，总投资额达7 000万美元。

2月23日 中外合资南京高新半导体有限公司在南京高新技术产业开发区成立。该公司注册资本为1.2亿美元，一期工程总投资额达3.6亿美元，由萨摩亚共和国密西根控股公司与南京高新经济技术发展总公司合资建设，建设规模为两条月产3万片6英寸晶圆片生产线。项目投产满负荷运转后，将形成年产72万片6英寸晶圆片的生产能力，年销售收入超过3亿美元。

2月27日 在微软公司董事长兼首席软件设计师比尔·盖茨访问北京期间，中国信息安全产品测评认证中心代表中国政府正式与微软公司签署政府源代码备案计划协议。政府源代码备案是一项全球性的计划，旨在使政府及其指定的备案单位以可控的方式查看微软Windows的源代码以及相关的技术信息，从而增强政府对于Windows平台安全性的信心。中国是全球首批与微软签署此计划的国家之一。

3月10日 华为技术有限公司与诺基亚公司签署协议，双方相互授权使用与WCDMA有关的专利，包括在全球范围内制造和销售WCDMA基础设施。

3月20日 华为技术有限公司与美国3COM公司联合宣布，双方将组建合资企业——华为-3COM公司，共同经营数据通信产品的研究开发、生产和销售业务。

3月 中国科学院EDA中心和美国Mentor公司就共建“先进SoC验证联合实验室”举行了签约仪式。该联合实验室的一期合作为期3年，双方将共同建设 0.13 微米至 0.15 微米的 SoC 验证环境和平台，以提供 SoC 设计验证服务，并为中科院系统培养高质量的微电子技术应用人才。

5 月 31 日 大连太平洋电子有限公司在大连开发区正式奠基。这个总投资额达 8 亿元人民币的项目是由大连大显股份有限公司、大连太平洋多层线路板股份有限公司、日本冋路株式会社、新加坡 SME 公司三国四方合资兴建的，注册资本达 3 000 万美元，年产片式元器件 36 万平方米，年销售额达 7 000 万美元。

6 月 18 日 大显集团与韩国第三大手机制造商泛泰（Pantech）公司正式签约，合资成立大连大显泛泰通信有限公司，总投资额为 6 500 万美元。该公司将开展 GSM、CDMA 手机产品的研发、生产、销售与售后服务等业务一条龙的全线运作。

6 月 创维集团与美国德州仪器公司正式签署战略协议，德州仪器长期向创维提供 DLP 背投的核心技术——数字微镜器件（DMD）技术，共同巩固并拓展中国日渐广阔的 DLP 背投市场。

7 月 25 日 北电网络（中国）有限公司和大唐移动在北京宣布，正式成立 TD-SCDMA 联合实验室。根据协议，双方将综合各自技术优势对 TD-SCDMA 系统进行互联互通测试、验证系统功能以及进行市场演示等工作。

7 月 28 日 全球第四大半导体企业——德国英飞凌科技有限公司与中新苏州工业园区创业投资有限公司合作成立英飞凌科技（苏州）有限公司，这是一家集成电路内存芯片封装与测试企业，注册资本为 3.33 亿美元。

8 月 8 日 由摩托罗拉（中国）投资有限公司与天津强芯集成电路设计有限公司合作成立的摩托罗拉强芯（天津）集成电路设计有限公司隆重开业，并推出了首款集成电路设计产品 HC08GZ32。

8 月 8 日 天津市科委、天津大学、摩托罗拉（中国）电子有限公司就共同组建天津市集成电路设计培训中心举行了合作协议签约仪式，摩托罗拉强芯公司注册资金为 1 000 万美元，该中心将集各类培训、教学、科研、技术支持为一体，立足天津、面向全国，对从事集成电路设计的企业、研究单位、学校开展教学培训及技术支持工作。

9 月 16 日 华为技术有限公司与德国英飞凌科技公司在北京宣布，将合作开发低成本的 WCDMA 手机平台。

9 月 17 日 大唐电信集团和 ARM 公司联合宣布，大唐已购买 ARM946E 微处理器内核授权，开发基于 ARM946E 微处理器内核的 SCDMA 基带信号处理器芯片，新产品将于 2004 年第一季度面世。

9 月 25 日 东软股份和日本电气株式会社（简称 NEC）签署了面向行业软件合作协议。协议表明，今后双方将在产品验证与评测、产品 OEM、软件开发与国际市场的开拓等方面建立更加紧密的合作。

10 月 6 日 中国与东盟在印度尼西亚巴厘岛签署了关于信息通信技术合作的谅解备忘录。中国信息产业部部长王旭东和东盟秘书长王景荣在备忘录上签字，东盟 10 个成员国的经济部长出席了签字仪式。备忘录涵盖人力资源发展、技术开发、信息通信技术应用的开发、“电子东盟”项目的实施、有关信息通信技术的信息交流、兼容性，以及一年一度的“中国—东盟信息通信技术研讨会”等方面。

10 月 28 日 中基超微公司宣布成立国内首个基于 AMD 的 64 位技术的应用基地，并宣布将致力于教育信息化市场，提升国内 IT 企业的设计水平，完成由 OEM 到 ODM 的飞跃。中基超微是由 AMD 公司与中基教育软件公司共同投资成立的，是国内首家以设计为主营战略的 IT 公司。

10 月 30 日 英特尔公司与 TCL 集团在深圳宣布成立“英特尔–TCL 3C 联合实验室”，联合开发计算机、通讯和消费电子领域基于 3C 融合的新技术产品，从而揭开了中国 3C 产业发展的新局面。

11 月 4 日 TCL 集团与法国汤姆逊公司在广州举行彩电业务合并重组意向书签约换文仪式，并联合对外宣布：双方携手成立 TCL–汤姆逊电子公司，共同开发、生产、销售彩电及其相关产品和服务。据悉，新公司彩电年总销量高达 1 800 万台，将成为全球最大的彩电供应商。

11 月 17 日 华为公司与 3Com 公司合资组建的华为 3Com 有限公司宣布正式成立并开始业务运作。华为公司拥有合资公司 51%的股份，3Com 公司拥有合资公司 49%的股份。

11 月 21 日 信息产业部全国电子信息系统推广办公室与微软（中国）有限公司的《关于为东北三省企业 IT 领导提供信息技术应用培训的合作协议》签约仪式在沈阳举行。首批 100 名信息主管将在 1 年内分 4 期进行为期 1 个月的信息技术培训。信息产业部副部长苟仲文、信息产业部全国电子信息系统推广办公室常务副主任张琪、信息产业部有关司局领导、东北三省信息产业厅厅长，以及微软（中国）有限公司副总裁康如松出席了签约仪式。

11 月 25 日 飞利浦半导体公司与吉林华微电子股份有限公司正式宣告成立吉林飞利浦半导体有限公司。新公司总投资达 2 900 万美元，注册资本为 1 500 万美元，其中飞利浦以技术转让和部分设备作为投资，占 60%的股份；华微则以厂房作为投资，占 40%的股份。

第8部分　地区电子工业

北　京　市

【综述】

北京电子信息产业是北京工业的第一支柱产业。2003年北京市电子信息产业工业增加值为382.73亿元，其中，制造业增加值为204.12亿元，软件业工业增加值为178.61亿元。产品销售收入为1 405.33亿元，其中，制造业产品销售收入为1 020.03亿元，软件营业收入为385.30亿元。全年实现利税120.61亿元。制造业的销售收入占全国比重的7.48%，位居全国第五位；软件营业收入占全国的25%，位居首位。

2003年，北京市电子信息产业全年从业人员平均为23.97万人，占全国同行业全年平均人数的7.35%。人均劳动生产率为92.53万元。

2003年，北京市有电子信息产业企事业单位4 120多家，其中，制造业415家，软件企业3 182家。按所有制分类，内资企业有3 300多家，港、澳、台企业有200多家，外商投资企业近600家。

据不完全统计，在世界500强企业中，有293家企业在北京设立总部或办事机构，其中，有39家电子信息企业在北京建立了63个独资或合资企业。截止到2003年底，北京市电子信息产业实际利用外资16亿美元，其中，投资额超过1 000万美元的企业有90家。目前，北京市拥有集成电路设计企业和机构150多家。2003年这些企业共推出2 000多个设计产品，产值近30亿元。

2004年北京市有11家企业入选第十八届电子信息百强。这11家企业在2003年的营业收入共计1 048.53亿元，占全国电子信息百强企业总销售收入6 631亿元的15.82%，居全国首位。

结构调整与改革

随着信息产业部提出的大公司、大集团战略的不断推进及各电子企业经济体制改革的不断深入发展，经济规模继续向优势企业集中，人才继续向优秀企业流动，市场份额向名牌产品扩大，形成了一批具有国际竞争力的大公司、大企业集团。

北京电子控股公司将北京广播器材厂、北京

广播电影电视设备制造厂、北京北电科林有限责任公司等三家企业进行整合，形成一个新的大型专业生产企业，其生产规模居全国第一，产品覆盖面广泛。

牡丹电子集团公司完成“南移”的前期重点工程，成立江苏赛博牡丹电子公司。2003 年 6 月 12 日，江苏赛博牡丹电子公司投产剪彩。该公司当年投产，电视机产销量为 110 万台，实现利润 1 200 万元。预计，2004 年年产量将为 200 万台。该公司五年规划的最低目标是生产规模跃升华东地区第一位。2003 年 9 月 19 日，北京牡丹电子集团公司入驻电子城，完成东迁工作。

2003 年，京东方科技股份有限公司对其产业结构进行调整，把单一的真空电子管生产企业调整为 TFT-LCD 显示屏的研发、生产与销售基地，笔记本电脑、台式电脑生产基地，网络及软件研发生产基地。2003 年该公司收购韩国 TFT-LCD 事业，成立京东方科技全资子公司。BOE-HYDIS 主要从事 TFT-LCD 显示屏的开发与生产，是全球第九大 TFT 显示屏生产商。该公司在电子城和北京经济技术开发区同时动工，建设北京生产基地，2003 年销售收入达到 150 亿元。

2003 年，清华同方股份有限公司实现了战略转移和产业结构调整，立足于信息产业和能源环境产业两大领域。企业成立数字电视事业部，开拓数字电视设备、无线通信设备，以及有线/无线与宽带运营等应用领域市场。目前，该公司已获得国家广电总局颁发的《网上传播视听许可证》，为该公司在数字电视产业领域运营提供了发展空间。通过市场细分，该公司在计算机产品、远程教育、网络、软件、系统集成等项业务中发展迅速。

北京七星华创科技股份有限公司正在准备上市。北京兆维科技股份公司已借壳上市。

2003 年，外商在华投资企业的调整和重新布局，推动了北京电子信息产业的发展。

诺基亚公司　2003 年下半年，诺基亚公司对在北京的两家合资企业以及在东莞、苏州的合资企业进行调整。该公司将总部设在北京，此举措已上报国家有关部门。

爱立信公司　该公司对其在中国地区的合资公司做了相应调整。一是将手机生产全部放在北京，二是将移动基站调整至南京爱立信公司生产。

日本松下电器（中国）公司　该公司逐步将其在华的合资企业独资化。北京松下照明光源有限公司的日本股东全部买断中方的股份，使其变为日方独资企业。日本松下电器公司还将有计划地将一些合资公司逐步买断。

科技进步与应用

2003 年北京电子生产企业注重提高研发能力，产品技术水平有所提高，一些高附加值和高新技术产品的研发取得了长足的进步。

集成电路设计　北京集成电路设计企业由 2000 年的 23 家增加至 2003 年年底的 150 多家；经过认定的产品从 58 个增加至 2 000 多个；销售收入从不到 5 亿元增加至 30 亿元。所设计产品对加工工艺要求从平均 0.8 微米提高至平均 0.25 微米~0.18 微米。一批具有产业化前景的产品相继开发成功。在 CPU 产品方面：有方舟科技的方舟系列、中科院计算所的神州龙芯系列、北大众志系列和多思公司的 64 位 CPU。在数字高清晰度电视机产品方面：有北京海尔的爱国者系列芯片、北京火马的 EVD 芯片。在数码相机产品方面：有中星微电子公司的星光系列芯片。在通信产品方面：有北京华虹 NEC，大唐的 TD-SCDMA 标准下的芯片设计也进展良好。清华同方股份有限公司、大唐电信集团公司、华大均获得第二代身份证芯片开发的授权，北京兆日研制生产银行密押芯片等。

集成电路制造　中芯国际北京项目即将建成投产。该项目是目前中国第一个制造技术水平（12 英寸、0.13 微米~0.09 微米）最高的超大规模集成电路生产线。

集成电路制造专用设备　北京七星华电集团是目前中国惟一的专用设备制造企业。中国电子科技集团、中科院微电子研究所、清华大学微电子中心、北京集成电路测试技术研究所是中国主要的专用设备研究开发机构。“十五”期间，在国家“863”重大设备专项中，在下一代光刻机、离子注入机、刻蚀机的研发项目中，北京承担2项，并获专项支持1.5亿元。

集成电路制造专用材料 北京是目前中国惟一的单晶硅材料及砷化镓等专用材料研发及产业化地区。

目前，有研硅股份有限公司8英寸单晶硅抛光片的月产量已达到5万片。该产品全部出口美国，供不应求。国家“863”重大专项12英寸产业化攻关项目进展良好。

依托中科院半导体所的中科镓英公司的6英寸砷化镓抛光片项目及依托中科院物理所的圣科镓公司的砷化镓外延片项目均已建成投产。

手机 手机企业的研发能力提高。北京普天首信公司、大唐电信集团公司和中电通信科技有限公司的手机外观设计、外型功能设计、应用层软件开发、射频模块的设计技术和大批量生产技术均取得进展。

计算机 2003年，联想（北京）有限公司推出三款家用彩色喷墨打印机、“数字光芯”投影机和消费PC品牌。

电子产品进出口情况

2003年北京电子信息制造业出口交货值达到236.06亿元，软件出口额达到1.38亿美元。

2003年，北京电子信息产品出口继续保持增长，累计出口交货值达到28.4亿美元。在出口企业中，合资企业以及港、澳、台商投资企业和外商独资企业所占份额较大。全市出口1 000万美元以上的企业有36家，其中，外资企业有20家。在制造业直接出口的前10名企业中，有7家企业是外资企业。

据北京海关统计，2003年前10个月，北京市出口额为102.1亿美元，增长4.7%，其中，市属企业（不包括中央在京单位）出口额为46亿美元，增长13.7%。在前10个月中，北京市机电产品出口额为28.6亿美元，增长17.3%，占北京市出口总额的62%。计算机及其零部件、手机、录像机、集成电路及微电子组件等已成为北京市的主要出口产品。

目前，北京市电子信息产业出口产品结构分布情况为：通信类产品出口居首位，出口额约占65%；其次是自动数据处理设备和集成电路、微电子组件，出口额约占15%；第三是计算机类（非便携式，含外围设备），出口额约占15%。软件产品出口额约占5%。据不完全统计，北京软件出口额约占中国海关软件出口总额的35%。

信息化应用情况

成立北京市信息资源管理中心 北京市成立信息资源管理中心。该中心是为北京市信息资源开发与利用提供保障服务的管理机构，是首都信息资源的共享交换中心。

电子图书馆工程启动 北京市文化系统实施《北京市公共图书馆信息网络（文化信息共享工程）建设规划》，推进图书馆的现代化建设；积极、稳妥地推进街道、乡镇图书馆建设，逐步建立起三个体系：一是“一卡通”图书馆读者借阅体系；二是图书的统编、配送和传递体系；三是图书馆网上信息接收、传递和应用体系。

信息亭试点 “数字北京信息亭”项目作为数字北京和数字奥运的示范工程，是一个跨系统、跨行业的综合性便民服务工程。试点期间，摆放在政府机关、商业部门、交通枢纽和城市主要街道的28台信息亭，为市民提供公共信息查询、电子政务服务、电子商务服务、便民服务、通讯服务等多项服务。

校校通工程 目前，北京市教育信息网的骨干网已经建成。全市所有区县都建成了信息网络中心，并与市教委的骨干网高速流通。所有远郊区县都建成了至少一个远程网点，全市中小学已经建成近200个校园网，570多所中小学可以通过专线或电话线等上网。分布于北京 13 个区县的 23 个远程教学站点可以进行实时交互式远程教学。

电子政务进展情况

在 2002 年至 2003 年期间，北京市电子政务建设，取得较大进展。目前，政务内网门户建成，电子政务网上审批一期试点工程开通。

首都之窗开辟新栏目　作为北京市电子政务的窗口，首都之窗得到完善，各项功能进一步加强。

电子政务在线服务平台建成　北京市 130 个委、办、局的信息系统、1 000 个主题数据库，通过政务门户为市委市政府领导及 10 万名公务员提供了基于北京市政务内网的信息导航、资源调度、协同政务、行政监管和决策支持。目前政务内网门户已实现了 15 个区县委办局、36 个应用信息系统、52 个主题数据库的整合共享。2003 年，新增应用系统 60 个、新增主题数据库 100 个，网站正式开通运行，完成第一批委办局的应用系统上网与整合。

15 个试点工程进展顺利　北京市电子政务网上审批一期试点工程拥有 15 个委办局网上审批服务系统。该工程在互联网上实现了表格下载、在线填报、流程查询、信息反馈等项服务。在内部系统开发中，实现试点审批服务业务的网上办理和权限管理、时限监督、工作流定制、流程控制等功能，有 58 项审批服务业务上网。根据各试点单位的审批服务职能，筛选出与企业和社会公众密切相关、覆盖面较广的审批服务业务纳入一期试点范围。试点工程以推进固定资产投资和企业登记注册两个关联型审批项目网络化为重点，其中，固定资产投资项目审批系统，涉及 26 个委办局及总公司，建立了总控中心和子系统。工商登记注册联网 456 个单位，通过工商内部的纵向业务系统，实现市、区分级审批管理。

企业信息化　北京市电子行业信息化工作进展较快。制造业的信息化指数由 2001 年的 100 点上升到 2002 年的 118.21 点。企业用于信息化的投入由 2001 年平均每家 177.9 万元增加到 2002 年的 219.4 万元。据不完全统计，制造业企业每百人拥有计算机由 11.56 台增加到 14.38 台；计算机联网率由 52.74%上升到 57.05%；网上销售率由 4.52%提高到 5.53%；网上采购率由 3.65%提高到 4.58%。

根据对年销售收入在 500 万元以上企业的不完全调查表明：建立 CAD 系统的企业占 36.85%，建立 CAM 系统的企业占 15.67%，建立 MIS 系统的占 14.08%，建立 MRP-Ⅱ系统的占 4.78%，建立内部局域网的企业占 30.56%，建立办公自动化系统的企业占 27.9%。在全市大、中型工业企业中，有 84%的企业在互联网上建立了网站，有 17.27%的企业借助互联网参加网上交易活动，有 11.6%的企业建立电子商务系统，进行网上比价、网上订货、网上交易。

联想（北京）公司在 ERP、CRM 系统解决方案上取得成效，其企业信息化建设已成为北京市工业企业推广、学习的典型。

北京市郊区乡镇企业信息化具有一定的基础，计算机应用在企业的普及率达到 57.5%；局域网在企业的普及率为 8.8%，其中，大型乡镇企业占 26.9%，电子商务普及率为 6.8%。

信息产业发展六大热点

今后，北京市电子信息产业发展有 6 大热点：一是数字电视产业；二是第三代移动通信产业；三是 IC 卡及电子识别产业；四是计算机及网络产品；五是交通电子产业；六是数码相机产业。

国家产业政策落实情况

为了贯彻国务院 18 号文，北京市政府先后发布了《关于贯彻国务院鼓励软件产业和集成电路产业发展若干政策实施意见的通知》（京政发〔2001〕4 号）、《北京市关于进一步促进高新技术产业发展若干规定的通知》（京政发〔2001〕38号）等，对符合条件的企业在税收、土地使用、贴息和政府跟进投资等方面制定了优惠政策。

为了促进北京软件产业和集成电路产业发展，北京市科委印发了《关于鼓励软件企业高级人才专项奖励管理暂行办法》（京科政发〔2001〕165号），符合条件的软件和集成电路企业的高级技术和管理人员，可以享受额度为本人上年已缴纳工薪收入所得税的80%的专项奖励，用于在本市第一次购买商品房、购买汽车和以现金出资在本市投资兴办高新技术企业，或给本企业增加资本金的投入。

此外，为了促进集成电路设计业的快速发展，市政府出资5亿元建立了集成电路设计园；通过提供EDA工具、MPW服务和物业服务，降低集成电路设计的门槛。市政府每年出资7 000万元，设立集成电路专项资金，支持集成电路设计企业开发新产品和实现产业化。

【统计数据】

表1　第18届电子信息百强北京企业排名情况

单位：亿元

企业名称	18届名次	营业收入	利润总额	上缴税金	出口交货值	研究与发展经费
联想控股有限公司	2	403.31	12.37	7.54	17.69	11.58
北京北大方正集团公司	8	181.20	8.28	3.37	4.53	9.41
京东方科技集团股份有限公司	11	161.04	4.24	4.48	25.65	3.86
中国长城计算机集团公司	14	117.21	2.02	0.83	94.71	3.20
清华同方股份有限公司	30	66.94	2.01	2.01	2.99	0.74
大恒新纪元科技股份有限公司	50	28.42	0.89	0.61	0.71	1.42
清华紫光股份有限公司	58	23.09	0.29	0.27		0.92
航天信息股份有限公司	62	20.92	4.33	1.09		0.63
北京国际交换系统有限公司	69	17.88	2.16	1.47	0.02	0.86
北京益泰电子集团有限公司	77	14.28	0.85	0.18	8.43	0.54
北京JVC电子产业有限公司	78	14.24	0.22	0.12	12.42	

表2　2002年~2003年北京市重点项目情况

项目名称	实施单位	投资额	进展情况	2004年产值
超大规模集成电路生产线	中芯国际集成电路制造（北京）有限公司	12.5亿美元	在建，及设备引进阶段，2004年6月投产	17亿元
TFT模块生产线	京东方科技集团	3 000万美元	已投产	10亿元

续表 2

项目名称	实施单位	投资额	进展情况	2004年产值
TFT-LCD 五代线	京东方科技集团	12亿美元	2003年 9 月开工建设，2004 年底投产	
单晶硅片生产线	有研硅股份有限公司	20亿元	一期已建成	2亿元
砷化镓生产线	中科镓英股份有限公司	5.8 亿元	一期已建成投产	1.5 亿元
砷化镓外延片生产线	圣科镓股份有限公司		即将建成投产	1亿元

表 3　2001 年~2003 年北京市电子信息产业基本情况

项目名称	单位	2001年	2002年	2003年
工业总产值（不变价）	万元	13 169 816	13 056 700	14 099 573
工业销售产值	万元	9 309 525	8 908 036	1 020
其中：出口交货值	万元	1 860 706		2 360 596
软件出口	万美元	6 900	9 300	13 800
工业增加值（生产法）	万元	1 807 549	1 555 423	204
从业人员年平均人数	人	90 023	89 474	84 242
从业人员工资总额	万元	267 910	242 536	305 793

备注：数据来源于北京市统计局。

表 4　2001 年~2003 年北京市电子信息产业财务基本情况

项目名称	单位	2001年	2002年	2003年
流动资金合计	万元	5 584 582	5 570 906	5 940 675
固定资产合计	万元	1 451 424	1 393 623	1 446 019
资金合计	万元	8 139 529	8 184 197	8 966 718
流动负债合计	万元	4 162 367	3 969 171	4 677 780
负债合计	万元	4 395 128	4 220 803	4 935 375
所有者权益合计	万元	3 744 401	3 963 394	4 031 343

续表 4

项目名称	单位	2001年	2002年	2003年
产品销售收入（制造业）	万元	10 724 591	9 154 870	10 156 934
软件产品营业收入	万元	2 607 000	3 339 000	3 853 000
投资收益	万元	96 563		197 183
利润总额	万元	549 753	535 040	551 180
应交所得税	万元	58 338		55 428

备注：该表中的数据范围是：通信设备、计算机及其他电子设备。

表 5　2001 年~2003 年北京市电子信息产品产量情况

产品名称	单位	产量		
		2001年	2002年	2003年
程控交换机	万线	1 359.00	2 017.66	1 934.70
移动通信设备	信道		58.21	38.42
移动电话机	万部		2 280.11	3 334.53
微型计算机	万台	339.68	415.67	469.27
彩色显像管	万只	571.42	751.34	885.98
半导体集成电路	万块	20 952.00	24 897.00	46 892.00
电子元件	万只	1 463 825.00	2 021 593.00	3 884 493.00
录像机	万部	81.13	62.27	117.01
收录放机	万部	29.63	37.16	28.99

[供稿：北京电子商会]

天 津 市

【综述】

2003 年，天津市电子仪表工业总公司系统共有电子工业企业 259 家，从业人员 51 337 人，其中工程技术人员 5 174 人，占职工总数的 10%；管理人员 6 267 人，占职工总数的 12.2%。全年完成工业总产值 947 亿元，同比增长 48%；销售收入 400 亿元，增长 43%；工业增加值 64 亿元，增长 42%；出口创汇 25.4 亿美元，增长 40%；出口交货值 212 亿元，占全部销售收入的 53%；实现利润19 亿元，增长 65%；劳动生产率 119 536 元/人，增长 48%。

主要电子产品产量：光电端机 11 800 端，比上年增长 32%；传真机 42 360 部，下降 12%；手机 694 万部，增长 195%；黑白电视机 9 万台，下降 18%；彩色电视机 112 万台，增长 47%；录像机 279 万台，下降 16%；DVD 机 272 万台，增长 164%；背投电视 84 484 部，增长 110%；电子琴 111 万台，增长 1%；小型计算机 49 台，下降 56%；微型计算机 4 209 台，下降 54%；彩色显示器 426 万台，增长 2%；液晶显示器 115 万台；打印头 118 万只，增长 8%；墨盒 2 959 万只，增长 19%；黑白玻壳 707 万只，增长 19%；彩色玻壳 280 万只，下降 12%；彩色显像管 268 万只，增长 21%；彩色显示管 276 万只，增长 7%；高压硅堆 46 447 万支，增长 60%；扬声器 2 016 万只，增长 4%；电子线缆 11 万公里，下降 15%；键盘 753 万只，增长 18%；铝电解电容器 374 461 万只，下降 3%；延迟线 82 万只，下降 35%；印刷电路板 151 216 平方米，增长 24%。

主要电子产品出口量：彩色电视机 263 万台、CD 机芯 228 万只、POS 机 529 台、普通显示器 427万台、液晶显示器 117 万台、手机 405 万部、变压器 862 万只、薄膜电容器 263 万只、传感器 7 362 万只、磁鼓 177 万只、磁头 836 万只、存折打印机 12 410 台、打印头 90 万只、大键盘 7 万只、单晶硅 166 公斤、电磁转换器 4 365 万个、电调谐器 270 万个、电感器 27 360 万只、电机 9 857 万台、电缆 924 公里、调制解调器 1 101 万只、多层平面滤波器 56 万只、高压硅堆 19 714 万只、记录仪 590 台、接插束线 535 万只、铝电解电容器 222 888 万只、墨盒 2 933 万只、片式电阻器 269 亿只、偏转线圈 211 万只、气动执行器 23 013 台、汽车一体机 10 万台、梳状滤波器 10 万只、钽电解电容器 6 亿只、陶瓷滤波器 1 215 万只、陶瓷贴片电容器 253 亿只、显示管 69 万只、显像管 27 万只、小键盘 666 万只、行输出 797 万只、扬声器 915 万只、镇流器 28 万只。

产品结构调整与科技进步

全年新开工技术改造项目 26 项，总投资 13.6 亿元，其中国有企业 19 项，总投资 5.6 亿元。利用外资 1.45 亿美元，其中合资企业增资扩能项目7 项。全年竣工技改投达产项目 16 项，可新增销售收入 15 亿元、利税 3 亿元。全年完成新产品开发 170 项，投产 130 项，申报专利 21 项。新产品销售收入 130 亿元，利税 10 亿元。彩色（液晶）显示器、GSM 手机、商用收款机、PDP 和背投彩电、高档电子琴、全自动变焦（数码）照相机、摄像机、彩色显像（示）管、液晶器件、片式元器件、高压硅堆、硅单晶材料等一批具有现代国际水平的产品拉动了行业的发展。全年有 8 个国有企业技术中心科技投入达 7 000 万元。天津三星电机公司成为电子仪表系统首家通过市级认定的三资企业技术中心。通过加大技术改造和新品开发的力度，促进了产品结构和产业结构的调整，特别是通信设备制造业比上年增长 2.1 倍，已占集团公司总量的 25%。国有加工配套企业又投资 3 000 万元用于技术改造，不断提升加工产品技术含量和加工规模，全年完成加工配套收入 4.2 亿元，比上年增长 8.5%。中环高科技有限公司、中环三峰电子有限公司、通信广播公司、光电通信公司等 6 家企业年配套加工收入超过 2 000 万元。

产业布局调整

按照总体发展规划，为了促进优势企业和优势产品的更快发展，拟定并实施了建立西青中环基础产品工业园、华苑中环半导体工业园、华苑中环智能仪表工业园、开发区电子元件工业园等 6 个工业园区和贴片加工、注塑加工、冲压加工等 4 个生产基地的发展规划，其中半导体工业园区已完成项目和厂区规划，正在筹备施工建设；电子基础产品工业园区已有多家企业进入并开工、投产。配合产业布局的调整，六〇九电子线缆公司、长城电子公司、电讯模具厂完成了东移的目标。

企业结构调整

由总公司改制而成的中环电子信息集团有限公司，根据市政府的授权，按照行业发展战略，认真行使三大权力，加速国有资产的整合，通过投资、控股、参股等形式与所属企业形成了资产联结的纽带关系和母子公司体系，集团公司架构基本形成，实力不断增强。集团公司以 2002 年营业收入 279 亿元入围中国企业联合会、中国企业家协会按照国际通行方式排出的 2003 年中国企业 500 强，列第 43 位。通过增资扩能和技术改造，集团公司已建成年产值 200 亿元以上的企业 2 家：天津三星通信技术有限公司、天津三星电子显示器有限公司；100 亿元~200 亿元的企业 1 家：天津三星电子有限公司；50 亿元~100 亿元的企业 3 家：天津三星视界有限公司、天津三星电机有限公司、天津通广三星有限公司；10 亿元~50 亿元的企业 5 家：三星高新电机（天津）有限公司、天津雅玛哈电子乐器有限公司、天津松下电子产品有限公司、中环半导体有限公司、天津富士通有限公司。

人力资源开发

“1135 人才工程”目标已经基本完成，具有较高专业素质、较强创新能力、结构合理的人才队伍结构基本形成，特别是 1 000 人左右的专家群体基本建成。全年共招聘本科以上学历人员 786 人。其中硕士生 13 人，博士生 2 人。与此同时从社会上招聘了既有学历，又有实践经验的技术骨干 76 人，保证了用人单位急需。通过开展专业技术职务评审，将一批学历较高、业绩突出、贡献较大、有培养前途的中、青年技术骨干选拔上来，扩大了高级人才队伍。全年评定高级技术职称 249 人、中级技术职称 296 人。同时，积极引进国外人才，半导体有限公司、中环计算机公司等 7 个单位共引进外籍专家 14 位，促进了企业技术水平的提高、市场的扩大、管理能力的增强。电子信息学院和电子技术学校继续为行业的发展输送了大量中高级人才和技术工人，党校充分发挥了干部培训基地的作用。

企业改革与管理

推行经营者与自然人持股进展明显。全年共组建由经营者和职工持股的企业 14 户，累计组建的有限责任公司和股份合作制企业 92 户，吸纳职工和经营者入股资金 7 325 万元。改制重组企业发展势头良好。中环高科、中环精模、天佳电子、中环三峰、华祥电子、天虹微电机、七六四通信导航、天仪有限等一批通过有效剥离、资产重组、转换机制、加大投入的企业，均呈现旺盛发展势头，拉动了国有企业的发展。半导体公司的股份制改造和上市工作正在积极稳步推进，主辅分离步伐加快。通广公司已将全部9个辅助企业实行剥离重组，吸收职工入股。六〇九电子线缆公司建立了剥离规范，正逐个实施，并要在此基础上，做强电子线缆主业，争取上市。复印设备公司、华祥电子机电元件公司对所属的辅助企业进行剥离和清理，国有资本在辅助企业已全部退出。全年多种经营企业完成主辅分离55户。各单位基本健全了适应市场竞争要求的劳动、人事、分配三项制度。通过强化管理，在全系统产品价格平均下降10%，降价损失高达25亿元的基础上，经济效益依然保持了翻番增长。

【统计数据】

表1 2003年天津市电子信息产业人员构成情况

企业类别	企业数（个）	年末从业人员总数	其中：人员构成（人）			
			工程技术人员	在总人数中所占比例（%）	管理人员	在总人数中所占比例（%）
合计	259	51 337	5 174	10.1	6 267	12.2
国有企业	49	5 542	796	14.4	869	15.7
国有独资企业	3	3 556	745	21.0	655	18.4
集体企业	64	2 154	312	14.5	350	16.2
股份合作企业	14	802	84	10.5	90	11.2
股份有限公司	8	1 690	209	12.4	128	7.6
私营企业	2	45	7	15.6	6	13.3
中外合资经营企业	40	26 103	1 639	6.3	2 669	10.2
中外合作经营企业	1	173	40	23.1	10	5.8
与港、澳、台商合资经营企业	13	2 635	149	5.7	148	5.6
外商独资企业	1	60			27	45.0
其他有限责任公司	63	8 531	1 182	13.9	1 306	15.3
国有联营	1	46	11	23.9	9	19.6

表2 2001年~2003年天津市电子信息产业基本情况

项目名称	单位	2001年	2002年	2003年
工业总产值（1990年不变价）	万元	4 105 095	6 245 338	8 490 161
工业销售产值（现价）	万元	1 974 907	2 757 167	3 760 599
其中：出口交货值	万元	1 130 278	1 466 827	1 908 536
工业增加值（生产法）	万元	353 772	442 773	596 509

续表 2

项目名称	单位	2001年	2002年	2003年
从业人员年末人数	人	51 860	56 104	51 337
从业人员工资总额	万元	93 753	123 327	103 684

表 3　2001 年~2003 年天津市电子信息产业财务情况

项目名称	单位	2001年	2002年	2003年
流动资金合计	万元	1 060 007	1 259 196	1 470 657
固定资产合计	万元	743 788	833 887	731 478
资产合计	万元	2 079 056	2 275 387	2 406 331
流动负债合计	万元	1 082 900	1 294 493	1 276 843
负债合计	万元	1 354 695	1 483 537	1 443 240
所有者权益合计	万元	724 361	791 849	963 091
产品销售收入	万元	1 950 900	2 670 236	3 841 562
投资收益	万元	13 155	9 304	7 831
利润总额	万元	60 020	106 687	187 857
应交所得税	万元	10 884	19 024	20 437

表 4　2001 年~2003 年天津市电子信息产业主要经济效益指标完成情况

项目名称	单位	2001年	2002年	2003年
工业全员劳动生产率	元/人	52 562	82 465	115 659
流动资金周转次数	次	1.8	2.6	2.9
工业产品销售率	%	98.4	98.6	97.2
总资产贡献率	%	4.9	8.1	11.4
资本增值保值率	%	101.1	128.8	132.0
资产负债率	%	65.2	65.2	60.0

表 5　2001 年~2003 年天津市主要电子信息产品产销量情况

产品名称	单位	产量			销量		
		2001年	2002年	2003年	2001年	2002年	2003年
光电端机	端	1 333	8 954	11 800	1 159	7 307	10 810
传真机	部	17 565	47 982	42 360	20 533	46 907	40 079
手机	万部	3	235	694	3	235	693
黑白电视机	万台	15	11	9	15	11	9
彩色电视机	万台	54	76	112	53	76	111
录像机	万台	309	334	279	309	333	276
DVD机	万台	52	103	272	52	98	274
背投电视	部	22 300	40 216	84 484	22 300	41 544	81 393
电子琴	万台	89	110	111	89	111	112
小型计算机	台	86	111	49	86	111	49
微型计算机	台	6 099	9 195	4 209	6 311	9 093	3 884
彩色显示器	万台	322	416	426	326	412	421
液晶显示器	万台			115			116
打印头	万只	103	109	118	106	108	121
墨盒	万只	1 409	2 488	2 959	1 386	2 428	2 934
黑白玻壳	万只	581	593	707	575	550	673
彩色玻壳	万只	135	319	280	81	247	359
彩色显像管	万只	137	222	268	145	222	269
彩色显像管	万只	253	258	276	260	259	274
高压硅堆	万只	17 517	28 994	46 447	16 440	28 912	47 271
扬声器	万只	1 938	1 937	2 016	1 862	2 081	2 059
电子线缆	万公里	12	13	11	12	13	11
键盘	万只	588	637	753	588	637	753
铝电解电容器	万只	368 392	386 269	374 461	343 905	398 201	343 456
延迟线	万只	142	126	82	147	127	83
印刷线路板	平方米	100 306	121 845	151 216	100 306	121 845	151 216

[撰稿：陈良　审稿：单长寿]

河 北 省

【综述】

2003 年，河北省信息产业列入统计的工业企业共有 149 家，从业人员 47 010 人，其中技术人员 13 713 人。全年完成工业总产值 142.86 亿元，同比增长 7.6%。

全省电子产品制造业销售收入 103.08 亿元，同比增长 15.17%，在全国信息产业排行第 14 位，比 2002 年前移一位；完成工业增加值 39.08 亿元，增长 15.08%，占全国信息产业的比重为 1%，排行第 12 位，比 2002 年前移一位；实现利税 13.51 亿元，增长 18.09%，在全国信息产业排行第 13 位；固定资产投资 10.9 亿元，增长 26.7%；实际利用外资 6 015 万美元，增长 25.2%；出口创汇 1 亿美元，增长 22.07%。上述各项指标超额完成了年初下达的目标任务。销售收入与工业增加值在全国的位次比上年均前移一位，这表明全省信息产业结构调整和市场开发效果已逐步显现。

信息化建设成效显著

2003 年，全省信息化和信息产业广大干部职工，贯彻执行党的十六大和省委六届三次全会精神，以“三个代表”重要思想为指导，围绕“树、讲、求”这一主线，克服非典带来的不利影响，团结拼搏，开拓进取，埋头苦干，各项工作取得较大进展。

省委、省政府进一步理顺了信息化工作领导体制，为全省信息化建设提供了组织保障。围绕全省国民经济和社会事业发展的总体战略，充分发挥信息化和信息产业的先导带动作用，电子政务和各领域信息化建设成效显著。

1. 电子政务建设进入规范发展轨道

为进一步加强对全省信息化建设的协调推进力度，改变全省电子政务建设中存在的部门各自为政、系统自成体系、线路利用率低、运行费用高、信息资源共享度低等现状，集中财力办大事。2003 年 7 月，省政府信息化工作办公室与信息产业厅合署办公后，按照季允石省长、付双建副省长的指示精神，组织制定了《河北省电子政务建设总体规划（2003~2007）》（冀办发〔2003〕32 号）、《关于加强我省信息化工程建设管理的意见》（冀政办〔2004〕1 号）和《河北省信息化领导小组关于我省电子政务建设的指导意见》（冀办发〔2003〕17 号）。这些纲领性文件的颁发、实施，为促进全省电子政务的规范发展提供了政策保证。

“中国河北”门户网站正式开通。11 个社区市政府、80%以上的省直部门建设了机关局域网，省政府办公业务资源网联通了 140 个省直部门、11 个社区市和 80%的县（市、区）。省教育厅等 10 多个部门开设了网上查询、在线办理等便民服务项目。“电子口岸”项目入网企业已有 4 000 多家。党委系统信息化建设进展明显，率先在全国建成省、市、县、乡四级网络，开通了视频点播、短信移动办公、电子公文发布等应用系统，建设了人民日报、省委文件、领导讲话、网上教学等专用数据库。财政建成了连接省政府、劳动厅、审计厅等 25 个省政府组成部门和中、农、工、建四家银行的省级公共财务城域网，开通了网上支付系统，11 个财政业务系统投入使用，推动了财政理财方式的现代化。邯郸市建立了政务电子邮件系统和审批系统，30 多个部门的 300 多项办事程序上网公开，实现了审批结果的网上查询和审批流程动态的网上公开，在全国 257 个地市网站评测中名列第 28 名，电子政务建设走在了全省前列，被列为国家信息化第一批试点城市。唐县信息化项目探索贫困山区充分利用和整合现有资源推进信息化建设的做法，为县域经济信息化建设提供了宝贵经验。

2. 信息基础设施发展迅速

初步形成覆盖全省的高速宽带信息通信网络，网络规模和容量位居全国前列，服务水平进一步提高。截止到 2003 年年底，光缆总长度达 17.3 万公里；局用交换机总容量达到 1 669 万门，移动交换机总容量达到 1 350 万门；全省电话用户总数达到 2 598.2 万户。其中，固定电话 1 340.89 万户，移动电话 1 257.38 万户，电话普及率为 39%。全省互联网用户达到 301.5 万户。全省广播电视综合信息网的规模进一步扩展，有线电视入网用户达到 369.18 万户；河北省电视台广播电视节目实现了卫星直播，全省所有行政村基本实现广播电视村村通，全省广播、电视综合人口覆盖率分别为 98.41%和 98.3%。

3. 重点领域信息化推进加快

卫生系统　在非典期间，调剂信息化专项资金 170 万，紧急启动三项信息化工程。开通了省政府视频指挥调度系统、农村疫情实时监控系统、石家庄城市道路入口车辆和人员监控系统，启动了全省非典及突发公共卫生事件“五级”疫情监测报告网络，建立了疾控、卫生、政府“三线”报告监控体系，实现了省与国家疫控中心的网络互联，省、市、县和有条件的乡镇卫生院实现疫情的网络直报。河北省卫生信息网在第一时间报告非典疫情的最新动态和政府的最新举措，密切了政府与人民群众的联系，在疫病救治、稳定公众情绪等方面发挥了重要作用。

劳动保障　建立了养老保险业务数据库，完成了省本级劳动保障信息系统网络和数据中心建设以及省市交换网建设，实现了部-省-市养老保险业务信息网上传输、查询和分析。完成了“河北省社会保险业务信息综合查询系统”，建立了河北省劳动保障财政监督网，初步实现了对机关事业养老保险业务信息的综合查询。

农业系统　建设了覆盖全省的农业信息网，横向联通了 12 个省直农口部门，纵向联通了 11 个社区市、138 个县（市、区）和 40 个大型农产品批发市场；省、市、县三级农业信息网站达 163 个，设立了为农民服务的市场供求、专家咨询等特色栏目近万个，占栏目总数的 75%；开发建立了农业技术、农产品市场、致富典型等 12 个共建共享数据库。同时，采取网络、电视、广播、电话等多种方式，解决农业信息进村入户的问题，延伸了信息服务范围。

教育系统　建设了联通各市的河北省教育科研网，开通了联通教育部的视频会议系统，在保定市推行了教育信息标准化示范工作。利用卫星频道，建成了连接 8 400 多所中、小学的河北省远程教育网。远程教育网站栏目独具特色，在非典期间，该网的点击率达到 200 多万人次，为全省中小学生提供了一个远程自主学习的平台。

公安系统　建成了全省政法二级网络，省、市政法系统的 53 个点实现了互联互通。启动建设了公安综合信息无线查询系统。全省 11 个社区市和 136 个县（市）开通了无线常规通信网。开发建设了人口、治安、出入境、消防、交管等十多个信息管理系统，完成了公安综合信息系统试点建设工作，可实现跨地区、跨部门的信息共享和快速查询。

4. 应用信息技术改造传统产业取得新成效

2003 年 4 月，河北省成功地举办了“中国北方八省市暨河北省第二届企业信息化高级论坛”。企业信息化示范工程进展良好，8 家信息化示范企业和 215 家制造业信息化示范企业在信息化基础设施建设、生产过程控制和管理信息系统方面进行了探索和实践。据统计，在全省大、中型企业中，有 80%接入了互联网，54%建立了企业网站，23%建立了不同层次的企业信息管理系统。多数大、中型企业在产品开发、工程设计中普遍采用了计算机辅助设计（CAD）、计算机辅助制造（CAM）和集散控制系统（DCS）。承钢集团通过信息化手段，建立了管理模式、业务流程和内控机制，实现了物流、信息流和资金流的高度统一，降低了成本，提高了效益。石钢集团通过实施企业信息化，加快了现代企业管理制度的建立。新兴铸管集团把企业信息化建设与培养信息技术应用人才有机结合起来，走出了一条投资少、见效快、适用性强的企业信息化路子，2003 年 12 月，在该集团召开了全省企业信息化现场经验交流会。沧州大化集团通过信息技术改造，实现了企业生产模式由过去的简单粗放型向综合优化型模式的转变。2003 年，全省有 20 多个信息技术应用项目被列入国家信息技术推广“倍增计划”。邯钢、保定天威、保定天鹅、冀东水泥、长城葡萄酒、华药倍达、石家庄制药集团等 30 家企业入选全国企业信息化 500 强。

电子信息产品制造业快速发展

1. 重点建设项目

河北省重点抓了 4 大基地、4 个园区、7 个中心建设。

(1) 4 个信息产业基地全面启动

中国电子科技集团石家庄信息产业基地。在省领导直接调度和省直有关部门的支持下，河北省信息产业厅与石家庄市、鹿泉市、中国电子科技集团共同谋划，依托中国电子科技集团第十三研究所、中国电子科技集团第五十四研究所组建中电科技集团石家庄信息产业基地。该基地于 2003 年 11 月 12 日举行了开工仪式。首期开工建设 9 个重点项目，总投资 10.66 亿元。该基地的建设，在省所合作方式上实现了突破。

廊坊河北工业 IT 产业基地。廊坊新奥集团与美国 ABB 和 CE 公司的合作，共同建设河北省工业 IT 产业基地，合作协议已正式签订。该基地总投资约 27 亿元人民币，一期投资 2.48 亿元，先期建设 4 个项目。建成后可实现销售收入约 20 亿元，利税 7 亿元，将成为全省第一个归国留学生创业基地。

石家庄凯华数码产业基地。石家庄凯华软件公司与香港恒运展进实业有限公司已签订协议，由港方投资 6.5 亿元人民币。其中，1.8 亿元用于改造宝石电子股份公司；2.3 亿元用于石家庄开发区建设数码产业基地，重点发展数字电视、数码相机等；2.4 亿元用于组建投资担保公司和其他项目合作。

中国电子信息产业集团公司廊坊信息产业基地。河北省信息产业厅与中国电子信息产业集团公司（CEC）多次洽谈，推进 CEC 廊坊信息产业基地的建设。2003 年 5 月，CEC 集团在廊坊成立了中电大成电子有限公司，生产石英晶体元器件。该项目一期投资 1 亿元，目前已开工建设。河北省信息产业厅与 CEC 集团合作，新建光交换机项目，计划投资 1.3 亿元，目前已开工建设。河北省信息产业厅从信息产业专项资金中安排 300 万元贴息贷款用于重点支持 CEC 集团的项目建设。河北省信息产业厅正在运作，使 CEC 集团更多的项目来廊坊落户，逐步形成 CEC 集团廊坊信息产业基地。

(2) 4 个省级软件产业园进展顺利

石家庄、三河燕郊、保定、秦皇岛等 4 个省级软件园已形成了一批优势企业和特色软件产品。

石家庄软件园已有河北凯华、河北新龙、石家庄羽嘉等 30 多家软件企业入园发展。主要生产统计、电子报税、交通管理等应用软件和系统集成软件等。

燕郊软件园已有汉王科技、安博科技、圣邦等企业入园发展。主要产品有汉字输入、名片输入系统、教育、企业管理等嵌入式软件和应用软件。

保定软件园已有浪拜迪电力自动化、新云达、保定双狐、纵横等 30 多家软件企业入园发展。主要产品有电力仿真、企业管理、计算机辅助设计、建筑工程量算法等各类工具、应用软件。

秦皇岛软件园已有东软、燕大等10多家企业入园发展。主要生产智能专家系统、计算机遥测与监控系统、VOD点播系统、社保管理等各类应用软件。秦皇岛海湾公司进入全国软件企业100强，并被国家认定为2003年度国家规划布局内重点软件企业。

对于集成电路产业，河北省信息产业厅重点支持集成电路设计、封装、专用设备制造、专用集成电路及模块等项目。该厅计划逐步形成与京津产业互补配套的发展格局。

（3）全面启动6个信息技术转化中心和1个网络技术国家工程研究中心建设

信息技术转化中心。为充分发挥全省环京津的优势，在深入调研的基础上，分别在石家庄、保定、廊坊、三河燕郊、秦皇岛、承德等开发区建设了6个信息技术转化中心。其中，石家庄、秦皇岛、三河燕郊3个省级信息技术转化中心已启动建设。河北省信息技术转化中心引进新的建设模式和管理模式，这在全国信息产业系统中还是第一家。

四方通讯公司全光网络技术国家工程研究中心。该项目由全光交换设备研发、生产、销售、工程安装、培训、博士后流动站、信息化工程监理等7个部分组成，将用5年的时间建成年产值近20亿，利税2亿多元，带动运输、金属加工、塑料加工、橡胶制造、印刷业等相关产业发展的光交换设备基地。

2. 招商引资，建设大项目

以整机项目为突破口，加大扶持力度。一是网络计算机（NC机）项目。全省农村“校校通”工程需要大量的计算机，而NC机的价格仅是PC机的三分之一左右，且在全国刚刚起步，市场潜力很大。为此，河北省信息产业厅提出了利用农村“校校通”工程和企业技术优势，带动NC机发展的思路，扶持航天金穗和河北南昊两个品牌NC机项目发展，实现了小批量生产。与省教育厅合作，安排200万元在安新、武安、鹿泉、丰宁等县（市）农村学校建设了18个NC机示范网络教室，既拉动了NC机产业的发展，又为农村学校建设了网络教室。南昊NC机还被列入中组部组织实施的“国家农村党员干部现代远程教育工程”推荐产品目录。二是清华紫光公司手机项目。经过省、市的共同努力，清华紫光公司发挥技术优势，决定在河北省廊坊市开发区投资建设数字移动电话生产项目，总投资2.9亿元，用于手机生产线和研发中心的建设。该项目达产后，年产手机500万部，产值60亿~70亿元，新增利税6.5亿元。这些项目不仅将改变全省信息产业无整机龙头产品的现状，同时还将带动了一批相关产业的发展。三是省冀雅电子公司与韩国公司合作生产彩色液晶显示模块项目。通过专项支持，冀雅电子公司与韩国尼赛恩株式会社达成了合资生产手机彩色液晶显示模块协议。该项目在廊坊开发区建设，总投资5 000万元，其中外方出资50万美元。预计，到2005年，将实现年产量200万块，产值近4亿元。四是与地方政府和研究所共同推进一批重点项目。进入试生产的项目有：保定英利新能源有限公司3兆瓦多晶硅太阳能电池、石家庄久乐汽车安全设备有限公司汽车电子安全气囊、石家庄麦特达公司毫米波点对多点宽带无线接入前端设备项目等，项目投资均超过亿元。已竣工和投产的项目有：宁晋晶隆公司单晶硅扩产和线切割、中国电子科技集团第五十四研究所宽频带卫星天线、中国电子科技集团第三十九研究所天线、多元电器公司可视电话技改、燕郊世维通公司光接收器件与模块、秦皇岛海湾公司综合楼技改等。正在推进的项目有：河北凯华公司统计信息资源管理系统、廊坊国瑞电子公司砷化镓单晶、河北普兴电子公司硅外延片扩产、中国电子科技集团第五十四研究所固定无线接入设备、保定风帆与美国合作的锂电池、汉王公司识别系统等。五是扩大对外招商。采取“走出去”的方式，组织了赴韩国、日本、印度和中国台湾地区专业招商。组织参加了10月18日河北经贸洽谈会、9月8日厦门国际招商会、中国软件博览会和国际信息技术展览会，整理编印了《河北省信息产业对外经济合作项目目录》，利用互联网网站发布信息产业项目 50 多个，全年签约项目 24 项。采取“政府部门支持、中介机构参与、市场化运作”的方式，举办了河北信息产业博览会、中国河北国际信息产业周、中国（石家庄）太和国际电子产品博览会、数字政府河北行城市论坛，宣传了河北信息产业和发展环境，加强了与国内外客商的联系与交流，展示了最新电子产品的发展动向，扩大了全省信息产业的对外开放。

3. 加强政策引导，优化发展环境

一是深入贯彻国务院和省政府关于加快软件产业和集成电路产业发展若干政策规定，加大对软件产业和集成电路产业的支持力度，为全省软件和集成电路企业退税 7 600 余万元，促进了企业快速发展。截止到 2003 年年底，全省经认定的软件企业共有 106 家，登记软件产品 440 项。二是贯彻落实省委六届三次全会精神，组织制定了《河北省政府优先发展信息产业若干政策规定》《利用信息技术改造提升传统产业指导意见》《河北省信息产业专项资金管理办法》《河北省信息产业行业管理办法》等规定和办法，为加快产业发展提供了政策支撑。三是贯彻落实《中小企业促进法》和《河北省支持鼓励个体工商和私营企业发展条例》。围绕如何把具有特色的 IT 中小企业做大做强，成立了河北省信息产业中小企业发展工作领导小组，协调解决中小企业发展中存在的问题，为中小企业发展提供了政策和资金支持，促进了中小 IT 企业的发展。四是扶持民营 IT 企业发展。按照省委、省政府的部署，加大对全省重点扶持的百家民营企业中的 12 家民营 IT 企业的扶持力度。这些企业除享受省有关优惠政策外，信息产业厅还制定了 7 项具体支持措施。五是开展了全省信息产业普查工作。与省工商局、省统计局联合开展了全省信息产业基本情况普查工作。据初步统计，全省电子信息产品制造业新增企业 170 家，软件业新增 16 家。这项工作涉及面广、难度大，在全省是第一次，在全国信息产业系统也是第一家，信息产业部予以充分肯定，并在全国信息产业统计会议上介绍了经验。

存在的问题

虽然河北省信息产业取得较快的发展，但是尚存一些需要解决的问题。

1. 在信息化建设方面：信息技术开发应用与国民经济和社会发展的结合不够紧密；信息资源开发利用明显滞后；信息安全保障能力不足，尚存在安全隐患；建设资金短缺与低水平重复建设；高层次复合型信息人才匮乏；法规、标准等工作薄弱。

2. 在产业发展方面：一是投入少，比重低，结构不合理。“九五”以来，全省电子信息产品制造业投资额占全省全社会固定资产投资额不到 1%，占全国电子信息产品制造业固定资产投资的 2%~3%，与广东省、山东省、上海市、江苏省等相比差距较大。在产品结构方面，基础元器件产品的比重大，高附加值、高技术含量、高市场占有率的投资类、消费类整机产品缺乏，制约了全省信息产业的整体发展。二是能够形成规模经济、带动产业快速发展的大公司、大集团少。截止到 2003 年年底，全省信息产业企业销售收入超过亿元的企业有 18 家，超过 10 亿元的企业仅有 1 家，而山东省的海尔集团一家企业的年销售收入就超过 700 亿元。特别是中国加入 WTO 后，如果不加快大项目的建设和投资力度，全省信息产业难以在国际国内市场竞争中占据有利地位。三是利用信息技术带动制造业和软件业发展的社会认知和意识不强。河北省是传统产业大省，传统产业的信息技术改造和各行各业的信息化工程是拉动全省电子信息产品制造业、软件业和信息服务业发展的巨大市场动力。但是如何“整合资源、利用市场”还没有得到高度重视，利用信息技术改造传统产业、提升竞争力的社会认知和意识还不够强，信息技术的效能没有得到充分发挥。

【统计数据】

表 1　2003 年河北省信息产业人员构成情况

企业类别	企业数（个）	年末从业人员总数	其中：人员构成（人）	
			工程技术人员	在总人数中所占比例（%）
国有企业	27	12 614	4 762	37.8
国有独资企业	2	6 265	576	9.2
集体企业	32	6 029	812	13.5
股份合作企业	8	1 401	312	22.3
股份有限公司	14	4 580	830	18.1
私营企业	39	4 231	1 327	31.4
中外合资经营责任制企业	9	1 473	404	27.4
与港、澳、台商合资经营企业	6	6 027	4 597	76.3
外商独资企业	2	765	61	8.0
外商投资股份有限公司	10	3 625	32	0.9

表 2　2001 年~2003 年河北省电子信息产业基本情况

项目名称	单位	2001年	2002年	2003年
工业总产值（1990 年不变价）	万元	1 199 982	1 327 061	1 428 557
工业增加值（现价）	万元	295 137	339 624	390 838
销售产值（现价）	万元	930 794	989 104	1 024 302
销售收入	万元	778 084	895 001	1 030 849
实现利税总额	万元	98 477	114 405	135 093
其中：利润总额	万元	55 162	77 156	92 800

表 3　2001 年~2003 年河北省电子信息产业财务情况

项目名称	单位	2001年	2002年	2003年
流动资金合计	万元	781 537	641 987	661 222
固定资产合计	万元	649 353	524 012	569 770

续表 3

项目名称	单位	2001年	2002年	2003年
固定资产原值	万元	618 048	757 610	754 005
资产合计	万元	1 560 752	1 398 338	1 398 856
产品销售收入	万元	778 084	895 001	1 030 849
其中：软件产品销售收入	万元		59 170	104 700
计算机服务收入	万元		3 101	2 340
系统集成收入	万元		16 512	27 565
利润总额	万元		77 156	92 800
其中：软件利润	万元		2 260	15 726
应交所得税	万元		16 747	19 928

表 4　2001 年~2003 年河北省电子信息产业主要经济效益完成情况

项目名称	单位	2001年	2002年	2003年
工业全员劳动生产率	元/人	64 509	67 493	76 147
流动资金周转次数	次	1.1	1.4	1.4
工业产品销售率	%	97.6	97.5	98.0
总资产贡献率	%	7.8	9.6	9.1
资本保值增值率	%	121.0	116.1	308.2
资产负债率	%	61.0	60.6	59.9

表 5　2002 年~2003 年河北省主要电子信息产品产销量情况

产品名称	单位	产量			销量		
		2002年	2003年	增长率（%）	2002年	2003年	增长率（%）
程控交换机	线	264 200	202 000	–23.5	264 200	200 000	–24.3
彩色玻壳	万只	661	601	–9.1	674	583	–13.5

表 6　2001 年~2003 年河北省新产品产值情况

项目名称	单位	2001年	2002年	2003年
电子工业产值（现价）	万元	953 943	1 014 148	1 044 936
新产品产值（现价）	万元	85 035	104 296	127 008
所占比重	%	8.9	10.3	12.2

表 7　2003 年河北省电子信息产品出口情况

产品名称	单位	出口量
单晶硅	吨	2 180
压电晶体	万只	1 170
制冷器件	万片	1 280
液晶材料	千克	599
液晶显示模块	万标盒	900

[撰稿：宋进珠　审稿：陈国鹰]

山　西　省

【综述】

2003 年，山西省电子信息产业列入统计范围内的企业共有 31 家，从业人员 10 549 人。全年共完成工业总产值（1990 年不变价）162 280 万元，比上年增长 16.83%；完成工业销售产值 123 897 万元，比上年增长 19.97%；完成工业增加值 24 342 万元，比上年增长 31.35%；实现产品销售收入 122 136 万元，比上年增长 33.51%；实现利润总额 4 490 万元，增盈 6 197 万元；实现税金总额 3 160 万元，比上年增长 32.77%；实现工业产品销售率 87%，比上年降低了 7.5%。

电子产品进出口情况　全年完成出口额 1 296.6 万美元，同比增长 40.1%。主要出口产品是电子元件、电子器件、电子材料。

完成进口额 2 553.7 万美元，减少 20.5%。主要进口产品是电子仪器设备。

经济运行的主要特点　钕铁硼永磁材料生产、钕铁硼专用制造设备生产、军品生产与出口是带动全行业发展的主要力量；生产、销售大幅增长，企业制造费用、销售费用、管理费用、财务费用等四大费用大幅下降，全行业经济效益明显好转；全行业引进外资、产品出口工作取得突破性进展。

科技进步与应用

2003 年全行业实现新产品产值 40 979 万元，比上年增长 26.22%；实现新产品产值率 28.73%，比上年下降 0.98 个百分点。新产品生产还不能满足现有主导产品更新换代的需要。

全年技术改造措施项目完成投资 1 750 万元，比上年增长 193.62%，重大建设项目进展顺利。

2003 年年初，山西亚日电脑股份有限公司总投资 8 700 万元、年产 20 万台计算机的项目在太原市高新技术开发区破土动工。目前，该项目的主体工程已基本完成，生产线正处在调试阶段。预计，2004 年上半年，该项目将投产。该项目的实施，结束了山西省长期没有自主品牌计算机的时代。

2003 年 10 月 17 日，总投资 10 亿美元的富士康太原科技工业园暨鸿富晋精密工业太原有限公司落户太原经济开发区。园区总占地面积 1 138 亩，首期开发 500 余亩，2004 年 6 月投入生产。预计，在 3 年内工程将全部建成，届时可形成年产值 300 亿元的生产能力，吸纳 1 万多名技工，经济、社会效益明显。该科技园是台湾最大的电子信息企业富士康企业集团公司在国内设立的第 6 个高科技工业园区，主要产品为手机、PDA 无线通讯产品组件及产品组装、笔记本电脑等产品。该项目的实施，标志着山西省电子信息产业引进外资工作取得突破。

结构调整与改革

2003 年 5 月 29 日，太原理工天成科技股份有限公司 A 股在上海证券交易所成功发行上市，这是山西省首支高科技概念股。太原理工天成科技股份有限公司依托太原理工大学科技、人才优势，以智能化电子产品、应用软件为主营方向，是集研发、生产、销售、服务为一体的高科技企业。该公司感应数字传感器及系列测控仪表、水利水文测报系统、面向现代教育的系列软件产品和基于“3S”技术（GIS、GPS、RS）的系列行业应用软件等多种产品，广泛应用于水利、水文、石油、化工、文化教育、市政环保、交通运输等众多领域，并取得良好的经济、社会效益。该公司 A 股上市，标志着山西省大型电子信息企业改制上市工作取得突破。

全行业中、小国有企业的改制分类进行。净资产为正值的国有企业，主要采取引进外资和吸收其他法人、自然人、内部职工投资的方式改制，也可视情况采取出让全部或部分国有产权的方式改制；净资产为零或负值的国有企业，主要采取债转股或出资人承接企业资产负债并吸收新股东的方式进行改制；严重资不抵债、扭亏无望的企业，采取依法破产的形式。目前，企业改制工作进展平稳。

信息化应用情况

山西省制造业信息化应用示范工程进展顺利。目前，该省已有 44 户重点企业得到了省科技厅资金支持。太原风华信息装备股份有限公司、山西泰森科技股份有限公司、山西科泰微技术有限公司等 7 户重点电子信息企业位列其中。通过实施该项工程，上述企业计算机辅助设计、计算机辅助工艺管理、计算机辅助制造等能力明显提高，市场竞争力明显加强。

为了加快山西省信息化的进程，山西省政府于 2003 年 12 月 17 日发布了《山西省加快信息化推进实施办法》。该办法明确了全省推进信息化的目标和原则、推进的重点、信息化建设的基本要求、推进信息化的措施及主要政策、组织与管理等项内容。该办法的出台，将为山西省信息化建设和电子信息产业发展带来新的发展机遇。

软件产业

2003 年，山西省电子信息产业列入统计范围内的软件企业有 13 家。全年共实现软件及系统集成收入 13 760 万元。其中，软件产品 5 396 万元，系统集成 7 135 万元，软件服务 1 229 万元。软件增加值 7 607 万元，软件及系统集成利润 1 352 万元，税金 606 万元。目前，软件产业已成为山西省电子信息产业的又一经济增长点。

为了促进该产业的快速发展，2003 年 2 月 18

日，山西省机械电子工业行业管理办公室与山西省国税局、山西省地税局联合发布了《关于贯彻执行〈关于鼓励软件产业和集成电路产业发展有关税收政策问题的通知〉的通知》。《山西省软件企业认定实施细则（试行）》、《山西省软件产品登记实施细则（试行）》作为该通知的附件随文发布。该通知明确了山西省“双软认定”的运作方法、标准、程序，成为全省“双软认定”的指导性、纲领性文件。该通知的出台标志着山西省“双软认定”工作进入了快车道。3月初，山西省机械电子工业行业管理办公室、山西软件行业协会联合召开了“双软认定”工作布置会，要求相关企业申报有关资料及送检申报的软件产品。6月20日，山西省机械电子工业行业管理办公室、山西省国税局、山西省地税局召开了会审会。会后，山西省机械电子工业行业管理办公室发布了《关于准予科特软件收费查询触摸屏系统等31个软件产品登记的通知》。6月24日，山西省机械电子工业行业管理办公室召开了全省首批软件产品登记发证会议，为15家企业31种产品颁发了证书，并安排了下一步软件企业认定工作。

2003年10月20日，山西省机械电子工业行业管理办公室、山西省国税局、山西省地税局联合发布了《关于批准2003年度山西省第一批认定软件企业的通知》。11月11日召开了首批认定软件企业发证仪式，并在中国计算机报、山西日报等媒体上进行了公示和宣传。12月中旬，山西省国税局已批复了上述企业的软件产品退税申请，落实了国务院18号文件中的税收优惠政策，进一步推动了全省软件产业的发展。

问题

全行业国有中小企业整体经营状况不佳，生存压力巨大，急需通过改革、改组、改造，加强管理，摆脱困境；大部分民品步入衰退期，产销出现萎缩之势，企业新产品研发和生产未取得突破性进展；受非典疫情影响，产销不同步，工业产品销售率小幅下降，企业应收账款净额、其他应收款、产成品、待处理流动资产损失、递延资产等5项资金有所上升，企业资金流动不畅，企业资金紧张；企业融资困难，新产品研发费用、技术改造费用投入不足；企业发展不平衡，强弱两极分化趋势加剧。

【统计数据】

表1　2003年山西省电子信息产业人员构成情况

企业类别	企业数（个）	年末从业人员总数	其中：人员构成（人）				
			工程技术人员	在总人数中所占比例（%）	管理人员	在总人数中所占比例（%）	软件开发研究人员
国有企业	12	7 867	1 637	20.8	1 111	14.1	10
有限责任公司	11	1 733	388	22.4	328	18.9	275
股份有限公司	3	197	126	64.0	38	19.3	29
私营企业	4	303	202	66.7	54	17.8	
港、澳、台合资企业	1	440	50	11.4	43	9.8	

表 2　2001 年~2003 年山西省电子信息产业基本情况

项目名称	单位	2001年	2002年	2003年
工业总产值（1990 年不变价）	万元	140 757	138 902	162 280
工业销售产值	万元	106 102	103 276	123 897
其中：出口交货值	万元	2 885	70	6 885
工业增加值（生产法）	万元	23 847	18 532	24 342
从业人员年末人数	人	13 416	11 381	10 540
从业人员工资总额	万元	8 439	8 890	9 480

表 3　2001 年~2003 年山西省电子信息产业财务情况

项目名称	单位	2001年	2002年	2003年
流动资金合计	万元	96 492	125 884	153 532
固定资产合计	万元	134 387	77 457	66 368
资金合计	万元	232 544	251 964	219 900
流动负债合计	万元	95 365	122 586	105 674
负债合计	万元	163 804	172 411	168 987
所有者权益合计	万元	68 740	79 553	139 309
产品销售收入	万元	97 486	91 478	122 136
其中：软件产品销售收入	万元			5 396
投资收益	万元	147	150	156
利润总额	万元	1 776	–1 707	4 490
应交所得税	万元	586	499	687

表 4　2001 年~2003 年山西省电子信息产业主要经济效益指标完成情况

项目名称	单位	2001年	2002年	2003年
工业全员劳动生产率	元/人	17 775	15 126	17 355
流动资金周转次数	次	0.8	0.8	1.0

续表 4

项目名称	单位	2001年	2002年	2003年
工业产品销售率	%	96.1	94.5	87.0
总资产贡献率	%	3.1	1.0	2.0
资本增值保值率	%	119.5	115.7	163.0
资产负债率	%	70.4	68.4	54.8

表 5　2001 年~2003 年山西省主要电子信息产品产销量情况

产品名称	单位	产量			销量		
		2001年	2002年	2003年	2001年	2002年	2003年
彩色电视机	台	171 227	235 232	157 015	164 066	239 658	92 102
空调	台	630	6 541	6 019	630	4 955	5 840
半导体分立器件	万只	19	22	14	17	18	11
各类电表	万只	27	39	28	25	39	25
钕铁硼材料	万只	708	905	1 216	504	728	1 107

[撰稿：周继祥　审稿：张亚鹏]

内蒙古自治区

【综述】

内蒙古自治区电子信息产品制造业的发展经历了几个阶段。在“七五”与“八五”期间，全区电子信息产品制造业得到了较快的发展，曾经拥有过天鹅牌电视机、迎春牌洗衣机、内美牌示波器、牧歌牌半导体收音机等在全国有一定影响的电子产品，并形成一定生产规模。但是随着改革开放和市场经济进程的加快，大而全、小而全的格局被打破，产业结构进行调整和优化。由于该自治区没有抓住机遇，及时调整产品结构，改革与完善企业内部机制，因此在激烈的市场竞争中逐渐丢掉了优势，导致“九五”以后发展速度明显下降，规模逐渐缩小。近年来，随着产业结构的调整、招商引资力度的加强，给电子信息产品制造业注入了新的活力，创造了新的发展空间，目前，该自治区电子信息产品制造业又进入一个快速发展阶段。

2003 年，该自治区电子信息产业生产稳步增长，经济运行呈现出较好的发展态势。全年电子产品制造业完成销售收入45.1亿元，在全国名列第17位，增长25.28%；完成工业增加值8.6亿元；完成利税12.1亿元，增长25.28%。生产手机231.28万部、彩色电视机134.30万台、个人台式计算机5.59万台、液晶显示器2.78万台。

预计，2004年该自治区电子信息产业制造业完成销售收入70亿元，同比增长55.21%。生产手机300万部、彩色电视机150万台、个人台式电脑4万台、液晶显示器50万台。

该自治区电子信息产业制造业经济运行的主要特点：生产稳步增长；大型企业对行业的支撑作用进一步增强，例如：TCL集团在呼和浩特市建成移动通信（手机）工业园区，并实施了电视机扩建工程；投资类产品的主导地位明显，原因是TCL集团在2002年建成手机生产基地；元器件类产品的生产稳步小幅增长，目前无新的经济增长点。

科技进步与应用

1. 电子信息产业技术改造投资完成情况

2003年，该自治区电子信息产业全年完成投资额近亿元，其中：内蒙古TCL王牌电器有限责任公司，投资2 900万元用于产品结构调整的技术改造，新增生产能力20万台，总生产能力达到150万台；内蒙古银安科技有限公司投资2 500万元，建成年生产能力43万台的液晶显示器生产线；包头蒙维太阳能源设备厂投资1 342万元用于技术改造，扩大了生产规模，产品质量进一步提高；呼和浩特市金川经济开发区投资300万元与台湾诚洲电子合作建成呼和浩特市和谦电子公司，生产ADI液晶显示器。目前，台商的第一批投资150万美元到位，设备正在进行安装，2004年可望投入批量生产。

2. 电子制造业新产品研制与投产情况

内蒙古自治区拥有内蒙古大学等大专院校、TCL内蒙古电器公司等电子企业，并已形成一定的研发能力和产业化规模。

TCL内蒙古电器公司和TCL移动通信（呼和浩特）有限公司依托TCL集团的技术实力，企业科技创新能力不断增强。

内蒙古银安科技有限公司是近年新成立的高科技股份公司。2003年，该公司研制出税控收款机、税控收款器，并组织有关专家进行了设计定型鉴定。上述两项产品具有良好的推广应用前景，目前正按照有关规定申办生产许可证，并投入批量生产，投放市场试用。

电子元器件产业曾是自治区电子行业中规模较大的行业。在“八五”后期，由于许多电子元器件企业的科技创新能力不够，未能及时调整产品结构，产业规模缩小。目前现存的电子元器件企业新产品开发能力较强，能够不断调整产品结构以适应市场需求。

包头华资电子科技有限公司自1991年起专业生产各种型号石英谐振器。近年来，不断消化吸收国内外先进技术和经验，有了雄厚的技术基础，特别是小公差石英谐振器的研发生产，使该厂在技术水平上更向前一步。2003年，该公司开始研制SMD型石英谐振器和晶体振荡器。目前，正在进行表面贴装SMD型石英谐振器和晶体振荡器产业化运作。

近年来，虽然该自治区信息产业的技术创新、新品研发能力有所提高，但是由于人才缺乏、经费不足等，因此，信息产业的发展水平比沿海地区慢。

电子产品进出口情况

2003年，内蒙古自治区电子信息产品完成出口额562.1万美元，同比增长5.91%，其中，电子元件出口额431.8万美元，增长1.27%；电子器件出口额10.8万美元，增长971.76%。主要出口产品是石英晶体谐振器、电阻器、电容器、电感器等电子元器件产品。

电子产品进口额为1 524.2万美元，同比减少38.26%。

企业改革情况

“九五”以后，内蒙古自治区的一些电子制造企业，由于产品结构调整缓慢、技术更新滞后等原因，在激烈的市场竞争中面临破产的困境。近年来，一些面临破产、已破产的企业采取联合兼并、资产重组、股份制改造等运作方式，走出了困境。如：彩虹集团内蒙古电视机厂划归到TCL集团后，取得了好的经济效益和社会效益。1999年彩色电视机产量12.1万台，2000年51.8万台，2001年82万台，2002年127万台。2003年135万台，实现利税1.5亿元，拉动了该自治区经济的发展。

信息化应用情况

为了进一步推动内蒙古自治区企业信息化的建设，推广信息技术的应用，2003年，该自治区组织开展了全国电子信息应用贷款贴息项目申报工作。2003年初组织专家咨询组，对全区30多家企业的申报材料进行了初选、评估及论证，并与国家有关部门协调，向国家推荐了18家企业参与全国电子信息应用贷款贴息项目的申报工作，所报项目全部获得批准，总投资额为5.58亿元，其中申请贷款3.86亿元，是历年来申请该项目最多、贷款额度最大的一年。

发展热点

1. 招商引资成绩显著

近年来，招商引资成绩显著，国内一些知名的电子企业来自治区建立生产基地，不但促进了地区经济的发展，而且延长了产业链，产业集聚效应正在形成，带动了全区信息产业整体水平的提高。

该自治区吸引TCL集团到呼和浩特市经济开发区落户，建设彩色电视机、手机生产基地。

内蒙古TCL王牌电器有限公司，2003年投资2 900万元用于产品结构调整的技术改造，总生产能力达到150万台。2004年将在引入高附加值产品的同时，进一步扩大生产规模，彩色电视机的产量将突破160万台。

TCL集团总投资5.7亿元、建设面积16 000平方米、年生产能力600万部手机的工业园于2002年建成。2003年，该工业园区克服非典以及国内手机市场竞争加剧的双重影响，产销量均比上年翻番，取得了良好的经营业绩。

此外，为TCL手机产品配套的锂电池、充电器、手机外壳，为TCL彩色电视机配套的消磁线圈、变压器、扬声器、大型注塑等配套企业相继落户开发区，延长了产业链，产业集聚效应正在形成。

2004年5月，建鼎集团落户内蒙古自治区。该集团是一家综合性企业，其产品覆盖了通信、计算机、电子消费品等诸多行业。此次拟在内蒙古自治区投资建厂，项目总投资额为2亿美元。该项目对改变内蒙古自治区的产业结构，提升产业层次，拉动地区经济的发展有积极作用，特别是对在内蒙古自治区形成一个适合电子信息产业发展的产业配套环境，对进一步吸引电子信息企业到内蒙落户起到了积极的作用。

今后内蒙古自治区将在贯彻落实国家支持信息产业发展的优惠政策和全区实施西部大开发若干政策措施的基础上，结合实际，制定和完善相应的产业、投融资、人才等优惠政策，优化投资环境，建立和完善电子信息产业项目库，加大招商引资力度，吸引更多的国内、外知名电子信息企业来自治区建立生产和研发基地，以此带动自治区信息产业整体实力的提高。

2. 电子元器件行业

目前，包头华资电子科技公司等一批元器件企业所生产的石英谐振器、电容器、电阻器、电感器等产品已占有稳定的市场份额，自治区拥有大批的电子元器件管理、技术、生产人才，因此在电子元器件行业具有优势和较大的发展空间及潜力。

政策法规

目前，内蒙古自治区各级党委、政府已将信息产业发展和信息化建设作为全区实现经济社会发展目标的战略举措加以高度重视。为了更好地落实国家有关产业政策，自治区党委、政府出台了《内蒙古党委、政府关于大力推进信息化的决定》，提出要发展信息产业，培育新的经济增长点，对自治区信息产业的发展方向、扶持新产品的开发与生产、信息产业园区建设、优化自治区信息产业发展环境以及招商引资等方面提出了指导意见。

为了贯彻落实国家的信息产业政策以及《内蒙古党委、政府关于大力推进信息化的决定》，全区将制定和完善符合自治区信息产业发展实际的有关配套政策，优化信息产业发展环境，以促进自治区信息产业的快速、持续、健康发展。

工作设想

2004 年内蒙古自治区将加大招商引资力度，参加建设国家电子信息产业基地和产业园，调整电子信息产业结构，重点培育关键优势行业和骨干企业，提高自主创新能力和综合竞争能力，发挥后发优势，实现信息产业跨越式发展。

2004 年内蒙自治区信息产业发展的具体措施如下：

2004 年全区电子信息产业经济运行的主要调控措施：加强经济运行分析和调控力度，努力完成目标；进一步增强企业制度创新、技术创新的能力；优化投资环境，建立和完善电子信息产业项目库，加大招商引资力度，吸引国内外知名的电子信息企业来自治区建立生产和研发基地。

1. 调整、优化生产力布局

呼和浩特市、包头市已在高新技术产业开发区的基础上，形成了一些新兴的高科技信息产品制造企业。全区信息产品制造业生产力布局要以呼和浩特市、包头市为中心，集中有限的力量，迅速形成规模。做好电子信息产品制造业项目的前期工作，扩大内引外联力度，争取将呼和浩特市的如意开发区列入国家确定的信息产业基地或产业园。

2. 积极调整产品结构

重点扶持高清晰度彩色电视机、手机、计算机等整机产品及液晶显示器、新型电子元器件的开发与生产，发挥整机厂的龙头作用，利用自治区元器件生产的比较优势，提高区内配套率。

3. 扩大对外开放程度

通过与国内外大企业、高等院校的联合，以多种方式，不拘一格，求得产业的发展。建立电子信息产业项目库，加大招商引资力度，寻求与国内外优势企业的合作。

【统计数据】

表 1 2003 年内蒙古自治区电子信息产业人员构成情况

企业类别	企业数（个）	年末从业人员总数	其中：人员构成（人）				
			工程技术人员	在总人数中所占比例（%）	管理人员	在总人数中所占比例（%）	软件开发研究人员
国有企业	2	1 696	121	7.1	160	9.4	
集体企业	1	108	8	7.4	11	10.2	
股份合作企业	11	2 065	28	1.4	255	12.3	25

表 2 2002 年~2003 年内蒙古自治区电子信息产业基本情况

项目名称	单位	2002年	2003年
工业总产值（1990 年不变价）	万元	387 073	641 070
工业销售产值	万元	353 407	421 377
其中：出口交货值	万元	1 090	3 913
工业增加值	万元	96 843	86 000
从业人员年末人数	人	6 618	5 533

表 3 2002 年~2003 年内蒙古自治区电子信息产业财务情况

项目名称	单位	2002年	2003年
流动资金平均余额	万元	149 184	178 117
固定资产净值平均余额	万元	31 545	23 779
资产合计	万元	199 627	260 888
负债合计	万元	90 180	69 567
产品销售收入	万元	360 189	451 000
利润总额	万元	66 746	328 108
应交所得税	万元	14 515	22 648

表 4　2002 年~2003 年内蒙古自治区电子信息产业主要经济效益指标完成情况

项目名称	单位	2002年	2003年
工业全员劳动生产率	元/人	146 332.5	140 481.0
流动资金周转次数	次	2.4	2.0
工业产品销售率	%	97.8	98.0
总资产贡献率	%	55.0	45.0
资本增值保值率	%	241.0	187.0
资产负债率	%	45.1	27.0

表 5　2002 年~2003 年内蒙古自治区电子信息产品产销量情况

产品名称	单位	产量		销量	
		2002年	2003年	2002年	2003年
手机	万部	100	231	97	233
彩色电视机	万台	127	134	127	134
微型计算机	台	62 225	50 571	62 318	55 762

[撰稿：席丽红　审稿：龚晓峰]

辽　宁　省

【综述】

2003 年，辽宁省信息产业行业内共有制造业企业 140 家，从业人员 88 264 人，其中技术人员 14 869 人，所占比例为 16.85%；软件企业 426 家，从业人员 30 000 人，其中研发人员 20 000 人。资产总额 385 亿元，资产负债率为 57%。

2003 年，辽宁省信息产业完成工业总产值 776 亿元，其中，电子信息产品制造业 671 亿元，比上年增长 10.36%；工业增加值 123.25 亿元，比上年增长 18.2%；软件产业增加值 47.25 亿元，比上年增长 38.3%。实现销售收入 515.26 亿元，比上年增长 21.2%，其中，软件销售收入 105 亿元，比上年增长 38.16%；实现利税 19.8 亿元，与上年持平。主要产品产量：微型计算机 1 817 310 台，比上年增长 109%；彩色电视机 4 309 142 台，比上年增长 7.6%；汽车音响 3 275 291 台，比上年增长 11.25%；激光视盘机 3 057 966 台，比上年增长 56%；打印机 713 440 台，比上年增长 9%；上述产品产销率达 98%。

经济运行的主要特点：一是产业规模有新的扩张。全省信息产业总规模达到 787 亿元（其中，通信运营业 272 亿元），信息产业的增加值占全省 GDP 的比重正逐年上升，信息产业正逐步成为辽宁省的支柱产业。二是地区规模化趋势进一步加强，聚集效应越发明显。大连市信息产业销售收入总规模已达到 305.67 亿，占全省电子产品制造业和软件业总规模的 59.3%；沈阳市信息产业销售收入总规模达到 152.66 亿元，占全省信息产业的 29.63%。以上两市信息产业销售收入占全省的 88.9%以上。随着两市招商引资项目的不断增多，这种趋势将越发明显。三是国际化程度大幅度提高，出口交货值达到 285.57 亿元，占总产值的 42.56%。

科技进步与应用

2003 年，全行业在注重当年生产销售的同时，做好产业持续发展的重点工作。

1. 加大科技进步的步伐，全年用于产品开发的经费达到 47 826 万元，其中软件研发经费 3 256 万元。一批市场前景好的产品，如：等离子电视、数字音响、集成电路设计、芯片制造及一些通信产品不断投入生产，并显示出良好的发展势头。

2. 全行业全年完成基本建设投资额 27 961 万元，完成技术改造措施项目投资额 16 981 万元；累计吸引外资额 22 757 万美元。

3. 在加大自身技术改造的同时，注重招商引资和产业结构调整。2003 年是招商项目最多、利用外资最多、效果最好的一年。全年实际利用外资 3.5 亿美元，同比增长 106%。

4. 通过有重点、有针对性地开展对美国、日本、韩国、欧洲及中国台湾地区的招商活动，吸引了一大批外商投资的高新技术产品在辽宁省落户。由美国科希公司和韩国 STL 公司合资创办的沈阳科希-硅技半导体技术第一有限公司，从事微电子技术开发、芯片制造、封装和测试，本年度芯片生产已经正式启动。大显股份有限公司与韩国泛泰株式会社联手打造的年产 1 000 万部手机项目全线开工。日本贝尔网络可视电话、韩国光电子、东芝发射机等项目已分别在沈阳市和大连市落户。

5. 园区建设迈出实质步伐。大连市、沈阳市、辽阳市、阜新市 4 个电子信息产品产业园入园企业 50 余家，累计投资达 12 亿元。

电子产品出口情况

电子产品出口创汇保持了持续增长的势头。2003 年，辽宁省电子信息产业出口额 33.5 亿美元，同比增长 24.50%，高于全省外贸出口 6.2 个百分点，占全省出口额的 23%。软件产品出口额 1.5 亿美元，增长 87.5%。重点产品出口量为：微型计算机 1 676 152 台、彩色电视机 3 249 232 台、彩色显示器 198 532 台、打印机 647 928 台、激光视盘机 2 812 674 台。主要出口城市为：大连市 21.17 亿美元，占全省信息产业出口总额的 63.2%；沈阳市 7.8 亿美元，占 23.2%；丹东市 2.8 亿美元，占 8.3%。

企业情况

2003 年，在电子信息产品制造业 140 家企业中，内资企业 78 家（其中国有企业 31 家、私营企业 13 家），港、澳、台商投资企业 8 家，外商投资企业 54 家（其中外资独资企业 37 家），分别占企业总数的 55.7%、5.7%、38.6%。

三类企业从业人员分别为：内资企业 39 437 人，港、澳、台商企业 840 人，外商投资企业47 987 人，分别占总人数的 44.68%、0.95%、54.37%。

三类企业工业总产值分别是：内资企业 434.1 亿元，港、澳、台商企业 3.48 亿元，外商投资企业 233.43 亿元，分别占总产值的 64.7%、0.52%、34.79%。

三类企业销售收入分别是：内资企业 212.54 亿元，港、澳、台商企业 1.38 亿元，外商投资企业 196.33 亿元，分别占总销售收入的比重为 51.8%、0.34%、47.86%。

三类企业利润分别是：内资企业 5.85 亿元，港、澳、台商企业 0.017 亿元，外商投资企业 10.49 亿元，分别占利润总额的 35.77%、0.1%、64.13%。

少数重点企业决定着行业发展的规模和发展速度。大显股份有限公司、华录、长白、三宝、佳能等 10 户重点企业现销售收入 299.2 亿元，占全行业销售总收入的 73%。

软件产业

2003 年，辽宁省软件产业规模进一步扩大，已认定软件企业 426 家，登记软件产品 870 个，软件研发人员达 2 万余人。通过系统集成资质认证企业 36 家，CMM 认证企业 6 家，其中东软、大连海辉企业通过了 CMM5 级认证。10 所软件学院在校生总规模达到 1.4 万人。软件产业实现销售收入 105 亿元，软件产品出口收入 1.5 亿美元，同比增长分别为 38.2%、87.5%，保持了持续、快速、平稳发展。

软件产业重点工作取得较好成效。一是沈阳市、大连市、鞍山市 3 个软件园区建设全面提速，入园企业 410 家。大连软件园二期工程已经开工建设，全年销售收入 14 亿元，入园企业 160 家。沈阳软件园在不断进行资源整合的基础上，进一步明确其发展方向、发展重点是为老工业基地振兴提供支持服务，入园企业 160 余家，全年销售收入 22 亿元。鞍山软件园在起步较晚的情况下，发展迅速，已成为地方经济的新亮点，入园企业 80 余家，全年销售收入 8 亿元。二是成功举办“软交会”，打造辽宁软件品牌。2003 年 9 月，由国家商务部、信息产业部、教育部、辽宁省人民政府共同主办的首届中国国际软件和信息服务交易会在大连市成功举办。微软、GE、IBM、松下、赛迪集团、联想集团、东软集团等国内外 400 余家 IT 企业参展，成交额 10.8 亿元人民币，协议金额 32 亿元人民币，在国内外引起相当大的反响，提高了辽宁软件产业的知名度。三是软件出口势头进一步增强，软件国际化程度不断提高。软件出口在 2002 年的基础上，又有较大进展，比 2002 年同期增长 87.5%。微软、IBM、惠普等国际知名大公司相继在辽宁建立软件研发机构，其中，微软公司与辽宁省签署合作谅解备忘录，在技术转让、软件出口、人才培养等方面开展合作，标志着辽宁软件产业在向国际化发展方向上又前进了一大步。

信息化建设

2003 年，辽宁省光缆总长度达到 86 000 公里，比上年增长 3.9%；互联网用户 500 万户，比上年增长 47.5%；电话普及率 50 部/百人，比上年增长 13.6%。

通过一些重大举措和活动，全面推进信息化建设，取得显著成果。

一是百户企业信息化示范工程全面启动。省信息产业厅会同省政府有关厅委联合发布了《关于辽宁省百户企业信息化示范工程的实施意见》，颁布了《辽宁省企业信息化发展水平测评办法》。确定首批示范企业 182 户，项目建设总投资达 20 亿元。组织示范企业与国内外知名 IT 企业进行项目对接，为应用信息技术改造和提升传统产业、加速老工业基地振兴提供了新的模式。

二是农业信息化建设有所进展。百万农民上网工程深受农民欢迎，全年网上交易额已超过 8 亿元。金农网已建设完成政策法规、实用技术、招商引资、价格行情、产品供求等 8 大数据库系统，收集信息 50 多万条，日更新信息 3 000 条以上，成为农民的致富网。

三是大力推进电子政务、电子商务工作。电子政务坚持以应用为核心，带动内外网建设。2003 年，95%以上的省政府组成部门、14 个市政府和一大批市直机关在因特网上建立政府网站，有力地推动了政务公开，提高了办事效率。颁布实施了《加快全省数字证书认证体系建设实施意见》，为有序开展电子商务等工作提供了保障。

四是社会信息化在某些领域成果显著。大连市的公交、轻轨、出租等行业 IC 卡发卡量达 82 万张，向“一卡在手，全城通行”的目标前进了一步。鞍山市通卡项目发卡量已达 22 万张，日运营额达 20 万元。抚顺市社会保障信息网络顺利开通，实现了社会保险、劳动就业、最低生活保障信息共享的建设目标。

五是在防非典的斗争中，组织建设了辽宁省疫情监控快速反应信息网络系统。从拟定方案到交付使用仅用一周时间，及时、有效地建立起抗击非典的信息通道，创造了辽宁省网络工程建设的奇迹，受到了省政府领导的高度赞扬。

【统计数据】

表 1　2003 年辽宁省电子信息产业人员构成情况

企业类别	企业数（个）	年末从业人员总数	其中：人员构成（人）			
			工程技术人员	在总人数中所占比例（%）	管理人员	在总人数中所占比例（%）
国有企业	31	13 905	2 663	19.2	2 203	15.8
集体企业	4	303	32	10.6	56	18.5
股份合作企业	4	1 594	246	15.4	148	9.3
有限责任公司	18	18 794	2 518	13.4	2 388	12.7
股份有限公司	8	2 405	450	18.7	383	15.9
私营企业	13	2 436	739	30.3	355	14.6
港、澳、台商投资企业	8	840	209	24.9	132	15.7
外商投资企业	54	47 987	1 066	2.2	1 281	2.7
合计	140	88 264	7 923	9.0	6 946	7.9

表 2　2001 年~2003 年辽宁省电子信息产业基本情况

项目名称	单位	2001年	2002年	2003年
工业总产值（1990 年不变价）	万元	4 014 421	5 326 884	6 710 014
工业销售产值	万元	2 366 283	3 400 980	4 158 447
其中：出口交货值	万元	157 000	2 356 227	2 855 745
软件出口	万美元	7 000	8 000	15 000

续表 2

项目名称	单位	2001年	2002年	2003年
工业增加值（生产法）	万元	726 813	1 042 912	1 232 500
从业人员年末人数	人	78 549	109 911	88 264
从业人员工资总额	万元	75 751	137 488	150 515

表 3　2001 年~2003 年辽宁省电子信息产业财务情况

项目名称	单位	2001年	2002年	2003年
流动资金合计	万元	1 605 632	1 855 968	2 318 779
固定资产合计	万元	632 301	978 354	985 478
资产合计	万元	539 853	1 014 714	3 846 928
流动负债合计	万元	1 423 166	1 604 079	2 038 708
负债合计	万元	1 630 239	1 863 564	2 316 247
所有者权益合计	万元	773 727	1 332 783	1 454 918
产品销售收入	万元	2 366 854	3 496 450	4 102 611
其中：软件产品销售收入	万元	550 000	760 000	1 050 000
投资收益	万元	12 507	19 975	13 017
利润总额	万元	64 360	155 579	163 647
应交所得税	万元	11 767	19 163	21 875

表 4　2001 年~2003 年辽宁省电子信息产业主要经济指标完成情况

项目名称	单位	2001年	2002年	2003年
工业全员劳动生产率	元/人	73 447	79 526	86 223
流动资产周转次数	次	1.5	2.0	2.0
工业产品销售率	%	96.0	97.7	98.0
总资产贡献率	%	6.0	7.0	5.6
资本增值保值率	%	89.6	115.3	1 748.5
资产负债率	%	63.2	57.0	60.2

表5　2001年~2003年辽宁省主要电子信息产品产销量情况

产品名称	单位	产量			销量		
		2001年	2002年	2003年	2001年	2002年	2003年
雷达	部	4 036	3 750	4 010	4 119	3 642	3 993
微型计算机	台	782 916	866 026	1 835 497	628 270	849 991	1 817 310
彩色电视机	台	3 788 458	4 048 200	4 324 003	3 792 236	4 004 221	4 309 142
汽车音响	台	2 237 299	2 951 462	3 283 236	2 231 248	2 944 005	3 275 291
彩色显示器	台		488 083	208 040		482 490	198 532
手机	部	81 200	264 940	1 247 743	81 200	260 400	998 589
激光视盘机	台	514 010	1 965 551	3 093 013	514 429	1 946 900	3 057 966
打印机	台		663 768	716 646		693 021	713 440

表6　2003年辽宁省电子信息产品出口情况

产品名称	单位	出口量	在生产量中所占份额
舰载雷达	部	2 288	57.1
微型计算机	台	1 676 152	193.5
彩色显示器	台	198 532	95.4
打印机	台	647 928	90.4
彩色电视机	台	3 249 232	99.0
激光视盘机	台	2 812 674	90.9

[撰稿：赵连富　审稿：李兵]

吉 林 省

【综述】

经过多年的发展，吉林省信息产业已经形成了以光电子、汽车电子、新型元器件和计算机应用软件为主导产品，具有一定产业规模和技术创新能力的发展格局。“九五”、“十五”期间的年均增长速度都超过20%。全省国民经济和社会信息化建设也取得实质性进展，对经济发展和社会进步起到了日益明显的带动作用。

制造业发展势头良好

2003年，电子信息产品制造业完成工业总产值100亿元，同比增长17%。

产品结构得到优化 一批具备本省特色优势的重点产品发展迅速。光电子、汽车电子、新型元器件等主要产品产量迅速增加。主要产品有：液晶显示器、彩色液晶投影仪、液晶彩色电视机、汽车电子控制单元、程控交换机、雷达、汽油和柴油发电机组、半导体功率器件、光电微波器件、激光材料、器件和应用整机、光电编码器、热扫描成像诊断系统等产品。

产业基地集聚效应日益明显 吉林省具有发展光电子产业的技术和人才优势，初步形成了具有特色的光显示器件产业群和光电子整机产品产业群。国家发改委对长春光电子产业的人才技术优势、基础设施环境、产业功能布局、相关保障措施等给予了充分肯定，认为长春具有发展光电子产业得天独厚的有利条件。今年6月18日，国家发改委正式批准设立国家长春光电子产业基地，成为继武汉之后的第二个国家级光电子产业基地。为了加快吉林省光电子产业的发展，省政府与信息产业部已就共建国家光电子产业基地初步达成了合作意向。吉林省汽车电子的研发具有一定的基础，在汽车电子控制系统、车载电子系统及产品、汽车设计平台等方面具有雄厚的技术基础、研发能力和市场优势。经与信息产业部请示协商，决定部省合作共建汽车电子产业基地。在规划建设的长春光电子国家产业基地、吉林省汽车电子产业基地中聚集着北方彩晶集团、长光科技集团、长春华禹光谷有限公司、吉林长虹电子有限公司、西门子汽车电子有限公司等一批制造业的骨干企业，将成为吉林省电子信息产业快速增长的带动力量。

企业技术创新能力不断提高 在光显示领域、能量光电子领域、汽车电子产品领域，取得了一批具有技术前瞻性、拥有自主知识产权和广泛应用前景的科技创新成果。北方彩晶集团公司是目前全国最大的TFT-LCD生产企业；长春联信的STN高清晰度彩色液晶显示器、华禹光谷的LED发光屏、液晶显示器背光源都居国内领先水平；长春第一光学仪器有限公司的光电编码器，其国内市场占有率为60%；长春方圆有限公司的生物识别活体采集仪现出口美国；鸿达集团公司的警用指纹自动识别系统、十指指纹卡输出系统、指纹锁等产品也已进入国际市场；吉林华微公司的大功率器件国内市场占有率达70%。

软件产业整体实力增强

2003年，吉林省软件及信息服务业销售额为30亿元，占信息产业总产值的比重达到了23%。

企业规模不断壮大 截止到2003年底，该省共认定软件企业116户，年营业额超亿元的3户，超5000万元的10户。2003年底，国家发改委、信息产业部等五部委联合认定了172户国家规划布局内重点软件企业，该省有11户软件企业入围。

名优产品明显增加 目前，全省共登记软件产品277项，其中，一汽启明公司的企业管理软件、吉林金鹰公司的粮食管理软件、东北师大理想公司的教育软件等30项国家及省优秀软件产品的市场占有率迅速提高，可望成为国内知名品牌。

基地建设初见成效 长春软件园入驻企业总数达到205户，通过认定的软件企业85户，登记软件产品230余项；吉林软件园经过三年建设，2003年被国家科技部认定为“国家火炬计划软件产业基地”，入园企业达到91户。

吉林省软件产业研发基地是经省政府批准设立，并享受国家和省级经济开发区政策的软件产业基地，占地面积51万平方米。基地发展目标是以资本为纽带，实现企业、高校与政府的优势结合，研发、孵化与产业化的相互衔接，成为具有国际水平的技术创新基地、企业孵化基地、人才聚集基地、产学研结合的示范基地。目前基地对外招商工作已全面展开。

信息化建设全面推进

企业信息化建设进展较快　全省“百户企业信息化示范工程”相继启动，已经在汽车、石化、冶金、医疗、食品等10个行业，长春、吉林等9个市州全面展开。

领域信息化建设稳步推进　电子政务重点建设了12个系统；金盾工程建设通过了立项审批；金保工程启动，全省社会保险管理信息系统网络正在建设中；金税工程二期建设取得成效；教育信息化建设全面展开；农业信息化建设进入应用阶段；粮食企业综合管理信息系统在全省粮食系统得到广泛应用。

网络计算机推广试点工作取得成效　按照省信息化领导小组的部署，省信息产业厅组织实施了网络计算机（NC）及其应用软件在粮食、教育和农业领域的应用试点工作。2003年10月，6个试点单位的应用系统全部通过了验收。

工作重点

当前和今后一个时期的主要工作有以下几点：

1. 推进企业信息化，加强全省信息化建设

围绕振兴吉林老工业基地这个大局，坚持以信息化带动工业化，以工业化促进信息化，走新型工业化道路。坚持“跨越式发展、效益型推进、选择式突破、低成本实施”的信息化工作思路，全面推进企业信息化、政务信息化、领域信息化，注重应用信息技术改造提升传统产业，加快国民经济和社会信息化进程。

2. 以光电子和汽车电子产业基地为重点，加速发展电子信息产品制造业

发展有特色、有市场，能够发挥比较优势的光电子、汽车电子和新一代信息应用产品；以引进先进适用技术为主、以研发优势整机产品为主、以拥有自主知识产权的拳头产品产业为主，启动大项目，组建大集团，建设大基地，使电子信息产品制造业产业规模迅速扩大，技术水平不断提高。

推进部省合作，共同建设长春光电子国家产业基地和汽车电子产业基地。

3. 以建设软件园区为重点，加快发展软件产业

以产业基地为依托，以骨干企业为主体，以应用促发展，以开发促提高，坚持软件开发与传统产业改造相结合，软件与硬件相结合，国内市场与国际市场相结合，把软件产业向集团化、基地化、国际化推进。

[撰稿：吉林省信息产业厅]

黑龙江省

【综述】

2003年，黑龙江省电子信息产品制造业主要经济效益指标大幅度提高，全年按快报统计完成工业总产值149.07亿元，同比增长11.1%；完成出口交货值7 851万美元，增长14.3%。

加快发展信息产业

2003年，黑龙江省在党的十六大“以信息化带动工业化，以工业化促进信息化，走新型工业化道路”和“优先发展信息产业”等战略方针指导下，紧密结合实际，进一步深化改革，以市场

需求为导向，不断调整产品结构，努力开拓国内外市场，应对和克服了非典疫情带来的不利影响，实现了持续稳步增长。

培育龙头企业，推进软件产业发展 为了加快全省软件业的发展步伐，黑龙江省进一步落实了国务院18号文件和《黑龙江省加速发展软件产业的实施意见》中规定的相关优惠政策，对入孵企业和软件出口创汇企业实施了政策性补贴，改善发展环境，使黑龙江省软件业快速发展。2003年完成软件、系统集成、应用服务和其他相应技术服务营销额61.5亿元，比上年增长50%。

进一步加快了软件园建设。按照《黑龙江省软件产业发展"十五"规划》的要求，已初步完成了哈尔滨软件园和大庆北方软件园建设，同时加快了人才、智力的引进工作，对入园企业加大了扶持力度，促进其尽快形成规模，为黑龙江省软件业进一步快速发展创造了良好的外部环境。

着重培育软件龙头企业，带动黑龙江省软件产业发展。黑龙江省将亿阳集团、大庆北方软件园、哈工大科软信息股份有限公司和哈工大八达集团作为软件龙头企业来扶持，带动了黑龙江省软件产业发展。还组织哈工大科软公司、斯达公司、哈尔滨用友软件公司等企业筹备成立了ERP软件企业联盟，已全面介入黑龙江省传统产业改造和企业信息化当中，成为主要技术支持力量。由伊思特、哈工大中百信、国脉通信等企业牵头组建了对日韩出口联盟和对欧美出口联盟，联盟企业已实现软件出口104.3万美元。

双软认证已累计完成136家软件企业和278个软件产品的登记，为软件企业实现退税累计近1亿元人民币。进一步加强规范标准建设，积极推行CMM评估，亿阳信通通过了CMM3评估，国脉通信通过了CMM2评估，大通公司、伊斯特和黑大同庆开始CMM培训。黑龙江省软件行业协会已成为国家企业信息化管理软构件标准项目牵头单位，同时还是国家《构件资源管理规范》及《电子政务领域软件构架指南》制定的参加单位。

为了加快软件产业的发展，2003年，黑龙江省会同辽宁省、吉林省实施了东北三省软件联合行动计划。该计划提出要以东北老工业基地调整改造为契机，加大应用信息技术和软件技术的力度，在机械、钢铁、汽车、石化等传统产业采用现代管理方式，增强企业市场竞争力；筹建东北软件出口联盟，扩大软件出口；联合制定、推广软构件标准与规范，推进以构件为基础的软件工业化生产。

培育新的经济增长点，带动产品制造业的发展 2003年，进一步加大电子信息产品制造业结构调整力度，重点支持了汽车电子、敏感元器件、电力电子和机电一体化等具有自主知识产权技术的产业化工作。以志阳集团、九州集团和哈尔滨海格集团公司为代表的一批电子信息产品制造业，已逐渐探索出有效的发展模式和机制，开始形成具有龙江特色的汽车电子、电力电子、机械电子、金融电子和节能电子等新的产业增长点。

信息产业专项资金发挥重要作用 三年来，信息产业专项资金扶持的项目普遍开始取得效益。其中，投入160万元扶持的九州公司，2003年该公司实现产值1.59亿元，利税4 100万元；投入525万元扶持的志阳公司，2003年完成销售收入5 860万元，同比增长20%；投入60万元扶持的哈尔滨四海公司，2003年该公司完成销售收入1.65亿元，同比增长90.6%；投入30万元扶持的鸡西矿业集团供应公司企业信息化工程，使该集团吨煤材料费由47元下降到20元，一年增效5 600万元；投入55万元扶持的智能化农业专家系统，若在黑龙江省1/3的农田推广，估算将节省种子6 600万公斤，节省化肥资金投入6.6亿元。根据对已验收项目所取得效益的分析，信息产业专项资金投入产出比达到1:15.75。

信息化应用情况

以应用为主，推进重点领域内信息化的建设

2003 年，企业信息化在规模企业信息化、典型培育、信息技术应用推广等诸多方面取得显著进展。在 8 月国务院信息办等部门召开的“利用信息技术改造东北老工业基地座谈会”上，省厅和斯达等一批典型企业做了重点发言，国信办常务副主任曲维枝同志提出要推广黑龙江省先进经验，积极向国务院争取利用信息技术改造东北老工业基地的政策，真正实现以企业信息化为突破口与切入点，加快东北老工业基地的调整改造。此后，黄菊、曾培炎副总理分别在国信办以黑龙江省企业信息化经验为主形成的报告上做出批示，指示要继续加大对企业信息化改造的支持力度。11 月，在信息产业部、国信办召开的“全国信息技术应用工作会议”上，黑龙江省应用信息技术改造传统产业、提升企业竞争力的做法与经验得到了有关部委的充分肯定和与会各方的好评，为在振兴战略中发挥信息技术的作用探索了新路。会上，斯达、中央红、朗乡林业局、龙涤集团和哈药集团等五家先进企业受到了表彰。电子政务在“一网式”审批系统、政务呼叫中心和信用体系建设等方面取得扎实进展。农业信息化突出了为农副产品销售提供信息服务，积极探索用农业专家系统指导农民科学种植、养殖，加强了龙头涉农企业的信息化扶持力度，为县域经济发展做出了贡献。黑龙江农业信息网访问人数已达到 100 多万人次，网上发布各类农业信息 80 万条，新增了 50 个信息采集点，农业信息入村率达到 40%。2003 年，黑龙江省种植大豆的农户利用该网传递的市场行情，及时把握了大豆出售时机，使收入大幅度增加。此外，社保和低保网络、卫生等领域突发事件信息应急系统、教育信息化、旅游信息化、审计信息化和金盾等工程建设与应用也取得了不同程度的进展。

为信息化建设和产业发展创造环境　一是重新调整了省信息化领导小组，由张左己省长亲任组长，以省信息产业厅为主重组了省信息办，加强了组织建设，进一步发挥了统筹协调作用。二是加大了对全系统工作指导力度，引导各级信息产业主管部门结合当地具体情况，围绕振兴战略，以应用为突破口和牵动点打开工作局面。截止到 2003 年底，黑龙江省 13 个市地数码城全部开通，为各地信息化建设奠定了重要基础。哈尔滨市、林口县、虎林市和塔河县信息产业局与科信局在 2003 年工作中，按照黑龙江省信息化建设总体思路，紧密结合当地经济发展实际，勇于探索，敢于实践，取得了比较好的成绩，其工作也因此得到当地党委、政府的高度重视，为今后开展工作奠定了基础。三是加强了信息化宣传工作，通过各种媒体宣传黑龙江省信息化建设经验、做法和典型，引起全社会重视，提高了各界的信息化素质。四是完成了《黑龙江省信息化建设管理办法》起草工作并进入立法程序，同时起草了《黑龙江省企业信用信息征集披露管理办法》。五是积极开展了系统集成商资质认证和信息产品技术市场管理工作。为确保黑龙江省信息化工程质量，进一步加强了系统集成商资质认证和信息产品技术市场的管理。促进企业积极参加资质认证，全年共有 41 家企业完成了信息系统集成资质认证，其中一级 2 家，二级 3 家，进一步规范了信息系统集成市场环境，既有利于用户选择项目承建单位，又有利于系统集成企业展示自身实力，加强自身建设，参与市场竞争。进一步完善了信息产品技术市场管理，根据国家质检总局和信息产业部文件精神，在黑龙江省全面开展了微型计算机和家用视听商品维修市场的管理。六是推进了信息资源的利用与开发，促进信息资源整合，探索开展了信息资源共享试点工作。继续推进了 4 个国家重点数据库相关标准、管理制度、工具和依托主体等方面的先期基础性工作，以公安、技术监督、计委和统计部门为主要牵头单位，相关部门通力协作，探索黑龙江省四大数据库的建设模式。开展了黑龙江省信息资源利用开发情况的基础调查，进一步摸清了底数，为切实加强对信息资源开发的统一管理奠定了基础。大力提倡行业、区域的信息资源开发利用，努力推进信息资源的整合，逐步消除信息仅在各自部门内流动的“孤岛”现象，探索开展了信息资源共享试点工作。

科技进步与应用

2003 年，黑龙江省以市场为导向，以重大技术创新和产业化项目为依托，推进黑龙江省信息产业企业进一步提高了技术创新和自主开发能力，全年共完成电子信息产品开发 25 项。引导企业围绕软件产品、汽车电子产品、敏感技术产品、智能化仪器仪表、广播发射机、军工半导体器件产品加大技术创新和开发力度。推进产学研的联合与协作，弥补企业人才、技术的不足，保证研发的质量和进度。积极为企业新产品开发争取各方面政策和资金支持创造条件，经推荐的 14 个项目列入信息产业部 2003 年信息产业科研计划，另有 3 个项目列入省科技计划之中，得到了 22 万元资金支持。引导企业采取课题招标、奖励激励等手段，以新机制推动新产品的开发工作。坚持市场导向和科技成果产业化，帮助企业从项目立项、研发、试产，到规模化生产的技术改造整体筹划。督促企业建立项目责任制，逐级签订责任状，定期或不定期进行研发项目进度情况的检查。电子企业质量体系认证工作有新进展。积极组织推荐行业内单位参加省科技进步奖的评审，有 29 个项目获奖，其中二等奖 8 项，三等奖 21 项。

电子产品进出口情况

电子信息产品出口形势较好，全年完成出口交货值 6 188 万美元，同比增长 14.1%。黑龙江敏感技术集团与英国 3 户传感器公司达成合作意向，开发高性能低功耗的一氧化碳传感器和氧传感器；哈工大微电子中心与马来西亚 KWE 集团合作，共同建设对广大集成电路设计企业起支撑作用的服务平台，促进集成电路产业链在黑龙江省形成。

热点

党中央、国务院提出振兴东北等老工业基地，是从全面建设小康社会全局着眼做出的重大战略决策，抓住了解决当前我国经济和社会问题的关键环节，这是黑龙江省在相当长的时期内所面临的一次难得的历史机遇。总结近年来在省委、省政府的领导下，黑龙江省信息化建设快速发展以及由此而产生的巨大效益，信息化既是黑龙江省实施振兴战略的迫切需要，也是当前阶段黑龙江省在众多竞争省份中脱颖而出、实现跨越式发展的一条捷径。在 11 号文件提出的振兴任务中，相当多的内容需要由信息化和信息技术作为技术保障和基础支撑，信息化和信息技术在产业结构优化升级、提升整体和个体竞争力，以及推动黑龙江省经济与社会全面、协调、可持续发展等诸多方面具有覆盖全局的倍增作用。

在加快体制创新和机制创新方面，黑龙江省企业信息化的实践表明，应用信息技术可以为明晰企业产权、消除障碍、确保风险内控机制的有效运行等许多方面提供代价较小的技术保障手段。斯达的经验表明，以企业信息化为切入点和突破口，通过信息技术的应用，能够促进企业产权制度、内部机制和组织结构的改革，形成一种良性互动。

在全面推进工业结构优化升级方面，应用信息技术可以提高企业技术水平、产品设计水平和生产效率，堵塞管理漏洞，调动职工积极性，降低成本和扩大需求，可极大地提高企业参与国内外市场的竞争力和黑龙江省整体经济的竞争力。

在大力发展现代农业方面，黑龙江省农业信息化的实践表明，在农业生产中应用信息技术，对于指导农民科学养殖、种植、农副产品销售，实现规模生产，建立现代农业等方面都具有巨大的作用。

在积极发展第三产业、推进资源型城市经济

转型、加强基础设施建设、进一步扩大对外对内开放、加强对外合作、加快发展科技教育文化事业等方面，以及电子商务、连锁经营、物流配送等现代流通方式，信息服务、中介服务等现代服务业、旅游业，科研开发与人员培训等方面，都只有建立在现代信息网络上才能够获得迅猛的发展。

[撰稿：费振波　张安　审稿：王强]

上海仪电控股（集团）公司

【综述】

2003 年，上海仪电控股（集团）公司（以下称控股公司）共有电子工业企业 53 家，职工 21 381 人，其中技术人员 2 083 人，所占比例为 9.74%。系统内的上海飞乐股份有限公司、上海金陵股份有限公司、上海自动化仪表股份有限公司、上海飞乐音响股份有限公司、上海精密科学仪器有限公司等 5 家企业进入全国电子信息百强之列。

在连续多年持续发展的基础上，2003 年，控股公司电子工业企业克服 SARS、高温、限电等困难，完成工业总产值 160.4 亿元，同比增长 18.7%；完成销售收入 64.3 亿元，同比增长 14.5%；工业产品销售率达 99.8%；完成利润总额 4.2 亿元，同比增长 18.8%；资产负债率为 39%，同比下降 1.6 个百分点。在生产规模不断扩大的情况下，企业的经济效益有较明显的上升，取得了工业总产值、工业增加值、利润“三同步”增长的成绩。

深化改革，完善机制

2003 年，该控股公司提出了深化改革、完善机制的五项主要工作。五项工作是一个整体，战略是大方向，计划是奋斗目标，组织架构是载体，机制是内在动力，企业文化是共识。这五项工作是构筑成企业竞争力的重要支撑。至于保障措施，一是完善和实施发展战略，加强对战略实施的监控，同时开展战略的再研究以及对重要课题的研究，把战略变成可操作方案；二是抓计划目标的落实，明确目标和任务，明确岗位责任，不断完善科学评价体系，从抓主要经营者做起，一级抓一级，实现人盯人的考核，各子公司以预算和重点工作为目标，以国有控股的实体企业以及重点产品为重点，开拓市场，降本增效，实现了规模和效益的同步增长。2003 年，从近 10 家控股公司直接投资的合资企业中净得投资回报额达 6 633 万元，在 2002 年的基础上翻番，创历史之最。三是学习先进的管理思想，研究适应企业进入新发展阶段的组织模式和领导模式，实施扁平化管理，对业务流程进行改造，提高企业管理水平。四是抓完善机制，在控股公司总部推行绩效考评，对子公司董事长、总经理实行个性化考评，绩效和企业经济效益挂钩，尤其和净资产收益率挂钩，责任到人，目标到位。五是抓企业文化建设，建立系统展示馆，建立统一标志的工业园区，形成理念共识，倡导敬业精神、创新精神、奋发有为精神，增强企业竞争力。

实施发展战略成效显现

2003 年，根据控股公司董事会要求，各制造业子公司普遍制定完善了发展战略，并相继制定了三年滚动实施计划和当年实施计划，在企业整合中不断提升产销能力，涌现出一批发展后劲较足的产品。集成电路以及集成电路后封装、SMT 加工、新型电子元件、自动化系统集成、照明电器的生产规模有明显扩张。在战略管理体系初步建立后，各子公司根据其产业发展战略和市场的最新变化趋势，按照最新的工作规范编写了《2004 年~2006 年度产业发展三年滚动计划》和《2003 年度投资计划》，并相继开展了软件产业、船舶电子、汽车电子和电力自动化等课题的研究。同时，对战略管理的制度、规范及业务流程进行了梳理和修改。

经过反复讨论、研究、评估、筛选、比较，进一步完善了三年滚动实施计划。2003 年，全系统抓住汽车、钢铁、电力快速增长和城建加快的契机，按发展战略要求，大力拓展重点产品生产经营，取得了较好的成绩。如布线系统同比增长 35.4%；汽车电器同比增长 54.9%；自动化系统集成同比增长 34%；照明电器同比增长 100.4%。

固定资产投资完成情况良好

2003 年，上海市经委下达的计划为 3 亿元。经控股公司各子、分公司的共同努力，全系统固定资产投资项目完成良好，实际完成为 3.5 亿元，占年计划的 116.67%，其中，超过 1 000 万元以上的项目有：金陵公司引进的 SMT 生产设备（6 227 万元）、松下公司生产线扩大能力的技改项目（4 200 万元）、安普科泰增添设备项目（3 700 万元）、亚明公司引进新型电光器件及系统生产设备项目（2 900 万元）、京瓷公司第五期增资（2 亿元）、长丰公司第二代身份证引进生产设备项目（2 998 万元）、科技公司改建厂房项目（2 000 万元）等。总投资计划数达 46 934 万元，实际投入数是 35 059 万元（有的分年度投入）。

电子产品出口情况

2003 年，控股公司坚持加强重点出口产品的基础建设，加强激励措施，加强海外营销网络建设，加强产品出口广告和展览展销力度，加强外贸队伍人才高地建设，加强管理，降低成本，提高产品竞争力，电子产品出口取得了较好成绩。

1. 出口创汇增长。虽受 SARS 疫情影响，但在下属出口企业的共同努力下，出口创汇仍保持稳定增长。电子工业企业出口交货值达 340 266 万元，同比增长 6.6%。

2. 自营进出口公司自营产品出口创汇稳定上升。亚明进出口公司与飞乐进出口公司在努力寻找新客户、开拓新市场、完善激励机制、发挥外销员积极性等方面做了大量的工作，并取得了一定的成效。亚明进出口公司出口创汇与去年同期相比增加 4.4 倍，达 550 万美元；飞乐进出口公司出口创汇与去年同期相比增加 1 倍，达 750 万美元。

3. 重点企业产品出口保持强劲的态势。2003 年，控股公司 10 个重点出口大户同比增幅超一成以上。如上海京瓷电子有限公司、上海阿尔卑电子有限公司、上海松下半导体有限公司、上海阿法泰克电子有限公司、上海安普连接器有限公司等均取得了不俗业绩。上海京瓷电子有限公司年创汇达 11 139.9 万美元；上海阿尔卑电子有限公司创汇达 5 531.6 万美元。

信息化应用情况

2003 年，控股公司信息化应用工作取得了突破性进展。列入上海市工业企业管理信息化试点的 12 家单位，以“实现科学管理、向管理要效益”为宗旨，坚持结合实际，突出重点，分步实施，已实现了预定的目标。

1. 制定年度目标和实施计划。在 12 个市的试点单位中，每个单位都有自己的年度目标和实施计划，投入了大量人力、物力，建立了企业门户网站，并相继在财务、营销、产品设计、办公自动化系统、电子商务等五个方面实施信息化管理。

2. 重视门户网站建设。在市试点单位中，目前已有 10 个单位建立了门户网站，有的公司还对门户网站进行了扩容、改版，使网站跟上时代发展的要求。自动化仪表公司的因特网门户站全新改版并投入运行，并为下一步实施电子商务留下接口；亚明灯泡厂有限公司已经建立企业门户网站，并制作了公司英文版的门户网站；金陵公司的原网站经重新改造后，网页设计时尚，融入现代理念，并随时翻新内容，增加了公司所有产品的介绍内容，并可网上联系商务，便捷了公司与客户、公司与供应商的联系。

3. 推进企业管理信息化工作。据对 3 个子公司 51 家全资企业和控股企业的调查统计，有 34 家企业实施管理信息化，占调查企业的 66.7%。在实施管理信息化的 34 家企业中，建立企业门户网站的有 16 家，占 47%；应用财务管理系统的有 34 家，占 100%；应用办公自动化系统的有 20 家，占 59%；应用进销存管理系统的有 16 家，占 47%；应用营销管理系统的有 16 家，占 47%；应用人力资源管理系统的有 16 家，占 47%；应用产品设计管理系统的有 15 家，占 44%；应用客户关系管理系统的有 13 家，占 38%；应用制造管理系统的有 12 家，占 35%；应用电子商务系统的有 9 家，占 26%。

科技进步取得新进展

2003 年，控股公司系统完成重点新品开发项目 115 项，其中，国家级科技开发重点项目 2 项，科技经费投入率达 3.42%，新产品产值率达 35.1%。2003 年，集团首次将专利申报列入子公司的重点工作考核之列，全年共申报专利 102 项，同比增长 18.6%。全系统质量工作取得了新成绩，国家监督抽查系统内 15 家企业的 15 项产品，全部合格；集团内部抽查三批 27 家企业的产品，全部合格；全系统完成质量攻关项目 26 项，有 5 家企业完成 ISO9000 标准 2000 版转版工作；全系统 7 家企业 8 个品牌保持上海市名牌产品称号，6 家新申报企业被评为高新技术企业，1 家新申报三资企业被评为先进技术企业。

信息学院毕业生就业率高达 95%

控股公司所属电子信息职业技术学院 2003 年毕业生受到了市场的欢迎，迄今为止，401 名学生中已有 380 名被用人单位录用，就业上岗比例高达 95%。根据对毕业生的跟踪调查，90%以上的用人单位认为，该校的毕业生掌握知识能力面较宽、操作能力强、岗位适应快。这一评价与学校多年来坚持的办学方针密不可分，即培养的学生必须成为适应用人单位第一线需要的高素质的高等技术应用型人才。2002 年 3 月，经市教委批准，学校成为“上海市示范性高等职业技术院校建设单位”之一。该校以电子信息产业和社会信息化建设对人才需求的设置分大类专业，87.5%属于高新技术专业。机电一体化（机器人应用）专业是国家级高职重点教改试点专业；数据处理与数据技术、电子技术与微机应用两个专业是上海市重点教改试点专业。学校还借鉴德国“双元制”教学模式，教育对象以学生和技术员双重身份为主，在学校和对口企业两个教育载体内，从理论教学和实践教学两个方面进行学习，重点培养技术应用能力、实务操作能力、公关交际能力和适应生存能力；实行学历证书与职业资格证书并重制度，在各专业教学计划中，对学生外语能力、计算机应用能力和中高级技工能力提出具体要求。目前该校毕业生已分布英特尔（中国）有限公司、华虹 NEC 等上百个企业。

【统计数据】

表1　2003年上海仪电控股（集团）公司电子信息产业人员构成情况

企业类别	企业数（个）	年末从业人员总数	其中：人员构成（人）				
			工程技术人员	在总人数中所占比例（%）	管理人员	在总人数中所占比例（%）	软件开发研究人员
国有企业	2	564	60	10.6	51	9.0	
国有独资企业	11	1 730	307	17.7	211	12.2	40
集体企业							
股份合作企业	4	2 901	202	7.0	527	18.2	3
国有联营企业							
其他企业	36	16 546	1 514	9.2	1 236	7.5	1

表2　2001年~2003年上海仪电控股（集团）公司电子信息产业基本情况

项目名称	单位	2001年	2002年	2003年
工业总产值（1990年不变价）	万元	1 289 244	1 350 463	1 603 968
工业销售产值	万元	687 876	561 422	643 075
其中：出口交货值	万元		319 213	340 266
工业增加值	万元	159 000	140 780	139 514
从业人员年末人数	人		23 972	21 741
从业人员工资总额	万元		5 748	5 539

表3　2001年~2003年上海仪电控股（集团）公司电子信息产业财务情况

项目名称	单位	2001年	2002年	2003年
流动资金合计	万元	544 907.3	537 884	478 092
固定资产合计	万元	329 906.9	290 486	262 207
资产合计	万元	1 136 660	1 066 535	909 060
流动负债合计	万元		377 488	333 939

续表 3

项目名称	单位	2001年	2002年	2003年
负债合计	万元		432 999	354 639
所有者权益合计	万元		633 536	554 311
产品销售收入	万元	636 789	596 492	600 515
其中：软件产品销售收入	万元		5 388	1 033
投资收益	万元		20 275	17 812
利润总额	万元	48 766	35 638	42 385
应交所得税	万元	4 529	2 958	4 176

表 4　2001 年~2003 年上海仪电控股（集团）公司电子信息产业主要经济效益指标完成情况

项目名称	单位	2001年	2002年	2003年
工业全员劳动生产率	元/人	72 306	59 876	76 664
流动资金周转次数	次	1.1	1.1	1.30
工业产品销售率	%	112.0	100.0	99.89
总资产贡献率	%	5.9	4.6	5.99
资本增值保值率	%	125.1	102.9	102.08
资产负债率	%	39.1	40.6	39.00

表 5　2001 年~2003 年上海仪电控股（集团）公司主要电子信息产品产销量情况

产品名称	单位	产量			销量		
		2001年	2002年	2003年	2001年	2002年	2003年
IC卡	万片	1 039	547	549	1 038	530	539
DVD视盘播放机	台		208 969	288 928		208 869	291 418
电容器	万只		1 632 850	2 656 209		1 617 438	2 655 160
电阻器	万只		242 687	238 401		256 980	239 667
其他电子元件	万只		176 756	162 369		177 120	162 728
灯泡	万只	15 628	15 210	13 472	15 658	14 870	13 608

续表 5

产品名称	单位	产量			销量		
		2001年	2002年	2003年	2001年	2002年	2003年
印制电路板	平方米		1 061 705	937 535		1 056 378	919 440
二极管	万只		130 979	160 368		133 139	161 767
三极管	万只		56 869	52 528		54 114	53 298
大规模集成电路	万块		61 906	66 177		61 759	65 788

[撰稿：徐善荣　审稿：顾文]

长江计算机（集团）公司

【综述】

长江计算机（集团）公司创建于 1987 年 3 月，是具有计算机产品科研开发、生产制造、系统集成、销售服务多功能并拥有进出口贸易自主权的国家计划单列企业集团，上海市计算机产业的骨干企业。长江集团生产制造的“东海”牌微机曾三次荣获国家银质奖，并在全国微机质量评比中多次荣获第一，1995 年~2003 年连续 9 年被评为“上海市名牌产品”。集团产业结构进一步优化，各项主要经济指标稳步增长，经济运行质量不断提高。2003 年销售收入比上年增长 28.3%；新产品项目投产率达到 90%以上，新产品产值率连续第 8 年达到 70%以上；累计产销率为 99.4%，比上年增长 3.6 个百分点；利税创近年最好水平，其中利润总额同比增长 48.3%。硬件制造、软件开发、系统集成、信息服务四大主业快速发展，应用技术的重点领域得到积极拓展，信息产业、包装材料、房地产业已经成为集团产业结构中的新增点和新亮点。集团所属企业已经有 20 家获得“上海市高新技术企业证书”，集团再次入选中国软件百强企业。

总结 2003 年集团经济发展，主要有两大特点：一是生产规模不断扩大。经过几年的建设，集团生产园区土地面积增加了 169%，建筑面积增加 320%，园区的功能划分清晰。东西南北中先后建起的东海广场、黄渡、漕河泾、九亭、北桥五大生产园区，集中了硬件制造、软件开发、系统集成、信息服务的 15 家企业，已经成为吸引外部投资的重要基地，成为支撑集团持续、健康、稳定发展的重要基础。2003 年，园区内企业共实现销售收入和利税分别占到集团总量的 92%和 65%。集聚与合作所形成的辐射能量大大提高了企业的市场拓展能力和加工能力，有利于整合优势、提升能级、拓展空间，产生更大的经营活力和更高的劳动生产率。产业布局重组，产业结构调整，优势企业集群，优化了投资环境，也为吸引国内外资金、先进技术和管理经验创造了更为有利的条件。二是开展多渠道引资融资。集团以存量吸引增量的方式积极推进多种资本的合资合作。与大亚集团强强联手，合资组建上海大亚东海数码有限公司，重点发展 PC 类、手持 PC 类、数码类、存储类四大类产品，以凸现竞争优势。集团与上海电信、微软（中国）公司达成三方合作协议：运用长江集团在信息产品设计及制造方面的丰富经验，上海电信丰富的网络资源和客户资源，微软（中国）公司卓越的软件开发技术和市场销售能力，在多媒体数字业务项目中密切合作，并开发成功了基于 Windows CE.NET4.2 操作系统的东海数字多媒体机顶盒。该产品是目前国内首家完整地通过微软 MSTV 测试的高性能 IP 接入设备，能广泛应用于社区和家庭，实现家庭媒体数字化，市场前景看好。2003 年集团积极开辟海外市场，已经与日本埃斯凯公司、古巴电子集团达成合作意向。

科技进步与应用

2003 年，集团在参与国民经济信息化建设中创新能力不断提高，集中式电子交易平台、网络多媒体信息处理平台、建筑智能化信息管理系统、文博资料信息化系统等 12 项新品被列为重点开发项目，其中流动装载体的信息采集与远程控制系统、GPS 辅助抢险监控调度系统、LED 全彩视频大屏幕等 8 个项目被列入市级以上创新计划并获得优惠政策支持。LED 全彩视频显示屏、SW-JH 交互式数字网络教学系统、生产过程质量和物料 Andon 系统等三项技术成果被认定为上海市高新技术成果转化项目，标志着长江集团在科技成果产业化方面迈出了新的步伐。

2003 年集团知识产权拥有量快速增长，有 17 项产品申请专利和著作权，申请数超过前三年的总和。另有 5 项软件产品进行了软件产品登记。集团全年系统集成与软件开发中标率比上年提高了 14 个百分点。中标的重大工程项目包括：香港招商局数据容灾系统工程、华虹科技园弱电系统、太湖流域防汛指挥会商系统、上海文广新闻传媒集团技术中心设备管理系统、上海市建设和管理委员会公务网项目、闵行区安全局办公楼弱电系统、解放日报报业集团和文汇、新民联合报业集团公务网接入工程、上海电子商务服务中心等。集团自主研发的 i-MUSE 数字博物馆系列软件中的藏品信息管理系统、网上视频点播、虚拟藏品再现、网际图像搜索、图像检索等技术成果已成功应用于上海博物馆等 11 个博物馆和纪念馆。随着招投标项目中标率的提高，市场范围日渐扩大，应用的技术类别日益增多，集团在智能化弱电工程、电子交易平台、石油行业、校园网络、文博信息化系统等领域的技术优势已开始凸现。软件、系统集成和信息服务全年销售收入 16.98 亿元，占集团总量的 55%。丰富的产业实践和工作平台，使一大批优秀科技人员健康成长，脱颖而出，成为科技创新的骨干和中坚力量。一批成熟企业已经开始向专业化方向发展，一批新兴企业正显露头角，使长江计算机集团系统集成和软件开发进入持续发展的快车道。2003 年集团开发成功最具代表性的软件和系统集成应用项目是：

文博信息化系统　目前处于国内领先、国际先进的文博资料信息化系统是由长江计算机（集团）公司开发，上海博物馆、复旦大学（国际）数据库研究中心协助研制的上海市引进技术吸收与创新项目。该项目自 2002 年 1 月立项至 2003 年 6 月正式通过验收，进展情况始终得到了市有关部门领导的关注，多次对项目进行了跟踪检查，并为项目的研发提供了有力的支持。主要开发成果包括数字博物馆资源建设和多媒体信息收集、组织、管理和发布技术及工具等内容，形成了数字博物馆开发平台软件产品。文博资料信息化系统的研制成功，使我国的文物保护、展示和研究手段提高到了一个新的层次；为今后全国文博信息资源网络的建设，在体系结构、技术手段和运行方式等诸多方面提供了创新的手段；为弘扬中华文化，丰富世界文化宝库做出了重要贡献。文博资料信息化系统以合理的设计、丰富的功能、友好的界面，具备了良好的可扩充性和可维护性。特别在同义词词典、古汉字字库、网上图像搜索工具以及三维虚拟展示方面均有创新与突破。作为文博数字资源建设与应用工具，该系统已成功运用于上海博物馆信息化工程，经过半年多的实际应用，该系统运行稳定、可靠，为建设数字化博物馆奠定了基础。长江计算机集团根据市政府“打造数字上海”、建成100个博物馆的规划，积极把握机遇，凭借数字博物馆的先进技术和上海博物馆信息化的样板工程，积极拓展文博信息化市场，2003年先后开发了中国烟草博物馆文物信息管理系统、中国烟草博物馆数字资源采集系统、陈云故居暨青浦革命历史纪念馆网站系统、刘海粟美术馆画库信息管理系统，使文博资料信息化系统得到推广和应用，长江集团在文博领域所占的市场份额进一步扩大。

上海商业电子商务服务平台 被国家科技部列为示范工程的“上海商业电子商务服务平台”项目于2003年9月下旬建成并正式启用。作为该平台的运行实体，“上海联源电子商务服务公司(筹)”同时也宣告成立。“上海商业电子商务服务平台”是上海商业实现电子商务的一种全新模式，即由IT服务企业整合各方资源建立公共平台，以第三方身份，为商业企业信息化提供“接入式”服务，实现以社会共享的信息交换平台为中心的B to B的电子商务模式，从企业各自投资建设到整个商业联合共建，资源共享，通过共享达到共赢。“上海商业电子商务服务平台”以电子单证交换为基础，系统安全为保障，电子支付为手段，为各业态商业企业提供综合电子商务应用。内容涵盖多业态、跨地域的分销、零售业务管理，供应链管理，采购管理，企业综合管理，客户关系管理等。“上海商业电子商务服务平台”是市经委、市科委直接支持立项，并予以资金扶持的“十五”上海商业发展的重点项目，由在业界享有盛誉的长江集团上海亚太计算机信息系统有限公司和上海海鼎信息工程股份有限公司共同承担，借鉴了国外先进技术，采用国际标准，通过技术创新共同自主开发成功。并由这两家公司共同投资组建的上海联源电子商务服务公司全面负责该平台运营服务，充分体现了政府支持与市场运作相结合、先进的技术平台与全新的运作机制相结合的全新理念。以外包服务方式全方位为企业开展电子商务提供服务，最大限度发挥平台的作用。“上海商业电子商务服务平台”的开发成功，大大促进了商业进步，推动了上海商业第三次跨越，也为我国商业电子商务信息化建设积累了成功经验。

智能建筑系统 近20年来，世界各地的智能建筑方兴未艾。中国的智能建筑起步较晚，但在20世纪80年代后期至90年代初期，随着我国改革开放政策的实施，智能建筑像雨后春笋般出现在祖国的大地上，东南沿海的城市发展尤为迅猛。据悉，近期在中国兴建的智能大厦占全世界在建的智能建筑的一半。智能建筑是利用系统集成方法，将现代计算机技术、现代通信技术和现代控制技术在现代建筑艺术上有机的优化组合，向业主提供一个投资合理，具有安全、高效、舒适、便利和灵活的建筑环境。智能大厦一般是由建筑物本身、建筑管理自动化系统（BA）、办公室自动化（OA）、通信自动化系统（CA）四部分构成。长江集团是上海最早涉足智能建筑的计算机集团，具有较高知名度的标志性项目有：上海国家会计学院，上海外贸学院、上海工程技术大学、华东政法学院的松江新校区、上海浦东文献中心等。2003年，长江计算机集团与上海市信息化委员会、上海市政府机关事务管理局正式签订了上海市信息化委员会巨鹿大厦、上海市政府新的行政管理中心金帆大厦智能弱电总包合同。为了充分体现该大厦的信息化先进程度，长江集团自中标之日起就对该工程项目进行了认真、细致的深化设计，设计方案充分兼顾了政府办公和信息化委员会对安全性的特殊要求，建立功能丰富、高集成度的多媒体服务系统；建立先进的建筑智能化信息管理系统（BMS系统），实现集中管理和若干子系统的逻辑集成和联动；具有强大的软件及集成能力——一卡通服务系统，使该大厦的若干系统的配置从规模和性能上远远超出一般的政府办公大楼。巨鹿大厦和金帆大厦的智能化设计代表了当今国内最高水平。

东海数字多媒体机顶盒 为进一步提高上

海城市信息化程度，长江计算机（集团）公司推出了针对社区和家庭的基于ADSL的多媒体数字机顶盒，实现了家庭媒体数字化。2003年，长江集团、上海电信、微软（中国）公司展开全方位合作。三方运用长江集团在信息产品设计及制造方面的丰富经验、上海电信丰富的网络资源和客户资源、微软（中国）公司卓越的软件开发技术和市场销售能力等技术优势、用户资源优势和政策导向优势，在多媒体数字业务项目中密切合作。长江集团、上海电信、微软（中国）公司最新开发成功的基于Windows CE.NET 4.2操作系统的东海数字多媒体机顶盒，是目前国内首家完整地通过微软MSTV测试，同时MPEG-4流媒体码流达1.2 MB以上的高性能的IP接入设备。该产品支持家庭网络，用户可在家中坐享网络接入，在其他家用设备上共享音频与视频文件，实现音视频点播、音视频广播、远程教育、游戏、卡拉OK等功能。该产品应用了微软Windows Media 9系列技术，允许以较小的文件容量及网络带宽，传输高质量的视讯/音讯信息。产品同时提供CRT输出、S端子/AV端子输出，不仅可连接液晶显示器或大屏幕高清晰电视，还具备了数字/模拟音效输出、USB连接等功能。目前，三方已经在上海电信宽带网络环境下完成了100个“友好用户试运营”工作，目前正在进行1000个用户的“商业试运营”，随后将在2万用户中开始正式商业运营，并快速进入市场。

发展趋势

2004年是实现集团“十五”发展计划的关键一年，也是实施“退一进二，四轮驱动，协调发展”战略的重要一年。国家优先发展信息产业的政策和国内不同地区以及发展中国家信息化建设的多极需求，为长江集团提供了较为广阔的发展领域和发展空间，集团将把握机遇，发挥优势，乘势而上，努力加快自身发展。

1. 坚持调整和优化产业结构，保持发展的良好势头。一是加强产业平台建设，积极寻求扩张机遇。以技术优势、品牌优势、制造业优势、信誉优势构筑产业平台，大力推进多层次、多领域的合资合作。当前，IT市场格局重组，产业结构调整，国际资本流动和大规模技术转移，为集团对外扩张提供了较为充分的外部条件。要不失时机地抓住机遇，以存量吸引增量、国际市场带动国内市场，推动大投资、大项目落户长江集团，延伸产业链，提高相关技术水平和带动能力，逐步进入更高层次和更高领域。二是建设四轮驱动和多元形态的产业结构，实现多极发展。创造多种业务渠道，追求规模效应，在增值服务中开辟新的、高附加值的产业发展新途径。大力发展现代物流、包装材料、新兴房地产等多元经济。三是加快生产园区的建设进度，健全和完善园区功能。建设高水准的现代生产园区，实现园区内部自我强化的良性发展。2004年，要以九亭生产园区、北桥生产园区为重点，在做大做精上下功夫，健全配套服务功能，为入驻企业提供优质服务。

2. 坚持改革经营体制和经营机制，进一步增强企业发展活力。一是积极推进以股权多元化和混合所有制形式为特征的经营体制改革。加快深化国有资产管理体制改革的步伐，继续调整国有资产和国有经济布局结构，优化资本运作。盘活存量，激活企业，扩展规模，切实通过资产经营推进生产经营，进一步完善资产管理模式和运作模式。积极、大胆、有序地推进经营体制改革，提升资本运作能力，引导创业机制，对条件成熟的企业积极推进股权多元化和混合所有制形式的改造，大幅度吸引社会资金，形成国资、民资、外资共同发展的局面，进一步激活产业发展的内在驱动力。二是大力推进子公司清理整顿工作，积极培育、扶持优势企业的快速发展。按照“二级公司以多元化改制为主，三级公司以清理整顿为主”及纵向继续减少管理层次，横向继续收缩管理跨度，点上继续降低国资比例的基本原则，大力推进子公司清理整顿工作，重点完成部分企业所属子公司的清理改制，明晰产权，理顺和规范资产关系与财务关系；对有发展前途的三级公司进行公司化改制，通过有效的资产、股权整合，协助其迅速发展壮大。三是以要素参与分配为切入点，推进新体制新机制建设。集团将加紧推进以要素参与分配为特征的分配制度的改革，形成经营者持股、科技人员持股、高级管理人员持股的股权架构，2004 年实行股权多元化和要素参与分配的企业比例要达到 80%，使各方面的积极性和创造性得到充分发挥，推进企业进步。

3. 坚持科技创新，为生产力的跨越式发展提供强大动力。一是确立技术创新开发的 5 大方向和应用技术开发的 9 大领域。5 大开发方向是：①坚持以互联网为中心的开发方向；②坚持软件与硬件相结合、机与电相结合，以及计算机与通信消费类产品相结合的开发方向；③坚持软件向平台、构件、可定制通用软件及产品化发展的开发方向；④坚持系统集成向专业化发展的开发方向；⑤坚持向承担和参与制定国家标准和行业标准的方向发展。9 大领域是：石化领域、金融领域、商业领域、文化领域、电子政务领域、智能建筑领域、通信网络领域、交通领域、医疗卫生领域。二是软件、硬件、信息服务技术协调发展，推进产品化、产业化进程。今明两年要紧紧围绕上述九大领域，坚持近期和中长期相结合，加速研发“集中式电子交易平台”等 5 项技术基础平台和数字网络机顶盒等 30 项重点新产品、新系统的研发工作。建立以项目为基础的产学研联合开发机制，联合申报承接国家级、省市级重大科技攻关项目，联合投标重大系统集成和软件项目，共同孵化研究成果，加速科研成果的转化和产业化进程。三是推进专利战略，进一步加强自主知识产权的管理。集团要在引进技术本土化和二次创新的基础上力争搞出自己的首次创新，获取有自主知识产权的产品与技术，建立和完善知识产权管理制度，制定管理办法和激励措施，提高技术创新能力和知识产权的保护水平，增强产品的市场竞争能力。构筑知识产权参与分配的机制，把发明人的报酬与其发明创造的效益挂钩，最大限度地调动科技人员将其发明创造产业化的积极性，推动科技创新。

4. 坚持开发人力资源，加速提升核心竞争力。一是加强三支优秀人才队伍的培养和建设。建设能够担当重任、经得起严峻考验的经营者队伍、专业技术队伍、高级管理者队伍。二是以创新机制为动力，努力创造优秀人才脱颖而出的条件和环境。积极构建符合长江集团实际的领导干部考核评价体系，进一步健全和实施人才激励机制。通过创新分配机制、提供施展才华的舞台、组织新知识新技术培训、帮助解决实际困难等多种方法，培养更多的拔尖人才，吸引社会上的优秀人才参与长江集团的建设，形成人才集聚优势。三是加强对人事工作的领导。牢固树立一把手抓第一资源的观念，结合实际认真做好人才规划和落实工作。要加强对现代管理知识和人才开发理论的学习，认真研究产业发展战略，结合人才队伍现状，加强对全局性、战略性、前瞻性等重大问题的研究，借鉴国内外优秀企业开发人力资源的先进经验，结合集团的实际，不断拓展工作视野和思路，制定出集团人才工作计划。

【统计数据】

表 1　2003 年长江计算机（集团）公司新产品产值情况

项目名称 年份	电子工业产值（现价）（万元）	新产品产值（现价）（万元）	所占比重（%）	新产品开发总数（个）	新产品鉴定总数（个）
2003	25 623	24 86	96.7	21	12

表 2　2001 年~2003 年长江计算机（集团）公司电子信息产业主要经济效益指标完成情况

项目名称	单位	2001年	2002年	2003年
工业总产值（按 1990 年不变价计）	万元	133 500	176 344	63 817
工业增加值（现价）	万元	7 013	6 122	3 144
销售产值（现价）	万元	36 000	43 723	25 464
销售收入	万元	405 436	265 826	307 931
实现利税总额	万元	1 000	1 438	1 609
其中：利润总额	万元	200	441	650
出口额	万美元	1 792	1 824	734
工业全员劳动生产率	元/人	16 733	14 527	19 613
流动资金周转次数	次	1.1	0.5	0.3
工业产品销售率	%	107.0	96.0	99.4
资本增值保值率	%	81.1	101.1	101.7
资产负债率	%	72.1	75.7	73.4

[撰稿：周慧琴]

江　苏　省

【综述】

2003 年，江苏省电子信息产业继续保持了良好的发展势头。在外向型经济的带动下，提前两年实现“十五”计划目标，首次名列全省 38 个工业门类第一。全年电子信息产品制造业实现销售收入 3 032 亿元，同比增长 58.6%；实现利税 140 亿元，增长 47.4%；实现工业增加值 728 亿元，增长 58.6%；完成出口交货值 1 781 亿元，增长 78.1%。主要经济指标仍保持全国第二位，销售收入、增加值、出口额分别占全国的 16%、18.2%、15.1%。2003 年，江苏省电子信息百强企业数量与去年持平，10 家电子信息百强企业共实现营业收入 609 亿元，增长 57%，占全省销售收入的 20.1%。

2003 年，江苏省电子信息产业经济运行特点如下：

1. 主要经济指标增速迅猛

电子信息产业主要经济指标增速或是接近 50%，或是超过 50%，成为江苏省工业经济第一增长产业。电子信息产品制造业增长速度比全省 GDP 增长高出 45%，比工业增长高出 36%，对全省工业经济增长的贡献率为 31.4%。

2. 产业集中度提高

2003 年，江苏省电子信息产业销售收入超过 50亿元的企业有 13 家，其中，有 4 家企业的销售收入超过百亿元。在全省排名前 50 位的企业总销售收入占全行业的比重达到 66%。有 10 家企业进入全国电子信息百强企业行列，有 31 家企业进入全国外商投资企业 500 强企业，有 11 家上市公司。

3. 外贸出口大幅度增长

全行业出口交货值占销售收入的 58.7%，同比增长 2.7%，占全省出口总额的 36.4%，增长 9%。三资企业销售收入占全行业的 76%。全行业有 58 家企业进入 2003 年江苏省出口百强企业。

4. 自主研发能力增强

永中 OFFICE、第三代移动通信芯片、32 位嵌入式 CPU、基于 LINUX 的操作系统等自主知识产权产品产业化进一步加快。摩托罗拉、飞利浦、明基、佳能、西门子、朗讯等跨国公司研发机构陆续落户江苏省。中兴通讯、华为等国内大公司也在南京设立了研发机构。

2003 年，全省 362 家软件企业和系统集成企业（统计范围内）共完成销售收入 103.9 亿元。其中，软件产品销售收入 58.1 亿元，系统集成服务收入 17.7 亿元，软件服务收入 4.3 亿元，其中，有 103 家企业销售收入超过 1 000 万元，占 362 家企业总销售收入的 92.5%；103 家企业出口总额 2 635.27 万美元，占总出口额的 79.9%。

软件产业

2003 年江苏省软件企业、系统集成企业、软件服务企业、集成电路设计企业和嵌入式软件共实现销售收入约 150 亿元，其中，软件产品销售收入 58.1 亿元，占 38.7%；系统集成服务收入 17.7 亿元，占 11.8%；软件服务收入 4.3 亿元，占 2.9%；其他业务收入 23.8 亿元，占 15.9%。

2003 年，江苏省共认定软件企业 135 家，登记软件产品 558 项。截止到 2003 年底，全省已认定软件企业达 399 家，登记软件产品达 1 675 个，分别居全国第五位和第四位。全年有 26 家系统集成企业资质通过认证，截止到年底，全省已有 63 家企业认证通过，其中：一级资质 4 家，二级 7 家，三级 34 家，四级 18 家。集成电路设计企业达 80 多家，企业总经济规模约 15 亿元，其中自主设计的集成电路产品销售收入约 5 亿元。苏南地区软件、集成电路设计及系统集成销售收入占全省的 99%。目前，该地区已成为江苏省软件产业的主要集聚地，其中，南京市软件规模最大，2003 年实现销售收入 84.8 亿元（含嵌入式软件），占全省软件产业的 56.5%。苏北地区软件产业规模较小，苏北五市的销售收入在全省所占比重仅有千分之二。在软件产业从业人员中，具有大专以上文化程度的人员占四分之三。高、中、初级职称的工程技术人员比例为 2:5:4，形成了以高水平研发人员为龙头、各层次软件开发人员为主体的阶梯型软件人才队伍。

科技进步与应用

江苏省电子信息产业拥有国家级和省级一站两中心已达 42 家，企业研发实力明显增强。全年共有 22 个项目被列入信息产业部的科研民品计划，19 个项目被列入省计划。江苏银河电子公司第 4 批国债项目已竣工验收。连云港华威、华晶微电子股份、南通富士通第 6 批国债及江苏银河电子第 7 批国债项目已投入试生产。一批拥有自主知识产权的产品获得国家电子信息产业发展基金和国家高新技术产业化项目支持。江苏东大通信技术有限公司的“CDMA2000-1X 手机项目”、无锡华晶微电子股份有限公司的“6 英寸硅外延片工艺技术开发及产业化项目”、无锡阿德勒科技发展有限公司的“数字化社区与智能家庭系列产品产业化项目”、苏州恒久光电科技有限公司的“新一代高分辨率数码有机光导鼓产业化项目”、南京联创科技股份有限公司的“电信业务运营支撑系统项目”、江苏中科软件有限公司的“基于Linux的网上审批系统项目”等均获得信息产业部首批重点产品基金项目支持，共获得基金额度1 700万元。苏州胜利、江苏赛博、江苏银河、无锡元件六厂等获得HDTV产业化专项推荐，扬州晶辉电子有限公司“数字移动通信用片式三极管产业化项目”已通过竣工验收。

信息产业基地建设

省级电子信息产业基地不断发展电子信息主导产业，使得产业规模进一步扩大。苏州新区电子信息产业的产值占全区总产值的78%，苏州工业园区电子信息产业的产值占全区总产值的46.5%，昆山开发区电子信息产业规模同比增长158.6%，并跃升为该开发区的第一支柱产业。各基地着力优化投资环境，加快建立高效便捷的物流体系，完善配套协作群体，发挥人才优势，增强后续发展能力，逐渐形成各自特色，成为江苏省承接电子信息产业国际转移的主要平台。南京经济技术开发区已发展成为全省第八个电子信息产业基地，连云港硅（信息）材料特色产业园区进展良好。各软件园区加快完善服务体系建设，不断增强软件园的孵化功能、聚集功能和辐射功能。

出口贸易与国际合作

外贸出口大幅增长。2003年全行业出口交货值为215亿美元，占销售收入的58.7%，同比增长2.7%；占全省出口总额的36.4%，增长9%，比全省外贸出口额高出24.4个百分点。三资企业的销售收入占全行业的76%。有10家出口百强企业被省政府授予“为全省进出口总额超千亿美元做出突出贡献的先进单位”。

在电子产品出口总额中，计算机类产品占65%，增长131.8%；家电类产品占11%，增长34.8%；电子仪器类产品占3%，增长190.2%；元器件及材料占11%，增长41%；通信及广播电视设备占10%，增长103%。

软件出口增长良好。南京富士通南大软件技术有限公司软件出口额为336.9万美元，同比增长24.5%；南京日恒信息系统有限公司软件出口额为312万美元，增长72.4%。无锡永中和日本Internet Telephone株式会社签署永中Office日文版开发及销售代理合作协议，新华科技（南京）系统公司与印度计算机促进局签订LINUX桌面系统贸易协议。

推进对外合作交流，加强与电子信息产业发达国家和地区联系，先后接待18批次140多人次的友好城市、使领馆官员和国外企业家团组访问洽谈。举办首届中国南京国际电子信息技术博览会，发挥博览会对外开放、信息交流与技术合作的桥梁作用，全面展示江苏省电子信息产业新技术、新产品和整体形象。

信息化推进工作

全年共有79个项目被列入信息产业部电子信息应用贷款建议项目计划，总投资额为7.8亿元。项目数和投资额分别增长155%和64%。无锡机床股份有限公司的企业信息系统等7个应用项目被信息产业部授予国家“倍增计划”优秀项目称号。农业信息化试点方面，江苏省支持苏北地区开展农产品电子商务和农业科技电子网站建设。以盐城市滨海县的特色农产品商务网和淮安市金湖县“农家女”网站为试点，引导特色农产品开拓市场。普及信息技术知识，组织专家编写出版信息化知识普及读本——《信息化纵横》。

为企业提供专业信息化指导，评估优秀技术服务企业，保障企业信息化建设投资效率。全省有26家企业入选“中国企业信息化500强”，有10家电子商务试点项目已通过专家验收。

政策法规

加强规划引导，对“十五”计划开展中期评

估并根据行业发展的新情况做了调整。拟定《江苏省电子信息产业发展规划研究报告》，确立到2010年江苏省电子信息产业发展重点和政策措施。

加强对“入世”以来产业发展动态和政策法规的跟踪研究，对16个国家涉及的世贸政策进行审议，引导全行业开展WTO应对。加强立法调研工作，为全省信息化建设和信息产业发展纳入法制化和规范化轨道奠定基础。

【统计数据】

表1　2001年~2003年江苏省电子信息产业基本情况

项目名称	单位	2001年	2002年	2003年
工业总产值（不变价）	亿元	1 851	2 682	4 850
工业销售产值	亿元	1 069	1 638	2 971
其中：出口交货值	亿元	501	878	1 781
软件出口	万美元	1 489	3 151	2 635
工业增加值（生产法）	亿元	230	275	728
从业人员年末人数	人	141 617	418 480	534 367
从业人员工资总额	万元	163 817	438 910	611 022

表2　2001年~2003年江苏省电子信息产业财务情况

项目名称	单位	2001年	2002年	2003年
流动资金合计	万元	3 644 661	7 924 951	12 787 126
固定资产合计	万元	1 317 114	2 863 933	5 396 034
资产合计	万元	5 594 631	12 164 966	21 971 662
流动负债合计	万元	3 370 011	7 327 752	12 891 520
负债合计	万元	3 964 947	8 621 668	15 167 873
所有者权益合计	万元	1 629 683	3 543 583	6 803 789
产品销售收入	万元	10 614 100	15 707 392	30 317 891
投资收益	万元	189 708	412 501	796 195
利润总额	万元	455 129	682 000	9 913 686
应交所得税	万元	29 537	64 225	123 964

表 3　2001 年~2003 年江苏省电子信息产业主要经济效益指标完成情况

项目名称	单位	2001年	2002年	2003年
工业全员劳动生产率	元/人		74 077	136 235
流动资金周转次数	次	3.1	3.0	3.2
工业产品销售率	%	98.0	97.5	98.0
总资产贡献率	%	16.9	16.6	16.7
资本增值保值率	%	110.8	111.0	115.0
资产负债率	%	70.5	70.3	69.0

表 4　2000 年~2003 年江苏省电子信息产业发展情况

单位：%

项目名称	2000年	2001年	2002年	2003年
电子信息产业增加值占全省工业增加值比重	3.50	5.73	6.43	16.00
电子信息产业增加值占全省 GDP 比重	1.57	2.57	2.91	5.85

备注：2001 年、2002 年和 2003 年的指标包含软件业，2000 年不包含软件业。

表 5　2003 年江苏省主要产品产量情况

产品名称	单位	产量	增长率（%）
移动通信手持机	万部	510	24.7
程控交换机	万线	140	12.0
电话机	万部	230	48.4
彩色电视机	万台	467	22.3
收录放机	万台	102	1.0
组合音响	万台	144	–3.4
激光视盘机	万部	925	–1.8
微机	万部	516	156.7
显示器	万台	4 143	116.3
打印机	万台	11	5.8
电子元件	亿只	702	45.9

续表 5

产品名称	单位	产量	增长率（%）
集成电路	亿块	37	76.2
显像管	万只	604	10.0
其中：彩色显像管	万只	576	19.0
半导体分立器件	亿只	135	43.6

表 6　2003 年江苏省电子百强企业营业收入完成情况

单位：亿元

企业名称	营业收入	增长率（%）	企业名称	营业收入	增长率（%）
熊猫电子集团有限公司	263	60.4	江苏宏图电子信息集团有限公司	30	11.5
江苏新科电子集团有限公司	65	6.6	永鼎集团有限公司	32	52.4
华东电子集团	67	19.6	江苏赛博电子有限公司	17	13.3
苏州孔雀电器集团有限责任公司	82	46.4	江苏中天科技集团	13	8.3
亨通集团有限公司	29	11.5	江苏紫金电子信息产业集团公司	11	10.0

表 7　2002 年~2003 年江苏省主要电子信息产品产销量情况

产品名称	单位	产量		销量		
		2002年	2003年	2002年	2003年	增长率（%）
移动通信手持机	万部	409	510	389	490	24.7
程控交换机	万线	125	140	119	134	12.0
电话单机	万部	155	230	147	221	48.4
彩色电视机	万台	382	467	363	448	22.3
收录放机	万台	101	102	96	98	1.0
组合音响	万台	149	144	142	138	–3.4
激光视盘机	万部	942	925	895	888	–1.8
微机	万部	201	516	191	495	156.7
显示器	万台	1 915	4 143	1 819	3 977	116.3

续表 7

产品名称	单位	产量		销量		
		2002年	2003年	2002年	2003年	增长率（%）
打印机	万台	10.4	11	10	11	5.8
电子元件	亿只	481	702	457	674	45.9
显像管	万只	549	604	522	580	76.2
其中：彩色显像管	万只	484	576	460	553	10.0
半导体分立器件	亿只	94	135	89	130	19.0
集成电路	亿块	21	37	20	36	43.6

[撰稿：冯军　赵卫强　杨秋福　审稿：阎立]

浙　江　省

【综述】

2003 年，浙江省电子信息行业归口管理重点企业 283 家，年末资产总额为 914.81 亿元，从业人员 16.64 万人。

2003 年，浙江省全社会信息产业实现销售收入 1 540 亿元，同比增长 42.6%。重点企业完成工业总产值（现价）851.85 亿元，增长 39.8%；实现产品销售收入 879.49 亿元，增长 43.1%；实现利润总额 42.71 亿元，增长 11.1%；缴纳税金 25.94 亿元，增长 11.9%。

2003 年，浙江省有 3 家企业销售收入超过 100 亿元，比上年增加 2 家；有 7 家企业销售收入超过 20 亿元；有 7 家企业进入全国电子信息百强；有 21 家元件企业成为全国电子元件百强企业；有 50 家企业分别成为全省电子信息产品制造业 30 强。

通信产品制造业持续快速稳定发展。2003 年，波导手机销量连续四年位居国产手机第一，全省手机总产量近 1 900 万部。光纤光缆生产企业和生产规模继续位居全国前列。

2003 年，浙江省信息产业投资与技改重点建设项目共 153 项，总投资额为 85.74 亿元，分别增长 35.4%和 23.5%。

基地建设

2003 年，浙江省围绕建设先进制造业基地战略决策，编制印发了《环杭州湾具有国际竞争力的信息产业基地建设规划》，细化分解了建设目标任务，开展了国家级信息产业基地和产业园申报工作，全省环杭州湾信息产业基地建设顺利启动。

目前，浙江省的微电子产业已成为全国的重要基地。2003 年，全省建成 6 英寸集成电路生产线 2 条，在建 6 英寸–8 英寸集成电路生产线 6 条。全省集成电路设计企业有 50 余家，其中，销售收入超亿元的有 3 家。

科技进步

2003 年，浙江省电子信息产业被列入重点科研、技术创新、新产品和产业化计划的项目有 216 项，其中，国家级项目 38 项，省级项目 178 项。全年共完成 112 项新产品开发项目，其中，有 14 项达到国际同类产品先进水平；有 7 项填补国内空白，并突破了 11 项关键技术。光纤预制棒全合成制造技术获得 2003 年全国信息产业重大技术发明奖第一名。

信息技术创新体系得到加强。2003 年，浙江省新培育行业技术研发中心 5 家。目前，全省行业技术研发中心总数已经达到 23 家。浙江大学与美国国家半导体公司合作建立了具有世界先进水平的模拟与数字混合集成电路联合实验室，与三星公司联合成立系统芯片实验室等，都推进了全省集成电路设计产业的成长。

对外贸易与国际合作

2003 年，浙江省信息产业重点企业完成出口交货值 165.28 亿元，同比增长 31.4%。合同利用外资 11.37 亿美元，增长 8.6%；实际利用外资 6.27 亿美元，增长 69.1%。与此同时，浙江省不仅加强与思科、北电网络、摩托罗拉、IBM、联想集团等大公司的合作与交流，同时组织有关部门与长三角、浙滇、浙陕等地区进行信息技术合作。

软件产业

2003 年，浙江省软件产业持续快速发展。全年软件产业销售收入 165.5 亿元，同比增长 50%。软件产品出口超过 1 亿美元。自产软件销售居全国第一。全省登记软件产品 1 074 项，认定软件企业 281 家，数量分别列全国第三和第五位。通过系统集成资质认证企业 65 家。有 8 家企业进入中国软件企业百强；有 15 家企业被列入国家规划布局内重点软件企业，数量居全国第四。据不完全统计，浙江省有 11 家软件类企业在海内外成功上市。金融、证券、医疗、服装 CAD 等应用软件继续保持全国领先地位。杭州文三路电子一条街被信息产业部命名为全国第二个信息服务示范园区。

2003 年，浙江省参加了首届中国国际软件展和 2003 中国国际信息技术展览会暨信息产业发展五年成就展。

信息化建设情况

2003 年，浙江省制定了《数字浙江建设规划纲要（2003~2007）》、《省信息化工作领导小组关于电子政务建设的指导意见》和《以信息化带动工业化指导意见》三个信息化建设指导性文件，并在 8 月份召开了全省数字浙江建设工作会议，全面部署今后五年数字浙江建设的主要任务。编制完成“百亿信息化建设”工程计划框架，全省百亿信息化建设工程重点启动了电子政务信息系统建设和全省通信网络基础设施建设两大工程。

2003 年，全省城市、农村以及社保、医疗、教育等公共领域信息化建设进展良好。

电子政务建设 2003 年首批启动了 10 个建设项目，完成投资 3.1 亿元。10 个建设项目分别是：“金政”工程完成了省委系统电子政务建设项目建议书报批和规划编制，省政府综合门户站基本建成并试运行，“金宏”工程开展了宏观调控管理电子政务建设项目的前期调研，“金财”工程制定了财政电子政务建设规范，开发了相关软件，“金审”工程开展了计算机辅助审计等审计电子政务项目，“金水”工程完成了部分流域的洪水预报调度系统，“金税”工程实现了全省增值税专用发票防伪计算机监控，省 CA 中心数字身份认证工程完成了省级数字认证共享平台一期建设，交通电子政务工程完成了交通信息化规划的修订、3G 平台开始实施和稽征系统开始推广，工商电子政务工程开展了工商数据中心建设，完善了经济户口综合管理系统并成为国家工商总局电子政务试点示范工程，省信用办电子政务工程完善了企业信用数据库及发布查询系统，开发了企业信用评价软件。

企业信息化 2003 年，浙江省有 36 家企业进入中国企业信息化 500 强；对 23 家企业信息化试点示范企业进行了信息化水平评测。纺织、机械、化工等主要行业实施了制造环节和经营管理信息化改造。绍兴纺织设计中心等企业的信息技术应用共享平台建设受到信息产业部领导的肯定并向全国推荐。

电子商务 2003 年，浙江省制定并出台《关于大力发展电子商务促进经济持续快速增长的若干意见》，召开加快电子商务发展的新闻发布会 3 次，提出推进电子商务 6 条应急措施，获得“全国科技兴贸工作先进单位”。

信息化人才培养 2003 年全省信息技术人才培训机制形成，信息化人才培训和应用知识普及工作取得新成绩。全年培训系统集成项目经理 292 名，公务员参加电子政务、电子商务培训人数分别达到 6 600 人和 15 000 人。浙江大学等在杭高校培养了一批高层次信息技术专业人才。

信息安全 2003 年浙江省成立了省网络与信息安全保障工作协调小组，开展各项信息安全工作。浙江省数字认证中心和省密钥管理中心一期工程通过了国密办安全审查并正式投入运行。杭州、宁波数字认证分中心以及绍兴证书受理中心的基本建设已完成。

【统计数据】

表 1 2002 年~2003 年浙江省电子信息制造业主要经济指标完成情况

项目名称	单位	2002年	2003年	增长率 (%)
工业总产值 (现价)	万元	6 094 924	8 518 523	39.8
工业增加值	万元	1 255 039	1 643 569	30.9
销售收入	万元	6 144 409	8 794 943	43.1
实现利税总额	万元	616 140	686 497	11.4
其中：利润总额	万元	384 289	427 060	11.1
出口交货值	万元	1 257 805	1 652 816	31.4

表 2 2002 年~2003 年浙江省电子信息制造业主要产品产销量情况

产品名称	单位	产量		销量	
		2003年	增长率 (%)	2003年	增长率 (%)
移动通信手机	万部	1 892	14.3	1 904	17.5
程控交换机	万线	134	34.5	133	34.8
电视机	万台	312	16.9	279	5.5
其中：彩色电视机	万台	93	100.8	74	91.2

续表 2

产品名称	单位	产量		销量	
		2003年	增长率（%）	2003年	增长率（%）
背投电视机	万台	4		1	
集成电路	亿块	12	67.3	10	47.1
半导体分立器件	亿只	20	33.1	20	30.9
电子元件	亿只	186	8.4	184	8.8

表 3　2003 年浙江省进入中国电子信息百强企业情况

单位：亿元

名次	企业名称	营业收入	利润总额	出口交货值
35	华立集团有限公司	355 085	30 286	52 717
47	富通集团有限公司	219 822	10 284	14 880
50	浙江富春江通信集团有限公司	214 919	8 168	8 323
52	浙江浙大网新科技股份有限公司	213 466	10 000	632
55	横店集团东磁有限公司	203 526	17 055	145 551
81	华伦集团有限公司	117 631	5 209	
96	西湖电子集团有限公司	88 137	2 304	40 559
	合计	1 412 586	83 306	262 662

表 4　2003 年浙江省进入中国电子元件百强企业情况

单位：万元

名次	企业名称	销售收入	名次	企业名称	销售收入
4	横店集团东磁有限公司	203 526	5	浙江富春江通信集团有限公司	220 293
9	华伦集团公司	117 631	20	浙江长城电子科技集团有限公司	59 964
22	宁波向阳电讯元件实业有限公司	56 000	26	浙江飞虹通信集团有限公司	51 271
35	浙江天通电子股份有限公司	37 954	39	慈溪宏一电子有限公司	35 689
41	宁波双林集团股份有限公司	33 861	43	浙江天乐电器有限公司	30 898

表 5 2003 年浙江省电子信息制造业三十强企业情况

单位：万元

排序	企业名称	营业收入	排序	企业名称	营业收入
1	普天东方通信集团	1 443 432	16	长城电器集团有限公司	50 459
2	UT斯达康通讯有限公司	709 391	17	杭州士兰微电子股份有限公司	45 664
3	宁波波导股份有限公司	687 334	18	宁波飞翔集团有限公司	45 144
4	华立集团有限公司	355 085	19	宁波云环电子集团有限公司	40 571
5	富通集团有限公司	219 822	20	金田集团电缆有限公司	38 612
6	浙江富春江通信集团有限公司	214 919	21	浙江天通电子股份有限公司	37 954
7	横店集团东磁有限公司	203 526	22	慈溪宏—电子有限公司	35 689
8	华伦集团有限公司	85 302	23	浙江向阳工贸集团有限公司	35 107
9	西湖电子集团有限公司	85 302	24	宁波双林集团股份有限公司	33 861
10	宁波韵升（集团）股份有限公司	72 995	25	浙江川电钢板加工有限公司	33 589
11	浙江永翔电缆集团有限公司	67 588	26	浙江天乐电器有限公司	31 529
12	东冠集团有限公司	67 404	27	浙江南方通信集团股份有限公司	31 323
13	浙江长城电子科技集团有限公司	59 964	28	浙江天屹集团公司	30 618
14	浙江华达通信器材集团有限公司	57 669	29	浙江京东方真空电子股份有限公司	28 611
15	浙江飞虹通信集团有限公司	51 271	30	宁波阿尔卑斯电子有限公司	22 247

表 6 2003 年浙江省软件十强企业

名次	企业名称	名次	企业名称
1	杭州恒生电子股份有限公司	6	浙江中控科技有限公司
2	浙江大学快威科技集团有限公司	7	浙江浙大网新快威科技有限公司
3	浙江中程兴达科技有限公司	8	浙江南望图像信息产业有限公司
4	杭州信雅达系统工程股份有限公司	9	浙江建达科技有限公司
5	浙江浙大网新兰德科技股份有限公司	10	浙江托普软件有限公司

表 7　2003 年浙江省信息产业外贸出口 10 强企业情况

单位：万美元

排序	企业名称	出口总额（万美元）	排序	企业名称	出口总额（万美元）
1	杭州摩托罗拉移动通信设备有限公司	203 526	6	富阳日月电器有限公司	5 591
2	横店集团东磁有限公司	17 849	7	西湖电子集团有限公司	4 903
3	UT斯达康通讯有限公司	15 069	8	慈溪宏一电子有限公司	4 456
4	宁波韵升（集团）股份有限公司	8 312	9	宁波云环电子集团有限公司	4 143
5	华立集团有限公司	6 280	10	宁波阿尔卑斯电子有限公司	2 684

[撰稿：范青青　审稿：郭金华]

安　徽　省

【综述】

2003 年，安徽省电子信息产品制造业规模以上企业的工业总产值（不变价）突破 200 亿元，达到 203 亿元，比上年同期增长 18.7%；销售收入突破百亿元，达到 110 亿元，同比增长 45.7%；利税 8.5 亿元，同比增长 25%；出口交货值 9.6 亿元，同比增长 35.7%。主要产品产销两旺，产销率达 99%。彩色电视机产量达 264 万台，产值达 90.2 亿元。产业集中度有新的提高，合肥海尔、安徽康佳、芜湖实达、铜峰电子、铜陵三佳等五家企业产值达 110.33 亿元，占全行业产值的一半以上；行业中规模超亿元的企业已有 18 家。铜陵电子基础材料基地实现销售收入 21.5 亿元。合肥经济技术开发区内电子信息产业总销售收入比上年也有较大幅度的增长。

软件产业的整体规模不断扩大，各项产业政策落实较好，企业效益也日益显现。据省软件行业协会统计，2003 年全省软件产业实现销售收入约 18 亿元，利润约 1.3 亿元，利润额较上年增长了 80.88%。销售收入超亿元的企业有 2 家，超 5 000 万元的企业达到 6 家，超千万元的企业已有 30 家。合肥软件园总销售收入 14 亿元，全省软件 10 强企业中有 7 家落户在此园中。2003 年又有 30 家软件企业、92 项软件产品通过“双软”认定，有 18 家企业通过计算机信息系统集成资质认证，省信息系统工程监理资质认证工作亦开始启动。截至目前，全省已累计认定软件企业 137 家、登记软件产品 373 项，通过认定和登记的软件企业与产品，累计享受国家减免税近 7 000 万元，其中有近三分之一的软件产品得到了有关部门在资金、政策上不同程度的支持。

一批重点建设工程项目得到落实，行业发展后劲增强。争取国家军工电子第三批“双高一优”以及第七期国债项目共 7 个，总投资 9.56 亿元。截止到 2003 年底，在建和新开工重点项目完成投资约 16.5 亿元。竣工的重点建设项目有：合肥信息产业基地建设一期工程、铜峰多功能电容器薄膜生产线、铜陵三佳集成电路引线框架及模具一期技改项目、安徽方兴科技股份公司年产 600 万片 ITO 导电膜玻璃生产线技改项目、淮北东磁电子股份公司的中高压化成箔技改项目。

行业产品结构有新的改善，原先几乎为空白的通信交换设备制造业，全年实现工业总产值 1.48 亿元，同比增长 139.4%，移动通信设备制造业也消灭了全行业的空白点。一批传统行业企业涉足电子信息产业，生产液晶显示器、导电玻璃等市场前景看好的新型电子器件产品，壮大了行业实力。

科技进步与应用

科研开发与管理不断加强。安徽三联集团的重大科研项目“中国道路机动车交通事故主要预防技术研究及应用”荣获国家科技进步一等奖；科大讯飞公司的“KD 系列汉语文语转换系统”获得国家科技进步二等奖，该公司被认定为国家规划布局内的重点软件企业，在中文语音领域一直保持国内领先地位，被信息产业部确定为中文语音标准的前头制定单位。另外，还有 34 项成果获省科技进步奖。在“神舟”五号载人航天首次飞行工程中，安徽省有四家在皖研究所和电子企业研制生产的 10 个产品（部件）参与工程配套，受到国家有关部委的表彰。另外，有 8 项电子信息类项目被列入 2003 年国家重点新产品计划，有 3 个项目列入信息产业部科研（民品）计划，有 35 项列入安徽省技术创新项目计划，2 家企业被认定为省级企业技术中心，3 家企业获 2003 年安徽省质量管理奖，2 个产品被评为 2003 年度安徽名牌产品。非典疫情严重期间，有关软件企业开发出的“非典防治决策支持系统”、疫情可视化信息网络平台等软件，为全省非典防治做出了积极的贡献。

企业结构调整与改革情况

安徽四创电子股份有限公司在上海证券交易所成功挂牌交易，成为安徽省第一家上市的软件企业。

信息化应用情况

为了加大全省信息化建设的推进力度，省委、省政府做出了建设“数字安徽”的重大部署。为此，省信息产业厅会同省计委、省经贸委拟定了《“数字安徽”建设五年规划纲要（2003~2007 年)》，现已正式印发全省。全省各地、各部门信息化建设热情高涨，通过一系列的宣传和贯彻，在全省范围内初步形成领导重视、公众关注、社会参与的“数字安徽”建设的积极氛围。省直各部门和各市分别结合各自实际，研究制定了具体实施方案，有 15 项重点工程大部分启动。“数字安徽”的应用、支撑、基础设施三大体系建设都有新的进展，在部分领域取得长足进步。2003 年还是《安徽省“十五”国民经济和社会信息化三年实施意见》实施的最后一年，在积极的推进之下，各项主要目标和任务基本完成，全省信息化水平得到较大提高。

“数字安徽”应用体系进一步拓展 一是电子政务进展良好。全省三级政府门户网站体系初步形成，已有 36 个省直单位、17 个市和 104 个县（市、区）建立了政府网站。省级电子政务平台同大部分省直单位和 17 个市的已互联运行。省级党政部门内部局域网已建成 52 家，占省直部门的 82.5%；全省市直党政部门内部局域网建成 310 家，占市直单位的 46.8%；有近 20%的县（区）建有内部局域网。2003 年以来，各地、各部门外网的服务功能和内网的应用开发都有所加强。国家“十二金”业务系统在安徽的部分建设项目正在有条不紊地开展。全省防汛抗旱网已联通全省 17 个市和 90 多个县（区）的水利部门；淮河上游通信骨干工程，可进行多媒体通信和监控。省社会应急中心集成现有的多种社会应急服务资源，初步建成社会应急信息系统。“金盾”、“金税”在全省的项目建设和应用，以及省政府网站、“安徽农网”、中国安徽企业网、安徽出口商品网、安徽招商网、省委办公网络系统、省财税系统等，在原有的基础上进一步完善，目前在全国处于先进水平。

二是企业信息化建设取得明显进展。在前两年工作的基础上，全省重点骨干企业首轮扶持信息化建设项目已经全面实施，其中一部分项目成效比较显著，涌现出一批信息化建设典型，如江淮汽车、安徽叉车、马钢股份、铜陵有色、淮南矿业、淮北煤电、海螺、美菱、中鼎集团等企业。“专精特新”中小企业的信息化重点项目全面展开，首批25户“专精特新”中小企业信息化建设项目已经实施。服务于中小企业信息化建设的“三百工程”进展良好，先后有五个批次的144家中小企业分别接受了财务、库存、产品数据管理软件应用培训。2003年，煤炭、包装、印染等行业认真实施“倍增计划”，有力地提高了企业信息技术应用成效。商贸企业信息化建设步伐加快，省医药（集团）股份有限公司等5个商贸企业信息化项目开始实施，徽商、合肥百大等一批大型商贸企业集团的市场电子交易系统、网络营销系统等信息网络服务平台逐步完善。中国安徽企业网、中国钢材市场网、安徽烟草电子商务系统的商务功能进一步增强，促进了企业物流、信息流、资金流的有机结合。

三是农业信息化做出亮色。全省农业信息网络建设初具规模，初步建立省、市、县三级农业信息服务平台，并实现互联互通和资源共享。农业决策信息指挥调度、农产品和农资市场监管、农业科技与市场服务、农村远程教育培训四大应用系统基本构建成功。“安徽农网”在全省所有的市、县都设立了信息服务中心，全省1 800多个乡镇全部建有信息服务站，并拥有3万多家涉农企业和种养大户注册会员。针对今年年初发生的禽流感疫情，通过三级农业信息工作平台，结合农业智能专家信息系统，向广大农户发布病毒预防知识和杜绝传播手段，收到了很好的效果。

四是区域信息化呈现加速发展态势。各市县（区）结合自身实际，加强网络基础设施建设，积极应用网络与信息技术，开展区域信息化建设。合肥市是国家城市信息化试点和制造业信息化工程的重点城市，把信息化作为现代化大城市建设的战略立足点，近年来不断探索和实践“政府推动、市场引导、企业运作”的信息化建设模式，同时又正在分步实施城市网络的统一管理体系，构建“数字科教城”的基本框架。芜湖市是安徽省另一个全国制造业信息化工程重点城市，在重点推进企业信息化的同时，积极在三个区进行数字社区示范工程建设。安庆市率先在全省政府系统中建成市、县两级视频会议系统。池州市贵池区已实现县、乡网上办公。阜阳市太和县利用网络开展药品电子商务，月交易额超过2 000万元。长丰县、肖县、固镇县等，通过资源整合，实现农网、政府网、党务网和“一站通”四网合一。舒城县已有100多个单位建成局域网，并实现了县直大多数单位的联网运行。淮南市田家庵区在电子政务、社区信息化建设和应用方面起步较早，与联想集团共建“数字第一区”，取得明显成效。

“数字安徽”支撑体系有了新发展　全省1:25万基础地理信息数据库，16个省辖市、41个县的城镇数字化地籍调查与测量，19个县的1:1万土地利用数据库建库工作已完成，并已建成覆盖全省的1:50万、1:20万数字地质图空间数据库。省级企业联合征信信息网络平台和标准信用数据库建设正在进行，建成的省属企业和重点市属企业联合查询系统，入库企业达到3万家。全省人口信息管理数据库建设全面开展。

全省电子信息制造业继续保持快速发展的态势，2003年工业总产值突破200亿元，同比增长18.7%；实现销售收入110亿元，同比增长45.7%。同时，软件业迅速成长，产业基地初步形成，销售收入约18亿元，利润约1.3亿元，利润额较上年增长了80.88%。

“数字安徽”基础设施体系建设加快　目前，全省已形成以光纤传输为主、微波和卫星通信为辅、能承载各种电信业务的信息传输网络。截止到去年底，全省长途光缆长度达到57.25万芯公里，本地光缆长度达到 105.37 万芯公里。全省电话用户已达到 1 697 万户，电话普及率 27.8 部/百人，互联网上网用户 155.5 万户。数字电视广播平台搭建完成，已正式投入运营，将通过安徽广播电视光缆干线传输网和各省辖市的有线电视网开展数字电视业务。有线电视网络的改造工作也正在进行，在部分小区开展了宽带接入的业务试点。

热点

安徽省成功举办了第二届中国安徽信息技术博览会暨第六届安徽计算机文化周活动，在展示内容及活动形式方面较第一届有较大的突破。本次博览会展位规模 100 多个，总展出面积近 3 000 平方米，参展企业近 100 家，组织了 6 场信息技术研讨会。参观人次达 16 000 人次，达成意向成交额 100 万元以上，是安徽 2003 年春季展览活动中规模和影响都较大的专业展览会，不仅展示了安徽省信息技术和产品的最新成果，同时也达到了培育商机的目的。另外，还组织有关企业参加深圳高交会，其中属于信息产业的高新技术项目 43 项，占全省参展总项目的 40%以上。同时积极参与合肥高新技术资本对接会，其中信息产业签约项目 9 个（包括合同和意向），总投资 5.06 亿元，客商投资 2.88 亿元，已到位资金 1 600 万元。

省信息产业厅带领有关企业在省政府组织的赴日、韩大型招商活动中，取得实质性成果，已有多家日商来皖考察并签订了初步投资开发意向。另外，还与有关单位共同主办了全省首届计算机应用大赛，不仅推动了全省信息技术院校学生计算机应用水平的提高，而且在全社会营造了信息技术的学习氛围，拉近了信息技术院校与信息产业主管部门的距离。

其他

省委、省政府高度重视软件产业的发展，不断加大对软件产业的扶持力度。2003 年 11 月，省政府印发了《关于进一步加快我省软件产业发展的意见》，强调了发展软件产业的重要性，明确要求要采取有力措施，加大扶持力度，把软件产业放在优先发展的位置上，努力创造有利于加快软件产业发展的良好环境，并制定了全省软件产业发展的指导思想和目标，在加大软件产业投入、促进信息技术应用、提高企业技术创新能力、加大骨干软件企业培育力度、加速软件人才队伍建设、加快软件园区建设、加大对外交流与合作以及规范软件市场秩序、加强行业管理等方面提出了一系列措施，使安徽省软件产业发展的政策环境体系更加完善。

省信息产业厅等有关部门有针对性地培育骨干软件企业，积极争取信息产业部重点支持全省有潜力的软件企业做大做强。组织部分有代表性的骨干软件企业参加 2003 年第七届中国国际软件博览会，帮助企业培育市场。通过开展安徽省软件十强企业的评选和授牌活动，提高企业的社会知名度与美誉度。依据企业 2003 年“软件产品销售收入”、“计算机服务收入”和“系统集成收入”（参照信息产业部软件百强企业的排序标准）三项指标之和排序，安徽皖通科技发展有限公司、安徽四创电子股份有限公司、合肥永信信息产业股份有限公司、合肥美亚光电技术有限责任公司、安徽科大恒星电子商务技术有限公司、安徽科力信息产业有限责任公司、安徽中科大讯飞信息科技有限公司、安徽三联科技股份有限公司、合肥三立自动化工程有限公司、安徽电力继远软件有限责任公司成为该省软件企业当年“十强”。本届软件十强企业较上年在规模上有了较大幅度的提升，入选十强企业的下限由去年的 1 400 万元提升到近 2 600 万元，十强企业销售收入之和已占到认定软件企业销售收入之和的 51%。

【统计数据】

表 1　2003 年安徽省电子信息产业人员构成情况

企业类别	企业数（个）	年末从业人员总数	其中：人员构成（人）				
			工程技术人员	在总人数中所占比例（%）	管理人员	在总人数中所占比例（%）	软件开发研究人员
国有企业	11	5 180	700	13.5	640	12.4	17
集体企业	11	970	60	6.2	106	10.9	25
股份合作企业	5	1 608	104	6.5	54	3.4	19
集体联营企业	1	289	12	4.2	15	5.2	
其他联营企业	1	40	6	15.0	8	20.0	22
国有独资企业	3	1 931	346	17.9	223	11.5	
其他有限责任公司	82	9 304	2 315	24.9	1 051	11.3	1 033
股份有限公司	11	3 442	1 094	31.8	479	13.9	241
私营企业	66	8 848	898	10.1	595	6.7	384
其他内资企业	2	413	71	17.2	36	8.7	45
港、澳、台合资经营	7	3 093	310	10	325	10.5	
港、澳、台合作经营	1	170			37	21.8	
港、澳、台独资经营	2	878	25	2.8	35	4.0	
中外合资经营企业	6	1 065	116	10.9	84	7.9	76
外资企业	10	1 545	336	21.7	96	6.2	331
外商投资股份有限公司	1	248	205	82.7	43	17.3	205
全部企业合计	220	39 024	6 598	16.9	3 827	9.8	2 398

表 2　2001 年~2003 年安徽省电子信息产业基本情况

项目名称	单位	2001年	2002年	2003年
工业总产值（不变价）	万元	1 081 534	1 715 435	2 035 980
工业销售产值	万元	524 302	932 485	1 172 491
其中：出口交货值	万元	24 032	55 853	59 425
其中：软件出口	万元		1 945	2 480

续表 2

项目名称	单位	2001年	2002年	2003年
工业增加值（生产法）	万元	84 258	155 059	254 167
从业人员年末人数	人	16 583	38 495	39 024
从业人员工资总额	万元	16 532	36 789	44 019

表 3 2001 年~2003 年安徽省电子信息产业财务情况

项目名称	单位	2001 年	2002年	2003年
流动资产合计	万元	280 924	553 536	554 358
固定资产合计	万元	167 811	300 194	295 366
资产总计	万元	512 988	953 033	948 414
流动负债合计	万元	231 443	445 335	467 044
负债合计	万元	288 577	536 219	552 703
所有者权益合计	万元	188 747	392 651	343 539
产品销售收入	万元	481 739	755 514	1 079 675
其中：软件产品销售收入	万元	2 276	24 678	48 899
投资收益	万元	1 598	1 334	274
利润总额	万元	22 172	36 315	56 023
应交所得税	万元	7 214	10 515	33 921

表 4 2001 年~2003 年安徽省电子信息产业主要经济效益指标完成情况

项目名称	单位	2001年	2002年	2003年
工业全员劳动生产率	元/人	35 849	47 703	70 701
流动资金周转次数	次	1.8	1.5	1.8
工业产品销售率	%	96.3	97.5	95.5
总资产贡献率	%	9.5	8.3	8.8
资本增值保值率	%	163.9	101.3	108.5
资产负债率	%	56.3	56.2	58.2

表 5　2001 年~2003 年安徽省主要电子信息产品产销量情况

产品名称	单位	产量			销量		
		2001年	2002年	2003年	2001年	2002年	2003年
微型计算机	部	109 580	190 306	157 755	110 210	190 095	157 742
彩色电视机	万台	209	238	244	208	239	246
电子测量仪器	台	7 236	9 917	7 063	7 307	10 113	6 765
电子元件	万只	52 938	56 409	48 379	50 132	58 663	50 391
半导体器件	万只	38 120	31 232	52 508	38 920	30 341	46 932

[撰稿：潘峰　审稿：沈毅]

福　建　省

【综述】

2003 年，福建省信息产业继续保持良好的发展势头。全年实现信息产业增加值 411 亿元，约占全省 GDP 的 7.9%，在全省国民经济和社会发展中的支柱地位愈趋明显。全省信息产业正逐步向硬件制造、软件开发、信息化应用与信息服务诸业并举的现代产业转变。

信息产品制造业持续发展

产业规模不断壮大。2003 年，全省信息产品制造业全年实现增加值 275 亿元，约占 GDP 的 5.3%。完成销售收入 1 022.5 亿元，同比增长 29.5%。完成产值 1 458 亿元，同比增长 32.7%。实现利润 75.6 亿元，增长 83.9%。20 家制造业重点企业累计完成工业产值 767 亿元（现价），占全行业的 74%。信息产品制造业共有 26 个产品位居全国前 5 名，其中：华映光电的显示管产量占全国的三分之二以上，冠捷的显示器产量占全国的四分之一，松下和歌乐等企业的收录放机和汽车音响分别占全国的三分之二和三分之一以上。此外，戴尔的微机、灿坤的小家电、夏新的手机、厦华的高清晰彩色电视机、飞毛腿的手机电池、夏新和万利达的激光视盘机、厦门 TDK 的电子元器件、新威的计算器等产品产量也大幅增长。2003 年，销售额（现价）在 10 亿元以上的企业有 14 家，100 亿元以上的有 2 家（戴尔和冠捷）。全行业在国内上市的企业有 11 家，在境外上市的有 6 家。在福建落地的世界 500 强的电子企业有 9 家。

福州厦门沿海产业聚集带初步形成。经过几年努力，福州已建成以冠捷显示器为龙头的全国最大的 CRT 显示器产业链。厦门的计算机、手机和视听产品，莆田的计算器和电子表，漳州的小家电和数字万用表等产业链都在加紧推进和培育中。产业链的不断延伸和扩展，推进了产业基地的建设。“九五”期间培育的福州市区、厦门特区、马尾开发区、融侨开发区 4 个信息产业基地已初步形成，目前其产值占全行业的 90%以上。漳州灿坤工业园、莆田电子信息高新技术产业园、泉州江南新技术电子信息产业园等 3 个新的信息产业基地发展势头良好，其中，漳州园区在“十五”末期信息产品制造业销售额有望超过 100 亿元。福厦沿海信息产业的集聚效应已初步呈现，产业集群逐步形成，正在成为我国具有国际竞争力的信息产业聚集带。

软件产业快速成长

增长速度加快。2003 年，全省软件产业累计完成销售收入 56.6 亿元，同比增长 42.9%。目前，全省已认定软件企业 186 家，登记软件产品 691 件。根据国家产业政策，软件企业全年免增值税 4 000 多万元。获计算机信息系统集成资质认证企业 50 家，各类从事软件开发、推广应用及服务的企业 500 多家。软件行业从业人员 2 万人，其中 80%具有大专以上学历。

竞争力不断增强。已有 6 家软件企业在境内外上市，形成了一批以开发应用软件产品为主，以中间件、嵌入式软件为辅的骨干企业群体。软件产品应用领域不断扩大。软件产品覆盖电子政务、金融、财税、商业、保险、制造业、游戏等各个领域，市场占有率不断提高。榕基公司和实达设备公司入选全国电子政务 30 强，顶点公司的证券柜台软件产品市场占有率排名全国第二，厦门巨龙公司开发的“城市公安信息系统”被公安部选为重大推广项目，富士通公司软件出口位居全国前五名。

软件园建设顺利推进。福州软件园一、二期工程开发面积已达 1 平方公里，建成研发楼 36 幢共 18 万平方米。目前已登记注册软件企业 230 家，入驻 95 家。第三期工程包括软件学院已经开工建设。2003 年，技工贸总收入达 23.7 亿元，比上年增长 116%，上缴税收达 1.66 亿元。厦门软件园已有 36 家从事软件开发、网络服务和系统集成业务的软件企业入驻，园区建设已走上了一条股本结构多元化、经营运作企业化、产业导向市场化的新路子。2003 年软件销售额达 13 亿元，比上年增长 20%。

科技进步与应用

积极推进产学研相结合，促进企业加大投入，产业科技创新能力明显增强。2003 年有 38 个项目入选国家级重点计划、国家科技型中小企业创新基金项目和省重点新产品、省产学研、省科技计划项目等，19 个项目获科技进步奖，15 个项目获优秀新产品奖，10 项产品经过科技成果登记。到 2003 年年底，省级以上企业技术中心达到 15 家，其中厦华技术中心为国家级企业技术中心。2003 年有 5 项产品获得采用国际标准证书、4 项产品获“中国名牌产品”称号，3 个 QC 小组获得部级 QC 成果发布一等奖。

电子产品进出口情况

2003 年，全省电子信息产品制造业完成出口额 65 亿美元，同比增长 40.5%，占全省外贸出口额的 32.7%。出口额超亿美元的企业有 11 家，其中戴尔和冠捷（含捷联）分别达 19.5 亿美元和 16.4 亿美元。外商及港澳台企业实现销售收入 840 亿元，占全行业的 84%。特别是台资企业已成为福建省信息产业的骨干力量，出现了冠捷、华映光电、TDK、灿坤、台通等一批在全国有一定影响的大企业，产业外向型特色十分明显。全年共利用外资 78 项，实际到资 3.6 亿美元。

信息化及信息服务业取得进展

目前，已形成一个纵横交错、覆盖全省的大容量数字化基础平台。截止到 2003 年年底，全省光缆铺设总长度 10.8 万公里；电话用户达 2 024.1 万户，其中固定电话 1 123.7 万户，普及率达 32.38 部/百人；移动电话达 900.4 万部，普及率 25.95 部/百人；互联网用户达 259.6 万户；广播和电视人口覆盖率分别达 95.6%和 96.3%。以上指标多数居全国前列。计算机应用、软件开发咨询、教育、培训等信息服务业继续发展，有的已形成一定的规模，信息服务业从业人员在行业就业的比例逐步提升。

电子政务稳步推进，面向社会的网上服务种类不断增加。一批社会信息化项目开始启动。应用信息技术改造传统产业也有了新的进展，省财政性资金重点扶持的企业信息化应用项目取得良好的效益，并发挥了较好的引导、示范作用。企业信息化协调工作取得新突破，成立了以省政府领导牵头的福建省企业信息化工作联席会议。联席会议按照“项目统一协调、使用方向一致、管理各自负责、资金渠道不变”的原则，负责审定全省企业信息化发展战略和导向，确定每年政府财政性资金扶持的企业信息化项目指南和资金安排方案，协调解决各部门在推进企业信息化工作中的重大问题，及企业信息化与政务信息化、社会管理信息化的对接问题等。联席会议的成立，对统筹全省资源，形成合力，更好地协调推进企业信息化工作打下了较好的基础。

在进一步做好信息化设计、施工市场整顿的同时，开始启动信息系统工程监理工作。根据信息产业部有关文件精神，制定实施《福建省信息系统工程监理管理办法》。另外，在系统集成培训等方面也取得新的进展。

其他行业管理和政策法规

2003 年，福建省信息产业厅根据信息产业新的发展形势，通过深入调查研究，形成“福建省信息产业中近期发展设想”、“福建省信息产业重点产品产业链发展报告”、“关于我省软件产业政策落实存在的问题和建议”、“福建省企业信息化规划”等，提供省政府和有关部门决策参考。提出重点实施“3618 工程”，即强化三条产业链建设（移动通信手机产业链、计算机及其外设产业链、数字视听产品产业链）、重点扶持 6 个产业园（福州软件园、厦门软件园、莆田电子信息高新技术产业园、漳州灿坤工业园、泉州江南高新技术电子信息产业园、福州快安新型元器件产业园）、发展一个 IC（包括设计、生产、封装、测试）产业群，建设 8 个产业专项（软件、无线电管理技术设施、信息化、光电产品、数码相机、新型元器件、网络产品、公共配套专项）。建立重点发展项目储备库，已初步筛选 133 个项目，总投资 614 亿元，其中，续建项目 51 个，投资 253 亿元；争取开工项目 13 个，投资 12 亿元；储备（招商）项目 69 个，投资 349 亿元。这些项目全部完成后，预计可新增产值 2 550 亿元。另外，在整顿规范信息产品市场经济秩序中，会同有关部门重点抓了大功率无绳电话和卫星电视接收设备生产、进口、销售和使用的专项整治工作。

【统计数据】

表 1 2003 年福建省电子信息产业从业人员构成情况

企业类别	企业数（个）	年末从业人员总数	其中：人员构成（人）			
			工程技术人员	在总人数中所占比例（%）	管理人员	在总人数中所占比例（%）
国有企业	11	4 242	433	10.2	778	18.3
集体企业	9	945	103	10.9	77	8.1
股份合作企业	15	1 895	277	14.6	236	12.7
有限责任公司	67	12 917	2 782	21.5	2 067	16
股份有限公司	11	7 444	2 313	31.1	916	12.3
私营企业	22	3 107	800	25.7	493	15.9

续表 1

企业类别	企业数（个）	年末从业人员总数	其中：人员构成（人）			
			工程技术人员	在总人数中所占比例（%）	管理人员	在总人数中所占比例（%）
港、澳、台企业	65	69 930	5 469	7.8	8 242	11.8
外商投资企业	46	59 541	5 489	9.2	4 227	7.1

表 2　2001 年~2003 年福建省电子信息产业基本情况

项目名称	单位	2001年	2002年	2003年
工业总产值 (不变价)	万元	8 470 298	10 859 049	14 933 395
工业销售产值	万元	4 782 781	6 852 623	10 139 329
其中：出口交货值	万元	2 327 446	3 627 326	5 387 936
其中：软件出口	万美元		832	1 200
工业增加值 (生产法)	万元	1 050 399	2 463 520	2 748 907
从业人员年末人数	人	118 697	123 403	160 205
从业人员工资总额	万元	117 015	182 998	477 840

表 3　2001 年~2003 年福建省电子信息产业财务情况

项目名称	单位	2001年	2002年	2003年
流动资金合计	万元	2 533 562	3 294 165	4 296 878
固定资产合计	万元	1 056 364	1 102 166	1 184 305
资金合计	万元	3 854 274	4 806 696	5 828 781
流动负债合计	万元	2 125 114	2 652 354	3 613 478
负债	万元	2 384 652	3 024 470	4 038 123
所有者权益合计	万元	1 393 931	1 655 548	1 655 098
产品销售收入	万元	4 652 855	6 884 303	10 461 141
其中：软件产品销售收入	万元		45 993	405 909
投资收益	万元	2 432	4 279	5 914
利润总额	万元	200 639	469 261	786 489
应交所得税	万元	24 945	44 736	54 730

表 4　2001 年~2003 年福建省电子信息产业主要经济效益指标完成情况

项目名称	单位	2001年	2002年	2003年
工业全员劳动生产率	元/人	88 812	135 093	184 613
流动资金周转次数	次	2.6	2.3	2.7
工业产品销售率	%	96.5	96.7	98.5
总资产贡献率	%	7.8	12.6	16.4
资本保值增值率	%	104.5	126.4	596.2
资产负债率	61.9	62.7	69.3	

表 5　2001 年~2003 年福建省电子信息产品产销量情况

产品名称	单位	产量			产量		
		2001年	2002年	2003年	2001年	2002年	2003年
电话机	万部	772	861	253	757	848	253
显示器	万部	1 010	1 224	1 635	1 008	1 226	1 634
彩电	万台	170	218	244	171	222	245
微机	万部	59	351	247	58	350	246

[撰稿：郑育忠　审稿：刘正农]

江　西　省

【综述】

2003 年，江西省信息产业克服“非典”疫情造成的不利影响，保持了持续快速增长的势头，行业发展取得可喜成绩。电子信息产品制造业各项发展指标有了明显提高，完成工业总产值（1990 年不变价）83.08 亿元，同比增长 28.16%；出口交货值 6.40 亿元，增长 124.61%；产品销售收入 39.2 亿元，增长 43.35%；实现利税总额 2.93 亿元，增长 116.38%，其中利润总额 1.85 亿元，增长 68.88%。尤其是特种装备生产企业克服种种困难，精心组织生产，严格履行合同，保质保量按时完成了生产任务，取得了经济效益和社会效益双丰收，全年共完成产值（1990 年不变价）4.59 亿元，同比增长 39.1%；销售收入 3.39 亿元，同比增长 41.25%；利润 7 842 万元，同比增长

23.28%；获科技成果奖 24 项，其中获国家科技奖 1 项，省部级科技奖 23 项，其中，送受话器及其组件装备在“神舟”五号载人飞船上，保证了太空与地面通信的畅通，受到国家有关部门的嘉奖。软件业继续快速发展，完成产品销售收入 14.61 亿元，同比增长 63.8%，其中，软件和计算机服务收入 10.61 亿元，增长 54.2%；实现利税总额 1.04 亿元，增长 22.8%，其中，利润总额首次突破亿元关，达到 1.02 亿元，增长 21.1%。软件出口创汇 168 万美元，增长 38.8%。通过积极推进名牌战略，“电线电缆”、“铝电解电容器”、“AHEAD 公路监控收费系统”等被评为江西省名牌产品；“校园先锋”系列软件被评为全国电教产品“管理、工具软件十佳品牌”。

科技进步与应用

园区建设 电子信息和现代家电产业被确定为江西省 6 大支柱产业之一。到 2007 年，电子信息和现代家电产业规模以上企业将实现年销售收入 380 亿元，占全省工业销售收入的 11%。为实现这一发展目标，全省正在按规划积极推进一批特色园区的建设：南昌市将建成以数字视听、家用电器为主的整机产业园、新型电子元器件产业园和软件产业园；吉安市将建成以通信终端、通信线缆为主的产业园；九江市将建成以无线通讯设备、数字电视为主的产业园；景德镇市将建成以无线接入设备、元器件为主的产业园；赣州市将建成以网络多媒体终端设备为主的产业园。

重点项目建设 2003 年，技改工作卓有成效。LED 外延片、片式高亮发光二极管等一批电子发展基金资助的技改项目竣工投产，提升了产品档次，扩大了产能（LED 芯片年产量达到 29 亿粒），进一步形成了江西省半导体照明产业的优势。企业所在的南昌高新技术开发区申报了科技部“国家半导体照明产业化基地”，并已经通过了专家组的实地考察论证。金鼎软件公司“基于 Web 服务的企业管理系统 EZACCV4.0”项目、江西省昌大光电科技有限公司的“ZnO 单晶膜上 GaN 基蓝光 LED 外延片的研发和生产”项目和江西特康科技有限公司的“全自动血细胞分析仪”项目等也获得电子发展基金的资助，正在按批复的可研报告加紧建设。同时，江西鸿源数显科技股份有限公司的 LCOS 项目和先锋软件公司的 LINEX 项目参加了电子发展基金招标项目竞争，并都中标。这是江西省企业第一次参加信息产业部电子发展基金招标项目的竞标，表明企业的技术竞争能力有所增强。

科技创新与新品开发 2003 年，列入各类科技计划的项目 119 项，其中，国家级项目 20 项、部级项目 4 项、省级项目 95 项。共有 70 项通过新产品鉴定。LED 外延材料攻关取得阶段性成果，蓝色、紫色外延片大生产技术工艺取得突破，LCOS 数字背投电视及光学引擎研发取得新进展，完成了整机和光学引擎装配生产线改造，已推出 60 英寸和 80 英寸工程样机，具备了批量生产能力。

企业及产品认定与资质认证工作 2003 年，进一步规范了计算机信息系统集成市场管理和软件企业认定、软件产品登记工作，全年共认定 20 家软件企业，登记软件产品 34 项。至此，全省共认定的软件企业有 51 家，登记的软件产品有 97 项。有 25 家企业获得计算机信息系统集成资质，其中二级资质 4 家、三级资质 16 家、四级资质 5 家。另外，泰豪信息技术有限公司、南昌金鼎软件系统有限公司、南昌先锋软件股份有限公司、江西捷德智能卡系统有限公司被列为 2003 年度国家规划布局内重点软件企业。

企业机构调整与改革情况 2003 年 11 月 29 日，经国家人事部批准，泰豪科技公司和清华同方 713 厂博士后科研工作站正式挂牌，标志着江西省以企业为主体的科技创新和产品研发能力跃上了一个新台阶。同时，博士后科研工作站的建立和发展，为培养、使用和吸纳高层次优秀人才，推进产学研紧密结合和科技成果的转化，提高企业技术创新和科研开发能力，加快重点发展领域和学科的建设，将发挥极为重要的作用。

信息化工作　2003 年，信息化应用稳步推进。通过对企业信息化试点单位进行重点跟踪，并从政策、技术、资金等多方面给予大力扶持，在电子商务和 ERP 等领域取得成效。在国家信息化测评中心和互联网周刊共同举办的“2003 年度中国企业信息化 500 强”评选中，江铃汽车股份有限公司、昌河飞机工业（集团）有限责任公司、江西煤炭集团公司、南昌钢铁有限责任公司、江西洪都航空工业有限责任公司 5 家公司入选。江西省信息产业厅密切配合有关部门，共同主办了“2003 年中国（南昌）国际信息技术及产品博览会”、“信息化与江西在中部地区崛起高峰论坛”、江西省首届 IT 人才交流活动、2003 年度江西省用户满意十佳 IT 企业评选、江西省首届网页设计制作大赛等一系列活动，深入推进政务信息化和社会信息化建设。为规范信息系统工程建设市场，提高信息系统工程的安全、质量和效益，制定了《江西省信息系统工程监理暂定级资质管理办法》，开始启动信息系统工程监理工作。

【统计数据】

表 1　2003 年江西省电子信息产业人员构成情况

企业类别	企业数（个）	年末从业人员总数	其中：人员构成					
			工程技术人员	在总人数中所占比例（%）	管理人员	在总人数中所占比例（%）	软件开发研究人员	所占比例（%）
国有企业	10	11 258	1 989	17.7	1 740	15.5	106	0.9
集体企业	5	562	48	8.5	82	14.6		
股份合作企业	2	283	27	9.5	10	3.5		
有限责任公司	13	6 377	1 057	16.6	973	15.3	6	0.1
股份有限公司	6	1 686	43	2.6	45	2.7		
私营企业	2	344	27	7.9	24	7.0		
港、澳、台商投资企业	3	4 390	12	0.3	40	0.9		
外商投资企业	4	646	136	21.1	123	19.0	40	6.2

表 2　2001 年~2003 年江西省电子信息产业基本情况

项目名称	单位	2001年	2002年	2003年
工业总产值（不变价）	万元	518 225	648 226	830 760
工业销售产值	万元	288 864	377 594	475 441
其中：出口交货值	万元	25 968	28 462	63 929
软件出口	万元	529	1 000	1 400
工业增加值（生产法）	万元	69 040	93 714	117 428
从业人员年末人数	人	26 428	23 644	25 546
从业人员工资总额	万元	41 740	22 623	33 680

表 3　2001 年~2003 年江西省电子信息产业财务情况

项目名称	单位	2001年	2002年	2003年
流动资金合计	万元	295 228	305 217	334 273
固定资产合计	万元	176 483	186 862	183 410
资产合计	万元	519 800	568 524	569 767
流动负债合计	万元	292 172	269 571	236 223
负债合计	万元	369 473	330 775	296 439
所有者权益合计	万元	133 579	195 410	273 328
产品销售收入	万元	257 641	273 454	391 995
其中：软件产品销售收入	万元	44 048	89 190	146 128
投资收益	万元	783.1	135	342
利润总额	万元	2 407	10 987	18 555
应交所得税	万元	1 444	1 757	2 125

表 4　2001 年~2003 年江西省电子信息产业主要经济效益指标完成情况

项目名称	单位	2001年	2002年	2003年
工业全员劳动生产率	元/人	26 197	40 986	52 068
流动资金周转次数	次	0.7	0.9	1.2
工业产品销售率	%	96.1	97.5	96.7
总资产贡献率	%	3.5	2.1	5.9
资本增值保值率	%	319.5	158.2	139.9
资产负债率	%	71.1	58.2	52

表 5　2001 年~2003 年江西省电子信息产品产销量情况

产品名称	单位	产量			销量		
		2001年	2002年	2003年	2001年	2002年	2003年
程控交换机	线	37 617	29 228	29 295	37 617	29 228	29 295
电话单机	部	514 828	314 400	81 796	456 670	358 700	81 796
台式微型计算机	台	16 238	24 330	105 557	16 686	254 96	105 557
电视机	台	300 815	414 937	591 580	300 411	414 999	591 580
其中：彩色电视机	台	300 815	414 937	591 580	300 411	414 999	591 580
VCD视盘机	台	363 897	136 524	3 000	365 380	136 524	3 000
电冰箱（柜）	台	60 300	80 000	57 812	59 804	80 000	57 181
汽车音响	台	101 483	107 091	70 874	104 411	102 245	69 710
声学测量仪器	台	4 277	4 813	4 155	3 427	4 735	4 102
电容器	万只	62 200	92 860	57 645	62 948	84 730	54 055
控制元件	万只	7 149	9 703	11 068	6 672	9 164	11 319
电声器件	万只	1 669	2 691	1 307	1 650	2 830	1 287
频率控制和选择元件	万只	5 034	10 046	4 798	5 255	10 523	5 260
半导体光电器件	万只			1 663			1 474

续表 5

产品名称	单位	产量			销量		
		2001年	2002年	2003年	2001年	2002年	2003年
电线电缆	千米	63 380	85 461	85 523	60 794	81 408	89 256
光缆	皮长公里		17 123	3 797		16 098	3 437
LED芯片	亿片	13	21	29	13	20	25
电解铜箔	吨	1 291	1 330	1 279	1 281	1 330	1 279

[撰稿：黄美昌　审稿：李春燕]

山 东 省

【综述】

2003年，山东省电子信息产品制造业完成工业总产值1 937亿元，同比增长27%；产品销售收入1 724亿元，同比增长20%；实现利税85.6亿元，同比增长25%。重点企业集团发展势头良好，海尔、海信、浪潮等7个全国电子信息百强企业，产品销售收入、利税、利润均占全行业总额的60%左右。主要产品保持了较好的增长势头，全年生产移动通信手机575万部，同比增长85%；彩色电视机764万台，同比增长10%；程控交换机416万线，同比增长41%；服务器8.3万部，同比增长35%；传真机144万部，同比增长91%；电子元件114亿只，同比增长13%，分离器件70亿只，同比增长55%。

全年软件及系统集成销售收入164亿元，同比增长103%；软件出口1 819万美元，同比增长75%。浪潮通软、中创软件公司已通过CMM3级认定，有7家企业进入中国软件企业前100名。到目前为止，“双软”认证企业195家，登记软件产品857个，著作权代理登记398个，组织11家企业申报了2003年“国家规划布局内的重点软件企业”。软件企业从业人员近4万人，软件企业累计退税额达5亿元。金融财务软件、ERP管理软件、智能交通管理软件、软件中间件、网络安全软件、CAD/CAM软件等一批软件产品在全国市场占有率名列前茅。

招商引资、科技创新

通过举办中韩IT企业投资合作洽谈会、香港招商会，组织8个代表团赴印、美、加、日、韩等国家进行招商，签订了一批合作意向、协议和合同。接待了加拿大北方电讯、日本社会经济生产本部、中国台湾富士康公司等代表团。继续支持20个世界500强企业在山东做大做强。由于招商引资力度大，成效明显，全年新批外商投资项目355个，同比增长39%，总投资16.9亿美元，实际利用外资10.5亿美元，同比增长84%，其中投资过千万美元的项目有42个。完成出口交货值250亿元，同比增长 38%。浪潮–LG 手机、威海三星打印机、青岛朗迅程控交换机、山东松下背投彩色电视机等一大批合资、独资项目都取得快速进展和明显成效，数字集群通信项目落户山东并已组建山东分公司。

2003 年，全省信息产业完成固定资产投资 139.4 亿元，增长 15%，其中，通信业完成固定资产投资 99.8 亿元，增长 12%；电子信息产业规模以上企业完成固定资产投资 39.6 亿元，增长 22.8%，包括国家级项目 6 个，高新技术产业化专项 5 个。上述项目完成后，预计年新增销售收入 150 亿元，新增利税 23 亿元、利润 13 亿元。全年积极争取各级科技计划项目 130 多项，其中国家级项目 22 个，省级项目 110 个，争取财政拨款 3 000 多万元。全省 8 家电子信息企业参加“神舟”五号载人飞船发射回收任务，并受到国家通报表彰。

信息化建设

围绕全省国民经济和社会事业发展的总体战略，充分发挥信息化的先导带动作用，各领域信息化建设都有了较大突破。

政务信息化建设得到进一步加强。根据《全省电子政务规划》及《实施方案》，启动了全省电子政务平台和门户网站建设。进一步推进省直部门信息化基础设施建设，先后对劳动和社会保障、民政、财政、人事、公安、海洋、农业等 36 个省直部门的信息化网络进行了改造。开通了北美–Link 网站和“诚信山东”信息平台。开展了“金、税、财、贸”联网工程和工商、税务、技术监督、海关、国资办、银行等 7 个部门的联网试点，促进了信息共享和业务的联动。宏观经济数据库、诚信山东数据库、空间地理信息数据库正在完善并发挥积极作用。目前，已有 78%的省级机关、45%的市级机关、20%的县级机关建立了内部网。52%的省直部门建立了行业专网。全省各级政府及部门上网已近 500 户，政府域名下的网站近 200 个。

重点行业信息化建设得到突破。一是农业信息网作用成效明显。山东兴农网依托省气象台在全省 17 个市、100 多个县建立起信息采集中心，为用户及时提供了准确的天气预报、土地墒情、适时的农事建议等信息。网站开通以来，平均每天更新信息 300 多条，65 000 多人次访问。用户还可以通过网络进行生产资料和农产品的购销，为解决“三农”问题发挥了重要作用。二是“金税”三期工程的实施，强化了税收监控和税源管理，实现了便民服务，全省税务部门共查明漏管并补办税务登记 11 082 户，有力地保证了财政收入的增长。三是通过实施金关工程，对于积极推进经济国际化战略，搞好招商引资工作，发挥了重要作用。开发运行了“口岸电子”和“无纸通关”等应用系统，大大方便了企业。山东国际商务网通过“在线招商”和“网上交易会”，为企业提供了贸易互动式电子信息平台，用户足不出户，轻松点击即可在网上洽谈交易，特别是在“非典”期间发挥了重要作用。四是金管、金保、金盾工程的实施，为保障全省经济发展和社会稳定发挥了积极作用。全省 54 万户企业登记入库率达 98%，254 万个体工商户登记入库率达 78.6%，工商行政管理法律法规信息的入库率达到 100%。全省医疗保险信息系统覆盖了 17 市、近 90 个县区。全省公安系统已在 97%的县级公安机关开通了数字专网通信和治安、户政、刑侦、出入境、交管等应用信息系统，提高了应急反应能力和破案率。五是“金质”、“金水”工程，计划生育和纪律检查信息系统等信息化重点工程，也取得明显成效，其规模和应用水平都处于全国前列。六是完成了农村远程教育前期建设方案的制定、设备选型和建设。

区域信息化建设取得明显成效。济南市的城市公用信息平台系统、智能交通系统的建设走在了全国前列。以三联家电电子商务平台为基础的电子商务和物流配送系统被列为国家级试点项目，电子商务应用框架已经初步形成。青岛市在完成国家下达的企业基础信息交换试点任务的同时，结合 2008 年青岛奥运帆船比赛的特点，制定了《青岛数字奥运行动计划》，并从帆船赛区实际出发，充分发挥“数字奥运”的推动作用，全面提升了城市信息化综合水平。烟台大力实施八项重点工程，其中电子政务工程、电子商务工程、城市地理信息系统工程和交通旅游信息系统工程的建设已经初见成效，市民一卡通和便民信息亭已经试点成功。东营市被科技部批准为“数字化城市”产业化基地，完成了中小学“校校通”、政府一体化办公、社会保障 IC 卡等重点工程。威海市完成了政务通信专网、电子政务基础平台、安全监控和备份中心、多媒体增值服务信息系统建设。 另外，聊城、淄博、泰安等市信息化建设也取得较大进展。

信息化法规和支撑体系建设不断完善。起草了《山东省信息化促进条例》和《山东省电子签章条例》。制定下发了《全省政务网站管理意见》、《山东省数字认证管理办法》及《诚信山东信息系统建设指导意见》。成立了省信息化工程监理资质认证办公室、省电子政务标准化研究室，省网络安全产品评测中心正在筹备组建之中。数字认证工作得到快速发展，全省统一的安全认证和证书发放框架正在形成，目前已发证书 25 万张。

应用信息技术改造传统产业

经过调查研究，在全国率先提出《山东省信息化带动工业化发展的意见》，省政府已转发。组织完成了《山东省信息化发展及带动国民经济和社会发展的战略研究》，形成了 22 万字的研究报告。制定出台了《山东省关于进一步加快电子商务发展的意见》，提出了山东省电子商务综合服务平台的建设任务。目前，平台的建设已基本完成，开通在即。同时与省经贸委联合在全省选择了百家电子商务示范企业，积极稳妥地推进全省电子商务的发展。组建了 CEAC 国家信息化培训认证山东区域中心。充分发挥财政贴息的优惠政策，利用省信息产业发展资金，积极引导企业利用信息技术改造传统产业，使全省传统企业的竞争能力不断加强。目前，计算机辅助设计、计算机监控技术、计算机集成制造应用工程在大中型企业中得到广泛应用。全省近百家企业实施了企业资源计划系统，为企业提高经营管理水平、优化内部资源发挥了重要作用。2003 年，全省下达信息技术应用贷款项目 130 个，投资 18 亿元，这些项目的实施可年增产值 90 亿元。在国家表彰的 88 个优秀应用项目中，山东省就有 10 个。全省有近 80%的企业实现了内部联网，65%的企业联入国际互联网，45%的企业创立了企业网站。

【统计数据】

表 1　2001 年~2003 年山东省电子信息产业基本情况

项目名称	单位	2001年	2002年	2003年
工业总产值（不变价）	万元	1 234	7 419 887	1 937 862
工业销售产值	万元		6 248 223	14 272 222
其中：出口交货值	万元	1 153 136	1 739 099	2 503 086
软件出口	万元		2 834	15 098
工业增加值（生产法）	万元	155	2 130 707	2 970 975
从业人员年末人数	人	137 325	159 019	190 834

表 2　2001 年~2003 年山东省电子信息产业财务情况

项目名称	单位	2001年	2002年	2003年
流动资金合计	万元	4 055 096	4 157 064	5 640 995
固定资产合计	万元	1 692 355	1 521 705	2 242 976
资金合计	万元	6 690 212	4 449 883	9 303 609
流动负债合计	万元	3 222 639	3 428 883	4 684 631
负债合计	万元	3 696 123	3 947 971	6 088 096
所有者权益合计	万元	2 418 764	3 258 444	2 906 091
产品销售收入	万元	10 683 853	6 105 425	17 270 919
其中：软件产品销售收入	万元		368 927	9 319 716
投资收益	万元	59 548	53 698	48 212
利润总额	万元	346 876	233 611	516 835
应交所得税	万元	60 362	51 019	64 739

表 3　2001 年-2003 年山东省主要电子信息产品产销量情况

产品名称	单位	产量			销量		
		2001年	2002年	2003年	2001年	2002年	2003年
程控交换机	万线	395	295	416	445	295	416
传真机	万部	52	74	144	52	74	144
微机	万部	69	71	71	69	70	70
服务器	万部		71	8.29	70	70	8.28
打印设备	万部		81	97.1		82	97
彩色电视机	万台	506	679	764	503	693	758
移动通信终端	万部	133	312	576.66	132	305	578.5

[撰稿：靖士宽　审稿：孙志恒]

河　南　省

【综述】

2003 年是全面贯彻党的十六大精神、全面建设小康社会的开局之年，也是很不平凡的一年。河南省在国家信息产业部和河南省委、省政府的正确领导下，以“三个代表”重要思想为指导，认真落实中央和省委、省政府的重要部署，大力实施“以信息化带动工业化战略”，坚持与时俱进，狠抓重点工作。经过全行业的共同努力，不仅取得了防治非典工作的阶段性胜利，而且继续保持了电子信息产品制造业和软件业快速增长的势头，信息化推进工作取得了一定进展。

2003 年全省共完成工业总产值（可比价）242.12 亿元，同比增长 26.73%；销售收入 147 亿元，增长 31%；工业增加值 35.2 亿元，增长 17.33%；利税总额 13 亿元，增长 23%；出口交货值 15.7 亿元，增长 15.03%。主要产品的产销都保持了较大幅度的增长，增幅均达到了两位数（见附表 5)。

2003 年河南电子工业经济运行的主要特点是：一是产销增速平稳，一些重点企业表现良好，如安玻公司全年完成产值 30 亿元，同比增长了 23.85%；完成工业增加值 9.41 亿元，同比增长了 42.5%。二是利润总额增幅继续攀高。三是民营经济成为产业发展中的亮点。近年来，随着政府对民营经济支持和扶持的力度加大，推动了河南省民营信息企业的发展，涌现出了诸如环宇集团、思达股份、新乡无氧铜材总厂、郑州雪城、河南思维等一批颇具实力的企业。这些民营企业凭借自身的优势，为河南省信息产业的发展增添了活力，增强了效益，提高了质量，壮大了队伍，成为信息产业发展中的亮点。四是重点企业支配着行业的发展，以安彩、新飞、760、环宇集团、无氧铜材总厂为代表的 16 家重点企业，在河南省信息产业中居支配地位，左右着行业的发展，产业集中度非常高。

信息产业发展

一是着力抓好重大项目建设。投资 1.2 亿元、年产 300 吨的洛阳多晶硅项目即将建成投产；信大、新飞和金雀联合生产的 NC 机项目和税控机项目，已开始批量生产，税控机已售出一万余台；兴财涉密计算机项目经国家保密局审定后，业已小批量生产；威科姆的数字网络机顶盒也已批量生产，目前产销两旺。

二是积极开展对外合作。在对外合作、洽谈方面，重点抓了 8 英寸单晶硅项目与美国 MEMC 公司的合作；美国纽尔华公司、马来西亚茂基公司均已与郑州经济技术开发区签署了 6 英寸、8 英寸芯片进园协议；金冠与德国 MW 公司大屏幕投影项目的合作；塔王集团与上海东南投资公司关于太阳能移动通信无人值守基站项目的合作；以及山谷与上海雅京恒朝信息安全软件项目的合作等都取得了一定成效，基本上都达成了合作协议。

三是积极申报项目，争取资金支持。2003 年先后帮助企业申报了一批国家计委高技术产业化专项、国债贴息项目、“双高一优”技改项目、电子信息技术推广应用项目、省级高新技术产业项目和重大科技攻关项目等，为企业争取了一部分资金，有力地促进了企业的技改、科研工作。此外，还组织企业参加了全国信息产业发展成果展，成功地举办了信息技术及产品展览会，并会同有关部门召开了安彩集团发展战略研讨会，都产生了积极影响，收到了良好效果。

四是积极抓好信息安全产品研发生产基地建

设。初步完成了基地的选址、立项和规划（草案）编制工作，部分企业已申请入驻基地，一批产品和项目也正准备到基地研发、生产。

党的十六大和省委七届五次全会都把信息化建设提到了前所未有的高度，明确要求要大力推进信息化，坚持以信息化带动工业化，尽快走出一条新型工业化道路。根据上述要求，2003 年信息产业厅及时调整了工作思路，提出要高举信息化旗帜，以“一化”带动“三业”。

信息化技术应用

一是编制了《河南省电子政务建设总体规划》和《河南省电子政务建设指导意见》。经过 3 个月的编写、论证，这两个文件已在河南省电子政务领导小组第二次会议上原则通过。

二是抓好试点，加强指导。重点抓了巩义城市信息化试点工作，帮助巩义市成功地申报了“国家城市信息化试点”。同时，还抓了漯河市以信息化带动农业产业化试点。组织开展了出口企业信息化试点，加强了对企业信息化暨用信息技术改造和提升传统产业的指导和服务工作，与郑州市政府联合举办了企业信息化研讨会。

三是积极开展认证工作，加强信息化人才培训。2003 年全省通过计算机系统集成资质认证企业 19 家，并实现了省属企业二级资质零的突破，有 3 家企业获得了二级资质。目前，全省已获证企业 73 家，获证企业总数在全国名列第五，认证工作受到了信息产业部多次表扬。

四是为加强对信息化工程的管理，2003 年首次开展了信息化工程监理工作，为 3 家监理企业颁发了资质证书，并举办了三期培训班，培训监理人员 100 多名，为全面开展信息化工程监理工作打下了基础。

五是成功地召开了首届国家信息安全战略研讨会。在国信办的指导下，去年我们会同国家信息化专家咨询委员会、总参谋部机要局、信大共同举办了首届国家信息安全战略研讨会，国信办曲维枝副主任和史济春副省长到会做了重要讲话，国内信息安全方面的知名专家和院士在会上做了专题报告。

软件产业

一是积极开展“双软”认证，去年共认证企业 19 家，登记产品 44 个。目前，全省通过认证的软件企业达 121 家，登记的软件产品达 360 个，形成了软件业发展的基本队伍。二是重点培育软件企业和软件产业园，形成了一批销售收入超亿元的企业，其中航天金穗达到 1.6 亿元，威科姆公司和思维公司达到 1.4 亿元。软件出口实现了零的突破，2003 年思达与尼日利亚政府签署了智能卡电表软件系统项目合同，合同额 2 800 多万美元。软件园区建设进一步加快，中部软件园仅在 2003 年就引进软件企业 31 家，项目 40 个，软件企业总数占全省的 1/3。三是引导大企业向软件企业靠拢和渗透。积极引导许继成立了软件公司，并帮助开展“双软”认证。该公司的成立，为该省软件业发展注入了新的活力。四是组织软件企业参加了第七届国际软博会，展示了河南软件企业形象和发展成果。2003 年，全省软件产业共完成销售收入 20 亿元，增长 54%，超过全国软件业平均发展速度 20 个百分点。

【统计数据】

表 1　2003 年河南省电子信息产业人员构成情况

企业类别	企业数（个）	年末从业人员总数	其中：人员构成（人）				
			工程技术人员	在总人数中所占比例（%）	管理人员	在总人数中所占比例（%）	软件开发研究人员
国有企业	16	7 212	1 190	16.5	882	12.2	
集体企业	5	1 931	626	32.4	439	22.7	
股份制企业	73	32 589	6 843	21.0	4 829	14.8	1 517
其他企业	25	12 219	2 203	18.0	1 175	9.6	322

表 2　2001 年~2003 年河南省电子信息产业基本情况

项目名称	单位	2001年	2002年	2003年
工业总产值（1990 年不变价）	万元	1 515 032	1 910 563	2 421 274
工业销售产值	万元	857 374	1 120 932	1 028 017
其中：出口交货值	万元	85 877	137 106	157 721
工业增加值（生产法）	万元	235 505	291 766	352 929
从业人员年末人数	人	41 005	43 068	53 951
从业人员工资总额	万元	56 180	55 936	72 121

表 3　2001 年~2003 年河南省电子信息产业财务情况

项目名称	单位	2001年	2002年	2003年
流动资金合计	万元	1 177 277	1 218 345	1 676 267
固定资产合计	万元	506 875	615 722	836 459
资金合计	万元	1 828 425	2 045 535	2 700 203
流动负债合计	万元	913 828	1 079 902	1 424 496
负债合计	万元	1 103 494	1 322 064	1 734 250
所有者权益合计	万元	611 863	623 009	845 787

续表 3

项目名称	单位	2001年	2002年	2003年
产品销售收入	万元	584 903	1 110 403	1 582 622
其中：软件产品销售收入	万元		23 051	42 603
投资收益	万元	2 215	4 551	4 112
利润总额	万元	57 442	49 227	113 513
应交所得税	万元	20 289	16 257	28 765

表 4　2001 年~2003 年河南省电子信息产业主要经济效益指标完成情况

项目名称	单位	2001年	2002年	2003年
工业全员劳动生产率	元/人	60 120	49 872	80 828
流动资金周转次数	次	0.73	0.89	0.95
工业产品销售率	%	93.5	98.2	94.3
总资产贡献率	%	6.1	5.6	7.7
资本增值保值率	%	111.3	93.4	396.7
资产负债率	%	60.4	64.6	64.2

表 5　2001 年~2003 年河南省主要电子信息产品产销量情况

产品名称	单位	产量			销量		
		2001年	2002年	2003年	2001年	2002年	2003年
彩电	万台	102	126	158	96	136	158
彩管玻壳	万套	1 485	1 889	2 215	1 413	1 830	2 118
电子元件	万只	80 892	42 036	49 948	79 885	39 809	49 996

[撰稿：邹建华　审稿：翟贵平]

湖 北 省

【综述】

2003 年，在省委、省政府的正确领导和信息产业部大力支持下，全行业坚持与时俱进，扎实工作，经过广大干部职工共同努力，使信息产业制造业、软件业发展上了一个新台阶，信息化推进工作取得了突破性进展，无线电管理进一步加强，依法行政意识得到提高，产业法规建设步伐加快。

全省信息产业克服了市场需求疲软等不利因素影响，产业发展保持了良好的势头。产业规模增速高于全国行业平均水平，全年全行业完成工业总产值 281.1 亿元，同比增长 45.6%；产品销售收入 188.8 亿元，同比增长 33.8%；实现工业增加值 66.7 亿元，同比增长 26.5%，占全省规模以上企业完成工业增加值的 4.9%，高出其增速 14 个百分点；实现利税 22.6 亿元，同比增长 24.2%。

产业经济运行的特点：一是重点企业是产业发展的主力军。全省重点监控的 20 家企业全年完成工业总产值 133.9 亿元，同比增长 42.3%。二是各地信息产业竞相发展。各市信息产业制造业经济运行形势良好，随州净增产值 16.4 亿元，武汉市同比增长 28.6%、黄石 259%、宜昌 115.4%、鄂州 109.3%、襄樊 33%、荆州 26.2%、荆门 23.7%、孝感 17.9%。三是重点产品产量大幅度增长。手机达到 321.8 万部，同比增长 6.6 倍；显示器 160 万台，净增产值 7 亿元，集成电路、电子元器件、光纤光缆、磁卡等产品都有所增长。

信息产品制造业技术改造项目和投资总量继续保持良好的增势。到目前为止，列入国家和省级重点技术改造项目 47 项，总投资 44.69 亿元，预计销售收入 137.89 亿元、利税 34.2 亿元，对加快产业发展和增强产业整体实力继续发挥重要作用。争取部电子发展基金支持 2 550 万元，省内配套资金 1 000 万元，有力地促进了产业化进程。

编制完成了《湖北省信息产业新型工业化规划纲要》。同时，还编制了《移动通信产业发展规划纲要》《数字电视产业发展规划纲要》《光存储专项发展规划纲要》等专项规划。下一阶段将进一步深入调研，充实完善《湖北省信息产业新型工业化规划纲要》，理清发展思路，更好地引导产业发展。

电子产品进出口情况

全行业出口创汇 2 亿美元，完成出口交货值 18 亿元，超额完成出口计划。省信息产业厅被国家商务部、发改委、信息产业部等八部委评为 2003 年度科技兴贸工作先进单位。

科技进步与应用

科技攻关取得一批重大有自主知识产权的成果，技术开发能力不断提高。科技工作坚持“有所为，有所不为”的原则，重点抓了列入“十五”规划的新型光电子器件、光电子信息材料、网络管理应用软件及信息安全技术四个重点攻关专项的跟踪管理。经中期检查评估，四个重点专项经各项目承担单位的努力，达到了项目任务的要求，取得了阶段性成果，并申请发明专利或实用新型专利 20 项，获制定国际标准权 1 项，软件著作权登记 4 项。全年列入国家、省级重点新产品 30 项，获资助资金 500 万元，国家中小企业创新基金资助 325 万元。行业主导产品质量稳定、可靠，有关单位和企业为我国首次载人航天飞行的圆满成功提供了可靠的软件、通信装备及新型元器件配套服务。

信息化应用情况

以推进电子政务建设和企业信息化为主线，加快全省信息化建设步伐。在省委、省政府的统一领导下，调整充实了省信息化领导小组和省政府信息化工作办公室，实现了对政务信息化、企业信息化和社会信息化的统一领导。根据全省信息化工作的新形势和要求，充实、完善了湖北省“十五”信息化总体规划。在总结全省列入国家的信息化工程监理和城市信息化试点工作基础上，争取到孝感、荆门两市被列为部信息化示范城市，并获国家电子发展基金支持，两市以电子政务建设为导向，正在稳步推进本地信息化。潜江、鄂州等市信息化基础工作取得了可喜成绩，电子政务建设、企业信息化工作也迈出了新的步伐。目前，全省已申报国家信息技术推广应用“倍增计划”27 项。按国家电子政务建设的指导意见和“面向社会、服务企业、提高效率、反腐倡廉”的指导方针，编制了《湖北省电子政务规划纲要》，组织制定了省级电子政务建设实施方案，经省政府批准，目前正在抓紧组织实施。按照省推进企业信息化工作“政府引导、企业主导、市场运作”的方针，在黄石市组织召开了湖北省首次企业信息化工作座谈会。此次会议得到了各市、州政府的重视和大力支持，有力地推动了全省企业信息化工作。

其他

坚持依法行政，重视产业法规建设。2003 年，全省信息产业完成了四部法规的起草上报工作，《湖北省无线电管理实施办法》于 5 月 23 日省政府第 245 号令发布；《湖北省公众移动通信基站设置管理办法（草案)》、《湖北省信息化建设管理办法（草案)》已完成前期工作，待省政府常务会批准；《湖北省无线电管理实施办法》、《湖北省家电维修管理办法》拟由现行政府规章提升为地方性法规，已完成送审稿的起草，上报省法制办。

人大建议和政协提案办理工作成效显著。2003 年，信息产业厅共收到省人大重点建议 1 件，省政协九届一次会议提案 7 件，信息产业厅主办 3 件，会办 4 件。对于这些建议和提案，信息产业厅党组极为重视，认真准备书面答复材料，严格按照工作程序，采取主动上门、召开会议、当面答复、现场办理等方式，积极开展调研和见面走访活动，确保了提案办理质量和效果，全部获得提案者的“满意”评价。特别是在办理农工民主党湖北省委第 118 号提案的过程中，信息产业厅将提案办理作为起点，向实际工作延伸，以“科技成果产业化”为主题，成功促成了全国政协副主席、农工民主党中央副主席李蒙先生一行来武汉考察“武汉·中国光谷”建设和发展情况，并以此为契机争取国家有关部委的支持，取得了非常好的效果。

【统计数据】

表 1 2003 年湖北省电子信息产业人员构成情况

企业类别	企业数（个）	年末从业人员总数	其中：人员构成（人）				
			工程技术人员	在总人数中所占比例（%）	管理人员	在总人数中所占比例（%）	软件开发研究人员
国有企业	30	16 938	1 961	11.6	1 355	8.0	64
国有独资企业	5	3 618	697	19.3	489	13.5	237
集体企业	9	1 062	89	8.4	82	7.7	
股份合作企业	13	1 876	191	10.2	41	2.2	22
国有联营企业	83	19 280	3 473	18.0	1 961	10.2	1 019
其他企业	81	19 884	1 462	7.4	688	3.5	619

表 2 2001 年~2003 年湖北省电子信息产业基本情况

项目名称	单位	2001年	2002年	2003年
工业总产值（不变价）	万元	1 737 297	1 930 746	2 810 928
工业销售产值	万元	1 427 834	1 543 153	2 004 193
其中：出口交货值	万元	73 347	79 186	131 718
工业增加值（生产法）	万元	483 802	527 364	671 430
从业人员年末人数	人	42 564	43 730	62 658
从业人员工资总额	万元	60 518	100 269	89 538

表 3 2001 年~2003 年湖北省电子信息产业财务情况

项目名称	单位	2001年	2002年	2003年
流动资金合计	万元	1 390 278	1 422 810	1 334 770
固定资产合计	万元	457 640	373 123	521 535
资金合计	万元	2 136 057	2 404 166	2 648 309
流动负债合计	万元	871 788	851 785	698 995

续表 3

项目名称	单位	2001年	2002年	2003年
负债合计	万元	984 925	1 316 052	1 398 555
所有者权益合计	万元	1 143 853	962 698	1 189 076
产品销售收入	万元	1 374 667	1 411 479	1 891 842
其中：软件产品销售收入	万元		1 448	132 031
投资收益	万元	4 544	3 100	1 505
利润总额	万元	166 016	122 268	120 319
应交所得税	万元	23 319	6 963	5 144

表 4　2001 年~2003 年湖北省电子信息产业主要经济效益指标完成情况

项目名称	单位	2001年	2002年	2003年
工业全员劳动生产率	元/人	113 664	112 856	141 840
流动资金周转次数	次	1.3	1.1	1.1
工业产品销售率	%	95.3	96.9	97.3
总资产贡献率	%	12.2	8.4	9.2
资本保值增值率	%	718.4	471.2	2 025.1
资产负债率	%	46.1	54.7	52.8

表 5　2001 年~2003 年湖北省主要电子信息产品产销量情况

产品名称	单位	产量			销量		
		2001年	2002年	2003年	2001年	2002年	2003年
GSM手机	万部	14.3	42.3	316	19.7	41	316
集成电路	万块	121	324	231	123	290	234
多模光纤	万公里	319	346	670	319	158	120

[撰稿：张波　审稿：夏心玉]

湖 南 省

【综述】

2003 年，在省委、省政府和省信息化领导小组的正确领导下，全省信息化和信息产业继续保持良好的发展势头，各项工作取得新的进展。

（一）电子政务建设快速发展，对带动信息化起到积极作用。各级政务部门大力推进电子政务建设，积极开展面向公众的网上服务。全省电子政务建设已完成投资 110 多亿元。省直单位人均拥有计算机 1.1 台，市直单位人均 0.3 台。93%的省直部门和所有中央在湘单位建立了局域网，80%的省直部门在国际互联网上建立了网站，公文流转、文档管理等办公业务系统广泛应用。“金”字系列信息化重大工程建设取得新的突破。金税工程促进征管改革向深层次推进。海关口岸电子执法系统运行良好。金保工程实现了大部分市州社保信息系统联网，全省 300 多万人进入社保信息系统。第二代居民身份证等 IC 卡应用逐步展开。区域性车辆自动识别系统项目抓紧推进。全省以教育资源建设为中心的教育网络建设进展较好。全省文化信息共享工程启动。全省农村党员干部现代远程教育试点取得阶段性成果，已成功接收远程教育专用频道。资源整合、信息共享和业务协同有了新进展。人口基础信息共享列入全国试点，进出口企业基础数据共享工作协调推进。城市管理、公共服务信息化水平逐步提高。

（二）企业信息化步伐加快，信息技术改造传统产业的效益逐步显现。各重点行业广泛推广应用信息技术，探索形成了一批信息化带动工业化的典型模式。全省 25 个项目列入国家电子信息技术推广应用“倍增计划”，建议商业银行贷款 1.86 亿元，带动 2.64 亿元企业信息化建设投资。全省 87 家企业实施制造业信息化示范工程。涟钢、岳阳林纸、三一重工、衡钢等企业建成 CIMS、ERP 等信息化管理系统。冶金石化行业自动化水平不断提高。电力行业实现了电网调度与监控自动化。建材行业大型企业基本上装备了生产过程自动控制系统或计算机集散控制系统。工程机械行业广泛采用信息控制技术提高产品自动化、智能化水平。三辰影库公司采用计算机与软件技术改造提升传统动画制作技术，开创我国动画制作无纸作业先河，效率提高 16 倍，成为国内第一家日产 30 分钟卡通节目的企业。电子商务应用环境进一步改善，网上交易额不断增长。全省农业信息网络服务体系框架初步形成。

（三）信息基础设施建设取得新的进展，网络与信息安全工作进一步加强。信息基础设施实现由初步适应向基本满足的转变，实现由小容量向大容量、模拟技术向数字技术、单一业务向多样化业务的跨越，基本满足经济社会发展和信息化建设的需求。电信网络建设初具规模，广播电视传媒覆盖网络基本形成，计算机网络有了较快发展。网络与信息安全体系逐步形成，网络安全防范能力不断提高。70%以上的省直单位健全和落实了信息安全管理制度，明确责任，制定应急预案，实行数据备份，建立信息安全上报机制。全省网络与信息安全投资超过 5 000 万元。全省组织互联网有害信息和网上垃圾邮件清理整治，规范信息安全产品政府采购和招投标工作。组织实施了卫星广播电视设备生产专项整治。无线电管理工作成效显著，开展了保护民用航空频率专项整治工作，无线电监测和查处力度不断加大，保障了各项无线电业务的正常运行，有效打击和遏制了“法轮功”邪教组织利用无线电波进行的破坏活动。

（四）电子信息产品制造业持续、快速、协

调、健康发展，软件产业进一步形成规模和优势。2003年，全省电子信息产业完成工业总产值220亿元，同比增长30%；完成销售收入130亿元，同比增长30%；实现利税12亿元，同比增长48%；工业增加值33亿元，同比增长32%；出口交货值11.5亿元，同比增长24%。全系统一手抓“非典”防治，一手抓经济发展，圆满地完成省委、省政府要求全年超计划的任务，连续8年保持持续、快速、协调、健康发展的态势。列入全省10大标志性工程的17英寸/19英寸完全平面彩色显像管、湘计工业园、印制板增资扩建、数字宽带接入设备和软件产业化等重点项目进展顺利，完成投资16.5亿元。组织实施了电子新材料、网络产品、信息安全产品、新型元器件和数字电视等重大专项。初步形成了年产值过100亿元的显示器件、过10亿元的新型元器件、过10亿元的计算机及应用产品、销售收入过50亿元的软件等4大产业群和生产基地。积极组织申报国家信息产业园区建设，一批重点项目获得国家和省4 000多万元拨款支持。利用外资取得新成绩，组织实施重大招商引资项目7个，引进资金3.35亿美元。积极主动承接沿海地区信息产业梯度转移产生明显成效，中彩视讯、高斯贝尔、运通电子等10多家IT企业在湘落户。

软件产业快速成长。全年软件产业销售收入65亿元，增长30%。长沙国家软件产业基地建设进展顺利。全省在嵌入式软件、网络平台软件、数字媒体软件及行业应用软件领域已形成具有特色和优势的产业和企业群体。全省已认定236家软件企业和541项软件产品。19家企业获得部计算机信息系统集成资质证书。全省软件收入过亿元的企业12家，过千万元的企业58家，5家企业进入全国软件企业百强，6家企业列入国家规划布局内重点企业。全年协调落实软件企业退税4 863万元。

（五）信息化发展环境不断优化，基础工作得到加强。全省各级党委和政府高度重视信息化建设，将信息化作为大力推进“三化”进程、实现国民经济跨越式发展的战略举措。各地各部门成立了由主要领导挂帅的信息化领导小组，制定了信息化发展规划。对全省国民经济和社会信息化“十五”规划进行中期评估，提出了2003年~2007年发展思路和重点项目。2003年省委常委中心组第一次集中学习安排专题研讨“信息化与新型工业化”，各级党委（党组）中心组将信息化列入专题学习计划。省政协组织开展“以信息化带动和加快湖南工业化进程”大型课题调研，已向省委、省政府提出了建议案。信息化培训工作启动，举办了厅级干部信息化与电子政务培训班。近年全省县以上党政机关和信息化重点行业及领域的工作人员接受信息化技能培训人均0.8次，59.5%的人员能够使用计算机进行文字处理，62.5%的人员能够上网获取信息。

《湖南省信息化条例》完成了调研起草工作，并向省政府上报了送审稿，今年已列入省人大、省政府立法出台计划。组织开展全省信息网络普通调查，共涉及2 546个单位，基本摸清了全省网络建设情况及存在的问题。制定了《计算机信息系统安全设计规范》等地方性标准，全省32万个组织机构赋予全国统一代码。

【统计数据】

表 1　2001 年~2003 年湖南省电子信息产业基本情况

项目名称	单位	2001年	2002年	2003年
工业总产值（不变价）	万元	1 233 000	1 687 672	2 255 643
工业销售产值	万元	951 886	979 077	1 205 281
其中：出口交货值	万元	69 585	97 092	131 021
软件出口	万元	1 528	1 885	3 649
工业增加值	万元	210 000	259 707	332 026
从业人员年末人数	人	30 662	32 182	35 208
从业人员工资总额	万元	33 351	51 797	58 621

表 2　2001 年~2003 年湖南省电子信息产业财务情况

项目名称	单位	2001 年	2002年	2003年
流动资产合计	万元	313 782*	844 002	251 664*
固定资产合计	万元	584 249	721 908	500 459*
资产总计	万元	1 484 726	1 903 307	946 654*
流动负债合计	万元	441 464*	730 324	355 677*
负债合计	万元	887 832	973 323	505 246*
所有者权益合计	万元	596 894	845 874	363 607*
产品销售收入	万元	875 000	1 014 225	1 224 557
其中：软件产品销售收入	万元	266 377	299 063	391 137
投资收益	万元	3 544*	3 023	1 750*
利润总额	万元	45 424	58 048	87 036
应交所得税	万元	4 746	7 369	8 731

备注：凡带★数据仅含制造业。

表 3 2001 年~2003 年湖南省电子信息产业主要经济效益指标完成情况

项目名称	单位	2001年	2002年	2003年
工业全员劳动生产率	元/人	57 272	60 454	87 040*
流动资金周转次数	次	1.5	1.2	2.7*
工业产品销售率	%	100.2	98.1	100*
总资产贡献率	%	4.3	6.2	8.2*
资本增值保值率	%	129.4	141.7	109.5*
资产负债率	%	59.8	51.1	53.4*

备注：凡带*数据仅含制造业。

表 4 2001 年~2003 年湖南省主要电子信息产品产销量情况

产品名称	单位	产量			销量		
		2001年	2002年	2003年	2001年	2002年	2003年
显像管	万只	43.51	158.82	334.76	38.24	156.29	331.17
彩色显像管	万只	406.55	560.19	635.68	417.7	565.91	636.01

[撰稿：杨兰娟 审稿：熊琛]

广 东 省

【综述】

2003 年，广东省电子信息制造业规模以上企业共有 1 728 家，完成工业总产值（现行价）5 651.9 亿元，占全省工业产值的 26.86%，同比增长 25.25%；产值增幅高于全省工业增长 5.8 个百分点。产品销售收入 5 323.9 亿元，增长 29.84%，产销率为 96.9%。产值、销售收入均居全国同行业之首，分别占全国同项指标的 36.38%和 34.55%。电子产品出口产值为 3 712.8 亿元，增长 31.19%。TCL 集团有限公司、华为技术有限公司、深圳市中兴通信股份有限公司、惠州市德赛集团有限公司、广州无线电集团公司、广州金鹏集团有限公司、广东生益科技股份有限公司等 24 家企业进入全国电子百强企业之列。

2003 年广东省电子信息制造业经济运行的主

要特点如下。

1. 产业整体竞争力提升

通过政府产业政策和财政资金的扶持，引导企业将资金投向具有发展前景的项目，鼓励企业强强合作，促进企业做强做大，全面提升产业结构。主要集团的规模效应和国际竞争力进一步提升。TCL 集团有限公司采用集团并构、整体上市的融资新模式，与法国汤姆逊公司就双方的电视机、DVD 业务进行整合，组成全球最大的彩色电视机生产、销售公司，其规模约占全球彩色电视机市场份额的 10%。2003 年，TCL 集团有限公司完成营业收入 382 亿元，名列全省电子行业之首，在全国电子百强企业中排第三位。汤姆逊佛山彩色显像管有限公司完成收购广东福地科技股份有限公司三条彩色显像管生产线及附属设备，并更名为汤姆逊广东显示器件有限公司，其显示器件生产能力居全国第二。2003 年广东省共有 24 家电子企业进入中国电子信息百强企业，共完成销售收入 1 658 亿元，获得利润 105.5 亿元，分别占全国电子信息百强企业的 26.3%和 41.1%。

2. 经济运行质量提高

2003 年，广东省有 5 种产品获得“中国名牌产品”称号。至此，全行业累计有 11 家企业的 15 种产品获此殊荣。另有 6 个商标被认定为“中国驰名商标”，即：康佳集团股份有限公司的“康佳”、华为技术有限公司的“华为”、深圳市先科企业集团的“先科”、TCL 集团有限公司的“TCL”、广东步步高电子工业有限公司的“步步高”、广东金正电子有限公司的“金正”。在名牌战略的带动下，行业经济运行质量不断提高。全年实现利润 221.59 亿元，同比增长 38.3%，居全国同行业首位。亏损企业亏损额继续下降，总额减少 56.86 亿元。

3. 重点产品保持增长

2003 年，广东省通信设备制造业整体呈现上升趋势，完成工业总产值 1 108.7 亿元，同比增长 24.71%；销售收入 983 亿元，增长 19.83%。这两项经济指标均名列全国之首。全年完成数字程控交换机 2 929 万线，增长 56.3%；移动通信设备 117 万部，增幅达 81.33%；光通信设备 1.49 万部；移动电话 5 329 万台，增长 67.7%。

计算机设备制造业完成工业总产值 2 146 亿元，同比增长 45.9%。微型电子计算机完成 845.23 万部，产量比去年翻了一番，居全国首位，占全国总量的 27%；显示器完成 1 374 万部，增长 25.7%，居全国第 3 位；打印机完成 892.3 万台，占全国总量的 45%。

消费类电子产品完成工业总产值 1 002 亿元；完成销售收入 919.18 亿元，增长 21%；完成出口产值 574 亿元，增长 21.5。彩色电视机完成 3 149 万台，居全国之首。数字激光视盘机完成 3 539 万台，增长 44.5%，居全国之首。

电子元件完成销售收入 744.1 亿元，产销率为 96.5%；实现利润 31 亿元。各种电子元件完成 1 911 亿只。

电子器件制造业经济效益明显改善，完成工业总产值 393.7 亿元，增长 17.7%；利润增长 12.8%。

科技进步与应用

2003 年，广东省电子信息制造业列入国家电子发展基金的项目 18 项，列入省级重点技术改造的项目共 11 项，重大装备技术创新招投标项目 5 项，技术创新项目 94 项。完成国家电子基金项目验收 2 项。新增省级技术中心 2 个。全年完成新产品产值 842 亿元，占全省电子工业总产值的 14.9%。

利用外资与产品出口

2003 年，广东省电子信息产品制造业出口交货值达 3 658.2 亿元，增长 30.86%。出口产值占全省工业产品出口产值的 42%，拉动全省工业产值增长 4.55 个百分点，其中：电子计算机设备制造业出口交货值居行业之首位，为 1 870.68 亿元，增长 41.14%；家用视听设备制造业在电视机和激光视盘机制造业的带动下出口交货值 574 亿元，增长 21.5%；电子器件制造业出口产值 219.5 亿元，增长 15.48%；电子元件制造业出口交货值 578.9 亿元，增长 15.26%。

据海关统计，广东省电子信息产品全年出口额为 693.92 亿美元，增长 43.49%，占全国行业出口总额的 48.8%。

信息化应用情况

2003 年，广东省通过项目建设，促进信息化应用。

对于制造业企业的信息化项目，全省财政通过经济主管部门投入引导资金约 2 700 万元，推动了全省企业信息化工作向深层次发展，使生产规模扩大，劳动强度减轻，产品质量更优良，生产成本下降，效能不断提高，取得显著经济效益。

与 IBM 公司签署了软件领域战略合作备忘录，共同建设“广东省 Linux 应用公共技术支持中心”，为全省电子政务应用项目和软件企业提供 Linux 应用系统开发技术支持服务，提升广东开放源码的应用水平和软件关键技术方面的研发水平。

随着全省电子政务网络平台的建成，电子政务基础设施建设基本完成，正进入深入推广应用阶段。在 2003 年防治“非典”期间，紧急启动了全省防治“非典”应急指挥信息系统。

在山区信息化建设中，坚持以促进山区社会经济快速协调发展为目的，结合山区的实际情况，做好试点工作，已完成 2 个县和 10 个镇的山区信息化试点建设。

【统计数据】

表 1　2001 年~2003 年广东省电子信息产业基本情况

项目名称	单位	2001年	2002年	2003年
工业总产值（不变价）	万元	45 404 300	57 396 862	80 985 888
工业销售产值（现价）	万元	28 993 829	38 739 439	54 816 274
其中：出口交货值	万元	16 562 006	25 878 440	36 582 100
软件出口	万元			254 826
工业增加值（现价）	万元	6 551 700	8 808 800	9 195 816
从业人员年末人数	人	745 530	906 556	1 090 411
从业人员工资总额	万元			2 713 358

表 2　2001 年~2003 年广东省电子信息产业财务情况

项目名称	单位	2001年	2002年	2003年
流动资产合计	万元	15 109 200	19 109 900	23 498 158
固定资产合计	万元	6 212 100	7 339 000	7 364 639
资产合计	万元	22 733 967	27 420 667	35 686 550
流动负债合计	万元	12 107 600	15 893 200	
负债合计	万元	13 973 004	16 888 906	21 848 846
所有者权益合计	万元	8 760 963	10 531 761	13 837 704
产品销售收入	万元	28 363 963	38 018 567	53 239 405
其中：软件产品销售收入	万元		1 534 574	2 537 517
利润总额	万元	1 275 824	1 446 036	2 215 885
应交所得税	万元	414 538	390 463	595 016

备注：1. 2003 年流动资产合计是流动资产平均余额；
2. 2003 年固定资产合计数是固定资产净值平均余额；
3. 应交所得税数是税金总额。

表 3　2001 年~2003 年广东省电子信息产业主要经济效益指标完成情况

项目名称	单位	2001年	2002年	2003年
工业全员劳动生产率	元/人	87 880	97 168	84 333
流动资金周转次数	次	2.03	2.28	2.27
工业产品销售率	%	100.25	98.00	97.00
总资产贡献率	%	8.38	6.32	8.30
资本增值保值率	%	116.05	113.19	117.31
资产负债率	%	61.46	61.59	61.22

表 4　2001 年~2003 年广东省主要电子产品产量情况

产品名称	单位	产量		
		2001年	2002年	2003年
移动通信设备	万部		49	117
数字程控交换机	万线	2 873	1 857	2 929
电话单机	万部	7 615	9 213	10 700
传真机	万部	222	123	216
移动电话机	万部	1 826	3 159	5 329
微型电子计算机	万部	229	416	845
显示器	万部	1 017	1 012	1 374
打印机	万部	1 212	1 446	892
彩色显像管	万只	1 043	2 012	1 743
彩色电视机	万台	1 592	2 011	3 149
激光视盘机	万台	877	2 007	3 539
半导体分立器件	亿只	54	61	225
半导体集成电路	亿块	18	23	31
电子元件	亿只	1 675	1 395	1 911

[撰稿：汤月园　审稿：陈国英]

广西壮族自治区

【综述】

2003 年，广西电子信息产品制造业和软件业纳入统计年报的企业数分别为 33 家和 50 家。根据广西信息产业的发展布局，一年来，广西信息产业局重点围绕开拓市场、培育新的经济增长点、加大招商引资力度、加快产业结构调整等方面积极开展工作，并确定 2003 年工作重点为：2 市（北海市、桂林市）、2 区（桂林市、南宁市高新区）、4 企业（银河、722 厂、马可尼、611 厂）、3 类产品（通信产品、元器件产品、军工产品）。通过积极加强调控与引导，产业经济运行保持平稳发展，据统计，电子制造业和软件业完成产值（现价）19.9 亿元，同比增长 10%，销售收入 16.4 亿元，增加值 6.1 亿元，利税 0.8 亿元，出口交货值 1 亿元。各项主要经济指标均好于往年。

2003 年，广西电子信息产品制造业完成工业总产值（现价）14.84 亿元，全国排名第 24 位；工业总产值（不变价）31.75 亿元，全国排名第 23 位；产品销售收入 11.35 亿元，全国排名第 25 位；工业增加值 4.07 亿元，全国排名第 23 位；实现利润总额 7 791 万元，全国排名第 21 位；实现税金总额 5 512 万元，全国排名第 24 位；综合经济效益指数为 687.1%，全国排名第 5 位。电子信息产业出口形势良好，全年完成出口交货值 9 707 万元，同比增长 373.3%。电子信息产业已形成初具规模的大中型企业（集团）19 家，产值超亿元的有 7 家。

软件业方面，2003 年共认定软件企业 15 家，登记软件产品 31 个，认证计算机系统集成三级资质企业 2 家、四级资质 5 家。软件行业全年产品销售收入 5.06 亿元，同比增长 36.7%，其中：软件产品收入 2.44 亿元，同比增长 36.2%；系统集成收入 8 217 万元，同比增长 44.8%；软件服务收入 2 658 万元，同比增长 5%；享受政策退税总额为 406.12 万元。部分产品在技术上达到了国内领先水平，其中，广西三原高新科技有限公司的汽车故障诊断软件、广西德意数码股份有限公司的德意电子商务实验室软件、柳州达迪通信设备有限公司的中国 7 号信令分析软件、南宁市晓蕾软件有限公司的文件防弹衣软件、北海银河信息技术有限公司的配电自动化管理系统在国内都有较高知名度。

在产品结构调整方面，形成了以光通信、数字微波通信设备为代表的通信产品，以片式电阻、传感器、多层印刷电路板等为代表的新型元器件产品，以汽车故障检测仪、数显量具、医疗电子仪器为代表的应用电子产品，以配电自动化系统、变电站综合自动化系统为代表的电力自动化设备等。掌上电脑、网络计算机、汽车电子产品、现代通讯产品等新的产业经济增长点也正在形成。据统计，2003 年广西片式电阻产量 150 亿只，全国排第 4 位；医用电子设备 3 043 台，全国排名第 8 位；铝电解电容 1.19 亿只，全国排名第 10 位；印刷电路板 8 552 平方米，全国排名第 12 位；半导体分立器件 2.29 亿只，全国排名第 14 位；电声器件 23 万只，全国排名第 15 位；集成电路 51.6 万块，全国排名第 16 位；电子测量仪器 2 050 台，全国排名第 17 位；电容器 1.3 亿只，全国排名第 17 位。这其中北海银河电子有限公司片式电阻、桂林广陆数字测控股份有限公司数显量具等产品的技术水平在全国继续处于领先水平。

企业机构调整与改革情况

2003 年，广西信息产业主管部门积极组织企业参加各种不同形式的企业管理培训和企业管理经验交流等活动，深入北海的银河、新未来、工业园、恒基伟业及桂林漓江无线电厂等企业基层开展调研工作，以加强和改善行业管理，同时鼓励企业联合、兼并和资产重组，走大公司和企业集团发展道路，桂林漓江无线电厂经过实施“债转股”，完成了漓江信息产业集团股份公司改制工作。多家企业通过优化资本结构等改革措施，改制工作已进到上市融资的辅导阶段。

科技进步与应用

2003 年，广西电子信息产业企业技术开发能力不断提高，企业年内完成研究开发新产品、新技术 35 项，部分产品已成功投放市场，并取得良好的经济效益。国营漓江无线电厂“跨平台嵌入式数据库”等 6 个项目列入国家电子信息产业发展基金，获得 800 万元资金支持。列入信息产业部 2003 年信息产业科研（民品）计划项目 6 项，项目投资 5 048.7 万元；列入广西电子信息产业科技项目计划 28 项，项目总投资 16 833.3 万元。广西信息产业技术成果鉴定全年共完成 6 项，其中，广西南宁山三原高新科技有限公司的“国产电喷车电控系统故障码软件匣（故障码显示器）”和北海新未来信息产业股份有限公司的“智能逆变器”

等2项达到国内领先水平；获广西科技进步二等奖1项，三等奖9项；组建了广西电子信息生产力促进中心，重点向广西中小企业提供电子信息技术及产品的开发、咨询、培训等综合服务。

2003年，广西电子信息行业共有9项技术改造项目列入国家或自治区重点计划，其中续建项目5项、新开工项目1项、重点前期工作项目3项，项目总投资267 843万元，预计全年完成投资额45 000万元以上。续建项目中的4项主要设备已经到位，新开工项目银河软件科技园如期开工，3项重点前期工作项目进展顺利。

经济技术交流与合作

2003年，广西信息产业重视做好经济技术交流与合作工作，积极组织参加各种科技展览和科技论坛。主要有“2003年中国国际信息技术展览会暨信息产业发展成就展”、“第五届中国国际高新技术成果交易会”、“2003年广西投资贸易洽谈会”以及与联想集团共同举办的“推动关联应用，助力信息化广西”高峰论坛。通过展会和论坛，汇报和展示了广西信息产业近年来发展的新技术、新成果和新产品，为广西的信息产业企业与国际间、地区间、企业间的合作与贸易提供了很好的舞台。

信息化应用情况

1. 电子政务

广西各级党政系统信息网络建设已取得一定的成绩。南宁市光缆城域网初具规模，累计完成光缆敷设122公里，占原设计目标的58%，实现了自治区直属单位机要专网200多、自治区级政务内网近100个区直单位的连接，连接速度达1 000兆，属于全国领先水平。广西党政机要专网和政府系统政务内网已分别建成了上连中办、国办，下接自治区各市、县，横联自治区各直属单位的专用通讯网络系统，并实现了电子公文的交换与传输等涉密和非涉密办公业务的应用，在为各级党政机关服务中发挥着积极作用。党政机要专网已初步建立全网安全防御体系和管理机制，应用系统稳定、安全；政府系统政务内网已经覆盖到全自治区所有的厅局和市县。本区自行开发的OA系统已开始在此网上运行，实现了全广西范围内的无纸化公文传输，极大提高了政府的办公效率。其“应用先行，软硬平台协调发展”的应用推进方式和所取得的成效在全国尚属前列，但在安全保密建设等方面还需进一步加强和完善。广西部分城市也已相应启动了本级电子政务工程建设，如南宁市已完成了市级门户网站系统、覆盖全市政府单位的政务网络平台、服务公众的政务服务中心系统、方便快捷的无线政务信息发布系统、提高政府办公效率的OA系统等工程，显著改善了南宁市信息化环境，为“南博会”落户南宁提供了优良的信息化基础。

2. 企业信息化

根据“十六大”报告“以信息化带动工业化，以工业化促进信息化”的有关精神，广西大力推进企业信息化。如南宁市通过实施企业信息化“1126”科技支撑工程，使66%的规模以上工业企业开展了企业信息化工作，全市新产品产值率超过23%，降低新产品开发成本30%以上。柳州市大中型企业CAD技术应用达100%，中小企业达到80%以上，产品开发周期缩短了三分之一以上，经济效益显著。柳州中竹纸业有限公司实施以ERP、MES技术为支撑的改革，加强了生产和企业管理，使得企业产成品率提高10%以上，提高了产量，增加了销售收入，节约了成本。广西通过实施企业信息化，提高了企业整体经济效益，增强了企业综合竞争力，有力地推动了广西工业化步伐，促进了广西国民经济发展。为了具体指导广西企业信息化建设工作，抓好示范企业的信息化建设，根据广西企业发展的行业特点，自治区信息化领导小组办公室研究制定了《广西壮族自治区利用信息技术改造传统工业的实施意见》

和《广西“企业信息化百企行动”方案》。

3. 其他领域信息化

广西农业信息化、教育信息化、社会信息化、电子商务等方面也分别取得了相当明显的成效。如灵山、田阳、苍梧、扶绥等县的农业信息化试点工作、农业信息网的名特优农产品网上展销洽谈会、广西教育网、“校校通”工程、广西食糖网、广西外贸网、广西科技信息网和南宁市城市应急联动中心等项目的建设都取得了良好的经济效益和社会效益。2003 年下半年通过“广西名特优农产品网上展销洽谈会”，成农产品交易签约数量和金额分别为 140 万吨和 31.6 亿元；通过广西外贸网与外商签订的合同额达 2 000 万美元。

4. 监管与保障

为逐步推进广西信息化建设的规范管理，根据信息产业部《信息系统工程监理暂行规定》及其相关文件的精神，广西信息产业局组织开展了信息系统工程监理试点和临时资质评审工作，相关工作正在积极地推进和逐步开展，一些工程也已引入监理机制。同时，为了加强广西信息系统建设的监督管理，保证信息系统建设质量和投资效益，促进信息化建设的健康发展，结合当前信息化建设中的实际情况和存在问题，起草了《广西信息系统建设管理暂行规定》，相关配套管理办法正在起草之中。

2003 年，经工商注册成立了广西壮族自治区数字证书认证中心有限公司。该公司承建了“广西数字证书认证系统一期工程”，并已通过技术鉴定和项目验收。该公司现已实现数字证书的成功发放与运行，并在某些领域得到应用，走出了一条符合广西实际的投资少、见效快、起点高的发展路子。

【统计数据】

表 1　2003 年广西壮族自治区电子信息产业人员构成情况

企业类别	企业数（个）	年末从业人员总数	其中：人员构成（人）				
			工程技术人员	在总人数中所占比例（%）	管理人员	在总人数中所占比例（%）	软件开发研究人员
国有企业	13	3 724	808	21.7	502	13.5	939
集体企业	4	566	183	32.3	73	12.9	22
股份合作企业	1	170	79	46.5	22	12.9	7
有限责任公司	38	4 145	1 595	38.5	777	18.7	587
股份有限公司	4	1 005	257	25.6	123	12.2	27
私营企业	17	760	432	56.8	232	30.5	322
外商投资企业	6	1 061	170	16.0	90	8.5	46

表 2　2001 年~2003 年广西壮族自治区电子信息产业基本情况

项目名称	单位	2001年	2002年	2003年
工业总产值（不变价）	万元	316 680	332 146	368 039
工业销售产值	万元	232 400	152 574	197 956
其中：出口交货值	万元	5 759	7 148	9 707
软件出口	万元	56	9	24
工业增加值（生产法）	万元	47 509	63 848	61 228
从业人员年末人数	人	10 026	10 661	11 463
从业人员工资总额	万元	9 106	16 084	13 357*

备注：凡带*数据仅含制造业。

表 3　2001 年~2003 年广西壮族自治区电子信息产业财务情况

项目名称	单位	2001年	2002年	2003年
流动资金合计	万元	175 232	196 689	181 858*
固定资产合计	万元	79 261	59 091	72 124*
资产合计	万元	317 354	321 854	310 780*
流动负债合计	万元	177 789	178 522	169 339*
产品销售收入	万元	122 989	132 239	164 020*
其中：软件产品销售收入	万元	33 051	11 950	50 565*
投资收益	万元	166	493	–9*
应交所得税	万元	1 039	1 030	937*

备注：凡带*数据仅含制造业。

表 4　2001 年~2003 年广西壮族自治区电子信息产业主要经济效益指标完成情况

项目名称	单位	2001年	2002年	2003年
工业全员劳动生产率	元/人	44 388	63 404	46 094*
流动资金周转次数	次	0.7	0.8	0.6*
工业产品销售率	%	150.9	86.9	99.3*
总资产贡献率	%	3.9	6.1	5.9*
资本增值保值率	%	149.1	146.9	157.9*
资产负债率	%	72.6	70.6	72.8*

备注：凡带 * 数据仅含制造业。

表 5　2001 年~2003 年广西壮族自治区主要电子信息产品产销量情况

产品名称	单位	产量			销量		
		2001年	2002年	2003年	2001年	2002年	2003年
片式电阻	亿只	145.2	140	150.3	136.9	134.1	153.3
医用电子设备	台	1 781	2 440	3 043	1 573	2 213	3 030

[撰稿：广西区信息产业局　审稿：黄冠英]

海　南　省

【综述】

2003 年，海南省信息产业继续保持良好的发展态势。电子产品制造业完成工业总产值（不变价）2.82 亿元，同比增长 12.67%，完成工业增加值 0.52 亿元，增长 13.04%；完成产品出口交货值 0.53 亿元，增长 4.63%。软件产业完成销售收入 4.08 亿元，增长 25.1%，完成增加值 3.23 亿元，增长 23.75%。

2003 年海南省信息产业发展的主要特点如下：

1. 产品结构调整取得进展

在历经了几年的低增长后，海南省从创造环境和“抓重点项目入手，在扶持民营企业发展的同时，吸引外商投资，调整产业结构。2003 年，海南省一些重点电子产品的产销衔接较好。如：液晶显示片、双面印制板等产品的产销量大幅上升，并成为拉动电子产品制造业增长的重要因素。如：海南清华液晶显示厂的年产值为 8 000 多万元的液晶显示器控制模块生产项目，目前已完成投资 1.3 亿元的生产线建设，9 月实现了规模化生产和产品配套。海南联华电路板有限公司生产多层电路板 72 212 平方米，同比增长 13.24%，实现出口交货值 2 185 万元。海南正红科技公司的多层电路板生产项目，目前已经累计完成 1.2 亿元的投资。该项目的设计生产能力为月产量 3 万平方米，年产值为 3 亿元。目前，该项目已进入试生产阶段，所有产品全部出口。睿丰光纤项目已完成投资 1.61 亿元，10 月份已开始试生产。

经过几年的产品结构调整，目前，在海南省电子产品中，高技术含量、高附加值产品所占比重不断提高。

2. 软件业平稳发展

在各行各业信息化建设投入力度加大的环境下，海南省涌现出了一批拥有自主品牌产品的优秀企业。

2003 年，海口托普南方软件园完成产品销售收入 5 585 万元，实现利润总额 598 万元；海南建恒高科技股份有限公司完成产品销售收入 1 404 万元，实现利润总额 62 万元；海南大有计算机有限公司完成产品销售收入 3 138 万元，实现利润总额 506 万元；海航航空信息系统有限公司完成产品销售收入 1 204 万元，实现利润总额 206 万元。

科技进步与应用

2003 年，海南省加大产业结构调整和科技创新的力度，一批具有科技成果的重点项目已初步实现产业化，并在传统领域中获得应用。如：获得国家电子信息产业发展基金支持的“智能标签物流无线跟踪管理系统”已完成技术开发，“城域网公路客运票务结算系统”已进入产业化推广阶段，“无线通讯网络优化系统”已在中国联通等主要通信公司投入应用，睿丰光纤项目中的核心技术——“参铒”、“保偏”两类特种光纤的研制获得国家电子信息产业发展基金的支持，并取得实验成果。

台商投资的福豪电子厂在 DVD、视讯机、电视上网机等消费类产品中获得国家的 3C 认证。该厂第一批 DVD 的产量为 1 000 台，并已全部出口。海南清华液晶显示器控制模块生产项目已初步实现了规模化生产和产品配套。该产品是国家彩色液晶显示器研发的核心技术项目，填补了海南省在这一领域中的空白。

2003 年，全国电子信息系统推广办公室下达第二批“倍增计划”。海南省有 4 个应用和研发项目被列入计划中，即：车辆运营管理系统、海南先声投资集团企业信息化系统、海南省微波 GPS 卫星定位监控报警指挥调度系统、对虾养殖环境自动监控系统。项目总投资额为 3 406 万元。其中，贷款总额为 1 763 万元。截止到 2003 年，海南省共有 11 个信息项目被列入国家“倍增计划”，总投资额为 12 018.87 亿元。其中，贷款总额为 4 703 万元。在这些项目中，有 2 个项目获得 200 万元的国家资金扶持。

2003 年，海南省共完成计算机系统集成资质认定 22 家，软件企业认定 4 家，软件产品登记 31 个。

信息化建设

2003 年，海南省围绕传统产业，启动多个重点项目，促进信息技术在农业、旅游业等行业的应用，并取得良好的社会效益和经济效益。如：海南农垦电子商务交易中心自 2001 年 5 月开业以来，已发展全国各地客户 200 多家。2003 年，该中心累计成交天然橡胶各类产品 22.14 万吨，成交额为 24.76 亿元，分别比去年同期大幅增长。该中心是中国目前惟一的天然橡胶现货专业交易市场。海南医药电子商务网有 4 000 多种药品、170 多家企业、65 家医疗机构在网上交易，实现交易额 2.94 亿元。

"校校通"工程的网络建设、资源开发及市场推广等都有进展，实现全省 31 所学校联网，并与北京瑞信网联、国之源、清华同方、景山网校等多家资源商达成共建协议。

海南旅游电子商务应用服务系统实现全省骨干旅游企业 100%入网，其他旅游企业 60%入网。据不完全统计，每月的访问量在 180 万次以上。各市、县结合当地的特色经济，推进信息技术应用，促进地方经济发展。

加快政策法规建设

坚持政策规章先行，进行立法创新，完成《海南省信息化工程管理办法》送审稿；主动联合省物价局，完成《海南省电子政务服务性收费管理暂行办法》送审稿；探索信息化立法创新问题，完成海南省信息化立法调研报告，报省人大常委会，《海南省信息化建设条例》已被列入全省立法计划中；《海南省无线电管理条例（草案）》，通过省政府常务会议审议和省人大常委会主任会议审议。

【统计数据】

表 1　2003 年海南省电子信息产业人员构成情况

企业类别	企业数（个）	年末从业人员总数	其中：人员构成（人）			
			工程技术人员	在总人数中所占比例（%）	管理人员	在总人数中所占比例（%）
国有企业	1	528	51	9.66	89	16.86
港、澳、台合资经营企业	3	82	13	15.85	15	18.29
股份制企业	1	80	58	72.50	16	20.00

表 2　2001 年~2003 年海南省电子信息产业基本情况

项目名称	单位	2001年	2002年	2003年
工业总产值（不变价）	万元	11 500	26 227	28 200
工业销售产值	万元	8 436	14 813	23 761
其中：出口交货值	万元	4 329	6 444	5 300
工业增加值（生产法）	万元	3 100	4 611	5 200
从业人员年末人数	人	426	681	690
从业人员工资总额	万元	844	1 253	1 345

表 3　2001 年~2003 年海南省电子信息产业财务情况

项目名称	单位	2001年	2002年	2003年
流动资产合计	万元	13 787	12 426	21 368
固定资产合计	万元	13 489	16 132	13 365
资产合计	万元	8 298	19 525.3	43 239
流动负债合计	万元	20 679	19 298.7	45 534
负债合计	万元	23 093.8	19 844	51 950
所有者权益合计	万元	–1 555.5	–3 672	–9 013
产品销售收入	万元	7 933	8 629	9 364
投资收益	万元	–205.9	362.6	159
利润总额	万元	–1 348.5	438.4	591
应交所得税	万元		9	28

表 4　2001 年~2003 年海南省电子信息产业经济效益指标完成情况

项目名称	单位	2001年	2002年	2003年
工业全员劳动生产率	元/人	20 303	21 492	21 492
流动资金周转次数	次	0.47	0.52	0.59
工业产品销售率	%	97.87	96.33	84.25
总资产贡献率	%	–3.05	–1.89	–2.61
资本增值保值率	%	–115.62	–92.31	–106.24
资产负债率	%	278.3	101.63	120.16

[撰稿：林世良　审稿：周红]

四 川 省

【综述】

2003 年，制造业和软件业统计内企业 316 户，省重点企业 28 户，从业人员 12.83 万人，人才数量为 3.4 万人，专业技术人员 2.5 万。全年实现营业收入 550 亿元，完成工业增加值 276 亿元，其中：电子及通讯设备制造业完成销售产值 375 亿元，工业增加值 109 亿元；软件业完成销售收入 88.5 亿元；邮电通信业完成营业收入 184 亿元；全年完成出口额 10 亿美元，占全省出口总额的 30%。

重点地区、重点企业

2003 年，四川电子信息产业的重要载体成都高新区和绵阳科技城获得了较快发展。成都市电子信息产业销售收入同比增长 24.36%，工业增加值同比增长 22.8%。成都高新区中，摩托罗拉成都软件中心、汇源光通信、四威电子、川大能士、前锋电子、通达电子、迈普科技、奥晶科技、银河磁体等一大批电子信息公司已成为区内最具代表性和活力的企业。

经动态调整的 21 户四川电子信息产业重点优势企业，完成工业增加值 77.02 亿元，占电子信息产业的 70.66%。汇源集团、九州电器、国腾集团、神州数码成都公司、安彩成玻、内江方向、081 总厂、联想成都公司、索贝数码、三零盛安发展势头良好。特别是九州电器和内江方向，工业增加值的增长率在 50%以上。

主要电子产品

长虹彩电销售量居全国第一，世界第二位；半导体器件产销量、有线广播电视系统市场占有率居全国第一位，软件产业居全国第六位。全年累计生产彩色电视机 1 123.22 万台，同比增长 24.18%，销售 1 159.51 万台，同比增长 2.74%；生产彩色玻壳 567 万只，增长 37.3%，销售 512 万只；生产电子元件 35 亿只，增长 54.14%，销售 35 亿只，增长 58.6%；生产半导体分离器件 177.64 亿只，增长 24.6%，销售 179.44 亿只，增长 24.76%。

长虹公司克服了美国彩电反倾销诉讼带来的不利影响，积极开拓俄罗斯、东南亚等地市场，全年共出口彩电 426 万台（套），较去年增长 13 万台（套）。九州公司出口保持了较快增长，实现出口交货值 2.84 亿元，同比增长 27.4%。

2003 年四川信息产业科技兴贸工作获得了商业部、发改委、科技部、信息产业部等八部委的表彰。

软件业及信息化应用

软件业实现销售收入 88.5 亿元，同比增长 30%，其中，软件销售收入 55.8 亿元，同比增长 33.5%；完成工业增加值 35.6 亿元，同比增长 42.9%。软件业出现产业相对集中趋势，软件业中纯软件收入的比重增大，出口增长较快，系统集成能力明显增强，软件产业链正在逐步形成。

通过认证的软件企业达 259 户。有计算机信息系统一级资质企业 3 家（托普、鼎天、银海），二级资质企业 8 家，三级资质企业 49 家，四级资质企业 37 家，总量列全国第二位。已登记软件产品 592 件，工业增加值增长率高于 30%，软件产品中包括系统软件、中间件，大部分为各类应用软件，覆盖了政府、金融、安全、教育、卫生、社保、交通、通讯、电力等诸多领域。

软件业的发展，极大地提升了全省信息化应用水平。一年来，电子政务、企业信息化建设步伐不断加快。多数省级机关建立起了管理信息化系统，网上服务应用明显提高。以成都市为代表的各市州信息化建设立足于服务经营城市，引入市场机制，聚集社会资源和优化资源配置，取得了明显成效。如成都市的“成都通”建设项目，2003年在市区主要街道、社区、商业区、车站投放使用了416座“成都通”，内容栏目总数达到27个，信息总数达到23 500多条。开通了在线支付系统，市民可以刷卡进行在线购票、在线缴费、在线货款等，实现了交互式商务交易。“城市通卡工程”，通过有关公司共同出资，建成了“公交子系统”，完成了车载机及充值点建设及20万张月票卡、10万张普通卡的制作和发放，已经在二环路内以及4条区间公交线上使用。教育系统大力推进信息技术在教学中的应用，利用数据网络和电话语音开展了远程教育，实现了远程师资培训零的突破；组织开发了优质课堂教学资源向农村学校免费开放，努力缩小区域教育水平差距。旅游系统开通了旅游公众信息网，“黄金周预测预报暨日常统计报表报送系统”实现了成都市黄金周统计数据的网上填报、汇总、统计，并及时向社会发布信息，初步实现了与企业网上互动。交通系统已实现交通办证业务的远程办理，在1 100多辆长途客运车辆上安装应用GPS安全调度监控系统，一批主枢纽客运站已实现客运车票的网上互售和结算。劳动保障系统新开发了适用于非城镇人员的综合保险管理信息系统，并完成了社会保险信息系统的升级改造的准备。市政公用系统建立了基于地理信息系统基础的桥梁管理信息系统和地下管线地理信息系统。市执法局综合执法指挥信息系统和市水利局防汛指挥信息系统（一期）已经开始运用。

信息服务业

全省光缆总长度达到14.60万皮长公里，其中，长途光缆线路达2.38万皮长公里，本地网光缆长度达到12.22万皮长公里。长途网与本地网光缆结构、布局进一步优化，网络整体数字化水平明显提高。固定电话局用交换机容量达到1 362.10万门，比去年初新增138.21万门，移动电话交换机容量达到1 368.70万门，比去年初新增204.80万门。宽带业务网端口总容量达47.60万个。

全省电话用户发展继续攀升。全省电话用户总数突破2 000万户大关，达到2 300.62万户，比去年初增加556.71万户，平均每月新增46.39万户，其中：移动电话用户数达到1 178.90万户，比去年初增加316.91万户，平均每月新增26.41万户；固定电话用户数达到1 121.72万户，比去年初增加239.80万户，平均每月新增19.98万户。全省电话普及率大幅度提高，达到28.13%，比年初提高7.29个百分点，其中移动电话普及率达到14.78%，固定电话普及率达到13.34%。

招商引资

全年实际利用外资6 100万美元。四川省吸引外来资金的力度排名西部第一的优势继续得到巩固和发展。英特尔公司投资3.75亿美元建芯片封装测试厂顺利签约，前期已到位资金1 875万美元。摩托罗拉在该省建立亚洲最大的研发中心。联想研究院分院落户四川。微软公司在成都与国家信息安全基地公司合作建立的“成都微软信息安全技术中心”（投资2 024万元人民币，其中微软投资1 824万元，占90.12%）是微软公司继投资中关村科技后，在我国软件产业的第二次实质性投资，也是微软公司在四川的第一个投资项目。继这四个项目之后，爱立信（全球研发中心）、思科（全球中文呼叫中心）、微软（在川投资）、中芯国际（建立集成电路制造、封装生产线）有望在四川落户或扩大投资。

国际合作进一步加强。2003年，索尼以1 800万美元溢价收购索贝数码67%的股份。迈普通讯获英特尔等4大投资基金1 500万美元的融资等。

基地建设

到 2003 年底，国家软件产业基地（成都）项目已经累计完成投资 1 亿多元。在前期完成土地征用、拆迁等工作的基础上，该项目已经完成建筑面积 16 000 平方米，正在争取国家级软件出口基地。信息安全基地建设顺利，已有 39 家企业入住基地。迈普安全基地园基本建成。集成电路设计基地有较大幅度增长。

军工电子

依托 10 所、29 所、30 所、九州公司等的技术、人才、产品优势，电子军品整体水平居全国领先地位。2003 年该省军工电子企业老产品订货量下降，但一大批新型的电子装备产品的订货数量增加，因此与军方的总订货量有所提高。2003 年军工电子企业军品销售产值 19.97 亿元，比去年同期增长 27.5%。

军工电子企业技术改造进展顺利。通过技术改造，建成了一批电子战装备整机、微波集成和精细加工等方面的核心生产线，提高了企业的技术水平，增强了产品开发手段，为企业研发创造了条件。

产业结构改进与新经济增长点

2003 年，成都（软件及通信）、绵阳（消费类电子）、乐山（元器件）及成都高新区、绵阳科技城等地区积极进行产业结构的进一步优化。2003 年，英特尔、摩托罗拉等大公司的纷纷入川，逐步从根本上改变了过去多年来形成的以消费类产品为主的产业结构，将形成消费类、投资类、基础元器件类协调发展的新格局。信息产业的研发与生产进一步向大集团和民营企业集中，其骨干作用和主导地位越来越突出，在全行业中的作用越来越大。

企业经济结构调整成效明显，不断形成新的经济增长点。安彩集团新投入的投影管及玻壳生产线均属世界先进水平，玻壳生产线规模已达世界第二位。国腾的“双星定位用户终端系统”已经投产。绵阳长虹的彩电、背投正逐步向高清晰度方向发展。数字电视、液晶电视核心技术正在研发当中。内江方向光电从传统的 CRT 生产到液晶显示屏的转向，逐渐从产业链的低端向高端靠拢。广元市在军转民的过程中，同步实施经济结构调整，经济效益逐步好转，损额比去年同期下降 25.1%。成都市的“数字娱乐业”发展方兴未艾，力争成为我国数字娱乐中心之一。

技术进步

一是在集成电路领域，随着英特尔公司以及其他集成电路制造企业的进驻，该省形成了包括设计制造、封装、测试在内的完整产业链；二是在信息安全方面，信息安全技术覆盖了基础平台、网络、通信、应用、支撑体系、终端等不同层面，初步形成了信息安全产业链；三是在数字电视领域，从数字电视芯片、发射、传输、终端以及应用软件等技术领域形成了丰富的技术储备；四是对知识产权保护和标准化战略研究有更加深入的认识，相关工作提升到新的高度。

通过技术进步和技术创新，在产品开发技术、系统集成技术、军事电子技术、信息处理与应用技术等方面取得了新的突破，建立了从原材料、元器件、整机设备到系统网络和软件等专业门类比较齐全、具有相当规模和水平的科研生产体系。特别是以微电子技术、数字技术、网络技术、软件技术为支撑而开发的产品不仅设计成熟度高，且产品的安全性进一步提高，很多产品在国内处于领先水平。

信息技术与传统产业

成都市依托强大的软件产业优势，在信息化基础建设上取得了明显的成效。行业信息化建设稳步推进，成都市10户企业信息化试点工作全面铺开，34个企业信息化建设项目纳入技术创新项目备案，总投资超过2亿元。成都市还启动了“教育信息化”工程，专门成立了“教育信息化产业公司”，社会资金已投入一亿多元。成都市公交系统“城市卡”已经开始试用。内江市在重点企业技改过程中，普遍采用信息化技术，提高了生产效率，减轻了劳动强度。鼓励企业积极组建企业内部局域网，提高自动化水平。内江川威集团在以信息化对传统工业的改造方面起到了良好的示范作用。威远白塔集团利用计算机网络进行网上销售和售后服务管理。宜宾丝利雅集团“设备自动控制及企业信息系统工程”的成功应用，为企业带来了良好的经济效益和社会效益。德阳是我国的重大装备生产基地，德阳东电、东气、罗江爱华电子公司在用信息化改造传统产业方面也取得了不小成绩。广元市加大技改投入，截至目前，已投入资金2 000多万元。

争取国家资金支持

近三年来，获得的信息产业部电子生产发展基金连续三年翻倍，2003年有16个企业获得2 250万元的支持。获得国家发改委高技术专项支持8项，资金6 600万元。获得信息产业部“倍增计划”贴息企业39个，带动项目总投资72 830万元。获得省发改委、经委、科技厅等各种支持项目55项，资金700万元。2002年和2003年累计争取到国家转移支付专项资金3 880万元，争取到的资金款额名列全国第二。

【统计数据】

表1　2003年四川省电子信息产业人员构成情况

企业类别	企业数（个）	年末从业人员总数	其中：人员构成（人）			
			工程技术人员	在总人数中所占比例（%）	管理人员	在总人数中所占比例（%）
全部企业合计	222	115 017	20 750	18.0	12 759	11.1
国有企业	25	47 967	5 331	11.1	3 002	6.3
集体企业	10	1 340	320	23.9	190	14.2
股份合作企业	6	2 492	897	36.0	213	8.6
联营企业	1	310	81	26.1	41	13.2
有限责任公司	129	32 521	–	23.9	4 836	14.9
股份有限公司	23	20 853	4 065	19.5	3 177	15.2
私营企业	14	5 466	1 633	29.9	732	13.4
港、澳、台商投资企业	2	198	23	11.6	24	12.1
外商投资企业	12	3 870	631	16.3	544	14.6

表 2　2001 年~2003 年四川省电子信息产业基本情况

项目名称	单位	2001年	2002年	2003年
工业总产值（1990 年不变价）	万元	4 957 141	6 929 284	7 686 610
工业销售产值	万元	2 811 462	3 604 857	3 368 554
其中：出口交货值	万元	195 362	864 220	797 946
软件出口	万元	2 639	1 276	2 075
工业增加值（生产法）	万元	852 085	940 283	1 110 471
从业人员年末人数	人	112 122	118 192	115 017
从业人员工资总额	万元	123 280	148 013	207 882

表 3　2001 年~2003 年四川省电子信息产业财务情况

项目名称	单位	2001年	2002年	2003年
流动资金合计	万元	3 595 239	3 815 335	3 560 681
固定资产合计	万元	978 595	1 076 687	1 082 947
资金合计	万元	5 160 067	5 583 091	5 120 211
流动负债合计	万元	2 254 561	3 474 690	2 432 203
负债合计	万元	2 695 162	29 651 525	2 920 119
所有者权益合计	万元	1 836 780	2 596 599	2 144 907
产品销售收入	万元	2 739 817	3 245 421	3 779 369
其中：软件产品销售收入	万元	356 269	509 670	796 365
投资收益	万元	45 395	12 098	10 470
利润总额	万元	154 563	156 607	151 562
应交所得税	万元	25 671	19 679	22 863

表 4　2001 年~2003 年四川省电子信息产业主要经济效益指标完成情况

项目名称	单位	2001年	2002年	2003年
工业全员劳动生产率	元/人	76 439	81 662	81 298
流动资金周转次数	次	0.84	0.92	0.92
工业产品销售率	%	97.0	102.8	98.7
总资产贡献率	%	6.0	5.1	5.1
资本增值保值率	%	118.8	112.0	279.3
资产负债率	%	52.2	53.1	57.0

表 5　2001 年~2003 年四川省电子信息产业主要产品产销量情况

产品名称	单位	产量			销量		
		2001年	2002年	2003年	2001年	2002年	2003年
彩色电视机	万台	525.49	904.53	1 123.22	599.77	1 128.54	1 159.51
组合音响	万台	16.27	6.12	4.67	14.63	6.27	12.55
VCD、DVD	万台	82.19	351.62	318.81	77.02	363.1	294.71
微型计算机	万台	10.72	11.82	0.63	10.72	11.79	0.63
显示器	万台	11.38	27.9	32.76	11.42	27.95	32.63
彩色玻壳	万只	343	413	566.90	264	480	511.8
电线电缆	万千米	253.98	154.5	103.39	247.27	156.66	103.65
其中：光纤光缆	万千米	160.84	73.77	94.31	156.8	77.73	94.62
集成电路	万块	556.01	881	801.20	506.97	796	760.65
电子元件	万只	159 987.35	227 004	349 908.59	150 511.68	220 070	349 073.9
电子器件	万只	954 398.52	1 639 476	1 903 144.38	949 751.52	1 611 348	1 928 473
空调器	万部	70.54	55	93.00	60.55	80	88

[撰稿：肖斌　审稿：李伟]

重　庆　市

【综述】

2003 年，重庆市电子信息产业继续保持快速发展的良好势头，信息化建设取得明显成效。

全年电子信息产业（含软件业）完成工业总产值（1990 年不变价）95.63 亿元，同比增长 49.67%；实现销售收入 71.91 亿元，增长 42.8%；实现利润总额 3.45 亿元，增长 65.3%；实现税金总额 2.32 亿元，增长 7%；完成工业增加值 74.1 亿元，同比增长 20%。

电子计算机、电子测量仪器、软件、通信设备仍是重庆市电子信息产业发展的主要力量，共完成工业总产值（不变价）71.3 亿元，占全市电子信息产业总产值的 74.6%。

2003 年，重庆市电子信息产业共有 26 家企业销售收入超过 5 000 万元，15 家企业超过亿元，其中，四联集团销售收入为 18.09 亿元，朝华科技集团销售收入为 17.06 亿元。这两个集团均进入全国电子百强企业。

全年生产彩色电视机 60.3 万台，增长 80%，产销率达到 100%；半导体分离器件 19.68 亿只，增长 29.2%，产销率超过 100%；集成电路 1 814 万块，增长 92.8%，产销率达到 96.9%。

全年软件产业实现销售收入 12.63 亿元，同比增长 50.3%；利润总额 1.13 亿元，增长 65.4%。

科技进步与应用

2003 年，海扶（HIFU）科技有限公司的“高强度聚焦超声肿瘤治疗系统（海扶刀）”获得 2003 年国家信息产业重大技术发明奖；金算盘 8e/ERP、基于基站网络的移动电话定位设备、普光农业税收征管系统 PAT2.0、锰酸锂锂离子电池、DK-2000A 型手术动力装置、NIP-200 无创颅内压监测仪等 6 个 IT 产品被列入 2003 年度国家重点新产品计划。

目前，重庆市在仪器仪表、通信设备尤其是无线通信设备、数字视听产品、数字医疗设备、汽车电子产品、管理类软件等方面具有优势，具备较好的产业化基础。

通信设备　重庆邮电学院发挥第三代移动通信技术优势，研制出中国也是世界上第一部 TD-SCDMA 3G 手机功能样机。重邮信科股份有限公司加入国家 3G 产业化联盟。目前，该公司正在与国内企业合作研发第三代移动通信终端设备。

数字医疗设备　重庆数字医疗设备已形成较为完整的数字医疗设备产业群。重庆海扶 (HIFU) 公司研制出的高强度聚焦超声肿瘤治疗系统 (简称海扶刀)，在世界上首次提出“生物学焦域”的概念，是中国首创、具有完全自主知识产权的大型医疗设备。目前，该产品已出口到英国、日本、韩国。“医用红外热像仪”、“TEC 视觉电生理检查系统”、“无创脑水肿动态监护仪”、“BORN2001 嵌入式心电网络远程监护系统”等医疗设备和“混合型生物人工肝系统”、“DK-2000 系列手术动力装置”等项目与产品已进入产业化阶段，发展势头较好。

四联集团是中国最大的综合性仪器仪表产业基地。目前，重庆市正在以四联为核心，联合相关研究机构，建立国家级电子仪器仪表产业园。信威公司的 SCDMA 综合无线接入系统是国家鼓励和推荐采用的系统。

数字视听与数字电视技术　有线数字电视节目在主城区范围内试播，完成总前端和主城区各子前端系统的建设；康佳集团、四联集团等企业研发了数字机顶盒，庆佳在国内首推了 DVB-C

一体化有线数字调谐器产品。

汽车电子产品 重庆市信息产业在汽车传感器、音响系统、GPS 定位导航系统、汽车胎压监视系统、汽车（摩托车）点火控制系统、数字化表盘、车载综合智能系统等方面大量采用信息技术，其中部分技术已经实现成果转化。

城域商用试验网 重庆市建成国内第一个基于 IPv6 的城域商用试验网。目前，有关企业正在该试验网上开展包括有线无线接入路由器、内容分发管理系统、NAT-PT 协议转换设备、IPv6 示范性应用系统和 IPv6 城域网商用试验系统等多方面的研究，在某些方面已获得了具有商业化的科研成果，如：IPv6/IPv4 双栈接入路由器、流媒体内容分发管理网络、NAT-PT 协议转换器、视频会议系统。

利用外资和出口情况

2003 年，重庆市电子信息产业全行业合同利用外资 4 802.94 万美元，实际到位外资 1 086.99 万美元。全行业完成出口交货值 15 266 万元，其中，软件制造及软件服务业 2 272 万元，通信传输设备制造业 708 万元，电视机制造业 628 万元，电子测量仪器制造业 10 681 万元，医疗电子仪器及设备制造业 977 万元。

信息化应用情况

2003 年，重庆市启动实施电子政务建设，推进信息技术在各领域的应用，促进了全市国民经济和社会信息化。

电子政务建设 根据中办发〔2002〕17 号文件和广州会议精神，结合重庆市的实际情况，市委、市政府制定并下发了《关于推进我市电子政务建设的工作意见》；编制完成重庆市电子政务内网、外网建设方案。

“金字工程” 金财工程完成了市级国库集中支付系统与人民银行营管部清算系统的横向联网；金保工程确定了社会保障信息系统项目建设的代理业主；金盾工程完成了市公安局与区、县（市）局二级网的开通；金农工程建立了市级农业信息网络平台；金融工程启动基础系统，并实施个人信用信息数据库的建设。目前，全市 16 家发卡银行已全部开通银行卡联网通用业务。

“重庆城市基础地理信息数据库”已完成全市 1:250000 空间数据更新工作，1:10000 和 1:500 空间数据已部分更新；GIS 已广泛应用于公安、消防、城市规划等领域。

行业信息化 在教育信息化方面：全市 224 所小学建立了完整的校园网，757 所学校已建校园局域网并能上网；完成教育部“西部中小学现代远程教育项目”一期工程和重庆市“中小学现代远程教育项目”，建成 1 450 个地面卫星收视点，接受远程课程学习的学生近 50 万人。重庆大学、西南师范大学获得教育部批准，分别建立了网络学院，通过互联网开展远程学历教育。在交通信息化方面：全市有 73 条公交线路、1 550 辆公交车实现了 IC 卡收费，IC 卡发行量为 14 万多张，投入资金 3 000 万元。全市 85%以上的已建高速公路开通了联网收费，路网内收费站 41 个。在城市应急信息化方面：建成了各级疾病控制中心和县及县以上医疗卫生机构 SARS 疫情专报信息系统。

企业信息化 目前，重庆市已有 3 000 多家企业实施企业信息化项目，上万家企业实施上网工程；滚动实施了 80 个重点企业信息化带动工业化项目，累计投入资金 7.2 亿元，其中有 13 个项目已经完成。在大型企业集团中，开展企业信息化试点。长安集团投入 8 000 多万元资金实施 ERP，为企业带来社会效益和经济效益。

全市建成了商业网上市场，已有近千家商贸企业通过该网进行网上交易，2003 年实现网上交易额超过 10 亿元。推进中国摩托车电子商务平台的建设，组建了重庆中摩联公司，2003 年实现网上采购额 7 000 多万元。重庆 CA 中心通过了国密办的安全性审查。目前，该中心已向社会正式发放数字证书 500 余份，开始了网上的数字身份认证。

其他信息化 重视信息安全，贯彻中办 27 号文件精神，研究制定重庆市信息安全保障工作实施意见，开展计算机系统安全等级划分标准的试点，组建了国家信息安全产品评测认证中心重庆分中心，获得国家授权批文。加强对区县信息化建设的指导，北碚区、渝中区、涪陵区等区县的信息化建设取得进展。重庆高速公路联网收费系统建设项目完成，并被评为国家“倍增”计划优秀项目；完成了重庆互联网交换中心和国家计算机网络安全分中心一期建设项目。

政策法规

重庆市重视信息产业和信息化政策法规建设。2003 年，重庆市委、市政府研究制定并下发了《关于推进我市电子政务建设的工作意见》、《关于加快我市软件产业发展的工作意见》和《重庆市信息化工程建设管理暂行办法》等规范性文件，为信息化建设营造了良好的政策环境。

【统计数据】

表 1　2003 年重庆市电子信息产业人员构成情况

企业类别	企业数（个）	年末从业人员总数	其中：人员构成（人）				
			工程技术人员	在总人数中所占比例（%）	管理人员	在总人数中所占比例（%）	软件开发研究人员
国有企业	8	4 028	860	21.4	682	16.9	267
国有独资企业	1	96	92	95.8	4	4.1	84
集体企业	1	26	22	84.6	4	15.4	5
股份合作企业	2	38	20	52.6	5	13.1	5
私营企业	38	2 111	1 284	60.8	315	14.9	834
港、澳、台商投资企业	5	568	217	38.2	71	12.5	108
外商投资企业	8	1 481	335	22.6	345	23.3	59
其他企业	37	12 813	3 733	29.1	2 718	21.2	841
合计	100	21 161	6 563	31	4 144	19.6	2 203

表 2　2001 年~2003 年重庆市电子信息产业基本情况

项目名称	单位	2001 年	2002年	2003年
工业总产值（不变价）	万元	458 937	592 602	956 252
工业销售产值	万元	269 237	356 082	823 952
其中：出口交货值	万元	12 272	14 452	37 270
软件出口	万元	27（万美元）	746	311

续表 2

项目名称	单位	2001 年	2002年	2003年
工业增加值（生产法）	万元	60 706	72 048	140 753
从业人员年末人数	人	16 598	16 124	21 161
从业人员工资总额	万元		35 181	34 510

表 3　2001 年~2003 年重庆市电子信息产业财务情况

项目名称	单位	2001年	2002年	2003年
流动资产合计	万元	300 912	325 271	324 938
固定资产合计	万元	217 250	136 454	138 950
资产合计	万元	655 563	597 341	987 223
流动负债合计	万元		266 793	349 012
负债合计	万元	472 744	349 006	627 506
所有者权益合计	万元	176 069	242 803	
产品销售收入	万元	277 283	388 845	719 228
其中：软件产品销售收入	万元	20 573	51 031	74 157
投资收益	万元	464	4 525	
利润总额	万元	11 688	19 958	34 469
应交所得税	万元	2 937	3 765	

备注：在表 3 统计的数据中，只有 2001 年将长丰通信纳入了统计，当年它的固定资产合计约 8.1 亿元。

表 4　2001 年~2002 年重庆市电子信息产业主要经济效益指标完成情况

项目名称	单位	2001年	2002年
工业全员劳动生产率	元/人	35 230	44 605
流动资金周转次数	次	1.0	1.2
工业产品销售率	%	95.6	89.6
总资产贡献率	%	5.9	6.4
资本增值保值率	%	134.9	99.6
资产负债率	%	72.1	58.4

表 5　2001 年~2003 年重庆市主要电子信息产品产销量情况

产品名称	单位	产量			销量		
		2001年	2002年	2003年	2001年	2002年	2003年
彩色电视机	台	317 371	335 000	603 000	309 294	335 000	603 000
集成电路	万块	1 427	941	1 814	1 514	950	1 757
半导体分立器件	万只	108 575	152 300	196 750	112 528	147 359	199 813
计算机软件	件/套	27 026			26 972		
电子调谐器	万只	218	383		203		
微波通信设备	部	2 510			2 510		
程控交换机	线	23 191			23 575		
光盘	万片	3 061	6 330		2 859		

［撰稿：景根元　审稿：郝明］

贵　州　省

【综述】

2003 年，全省信息产业经济运行总体形势好于去年，生产、销售、利税、出口等几个重要经济指标均呈较快增长，持续向好的方向发展，体现了全省信息产业良好的增长势头和蓬勃的发展后劲，产业规模有新的突破，三年翻一番。

主要经济指标情况：完成工业总产值（不变价）79.4 亿元，同比增长 26.1%，在 2000 年的基础上实现翻一番；完成工业增加值 8.6 亿元，同比增长 17.8%；完成销售收入 33.1 亿元，同比增长 32.5%；完成税金总额 11 671 万元，同比增长 55.6%；完成利润总额 8 976.6 万元，同比增长 20.6%；完成出口交货值 6 亿元，比全年出口计划多完成 4 亿元，同比增长 354.1%。

产值方面：生产保持强势增长，不论从产业整体还是重要企业个体的角度来看，贵州信息产业都保持了同比高速发展。振华公司、海信电子、江南航天、南方汇通等几个主要企业或企业群贡献最大，其产值所占比重超过 96%。投资类、消费类、元器件类三大比例较为合理，为 42:18:40。

产品方面：主要产品处于快速增长状态，产销两旺；部分不具有竞争优势的产品处于衰减状态，日益减少；部分产品处于成长状态，有良好的发展前景。发展形势较好的产品主要是微硬盘、集成电路、电子元件、锂离子电池、电话单机、彩色电视机等产品。

全年 1.0 英寸微硬盘累计生产 25.5 万片，销售 25.3 万片。集成电路累计生产 3 334 万块，同比增长 84.3%；销售 3 257 万块，同比增长 99.9%。锂离子电池累计生产 1 246 万只，同比增长 59.9%；销售 1 210 万只，同比增长 68.8%。电子元件累计生产 57.6 亿只，同比增长 64.2%；销售 56.1 亿只，同比增长 56.9%。电话单机累计生产 147 万部，同比增长 41.8%；销售 145 万部，同比增长 36.5%。彩色电视机累计生产 42 万台，同比增长 32.4%；销售 44 万台，同比增长 29.3%。打印机墨盒累计生产 70 万只，同比增长 40%；销售 69 万只，同比增长 40%。CDMA 手机累计生产 33.6 万部，同比减少 2.4%；销售 26.4 万部，同比减少 16%。程控交换机累计生产 1.9 万线，同比减少 45.6%；销售 1.9 万线，同比减少 47%。半导体分立器件累计生产 2.7 万只，同比减少 10.1%；销售 2.7 万只，同比减少 5.5%。

效益方面：经济效益向好的方面发展。累计实现税金总额 11 671 万元，同比增长 55.6%。累计实现利润总额 8 976.6 万元，同比增长 20.6%，于 10 月底提前 2 个月完成全年出口计划。1~12 月，累计完成出口交货值 6 亿元，比全年出口计划 2 亿元多完成了 4 亿元，同比增长高达 354.1%。出口的主要产品是振华公司的手机、元器件和南方汇通微硬盘公司的 1.0 英寸微硬盘。全行业产销率达到 92%。

进入的产品领域增多：从 2001 年开始，贵州电子信息产业进入了以手机为代表的移动通信领域，以锂离子电池为代表的新型能源领域。2003 年又进入以微硬盘为代表的高科技存储设备领域，以银粉导体浆料为代表的新型材料领域。随着产业部门的增加，贵州电子信息产业服务和关联的产业逐步多样化，反映了产业由小到大、由弱到强的演进趋势。

经济运行的特点：结构调整进程加快。2003 年贵州信息产业进入的行业领域增多，推出了新的产品，出口得到大幅增长，引入了股份制和外资的运作模式，原有产业基础在巩固的同时兴建了新的企业。自从省委、省政府确立了以信息产业发展为主体的创新知识经济发展计划之后，产业升级和结构调整的进程不断加快。

新的经济增长点正在快速形成。经过多年的发展，贵州信息产业在 2003 年取得了长足的进步，新型电子元器件、CDMA 手机、微硬盘等新产品作出了一定贡献，新的经济增长点正在形成。

技术改造和科技创新的成果日益显现。在用信息技术改造传统产业，以信息化带动工业化中，全省信息产业领域 2003 年进行技术改造项目 14 个，列入国家和省级“320 工程”计划的重点项目 9 个，军工技改项目 5 个，涉及资金 2.3 亿元。推荐申报行业内技术创新、新产品试产计划、科技成果等 38 个项目。通过技术引进、技术改造和技术创新等项目的实施，全省电子信息产业的生产技术装备和测试手段得到改善和提高。1.0 英寸和 1.8 英寸硬盘项目，表面贴装分立器件（SMD）后封装生产线技术改造项目、高能锂离子电池技术、高压真空弧灭技术、片式钽电容等分别达到国际领先水平和国内先进水平，使全省电子信息产业企业得到了不同程度发展，形成了一批具有贵州特色的优势产品，大大增强了企业的整体实力和产品的市场竞争力。

信息化建设

该省信息化从实际出发，从应用做起，主要抓了两方面的工作：一是运用信息技术改造和提升传统产业，在机械、电子、冶金、航空、航天、化工等 10 个行业中大力推广 CAD 和 ERP 试点工作，效果十分明显，而且市场份额进一步扩大。二是把信息技术应用到社会管理方方面面，构建了一个横向到边、纵向到底的政府和社会管理运作的信息管理系统。在政府信息化方面，省政府各部门及 9 个地、州、市政府已上网，20 个行业管理部门已建立了内部局域网，有些部门基本实现无纸化办公。在信息资源开发方面，全省已在计委系统、经贸系统及科技、教育、金融、财税、农业、工交、商贸等领域开发各类信息资源库几十个，有力地推动了城市和农村的教育、医疗、文卫等社会事业的发展，提高了管理效率和服务水平。税务、银行、工商、电力等行业将信息技术与实际业务紧密结合，取得了显著成效。税务系统建成了省局、地市局到区县局、镇所的网络，计算机征税覆盖面达到 80%以上，对加强征管、健全监管起到了重要作用。

计算机系统集成和软件业

软件产业已形成一定基础，处在发展的关键阶段。按照“以应用促发展”的方针，努力促进资源整合，积极拓展市场空间，系统集成和软件业的规模不断扩大。全省从事该项业务的企事业单位 90 多户，从业人员 2 000 多人，已有 80 多户企业通过了资质认证或登记，100 多个软件产品通过了登记。其业务范围涵盖了平台软件、中间软件和应用软件三个主要类别，涉及宏观决策、办公自动化、通信网络、电子政务、电子商务、企业管理、财务管理、家电智能、楼宇节能、物业管理以及地理信息、信息管理、控制、检测、安全、查询系统等国民经济和社会发展的各行各业，有的产品被国家列为顶级产品，进入了国内外市场，产生了较好的经济效益和社会效益。贵阳软件园正在成为全省软件业的孵化基地。2003 年，全省软件企业共实现销售收入 4.8 亿元。

武汉大学吉奥公司向贵阳市赠送地理信息系统软件

2003 年 12 月 26 日，武汉大学吉奥公司吉奥之星地理信息系统基础平台软件赠送仪式在贵阳举行，贵阳市有关单位接受了该公司赠送的价值 1 500 多万元的地理信息系统软件。贵阳市建设局、国土局、规划局等有关部门和单位将成为这批软件的最大受益者。该软件的掌握和应用，将对推进贵阳市各相关部门的地理信息应用系统建设，加快全市地理信息系统平台建设和应用系统建设发挥积极作用。

计算机软件考试

2003 年，贵州省参加全国软件专业技术资格和水平考试的报考人数为 1 567 人，实考人数为 1 044 人。通过资格考试合格的有 31 人，其中，初级程序员 4 人、程序员 12 人、高级程序员 15 人；通过水平考试合格的有 125 人，其中，初级程序员 16 人、程序员 63 人、高级程序员 33 人、网络程序员 10 人、网络设计师 3 人，为全省信息产业的发展提供了一定的软件后备人才。

系统集成项目经理培训班

贵州省信息产业厅与信息产业部资质认证办公室、中国电子信息产业发展研究院（中国软件评测中心）于 2003 年 8 月初共同举办了“信息产业部系统集成项目经理培训首期贵州班”。来自贵州振华信息技术公司、贵阳长城宽带、贵州宇航、贵州宏网远辉公司等 25 家系统集成单位的 72 人参加了这次培训。中国人民大学、清华大学的博士、研究员分别就系统集成项目管理基础、系统集成项目实践、应用系统集成典型技术及最新发展、系统项目经理管理概论等方面进行了授课。这次培训对进一步促进全省计算机信息系统集成业发展，规范行业管理，提高计算机信息系统集成项目管理水平和项目建设质量将起到极大的推动作用。

1.8 英寸微硬盘项目开工建设

继南方汇通科技股份有限公司自主研发的 1 英寸微硬盘成功投产之后，贵州省又一个具有完全自主知识产权，技术处于世界领先水平的 1.8 英寸微硬盘项目，于 2003 年 8 月 10 日在贵阳市国家高新技术开发区金阳产业园正式开工建设。该项目由贵州世华数码创业投资有限公司自主研发，预计 2004 年 4 月投产，2006 年 12 月达产。目前该项目建设工作进展顺利，一期工程的土地使用手续全部办理完毕，二期用地手续已基本完善，现已结束各主体建筑场地及110KV变电站场地的平整，场地内部道路及场地四周的平整已基本结束。5万平方米主厂房、能源中心、研发中心均已封顶，有关设备正在进行安装调试。

1英寸2.2GB微硬盘首次投放国内市场取得成功

南方汇通微硬盘科技股份有限公司生产的1英寸微硬盘于2003年10月下旬在北京、上海、广州三大城市拉开了国内销售和市场推广活动的序幕，并引起轰动效应。

此次上市的微硬盘产品型号是：MagicStor 1022C和1022U，以1022C为主，容量2.2GB，全面兼容佳能、尼康、奥林巴斯等数码相机。原计划这两款国产的大容量微硬盘产品优先供应国外市场，2004年才在国内市场销售，南方汇通公司经过市场调研，决定调整经营策略，在国内三大数码产品销售市场率先投放，既瞄准国际市场，又认真运作国内市场，努力在国内外市场树立贵州生产的微硬盘品牌。这两款产品具有两大竞争优势，可以完全替代竞争对手日立环球存储科技公司的1英寸微硬盘。

国家863微硬盘研发中心落户贵州

经国家科技部批复，同意在贵州省组建国家863微硬盘研发中心。微硬盘研发中心的建立，将有利于促进世界微硬盘生产及技术向我国转移，打破国外公司在技术上的垄断，推动我国微硬盘产业链的形成和微硬盘产业的可持续发展，同时，也有利于培养、吸收、整合优秀人才资源，消化国际一流技术，开发自有知识产权的核心技术，提高我国信息产品的国际竞争力，实现贵州信息产业的跨越式发展。

创新知识经济发展计划国际会议

贵州省创新知识经济发展计划国际会议于2003年9月17日在贵阳隆重开幕，省委书记钱运录，省长石秀诗发来贺信，副省长陈大卫，联合国工业发展组织特使、驻中国首席代表胡援东出席会议并讲话，国家发改委、信息产业部、科技部、世界知名企业代表、著名专家和基金代表等国际国内知名人士近500人出席会议。

钱运录、石秀诗在贺信中说，按照党的十六大提出的走新型工业化道路的要求，贵州省委、省政府从实际出发，把加快发展拥有自主知识产权的高新技术产业作为全省实现跨越式发展的突破口，大力实施创新知识经济发展计划，加快构建创新知识经济平台，并在微硬盘技术的研发和产业化等方面取得了良好的开端。这次会议的召开，为贵州企业了解世界信息技术的前沿、促进高新技术加快发展创造了一个难得的机会，也为国内外有关人士了解贵州知识经济的发展提供了一个窗口。陈大卫介绍了贵州的基本省情和知识经济产业发展的总体情况。他说，今年南方汇通微硬盘科技股份有限公司1英寸微硬盘的量产成功，1.8英寸微硬盘成果发布，以及金阳硬盘技术研发中心的建立，表明贵州省的微硬盘研发和产业化已经在业内形成了持续的竞争优势。据悉，1英寸微硬盘已取得来自日本、新加坡、韩国、美国及中国香港、台湾等地的订单超过60万台。2003年第四季度，南方汇通微硬盘公司强势推出1英寸4.8GB产品研发成果，容量再次超越同行竞争对手，领先世界。胡援东先生在致辞中指出，协助中国西部地区整合人才、资本、技术和市场，发展高新科技产业是联合国工业发展组织驻华享有外交地位的业务机构——中国投资与技术促进处在2003年及未来3年内确定重点支持的工作。工发组织积极参与了贵州创新知识经济发展计划的拟定。贵州省的这一创新知识经济发展计划的方向对、定位准、可操作性强。尤其是提出了创新知识为主、科技加工为辅的知识经济发展方向，正在向世人说明，获取资源是一种能力，有时也是一系列连续性的创造。知识时代的全球化，对发展中国家来说，意味着更多的机会。电子信息技术的突飞猛进，使知识的流动达到了人类社会前所未有的规模。引进应当是积极的，吸收应当是勤奋的，消化应当是必须的，更重要的是创新。联合国工业发展组织将一如既往，与贵州省人民政府和全省人民一道密切合作，为积极推进中国西部创新知识经济发展及促进相关领域的产业化与国际合作而努力。

本次会议旨在围绕我国西部大开发战略和新型工业化道路，瞄准当今世界科技前沿，构筑硬盘研发、光电核心芯片、数码视讯研发三个中心，建设硬盘、光电、数码视讯、元器件等四个产业化基地，以实现贵州跨越式发展。

信息技术项目和展品在京受好评

2003 年 2 月 27 日至 3 月 2 日，贵州省信息产业厅组织了南方汇通有限公司、振华电子集团公司、朗玛信息技术有限公司、英弗普尔电子技术有限公司、普天万向物流技术有限公司、银建租赁有限责任公司等 6 家企业，以 1 英寸微硬盘、CDMA 手机、朗玛统一通信系统 UC、银行系统业务综合网络系统、网络实时监测系统等 14 个项目为代表，参加信息产业部主办的“2003（第二届）中国国际信息技术展览会暨信息产业发展成就展”。3 月 2 日上午，陈大卫副省长陪同邹家华副委员长，信息产业部党组书记王旭东、副部长娄勤俭等领导，参观了贵州省展区。邹副委员长仔细地观看了参展的项目和展品，特别是对 1 英寸微硬盘产品的引进、研发及生产、市场情况进行了详细的询问和了解。当他知道 1 英寸微硬盘产品是引进国外拥有全套技术的团队研发的，其技术处于世界先进水平，并拥有自主知识产权时，非常高兴地说：“太好了，这样做才是对的，你们做得非常好。”当他知道该厂就设在贵阳并已经开始生产，还将在国内成立研究中心时，高兴地说：“这方面要坚持，要落实。”在离开展区时，邹副委员长鼓励大家说：“能在贵阳发展这样的项目，很重要，这个项目很新、很重要，很难得，要把它做好。”

在展会期间，参展的 1 英寸微硬盘成了展会的一个亮点，引起了信息产业部、有关媒体、企业及外商的关注。1 英寸微硬盘是贵州省信息产业继引进日本 CDMA 手机后又一高新技术项目，由南方汇通股份有限公司、贵州基本建设投资公司、美国磁源公司、华企投资有限公司、贵州高新天信新技术发展有限公司等于 2002 年 8 月 16 日合资成立的股份有限公司开发。该项目总投资 18 900 万元，其中固定资产投入 14 584 万元，铺底流动资金 4 316 万元。项目达产后，年产 1 英寸微硬盘 360 万块，年平均销售收入将达到 20.18 亿元，年平均利税 23 200 万元。

信息产业参展项目在五届高交会上令人瞩目

在 2003 年 10 月 12 日至 17 日深圳第五届中国国际高新技术成果交易会上，贵州省共有 72 项高新技术成果赴会参展，其中，信息产业相关项目 31 项，约占省参展项目的 43%。南方汇通公司的 1 英寸微硬盘、振华公司新型电子元器件、CDMA 手机、微电子工业用银粉等 21 个项目，江南航天集团大容量锂离子电池、微特电机，贵航集团卫星中继遥感信息平台，贵阳普天公司物流配送中心成套设备及系统，汇通华城楼宇公司华城节能王等项目具有较高科技含量、较大市场前景，部分项目已达国内外先进水平，成为贵州展团的一大亮点，成为各商家和新闻媒体关注的焦点。

展会首日签约 10 项，签约金额达 6.4748 亿元人民币、美元 500 万，其中，信息产业签约项目 5 项，即：贵州世华数码创业投资有限公司知识经济平台产业化基地项目，签约金额 5 亿元人民币；遵义航天光电有限公司税控收款合作项目，签约金额 1 000 万元人民币；深圳振华通信设备有限公司电话机项目，签约金额 100 万美元；振华集团久达齿轮公司日立电梯开门机项目，签约金额 400 万元人民币，贵州汇通华城楼宇科技有限公司现代之窗“华城节能王”产品购销合同项目，签约金额 168 万元人民币。上述 5 个项目签约金额共 5.1568 亿元人民币、100 万美元，约占省展团签约项目金额的 80%。

全行业此次参展的项目数量、质量和签约金额数均较以往有很大的提高，充分展示了贵州“创新知识经济平台”建设的初步成功和信息产业发展的较大潜力。

2003 中国西部（贵阳）信息技术博览会暨投融资贸洽会

由贵州省信息产业厅、贵阳市人民政府、贵州省通信管理局共同主办的“2003 中国西部（贵阳）信息技术博览会”于 9 月 8 日至 10 日在贵州省国际经济技术贸易中心隆重举行。本次信博会的主题为“点击信息时代，感受数字生活”，主要内容有 IT 行业成果展、电子政务与数字化城市论坛、电子商务与企业信息化论坛、网页设计大赛等。博览会期间，贵阳市还与芬兰诺瓦集团、武汉大学吉奥公司等一批知名企业签订了 8 项合作协议。

全国电子信息产业技改及基建计划工作会

全国电子信息产业技改及基建计划工作会于 8 月 23 日在贵阳举行。会议围绕国家投融资体制改革的新形势，就如何做好技术改造和基本建设工作，促进电子信息产业快速健康发展进行了深入研讨。信息产业部副部长娄勤俭出席会议，并就我国电子信息产业面临的新形势、技术改造在产业发展中的地位和作用，以及做好技改工作的总体思路和工作要求做了重要讲话。信息产业部相关司局的领导、国家发展和改革委员会、国家开发银行的领导和各省、市、区信息产业主管部门的领导 120 余人参加了会议。贵州省副省长吴嘉甫到会讲话并向与会代表介绍了贵州省电子信息产业发展的情况。

首届“泛珠江三角洲经济圈”信息产业厅（局）长联会

2003 年 10 月 10 日至 11 日，福建、江西、湖南、广东、广西、海南、四川、贵州、云南九省区及香港特别行政区在广州联合召开了“泛珠江三角洲经济圈”信息产业厅（局）长联会，就如何加强“泛珠江三角洲经济圈”区域合作，推动信息产业及信息化协调发展，走新型工业化道路等问题进行了广泛交流和探讨。与会各方经过充分协调，达成以下共识。

一、各方将按照世界贸易组织（WTO）的规则、内地与香港更紧密经贸合作安排（CEPA）的要求，加强在信息产业发展和信息化建设方面的沟通协调，结成更紧密的合作关系，促进区域内资源有效利用和合理共享，努力创造区域经济互补互利、协调发展的多赢格局。

二、建立“泛珠江三角洲经济圈信息产业及信息化联席会议制度”，于每年春秋两季定期召开，联席会议联络处设在广东省信息产业厅，负责休会期间的联络工作。

三、建立各方工作交流和情况通报制度，对跨地区业务进行协调通报，促进相关行业协会、团体、企业的合作交流，共建“泛珠江三角洲经济圈信息产业及信息化交流网”。

四、建立“泛珠江三角洲信息产业协作机制”，在信息产业领域内的投融资、市场拓展、技术配合、应用等多个层面开展广泛合作。

五、加强各方在电子商务规则、标准、法规方面的联合研究，制定各方都遵循的规范标准，在泛珠江三角洲范围内推进电子商务数字证书的交叉认证，推广电子签名的应用，规范认证机构和加强对电子交易服务提供商的管理。

举办地厅级领导干部信息化与电子政务知识培训班

为认真贯彻落实中组部、人事部、国务院信息化工作办公室联合下发的《关于开展信息化与电子政务培训的通知》精神，按照《我国电子政务建设指导意见》提出的各级党政主要领导同志要亲自抓，要切实有效地开展电子政务知识与技能培训的要求，加快政府职能转变，提高行政质量和效率，增强政府监管和服务能力，促进社会监督，实施信息化带动工业化发展的战略。同时，为加快推进全省电子政务建设工作，2003年12月中旬，贵州省信息产业厅和省委组织部联合在贵州大学举办了为期一周的贵州省地厅级领导干部信息化与电子政务知识培训班，来自全省各市、州、地和省直有关部门的30余名地厅级领导干部参加了首期培训。

此次培训的目的是，提高地厅级领导干部对推进信息化与电子政务工作重大战略意义的认识，明确责任，理清建设思路，提高推进电子政务工作的水平和实际应用能力，不断适应信息化与电子政务发展的需要，为国家整体推进信息化建设和实施电子政务奠定基础。培训的内容有：国外电子政务建设的现状及发展趋势；电子政务基础知识；电子政务体系结构；我国电子政务建设的主要目标、任务及措施；电子政务的建设、安全与管理；计算机应用技术及网上办公实务等。

电子商务发展战略国际研讨会

贵州省信息产业厅与贵阳市人民政府、贵州工业大学联合举办的电子商务发展战略国际研讨会于2003年7月16-17日在贵阳召开。来自国内外的知名专家、教授、企业总裁以及政府部门领导就电子商务的发展战略、技术研究、产品开发、应用实施等热点问题进行了广泛深入的研讨，会议还结合全省和贵阳市在发展电子商务中的实际问题进行了专题讨论。

贵阳地理信息系统工程有序展开

经过大量的调研准备工作，贵阳地理信息系统工程正有序展开。该工程建设是“数字贵阳”的核心，也是“十五”期间贵阳市信息化建设的一个重点基础性工程，同时是贵阳市委、市政府2003年的10件实事之一。2003年6月中旬，该市与芬兰诺瓦集团北京分公司就利用芬兰政府贷款300万美元启动贵阳地理信息系统建设项目正式签订了协议，并编写完成了申请芬兰政府贷款项目建议书，确定了贵阳地理信息系统资源和需求调查提纲，组织开展了对规划、国土等10余个部门的地理信息资源和需求情况调查，目前，该项目正有序进行。

振华集团公司质量管理成果获表彰

中国振华电子集团公司质量管理工作受到了信息产业部的通报表彰，其中，科技股份有限公司宇光分公司的“提质降耗”、六车间的“大电流焊质量保证”两个质量管理小组获一等奖；该分公司十车间的“氩弧焊”、八车间的“啄木鸟”和振华集团永光电工厂车用电子组件车间“QZ401”、新云器材厂九车间“CA45一条龙”等四个质量管理小组获二等奖。另外，科技股份有限公司宇光分公司的徐秉法、振华集团公司朱枝勇两同志受到个人表彰。

【统计数据】

表1　2003年贵州省电子信息产业人员构成情况

企业类别	企业数（个）	年末从业人员总数	其中：人员构成（人）				
			工程技术人员	在总人数中所占比例（%）	管理人员	在总人数中所占比例（%）	软件开发研究人员
国有企业	22	7 524	1 280	17.0	940	12.5	
国有独资企业	2	420	121	28.8	57	13.6	
集体企业	1	12					
股份合作企业	2	18					
国有联营企业							
其他企业	9	11 459	1 685	14.7	1 867	16.3	80

表2　2001年~2003年贵州省电子信息产业基本情况

项目名称	单位	2001年	2002年	2003年
工业总产值（不变价）	万元	391 400	579 366	720 400
工业销售产值	万元	147 437	240 702	304 777
其中：出口交货值	万元	2 760	9 541	53 286
工业增加值（生产法）	万元	46 062	63 681	95 232
从业人员年末人数	人	18 709	19 577	19 433
从业人员工资总额	万元	19 438	21 970	25 070

表3　2001年~2003年贵州省电子信息产业财务情况

项目名称	单位	2001年	2002年	2003年
流动资产合计	万元	403 491	414 580	437 458
固定资产合计	万元	137 107	131 163	170 882
资产合计	万元	605 103	643 583	707 783
流动负债合计	万元	291 227	265 635	305 371

续表 3

项目名称	单位	2001年	2002年	2003年
负债合计	万元	359 731	344 348	385 432
所有者权益合计	万元	232 312	296 260	317 235
产品销售收入	万元	143 761	239 826	306 779
其中：软件产品销售收入	万元		19 132	21 076
投资收益	万元	2 973	1 130	1 100
利润总额	万元	5 828	5 319	1 020
应交所得税	万元	2 048	1 248	1 600

表 4　2001 年~2003 年贵州省电子信息产业主要经济效益指标完成情况

项目名称	单位	2001年	2002年	2003年
工业全员劳动生产率	元/人	24 299	32 305	50 289
流动资金周转次数	次	0.4	0.6	0.9
工业产品销售率	%	94.2	95.0	88.3
总资产贡献率	%	3.0	2.6	3.0
资本增值保值率	%	156.7	117.9	2 096.8
资产负债率	%	59.5	52.2	54.4

表 5　2001 年~2003 年贵州省主要电子信息产品产销量情况

产品名称	单位	产量			销量		
		2001年	2002年	2003年	2001年	2002年	2003年
元器件	亿只	29	38	60	34	37	59
电话机	万部	77	105	147	67	108	146
彩色电视机	万台	23	32	43	22	34	44
集成电路	万块	1 637	1 809	3 334	1 517	1 890	3 258
CDMA手机	万部		35	34		31	26
锂离子电池	万只	233	779	1 255	112	717	1 210
1英寸微硬盘	万只			26			24

[撰稿：娄松　审稿：张英峰]

云 南 省

【综述】

2003 年，在云南省委、省政府的正确领导下，全省信息产业广大干部职工认真学习贯彻党的十六大和十六届三中全会精神，努力实践“三个代表”重要思想，按照国家和省的各项工作部署，积极面对日益激烈的市场竞争。通过扎实有效的工作，信息产业基本实现预定目标，信息化建设取得较大进展。

2003 年，全省信息产业总收入 115 亿元，增长 8.2%，其中电信业务收入 91 亿元，增长 9.5%；电子信息产品制造业销售收入 24 亿元，增长 8%，利润 8 174 万元，增长 12.6%，出口交货值 1.2 亿元，增长 13.3%。信息产业工业增加值达到 59.8 亿元，增长 30.6%，占全省 GDP 的 2.4%，对全省 GDP 增长的贡献率为 6.18%。截止到 2003 年底，全省光缆线路总长 8.1 万公里，光缆覆盖全省 98% 以上的乡镇；互联网出口总带宽超过 12G，因特网用户数达到 119 万；局用交换机容量 725.5 万门；移动电话交换机容量 733.5 万户；电话用户数达到 1 110.5 万，其中，固定电话用户 482.1 万，移动电话用户 628.4 万，电话普及率达到 25.4%；全省各类无线电台站达到 705 万个。

电子信息产业继续稳步发展

上半年受非典和市场低迷的影响，全行业经济效益出现滑坡，下半年总体经济效益回升，全省电子信息产业显示出良好的发展势头。

1. 企业结构更趋合理

南天集团的规模和效益占全省电子信息产业的比重近年来一直是 60%左右。去年，在南天集团销售收入大幅下滑的情况下，全行业仍保持了平稳的增长，优势产品的竞争力进一步提高。一是军工电子产品发展迅猛。云南无线电厂、云南北方光学电子集团、昆明七零五所科技发展总公司几家企业产销两旺。云南无线电厂在通信、安防报警产品市场严重萎缩的情况下，进行了产品结构调整，加大了对军品的研发投入，由原来的单机产品，发展到综合运用计算机技术、数字通信技术研发了光机电一体化系列产品。二是外资企业有了新发展。以通信行业系统集成业务为主的云南特灵达新时技术有限公司销售收入 1.8 亿元。外资企业完成工业总产值 3.1 亿元，占全省电子信息产业的比重由去年的 1.6%上升到 13%。三是电子信息产品制造业涌现出民营企业新秀，云南爱迪科技有限公司等销售行业的龙头企业，在发展到一定规模的基础上，积极向生产制造领域迈进，并呈现出良好发展势头。四是软件企业提升了竞争实力。9 家企业通过 CMM 二级资质评估，2 家企业通过 CMM 三级资质评估。

2. 落实产业政策取得新进展

根据国务院 18 号文件精神，继续开展软件企业认证和软件产品登记工作，并对认证满一年的软件企业进行了年审。截至 2003 年底，软件企业享受的退税金额达到 1 500 万元。全省通过认证的软件企业达到 47 家，新增 12 家；进行登记的软件产品已有 130 个，新增 38 个。软件产品包括系统软件、中间件、各类应用软件等，覆盖了政府、金融、教育、卫生、社保、交通、电力等诸多领域。

进一步加强了计算机系统集成市场的规范化管理，促进计算机系统集成企业能力和水平的不断提高，确保各领域信息化项目工程的质量。目前，全省有 33 家企业取得计算机系统集成资质证书（其中一级 1 家、二级 2 家、三级 13 家、四级 17 家）。省政府采购中心已将取得计算机系统集成资质作为企业参与投标的主要条件。

3. 电子信息企业提高了研发和生产能力

该省电子信息企业积极应对激烈的市场竞争形势，注重提高自身研发和生产能力。南天集团为巩固金融电子类产品在全国的竞争优势，适时调整产品结构，合作和研制生产了税控机、自动取款机；针对存折打印机市场需求减弱的情况，引进了 PP 系列高速打印机。南天集团的“现金处理设备”项目列入信息产业部的电子发展基金项目，获得 200 万元的项目扶持资金。该省的金融电子化产品仍然在全国保持优势，银行自动服务终端、磁条读写器、密码键盘的产销量，继续处于领先地位。

全省有 7 家企业的 5 个技术创新项目列入信息产业部“科研（民品）项目计划”。它们是：昆明信通比特软件开发有限公司的 ST 智能营销王软件系统；云南省电子计算中心的多通道 MPEG1/2/4 编码传输系统、昆明昆船信息产业有限公司的卷烟企业 MES（制造执行）系统、昆明管仲科技有限公司和昆明七零五所科技发展总公司的数字电视系统中心软件及其接口开发项目、云南半导体厂和云南师范大学的晶体硅太阳电池产业化高效技术研究开发项目。

云南无线电厂实施技术改造，新增两条总装生产线，为扩大生产能力创造了良好的条件。该技改项目列入信息产业部国债批技术改造项目，并获得 630 万元的资金扶持。

信息化建设向广度和深度发展

1. 完成了电子政务一期工程建设

电子政务一期工程互联互通到县的总体目标已经实现。2003 年 12 月 27 日，徐荣凯省长、李新华副省长以及有关单位的领导出席了云南省电子政务网开通仪式。通过一期工程的实施，有力地推动了该省电子政务建设，不仅为今后的发展奠定了设施平台基础，也培养了一批信息管理人才和信息技术人才，建立了一系列的管理规范和标准。

一是初步构建成覆盖全省的电子政务基础网络平台，为构建电子政务应用体系提供了重要保障。全省电子政务一期工程接入单位 198 个，横向网络方面：已完成网络设备安装调试及系统集成的有 48 个单位，占省级计划接入单位的 91%；纵向网络方面：全省 16 个地州市、129 个县的网络建设及系统集成工作全部完成。

二是管理体系基本形成。云南省电子政务网络管理中心边筹建边工作，队伍建设和职责发挥已逐步到位。53 个省级部门、16 个地州市、129 个县已落实承担电子政务建设及管理的部门，其中，地州市已成立网管中心 11 家，县级已成立网管中心 30 家，抽调了技术人员专门负责电子政务运行维护工作，建立健全了组织管理机构，初步形成了一支电子政务专业技术人员队伍。

三是部分基础应用已开始投入使用。省电子政务网已经开通试运行的有省电子政务主站点、多媒体交互系统、VOD 点播系统、电子邮件系统等；信息资源库方面，建立了新华社、国研网、中国经济电讯、中宏数据库、电子图书馆等 5 个公共信息资源专题数据库。各个接入单位都可以利用电子政务网访问上述信息资源库。

四是安全体系初步建立。按照一期工程的总体规划，全省已部署防病毒系统，省委、省人大、省政府、省政协及省网管中心安装了防火墙；省网管中心建立了入侵检测系统、CA 认证系统和昆明、玉溪、大理、曲靖 4 个地州市 RA 系统，为各接入单位在电子政务应用中提供基础信息安全服务。

2. 实施企业信息化示范工程

省信息办与省计委联合组织的云南省企业信息化示范工程正式实施。项目申报总计 25 个，涉及到机电、化工、旅游、制药等行业。通过专家初评，筛选出昆明船舶设备集团等 7 家公司的 7 个项目进入答辩，答辩之后确定了 5 个备选项目，并对各个项目提出了具体的示范点与示范理由。在可行性研究报告论证通过后，选定了昆明船舶设备集团公司的"数字化制造工程"、一汽红塔云南汽车制造有限公司的"网络化营销服务计算机管理系统"、云南旅游信息网络有限公司的"旅游目的地营销系统（DMS)"三个项目进行实施。根据《云南省企业信息化示范工程公告》中"对列入省级企业信息示范工程的企业管理信息系统技术集成中的软件开发按一定比例给予资金补助"精神，对上述三个企业分别安排了150万元、110万元和40万元的资金补助。

3. 推进各领域和行业的信息化建设

昆明市被列为全国首批22个信息化试点城市以来，城市信息化基础设施建设水平迈入全国先进行列，城市地理信息系统等32个信息化建设项目已开始启动。昆明市电子政务一期工程已验收并投入使用，尤其是电子化行政审批、电子政务绩效考核等系统在全省处于领先地位。省远程教育系统、乡镇信息中心试点等信息化专项工程已开始实施。社会保障、财政、税务、审计等金字系列信息化建设项目正在积极筹措和申请立项。云南省人代会、政协会议运用艾博射频（感应）会议报到系统，丽江市运用智能电子计票系统，提高了会务管理水平。列入全国35所示范性软件学院的云南大学软件学院已建立软件工程第5个教学实验室，申报的"系统分析与集成"博士点获准通过，为培养该省信息产业人才发挥了重要作用。

进一步加强了行业管理

1. 国有企业改革整合工作进展顺利

根据省委省政府关于深化国有企业改革及行业整合的文件精神，以信息产业办为组长单位，组建了电子行业整合工作组。经过深入调研，充分听取各方意见和多次讨论修改，形成了《云南省电子工业总公司和南天集团改制重组总体方案》，较好地体现了中央和省委省政府关于国有资产从竞争性行业退出的精神，《总体方案》经省政府第七次常务会议原则通过。

针对省电子工业总公司和南天集团两个国有企业的不同情况，以产权制度改革为突破口，以产权转让为重点，引进战略投资，转换企业经营机制，淘汰劣势企业，小企业民营化，优势企业做大做强。使股份制成为公有制的主要实现形式，发展多种资本参股的混合所有制经济，增强国有资本的活力和渗透力，从根本上突破该省电子国有企业的人才、机制、产品和市场创新的瓶颈，促进该省电子信息产业的良性发展。整合工作按照改革、发展、稳定的原则，快速、平稳推进，确保了资产不流失、债务不悬空、职工有安置。

2. 加强了政策法规建设和项目研究

省无委办把无线电管理立法作为加强无线电管理的根本手段，无线电管理立法工作取得突破性进展。经过大量的立法调研和文本草拟工作，2003年11月28日，云南省第十届人民代表大会第六次常务会议正式审议通过了《云南省无线电管理条例》，使该省成为全国第二个制定了无线电管理地方性法规的省份，极大地推动和促进了该省的无线电管理工作。省无委办通过电视、广播、报刊和召开座谈会等形式进行了广泛深入的宣传，与省法制办联合举办培训班，共计200人参加了培训学习。

昆明市颁布实施了党政机关信息安全管理、电子化行政审批、电子政务应用系统管理、电子政务绩效考核等管理制度和运行规范，保障了全市电子政务健康有序发展。

按照省信息化领导小组关于该省电子政务分三个阶段实施的部署，在一期工程的基础上，开展了电子政务二期工程项目前期工作。经过专家深入广泛讨论，编制了《云南省电子政务二期工程总体方案》及其5个子方案，经省信息化领导小组第三次会议审议通过。

对全省软件业、制造业、网络和信息安全状况进行了调研，完成了《云南省IT产业发展框架综合研究报告》的讨论稿。对《云南省信息产业"十五"计划》进行了滚动调整。

3. 整顿和规范信息产业市场经济秩序

积极推进职业资格证书制度，率先在全国开展计算机信息、电子企业营销和维修人员职业资格考试试点工作，全省参加考试人数达 329 人，部分从业人员已持证上网。对取得计算机系统集成资质单位的 191 名项目经理开展了培训、考试和资格认证，提高了该省系统集成企业项目管理人员的技术能力和水平。

在全省范围内开展了卫星电视地面接收设施定点生产销售市场秩序的整顿和规范工作，以突击检查和企业自查为主，针对重点地区共检查销售企业 288 户，查处非法销售卫星电视设备 21 起。会同广电、工商等 6 个行政管理部门，开展了境外卫星转播秩序专项整治工作。

4. 加快信息技术人才培养

参加 2003 年全国计算机技术与软件专业技术资格（水平）考试的报考人数比上年提高了 10%。在各级人事、信息产业主管部门的共同努力下，排除非典影响，经过周密准备，严格管理，认真落实保密制度，圆满完成了考试工作，未出现试题泄露、作弊、违法等现象。配合电子政务网的建设，对各级各部门电子政务网管人员开展了 4 期培训，培训人员达 213 人。通过培训，提高了网管人员的技术和管理水平，为电子政务的深入开展提供了有力的人力资源保障。利用寒暑假时期共开办计算机信息技术 5 个新专业的教师培训班，培训师资 140 多人。

在取得成绩的同时也应清醒地看到，该省信息产业与发达地区相比，差距还很大：电子产品制造业和软件业规模偏小，缺乏上规模的龙头骨干企业；有自主知识产权的产品不多，具有市场竞争力的产品少；产业受资金瓶颈制约较大，引进利用外资成效小；信息化建设和应用总体水平不高，信息资源共享程度低，信息人才匮乏等。这些问题必须引起我们的高度重视。要创造条件，采取有效措施，实现资源的优化配置，壮大产业规模，促进信息产业快速发展。

电子行业整合工作组改革情况汇报

根据省政府对电子行业改革方案批复精神，电子行业整合工作组的改革工作在省委、省政府的领导下，在省国企改革办的指导下，在电子行业整合工作组全体成员及电子行业广大干部职工的共同努力下，改革工作稳步推进，取得初步成效。破产、撤销类企业有五个正在办理有关手续，股权多元化类有两个企业在办理评估筛选和报批工作；有两个企业进行改制重组；对下属事业单位的改革，按云南省委、省政府的部署，在人事上实行全员聘用制，进一步完善了人事和分配制度，极大地保证了事业单位改革的平稳过渡。

存在的主要问题

制造业的发展步履维艰，投入虽大但收益微薄，有限的市场需求和无限的供给能力之间的矛盾，使无序竞争到了白热化程度，产品单一，成为行业内制造业的软肋；软件产业规模偏小，企业普遍缺乏具有影响力的产品，缺乏有效的盈利模式；产业区域发展严重失衡，昆明市的产业基础较好，全省电子信息产业几乎全部集中在昆明市；地州市受地理位置、交通条件、人才资源、产业基础的限制，现有的产业逐步萎缩、消失，产业发展滞后。

【统计数据】

表 1　2003 年云南省电子信息产业人员构成情况

企业类别	企业数（个）	年末从业人员总数	其中：人员构成（人）				
			工程技术人员	在总人数中所占比例（%）	管理人员	在总人数中所占比例（%）	软件开发研究人员
国有企业	17	7 597	2 956	38.9	1 140	15.0	554
国有独资企业	9	1 111	312	28.1	240	21.6	40
股份合作企业	2	83	60	72.3	14	16.9	35
国有联营企业	8	6 486	2 644	40.8	900	13.9	563
其他企业	44	2 303	1 429	62.0	454	19.7	742

表 2　2001 年~2003 年云南省电子信息产业基本情况

项目名称	单位	2001年	2002年	2003年
工业总产值（不变价）	万元	262 554	294 748	233 440
工业销售产值	万元	229 917	241 631	187 199
其中：出口交货值	万元	10 931	10 651	3 035
软件出口	万元	5 962	210	
工业增加值（生产法）	万元	49 189	53 251	55 179
从业人员年末人数	人	8 300	8 901	9 983
从业人员工资总额	万元	9 358	14 649	17 390

表 3　2001 年~2003 年云南省电子信息产业财务情况

项目名称	单位	2001年	2002年	2003年
流动资金合计	万元	180 680	188 881	142 437
固定资产合计	万元	61 231	65 817	46 364
资金合计	万元	275 187	312 804	227 625
流动负债合计	万元	125 657	145 999	104 178

续表 3

项目名称	单位	2001年	2002年	2003年
负债合计	万元	140 499	164 214	122 212
所有者权益合计	万元	131 672	146 243	98 618
产品销售收入	万元	221 354	223 450	267 053
其中：软件产品销售收入	万元	66 789	99 267	102 621
投资收益	万元	936	685	1 903
利润总额	万元	6 699	8 114	11 536
应交所得税	万元	1 326	1 497	1 211

表 4　2001 年~2003 年云南省电子信息产业主要经济效益指标完成情况

项目名称	单位	2001年	2002年	2003年
工业全员劳动生产率	元/人	50 267	53 820	52 604
流动资金周转次数	次	1.4	1.2	1.3
工业产品销售率	%	96.6	89.8	98.7
总资产贡献率	%	4.9	5.0	5.9
资本增值保值率	%	105.4	104.9	3 571.8
资产负债率	%	51.1	52.5	53.6

表 5　2001 年~2003 年云南省主要电子信息产品产销量情况

产品名称	单位	产量			销量		
		2001年	2002年	2003年	2001年	2002年	2003年
存折打印机	部	80 395	73 389	41 873	80 333	64 646	41 903
微型计算机	部		13 797	20 836		13 699	20 698

[撰稿：沈润年　审稿：杨如孟]

陕 西 省

【综述】

2003 年，陕西省信息产业完成年初制定的经营目标，主要经济指标稳定增长。全年共完成工业总产值 452 亿元，同比增长 20.4%；完成工业增加值 100 亿元，增长 22.8%；实现产品销售收入 300 亿元，增长 23.2%；实现利税总额 34.7 亿元，增长 27.1%。

2004 年陕西省信息产业生产彩色电视机 136 万台，同比增长 66%；生产彩色显像管 1 136 万只，增长 22%；生产电子元件 11.1 亿只，增长 50%；生产半导体分立器件 6 606 万只，增长 11%。主要产品的产销率达到 96%以上。

软件产业

全年共实现软件及系统集成销售额 105 亿元，同比增长 50%；软件出口 1 978 万美元，增长 31%；认定软件企业 29 家，登记软件产品 108 项，88 家企业通过年审。目前全省共有软件企业 600 多家，从业人员 3 万余人，共认定软件企业 222 家，登记产品 579 项，软件产品 800 多种。

2003 年评选出优秀软件企业 13 家，优秀软件产品 23 项，优秀软件人才 22 人。与团省委、省青联、省科技厅共同组织评选出省级软件杰出人才 10 名，省级优秀软件人才 28 名，推荐国家级优秀软件人才 5 名。

有 20 家企业进行了计算机信息系统集成资质认证，已经取得资质认证的企业进行了自检核定。举办了 4 期、200 多人参加的计算机信息系统集成项目经理培训班。

新品开发

2003 年共下达科研计划 183 项。申报信息产业部科研试制民品计划 15 项、省新品计划 54 项和重点技术创新项目 28 项、省科技攻关和火炬计划 12 项、报送省引智专项基金项目 9 项。组织新品鉴定 45 项，科技成果鉴定 9 项。新品产值率 33%。评选 2002 年度科技成果奖 154 项，其中特等奖 3 项，一等奖 25 项，二等奖 56 项，三等奖 70 项。推荐省科学技术奖 18 项。

产品质量

2003 年对行业 78 个单位 96 项产品下达了质量定期检验计划，全系统质量稳定提高率 92.4%。在部、省级质量管理成果交流会上，获得国优成果奖 4 项，省优 2 项，部优 2 项，部级演讲比赛一等奖 1 项，论文一等奖 2 项，国家和省级信得过班组各 1 个。

技术改造

2003 年信息产业共完成技改投资 5.8 亿元。实施军工技改项目 4 项，国债项目 7 项，“双高一优”项目 1 项，电子发展基金项目 23 项，出口项目 4 项，企业自筹资金项目 6 项。此外，陕西省政府已经批准彩虹集团 6 项技改项目可行性研究报告，总投资 1.93 亿元，项目达产后，预期销售收入 14.54 亿元，年利润 1.44 亿元。经过近三年的努力，美国国际整流器公司在长安产业园投资 6 400 多万美元建设半导体功率器件后部封装项目已开始实施。

国企改革

2003 年，陕西信息产业对加快企业改革提出要求，组织国有企业的主要领导到福建省、浙江省、江苏省和贵州省等地考察调研，了解国有企业实现多元化投资改造、国有股份有序退出、企业经营管理层持股等方面的做法和经验。2003 年 7 月 19 日，召开全省信息产业企业改革工作会议，对全行业深化企业改革进行动员，并邀请中央党校和信息产业部的专家教授做关于国企改革和行业发展的专题讲座，邀请陕西同人有限责任会计师事务所就企业债转股、破产、经营管理层持股等相关内容做案例分析，组织企业进行交流。2003 年 10 月 23 日，陕西省信息产业厅召开全行业企事业单位领导干部会议，要求企业在突出主业，改制辅业、国有资产有序退出、实施股份制、改革和规范分配制度等方面加快前进步伐。

实施项目带动战略

2003 年，信息产业积极落实陕西省委省政府提出的项目带动战略，争取中央项目基金。根据信息产业部、外经贸部等 2003 年项目申报指南和要求，组织企事业单位进行项目申报。经审核，2003年陕西省信息产业共向各部委申报了各种基金、技改项目 60 项，其中：向信息产业部申报电子发展基金项目 33 个，向外经贸部申报机电产品出口技改项目 13 个、出口研发项目 8 个，向国防科工委申报军工电子技改贴息项目 5 个，向国家发改委申报高新示范工程项目 1 个。共有 10 个电子发展基金项目通过信息产业部专家评审答辩，3 个军工技改项目通过国防科工委、信息产业部可行性论证，13 个机电产品出口技改项目被外经贸部批准立项，8 个出口研发基金项目通过专家评审。争取到位电子发展基金 600 万元、出口研发基金 120 万元、出口技改贴息 380 万元、科技创新基金 180 万元、出口产品开拓资金 50 万元、高新示范工程项目基金 300 万元。这些项目的实施，将提高信息产品制造业的技术和工艺水平，对优化产业结构、加快行业发展、促进信息产业的发展具有重要的意义和作用。

信息化工作

2003 年，陕西省信息产业以电子政务、企业信息化和改造提升传统产业为重点，推进全省信息化建设。组织协调有关部门提出《关于我省电子政务建设的意见》，拟制《陕西省电子政务建设“十五”发展规划纲要（修改稿）》等文件，督促省电子政务办公室完成电子政务办公业务系统和决策支持系统的开发与应用。三次组织召开关于电子政务 12 个业务系统和 4 个数据库工作座谈会。规范并理顺了政府域名的审批业务，共批准建立政府网站 23 个。会同省经贸委、科技厅制定《关于用信息技术改造提升传统产业的指导意见》，并下发各市，确定重点联系企业 43 户。协调督促西安市信息办公室完成“西安信息港”工程实施方案，并报西安市政府待批。组织相关部门和专家对远程服务工程方案进行研究、完善和整合。加大政策法规制度建设和信息化知识教育培训工作，落实各市领导干部和公务员培训计划。

【统计数据】

表 1　2003 年陕西省电子信息产业人员构成情况

企业类别	企业数（个）	年末从业人员总数	其中：人员构成（人）				
			工程技术人员	在总人数中所占比例（%）	管理人员	在总人数中所占比例（%）	软件开发研究人员
国有企业	29	66 915	11 212	16.8	7 894	11.8	1 959
集体企业	3	751	45	6.0	55	7.3	
股份合作企业	1	22	4	18.2	7	31.8	
联营企业	2	79	25	31.7	9	11.4	
有限责任公司	85	55 202	24 324	44	5 699	10.3	8 831
股份有限公司	30	9 574	2 331	24.4	1 609	16.8	1 157
私营企业	4	119	74	62.2	26	21.9	68
港、澳、台商投资企业	7	740	588	79.5	123	16.6	387
外商投资企业	8	969	544	56.1	211	21.7	361

表 2　2001 年~2003 年陕西省电子信息产业基本情况

项目名称	单 位	2001年	2002年	2003年
工业总产值（不变价）	万元	3 114 180	3 756 553	4 520 760
工业销售产值（现行价）	万元	2 437 811	2 431 553	3 193 075
其中：出口交货值	万元	119 110	322 829	190 144
软件出口	万元	10 010	12 490	16 490
工业增加值（生产法）	万元	646 336	814 895	1 000 422
从业人员年末人数	人	69 524	124 027	134 371
从业人员工资总额	万元	121 433	304 932	280 166

表 3　2001 年~2003 年陕西省电子信息产业财务情况

项目名称	单位	2001年	2002年	2003年
流动资产合计	万元	1 579 654	2 641 325	1 998 679
固定资产合计	万元	756 834	1 312 631	1 169 288

续表 3

项目名称	单位	2001年	2002年	2003年
资产合计	万元	2 620 965	4 446 848	3 420 390
流动负债合计	万元	1 447 812	2 139 637	1 718 309
负债合计	万元	1 812 366	2 679 371	2 292 165
所有者权益合计	万元	789 587	1 540 019	1 156 496
产品销售收入	万元	2 001 375	2 437 958	3 000 990
其中：软件产品销售收入	万元	462 483	650 965	871 389
投资收益	万元	–2 534	6 087	4 685
利润总额	万元	100 183	169 484	220 976
应交所得税	万元	9 993	42 005	35 250

表 4　2001 年~2003 年陕西省电子信息产业主要经济效益指标完成情况

项目名称	单位	2001年	2002年	2003年
工业全员劳动生产率	元/人	92 832	66 251	75 935
流动资金周转次数	次	1.3	0.9	1.4
工业产品销售率	%	98.6	95.6	97.8
总资产贡献率	%	8.1	7.3	8.9
资本增值保值率	%	113.8	108.0	108.5
资产负债率	%	69.2	60.2	66.0

表 5　2001 年~2003 年陕西省主要电子信息产品产销量情况

产品名称	单位	产量			销量		
		2001年	2002年	2003年	2001年	2002年	2003年
彩色显像管	万只	708	933	1 136	720	929	1 147
彩色电视机	万台	51	81	136	51	81	136
程控交换机	万线	166	144	97	169	148	94
广播发射设备	部	146	167	249	119	169	158

续表 5

产品名称	单位	产量			销量		
		2001年	2002年	2003年	2001年	2002年	2003年
微型计算机	部	58 215	62 000	16 587	57 818	61 526	16 559
电冰箱	万台	35	13	16	36	14	16
行输出变压器	万只	201	314	339	187	302	345
偏转线圈	万只	1 459	1 949	1 380	1 459	1 953	1 309
偏转磁芯	万只	2 062	3 046	3 389	1 937	3 288	3 246
电子设备	台	385	484	360	338	630	309
电子元件	亿只	5	7	11	5	7	11
半导体分立器件	万只	6 362	5 988	6 606	6 298	5 629	7 178
中高压真空开关管	万只	12	14	16	11	12	15

[撰稿：高柏秀　审稿：武积有]

甘肃省

【综述】

2003 年，甘肃省电子信息行业列入统计范围的企业 53 户，其中：电子信息产品制造业 14 户，软件及信息系统集成企业 38 户，集体企业 1 户。职工总数 18 754 人。资产总额 58 亿元，负债总额 38 亿元，资产负债率 65.91%。

截至 2003 年底，全行业完成工业总产值 33.7 亿元，销售收入 21.5 亿元，完成工业增加值 5.3 亿元，实现利润 4 404 万元，比上年增长 67.4%。

主要产品产量：洗衣机 6.8 万台，电冰箱 1.5 万台，显示器 6.9 万台，音响设备 26.8 万部，集成电路 10.8 亿块，电子管 0.4 万只，通信产品 2 584 信道，电子专用设备 113 台，节能灯具 24 万支（台）。

在行业经济发展中，骨干企业发挥着举足轻重的作用。2002 年，长风信息集团、兰光电子集团、兰新通信设备集团及华天微电子公司进入甘肃工业企业 60 强。2003 年，这四户企业完成工业增加值 3.36 亿元，占全行业的 62.2%，完成销售收入 17.31 亿元，占全行业的 63.9%。特别是天水华天微电子公司，在企业改制和技术改造的双轮驱动下，企业连续四年持续快速发展，2003 年生产集成电路 9.6 亿块，销售收入 1.5 亿元，实现利润 2 700 万元，成为全省工业企业 30 家盈利大户之一，在全国同行业中位列第五（含外资和中外合资企业），被国家信息产业部、劳动人事部评为全国信息产业系统先进单位，列为重点跟踪的集成电路生产企业之一。

企业改革改制

虹光电子管厂、天光集成电路厂、庆华仪器厂、华兴电子机器厂、中兴电子仪器厂五户企业经国家批准列入计划破产之后，分别抓紧制定破产实施方案。在省经贸委的组织下，财政、劳动保障、国土资源、法院等有关部门对其方案进行了三次论证，经过反复修改完善，目前已基本达到启动实施的要求。特别是虹光电子管厂、天光集成电路厂、庆华仪器厂三户军工电子企业，还争取到财政部 9 000 多万元的计划破产补贴资金，为三厂启动实施破产提供了必要的基础条件。

企业改制不断深化。天水华天微电子有限公司进一步联合甘肃省电力投资公司、杭州士兰微电子公司、杭州友旺公司、上海贝岭公司、无锡硅动力公司等多家微电子单位，再次改制重组为华天科技股份公司，2004 年 3 月 28 日挂牌运行，并积极创造条件向上市公司迈进。

对省属九户国有电子工业企业实行属地化管理。按照甘肃省委办发（2003）77 号《关于做好调整省属部分国有工业企业管理体制工作的通知》要求，2003 年年底之前，已将虹光电子管厂、天光集成电路厂、永红器材厂、庆华仪器厂、敬东机器厂、武威器材厂、甘肃电视机厂、华兴电子机器厂、中兴电子仪器厂等九户企业下划所在市州地管理。目前由省直接管理的国有大中型电子工业企业只有 3 户，即长风信息集团、兰光电子集团、兰新通信设备集团。

技术改造与项目建设

2003 年，从甘肃省实际出发，本着发挥比较优势、扬长避短的原则，从国家产业政策和发展战略出发，多次组织专人到省内企业和沿海省市调研，完成了《甘肃省电子信息产业结构调整措施课题研究》，提出 8 个重点项目；完成《关于实施 LED 半导体照明工程项目的课题研究报告》，用蓝色光 LED 芯片生产和集成应用两个项目支撑起该省具有比较优势的半导体照明产业。这些项目多数已实施，部分项目作为储备。在项目实施中注重跟踪、监督和检查，力求实效。华天微电子公司实施的《贴片式集成电路封装生产线技术改造》项目是国家第四批国债专项重点技改项目，总投资 1.39 亿元，2003 年按期完成并通过验收，当年生产集成电路 9.6 亿块，销售收入 1.5 亿元，实现利润 2 700 万元，产品质量达到国外同类产品水平，已成为信息产业部重点跟踪的集成电路生产企业。华天公司在项目实施中采用规范的招投标制，节约外汇 140 万美元，该项目得到部、省的高度评价。

2003 年，甘肃省实施电子军工批生产技改项目共 4 项，总投资 1.1 亿元，其中国拨资金 5 500 万元，当年已完成投资 90%以上。这些项目的实施大大提高该省军工电子的技术水平、质量水平和生产能力。申报并实施军工科研和可靠性增长项目 46 项，国拨专项经费 4 300 多万元，多项军工科研项目完成并通过部级鉴定，尤其是长风集团末制导雷达，以其高精度、高抗干扰能力和大作用距离居国内领先地位，得到有关部门的高度评价。目前，在国内占有很大优势的毫米波技术在整机和关键配套件上均有新突破。

狠抓技术创新项目，以技术创新调整产品结构，提高企业竞争实力。2003 年共新开技术创新项目 86 项，完成开发并通过省部级鉴定的 72 项（含 29 项 2002 年结转项目），是历年来最多的一年。为今后的产业发展和成果转化打下了坚实基础。

“双软”认定及计算机信息系统资质认证

按照国家信息产业部的授权和规定，2003 年，规范地开展了软件企业认定、软件产品登记和计算机信息系统集成资质认证工作。截至年底，甘肃省经认定的软件企业共 40 户，获准登记的软件产品 146 项。通过资质认证的计算机信息系统集成企业 24 户，其中二级资质企业 4 户，三级资质企业 13 户，四级资质企业 7 户。同时与信息产业部联合举办两期计算机信息系统集成项目经理培训班，接受培训的人员共 128 名。对于提高企业竞争能力，规范市场管理，提高工程质量将起到积极的促进作用。

【统计数据】

表 1　2003 年甘肃省电子信息产业人员构成情况

企业类别	企业数（个）	年末从业人员总数	其中：人员构成（人）				
			工程技术人员	在总人数中所占比例（%）	管理人员	在总人数中所占比例（%）	软件开发研究人员
国有企业	14	8 022	2 253	28.1	940	11.7	185
集体企业	1	49	23	46.9	8	16.3	12
股份合作企业	38	7 985	2 435	30.5	1 318	16.5	982

表 2　2001 年~2003 年甘肃省电子信息产业基本情况

项目名称	单位	2001年	2002年	2003年
工业总产值（1990 年不变价）	万元	255 310	272 890	337 364
工业销售产值	万元	138 946	239 582	214 510
工业增加值（生产法）	万元	52 433	54 028	52 999
从业人员年末人数	人	21 030	22 000	18 754
从业人员工资总额	万元		8 124	12 808

表 3　2002 年~2003 年甘肃省电子信息产业财务情况

项目名称	单位	2002年	2003年
流动资金合计	万元	371 325	341 434
固定资产合计	万元	219 230	187 834
资金合计	万元	354 394	581 434
流动负债合计	万元	305 780	307 241
负债合计	万元	414 171	383 218
所有者权益合计	万元	202 827	184 213

续表 3

项目名称	单位	2002年	2003年
产品销售收入	万元	223 405	227 729
其中：软件产品销售收入	万元	44 881	82 035
利润总额	万元	3 897	7 745
应交所得税	万元	1 355	2 207

表 4　2001 年~2003 年甘肃省电子信息产业主要经济效益指标完成情况

项目名称	单位	2001年	2002年	2003年
工业全员劳动生产率	元/人	29 465	31 505	20 536
流动资金周转次数	次	0.5	0.65	0.43
工业产品销售率	%	99.6	98.1	96.4
总资产贡献率	%	5.0	2.1	1.3
资本增值保值率	%	110.0	102.4	67.0
资产负债率	%	68.4	63.3	65.9

[撰稿：蒋国泰　审稿：邵乐冲]

甘肃省电子工业总公司

【综述】

2003 年是甘肃电子自改革以来调整结构、创新改制、改革管理体制、下放部分企业变化最大的一年。总公司为了贯彻省委、省政府关于“发展抓项目、改革抓企业、下放管理权、实行国企属地管理、推进民营股份制改造、为‘工业强省’战略的实施创造条件”的精神，主动将甘肃省电子工业总公司管辖的部分国有企业单位逐步移交给省国资委和兰州、天水、平凉、定西、武威等五个地市管理，同时，省总公司继续抓部分军工特困企业的破产重组和创新改制，使甘肃省电子行业的企业呈现出快步进入市场的竞争活力。

2003 年，据统计，甘肃电子行业工业总产值、销售收入和工业增加值分别完成 23 亿元、19 亿元、3.2 万元，比上年同期分别上升了 40.6%、18.3%和 20.6%。从完成的主要经济指标分析看：工业总产值、销售收入和工业增加值比上年都有较大的上升。多数企业生产经营状况趋于改善，其中：天水华天微电子公司的集成电路封装产销有大幅增长；军品方面：通讯设备、网络工程、电子专用设备等产品产销与上年持平。但非主营业务收入如洗衣机、电冰箱有较大幅度的下降。

由于行业中部分国有电子企业进入市场，灵活调整了产业结构，不少企业在运资方面做出了成绩，如：兰新集团科工贸一体化发展较快，产品创新和产业创新有了新的进展，万国港商贸建筑群的兴建，使兰新集团形成了稳步发展创造了良好条件，也为甘肃电子行业发展“三产”起到了一定的示范作用。

一年来，甘肃省电子工业总公司经历了抢抓机遇、快速发展、创新改制、新产品开发，较好地处理了各种复杂问题，正确处理了改革发展与稳定的关系，使经济效益有了较大的上升，各项工作取得了一定成绩。

【统计数据】

表 1　2003 年甘肃省电子工业总公司电子信息产业人员构成情况

企业类别	企业数（个）	年末从业人员总数	其中：人员构成（人）			
			工程技术人员	在总人数中所占比例（%）	管理人员	在总人数中所占比例（%）
国有企业	15	18 479	1 276	14.48	2 108	8.77
国有独资企业	15	18 479	1 276	14.48	2 108	8.77
股份合作企业	3	4 156	562	7.4	817	5.09

表 2　2001 年~2003 年甘肃省电子工业总公司电子信息产业基本情况

项目名称	单位	2001年	2002年	2003年
工业总产值（1990 年不变价）	万元	187 840	222 331	231 152
工业销售产值	万元	138 946	158 791	190 805
其中：出口交货值	万元	18 344	25 382	834
工业增加值（生产法）	万元	38 839	51 034	31 181
从业人员年末人数	人	19 955	19 115	18 479

表 3　2001 年~2003 年甘肃省电子工业总公司电子信息产业财务情况

项目名称	单位	2001年	2002年	2003年
流动资金合计	万元	334 983	206 231	189 853
固定资产合计	万元	158 078	132 993	144 832

续表 3

项目名称	单位	2001年	2002年	2003年
资金合计	万元	538 221	376 837	354 382
流动负债合计	万元	282 001	223 699	248 467
负债合计	万元	368 578	281 436	307 368
所有者权益合计	万元	143 673	95 401	47 014
产品销售收入	万元	130 253	46 633	46 034
投资收益	万元	4 939		1 215
利润总额	万元	3 573	−4 726	−9 501
应交所得税	万元	899	562	421

表 4　2001 年~2003 年甘肃省电子工业总公司电子信息产业主要经济效益指标完成情况

项目名称	单位	2001年	2002年	2003年
流动资金周转次数	次	0.5	0.2	
工业产品销售率	%	99.6	96.7	95.3
总资产贡献率	%	5.0		
资本增值保值率	%	110.0	18.7	
资产负债率	%	68.4	74.6	86.7

表 5　2002 年~2003 年甘肃省电子工业总公司主要电子信息产品产销量情况

产品名称	单位	产量		销量	
		2002年	2003年	2002年	2003年
通信产品	部	2 246	1 078	1 719	1 072
电子管	只	18 077	14 793	11 064	10 064
集成电路	万块	59 531	12 723	57 442	12 309
电冰箱	台	12 647	14 671	13 352	18 300

[撰稿：刘立水　审稿：郝成文]

宁夏回族自治区

【综述】

2003 年，宁夏电子信息产业纳入行业管理的生产企业 4 个，职工总人数 1 536 人，其中工程技术人员 333 人，管理人员 191 人；拥有固定资产原值 32 322 万元，固定资产净值年平均余额 24 391 万元；流动资产平均余额 16 057 万元。2003 年宁夏电子信息产业完成工业总产值（1990 年不变价）21 301 万元，比上年下降 42.5%，产品销售收入 10 834 万元，比上年下降 46.2%，实现利润-1 014 万元，比上年由盈转亏 2 806 万元；完成工业增加值 4 893 万元，比上年下降 65.2%。

2003 年，全区电子信息产业经受了非典的冲击考验，全行业上下共同努力，抓住机遇，克服困难。各企业积极响应国家提出的要求，大力推进国民经济信息化，以信息化带动工业化，以工业化促进信息化，走新型工业化发展道路的发展战略。全行业运行质量有所改善，经济活力进一步增强，产销衔接趋稳。

经济运行特点

造成全区生产销售及效益下降的主要原因：吴忠仪表集团宁光电表有限公司 IC 智能电表虽然在国内市场销售保持一定的增长幅度，但受国际市场需求不足影响，产品出口大幅度下降，降幅达 88.6%。宁夏星日电子股份有限公司主要产品片式钽电容器在国内市场销售收入保持了增长态势，比上年增长 23.2%。

科技进步与应用

2003 年全行业完成新产品产值 4 236 万元，新产品产值率 29.3%，比上年提高 23.9 个百分点；吴忠仪表宁光电表有限公司 IC 智能电表系列产品获自治区名优产品称号，并列入自治区技术创新计划。2003 年全行业主导产品片式钽电解电容器、智能电度表、滤波器等抽查合格率为 100%。

2003 年全行业技术改造项目完成投资额 1 120 万元，其中宁夏星日电子股份有限公司 4 亿支片式钽电解电容器技改配套项目完成投资 859 万元。吴忠仪表宁光电表有限公司继续对 IC 智能电表进行技术改造，完成投资 261 万元，现已形成年产 260 万只的生产能力，是“十五”期间国家“火炬计划”项目之一。

【统计数据】

表 1　2003 年宁夏电子信息产业人员构成情况

企业类别	企业数（个）	年末从业人员总数	其中：人员构成（人）				
			工程技术人员	在总人数中所占比例（%）	管理人员	在总人数中所占比例（%）	软件开发研究人员
国有企业	1	662	179	27.0	118	17.8	37
股份制企业	3	874	154	17.6	73	8.4	

表 2 2001 年~2003 年宁夏电子信息产业基本情况

项目名称	单位	2001年	2002年	2003年
工业总产值（1990 年不变价）	万元	21 540	37 062	21 301
工业销售产值（现价）	万元	15 823	25 966	14 914
其中：出口交货值	万元	8 949	14 995	2 762
工业增加值（生产法）	万元	7 138	14 054	4 893
从业人员年末人数	人	1 828	1 860	1 536
从业人员工资总额	万元	2 133	2 869	3 966

表 3 2001 年~2003 年宁夏电子信息产业财务情况

项目名称	单位	2001年	2002年	2003年
流动资产合计	万元	19 277	18 980	14 960
固定资产合计	万元	9 128	25 773	26 610
资产合计	万元	48 069	48 128	43 447
流动负债合计	万元	17 604	14 724	8 482
负债合计	万元	36 622	32 819	29 699
所有者权益合计	万元	11 448	15 309	13 749
产品销售收入	万元	12 608	20 153	10 834
投资收益	万元		–8	3
利润总额	万元	102	1 792	–1 014
应交所得税	万元	213	433	

表 4 2001 年~2003 年宁夏电子信息产业主要经济效益指标完成情况

项目名称	单位	2001年	2002年	2003年
工业全员劳动生产率	元/人	39 070	78 866	29 073
流动资金周转次数	次	0.65	1.18	0.67

续表 4

项目名称	单位	2001年	2002年	2003年
工业产品销售率	万元	104.2	105.1	103.1
总资产贡献率	%	2.0	5.6	-0.6
资本增值保值率	%	144.9	143.1	
资产负债率	%	76.2	68.1	68.3

表 5　2001 年~2003 年宁夏电子信息产业主要产品产销量情况

产品名称	单位	产量			销量		
		2001年	2002年	2003年	2001年	2002年	2003年
电容器	万只	7 413	11 377	15 584	8 552	10 802	16 141
滤波器	万只	164	200	254	123	200	179
IC卡智能电表	万台	18.5	32.8	22	20	30.8	24

[撰稿：崔祝平　审稿：刘连柏]

新疆维吾尔自治区

【综述】

2003 年，根据自治区统计年报显示，该区电子信息产品制造业国有及规模以上非国有 10 家工业企业完成工业总产值（1990 年不变价）3.294 亿，同比增长 91%，工业增加值 0.7977 亿元，同比增长 157.9%；实现利润 149 万元；实现利税 1 170 万元，全员劳动生产率 40 451 元/人。

科技进步与应用

2003 年，自治区人民政府授予新疆电子行业 6 项成果为自治区科技进步奖，其中："150 千伏安太阳能动力电源控制系统"成果为一等奖，"社会保险多保合一管理信息系统"、"计算机集成制造系统在中石油乌石化分公司征税中的应用"2 项成果为二等奖，"天择数码油田生产信息管理平台"、"油田综合泵井软件系统（V2.0）开发"、"大型变压器绕组变形诊断技术开发"3 项成果为三等奖。在新产品开发中，有 8 项新产品通过了自治区有关部门组织的鉴定，其中：新疆特利美科技发展有限公司的 FAC—2000 数字式配电自动化终端产品填补了自治区空白，新疆新能源股份有限公司的 XMY—DDK50/380II 型太阳能动力电源控制系统、150KVA太阳能动力电源控制系统、XNY—TJX型太阳能道路交通信号灯、XNY—BYK15/380I型太阳能变频扬水控制器、XNY—TB10/220I型太阳能并网发电系统、XNY—TJB型太阳能道路交通标志和XNY—DSZ/12型电源适配器等7项产品技术水平达到国内先进水平。另外，新疆新能源股份有限公司桑欧牌太阳光伏电站和户用光伏电源系统被自治区评为“名牌产品”。

2003年，根据信息产业部电子发展基金会指南及实施意见，积极组织电子行业申报了一批技术含量高、有特色、切合新疆实际的项目，经筛选后有4个项目获得了信息产业部电子发展基金的支持，分别是新疆新能源公司的50KW太阳能—电网—柴油发电综合供电控制设备产业化项目，新疆特变电工股份公司的电力变压器在线状态监测与诊断专家系统项目，新疆金风科技股份公司的风力发电机组检测系统项目，新疆虹联软件公司的维、哈、柯版农业税收管理信息系统项目，每个项目获得100万元拨款，有力地支持了行业的发展。

结构调整

2003年在国企深化改革中，新疆电子研究所的改制工作基本完成，2003年12月15日，自治区财政厅、国有资产管理中心批复了新疆电子研究所改制方案，其资本性质为个人资本金，新疆电子研究所国有资产产权注销。

信息化应用

2003年，机电行业被自治区制造信息化领导小组列为自治区信息化工作示范性行业，第一批制造业信息化企业已获批准，24家机电制造企业成为自治区首批三维CAD应用示范企业，5家企业成为自治区首批制造业信息化ERP应用示范企业。组织实施了《自治区软件企业认定标准及管理办法》，加强了软件产品和计算机信息系统集成资质认证服务工作，并对计算机信息系统集成企业进行了年审和培训。

【统计数据】

表1 2001年~2003年新疆维吾尔自治区电子信息产业主要经济指标完成情况

项目名称	单位	2001年	2002年	2003年
工业总产值（1990年不变价）	万元	14 746	17 233	32 940
工业增加值（现价）	万元	3 003	3 103	7 977
销售产值（现价）	万元	11 790	15 405	33 301
销售收入	万元	8 846	15 327	32 975
利润总额	万元	164	257	149
工业全员劳动生产率	元/人	27 241	67 341	40 451
流动资金周转次数	次	1.4	0.9	0.9
工业产品销售率	%	4.9	9.7	98.2

续表 1

项目名称	单位	2001年	2002年	2003年
总资产贡献率	%	4.9	9.7	3.5
资本增值保值率	%	160.0	183.7	94.6
资本负债率	%	55.7	124.5	69.9

表 2　2001 年~2003 年新疆维吾尔自治区主要电子产品产销量情况

产品名称	单位	产量			销量		
		2001年	2002年	2003年	2001年	2002年	2003年
太阳能发电装置	千瓦	486	5 770	1 716	400	5 696	1 716
IC卡电表	万只		1	11			11
电子铝箔	吨			4 288			3 714

[撰稿：张含瑾　审稿：张启曾]

第 9 部分 电子工业大事记

2003年电子工业大事记

1 月

1日 中国再次调整降低了现行进口关税税率。2003 年中国关税总水平由 2002 年的 12%降低到 11%；电子产品关税总水平由 2002 年的 11.1%降低到 9.9%，其中信息技术产品关税总水平由 2002 年的 3.5%降低到 1.5%，降税幅度高达 57%左右，是中国 2003 年所有商品中降税幅度最大的。

8日 用友软件股份公司投资 4 260 万元与原安易软件公司共同成立用友安易电子政务有限公司。新公司由用友公司控股，业务直指号称市场规模超过 40 亿元的国家“金财工程”。这是中国软件业有史以来最大的并购案例。

8日 康佳集团宣布，中国第一台 42 英寸液晶电视在康佳诞生。此款国内最大屏幕液晶电视是显像技术最为先进、图像效果最为清晰的液晶电视之一。

8日 年产 1 000 吨多晶硅的国家高新技术产业化示范工程在四川省乐山市高新技术开发区开工建设。该项目是经国家计委批准，由四川省新光硅业科技有限公司建设的国内惟一一条年产 1 000 吨多晶硅的生产线，是目前西部大开发中国家投资最大的高科技项目。该项目总投资额 11 亿元，其中，国家投入专项资金达 1 亿元。

18日 中国第一条完全由民营资本独立投资兴建的集成电路芯片生产线在杭州经济开发区内正式投产。该条集成电路芯片生产线为 6 英寸 0.8~0.2 微米的可兼容双极和 BiCMOS 两种生产工艺的集成电路芯片生产线，由杭州士兰微电子有限公司投资兴建。

20日 由大唐移动、飞利浦电子和三星电子联合组建的天碁科技有限责任公司成立，将为终端用户设备和移动终端提供核心 TD-SCDMA 芯片组和参考设计，以实现 TD-SCDMA 终端能够在 2004 年商用的目标。

20 日~21 日 信息产业部在北京召开 2003 年全国信息产业工作会议。会议总结了信息产业 2002 年和过去 5 年的工作，部署了 2003 年的任务。中共中央政治局常委、国务院副总理吴邦国做重要批示。信息产业部部长吴基传做了《深入贯彻落实党的十六大精神，促进我国信息产业新的跨越式发展》的报告。会议由信息产业部党组书记王旭东主持。信息产业部副部长娄勤俭、张春江、苟仲文，国家邮政局局长刘立清，中纪委驻信息产业部纪检组组长李雪莹出席了会议。

1 月 由深圳数视通信息技术有限公司发起的深圳数字电视产业联盟成立。这是国内首家民间自发成立的数字电视产业联盟，官方命名为“深圳国家电子技术应用工业性试验中心”。

1 月 国内最大 LED 室内真彩电子大屏幕显示屏在天津问世。该显示屏由天津光电星球阳光显示技术有限公司研制开发，显示面积为 40 平方米，是目前国内同类产品集成度最高、面积最大的室内全彩显示屏。

2 月

12 日 京东方科技集团以 3.8 亿美元的价格，成功收购了韩国现代显示技术株式会社（HYDIS）的 TFT-LCD（薄膜晶体管液晶显示器件）业务，资产交割已于 1 月 22 日全部完成。这是国内高科技产业“第一个海外收购案”，这标志着中国企业掌握了 TFT-LCD 的核心技术，将影响全球液晶显示行业的竞争格局。

25 日~26 日 全面贯彻落实《振兴软件产业行动纲要》工作会议在北京举行，由国务院信息化工作办公室、国家发展计划委员会、信息产业部等 9 部委联合主办。国务院信息化工作办公室副主任曲维枝、信息产业部副部长娄勤俭等领导出席会议并发表讲话。

26 日 由上海交通大学设计、中芯国际集成电路制造（上海）有限公司生产的“汉芯一号”16 位 DSP 芯片在上海通过成果鉴定。“汉芯一号”使用国际先进的 0.18 微米半导体工艺，具有 32 位运算处理内核，标志着中国在 DSP 数字信号微处理器核心芯片上获得重大突破，填补了中国在高端通用 DSP 芯片上的空白。

27 日 信息产业部主办的“2003 中国国际信息技术展览会暨信息产业发展成就展”在北京开幕。信息产业部部长吴基传、副部长娄勤俭出席了开幕式。本届展会有 27 个省、自治区、直辖市、计划单列市参展，参展单位有 300 多家，展出面积达 1.4 万平方米。

28 日 国务院信息化工作办公室副主任曲维枝、信息产业部副部长娄勤俭分别会见了来华访问的微软公司总裁比尔·盖茨，分别就网络信息安全和中国软件产业发展交换了意见。

2 月 中国首家 SOI 晶圆工厂正式运营，为国内外用户提供 4、5、6、8 英寸 SOI 晶圆产品。生产工厂所属公司上海新傲科技有限公司由中国科学院上海微系统与信息技术研究所联合其他 4 家股东成立，旨在推动中国的 SOI 产业化发展。

3 月

5 日 在第十届全国人民代表大会第一次会议上，国务院总理朱镕基做《政府工作报告》的报告。报告指出主题为“发展高新技术产业，大力推进产业信息化”。

11 日 杭州士兰微电子股份有限公司在上海证券交易所上市，成为第一家在中国内地上市的集成电路设计公司。

14 日 中国最大的百万亿数据处理超级服务器——曙光 4000L 通过验收，验收综合评价为优。曙光 4000L 由中科院计算技术研究所国家智能计算机研究开发中心联合曙光公司共同研制完成，可以同时适用于高性能“科学计算”和“信息服务”两大领域，是中科院知识创新二期工程的一项重大成果。

17 日 十届全国人大一次会议第七次全体会议召开。会议根据国务院总理温家宝的提名，经过投票表决，决定由王旭东同志担任信息产业部部长。

17 日 信息产业部在深圳组织召开“TCL 等离子显示驱动与控制技术鉴定会”。鉴定委员会认为，TCL 集团研制开发的等离子显示器（PDP）主要性能指标达到国际先进、国内领先水平，该项目实现了全部 PDP 驱动电路系统国产化。

20 日 华为技术有限公司与美国 3COM 公司联合宣布，双方将组建合资公司——华为 3COM 公司，该公司将以研究开发、生产和销售数据通信产品为主业，是中美通信产业代表性企业之间的优势互补、多赢的合作。

24 日~26 日 首届中国国际集成电路产业展览暨研讨会（IC China 2003）在上海举办。来自 12 个国家和地区的 300 余家企业参展。这是中国第一个涵盖整个集成电路产业链的国际化专业展览。信息产业部副部长苟仲文、上海市副市长杨雄为大会致辞。

27 日~28 日 国务院信息化工作办公室、国家标准化委员会、信息产业部共同举办了“全国电子政务标准化研讨会”。会议强调，电子政务建设必须有标准。

30 日 诺基亚公司在北京宣布，将对其在中国的 4 家合资企业进行整合组成新公司，同时宣布了新公司将在中国进行 CDMA 手机生产的计划。这家新成立的公司将成为中国最大的外商投资企业之一，同时也是中国移动通信行业最大的制造和出口企业。

3 月 维信诺科技和清华大学研制出 4.82 英寸 OLED 显示屏，这是目前国内最大的 OLED 动态显示屏。

3 月 上海清华晶芯微电子有限公司首次在国内研制成功的 2.4GHz 射频前端芯片组 CMOS 集成电路，通过了由上海市科委组织的专家鉴定。它是可用于无线局域网的无线收发器完整射频集成电路芯片组。此项目突破了射频集成电路产品设计的高难度障碍，填补了国内空白。

4 月

1 日~ 4 日 由信息产业部、科学技术部等联合主办的“第七届世界计算机博览会暨第二十四届中国计算机产品北京展览交易会（COMDEX/China 2003）”在北京举行，会议主题为“移动计算与无线互联”。

1 日~7 日 由全球 IPv6 论坛、信息产业部电信研究院等共同主办的“2003 全球 IPv6 高峰论坛”在北京召开，会议主题为“如何在中国部署 IPv6”。信息产业部副部长娄勤俭出席会议并致辞。

4 日 曙光公司正式将第 1 000 套 TC1700 交付成都理工大学信息工程学院使用。曙光 TC1700 是曙光 2001 年推出的高性能集群系统，是国家“863 计划”重大成果——曙光 3000 超级服务器技术下移的成果。

9 日 由苏州国芯科技有限公司等 61 家集成电路企业机构共同发起并组成的“中国 C*Core 产业联盟”在南京成立。联盟以苏州国芯研发的具有自主知识产权的 C*Core32 位 RISC 嵌入式 CPU 技术为基础，旨在促进中国高端嵌入式关键技术的发展。

11 日 上海广电信息股份有限公司在北京发布了包括全球最大屏幕的等离子彩电、国内最大屏幕的液晶彩电、超大屏幕背投彩电、具备数码存储读取技术的高清晰度数字彩电、具有自主知识产权的国内第一台 EVD 等在内的 6 大类 13 款高端视频产品。

11 日~12 日 中共中央总书记、国家主席胡锦涛分别视察了深圳中兴通讯公司和深圳华为技术公司，鼓励企业积极参与国际竞争，加快“走出去”步伐。

24 日 2003 年（第 17 届）电子信息百强企业在北京揭晓，是依据企业 2002 年营业收入排定并经过信息产业部严格审核。海尔集团公司以实现年营业收入额达 711 亿元的业绩首次荣登电子信息百强企业之首，中国普天信息产业集团公司和联想控股有限公司分列第二、第三名。

28 日 联想集团正式启用企业新标志“Lenovo 联想”，并在全球范围内广为注册“Lenovo”标志。“Lenovo”意为“创新”，赋予了联想崭新的国际化意义。今后，联想集团将在国内保持使用“Lenovo 联想”，在海外则单独使用英文标志。

28 日 由厦华电子公司生产的 1.8 万台数字高清晰电视在厦门港启运至美国，并且将在全美最大的家电连锁店 Best Bay 销售，它标志着中国彩电重返欧盟市场后，高端电视产品已开始批量进入美国主流家电市场。

4 月 2003 年中国信息化应用大会新闻发布会召开，信息产业部发布信息：根据国家的整体部署，2003 年信息化建设将围绕市场需求，在电子政务、企业信息化和社会服务信息化三个方面取得新的实质性进展。

4 月 由广东省汕头高新区和川光电公司承担的 DVD 光学头项目，通过信息产业部的鉴定，这标志着中国 DVD 光学头开始实现国产化，打破了国内光学头全部依赖进口的局面，填补了国内空白。

4 月 西安纳米科技产业园正式开工建设，是中国第一个纳米科技产业园，预计投资额为 12 亿元人民币。

4 月 华为技术有限公司固定/移动智能网产品双双通过俄罗斯最权威的测试机构——列宁格勒电信研究院（LONIIS）和中研电信研究院(ZNIIS）的严格测试，获得由俄罗斯邮电部颁发的 TELLIN FIN 和 WIN 入网证。在移动智能网领域，华为公司是第一个，也是目前惟一一个被俄罗斯邮电部认可的通过 CAMEL PHASE II 标准测试的厂商。

5 月

5 月 深圳南玻电子有限公司建成国内首条 LTCC 工艺技术生产线，并开发出 LC 滤波器及多种 LTCC 集成模块。

5 月 信息产业部与国家统计局联合公布了《2002 年我国软件产业发展公报》。公报显示，2002 年全行业共完成软件及系统集成收入 1 100 亿元，比上一年增长 46.5%；出口创汇 15 亿美元，增长100%。

5月 全球第一块SPARC V8系列专门应用于嵌入式实时领域的32位S698处理器芯片，在欧比特（珠海）软件工程有限公司一次性流片成功，并通过运行测试。这款芯片全部由中国人自己设计完成，其内嵌64位浮点运算器，是世界上第一个登上SPARC V8系列嵌入式处理器芯片领域制高点的高端产品。

5月 信息产业部发布了《关于建设国家电子信息产业基地和产业园的意见》文件，决定组织推进国家电子信息产业基地和产业园建设工作，并对国家电子信息产业基地和产业园建设的指导思想、总体目标和认定条件做了规定。

5月 全球第一块汉字手写输入通用芯片在北京汉王科技公司研发成功。手机、PDA、智能电话以及电视等电子产品只需要在系统中嵌入这一芯片，即可实现手写输入。

6　月

6日 中共中央政治局常委、国务院副总理黄菊一行，在湖北省委书记俞正声、省长罗清泉等陪同下，先后到武汉邮科院、烽火科技集团和长飞光纤光缆有限公司视察。

8日 沈阳科希-硅技半导体技术第一有限公司举行开工奠基仪式，东北首家芯片制造厂正式落户沈阳浑南高新区。

12日 国家广电总局发布了《我国有线电视向数字化过渡时间表》。根据广电总局的规划，在未来的12年内，目前中国市场上保有量约3.5亿台的模拟电视机将要逐步更新换代，这将直接催生出几千亿元的增量市场。

18日 全国制造业信息化工程协调领导小组组长李健宣布了刚评测完成的2001~2002年度中国制造业信息化指数。2002年中国制造业信息化指数增长18%。这是中国政府第一次将国家重大信息化工程项目的执行情况进行量化考核，并公布于众。

6月 信息产业部副部长娄勤俭考察了联想集团有限公司，并指出，信息产业部将支持国内大企业开展标准制定工作。

6月 国内第一款支持CDMA 1X的彩E手机C3698在海信黄岛工厂下线，这款手机是海信通信有限公司完全自主研发的。

6月 华为与中兴两家实现了MSTP设备以太网业务虚级联的互通。这是国内首次实现MSTP设备以太网GFP和虚级联互通。

6月 中国首条OLED面板生产线建成，信利电子公司引进的OLED生产线安装调试完毕，进入试生产阶段。

6月 大连高新区旅顺南路软件产业带暨大连软件园二期工程正式启动，这是国内规划面积最大的软件产业专业发展区。

7　月

17日 信息产业部科学技术司在北京宣布成立“信息设备资源共享协同服务标准化工作组”（IGRS标准组）。信息产业部副部长娄勤俭、国家发展和改革委员会高技术产业发展司副司长许勤等有关领导以及联想、TCL、康佳、海信、长城五大发起企业负责人共同出席了成立大会。标准组还同时发布了“闪联”品牌，今后所有带有该品牌标志的产品都将嵌入IGRS协议，从而实现信息设备间的互联、共享及协同服务。

22日 国家信息化领导小组第三次会议在北京召开。中共中央政治局常委、国务院总理、国家信息化领导小组组长温家宝主持会议并讲话。会议讨论了《关于加强信息安全保障工作的意见》，听取了国务院信息化工作办公室关于电子政务建设的工作汇报。

28日 中日合资扬州晶芯半导体有限公司6英寸芯片生产线总承包合同签字仪式在扬州举行，信息产业电子第十一设计研究院总承包该项目与相关工程设计及施工。这是中国第一条由国内设计院独立承包的6英寸芯片生产线建设项目。

30日 信息产业部数字音视频编解码技术标准化工作组在北京召开首届“数字音视频编解码技术标准（AVS）工业论坛”。AVS有望支撑中国数字音视频产业。

8 月

6日 网络终端计算机（NC）技术联盟在北京宣告成立。NC技术联盟是在科技部、信息产业部、教育部、北京市科委的支持下，由国家“863计划”计算机软硬件技术主题专家组倡议，由国内著名的研究机构、高等院校、工商业企事业单位联合发起的专业化NC推广组织。

15日 2003年全国电子信息产品出口工作座谈会在昆明举行，由信息产业部、商务部联合召开，信息产业部副部长娄勤俭、商务部副部长魏建国在座谈会上讲话。

19日 信息产业部部长王旭东会见了来访的美国国际数据集团（IDG）董事长麦戈文一行，宾主双方就IDG加强在华业务发展和双方的进一步合作问题交换了意见。

19日~22日 利用信息技术改造东北老工业基地座谈会在哈尔滨举行，由国务院信息化工作办公室主办。来自信息产业部、科技部等部委和东三省信息化主管部门的相关主管以及斯达造纸公司等20多家企业的代表参加了座谈会。

20日 中兴通讯股份有限公司在人民大会堂与罗马尼亚邮政电信股份公司签署协议，罗马尼亚将在未来3年内利用中兴通讯的通讯设备和技术，在全国建设用于数据传输和固定电话的商用网络。国家主席胡锦涛和罗马尼亚总统伊利埃斯库出席了签字仪式。

20日~21日 信息产业部在贵州省贵阳市召开全国电子信息产业技术改造暨电子基建计划工作座谈会。信息产业部副部长娄勤俭、信息产业部有关司局负责人、国家发展与改革委员会高技术司负责人出席会议并讲话。

23日 “炎黄一号”WSC1115视频扫描格式转换芯片通过国家广播电视产品质量监督检验中心的技术鉴定，该芯片由成都威斯达芯片有限公司研发设计，结束了国产数字电视芯片全部依靠进口的历史。

26日 信息产业部副部长娄勤俭会见了来访的法国阿尔卡特公司总裁菲利浦·杰曼德一行，宾主双方就上海贝尔阿尔卡特公司的发展及3G等问题交换了意见。

28日~29日 2003年TD-SCDMA国际峰会在北京召开，展示了TD-SCDMA的最新研发成果，与会人员对TD-SCDMA的发展进行了探讨。此次峰会是2003年TD-SCDMA技术论坛和产业联盟最大的一次活动。科技部部长徐冠华、信息产业部副部长娄勤俭等与会并讲话。

8 月 国内首枚 LCOS（硅基液晶）微显示集成电路（IC）芯片在天津问世。该芯片由天津市科委立项、南开大学自主设计开发，在设计、液晶封装等关键技术上达到国内领先水平。

8 月 华为技术有限公司研制成功新一代 WCDMA ASIC 套片。这是中国在第三代移动通信领域的重大突破和进展，也使华为成为国内第一家能够独立开发设计并优化 WCDMA ASIC 套片的厂商。

8 月 6 英寸锗硅集成电路芯片生产线落户深圳龙岗区，是中国第一条采用锗硅工艺技术实现规模化生产集成电路的加工生产线，负责运营该生产线的是深圳高科集成电路有限公司。

8 月 具有自主知识产权的国内第一款 OLED 专用驱动 IC 芯片问世，由上海航天上大欧德科技公司联合杭州士兰微电子股份有限公司共同开发成功。

9 月

9 日 全国制造业信息化工程重点城市工作会议在北京召开，由科技部高新技术产业司主办。信息产业部副部长苟仲文、科技部副部长马颂德以及秘书长石定寰发表了讲话。苟仲文在讲话中指出，信息产业部将会一如既往地支持制造业信息化建设。

12 日~15 日 第六届中国北京国际科技产业博览会在北京举行，由科技部、信息产业部等部委和北京市政府共同主办，主题为“科技创新、奥运经济、社会发展”。科博会期间共签定以高新技术为主的合资合作项目、技术交易项目达 224 个，协议总金额为 46.82 亿美元。

18 日 信息产业部部长王旭东、副部长奚国华分别会见了来访的法国阿尔卡特公司董事长兼首席执行官瞿瑞克先生一行，宾主就阿尔卡特公司在华业务发展和与中国信息产业界进一步合作等问题交换了意见。

25 日 中国信息安全产品测评认证中心源代码查看实验室在北京成立。国务院信息化工作办公室、国家发展和改革委员会、信息产业部等部委领导出席了揭牌仪式。微软公司是第一个与中国政府签署查看其操作系统源代码协议的商业软件公司。

9 月 信息产业部委托中国电子质量管理协会召开中国电子工业第 23 次质量管理小组暨质量信得过班组代表交流表彰会议。会议共评出信息产业部电子工业优秀质量管理小组 290 个、优秀质量信得过班组 38 个和质量管理小组活动先进单位、优秀领导者和优秀推进者。

9 月 北京六合万通微电子技术有限公司设计的“万通 1 号”正式研发成功，并通过了安捷伦的测试验证以及信息产业部组织的科技成果鉴定。“万通 1 号”是由留学人员企业独立开发成功的无线局域网核心芯片，是继“方舟”“星光”“龙芯”之后，又一枚拥有自主知识产权的国产芯片。

10 月

12 日~17 日 第五届中国国际高新技术成果交易会在深圳举行，由商务部、科技部、信息产业部等部委和深圳市人民政府共同主办。中共中央政治局委员、国务院副总理吴仪及信息产业部副部长娄勤俭等出席了开幕式。

16 日 信息产业部在北京举行"庆祝我国首次载人航天飞行圆满成功座谈会"。信息产业部部长王旭东、副部长娄勤俭、苟仲文，中国电子科技集团公司54所、18所、15所、13所等科研院所代表，中国电子科技集团公司、中国网络通信集团公司、中国卫星通信集团公司等信息产业企业代表、信息产业部载人航天工程办公室负责人，以及信息产业部较早参加载人航天飞行组织和协调的老专家、老领导谢高觉、王金诚、包养浩等出席了本次会议。

23 日 在国家"863计划"支持下，中国大陆第一块全彩色、能实现动态显示AM-OLED显示屏研制成功。该显示屏由南开大学等高校和北京维信诺公司联合攻关并调试成功。

28 日 中基超微公司宣布成立国内首个基于AMD的64位技术的应用基地，并宣布将致力于教育信息化市场，提升国内IT企业的设计水平。中基超微是由AMD公司与中基教育软件公司共同投资成立，是国内首家以设计为主营战略的IT公司。

28 日~29 日 由商务部、信息产业部和天津市人民政府等主办的天津"两展一论坛"召开，信息产业部部长王旭东、商务部副部长魏建国、天津市市委书记张立昌、天津市市长戴相龙等领导出席。"两展一论坛"包括第三届PECC国际贸易投资博览会暨2003中国（天津）计算机、软件、网络与通信产品展览会以及"信息化与新型工业化道路论坛"。

30 日 英特尔公司与TCL集团在深圳宣布成立"英特尔-TCL 3C联合实验室"，联合开发计算机、通讯和消费电子领域基于3C融合的新技术产品，揭开了中国3C产业发展的新局面。

30 日 总装备部、信息产业部和中国电子科技集团公司联合在北京召开庆祝中国首次载人航天飞行圆满成功大会。中央军委委员、总装备部部长李继耐，信息产业部部长王旭东、副部长娄勤俭，总装备部政委迟万春，总装备部副部长胡世祥、朱发忠，中国电子科技集团公司总经理王志刚等领导出席了会议。中国首次航天飞行的航天员杨利伟以及航天员翟志刚、聂海胜也来到会场并与参会代表合影留念。

10 月 信息产业部科技司决定启动企业信息化标准化工作，并成立了"企业信息化标准工作组"。该标准工作组的任务是联合国内产、学、研、用等企事业单位和大专院校进行有关企业信息化标准的研究和制定工作。该工作组以企业为主体，采取开放式原则组建。

11 月

2 日 博鳌亚洲论坛2003年年会开幕。信息产业部部长王旭东做了题为《积极推进信息产业的合作与发展》的演讲。

4 日 TCL集团股份有限公司与法国汤姆逊（Thomson）公司在广州举行彩电、DVD业务合并重组意向书签约换文仪式，正式成立TCL-汤姆逊电子公司，全球最大彩电企业由此诞生。新公司彩电年产量为2 200万台，实际年销量将高达1 800万台。

5 日~7 日 2003年第七届中国国际软件博览会在北京举行，由信息产业部、国家发展和改革委员会、商务部、科技部、国务院信息化工作办公室等5部委联合主办，本届主题为"软件与全面建设小康社会"。国务委员陈至立，原中共中央常委、国务院常务副总理李岚清，原全国政协副主席胡启立等领导在王旭东部长和奚国华、娄勤俭、苟仲文副部长的陪同下参观了展会。

10 日 中华全国总工会庆祝中国首次载人航天飞行成功表彰大会在北京举行。全国人大常委会副委员长顾秀莲以及来自中国航天科技集团公司、信息产业部、文化部、中国人民解放军总装备部等部委的领导出席了表彰会。大会授予 9 个单位全国“五一劳动奖状”，授予 8 位同志全国“五一劳动奖章”。

12 日~16 日 2003 年中国国际通信设备技术展览会在北京举行。此次展会由信息产业部和中国国际贸易促进委员会主办，是 2003 年亚洲地区规模最大的信息通信展览会。信息产业部部长王旭东、副部长奚国华等领导出席了开幕式。中共中央政治局常委、国务院副总理黄菊，全国人大常委会原副委员长邹家华，全国政协原副主席胡启立以及国务院相关部委的同志参观了展会。

18 日 新一代高清晰度、高保真影碟机——EVD 播放机（高密度数字激光视盘系统）正式投放市场，由上海广电信息产业股份有限公司、江苏新科电子集团公司等 9 家影碟机企业联合推出，其核心技术完全为中国自主知识产权。国家发展与改革委员会张晓强副主任、科技部陈祖涛委员、信息产业部娄勤俭副部长、商务部魏建国副部长等部委领导到会祝贺。

20 日~21 日 信息产业部和国务院信息化工作办公室在沈阳联合召开 2003 年全国信息技术应用工作会议。国务院信息化工作办公室常务副主任曲维枝、信息产业部部长王旭东、信息产业部副部长苟仲文、辽宁省副省长刘国强出席会议并讲话。

26 日 信息产业部研究制定的《国家电子信息产业基地和产业园认定管理办法（试行）》发布，旨在规范国家电子信息产业基地和产业园的申报、认定、考核及相关管理工作。

27 日 信息产业部在北京公布 2003 年信息产业重大技术发明评选结果，富通集团的光纤预制棒全合成制造技术等 6 项技术发明获此殊荣。信息产业部副部长娄勤俭出席了发布会，并发表了题为“加快技术创新步伐、促进信息产业发展”的讲话。

27 日~28 日 落实“国务院关于印发鼓励软件产业和集成电路产业发展的若干政策的通知”工作会议在山东省济南市召开。信息产业部副部长苟仲文、山东省副省长王仁元、信息产业部电子信息产品管理司司长张琪出席了会议。

28 日 TD-SCDMA 产业联盟的重要成员中国普天、中兴通讯分别与大唐移动签署了 TD-SCDMA 技术深度合作协议。此举标志着 TD-SCDMA 产业联盟企业已经就联盟内部产业项目的协调分工和 TD-SCDMA 的技术发展达成共识。

11 月 京东方 TFT-LCD 模块（薄膜晶体管彩色液晶显示模块）生产线正式宣布投产，这是中国大陆企业第一条 TFT-LCD 模块生产线。

12 月

5 日~6 日 信息产业部在安徽省合肥市召开 2004 年全国电子信息产业经济运行工作会议。会议对 2004 年全行业经济运行情况进行了预测，提出 2004 年全行业增速将保持 25%。信息产业部副部长娄勤俭出席了会议并讲话。

9 日 国家科技部在北京正式宣布，在国家“863 计划”和中国科学院知识创新工程共同支持下，联想承担的国家网格主节点“深腾 6800”超级计算机正式研制成功，其实际运行速度达到每秒 4.183 万亿次，全球排名第 14 位，运行效率为 78.5%，全球排名第二，这些数据实现了高新技术自主研发的重大突破。

10 日 信息社会世界峰会第一阶段会议在瑞士日内瓦正式开幕。以信息产业部部长王旭东为团长、中国驻联合国日内瓦办事处及瑞士其他国际组织大使沙祖康为副团长的中国政府代表团出席了会议。会议开幕式由瑞士联邦主席库什潘主持，联合国秘书长安南出席了会议并讲话。160 多个国家派政府代表团出席了本次峰会，其中 60 多个国家元首和政府首脑亲自率团与会。王旭东部长做了题为“加强合作，促进发展，共同迈向信息社会”的发言。

15 日 曙光信息产业（北京）有限公司在北京宣布，10 万亿次曙光 4000A 将落户上海超级计算中心，负责网格计算的海量信息服务及数据交互等一系列工作。曙光 4000A 将成为中国国家网格最大的主节点机，中国也将成为继美国、日本后第三个能制造 10 万亿次商品化高性能计算机的国家。

18 日 2004 年电子信息产品论坛召开，信息产业部经济体制改革与经济运行司公布了《2003 年电子信息产业经济运行情况及 2004 年预测》报告。报告认为，手机、笔记本电脑、数字电视会继续保持高速增长势头。

19 日 “直径 200 毫米（8 英寸）硅单晶抛光片高技术产业化示范工程”项目通过国家验收。该项目由北京有色金属研究总院承担，是中国建设成功的第一条可满足 0.25 微米线宽集成电路需求的 8 英寸硅单晶抛光片生产线。

24 日 国内第一条第五代薄膜晶体管液晶显示器生产线在上海正式开工建设，2004 年底将开始批量生产。该条生产线由上海广电集团和日本电气株式会社合资成立的上海广电 NEC 液晶显示器有限公司承建，总投资约 10 亿美元。第五代薄膜晶体管液晶技术是目前世界上显示器领域最成熟的先进技术。

28 日 “中国芯工程”成果汇报会在北京召开，中星微公司主持的“星光中国芯工程”取得重大成果。该会议由信息产业部电子信息产品管理司和北京市中关村科技园区管理委员会联合召开。信息产业部副部长苟仲文、信息产业部电子信息产品管理司司长张琪出席会议并讲话。

第 10 部分 政 策 环 境

2003年电子信息产业的政策法规环境

2003 年 8 月 27 日，中华人民共和国主席令第七号公布的《中华人民共和国行政许可法》将对电子信息产业政策法规建设产生重大影响。该法律的公布不仅是对现行行政审批制度的改革与创新，同时也促进政府对经济社会事务的管理进一步制度化、规范化、法制化，并推进政府管理创新和职能的转变，促进电子信息产业的政策法规建设。

2003 年电子信息产业政策法规环境建设主要体现在以下几个方面。

一、电子信息产业发展与管理

（一）软件和集成电路产业政策

为了深入贯彻落实《国务院关于印发鼓励软件产业和集成电路产业发展若干政策的通知》（国发〔2000〕18 号）精神，国家有关部门制定了实施细则。

针对财政部、国家税务总局、海关总署《关于鼓励软件产业和集成电路产业发展有关政策问题的通知》（财税〔2000〕25 号）和财政部、国家税务总局《关于进一步鼓励软件产业和集成电路产业发展税收政策的通知》（财税〔2002〕70 号）发布后，一些地区反映有些政策存在执行口径不统一等问题。2003 年 5 月 29 日，国家税务总局下发了国税发〔2003〕82 号文《关于软件企业和高新技术企业所得税优惠政策有关规定执行口径等问题的通知》。该通知自 2003 年 1 月 1 日起执行。为了加强对从事集成电路设计企业及产品认定工作的有关机构的管理，规范其执业行为。2003 年 11 月 8 日，国家税务总局、信息产业部联合以国税发〔2003〕140 号文发出《关于印发〈集成电路设计企业及产品认定机构管理办法〉的通知》。该通知自 2004 年 1 月 1 日起施行。

为了落实集成电路税收优惠政策，2003 年 12 月 23 日，国家税务总局国税函〔2003〕1384 号发出《关于印发〈享受税收优惠集成电路产品名录（第一批）〉的通知》，并公布了第一批享受税收优惠政策的生产单位名单、产品名称和产品型号。

（二）电子信息产业统计管理

为了科学、有效地组织实施电子信息产业统计工作，确保电子信息产业各种统计资料的及时性和准确性，根据国家有关法律法规，结合中国电子信息产业实际情况。2003年1月22日，信息产业部令第27号发布《电子信息产业统计工作管理办法》。该办法自2003年3月1日起开始施行。

（三）电子信息产业基地建设

2003年5月27日，信息产业部信部规〔2003〕219号发布《关于建设国家电子信息产业基地和产业园的意见》。

为了规范国家电子信息产业基地和产业园的申报、认定、考核及相关管理工作，2003年11月26日，信息产业部发出通知，发布《国家电子信息产业基地和产业园认定管理办法（试行）》。

二、设备入网与标准管理

为了保证广播电视节目信号安全、优质、高效播出与传输，维护广播电视用户合法权益，加强广播电视设备器材入网认定管理，2002年12月31日，国家广播电影电视总局令第16号发布《广播电视设备器材入网认定管理办法》。该办法自2003年3月1日起施行。1997年1月2日颁布的《有线广播电视设备器材入网认定管理规定》（广发技字〔1997〕49号）同时废止。

2003年12月1日，国家质量监督检验检疫总局、国家认证认可监督管理委员会发布2003年第113号公告，决定对无线局域网产品实施强制性产品认证。该公告自2004年6月1日起执行。该公告规定尚未获得强制性产品认证证书和尚未加施中国强制性认证标志的无线局域网产品不得出厂、进口、销售或者在其他经营活动中使用。

三、人力资源开发与管理

2003年9月29日，劳动和社会保障部、信息产业部联合以劳社部发〔2003〕26号文发布《关于实施电子信息产业高技能人才培训项目的通知》。

为了缓解劳动力市场上制造业和现代服务业技能型人才紧缺状况，教育部、劳动和社会保障部、国防科工委、信息产业部、交通部、卫生部等六部门于2003年12月3日教职成〔2003〕5号文发出《关于实施职业院校制造业和现代服务业技能型紧缺人才培养培训工程的通知》。该通知决定实施“职业院校制造业和现代服务业技能型紧缺人才培养培训工程”。

为了加快软件人才培养和队伍建设，根据国务院国发〔2000〕18号文件的要求，教育部、国家发展和改革委员会、科学技术部、人事部、劳动和社会保障部、信息产业部、海关总署、国家税务总局、国家外国专家局等九部门于2003年12月9日以教高〔2003〕10号文联合提出《关于加快软件人才培养和队伍建设的若干意见》。

为了规范计算机技术与软件专业人才评价工作，促进计算机技术与软件专业人才队伍建设，人事部、信息产业部重新修订了计算机软件专业资格和水平考试有关规定，并以国人部发〔2003〕39号文发出关于印发《计算机技术与软件专业技术资格（水平）考试暂行规定》和《计算机技术与软件专业技术资格（水平）考试实施办法》的通知。该《规定》自2004年1月1日起施行。

四、对外贸易政策

（一）出口退税政策

为了促进外贸体制改革，保持外贸和经济持续健康发展，2003年10月13日国务院国发〔2003〕24号文发布《国务院关于改革现行出口退税机制的决定》，对出口退税机制进行了改革。

2003年10月13日，财政部、国家税务总局财税〔2003〕222号发布《关于调整出口货物退税率的通知》，对原出口货物增值税退税率进行结构性调整。在电子信息产品中，除了程控电话、电报交换机、光通讯设备和印刷电路等保留17%退税率外，其他产品的出口退税率一律降到13%。

2003年12月2日，财政部、国家税务总局财税〔2003〕238号发出《关于调整出口货物退税率的补充通知》。规定出口《高新技术产品出口目录》（2003年版）内的产品统一按财税〔2003〕222号文件规定的退税率执行；计算机软件出口实行免税，其进项税额不予抵扣或退税。

为了有效地实施出口退税机制改革，推进出口退税工作，促进外贸和经济持续健康发展，2003年11月13日，国家税务总局国税发〔2003〕137号发出《关于贯彻落实〈国务院关于改革现行出口退税机制的决定〉的通知》。

（二）科技兴贸政策

为了推动中国外贸出口和高新技术产业向更高层次和更高水平的发展，2003年11月12日，国务院办公厅国办发〔2003〕92号文《国务院办公厅转发商务部等部门关于进一步实施科技兴贸战略的若干意见的通知》。

五、对外开放政策

（一）WTO承诺电子信息产品关税

2003年1月1日，电子信息产品关税总水平降低到9.9%。其中，信息技术产品关税总水平降低到1.5%，降税幅度高达57%。有90个税目实行了零关税，实行零关税的产品关税税目占全部信息技术产品关税税目的83.2%。

（二）对港澳地区开放

在2003年6月29日，2003年9月29日，中央政府和香港特别行政区政府在香港分别签署《内地与香港关于建立更紧密经贸关系的安排》及其附件；2003年10月17日，中央政府和澳门特别行政区政府在澳门签署《内地与澳门关于建立更紧密经贸关系的安排》。至此，内地与香港和澳门两个特别行政区之间，正式建立起了自由贸易关系。这标志着内地与港澳的经贸交流与合作进入了一个新的历史阶段。

内地与香港的承诺：自2004年1月1日起，内地对273个税目（按2004年内地税则转化成为374个税目）的香港原产产品实行零关税，包括电子及电器产品等。双方彼此之间不采用反倾销和反补贴措施。

内地与澳门的承诺：自2004年1月1日起，内地对原产澳门的273个税目（按内地2004年税则转为311个税目）的产品进口实行零关税，并不迟于2006年对其余的原产澳门产品实行零关税。

［撰稿：郭秀明　审稿：郭福华］

国务院关于修改《中华人民共和国海关对出口加工区监管的暂行办法》的决定

中华人民共和国国务院令第389号

现公布《国务院关于修改〈中华人民共和国海关对出口加工区监管的暂行办法〉的决定》，自2003年11月1日起施行。

总理 温家宝

二〇〇三年九月二日

国务院关于修改《中华人民共和国海关对出口加工区监管的暂行办法》的决定

为了适应海关对出口加工区监管新形势的需要，保障出口加工区的健康发展，对《中华人民共和国海关对出口加工区监管的暂行办法》作如下修改：

一、第二十条修改为："区内企业的加工产品和在加工生产过程中产生的边角料、残次品、废品等应复运出境。因特殊情况需要运往区外时，由企业申请，经主管海关核准后，按内销时的状态确定归类并征税。如属进口许可证件管理商品，免领进口许可证件。如属《限制进口类可用作原料的废物目录》所列商品，应按现行规定向环保部门申领进口许可证件。对无商业价值的边角料和废品，需运往区外销毁的，应凭加工区管理委员会和环保部门的批件，向主管海关办理出区手续，海关予以免进口许可证件、免税。"

二、删去第四十四条。

此外，对部分条款的表述予以修改，并对条文顺序作相应调整。

本决定自 2003 年 11 月 1 日起施行。

《中华人民共和国海关对出口加工区监管的暂行办法》根据本决定作相应的修改，重新公布。

附件：

中华人民共和国海关对出口加工区监管的暂行办法

第一章　总　　则

第一条　为加强与完善加工贸易管理，规范海关对出口加工区的监管，促进出口加工区的健康发展，鼓励扩大外贸出口，根据《中华人民共和国海关法》和国家有关法律、法规，制定本办法。

第二条　为防止重复建设，在中华人民共和国境内设立出口加工区（以下简称加工区），只能设在已经国务院批准的现有经济技术开发区内，并由省（自治区、直辖市）人民政府报国务院批准。

第三条　加工区是海关监管的特定区域。海关在加工区内设立机构，并依照本办法，对进、出加工区的货物及区内相关场所实行 24 小时监管。

第四条　加工区与中华人民共和国境内的其他地区（以下简称区外）之间，须设置符合海关监管要求的隔离设施及闭路电视监控系统。经海关总署对加工区的隔离设施验收合格后，方可开展加工区有关业务。

第五条　区内设置加工区管理委员会和出口加工企业、专为出口加工企业生产提供服务的仓储企业以及经海关核准专门从事加工区内货物进、出的运输企业。

除安全保卫人员和企业值班人员外，其他人

员不得在加工区内居住。不得建立营业性的生活消费设施。

第六条 区内不得经营商业零售、一般贸易、转口贸易及其他与加工区无关的业务。

第七条 在加工区内设立的企业（以下简称区内企业），应向海关办理注册手续。

第八条 区内企业应当依据《中华人民共和国会计法》及国家有关法律、法规的规定，设置符合海关监管要求的账簿、报表。凭合法、有效凭证记账并进行核算，记录本企业有关进、出加工区货物和物品的库存、转让、转移、销售、加工、使用和损耗等情况。

第九条 加工区实行计算机联网管理和海关稽查制度。

区内企业应建立符合海关监管要求的电子计算机管理数据库，并与海关实行电子计算机联网，进行电子数据交换。

第十条 区内企业开展加工贸易业务不实行加工贸易银行保证金台账制度，海关不实行《加工贸易登记手册》管理。

第十一条 海关对进、出加工区的货物、物品、运输工具、人员及区内有关场所，有权依照《中华人民共和国海关法》的规定进行检查、查验。

第十二条 国家对区内加工产品不征收增值税。

第十三条 国家禁止进、出口的货物、物品，不得进、出加工区。

第二章　对加工区与境外之间进出货物的监管

第十四条 加工区与境外之间进、出的货物，由货主或其代理人根据加工区管理委员会的批件，填写进、出境货物备案清单，向主管海关备案。备案清单由海关总署统一制发。

第十五条 海关对加工区与境外之间进、出的货物，按照直通式或转关运输的办法进行监管。

第十六条 加工区与境外之间进、出的货物，除实行出口被动配额管理的外，不实行进出口配额、许可证件管理。

第十七条 从境外进入加工区的货物，其进口关税和进口环节税，除法律、法规另有规定外，按照下列规定办理：

（一）区内生产性的基础设施建设项目所需的机器、设备和建设生产厂房、仓储设施所需的基建物资，予以免税；

（二）区内企业生产所需的机器、设备、模具及其维修用零配件，予以免税；

（三）区内企业为加工出口产品所需的原材料、零部件、元器件、包装物料及消耗性材料，予以保税；

（四）区内企业和行政管理机构自用合理数量的办公用品，予以免税；

（五）区内企业和行政管理机构自用的交通运输工具、生活消费用品，按进口货物的有关规定办理报关手续，海关予以照章征税。

第十八条 除法律、法规另有规定外，区内企业加工的制成品及其在加工生产过程中产生的边角料、余料、残次品、废品等销往境外的，免征出口关税。

第三章　对加工区与区外之间进出货物的监管

第十九条 对加工区运往区外的货物，海关按照对进口货物的有关规定办理报关手续，并按照制成品征税。如属许可证件管理商品，还应向海关出具有效的进口许可证件。

第二十条 区内企业的加工产品和在加工生产过程中产生的边角料、残次品、废品等应复运出境。因特殊情况需要运往区外时，由企业申请，经主管海关核准后，按内销时的状态确定归类并征税。如属进口许可证件管理商品，免领进口许可证件。如属《限制进口类可用作原料的废物目录》所列商品，应按现行规定向环保部门申领进口许可证件。对无商业价值的边角料和废品，需运往区外销毁的，应凭加工区管理委员会和环保部门的批件，向主管海关办理出区手续，海关予以免进口许可证件、免税。

第二十一条 区内企业在确有需要时，可将有关模具、半成品等运往区外进行加工。经加工区主管海关关长批准，由接受委托的区外企业向加工区主管海关缴纳货物应征关税和进口环节增值税等值保证金或保函后办理出区手续。

委托区外企业加工的期限由加工区主管海关参照合同期限核定。货物加工完毕后应按期运回区内。区内企业凭出区时填写的委托区外加工申请书及有关单证，向加工区主管海关办理验放核销手续。加工区主管海关在办理验放核销手续后，应及时退还保证金或保函。

第二十二条 区内企业销往区外的机器、设备、模具等，按照国家现行进口政策及有关规定办理。

第二十三条 区内企业经主管海关批准，可在区外进行产品的测试、检验和展示活动。测试、检验和展示的产品，应比照海关对暂时进口货物的管理规定办理出区手续。

第二十四条 区内使用的机器、设备、模具和办公用品等，须运往区外进行维修、测试或检验时，区内企业或管理机构应填写《出口加工区货物运往区外维修查验联系单》，向主管海关提出申请，并经主管海关核准、登记、查验后，方可将机器、设备、模具和办公用品等运往区外维修、测试或检验。

区内企业将模具运往区外维修、测试或检验时，应留存模具所生产产品的样品，以备海关对运回区内的模具进行核查。

运往区外维修、测试或检验的机器、设备、模具和办公用品等，不得用于区外加工生产和使用。

第二十五条 运往区外维修、测试或检验的机器、设备、模具和办公用品等，应自运出之日起2个月内运回加工区。因特殊情况不能如期运回的，区内企业应于期限届满前7天内，向主管海关说明情况，并申请延期。申请延期以1次为限，延长期限不得超过1个月。

第二十六条 运往区外维修的机器、设备、模具和办公用品等，运回区内时，要以海关能辨认其为原物或同一规格的新零件、配件或附件为限，但更换新零件、配件或附件的，原零件、配件或附件应一并运回区内。

第二十七条 从区外进入加工区的货物视同出口，办理出口报关手续。其出口退税，除法律、法规另有规定外，按照以下规定办理：

（一）从区外进入加工区供区内企业使用的国产机器、设备、原材料、零部件、元器件、包装物料以及建造基础设施、加工企业和行政管理部门生产、办公用房所需合理数量的基建物资等，海关按照对出口货物的有关规定办理报关手续，并签发出口退税报关单。区外企业凭报关单出口退税联向税务部门申请办理出口退（免）税手续，具体退（免）税管理办法由国家税务总局另行下达。

（二）从区外进入加工区供区内企业和行政管理机构使用的生活消费用品、交通运输工具等，海关不予签发出口退税报关单。

（三）从区外进入加工区的进口机器、设备、原材料、零部件、元器件、包装物料、基建物资等，区外企业应当向海关提供上述货物或物品的清单，并办理出口报关手续，经海关查验后放行。上述货物或物品，已经缴纳的进口环节税，不予退还。

（四）因国内技术无法达到产品要求、须将国家禁止出口或统一经营商品运至加工区内进行某项工序加工的，应报经商务部批准，海关比照出料加工管理办法进行监管，其运入加工区的货物，不予签发出口退税报关单。

第二十八条 从区外进入加工区的货物、物品，应运入加工区内海关指定仓库或地点，区外企业填写出口报关单，并持境内购货发票、装箱单，向加工区的主管海关办理报关手续。

第二十九条 从区外进入加工区的货物，须经区内企业进行实质性加工后，方可运出境外。

第四章 对加工区内货物的监管

第三十条 区内企业进、出加工区的货物须向其主管海关如实申报，海关依据备案清单及有关单证，对区内企业进、出加工区的货物进行查验、放行和核销。

海关对进、出加工区货物的备案、报关、查验、放行、核销手续应在区内办理。

第三十一条 加工区内的货物可在区内企业之间转让、转移，双方当事人须事先将转让、转移货物的具体品名、数量、金额等有关事项向海关备案。

第三十二条 区内加工企业，不得将未经实质性加工的进口原材料、零部件销往区外。区内从事仓储服务的企业，不得将仓储的原材料、零部件提供给区外企业。

第三十三条 区内企业自开展出口加工业务或仓储业务之日起，每半年持本企业账册和有关单据，向其主管海关办理一次核销手续。

第三十四条 进入加工区的货物，在加工、储存期间，因不可抗力造成短少、损毁的，区内加工企业或仓储企业应自发现之日起 10 日内报告主管海关，并说明理由。经海关核实确认后，准其在账册内减除。

第五章 对加工区之间往来货物的监管

第三十五条 加工区之间货物的往来，应由收、发货物双方联名向转出区主管海关提出申请。经海关核准后，按照转关运输的有关规定办理。

第三十六条 货物转关至其他加工区时，转入区主管海关在核对封志完整及单货相符后，即予放行入厂或入库。

第三十七条 加工区之间往来的货物不能按照转关运输办理的，转入区主管海关应向收货企业收取货物等值的担保金。货物运抵转入区并经海关核对无误后，主管海关应在 10 个工作日内，将担保金退还企业。

第六章 对进、出加工区运输工具和个人携带物品的监管

第三十八条 运输工具和人员应经海关指定的专用通道进、出加工区。

第三十九条 从加工区运往境外的加工产品及由加工区运往区外的货物，经海关查验放行后，应交由经海关核准、并由设立于区内的专营运输企业承运。下列货物经主管海关查验后，可由企业指派专人携带或自行运输：

（一）价值 1 万美元及以下的小额物品；

（二）因品质不合格复运区外退换的物品；

（三）已办理进口纳税手续的物品；

（四）其他经海关核准的物品。

第四十条 进、出加工区货物的运输工具的负责人，应持企业法人营业执照和运输工具的名称、数量、牌照号码及驾驶员姓名等清单，向海关办理登记备案手续。

承运加工区货物进、出加工区或转关运输的所有运输企业的经营人，应遵守海关有关运输工具及其所载货物的管理规定，并承担相关的法律责任。

第四十一条 未经海关批准，从加工区到区外的运输工具和人员不得运输、携带加工区内货物出区。

第七章 附则

第四十二条 从境外运入加工区的货物和从加工区运出境外的货物列入进、出口统计。从区外运入加工区和从加工区运往区外的货物，实施单项统计。统计办法由海关总署另行制定。

第四十三条 违反本办法规定的，由海关依

照《中华人民共和国海关法》及《中华人民共和国海关法行政处罚实施细则》的有关规定进行处理。

第四十四条 本办法自2000年5月24日起施行。

国务院 2003年9月2日 颁布

财政部 国家税务总局
关于调整出口货物退税率的通知

财税〔2003〕222号

各省、自治区、直辖市和计划单列市财政厅(局)、国家税务局、新疆生产建设兵团财务局:

经国务院批准，对现行出口货物增值税退税率进行结构性调整，现将有关事宜通知如下:

一、下列货物维持现行出口退税率不变。

(一) 现行出口退税率为5%和13%的农产品;

(二) 现行出口退税率为13%的以农产品为原料加工生产的工业品(本通知第三条和第四条的规定除外);

(三) 现行税收政策规定增值税征税税率为17%、退税税率为13%的货物(本通知第三条和第四条的规定除外);

(四) 船舶、汽车及其关键件零部件、航空航天器、数控机床、加工中心、印刷电路、铁道机车等现行出口退税率为17%的货物(商品代码及名称见附件一);

二、小麦粉、玉米粉、分割鸭、分割兔等附件二所列明的货物的出口退税率，由5%调高到13%。

三、取消原油、木材、纸浆、山羊绒、鳗鱼苗、稀土金属矿、磷矿石、天然石墨等附件三所列明货物的出口退税政策。对其中属于应征消费税的货物，也相应取消出口退(免)消费税政策。

四、调低下列货物的出口退税率。

(一) 汽油(商品代码27101110)、未锻轧锌(商品代码7901)的出口退税率调低到11%;

(二) 未锻轧铝、黄磷及其他磷、未锻轧镍、铁合金、钼矿砂及其精矿等附件四所列明的货物的出口退税率调低到8%;

(三) 焦炭半焦炭、炼焦煤、轻重烧镁、萤石、滑石、冻石等附件五所列明的货物的出口退税率调低到5%;

(四) 除第一条、第二条、第三条及本条第(一)款、第(二)款、第(三)款规定的货物外，凡现行出口退税率为17%和15%的货物，其出口退税率一律调低到13%；凡现行征税率和退税率均为13%的货物，其出口退税率一率调低到11%。

五、出口企业在2003年10月15日前已对外签订的、价格不可更改的属于本通知第四条第(四)款范围的成套设备(指出口价值在200万美元以上的成套设备)及大型机电产品(指单台、件价值在100万美元以上的机电产品)的出口合同，按合同规定的出口日期在2004年1月1日以后出口的，必须在2003年11月15日前执出口合同正本和副本到主管退税机关登记备案，省国家税务局审核后，在2003年11月30日前将符合条件的出口合同及有关资料报国家税务总局，国家税务总局会同财政部审核批准后，由当地国家税务局按调整前的退税率办理退税。对未能在 2003 年 11 月 15 日前登记备案的成套设备和大型机电产品，一律按调整后的退税率办理出口退税。

六、各地财政、税务部门，要认真学习领会本通知规定，采取有效措施严格贯彻本通知有关政策，依法办理退税，切实维护国家和企业的利益，同时要密切配合商务、海关、外汇及企业主管部门进一步做好出口工作。

七、自 2004 年 1 月 1 日起，无论任何企业以何种贸易方式出口货物均按本通知规定的出口退税率执行。具体执行日期以出口货物报关单上海关注明的离境日期为准。

中华人民共和国财政部

中华人民共和国国家税务总局

二○○三年十月十三日

附件一：

保留 17%退税率的产品目录

海关税号	商品名称	备　注
8901-8902、8904、8905-8906、8907	船舶	所列税号中现行退税率为 17%的保留退税率为 13%的以本通知规定的调整为准
84073410、84073420、84082010-84089010 84089092-84089093、87012000-87079090 87161000-87169000、84099191-84099199 84099991-84099999、8708	汽车及其关键零部件	同上
8456-8460、8462	数控机床、加工中心、组合机床	
8425-8430、84671100-84678900 84743100-84748090、84791021-84791090	起重及工程用机械、机械提升用装备、建筑、采矿用机械	同上
851730-85175029	程控电话、电报交换机、光通讯设备	
9018-9020、90221200-90221400 90222100	医疗仪器及器械	
8601-8606	铁道机车	
84713000	重量≤10 公斤的便携数字式自动数据处理机	
88	航空航天器	
8454-8455	金属冶炼设备	
8534	印刷电路	

附件二：

出口退税率调整为13%的产品目录

海关商品码	商品名称	调整后退税率	备注
	食 用 粉 类		
1101	小麦或混合麦的细粉	13%	
11022000	玉米细粉	13%	
11023010	籼米大米细粉	13%	
11023090	其他大米细粉	13%	
11031100	小麦粗粒、粗粉	13%	
11031300	玉米粗粒、粗粉	13%	
11031921	籼米大米粗粒及粗粉	13%	
11031929	其他大米粗粒及粗粉	13%	
11032010	小麦团粒	13%	
11081100	小麦淀粉	13%	
11081200	玉米淀粉	13%	
	分 割 肉 类		
02073510	鲜或冷的鸭块	13%	需加扩展码
02073520	鲜或冷的鹅块	13%	需加扩展码
02081010	鲜、冷兔肉，不包括兔头	13%	需加扩展码
02081020	冻兔肉，不包括兔头	13%	需加扩展码
02081090	鲜、冷野兔肉	13%	需加扩展码

附件三：

取消出口退税的产品目录

海关商品码	商品名称	调整后退税率
27090000	石油原油及从沥青矿物中提取的原油	13%
27101911	航空煤油	13%

续表

海关商品码	商品名称	调整后退税率
27101912	灯用煤油	13%
27101921	轻柴油	13%
27101922	5~7 号燃料油	13%
27101929	其他柴油及其他燃料油	13%
27101991	润滑油	13%
27101992	润滑脂	13%
27101993	润滑油基础油	13%
27101999	其他重油；以上述油为基础成分的未列名制品	13%
27109100、27109900	废油	13%
4403	原木	5%
4404	箍木、木劈条、木片及粗修整的木棒等	13%
4407	经纵锯、纵切、刨切或旋切的木材，厚度超过 6 毫米	13%
4408	饰面用薄板等，经纵锯、纵切、刨切或旋切的木材，厚度不超过 6 毫米	13%
4409	任何一边、端或面制成连续形状的木材	13%
30049090.2	紫杉醇制品	17%
44190010	木制一次性筷子	13%
4501、4502、4503	软木及软木制品	5%、13%
第 47 章	木浆、纸板	13%
4801–4816	纸、纸浆、纸板	13%
2601–2612、2614–2622	矿砂、矿渣及矿灰，包括铁锰铜镍钴铝锌锡铬钨铀钛铌钽钒矿砂及精矿，贵金属和其他矿砂及精矿，溶渣砂、矿灰和残渣等。	13%
7401	沉淀铜	13%
7402	未精炼铜；电解精炼用的铜阳极	17%
7404	铜废碎料	13%
7110	铂粉、铂板、片、钯等	13%
51021920	未梳其他山羊绒	5%
51053921	已梳无毛山羊绒	13%

续表

海关商品码	商品名称	调整后退税率
51053929	已梳其他山羊绒	13%
41031010	山羊板皮	13%
25309020	稀土金属矿	13%
03019210	鳗鱼苗	5%
0506	骨及角柱，未经加工或经脱脂、简单整理（未切割成形）、酸处理或脱胶；上述产品的粉末	无
2826900010	氟钽酸钾	15%
29022000	苯	15%
7201	非合金生铁、合金生铁	13%
7204	钢铁废碎料	13%
75089010	电镀用镍阳极	13%
76020000	铝废碎料	15%
81019700	钨废碎料	13%
81102000	锑废碎料	13%
2510	天然磷酸钙、天然磷酸铝钙及磷酸盐白垩	13%
2504	天然石墨	13%
2508	其他黏土等	13%
28181000	人造刚玉	15%
28182000、28183000	氧化铝	15%

附件四：

退税率调整为 8%的产品目录

海关商品码	商品名称	调整后退税率
2613	钼矿砂及其精矿	8%
28047010、28047090	黄磷、其他磷	8%
7502	未锻轧镍	8%
72021100、72021900	锰铁	8%

续表

海关商品码	商品名称	调整后退税率
72022100、72022900	硅铁	8%
72023000	硅锰铁	8%
72024100、72024900	铬铁	8%
7601	未锻轧铝	8%

附件五：

退税率调整为 5%的产品目录

海关商品码	商品名称	调整后退税率
27040010	焦炭或半焦炭	5%
27011210	炼焦烟煤	5%
7403	未锻轧的精炼铜及铜合金	5%
2519	轻重烧镁	5%
25309090	其他矿产品	5%
2526	天然冻石、滑石	5%
2529	萤石、长石、白流石等	5%
2511	天然硫酸钡、天然碳酸钡	5%
2825	肼、胲及其无机盐，其他金属氧化物等	5%
2841	金属酸盐及过金属酸盐	5%
2849	碳化物	5%
2846	稀土金属、钇、钪及其混合物的无机或有机化合物	5%
4410	木制碎料板及其他类似木制材料板等	5%

关于进一步实施科技兴贸战略的若干意见

商务部　发展改革委　科技部　财政部
信息产业部　海关总署　税务总局　质检总局

(2003 年 10 月 10 日)

国办发〔2003〕92 号

1999 年以来，国务院有关部门共同组织实施科技兴贸战略，促进了高新技术产品出口和利用高新技术改造传统产业工作，并且取得了显著成绩。2002 年我国高新技术产品出口 677 亿美元，是 1998 年的 3.4 倍，占全国出口额的比重由 1998 年的 11%上升到 20.8%，年均增幅 35.2%。但是，与发达国家相比，我国高新技术产品出口还存在较大差距。为抓住新形势下全球高新技术产业转移的机遇，推动我国外贸出口和高新技术产业向更高层次和更高水平发展，现提出如下意见：

一、科技兴贸的指导思想、奋斗目标和工作原则

（一）指导思想。以党的十六大提出的坚持走新型工业化道路的要求为指针，把发展高新技术产品出口，特别是电子信息产品出口放在科技兴贸的首位，大力支持和鼓励具有自主知识产权的高新技术产品出口，加快出口促进体系建设，着力优化出口商品结构，加大研发和引进国外先进技术及关键设备的力度，积极运用高新技术改造传统产业，加速实现出口增长方式的根本转变。

（二）奋斗目标。提高出口增长的质量和效益，5 至 10 年内，培育 10 家左右高新技术产品年出口额在 50 亿美元以上的大型出口企业和跨国公司，100 家左右年出口额在 10 亿美元以上的出口骨干企业，一批年出口额在 1 000 万美元以上的中西部地区出口企业。力争到 2020 年高新技术产品出口额达到 4 500 亿美元，年均增长 13%以上，占全国外贸出口总额的比重达到 45%左右。

（三）工作原则。一是把促进高新技术产品出口同提高传统出口商品的技术含量和附加值结合起来，优先支持具有自主知识产权及高附加值的高新技术产品出口，全面提高企业的研究开发能力和自主创新能力，大力引进先进技术和关键设备改造传统出口产业。二是把保持加工贸易政策的连续性和进一步加强引导结合起来，着力提高加工贸易的本地配套能力。三是把整体推进同重点扶持结合起来，加大对科技兴贸重点城市、重点企业、出口基地，特别是中西部地区和东北地区等老工业基地的支持力度，促进全国高新技术产品出口的可持续发展。四是把全过程支持同重点环节的支持结合起来，将支持政策向产品源头延伸，特别要支持高新技术的研究开发、技术引进和技术进步以及建立技术标准。

二、加快高新技术产品出口促进体系建设，进一步开拓国际市场

（四）重点支持电子信息技术、生物医药、

新材料和环保型的高新技术产品出口。根据高新技术产业的发展情况，适时调整《中国高新技术产品出口目录》（以下简称《目录》），对列入《目录》的产品优先给予政策扶持。

（五）鼓励经有关部门批准设立的高新技术产品出口基地在海外建立科技园，并为其创造有利条件和政策环境，带动科技型中小企业“走出去”。鼓励出口企业横向联合，构建产品出口战略联盟，向海外拓展市场。选择部分国家级高新技术产业开发区，建立高新技术产品出口分销体系。

（六）发挥区域经济合作、多双边会议和磋商机制等方面的作用，推动高新技术产业的国际合作。将发展高新技术产业的多双边合作与援外、对外承包劳务工作结合起来，大力推进我国高新技术产品、企业和技术的发展。

（七）建立和完善高新技术产品出口信息服务系统。通过数据采集、政策咨询、发布市场供求信息等，帮助企业增强应对国际市场变化的能力。推动电子商务在进出口贸易中的应用。

（八）在重点行业和地区发展一批为高新技术产品出口服务的规范化的中介服务机构，在组织形式和运行机制上进行新的探索，加强行业服务和行业自律，建立正常的出口秩序。

三、综合运用经济手段，大力支持高新技术产品出口，提高企业技术创新能力

（九）增加对高新技术产品出口的资金投入。每年从中央外贸发展基金中安排一定资金并逐年增加，主要用于支持出口产品的研究开发、技术改造、引进国外先进技术、知识产权保护、应对国外技术性贸易壁垒、发展出口中介组织以及与国外技术交流等。

（十）鼓励出口企业技术创新，增强研究开发能力。有关部门要利用现有渠道继续加大对符合条件的出口企业研究开发和技术改造的资金支持。

（十一）对高新技术产品出口提供必要的金融支持。商业银行要按照信贷原则积极为高新技术产品出口提供出口信贷，贷款利率可在中国人民银行规定的下浮10%的幅度内确定。进出口银行要按照中国人民银行确定的优惠出口信贷，加大对高新技术产品出口的支持力度。有关部门要抓紧研究建立高新技术产品出口买方信贷利率风险补偿机制。鼓励企业以保证、抵押、质押和定金等多种担保方式获得出口信贷，解决流动资金短缺的困难。尽快研究通过提供政策性贷款和贷款贴息，鼓励出口企业引进国外先进技术和关键设备。

（十二）发挥出口信用保险对扩大高新技术产品出口的积极作用，鼓励中国出口信用保险公司开展具有融资功能的短期出口信用保险；按照出口信用保险政策规定，对高新技术产品投保出口信用保险的保费费率予以适当浮动，要为高新技术产品出口“量身订做”新的险种，积极提供高新技术产品出口的收汇保障，为企业提供信用保险项下的融资便利。

（十三）尽快研究建立创业投资机制，充分利用社会资金支持高新技术产品的生产和出口。率先在高新技术产品出口基地推进创业投资机制建设。鼓励非银行金融机构、上市公司和其他公司及个人参与对创投企业所投资企业的购并活动，支持创投企业所投资企业进行股权回购；支持创投企业所投资企业在境内外上市。

四、各部门密切配合，共同营造良好的出口环境

（十四）海关要继续对年出口额高、资信好的高新技术产品生产企业提供便捷通关的服务。中西部地区高新技术产品年出口额在1 000万美元以上、资信好的生产企业，经批准可以享受便捷通关服务。加大高新技术产品加工贸易监管模式改革力度，对符合海关监管条件的出口企业优先实行联网监管，取消手册管理。

（十五）高新技术产品出口额大、出口批次多、产品型号变动快、资信好的出口企业，经质

检部门批准可享受免检或便捷检验以及绿色通道待遇。

（十六）继续简化重点出口企业因公出境销售、维修服务人员的出境审批手续。对出口企业从事国外市场开拓、反倾销应诉和售后服务的商务、技术人员因公出境，实行一次审批、全年有效的办法。

（十七）充分发挥驻外使（领）馆的作用，加强驻在国市场调研，及时反馈驻在国对我国出口商品实施贸易壁垒的有关信息以及驻在国高新技术的发展动态，做好开拓国际市场的服务工作，对我出口企业加强指导、提供帮助。

（十八）加强对知识产权的管理和保护。坚决查处各种侵犯知识产权行为，及时处理知识产权纠纷；建立和发展各类知识产权中介机构，加强科技成果、专利等无形资产的评估，对取得的科研成果重视运用法律手段保护知识产权；鼓励和促进自主发明和有序的技术转让，创造优质名牌产品。

（十九）加强技术性贸易措施体系建设。加强各有关部门在技术性贸易措施方面的信息交流与配合，建立技术性贸易措施咨询服务体系和预警与快速反应体系。利用我国技术性贸易壁垒和卫生与植物卫生措施（WTO/TBT 和 SPS）咨询点，及时收集、通报国外技术法规及产品标准的变化信息，对影响我国产品出口的国外技术法规，及时组织专家研究、论证，同时与国外有关方面交涉，帮助企业打破国外技术壁垒。

（二十）提高高新技术出口产品检验检测水平。加强高新技术出口产品安全质量检测与监控，提高对产品设计安全、健康、环保性能的检测能力，重点解决新型建材、工程设备、电子信息技术产品、机械电气等高新技术产品出口的核心检测技术。加强高新技术出口产品检测技术机构和实验室的技术手段与基础建设，加强出口产品标准化管理。加快建立高新技术产业发展所需计量标准及量传体系，开展和推进国际通行的质量管理、环境管理、职业健康安全管理等认证管理体系的研究和应用，引导企业走质量安全效益型发展道路。

（二十一）加强组织领导，完善联合工作机制。商务部、科技部、发展改革委、信息产业部、财政部、海关总署、税务总局、质检总局已建立的实施科技兴贸战略部际联合工作机制要进一步发挥作用，并在实践中不断充实和完善。地方各级人民政府要继续加强对科技兴贸工作的组织领导，建立健全相关工作机制，为促进高新技术产品出口持续增长创造良好的外部环境。

国务院关于改革现行出口退税机制的决定

国发〔2003〕24 号

为认真贯彻党的十六大精神，促进外贸体制改革，保持外贸和经济持续健康发展，国务院决定，对现行出口退税机制进行改革。

一、改革现行出口退税机制的必要性和紧迫性

对出口产品实行退税是国际通行做法，符合世贸组织规则。我国从 1985 年开始实行出口退税政策，1994 年财税体制改革以后继续对出口产品实行退税。出口退税政策的实施，对增强我国出口产品的国际竞争力，扩大出口，增加就业，保证国际收支平衡，促进国民经济持续快速健康发展发挥了重要作用。

我国现行的出口退税机制存在一些亟待解决的矛盾和问题，主要是出口退税机制不利于深化

外贸体制改革，出口退税结构不能适应优化产业结构的要求，出口退税的负担机制不尽合理，出口退税缺乏稳定的资金来源等。这些问题的存在使出口退税资金无法及时得到保证，导致欠退税问题十分严重，而且呈现逐年增长的势头，如不及时采取有效措施予以解决，势必影响企业正常经营和外贸发展，给财政金融运行带来隐患。

二、改革出口退税机制的指导思想和具体内容

（一）改革的指导思想

按照“新账不欠，老账要还，完善机制，共同负担，推动改革，促进发展”的原则，对历史上欠退税款由中央财政负责偿还，确保改革后不再发生新欠，同时建立中央、地方共同负担的出口退税新机制，推动外贸体制深化改革，优化出口产品结构，提高出口效益，促进外贸和经济持续健康发展。

（二）改革的具体内容

1. 适当降低出口退税率。本着“适度、稳妥、可行”的原则，区别不同产品调整退税率：对国家鼓励出口产品不降或少降，对一般性出口产品适当降低，对国家限制出口产品和一些资源性产品多降或取消退税。

2. 加大中央财政对出口退税的支持力度。从2003年起，中央进口环节增值税、消费税收入增量首先用于出口退税。

3. 建立中央和地方共同负担出口退税的新机制。从2004年起，以2003年出口退税实退指标为基数，对超基数部分的应退税额，由中央和地方按75：25的比例共同负担。

4. 推进外贸体制改革，调整出口产品结构。通过完善法律保障机制等，加快推进生产企业自营出口，积极引导外贸出口代理制发展，降低出口成本，进一步提升我国商品的国际竞争力。同时，结合调整出口退税率，促进出口产品结构优化，提高出口整体效益。

5. 累计欠退税由中央财政负担。对截至2003年底累计欠企业的出口退税款和按增值税分享体制影响地方的财政收入，全部由中央财政负担。其中，对欠企业的出口退税款，中央财政从2004年起采取全额贴息等办法予以解决。

三、做好出口退税机制改革各项工作

出口退税机制改革是一项重大的体制改革和管理制度创新，关系外贸和国民经济发展全局，各地区、各部门要统一思想，提高认识。改革方案出台后，各地区、各部门要切实抓好贯彻落实，加强对改革工作的监督检查和业务指导，密切跟踪改革方案的实施情况，加强调查研究，根据出现的新情况、新问题，及时研究解决办法，确保改革的顺利进行。对违反出口退税机制改革统一规定的行为，要追究相关地区和部门的责任。

2003年10月13日

商务部关于印发《在中东欧地区开展家用电器加工贸易类投资国别指导目录》的通知

商合函〔2003〕168号

各省、自治区、直辖市及计划单列市外经贸委（厅、局）、商务厅（局），新疆建设兵团外经贸局，各中央管理的企业：

为加快实施“走出去”战略，引导企业在投资前期进行科学合理的国别地区选择和行业选择，促进我国境外加工贸易的发展，我部在征求我驻

外经商机构及企业意见的基础上，制定了《在中东欧地区开展家用电器加工贸易类投资的国别指导目录》（以下简称《目录》，见附件）。

中东欧地区共有 12 个国家，人口为 1.2 亿，2002 年国内生产总值为 4 538 亿美元，外贸总额为 3 749 亿美元。

中东欧国家实行多党议会民主政体，政局基本稳定，经济大多呈稳步增长态势。目前中东欧国家均在积极致力于加入欧盟，并已经与欧盟实现了贸易准自由化。联合国贸发会议认为，成为欧盟成员一方面将促使这些国家加快国内改革，提高行政效率，改善投资环境，另一方面将消除商品、人员、资本流动的限制，推动跨国公司在这些国家设立面向欧盟的生产基地。

中国同中东欧国家经贸合作历史悠久。2002 年，我与中东欧 12 国贸易再创新高，达 53.2 亿美元，比上年增长 35.5%，其中我出口 42.9 亿，进口 10.3 亿。根据我部统计，截至 2002 年底，我在中东欧国家的直接投资约为 5 219 万美元，项目数 124 个，主要涉及木材加工、家电组装、服装生产等行业。

《目录》推荐了在中东欧地区开展家用电器加工贸易类投资的重点国别名单：波兰、罗马尼亚、捷克、匈牙利和斯洛伐克，列举了这些国家投资环境的主要内容，并提供了相关注释和查询有关详细内容的网址索引。现将《目录》印发给你们，供各地方和企业参考。

附件：在中东欧地区开展家用电器加工贸易类投资的国别指导目录

商务部

2003 年 12 月 10 日

附件:

在中东欧地区开展家用电器加工贸易类投资国别指导目录

一、波兰

（一）外资政策：外国投资者与波国内投资者享受同等待遇。投资不需行政审批，只需登记注册。波兰将于 2004 年 5 月 1 日加入欧盟（注释 1），将实行欧盟统一的贸易政策，但经济特区的税收优惠和劳工培训补贴等政策将保留到 2017 年。波有 14 个经济特区，面积 6 000 多公顷（注释 2）。

（二）家电业基础和劳动力市场：家电市场潜力大，对洗衣机、电冰箱、灶具等产品需求较大。波国内家电生产企业数量少，规模小，竞争力不强。部分世界知名企业在波设立了电视机、冰箱、吸尘器和其他小家电生产企业，但尚无生产音响设备和空调的外资企业。劳动力素质高，2002 年人均月收入 550 美元，失业率为 18.1%。

（三）双边合作：两国政府签署了投资保护协定和避免双重征税协定，相互给予最惠国待遇，建立了副部级经贸混委会机制。在波兰尚未设立中资家电企业。（注释 3）

（四）优惠贸易安排情况：世界贸易组织、中欧自由贸易协定组织（注释 4），与欧盟和欧洲自由贸易联盟（注释 5）国家签订了自由贸易协定。

（五）主要家电产品进口税率情况见表 1。

表 1 波兰主要家电产品进口税率情况

单位：%

税率＼产品	等离子彩电	DVD 播放机	电冰箱	洗衣机	音响	空调	吸尘器	电熨斗	电吹风
整机关税	21	21	12	2.4	21	7.2	7.2	12	12
零配件关税	6	7.2	2.4	0	4	7.2	7.2	12	12
增值税	22	22	22	22	22	22	22	22	22

二、罗马尼亚

（一）外资政策：罗预计于 2007 年加入欧盟。罗政府对 100 万美元以上的外国直接投资、困难地区投资、自由区投资和工业园区投资等专门制定了优惠政策，如企业所得税减免、进口设备免征关税、增值税交纳延迟等（注释 6）。

（二）家电业基础和劳动力市场：罗家电拥有量较低，除冰箱和洗衣机外，罗不具备其他家电产品的生产能力，市场缺口较大，依赖进口成品或散件国内组装生产。世界知名企业如惠物浦、大宇、伊莱克斯等已设立生产企业。劳动力素质较高，工资水平相对较低，月均 116 美元。

（三）双边合作：两国政府间签署了投资保护协定和避免双重征税协定，相互给予最惠国待遇，建立了正部级经贸混委会机制。国内少数企业已开始委托当地企业组装彩电。（注释 7）

（四）优惠贸易安排情况：世界贸易组织、发展中国家贸易普惠制协定组织（注释 8）、中欧自由贸易协定组织，与欧盟、欧洲自由贸易联盟以及相关国家签订了自由贸易协定。

（五）主要家电产品进口税率情况见表 2。

表 2 罗马尼亚主要家电产品进口税率情况

单位：%

税率＼产品	电视机	洗衣机	电冰箱	微波炉	空调
整机关税	42	20	20	15	5
零配件关税	8	20	20	15	5
增值税	19	19	19	19	19

三、捷克

（一）外资政策：捷克将于 2004 年 5 月 1 日加入欧盟，已同欧盟委员会商定现有的投资优惠政策基本保持不变，个别优惠政策将按照欧盟标准在入盟前调整到位。捷对在投资额、创造就业、技术改造扩建等方面达到标准的投资者给予所得税减免、创造就业奖励、培训奖励、提供廉价厂房、提供低成本土地、免征所需机械设备进口税等优惠。（注释 9）

（二）家电业基础和劳动力市场：捷家电产品市场主要以外国品牌为主，主要是电视机、洗衣机和冰箱等。国内家电生产企业规模小，竞争力不强。大型跨国公司的投资，使捷成为欧洲重要的生产基地。捷劳动力素质高，人均月工资近 600 美元。

（三）双边合作：两国政府间签署了投资保护协定和避免双重征税协定，相互给予最惠国待

遇，建立了副部级经贸混委会机制。在家电生产组装领域尚未设立中资企业。（注释 10）

（四）优惠贸易安排情况：世界贸易组织、中欧自由贸易协定组织，与欧盟和欧洲自由贸易联盟国家签订了自由贸易协定。

（五）主要家电产品进口税率情况见表 3。

表 3　捷克主要家电产品进口税率情况

单位：%

税率＼产品	电视机	电冰箱	洗衣机	微波炉、电热水器、电吹风等	吸尘器、榨汁机	电话机、传真机	音响	DVD机	数码相机、家用摄像机
整机关税	13.2	5.8	4.4	4.6	4.4	0	4.6	2.3	2.7
零配件关税	2.2	3.8	2.3				3.5	2.3	
增值税	22	22	22	22	22	22	22	22	22

四、匈牙利

（一）外资政策：《外国企业投资法》规定，外资企业享受国民待遇。某些领域的外资企业可享受所得税减免。匈牙利将于 2004 年 5 月 1 日加入欧盟，现有的一些鼓励投资的优惠政策将逐步取消。在欠发达地区或高失业率地区投资的生产型企业，投资额在 1300 万美元以上的，可享受企业所得税减免、低息贷款、补贴等待遇，有效期至 2011 年。（注释 11）

（二）家电业基础和劳动力市场：绝大部分家电产品从国外进口，国际知名品牌随处可见。世界知名公司如飞利浦、通用电气、三星等在匈设立了生产企业。匈劳动力素质高，人均月收入 227 美元。

（三）双边合作：两国政府间签署了投资保护协定和避免双重征税协定，相互给予最惠国待遇，建立了副部级经贸混委会机制。（注释 12）

（四）优惠贸易安排情况：世界贸易组织、中欧自由贸易协定组织，与欧盟和欧洲自由贸易联盟国家签订了自由贸易协定。

（五）主要家电产品进口税率情况见表 4。

表 4　匈牙利主要家电产品进口税率情况

单位：%

税率＼产品	冰箱	空调	洗碗机	洗衣机	彩电	小家电
整机关税	6	8.5	9.5	7	5.15	11
零配件关税	6	8.5			5.95	
增值税	25	25	25	25	25	25

五、斯洛伐克

（一）外资政策：斯将于 2004 年 5 月 1 日加入欧盟，现有的一些鼓励投资的优惠政策将逐步取消，实行欧盟统一的贸易政策。现行的减免所得税、免征设备进口税等优惠政策主要是为了鼓

励高新技术、出口型生产企业。（注释 13）

（二）家电业基础和劳动力市场：电子工业历史悠久。1989 年后，外资大量进入家电领域，飞利浦、索尼等设立了生产企业，可生产电视机、冰箱、电话机等。劳动力素质较高，人均月工资为 260 美元。

（三）双边合作：两国政府间签署了投资保护协定和避免双重征税协定，相互给予最惠国待遇，建立了司局级经贸混委会机制。（注释 14）

（四）优惠贸易安排情况：世界贸易组织、中欧自由贸易协定组织、与欧盟和欧洲自由贸易联盟国家签订了自由贸易协定。

（五）主要家电产品进口税率情况见表 5。

表 5 斯洛伐克主要家电产品进口税率情况

单位：%

税率＼产品	液晶彩电	等离子彩电	DVD	数码相机	个人电脑及配件
整机关税	13.2	13.2	1.3	1.6	
零配件关税	13.2	13.2	1.3	1.6	
增值税	20	20	20	20	20

注释：

（1）详见欧盟委员会网站：

http://ue.en.int/en/summ.htm

或中国驻欧洲共同体经商处网站：

http://www.chinacomeu.org

（2）详见波兰信息和外国投资局网站：

http://www.paiz.gov.pl

（3）详见中国驻波兰使馆经商处网站：

http://pl.mofcom.gov.cn

（4）中欧自由贸易协定组织：由波兰、匈牙利、捷克、斯洛伐克、斯洛文尼亚、罗马尼亚、保加利亚七国组成。成员间取消大部分工业品的关税，实行统一的商检标准。

（5）欧洲自由贸易联盟成员国为冰岛、芬兰、挪威、瑞典、匈牙利、瑞士六国，详见其秘书处网站：http://secretariat.efta.int

（6）详见罗马尼亚投资网站：

http://www.investromania.ro

（7）详见中国驻罗马尼亚使馆经商处网站：

http://ro.mofcom.gov.cn

（8）发展中国家贸易普惠制协定：1968 年签订。是发达国家给予发展中国家出口制成品和半制成品普遍的、非歧视的、非互惠的一种关税制度。

（9）详见捷克投资网站：

http://www.czechinvest.org

（10）详见中国驻捷克使馆经商处网站：

http://cz.mofcom.gov.cn

（11）详见匈牙利投资和贸易促进局网站：

http://www.business2hungary.com

（12）详见中国驻匈牙利使馆经商处网站：

http://hu.mofcom.gov.cn

（13）详见斯洛伐克网站：http://www.sario.sk

（14）详见中国驻斯洛伐克使馆经商处网站：

http://sk.mofcom.gov.cn

国家电子信息产业基地和产业园认定管理办法（试行）

第一章 总 则

第一条 为规范国家电子信息产业基地和产业园的申报、认定、审批、考核及相关管理工作，根据《关于建设国家电子信息产业基地和产业园的意见》（信部规〔2003〕219号），制定本办法。

第二条 国家电子信息产业基地（以下简称产业基地）是指电子信息产业规模大、科研开发能力强、骨干企业相对集中、产业链和配套服务体系完善的地区；国家电子信息产业园（以下简称产业园）是指电子信息产业中的某一专业领域处于全国领先地位的产业聚集区。

第三条 产业基地和产业园的认定管理应当遵循公平、公正、公开和统筹规划、合理配置资源的原则，依照透明、规范的程序进行。

第二章 管理机构及其职责

第四条 管理机构。信息产业部成立国家电子信息产业基地和产业园认定委员会（以下简称部认定委员会）。

第五条 职责。部认定委员会负责对产业基地和产业园的认定、审批、考核及相关管理工作。

各省、自治区和直辖市电子信息产业主管部门负责组织本地区产业基地和产业园的申报工作，并配合信息产业部对经认定的产业基地和产业园进行指导和管理。

第三章 认 定 条 件

第六条 产业基地的认定条件如下：

（一）电子信息产业工业增加值占全行业的比重在5%以上，年销售额超过500亿元。

（二）有若干个电子骨干企业，产业链相对完善。其中，销售额大于50亿元（含50亿元）的综合类（以整机产品为主）企业不少于2家；销售额大于10亿元（含10亿元）的元器件企业不少于3家；销售额大于2亿元（含2亿元）的集成电路设计及软件企业不少于2家。

（三）信息化水平较高，人才优势明显，产品技术先进，科研开发和技术创新能力强；拥有不少于3家国家级研发中心、工程中心或技术中心；设有产品设计研发中心的外商投资企业（投资额超过1 000万美元）不少于2家。

（四）有比较完善的基础设施和配套服务体系。

（五）有完善的电子信息产业发展三年滚动规划和统计指标体系。

（六）产业基地所在地政府每年从财政预算中为当地电子信息产业主管部门安排一定规模（不低于5 000万元人民币/年）的专项资金用于产业基地发展。

第七条 产业园的认定条件如下：

（一）电子信息产业规模达到如下条件之一：电子整机产业园年销售额在150亿元以上；电子元件产业园（含仪器、设备和材料）年销售额在20亿元以上；电子器件产业园年销售额在50亿元以上；集成电路产业园年销售额在20亿元以上；电子信息产品出口产业园的年出口额在40亿美元以上。

（二）主要产品的技术、规模均处于国内领先水平，并建有国家级研发机构、工程中心或技术中心（出口产业园除外）。

（三）已纳入当地电子信息产业主管部门的行业管理，有完善的电子信息产业发展三年滚动规划和统计指标体系，建立了相应的协调发展机制。

第四章 认定程序

第八条 申报程序

产业基地和产业园由各省、自治区和直辖市电子信息产业主管部门根据认定条件向信息产业部申报。

第九条 申报材料

（一）产业基地的申报材料包括省、自治区和直辖市电子信息产业主管部门的上报文件、《国家电子信息产业基地申报表》及其有关附件。附件主要包括：

1. 申报方电子信息产业基本情况；
2. 申报方电子信息产业三年滚动规划；
3. 达标骨干企业近三年的财务报表；
4. 国家级研发中心、工程中心和技术中心批复的复印件，外商投资企业产品研发中心的有关说明材料；
5. 申报方所在地政府财政主管部门出具的专项资金落实情况的有关文件。

（二）产业园的申报材料包括省、自治区、直辖市电子信息产业主管部门的上报文件、《国家电子信息产业园申报表》及其相关附件。附件主要包括：

1. 申报方电子信息产业基本情况；
2. 申报方电子信息产业三年滚动规划；
3. 达标骨干企业近三年的财务报表；
4. 主要产品的技术、规模处于国内领先水平的说明及相关证明材料；
5. 国家级研发中心、工程中心和技术中心批复的复印件；
6. 电子出口产业园申报单位应提供当地外经贸主管部门和海关部门出具的上一年度出口情况证明。

（三）申报材料中的有关数据以行业统计为准，出口数据以海关统计数据为准。

（四）上述申报材料要求提供原件五份、复印件五份及电子版。（《国家电子信息产业基地申报表》和《国家电子信息产业园申报表》另发，并可在 www.mii.gov.cn 及 www.ceic.gov.cn 网站下载。）

第十条 审核。部认定委员会委托支撑机构对申报材料进行核实，组织有关专家根据认定条件对申报资料进行评估和必要的实地考察后形成评审意见，报部认定委员会审批。

第十一条 认定授牌。信息产业部对符合条件的产业基地和产业园进行批复并授牌。

第五章 管理与考核

第十二条 信息产业部对产业基地和产业园施行动态管理，每三年进行一次复核，对于不达标的产业基地和产业园予以摘牌。

第十三条 被授予产业基地和产业园的地区应于每年3月20日前将发展情况通过省、自治区和直辖市电子信息产业主管部门报部。

第十四条 对已经授牌的产业基地和产业园，如发现弄虚作假予以摘牌，并暂停所在省、自治区和直辖市下一年度的申报工作。

第十五条 信息产业部将根据行业和市场的发展情况，每三年对产业基地和产业园的认定条件作相应调整。

第六章 附 则

第十六条 本办法由信息产业部负责解释。

第十七条 本办法自发布之日起施行。

关于建设国家电子信息产业基地和产业园的意见

电子信息产业是关系国家经济命脉和安全的基础性、战略性、先导性支柱产业，是促进国民经济增长方式转变、推进国家信息化建设的核心产业。党的十六大明确提出“坚持以信息化带动工业化，以工业化促进信息化，走出一条科技含量高、经济效益好、资源消耗低、环境污染少、人力资源优势得到充分发挥的新型工业化道路”，“优先发展信息产业”。为落实中央这一战略部署，加快结构调整，促进国内产业持续、健康、快速发展，最终实现我国由世界电子信息产业大国向电子信息产业强国的转变，信息产业部决定组织推进国家电子信息产业基地和产业园建设工作。具体意见如下：

一、国家电子信息产业基地（以下简称“产业基地”）是指电子信息产业规模大、科研开发能力强、骨干企业相对集中、产业链和配套服务体系完善的地区；国家电子信息产业园（以下简称“产业园”）是指某一专业领域处于全国领先地位的产业聚集区。

二、产业基地和产业园建设的指导思想：以党的十六大精神为指导，抓住国际信息产业结构调整、我国加入 WTO 以及国家优先发展信息产业的历史机遇，坚持政府引导与市场推动并举、中央与地方合作互动、规模扩张与产业升级并重，引导产业做大做强的同时，发挥区域经济的聚集、辐射和带动效应，优化投资环境，整合优势资源，发展规模经济，提升核心竞争力。

三、产业基地和产业园建设的总体目标：充分发挥产业基地和产业园的集聚效应，实现产业向技术水平更高、市场竞争力更强、经济效益更佳的层次转移，提高我国在全球产业链中的地位。争取用 10~15 年的时间，把我国建设成为世界电子信息产业强国。

产业基地和产业园建设的近期目标：建设若干个产业规模大、布局相对集中、辐射带动作用和出口能力较强的综合性国家电子信息产业基地；在全国形成一批集成电路、电子元件（含仪器、设备和材料）、电子器件、通信、计算机与网络产品、消费类电子产品等有特色的国家电子信息产业园。

四、产业基地的认定条件

（一）电子信息产业的工业增加值占全行业工业增加值的比重在 5%以上，年销售额超过 500 亿元。

（二）有若干个电子骨干企业，产业链相对完善，其中销售额大于 50 亿元（含 50 亿元）的综合类（以整机产品为主）企业不少于 2 家；销售额大于 10 亿元（含 10 亿元）的元器件企业不少于 3 家；销售额大于 2 亿元（含 2 亿元）的集成电路设计及软件企业不少于 2 家。

（三）信息化水平较高，人才优势明显，产品技术先进，科研开发和技术创新能力强；拥有不少于 3 家国家级研发中心、工程中心或技术中心；设有产品设计研发中心的外商投资企业（投资额超过 1 000 万美元）不少于 2 家。

（四）有比较完善的基础设施和配套服务体系。

（五）有完善的产业发展三年滚动规划和统计指标体系。

（六）产业基地所在地政府每年从财政预算中安排一定规模（不低于 5 000 万元人民币/年）的专项资金用于产业基地发展。

五、产业园的认定条件

（一）电子信息产业规模应达到如下条件之一：电子整机产业园年销售额在 150 亿元以上；

电子元件产业园（含仪器、设备和材料）年销售额在20亿元以上；电子器件产业园年销售额在50亿元以上；集成电路产业园年销售额在20亿元以上；电子出口产业园的年出口额在40亿美元以上。

（二）主要产品的技术、规模均处于国内领先水平，并建有国家级研发机构、工程中心或技术中心（出口产业园除外）。

（三）已纳入当地电子信息产业主管部门的行业管理，并建立了相应的协调发展机制。

六、信息产业部将根据行业和市场的发展情况，每两年对产业基地和产业园的认定条件做相应调整。

七、信息产业部负责产业基地和产业园的认定和管理工作。成立由信息产业部领导任组长的产业基地和产业园认定工作领导小组，负责对产业基地和产业园的认定、审批、考核及相关管理工作，领导小组下设办公室。各省、自治区、直辖市电子信息产业主管部门负责组织本地区产业基地和产业园的申报工作，并配合信息产业部对经认定的产业基地和产业园进行指导和管理。

八、信息产业部国家电子信息产业基地和产业园认定工作领导小组办公室，将根据本意见制定产业基地和产业园的申报认定程序、跟踪管理及考核办法，并对产业基地和产业园施行动态管理。

九、信息产业部对产业基地和产业园内的企业，在固定资产投资、产业化示范工程、电子信息产业发展基金及相关专项的安排上给予重点支持；产业基地和产业园所在地政府也应对基地和园区内企业发展给予扶持。

十、信息产业部在发展规划、招商引资、对外合作、吸引人才、产业政策等方面，对产业基地和产业园予以指导和支持。

十一、信息产业部将已批准设立的11个国家级软件产业基地纳入产业园统一管理。

第 11 部分 附 录

附录 A

世界电子工业发展综述

【综述】

近年来，世界电子工业发展态势良好，据不完全统计，2003 年世界电子产品市场增长 6.6%。其中，欧洲增长 6.4%，亚太地区增长 9.0%，其他地区增长 6.2%。

从各国电子工业发展情况看，美国居首位，其次是日本，第三是中国。从产品分类情况看，电子数据处理产品首居位，其次是电子元件，第三是通信/雷达能信。

电子产品产值情况

2001 年，世界电子产品产值为 1 136 769 百万美元。其中，电子数据处理产品居首位，产值为 315 366 百万美元，占世界电子产品产值的 27.74%；其次是电子元件，产值为 298 752 百万美元，占 26.28%。

2002 年，世界电子产品产值为 1 074 441 百万美元，同比减少 5.48%。其中，电子数据处理产品居首位，产值为 302 166 百万美元；其次是电子元件，产值为 294 986 百万美元。2002 年各类电子产品在世界电子产品产值中所占份额情况见图 1。

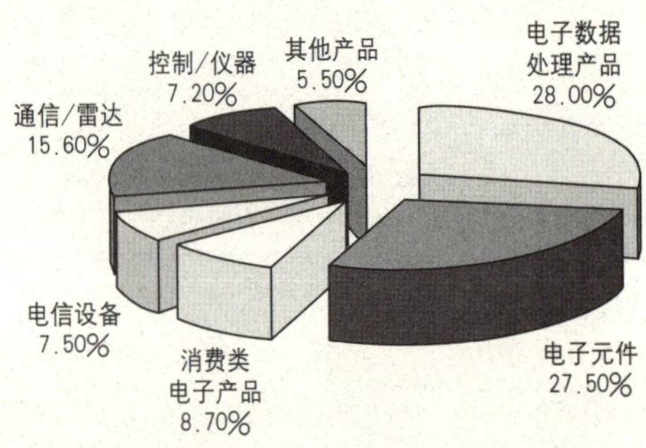

图1 2002年各类电子产品在世界电子产品产值中所占份额情况

2003 年，世界电子产品产值为 1 121 372 百万美元，同比增长 4.37%。其中，电子数据处理产品居首位，产值为 317 784 百万美元；其次是电子元件，产值为 314 202 百万美元。2003 年在电子数据处理产品产值中排前 6 名的国家与地区所占份额情况见图 2。2003 年在电子元件产值中排前 6 名的国家所占份额情况见图 3。

2004 年，世界电子产品产值为 1 205 620 百万美元，同比增长 7.51%。其中，电子数据处理产品居首位，产值为 345 163 百万美元；其次是电子元

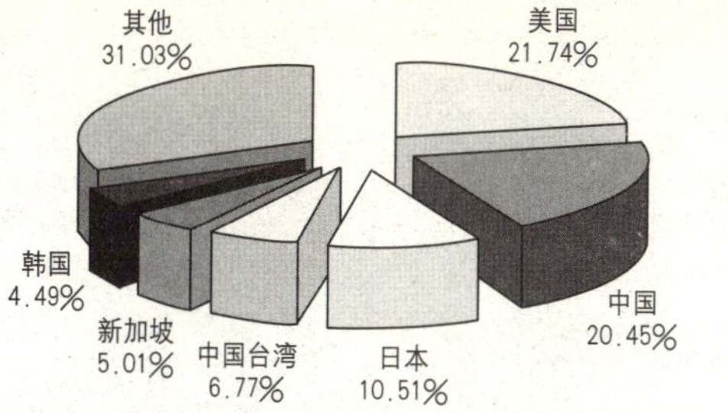

图2　2003年在电子数据处理产品产值中排前6名的国家与地区所占份额情况

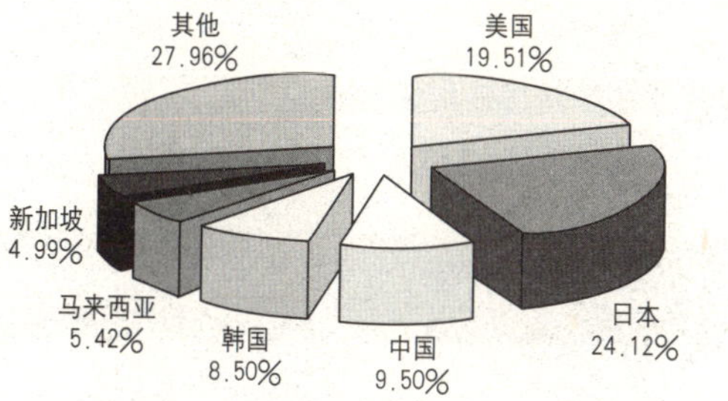

图3　2003年在电子元件产值中排前6名的国家所占份额情况

件，产值为 347 660 百万美元。1999 年~2004 年世界电子产品产值情况见图 4。

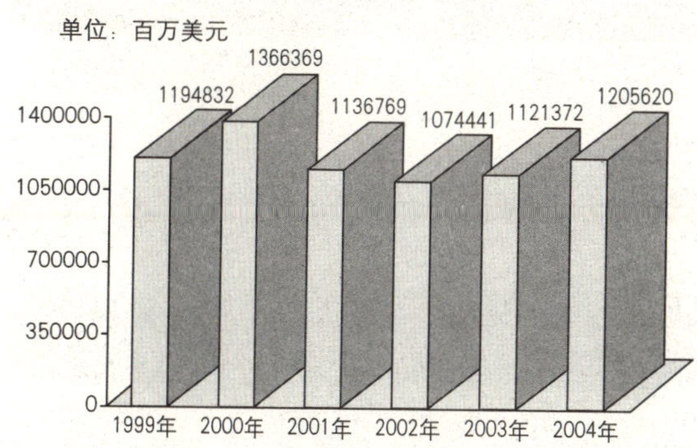

图4　1999年～2004年世界电子产品产值情况

电子产品市场情况

2002 年，世界电子产品市场额为 1 081 478 百万美元，同比减少 5.42%。其中，电子数据处理产品居首位，市场额为 311 568 百万美元；其次是电子元件，市场额为 300 302 百万美元；第三是通信/雷达，市场额为 155 776 百万美元。2002 年各类电子产品在世界电子产品市场中所占份额情况见图 5。

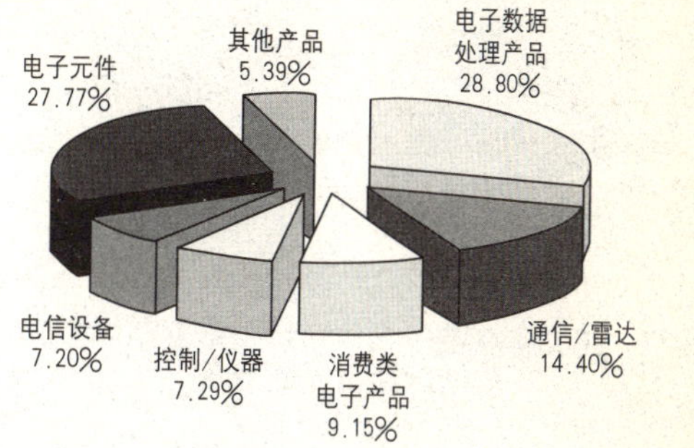

图5　2002年各类电子产品在世界电子产品市场中所占份额情况

2003 年，世界电子产品市场额为 1 122 144 百万美元，同比增长 3.76%。其中，电子数据处理产品居首位，市场额为 324 046 百万美元，占世界电子产品市场额的 28.88%；其次是电子元件，市场额为 319 942 百万美元，占世界电子产品市场额的 28.51%；第三是通信/雷达，市场额为 157 475 百万美元，占 14%。2003 年在电子数据处理产品市场中排前 6 名的国家所占份额情况见图 6。2003 年在电子元件市场中排前 6 名的国家与地区所占份额情况见图 7。

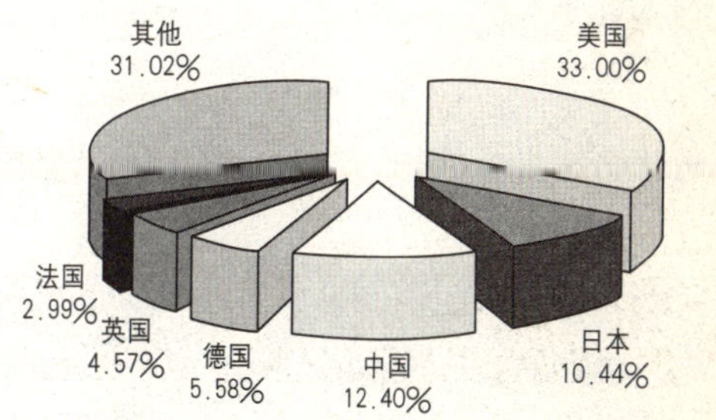

图6　2003年在电子数据处理产品市场中排前6名的国家所占份额情况

2004 年，世界电子产品市场额为 1 194 966 百万美元，同比增长 6.49%。其中，电子数据处理产品居首位，市场额为 344 649 百万美元；其次是电子元件，市场额为 355 892 百万美元；第三是通信/雷达，市场额为 162 772 百万美元。2000 年~2005 年世界电子产品市场情况见图 8。

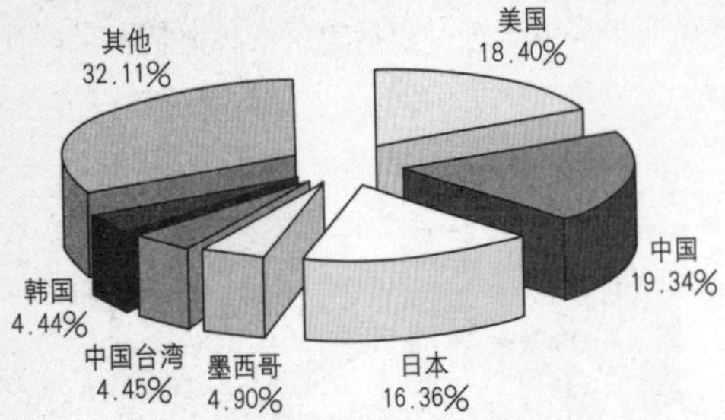

图7　2003年在电子元件市场中排前6名的国家与地区所占份额情况

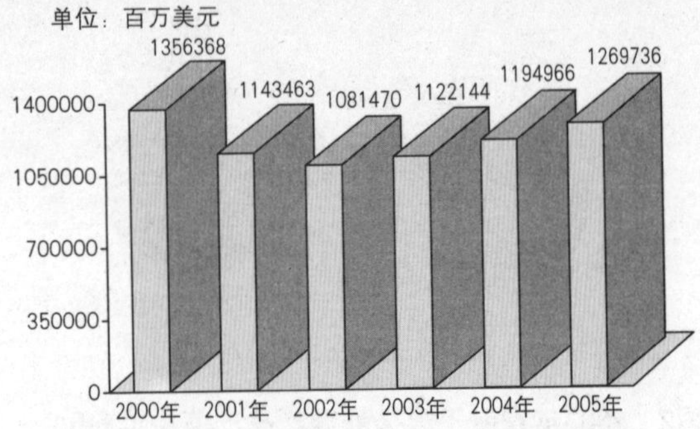

图8　2000年～2005年世界电子产品市场情况

【统计数据】

表 1　2001 年~2006 年世界电子数据处理产品市场规模情况

单位：百万美元

项目名称	2001年	2002年	2003年	2004年	2005年	2006年
市场规模	321 393	311 568	324 046	344 649	369 788	394 791

表 2　2001 年~2006 年世界通信/雷达产品市场规模情况

单位：百万美元

项目名称	2001年	2002年	2003年	2004年	2005年	2006年
市场规模	169 830	155 776	157 475	162 772	172 027	181 197

表 3　2001 年~2006 年世界消费类电子产品市场规模情况

单位：百万美元

项目名称	2001年	2002年	2003年	2004年	2005年	2006年
市场规模	93 072	98 936	104 101	108 199	112 862	117 221

表 4　2001 年~2006 年世界电子元件市场规模情况

单位：百万美元

项目名称	2001年	2002年	2003年	2004年	2005年	2006年
市场规模	309 322	300 302	319 942	355 892	382 839	402 412

美 国

【综述】

2003 年，美国经济增长速度缓慢，发展并不乐观。在上半年，美国经济的总体运行发展趋势是先慢后快。鉴于一季度经济仍旧增长缓慢，美国政府采取了扩张的财政政策和货币政策，实施总量为 3 500 亿美元的减税计划，财政赤字持续扩大。当时估计，2003 年美国财政赤字占 GDP 的比重将由上年预期的 1.0%上升到 4.6%。2003 年美国联邦预算协会发布报告，预测美国 2003 财政年度前三个季度的预算赤字会达到 2 710 亿美元左右，高于 2002 年同期的 1 160 亿美元；预测 2003 财政年度的赤字将超过 4 000 亿美元，这一数字超过了 1992 年 2 900 亿美元的最高赤字记录，并且超过了军事预算总额。美国财政收入已经连续 3 年下降。联邦基金利率下调到 45 年来 1.0%的最低水平。股票市场逐步得到回升。由于股市攀升，使得企业融资更加容易，增加了企业投资，同时通过财富效应刺激了居民消费。

伊拉克战争结束后不确定性因素的消失；美国投资者与消费者的信心逐渐增强，使得个人消费支出和私人投资出现了较快回升，这些是第二季度美国经济增速加快的主要原因。政府支出增速明显加快。伊拉克战争导致政府国防支出大幅增长。二季度政府支出增长 7.5%，比第一季度提高了 7.1 个百分点。其中，联邦政府支出增长 25.1%，提高 24.4 个百分点；国防支出增长 44.1%，创下了自 1952 年朝鲜战争以来的最大增幅，成为推动第二季度美国经济增长的主要动力；州政府和地方政府支出下降 1.5%。在第二季度经济增长 2.4%中，美国个人消费支出对经济增速的贡献为 2.34 个百分点，比第一季度多贡献 0.94 个百分点；私人投资贡献 0.20 个百分点，第一季度为负贡献 0.83 个百分点；政府支出贡献为 1.40 个百分点，贡献提高 1.32 个百分点；商品和服务净出口为负贡献 1.56 个百分点，第一季度贡献为 0.78 个百分点。

第三季度，美国经济增长达到 7.2%，创下 20 年来的最高纪录。这个结果得益于减税计划。减税和降息对拉动美国经济增长起到积极作用。2004 年 5 月 15 日，美国国会通过了美国未来 10 年内减税 3 500 亿美元的方案。减税有两个效应：一是刺激消费；二是刺激生产。2004 年 5 月，美国总统布什设法使他提出的“就业与成长法案”(Jobs and Growth Act) 得以通过。2004 年 6 月 25日，美国联邦储备委员会宣布把联邦基金利率下调 25 个基点，这是在 3 年内的第 13 次降息，使得美国的基准利率达到了 45 年来的最低水平。

第四季度，美国经济增长为 4.1%，美元贬值效应显现。2003 年以来美元兑欧元贬值了 10%左右，兑日元贬值了 6%左右。由于美元贬值促进出口的滞后效应，第四季度，约占美国经济活动三分之二的个人消费开支增长 3.2%，增幅低于去年第三季度的 6.9%；企业非住房固定投资增长 10.9%，低于第三季度 12.8%的增幅；商品和服务出口增长 20.5%，高于第三季度的 9.9%；进口增长 16.4%，大大高于第三季度的 0.8%。

2002 年，美国国内生产总值增长率为 2.4%。预计，2003 年美国国内生产总值增长率为 2.6%，2004 年为 3.9%。1999 年~2004 年美国国内生产总值增长情况见图 1。

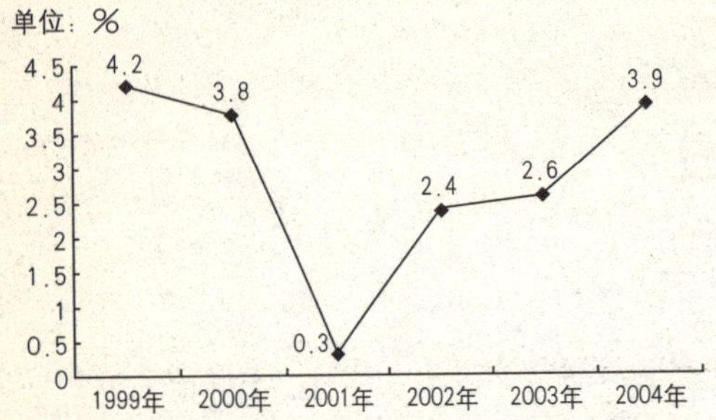

图1 1999年～2004年美国国内生产总值增长情况

电子产品进出口情况

2000 年美国电子产品进出口贸易呈逆差，逆差值为 88 098 百万美元；2001 年美国电子产品进出口贸易呈逆差，逆差值为 60 546 百万美元；2002 年美国电子产品进出口贸易呈逆差，逆差值为 72 536 百万美元。

1. 进口情况

2001 年，美国电子产品进口额为 180 925 百万美元。其中，电子数据处理产品居首位，进口额为 65 966 百万美元；其次是电子元件，进口额为 41 210 百万美元；第三是消费类电子产品，进口额为 28 495 百万美元。

2002 年，美国电子产品进口额为 182 689 百万美元，增长 1%。其中，电子数据处理产品居首位，进口额为 68 852 百万美元，增长 4.4%；其次是电子元件，进口额为 36 547 百万美元，减少 11.3%；第三是消费类电子产品，进口额为 31 006 百万美元，增长 8.8%。2002 年美国主要进口电子产品所占份额情况见图 2。

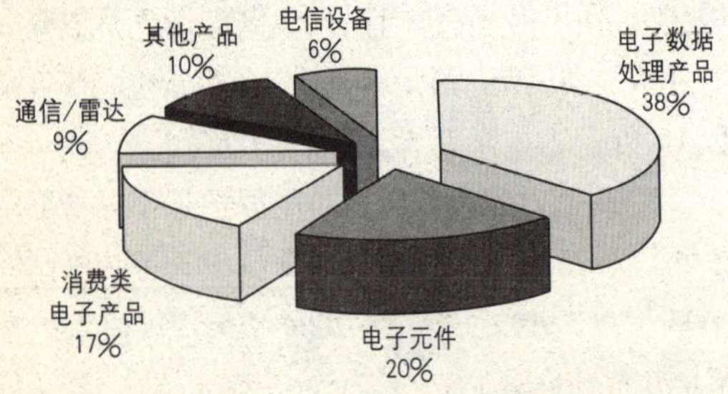

图2 2002年美国主要进口电子产品所占份额情况

2. 出口情况

2001 年，美国电子产品出口额为 120 379 百万美元。其中，电子数据处理产品居首位，出口额为 38 202 百万美元；其次是电子元件，出口额为37 031 百万美元；第三是控制/仪器，出口额为 15 951 百万美元。

2002 年，美国电子产品出口额为 110 153 百万美元，同比减少 8.5%。其中，电子元件居首位，出口额为 37 369 百万美元，增长 0.9%；其次是电子数据处理产品，出口额为 32 659 百万美元，减少 14.5%；第三是控制/仪器，出口额为 14 667 百万美元，减少 8%。2002 年美国主要出口电子产品所占份额情况见图 3。

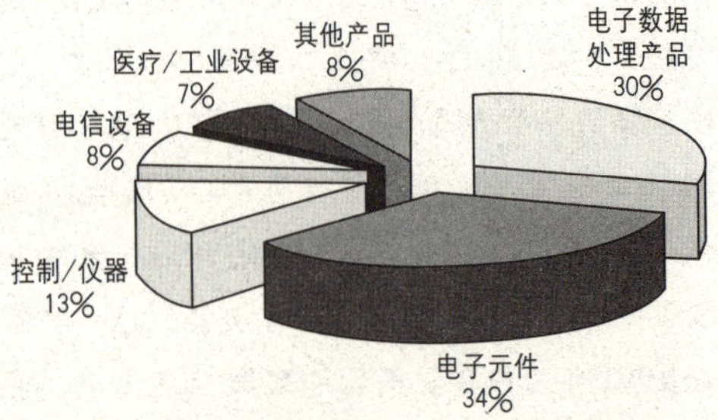

图3 2002年美国主要出口电子产品所占份额情况

电子产品产值情况

2002 年，美国电子产品产值占世界电子产品产值的 21%。2002 年美国电子产品产值为 278 599 百万美元，同比减少 13.1%。其中，通信/雷达居首位，产值为 62 927 百万美元；其次是电子数据处理产品，产值为 62 820 百万美元；第三是电子元件，产值为 59 086 百万美元。

2003 年，美国电子产品产值为 285 945 百万美元，同比增长 2.6%。其中，电子数据处理产品居首位，产值为 69 102 百万美元；其次是电子元件，产值为 61 298 百万美元；第三是通信/雷达，产值为 61 039 百万美元。

2004 年，美国电子产品产值为 302 131 百万美元，同比增长 5.7%。其中，电子数据处理产品居首位，产值为 73 248 百万美元；其次是电子元件，产值为 68 527 百万美元；第三是通信/雷达，产值为 64 091 百万美元。2002 年~2004 年美国主要电子产品产值情况见表 1。1999 年~2004 年美国电子产品产值情况见图 4。

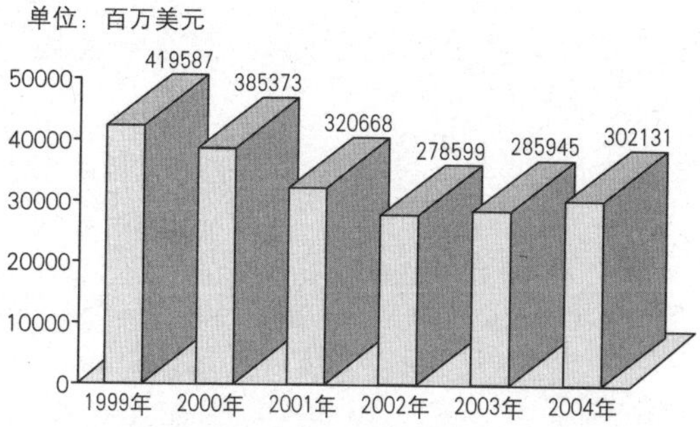

图4　1999年～2004年美国电子产品产值情况

电子产品市场情况

2002 年，美国电子产品市场额为 331 136 百万美元。其中，电子数据处理产品居首位，市场额为 99 013 百万美元；其次是通信/雷达，市场额为74 750 百万美元；第三是电子元件，市场额为 58 264 百万美元。

2003 年，美国电子产品市场额为 361 585 百万美元，同比增长 9.2%。其中，电子数据处理产品居首位，市场额为 106 934 百万美元，增长 8%；其次是通信/雷达，市场额为 73 255 百万美元，减少 2%；第三是电子元件，市场额为 58 911 百万美元，增长 1.1%。

2004 年，美国电子产品市场额为 377 415 百万美元，同比增长 4.4%。其中，电子数据处理产品居首位，市场额为 113 350 百万美元，增长 6%；其次是通信/雷达，市场额为 74 720 百万美元，增长 2%；第三是电子元件，市场额为 63 248 百万美元，增长 7.4%。2002 年~2005 年美国主要电子产品市场情况见表 2。2000 年~2005 年美国电子产品市场情况见图 5。

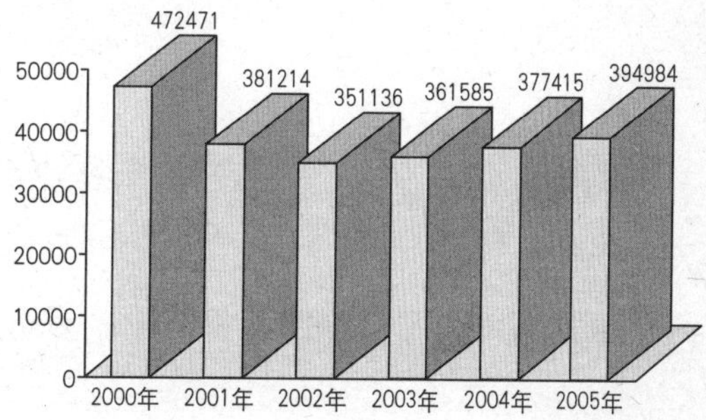

图5　2000年～2005年美国电子产品市场情况

【统计数据】

表 1　2002 年~2004 年美国主要电子产品产值情况

单位：百万美元

产品名称	2002年	2003年	2004年
计算机	14 207	15 718	16 753
个人计算机/工作站	18 566	20 344	21 479
便携式计算机	8 182	9 224	10 020
存储器	5 661	6 114	6 362
办公自动化设备	3 607	3 571	3 535

续表 1

产品名称	2002年	2003年	2004年
电子仪器	23 004	24 913	26 250
通信设备	17 542	16 140	16 049
雷达	4 868	4 896	5 321
电信设备	29 403	25 875	24 581
消费类电子产品	5 810	5 472	5 582
其中：彩色电视机	8 811	8 200	8 280
有源元件	39 743	42 922	49 361

备注：2003 年~2004 年为预测值。

表 2　2002 年~2005 年美国主要电子产品市场情况

单位：百万美元

产品名称	2002年	2003年	2004年	2005年
计算机	47 833	52 140	55 773	59 087
存储器	14 517	15 366	15 960	16 418
办公自动化	4 131	4 090	4 049	4 130
X射线/医疗设备	16 452	18 097	19 002	19 952
雷达	4 283	4082	4 049	4 134
移动电话	18 674	18 325	18 716	19 677
电信设备	32 319	29 733	29 436	30 025
其中：交换机	6 569	5 881	5 656	5 594
消费类电子产品	33 001	35 267	36 546	38 197
其中：彩色电视机	10 312	11 164	11 632	12 231
有源元件	35 998	36 718	40 390	42 813

备注：2003 年~2005 年为预测值。

加 拿 大

【综述】

2002 年，加拿大国内生产总值增长 3.3%，人均创造国内生产总值 23 455 百万美元，每千户居民拥有固定电话 635 部、移动电话 377 部、个人计算机 487 台，每千户居民有 484 人上网。1999 年~2004 年加拿大国内生产总值增长情况见图 1。

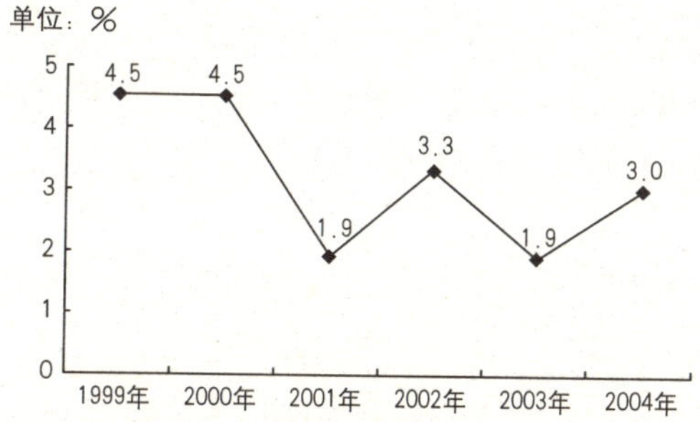

图1 1999年～2004年加拿大国内生产总值增长情况

电子产品进出口情况

2001年，加拿大电子产品进出口贸易呈逆差，逆差值为 13 294 百万美元。2002 年，加拿大电子产品进出口贸易呈逆差，逆差值为 13 214 百万美元。

1. 进口情况

2001 年，加拿大电子产品进口额为 28 129 百万美元。其中，电子数据处理产品居首位，进口额为 9 779 百万美元；其次是电子元件，进口额为 6 576 百万美元。

2002 年，加拿大电子产品进口额为 24 875 百万美元，同比减少 11.6%。其中，电子数据处理产品居首位，进口额为 8 622 百万美元；其次是电子元件，进口额为 4 920 百万美元。2002 年加拿大主要进口电子产品所占份额情况见图 2。

2. 出口情况

2001 年，加拿大电子产品出口额为 14 835 百万美元。其中，电子数据处理产品居首位，出口额为 4 090 百万美元；其次是电子元件，出口额为 3 360 百万美元。

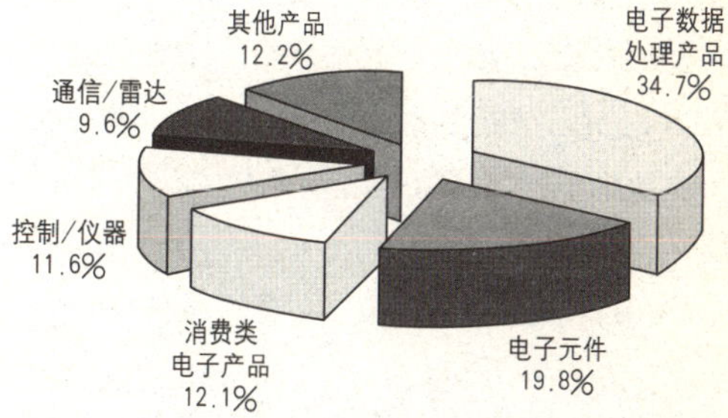

图2 2002年加拿大主要进口电子产品所占份额情况

2002 年，加拿大电子产品出口额为 11 661 百万美元，同比减少 21.4%。其中，电子数据处理产品居首位，出口额为 2 808 百万美元；其次是电信设备，出口额为 2 525 百万美元。2002 年加拿大主要出口电子产品所占份额情况见图 3。

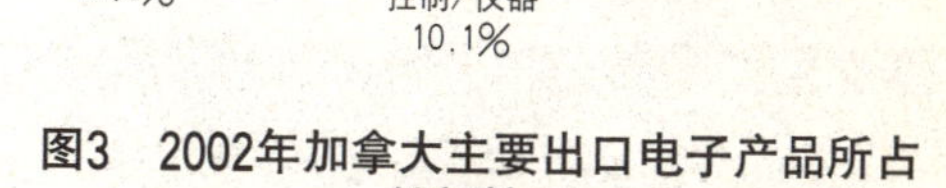

图3 2002年加拿大主要出口电子产品所占份额情况

电子产品产值情况

2002 年，加拿大电子产品产值为 9 501 百万美元。其中，电子数据处理产品居首位，产值为 2 983 百万美元；其次是通信/雷达，产值为 2 102 百万美元；第三是电信设备，产值为 1 847 百万美元。

2003 年，加拿大电子产品产值为 9 210 百万美元，同比减少 3.1%。其中，电子数据处理产品居首位，产值为 2 924 百万美元，占加拿大电子产品产值的 31.7%；其次是通信/雷达，产值为 1 997 百万美元，占加拿大电子产品产值的 21.7%；第三是电信设备，产值为 1 662 百万美元，占 18%。

2004 年，加拿大电子产品产值为 9 644 百万美元，同比增长 4.7%。其中，电子数据处理产品增长 5%，通信/雷达增长 6%。2002 年~2004 年加拿大主要电子产品产值情况见表 1。

电子产品市场情况

2002 年，加拿大电子产品市场额为 22 734 百万美元。其中，电子数据处理产品居首位，市场额为 8 798 百万美元；其次是电子元件，市场额为 2 990 百万美元。

2003 年，加拿大电子产品市场额为 23 069 百万美元，同比增长 1.5%。其中，电子数据处理产品居首位，市场额为 8 974 百万美元，占加拿大电子产品市场额的 38.9%；其次是消费类电子产品，市场额为 3 045 百万美元，占加拿大电子产品市场额的 13.2%；第三是电子元件，市场额为 2 904 百万美元，占 12.6%。

2004 年，加拿大电子产品市场额为 23 850 百万美元，同比增长 3.4%。其中，电子数据处理产品增长 3%，消费类电子产品增长 3.6%，电子元件增长 6.8%。2002 年~2005 年加拿大主要电子产品市场情况见表 2。

【统计数据】

表 1　2002 年~2004 年加拿大主要电子产品产值情况

单位：百万美元

产品名称	2002年	2003年	2004年
控制/仪器	955	975	1 014
消费类电子产品	128	126	128
电子元件	545	545	577

备注：2003 年~2004 年为预测值。

表 2　2002 年~2005 年加拿大主要电子产品市场情况

单位：百万美元

产品名称	2002年	2003年	2004年	2005年
控制/仪器	2 659	2 712	2 793	2 905
通信/雷达	2 583	2 634	2 713	2 849
电信设备	1 513	1 483	1 468	1 498
彩色电视机	1 008	1 056	1 096	1 148
有源元件	1 345	1 318	1 450	1 523

备注：2003 年~2005 年为预测值。

巴　西

【综述】

2002 年巴西国内生产总值增长 1.5%，人均创造国内生产总值 2 642 美元，每千户居民拥有固定电话 223 部，拥有移动电话 201 部，拥有个人计算机 75 台。在每千户居民中，有 82 人上网。1999 年~2004 年巴西国内生产总值增长情况见图 1。

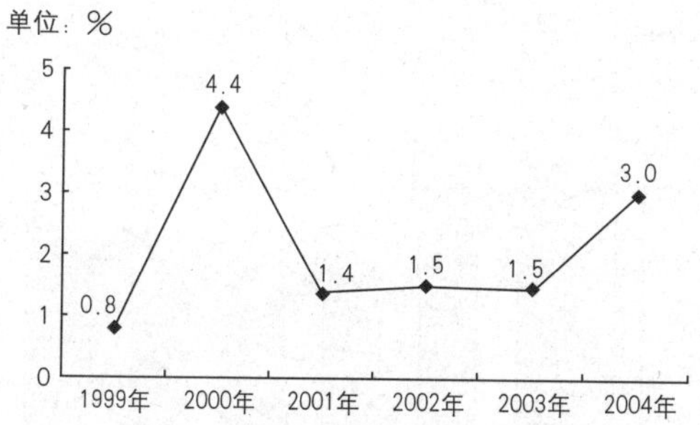

图1　1999年～2004年巴西国内生产总值增长情况

2003 年，拉丁美洲经济开始复苏。拉丁美洲国家继续推进财政改革。迄今为止，除了萨尔瓦多，其他的拉丁美洲国家都在进行不同程度的财政改革。与其他国家相比，巴西推行财政改革已有 5 年了，在卢拉就任总统后，为了提升投资者的信心，他继续推行前政府的改革措施。

在中巴企业家委员会联席工作会议上，巴西总统卢拉讲，2003 年中巴贸易额为 79.89 亿美元，同比增长 79%。2004 年 1 季度，中巴双边贸易同比增长 50%。目前，中国已经成为巴西第三大贸易伙伴。

电子产品进出口情况

2001 年，巴西电子产品进出口贸易呈逆差，逆差值为 5 874 百万美元。2002 年巴西电子产品进出口贸易呈逆差，逆差值为 3 719 百万美元。

1. 进口情况

2001 年，巴西电子产品进口额为8 398 百万美元。其中，电子元件居首位，进口额为 3 210 百万美元，占巴西电子产品进口额的38.2%；其次是电子数据处理产品，进口额为1 706 百万美元，占 20.3%。

2002 年，巴西电子产品进口额为 6 024 百万美元，同比减少 28.3%。其中，电子元件进口额为 2 658 百万美元，占巴西电子产品进口额的 44.1%；其次是电子数据处理产品，进口额为 1 294 百万美元，占 21.5%。

2. 出口情况

2001 年，巴西电子产品出口额为2 524 百万美元。其中，通信/雷达居首位，出口额为 1 155 百万美元，占巴西电子产品出口额的 45.8%；其次是消费类电子产品，出口额为 407 百万美元，占16.1%。

2002 年，巴西电子产品出口额为 2 305 百万美元，同比减少 8.7%。其中，通信/雷达居首位，出口额为 1 100 百万美元，占巴西电子产品出口额的 47.7%；其次是电子元件，出口额为 427 百万美元，占 18.5%。

电子产品产值情况

2003 年，巴西电子产品产值为 12 160 百万美元，同比增长 3%。其中，电子数据处理产品居首位，产值为 4 820 百万美元，占巴西电子产品产值的 40%；其次是电子元件，产值为 2 273 百万美元，占巴西电子产品产值的 18.7%；第三是消费类电子产品，产值为 2 259 百万美元，占 18.6%。

2004 年，巴西电子产品产值为 12 823 百万美元，同比增长 5.5%。其中，电子数据处理产品居首位，产值为 5 060 百万美元，占巴西电子产品产值的 40%；其次是电子元件，产值为 2 434 百万美元，占巴西电子产品产值的 19%；第三是消费类电子产品，产值为 2 372 百万美元，占 18.5%。2002 年~2004 年巴西主要电子产品产值情况见表 1。1999 年~2004 年巴西电子产品产值情况见图 2。

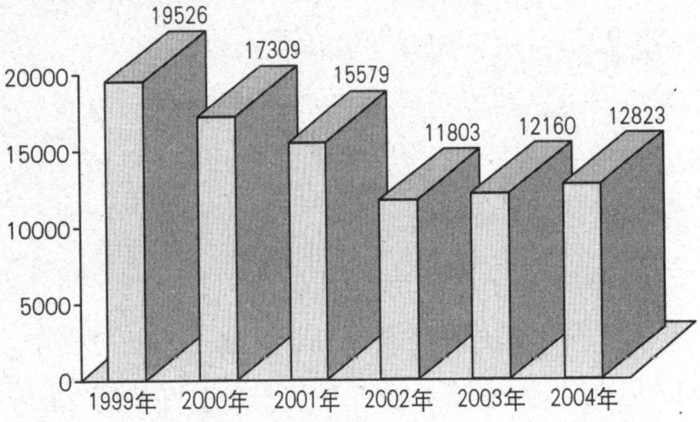

图2　1999年～2004年巴西电子产品产值情况

电子产品市场情况

2003 年，巴西电子产品市场额为 16 161 百万美元，同比增长 4.1%。其中，电子数据处理产品居首位，市场额为 6 031 百万美元，占巴西电子产品市场额的 37.3%；其次是电子元件，市场额为 4 575 百万美元，占巴西电子产品市场额的 28.3%；第三是消费类电子产品，市场额为 2 111 百万美元，占 13.1%。

2004 年，巴西电子产品市场额为 17 340 百万美元，同比增长 7.3%。其中，电子数据处理产品居首位，市场额为 6 514 百万美元，占巴西电子产品市场额的 37.6%；其次是电子元件，市场额为 4 994 百万美元，占巴西电子产品市场额的 28.8%；第三是消费类电子产品，市场额为 2 223 百万美元，占 12.8%。

预计，2005 年，巴西电子产品市场额为 18 847 百万美元，增长 8.7%。2003 年~2005 年巴西主要电子产品市场情况见表 2。2000 年~2005 年巴西电子产品市场情况见图 3。

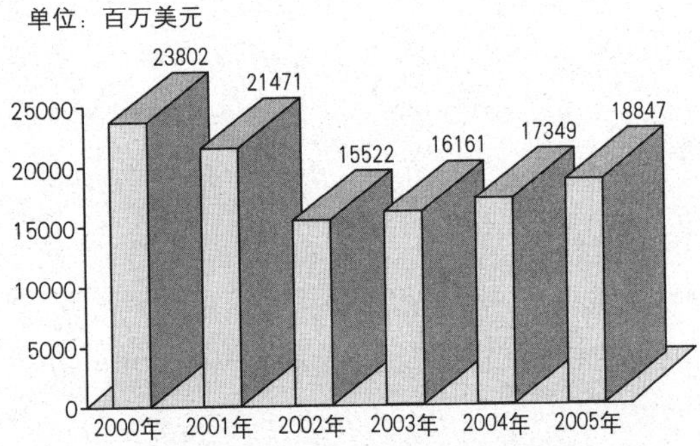

图3　2000年～2005年巴西电子产品市场情况

【统计数据】

表 1　2002 年~2004 年巴西主要电子产品产值情况

单位：百万美元

产品名称	2002年	2003年	2004年
控制/仪器	730	752	797
通信/雷达	1 300	1 326	1 392
电信设备	350	333	349
彩色电视机	1 300	1 327	1 394
有源元件	350	338	367

备注：2003 年~2004 年为预测值。

表 2 2002 年~2005 年巴西主要电子产品市场情况

单位：百万美元

产品名称	2002 年	2003年	2004年	2005年
控制/仪器	1 440	1 512	1 572	1 730
通信/雷达	619	656	709	815
电信设备	542	553	564	620
彩色电视机	1 163	1 191	1 230	1 328
有源元件	2 353	2 400	2 688	2 796

备注：2003 年~2005 年为预测值。

墨 西 哥

【综述】

墨西哥土地面积 197 万平方公里，是拉美经济大国，国内生产总值居拉美第二位。2002 年墨西哥有人口 10 190 万，国内生产总值增长 0.7%。每千户居民拥有移动电话 254 部、个人电脑 69 台，每千户居民有 46 人上网。1999 年~2004 年墨西哥国内生产总值增长情况见图 1。

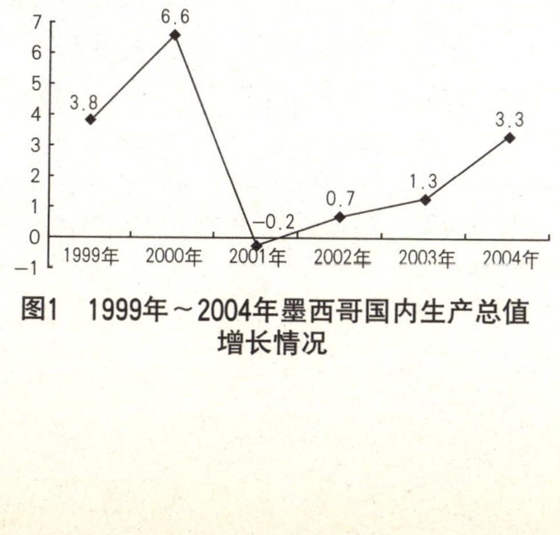

图1 1999年～2004年墨西哥国内生产总值增长情况

电子产品进出口情况

2001 年，墨西哥电子产品进出口贸易呈顺差，顺差值为 2 752 百万美元。2002 年，墨西哥电子产品进出口贸易呈顺差，顺差值为 1 978 百万美元。

1. 进口情况

2001 年，墨西哥电子产品进口额为 37 075 百万美元。其中，电子元件居首位，进口额为 20 505 百万美元，占墨西哥电子产品进口额的 55.31%；其次是电子数据处理产品，进口额为 7 487 百万美元，占 20.19%。

2002 年，墨西哥电子产品进口额为 35 747 百万美元，同比减少 3.6%。其中，电子元件居首位，进口额为 19 308 百万美元，减少 5.84%；其次是电子数据处理产品，进口额为 8 617 百万美元，增长 15.09%，占 24.11%。

2. 出口情况

2001 年，墨西哥电子产品出口额为 39 827 百万美元。其中，电子数据处理产品居首位，出口额为 12 760 百万美元，占墨西哥电子产品出口额的 32.04%；其次是电子元件，出口额为 7 983 百万美元，占 20.04%。

2002 年，墨西哥电子产品出口额为 37 725 百万美元，同比减少 5.28%。其中，电子数据处理产品居首位，出口额为 11 881 百万美元，减少 6.89%，占墨西哥电子产品出口额的 31.49%；其次是电子元件，出口额为 7 423 百万美元，减少 7%，占 19.68%。

电子产品产值情况

2002 年，墨西哥电子产品产值为 29 814 百万美元，同比减少 7.69%。其中，电子数据处理产品居首位，产值为 9 400 百万美元，占墨西哥电子产品产值的 31.53%；其次是消费类电子产品，产值为8 618 百万美元，占 28.91%；第三是通信/雷达，产值为 4 000 百万美元，占 13.42%。

2003 年，墨西哥电子产品产值为 29 685 百万美元，同比减少 0.43%。其中，电子数据处理产品居首位，产值为 9 212 百万美元，占墨西哥电子产品产值的 31.03%；其次是消费类电子产品，产值为 8 985 百万美元，占 30.27%。

2004 年，墨西哥电子产品产值为 30 735 百万美元，同比增长 3.54%。其中，电子数据处理产品居首位，产值为 9 488 百万美元，占墨西哥电子产品产值的 30.87%；其次是消费类电子产品，产值为 9 312 百万美元，占 30.3%。2001 年~2004 年墨西哥主要电子产品产值情况见表 1。1999 年~2004 年墨西哥电子产品产值情况见图 2。

电子产品市场情况

2002 年，墨西哥电子产品市场额为 27 836 百万美元，同比减少 5.79%。其中，电子元件市场额为15 215 百万美元，减少 6.41%，占墨西哥电子产品市场额的 54.66%；其次是电子数据处理产品，市场额为 6 136 百万美元，增长 9.05%，占 22.04%。

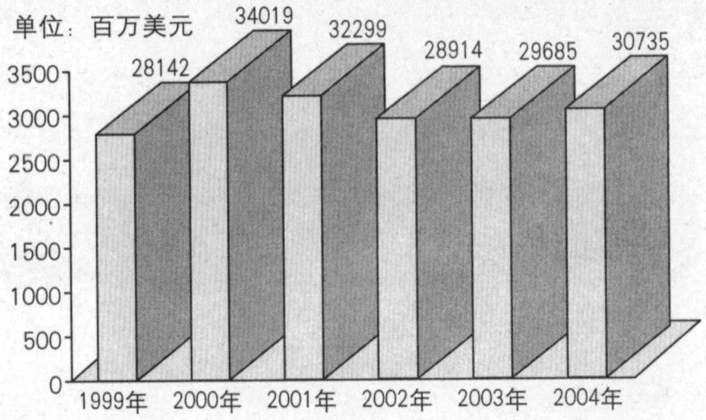

图2 1999年～2004年墨西哥电子产品产值情况

2003 年，墨西哥电子产品市场额为 28 607 百万美元，同比增长 2.77%。其中，电子元件居首位，市场额为 15 677 百万美元，占墨西哥电子产品市场额的 54.8%；其次是电子数据处理产品，市场额为 6 381 百万美元，占 22.31%。

2004 年，墨西哥电子产品市场额为 30 651 百万美元，同比增长 7.15%。其中，电子元件居首位，市场额为 15 677 百万美元，占墨西哥电子产品市场额的 51.15%；其次是电子数据处理产品，市场额为 6 381 百万美元，占 20.82%。2001 年~2004 年墨西哥主要电子产品市场情况见表 2。2000 年~2005 年墨西哥电子产品市场情况见图 3。

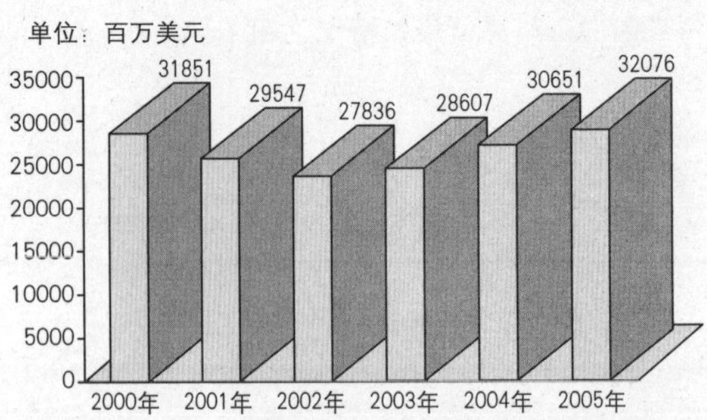

图3 2000年～2005年墨西哥电子产品市场情况

【统计数据】

表 1　2001 年~2004 年墨西哥主要电子产品产值情况

单位：百万美元

产品名称	2001 年	2002年	2003年	2004年
计算机系统	4 500	4 500	4 229	4 170
计算机外部设备	5 200	4 300	4 335	4 585
控制/仪器	1 300	1 200	1 224	1 261
通信/雷达	5 100	4 000	3 880	4 035
通信设备	1 700	1 650	1 571	1 604
彩色电视机	6 200	6 700	7 029	7 304
电子元件	3 735	3 330	3 237	3 421

备注：2003 年~2004 年为预测值。

表 2　2001 年~2004 年墨西哥主要电子产品市场情况

单位：百万美元

产品名称	2001 年	2002年	2003年	2004年
计算机系统	1 833	1 813	1 845	1 894
计算机外部设备	2 336	2 249	2 345	2 468
控制/仪器	1 883	1 664	1 714	1 800
通信/雷达	2 352	1 659	1 626	1 707
电信设备	976	537	548	570
彩色电视机	539	567	592	641

备注：2003 年~2004 年为预测值。

委内瑞拉

【综述】

委内瑞拉土地面积 912 050 平方公里。2002 年委内瑞拉拥有人口 2 530 万，人均创造国内生产总值 5 017 美元。每千户居民拥有固定电话 112 部、移动电话 255 部、计算机 53 台，每千户居民有 50 人上网。1999 年~2004 年委内瑞拉国内生产总值增长情况见图 1。

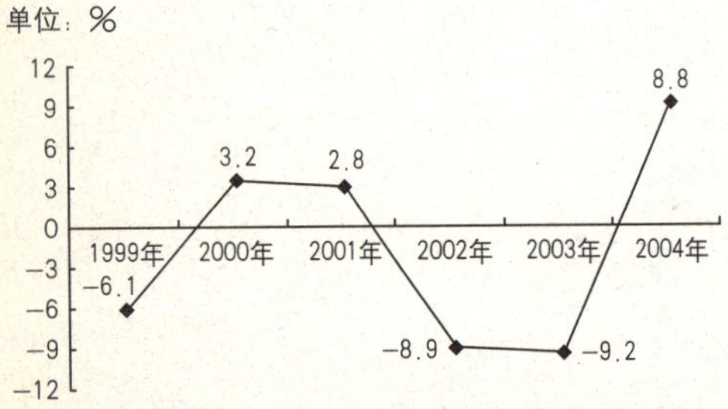

图1 1999年～2004年委内瑞拉国内生产总值增长情况

电子产品进出口情况

2001年，委内瑞拉电子产品进出口贸易呈逆差，逆差值为 1 482 百万美元。2002 年，委内瑞拉电子产品进出口贸易呈逆差，逆差值为 888 百万美元。

1. 出口情况

委内瑞拉电子产品出口贸易很有限。2001 年电子产品出口额为 16 百万美元，2002 年电子产品出口额为 37 百万美元。

2. 进口情况

2001 年，委内瑞拉电子产品进口额为 1 498 百万美元。其中，通信/雷达居首位，进口额为 364 百万美元，占委内瑞拉电子产品进口额的 24.30%；其次是电子数据处理产品，进口额为 342 百万美元，占委内瑞拉电子产品进口额的 22.83%。

2002 年，委内瑞拉电子产品进口额为 925 百万美元，同比减少 38.25%。其中，通信/雷达居首位，进口额为 251 百万美元，减少 31.04%，占委内瑞拉电子产品进口额的 27.14%；其次是电子数据处理产品，进口额为 197 百万美元，减少 42.40%，占委内瑞拉电子产品进口额的 21.30%。

电子产品产值情况

2002 年，委内瑞拉电子产品产值为 625 百万美元，同比减少 9.68%。其中，电子数据处理产品居首位，产值为 250 百万美元，占委内瑞拉电子产品产值的 40%；其次是电子元件，产值为 80 百万美元，占委内瑞拉电子产品产值的 12.80%。

2003 年，委内瑞拉电子产品产值为 572 百万美元，同比减少 8.48%。其中，电子数据处理产品居首位，产值为 220 百万美元，减少 12%，占委内瑞拉电子产品产值的 38.46%；其次是电子元件，产值为 80 百万美元，占委内瑞拉电子产品产值的 13.99%。

2004 年，委内瑞拉电子产品产值为 608 百万美元，同比增长 6.29%。其中，电子数据处理产品增长 8.18%，电子元件增长 6.25%。2002 年~2004 年委内瑞拉主要电子产品产值情况见表 1。1999 年~2004 年，委内瑞拉电子产品产值情况见图 2。

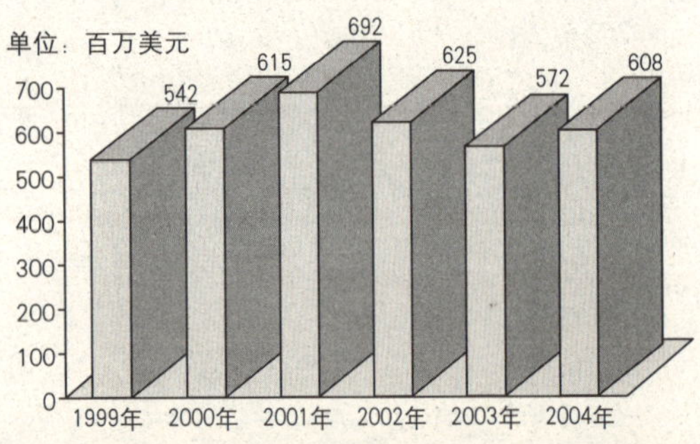

图2 1999年～2004年委内瑞拉电子产品产值情况

电子产品市场情况

2002 年，委内瑞拉电子产品市场额为 1 513 百万美元，同比减少 30.4%。其中，电子数据处理产品居首位，市场额为 442 百万美元，占委内瑞拉电子产品市场额的 29.21%；其次是通信/雷达，市场额为 296 百万美元，占委内瑞拉电子产品市场额的 19.56%。

2003 年，委内瑞拉电子产品市场额为 1 245 百万美元，同比减少 17.7%。其中，电子数据处理产品居首位，市场额为 332 百万美元；其次是通信/雷达，市场额为 237 百万美元。

2004 年，委内瑞拉电子产品市场额为 1 413 百万美元，同比增长 13.49%。其中，电子数据处理产品居首位，市场额为 414 百万美元；其次是通信/雷达，市场额为 260 百万美元。2002 年~2004 年委内瑞拉主要电子产品市场情况见表 2。2000 年~2005 年委内瑞拉电子产品市场情况见图 3。

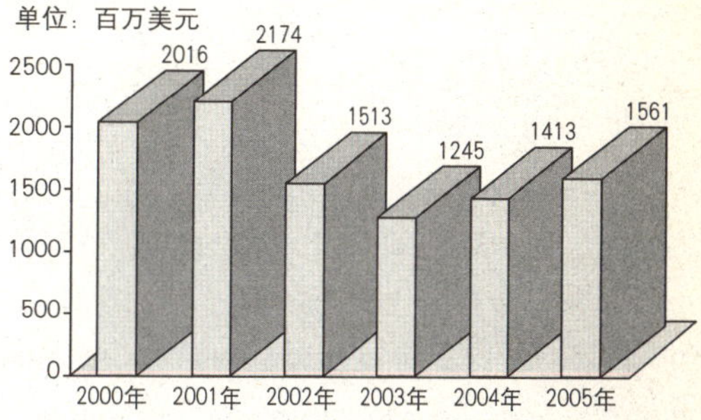

图3　2000年～2005年委内瑞拉电子产品市场情况

【统计数据】

表 1　2002 年~2004 年委内瑞拉主要电子产品产值情况

单位：百万美元

产品名称	2002 年	2003 年	2004 年
通信/雷达	65	59	61
电信设备	50	40	41
消费类电子产品	52	56	60

备注：2003 年~2004 年为预测值。

表 2　2002 年~2004 年委内瑞拉主要电子产品市场情况

单位：百万美元

产品名称	2002 年	2003年	2004年
控制/仪器	142	114	125
电信设备	169	152	164
消费类电子产品	143	113	131
其中：彩色电视机	46	35	42
电子元件	187	172	185

备注：2003 年~2004 年为预测值。

南 非

【综述】

2002 年，南非国内生产总值增长 3%，人均创造国内生产总值 2 300 美元，每千户居民拥有固定电话 108 部、移动电话 266 部、个人计算机 72 台，每千户居民有 68 人上网。1999 年~2004 年南非国内生产总值增长情况见图 1。

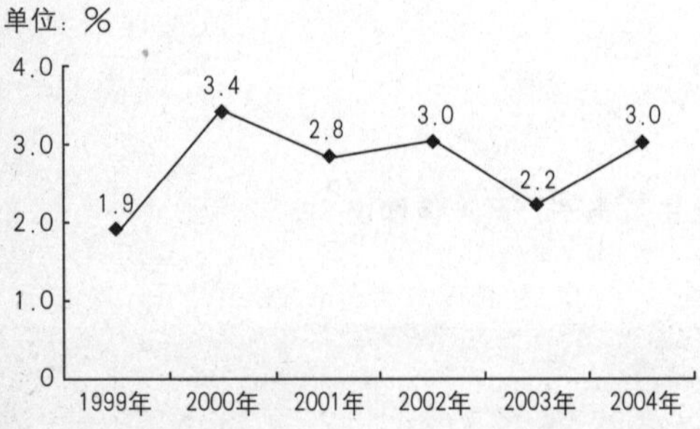

图1 1999年～2004年南非国内生产总值增长情况

电子产品进出口情况

2001 年，南非电子产品进出口贸易呈逆差，逆差值为 2 842 百万美元。2002 年，南非电子产品进出口贸易呈逆差，逆差值为 2 868 百万美元。

1. 进口情况

2001 年，南非电子产品进口额为 3 342 百万美元。其中，电子数据处理产品居首位，进口额为 991 百万美元，占南非电子产品进口额的 29.7%；其次是通信/雷达，进口额为 675 百万美元，占 20.2%。

2002 年，南非电子产品进口额为 3 323 百万美元，同比减少 0.6%。其中，电子数据处理产品居首位，进口额为 939 百万美元，减少 5.2%；其次是通信/雷达，进口额为 776 百万美元，增长 15%。2002 年南非主要进口电子产品所占份额情况见图 2。

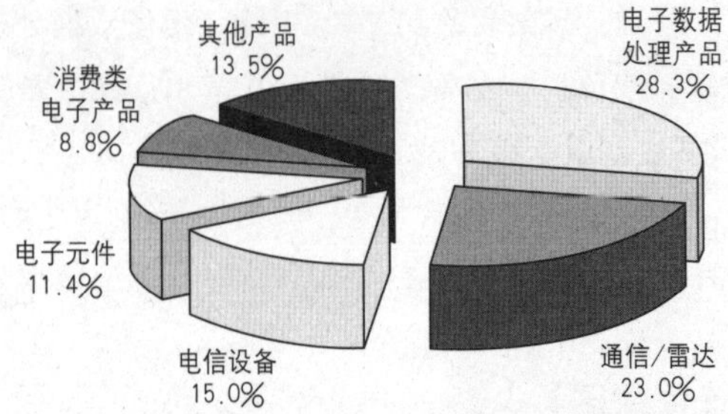

图2 2002年南非主要进口电子产品所占份额情况

2. 出口情况

2001 年，南非电子产品出口额为 500 百万美元。其中，电子数据处理产品居首位，出口额为 125 百万美元，占南非电子产品出口额的 25%；其次是通信/雷达，出口额为 120 百万美元，占 24%。

2002 年，南非电子产品出口额为 455 百万美元。其中，通信/雷达居首位，出口额为 120 百万美元；其次是电子数据处理产品，出口额为 96 百万美元，减少 23.2%。2002 年南非主要出口电子产品所占份额情况见图 3。

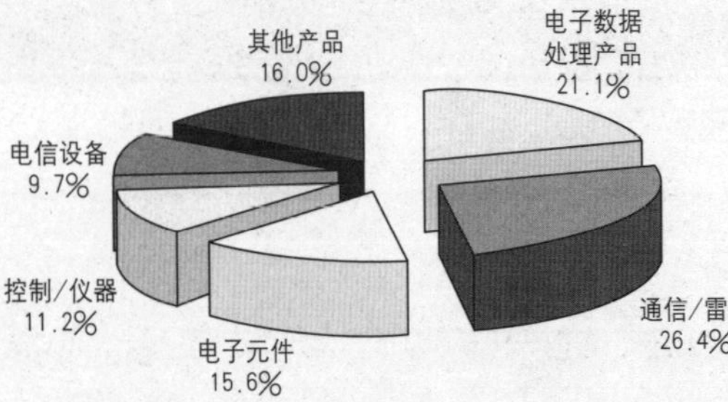

图3 2002年南非主要出口电子产品所占份额情况

电子产品产值情况

2002 年，南非电子产品产值为 840 百万美元。其中，电信设备居首位，产值为 229 百万美元；其次是电子数据处理产品，产值为 162 百万美元；第三是通信/雷达，产值为 122 百万美元。

2003 年，南非电子产品产值为 816 百万美元，同比减少 2.9%。其中电信设备居首位，产值为 219 百万美元；其次是电子数据处理产品，产值为 154 百万美元；第三是通信/雷达，产值为 118 百万美元。

2004 年，南非电子产品产值为 850 百万美元，同比增长 4.2%。其中，电信设备增长 2.3%，电子数据处理产品增长 7.1%。2002 年~2004 年南非主要电子产品产值情况见表 1。1999 年~2004 年南非电子产品产值情况见图 4。

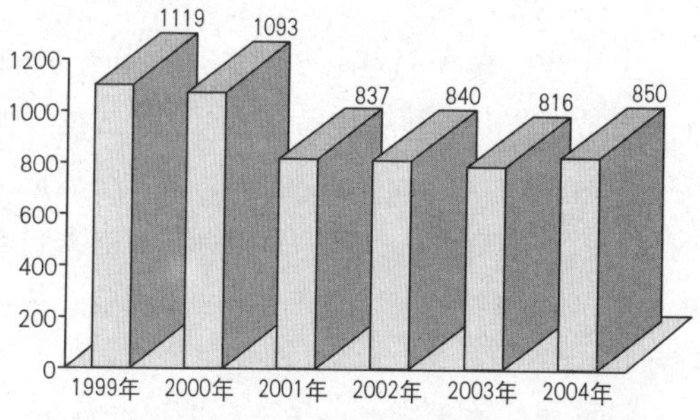

图4 1999年～2004年南非电子产品产值情况

电子产品市场情况

2002年，南非电子产品市场额为 3 708 百万美元。其中，电子数据处理产品居首位，市场额为 1 005 百万美元；其次是通信/雷达，市场额为 778 百万美元；第三是电信设备，市场额为 668 百万美元。

2003 年，南非电子产品市场额为 3 852 百万美元，同比增长 3.9%。其中，电子数据处理产品居首位，市场额为 1 065 百万美元；其次是通信/雷达，市场额为 809 百万美元；第三是电信设备，市场额为 688 百万美元。

2004 年，南非电子产品市场额为 4 051 百万美元，同比增长 5.2%。其中，电子数据处理产品增长 8%；通信/雷达增长 4%。2002 年~2005 年南非主要电子产品市场情况见表 2。2000 年~2005 年南非电子产品市场情况见图 5。

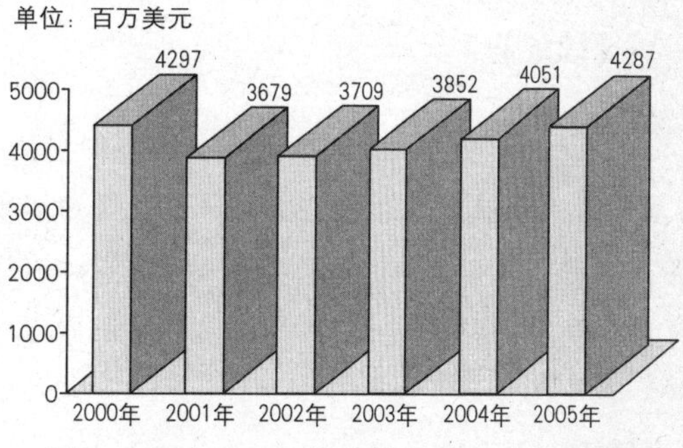

图5 2000年～2005年南非电子产品市场情况

【统计数据】

表 1 2002 年~2004 年南非主要电子产品产值情况

单位：百万美元

产品名称	2002年	2003年	2004年
控制/仪器	70	72	75
通信/雷达	122	118	124
消费类电子产品	103	101	101
其中：彩色电视机	44	41	40
电子元件	85	82	88

备注：2003 年~2004 年为预测值。

表 2　2002 年~2005 年南非主要电子产品市场情况

单位：百万美元

产品名称	2002年	2003年	2004年	2005年
控制/仪器	319	328	341	358
消费类电子产品	353	369	387	405
其中：彩色电视机	87	89	93	97
电子元件	393	392	419	448
其中：有源元件	215	211	232	255

备注：2003 年~2005 年为预测值。

澳大利亚

【综述】

2002 年，澳大利亚国内生产总值增长 3.6%，人均创造国内生产总值 20 204 美元，每千户居民拥有固定电话 539 部、移动电话 640 部、个人计算机 516 台。1999 年~2004 年澳大利亚国内生产总值增长情况见图 1。

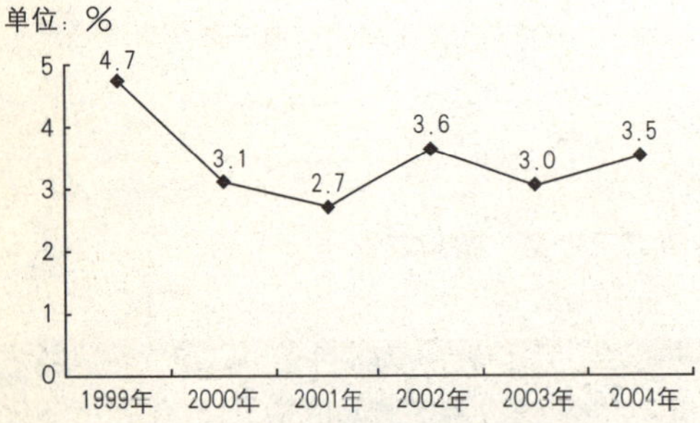

图1　1999年～2004年澳大利亚国内生产总值增长情况

电子产品进出口情况

2001 年，澳大利亚电子产品进出口贸易呈逆差，逆差值为 7 185 百万美元。2002 年，澳大利亚电子产品进出口贸易呈逆差，逆差值为 7 802 百万美元。

1. 进口情况

2001 年，澳大利亚电子产品进口额为 9 008 百万美元。其中，电子数据处理产品居首位，进口额为 3 630 百万美元，占 40.3%；其次是消费类电子产品，进口额为 1 195 百万美元，占澳大利亚电子产品进口额的 13.3%；第三是电子元件，进口额为 1 158 百万美元，占 12.9%。

2002 年，澳大利亚电子产品进口额为 9 560 百万美元，同比增长 6.1%。其中，电子数据处理产品居首位，进口额为 4 054 百万美元，占澳大利亚电子产品进口额的 42.4%；其次是消费类电子产品，进口额为 1 460 百万美元，占澳大利亚电子产品进口额的 15.3%；第三是电子元件，进口额为 1 187 百万美元，占 12.4%。2002 年澳大利亚主要进口电子产品所占份额情况见图 2。

2. 出口情况

2001 年，澳大利亚电子产品出口额为 1 823 百万美元。其中，电子数据处理产品居首位，出口额为 755 百万美元，占澳大利亚电子产品出口额的 41.4%；其次是电信设备，出口额为 306 百万美元，占 16.8%。

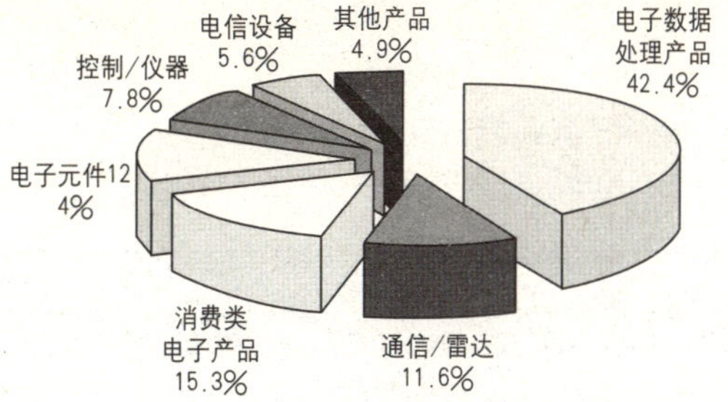

图2 2002年澳大利亚主要进口电子产品所占份额情况

2002 年，澳大利亚电子产品出口额为 1 758 百万美元，同比减少 3.6%。其中，电子数据处理产品居首位，出口额为 804 百万美元，占澳大利亚电子产品出口额的 45.7%；其次是控制/仪器，出口额为 285 百万美元，占 16.2%。2002 年澳大利亚主要出口电子产品所占份额情况见图 3。

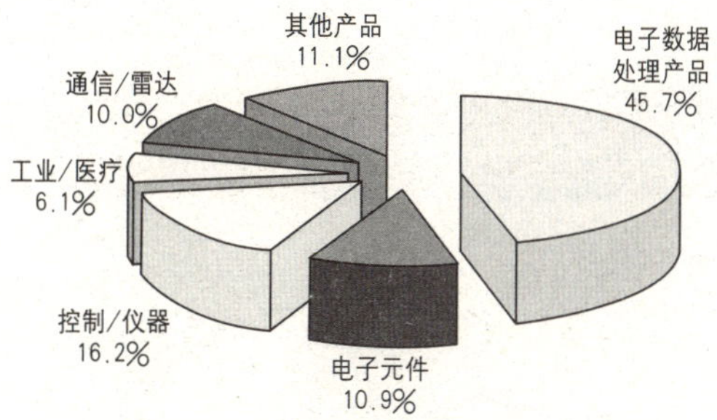

图3 2002年澳大利亚主要出口电子产品所占份额情况

电子产品产值情况

2002 年，澳大利亚电子产品产值为 3 419 百万美元，同比增长 3.2%。其中，电子数据处理产品居首位，产值为 924 百万美元；其次是通信/雷达，产值为 652 百万美元；第三是电信设备，产值为 598 百万美元。

2003 年，澳大利亚电子产品产值为 3 559 百万美元，同比增长 4.1%。其中，电子数据处理产品居首位，产值为 961 百万美元；其次是通信/雷达，产值为 691 百万美元；第三是电信设备，产值为 610 百万美元。2002 年~2004 年澳大利亚主要电子产品产值情况见表 1。1999 年~2004 年澳大利亚电子产品产值情况见图 4。

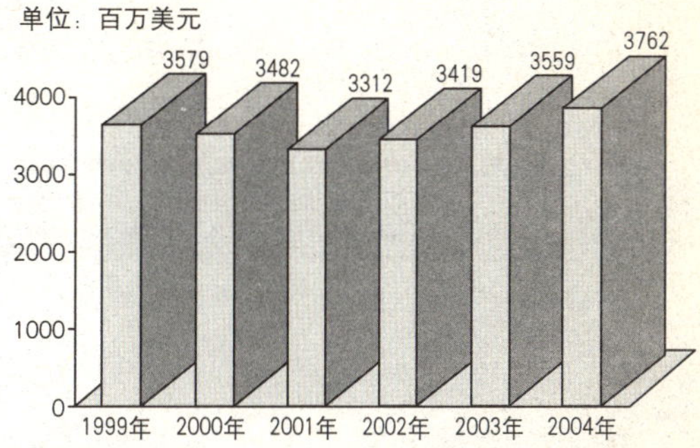

图4 1999年～2004年澳大利亚电子产品产值情况

电子产品市场情况

2002 年，澳大利亚电子产品市场额为 11 221 百万美元。其中，电子数据处理产品居首位，市场额为 4 174 百万美元；其次是消费类电子产品，市场额为 1 601 百万美元；第三是通信/雷达，市场额为 1 589 百万美元。

2003 年，澳大利亚电子产品市场额为 11 642 百万美元，同比增长 3.8%。其中，电子数据处理产品居首位，市场额为 4 383 百万美元；其次是消费类电子产品，市场额为 1 663 百万美元；第三是通信/雷达，市场额为 1 653 百万美元。

2004 年，澳大利亚电子产品市场额为 12 205 百万美元，同比增长 4.8%。其中，电子数据处理产品增长 6%，消费类电子产品增长 3.9%。2002 年~2005 年澳大利亚主要电子产品市场情况见表 2。2000 年~2005 年澳大利亚电子产品市场情况见图 5。

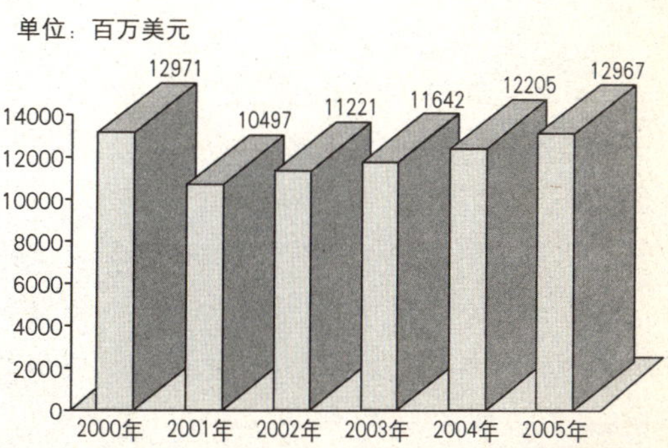

图5 2000年～2005年澳大利亚电子产品市场情况

【统计数据】

表 1　2002 年~2004 年澳大利亚主要电子产品产值情况

单位：百万美元

产品名称	2002年	2003年	2004年
控制/仪器	543	565	605
消费类电子产品	220	227	236
其中：彩色电视机	40	42	43
电子元件	299	312	327
其中：有源元件	49	51	55

备注：2003 年~2004 年为预测值。

表 2　2002 年~2005 年澳大利亚主要电子产品市场情况

单位：百万美元

产品名称	2002年	2003年	2004年	2005年
通信/雷达	1 589	1 653	1 735	1 857
电信设备	1 035	1 014	1 034	1 096
彩色电视机	598	626	656	700
电子元件	1 294	1 346	1 429	1 513
其中：有源元件	632	695	751	796

备注：2003 年~2005 年为预测值。

西　欧

【综述】

近年来，西欧电子工业发展态势较好。据不完全统计，2003 年度西欧电子产品市场增长 3.0%。预计 2004 年度西欧电子产品市场将增长 4.6%。

从各国电子工业发展情况看，德国居首位，其次是英国，第二是法国。从产品分类情况看，电子数据处理产品居首位，其次是电子元件，第三是通信/雷达产品。

电子产品进出口情况

2001 年，西欧电子产品进出口贸易呈逆差，逆差值为 40 620 百万美元。2002 年，西欧电子产品进出口贸易呈逆差，逆差值为 38 413 百万美元。在西欧各国中，芬兰、爱尔兰、瑞典等三国的电子产品进出口贸易为顺差。

1. 进口情况

2000 年，西欧电子产品进口额为 347 894 百万美元。其中，德国居首位，进口额为 68 917 百万美元，占西欧电子产品进口额的 19.8%；其次是英国，进口额为 66 395 百万美元，占西欧电子产品进口额的 19.1%；第三是荷兰，进口额为 48 641 百万美元，占 14%。2000 年西欧主要进口电子产品所占份额情况见图 1。

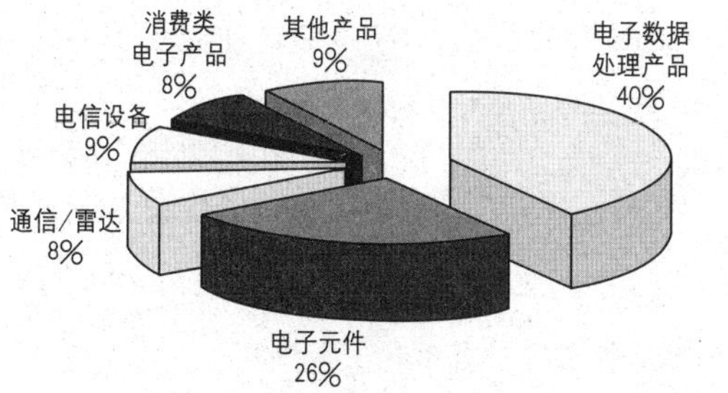

图1 2000年西欧主要进口电子产品所占份额情况

2001 年，西欧电子产品进口额为 314 549 百万美元，同比减少 9.6%。其中，电子数据处理产品居首位，进口额为 121 431 百万美元，占西欧电子产品进口额的 38.6%；其次是电子元件，进口额为 77 449 百万美元，占西欧电子产品进口额的 24.6%。

2002 年，西欧电子产品进口额为 303 212 百万美元，同比减少 3.6%。其中，电子数据处理产品居首位，进口额为 117 528 百万美元，减少 3.2%，占西欧电子产品进口额的 38.8%；其次是电子元件，进口额为 72 483 百万美元，减少 6.4%，占西欧电子产品进口额的 23.9%。在西欧各国中，德国电子产品进口额占西欧电子产品进口额的 21.1%。2000 年~2002 年西欧各国电子产品进口情况见表 1。

2. 出口情况

2000 年，西欧电子产品出口额为 307 713 百万美元。其中，德国居首位，出口额为 61 669 百万美元，占西欧电子产品出口额的 20%；其次是英国，电子产品出口额为 56 400 百万美元，占西欧电子产品出口额的 18.3%。2000 年西欧主要出口电子产品所占份额情况见图 2。

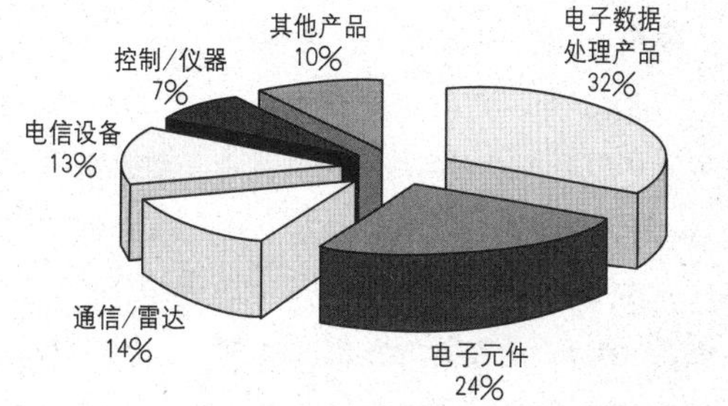

图2 2000年西欧主要出口电子产品所占份额情况

2001 年，西欧电子产品出口额为 273 929 百万美元。其中，电子数据处理产品居首位，出口额为 86 185 百万美元，占西欧电子产品出口额的 31.5%；其次是电子元件，出口额为 68 100 百万美元，占西欧电子产品出口额的 24.9%。

2002 年，西欧电子产品出口额为 264 799 百万美元，同比减少 3.3%。其中，电子数据处理产品居首位，出口额为 81 356 百万美元，减少 5.6%，占西欧电子产品出口额的 30.7%；其次是电子元件，出口额为 66 145 百万美元，减少 29%，占西欧电子产品出口额的 25%。在西欧各国中，德国电子产品出口额占西欧电子产品出口额的 21.2%。2000 年~2002 年西欧各国电子产品出口情况见表 2。

电子产品产值情况

从近几年西欧电子产品生产情况看，电子数据处理产品发展态势较好，连续居首位，占西欧电子产品产值的 22%；其次电子元件，占西欧电子产品产值的 21%；第三是通信/雷达，占 19%。从各国电子产品生产情况看，德国居首位，占西欧电子产品产值的 23.5%；其次是英国，占西欧电子产品产值的 19.6%；第三是法国，占 14.5%。

2002 年，西欧电子产品产值为 198 222 百万美元。其中，电子数据处理产品居首位，产值为 44 370 百万美元，占西欧电子产品产值的 22.4%；其次是电子元件，产值为 42 007 百万美元，占西欧电子产品产值的 21.2%；第三是通信/雷达产品，产值为 38 603 百万美元，占 19.5%。

2003 年，西欧电子产品产值为 194 049 百万美元，同比减少 2.1%。其中，电子数据处理产品居首位，产值为 42 992 百万美元，减少 3.1%，占西欧电子产品产值的 22.2%；其次是电子元件，产值为 41 387 百万美元，减少 1.5%，占 21.3%；第三是通信/雷达产品，产值为 37 466 百万美元，减少 3%，占 19.3%。

2004 年，西欧电子产品产值为 198 784 百万美元，同比增长 2.4%。其中，电子数据处理产品居首位，产值为 44 016 百万美元，增长 2.4%，占西欧电子产品产值的 22.1%；其次是电子元件，产值为43 033 百万美元，增长 4%，占 21.6%。2002 年–2004 年西欧各国电子产品产值情况见表 3。

电子产品市场情况

2002 年，西欧电子产品市场额为 236 631 百万美元，同比减少 6.6%。其中，电子数据处理产品居首位，市场额为 80 542 百万美元，占西欧电子产品市场额的 34%；其次是电子元件，市场额为 48 341 百万美元，占 20.4%。

2003 年，西欧电子产品市场额为 231 404 百万美元，同比减少 2.2%。其中，电子数据处理产品居首位，市场额为 77 324 百万美元，占西欧电子产品市场额的 33.4%；其次是电子元件，市场额为 47 568 百万美元，占 20.6%。

2004 年，西欧电子产品市场额为 238 428 百万美元，同比增长 3%。其中，电子数据处理产品居首位，市场额为 78 149 百万美元，占西欧电子产品市场额的 32.8%，其次是电子元件，市场额为 51 855 百万美元，占 21.8%。2002 年~2004 年西欧各国电子产品市场情况见表 4。

【统计数据】

表 1　2000 年~2002 年西欧各国电子产品进口情况

单位：百万美元

国家名称	2000年	2001年	2002年
奥地利	8 701	8 994	9 630
比利时	13 678	14 555	14 973
丹麦	6 247	5 662	6 437
芬兰	5 951	5 313	5 790
法国	44 447	36 405	33 829
德国	68 917	64 127	63 929
希腊	2 138	2 036	1 950
爱尔兰	16 208	17 724	14 933
意大利	24 479	21 926	21 494
荷兰	48 641	41 988	41 758

续表 1

国家名称	2000年	2001年	2002年
挪威	3 580	3 369	3 474
葡萄牙	3 551	3 404	3 276
西班牙	13 777	13 197	12 868
瑞典	11 260	8 534	8 211
瑞士	9 924	9 014	8 288
英国	66 395	58 361	52 370

表 2 2000 年~2002 年西欧各国电子产品出口情况

单位：百万美元

国家名称	2000年	2001年	2002年
奥地利	6 213	6 671	7 424
比利时	12 381	12 215	12 525
丹麦	4 748	4 576	5 862
芬兰	10 934	9 057	9 596
法国	42 342	32 804	30 813
德国	57 529	54 403	56 042
希腊	329	354	329
爱尔兰	26 452	27 555	24 110
意大利	12 560	12 027	11 220
荷兰	41 754	36 304	36 430
挪威	1 455	1 466	1 489
葡萄牙	2 189	2 148	2 337
西班牙	5 963	5 901	5 284
瑞典	14 170	7 955	7 703
瑞士	8 999	8 447	8 116
英国	56 400	52 045	45 518

表 3　2002 年~2004 年西欧各国电子产品产值情况

单位：百万美元

国家名称	2002年	2003年	2004年	增长率（%）
奥地利	3 179	3 016	3 074	1.92
比利时	4 850	4 411	4 501	2.04
丹麦	2 300	2 682	2 745	2.35
芬兰	7 251	8 068	8 399	4.10
法国	28 177	27 870	28 460	2.12
德国	44 680	46 182	47 217	2.24
希腊	568	566	588	3.89
爱尔兰	16 391	15 784	16 516	4.64
意大利	15 747	14 759	15 061	2.05
荷兰	8 450	8 516	8 579	0.74
挪威	1 320	1 375	1 412	2.69
葡萄牙	2 244	2 416	2 518	4.22
西班牙	6 473	5 908	6 033	2.12
瑞典	6 863	6 782	6 949	2.46
瑞士	7 810	8 175	8 360	2.26
英国	42 683	37 539	38 373	2.22

备注：2003 年–2004 年为预测值。

表 4　2002 年~2004 年西欧各国电子产品市场情况

单位：百万美元

国家名称	2002年	2003年	2004年
奥地利	5 346	5 204	5 347
比利时	7 030	6 924	7 097
丹麦	3 247	3 193	3 284
芬兰	4 226	4 205	4 402

续表 4

国家名称	2002年	2003年	2004年
法国	31 723	30 608	31 449
德国	54 490	54 168	56 777
希腊	2 184	2 207	2 366
爱尔兰	6 790	6 748	7 135
意大利	25 455	24 708	25 225
荷兰	14 059	13 623	13 818
挪威	3 386	3 298	3 350
葡萄牙	3 374	13 401	3 372
西班牙	13 652	7 387	13 706
瑞典	7 549	8 106	7 598
瑞士	8 434	44 330	8 231
英国	45 688	231 404	45 270

备注：2003 年~2004 年为预测值。

东 欧

【综述】

近年，东欧电子工业发展情况较好。据不完全统计，2002 年度东欧电子产品市场增长 4.8%，2003年度增长 6.8%，2004 年度将增长 7.7%。

2003 年度，东欧电子产品产值增长 7.5%。

电子产品进出口情况

2000 年，东欧电子产品进出口贸易呈逆差，逆差值为 9 739 百万美元；2001 年，东欧电子产品进出口贸易呈逆差，逆差值为 10 364 百万美元。在东欧各国中，仅有匈牙利电子产品进出口贸易呈顺差。2000 年，匈牙利电子产品进出口贸易顺差值为 1 593 百万美元；2001 年，该国电子产品进出口贸易顺差值为 1 603 百万美元。

1. 进口情况

2000 年，东欧电子产品进口额为 23 657 百万美元。其中，电子数据处理产品居首位，进口额为 7 256 百万美元，占东欧电子产品进口额的 30.7%；其次是电子元件，进口额为 6 459 百万美元，占东欧电子产品进口额的 27.3%；第三是通信/雷达，进口额为 3 021 百万美元，占 12.8%。

2001 年，东欧电子产品进口额为 25 984 百万美元，同比增长 9.8%。其中，电子数据处理产品居首位，进口额为 8 116 百万美元，增长 11.9%；其次是电子元件，进口额为 7 069 百万美元，增长 9.4%；第三是通信/雷达，进口额为 3 364 百万美元，增长 11.4%。2001 年东欧主要国家电子产品进口所占份额情况见图 1。

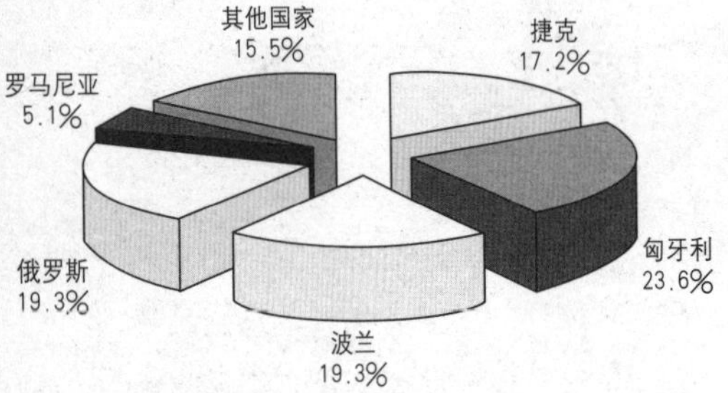

图1 2001年东欧主要国家电子产品进口所占份额情况

2. 出口情况

2000 年，东欧电子产品出口额为 13 918 百万美元。其中，电子数据处理产品居首位，出口额为4 757 百万美元；其次是电子元件，出口额为 3 868 百万美元；第三是消费类电子产品，出口额为 2 508 百万美元。

2001 年，东欧电子产品出口额为 15 620 百万美元，同比增长 12.2%。其中，电子元件居首位，出口额为 3 928 百万美元，增长 1.6%；其次是电子数据处理产品，出口额为 3 849 百万美元，减少 19.1%；第三是消费类电子产品，出口额为 3 195 百万美元，增长 27.4%。2001 年东欧主要国家电子产品出口所占份额情况见图 2。

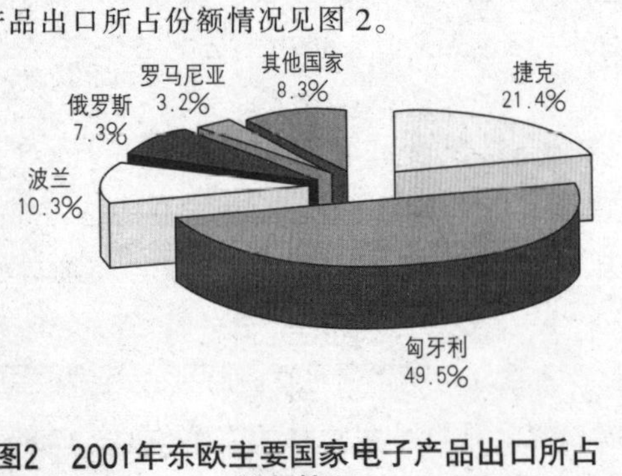

图2 2001年东欧主要国家电子产品出口所占份额情况

电子产品产值情况

2002 年，东欧电子产品产值为 21 218 百万美元。其中，消费类电子产品居首位，产值为 4 425 百万美元；其次是电子数据处理产品，产值为 4 081 百万美元；第三是电子元件，产值为 3 903 百万美元；第四是通信/雷达，产值为 3 096 百万美元。

2003 年，东欧电子产品产值为 22 818 百万美元，同比增长 7.5%。其中，消费类电子产品居首位，产值为 4 742 百万美元，增长 7.2%；其次是电子数据处理产品，产值为 4 329 百万美元，增长 6.1%；第三是电子元件，产值为 4 222 百万美元，增长 8.2%；第四是通信/雷达，产值为 3 412 百万美元，增长 10.2%。2003 年东欧主要电子产品产值所占份额情况见图 3。

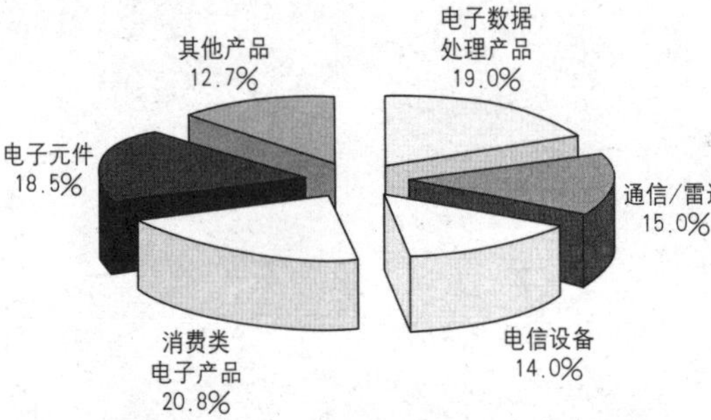

图3 2003年东欧主要电子产品产值所占份额情况

2003 年，从东欧各国电子产品生产情况看，匈牙利居首位，电子产品产值为 8 477 百万美元，占东欧电子产品产值的 37.2%。其次是波兰，电子产品产值为 3 982 百万美元，占 17.5%。2001 年~2003 年东欧各国电子产品产值情况见表 1。

电子产品市场情况

2001 年，东欧电子产品市场额为 30 768 百万美元，同比增长 78%。其中，电子数据处理产品居首位，市场额为 8 597 百万美元；其次是电子元件，市场额为 6 786 百万美元；第三是通信/雷达，市场额为 4 066 百万美元。

2002 年，东欧电子产品市场额为 32 252 百万美元，同比增长 48%。其中，电子数据处理产品居首位，市场额为 9 202 百万美元；其次是电子元件，市场额为 6 991 百万美元；第三是通信/雷达，市场额为 4 301 百万美元；第四是电信设备，市场额为 4 032 百万美元。

2003 年，东欧电子产品市场额为 34 440 百万美元，同比增长 6.8%。其中，电子数据处理产品居首位，市场额为 9 974 百万美元；其次是电子元件，市场额为 7 559 百万美元；第三是通信/雷达，市场额为 4 599 百万美元；第四是电信设备，市场额为 4 204 百万美元。2004 年东欧主要电子产品市场所占份额情况见图 4。

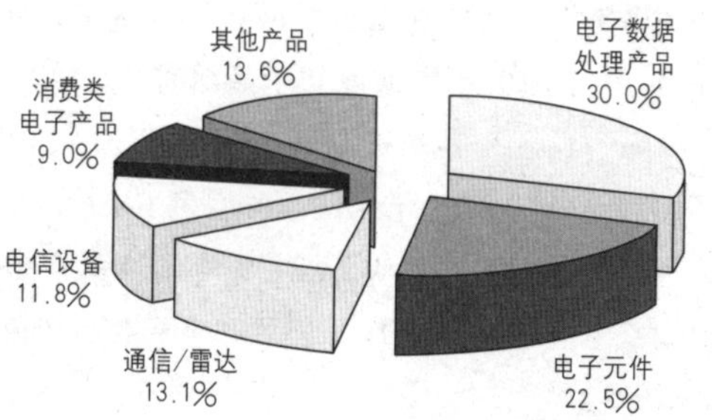

图4 2004年东欧主要电子产品市场所占份额情况

从近年情况看，波兰、俄罗斯电子产品市场发展态势良好，位居东欧各国前列。2002 年~2005 年东欧各国电子产品市场情况见表 2。

主要国家情况

1. *匈牙利*

自从 1989 年，匈牙利从计划经济向市场经济转轨，逐渐成为欧洲经济发展最快、最开放的国家之一。匈牙利 1996 年成为经济合作发展组织成员（OECD），1999 年正式成为北大西洋公约组织的成员（NATO）。目前，匈牙利政府已基本完成了法律体系与欧盟的并轨，计划 2004 年加入欧盟。

在 1995 年至 1996 年期间，匈牙利推出一系列改革措施。这些措施促进匈牙利经济体制向私有化转轨，推动匈牙利经济走以出口为龙头的快速经济增长道路，失业率下降，通货膨胀减缓，国外直接投资的流入加快。从 1989 年开始，私有成分在该国国内生产总值中所占比重从 20%提升到 80%以上，约有 2 000 多个国营企业实施私有化改制。2001 年，该国国内生产总值的增长率为 3.8%，是中东欧地区增长率最高的国家之一，超过了欧盟的平均增长值。

2000 年，中匈两国外长签署联合声明，为双边关系体系建设奠定良好的基础。2002 年，两国贸易额为 17.76 亿美元，是 1998 年的 4 倍。目前，中国成为匈牙利第 9 大贸易伙伴，双边贸易的逆差值为 19 亿美元。零件是匈牙利从中国进口的主导项目，匈牙利将这些零件进一步加工后再出口，主要销往西欧市场。2002 年匈牙利出口贸易额为 1.55 亿美元，同比增长 37%。中国是匈牙利货物的第 27 大市场。中国外资企业在匈中贸易中发挥着决定性的作用，主要表现在电子、移动通讯、电脑工具、零件等的出口中。

匈牙利财政部表示：匈牙利出口贸易增长归功于跨国公司。跨国公司推动匈牙利经济发展。美国有 6 家企业已经或将要在匈牙利设立公司，这些新的投资项目将为匈牙利创造大约 2 000 个就业机会。美国得克萨斯国际仪器制造公司将继续发展它在匈牙利德布勒森市的工厂。在该公司的产品收入中，有一半是来自匈牙利工厂的产品。美国贝尔顿电缆制造公司原设在荷兰的数据交换电缆制造工厂即将迁移到匈牙利。

中国企业在匈牙利的投资总额为 6 100 万美元。2003 年 2 月，中国银行布达佩斯的分行开业。该分行是中国银行在中欧地区的唯一分支机构，其宗旨是推动和支持在匈牙利的中国企业进行投资。2003 年 3 月 7 日，投资 2 亿美元的亚洲物流中心一期工程交付使用，它将成为中国产品在中欧地区的最大的物流中心。

（1）基本情况

匈牙利土地面积 93 000 平方公里。2001 年匈牙利有人口 1 080 万，人均创造国内生产总值 5 170 美元，每千户居民拥有汽车 246 辆，拥有固定电话 374 部、移动电话 498 部、个人计算机 100 台，每千户居民有 148 人上网。1999 年~2003 年国内生产总值增长情况见图 5。

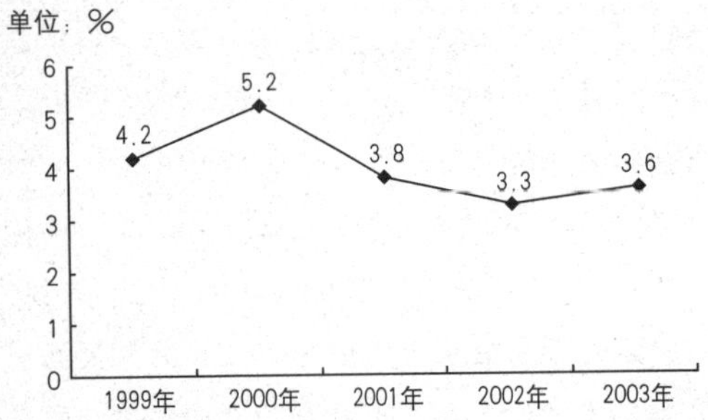

图5　1999年～2003年匈牙利国内生产总值增长情况

（2）进出口情况

进口情况　2000 年，匈牙利电子产品进口额为 6 209 百万美元，占东欧电子产品进口额的 26.2%。其中，电子元件居首位，进口额为 2 646 百万美元，占匈牙利电子产品进口额的 42.6%；其次是电子数据处理产品，进口额为 2 192 百万美元，占 35.3%。

2001 年，匈牙利电子产品进口额为 6 126 百万美元，同比减少 1.3%。其中，电子元件居首位，进口额为 2 654 百万美元，占匈牙利电子产品进口额的 43.3%；其次是电子数据处理产品，进口额为 1 946 百万美元，占 31.8%。

出口情况　2000 年，匈牙利电子产品出口额为 7 802 百万美元。其中，电子数据处理产品居首位，出口额为 3 870 百万美元，占匈牙利电子产品出口额的 49.6%；其次是消费类电子产品，出口额为 1 403 百万美元，占匈牙利电子产品出口额的 18%；第三是电子元件，出口额为 1 396 百万美元，占 17.9%。

2001 年，匈牙利电子产品出口额为 7 729 百万美元，同比减少 0.9%。其中，电子数据处理产品居首位，出口额为 2 519 百万美元，占匈牙利电子产品出口额的 32.6%；其次是电子元件，出口额为 1 604 百万美元，占匈牙利电子产品出口额的 20.8%；第三是消费类电子产品，出口额为 1 429 百万美元，占 18.5%。

（3）产值情况

2001 年，匈牙利电子产品产值为 7 892 百万美元，占欧洲电子产品产值的 3%。其中，电子数据处理产品居首位，产值为 2 770 百万美元；其次是电子元件，产值为 1 466 百万美元。

2002 年，匈牙利电子产品产值为 7 880 百万美元。其中，电子数据处理产品居首位，产值为 2 438 百万美元；其次是电子元件，产值为 1 539 百万美元。

2003 年，匈牙利电子产品产值为 8 477 百万美元。其中，电子数据处理产品居首位，产值为 2 559 百万美元；其次是通信/雷达，产值为 1 694 百万美元；第三是电子元件，产值为 1 666 百万美元。2001 年~2003 年匈牙利主要电子产品产值情况见表 3。1999 年~2003 年匈牙利电子产品产值情况见图 6。

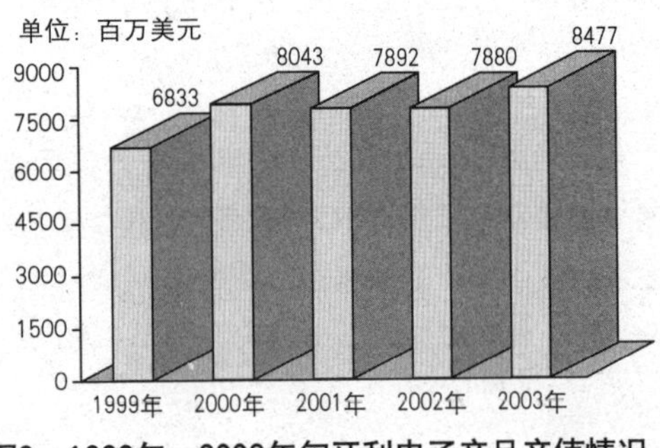

图6　1999年～2003年匈牙利电子产品产值情况

（4）市场情况

2001 年，匈牙利电子产品市场额为 6 289 百万美元，占欧洲电子产品市场额的 2%。其中，电子元件居首位，市场额为 2 516 百万美元，减少

3%；其次是电子数据处理产品，市场额为 2 197 百万美元，减少 1.1%。

2002 年，匈牙利电子产品市场额为 6 420 百万美元，同比增长 2.1%。其中，电子元件居首位，市场额为 2 495 百万美元，占匈牙利电子产品市场额的 38.9%；其次是电子数据处理产品，市场额为 2 307 百万美元，占 35.9%。

2003 年，匈牙利电子产品市场额为 6 866 百万美元，同比增长 7%。其中，电子元件居首位，市场额为 2 653 百万美元，占匈牙利电子产品市场额的 38.6%；其次是电子数据处理产品，市场额为 2 491 百万美元，占 36.2%。2002 年~2005 年匈牙利主要电子产品市场情况见表 4。2000 年~2005 年匈牙利电子产品市场情况见图 7。

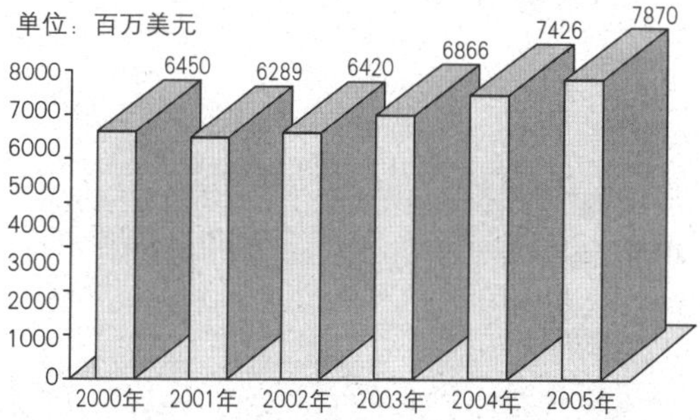

图7 2000年～2005年匈牙利电子产品市场情况

2. 波兰

波兰走在中欧各国经济改革的前端。该国经济改革涉及很多方面，始于 1989 年。从经济角度看，该国的经济转型包括两部分：一是实现宏观经济平衡措施；二是逐步完成向市场化结构转变的中、长期改革。波兰政府鼓励私人经营及经济私有化。截止到 1999 年底，波兰拥有不同所有制的公司 25 万家。在加快国有企业私有化的同时，波兰政府逐步扩大私有化的领域，把国企拍卖给个人、外国资本等。

随着所有制结构的改变，国外资本的流入，新的公司及资产集团的建立，以及波兰经济与世界联系的加强，使得波兰出现了一些新兴的企业集团。如：Fiat Auto Poland（最大的汽车生产厂）、Makro Cash & Carry（联锁超市）、Thomson Polcolor（电工集团）、Polmos Bialystok（酒业生产商，“Agora”）等。这些企业为推动波兰经济发展起到了促进作用。据不完全统计，1998 年私有企业为波兰政府创造国内生产总值 60.9%，约占波兰工业产值的 70%。

（1）基本情况

2001 年，波兰国内生产总值增长率为 1%，人均创造国内生产总值 4 560 美元，每千户居民拥有汽车 204 辆、固定电话 295 部、移动电话 260 部、个人计算机 85 台，每千户居民有 98 人上网。1998 年~2003 年波兰国内生产总值增长情况见图 8。

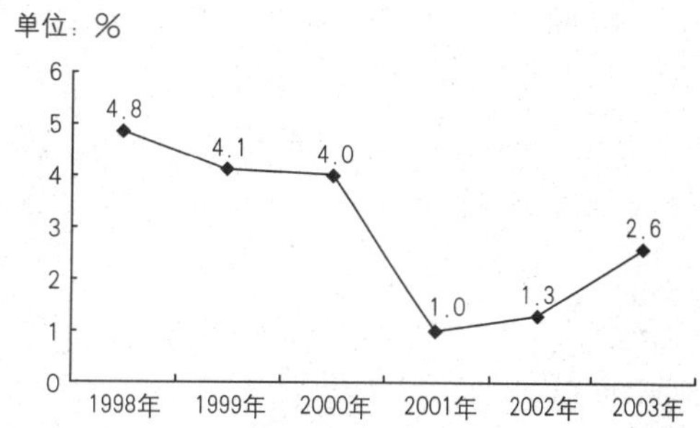

图8 1998年～2003年波兰国内生产总值增长情况

（2）进出口情况

近年，外商在波兰投资水平较高。据不完全统计，2000 年，外商在波兰的直接投资额超过 106 亿美元，总投资额超过 494 亿美元，约有 35 个国家和地区的 885 个企业在波兰的投资额超过 100 万美元。美国是波兰最大的投资伙伴，其次是法国、德国、荷兰、意大利和英国。在亚洲国家中，韩国投资居首位，其次是日本。2000 年，波中两国贸易额为 1.2 亿美元，同比增长 7.9%。

进口情况 2000 年，波兰电子产品进口额为 5 101 百万美元。其中，电子数据处理产品居首位，进口额为 1 472 百万美元；其次是电子元件，进口额为 1 140 百万美元；第三是通信/雷达，进口额为 794 百万美元。

2001 年，波兰电子产品进口额为 5 012 百万美元，同比减少 1.7%。其中，电子数据处理产品居首位，进口额为 1 473 百万美元；其次是电子元件，进口额为 1 260 百万美元；第三是通信/雷达，进口额为 745 百万美元。

出口情况 2000 年，波兰电子产品出口额为 1 290 百万美元。其中，消费类电子产品居首位，出口额为 642 百万美元；其次是电子元件，出口额为 410 百万美元。

2001 年，波兰电子产品出口额为 1 607 百万美元，同比增长 24.6%。其中，消费类电子产品居首位，出口额为 908 百万美元；其次是电子元件，出口额为 446 百万美元。

（3）产值情况

2001 年，波兰电子产品产值为 3 632 百万美元。其中，消费类电子产品居首位，产值为 1 239 百万美元；其次是电信，产值为 720 百万美元。

2002 年，波兰电子产品产值为 3 756 百万美元，同比增长 3.4%。其中，消费类电子产品居首位，产值为 1 301 百万美元；其次是电信设备，产值为 706 百万美元。

2003 年，波兰电子产品产值为 3 982 百万美元，同比增长 6%。其中，消费类电子产品居首位，产值为 1 405 百万美元；其次是电信设备，产值为 720 百万美元。2001 年~2003 年波兰主要电子产品产值情况见表 5。1999 年~2003 年波兰电子产品产值情况见图 9。

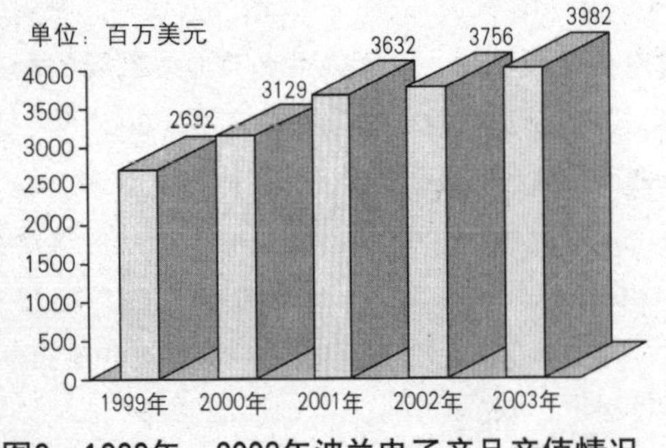

图9 1999年～2003年波兰电子产品产值情况

（4）市场情况

2001 年，波兰电子产品市场额为 7 037 百万美元。其中，电子数据处理产品居首位，市场额为 1 767 百万美元；其次是电子元件，市场额为 1 340 百万美元。

2002 年，波兰电子产品市场额为 7 153 百万美元，同比增长 1.6%。其中，电子数据处理产品居首位，市场额为 1 802 百万美元；其次是电子元件，市场额为 1 381 百万美元。

2003 年，波兰电子产品市场额为 7 480 百万美元，同比增长 4.6%。其中，电子数据处理产品居首位，市场额为 1 892 百万美元；其次是电子元件，市场额为 1 470 百万美元。2001 年~2004 年波兰主要电子产品市场情况见表 6。2000 年~2005 年波兰电子产品市场情况见图 10。

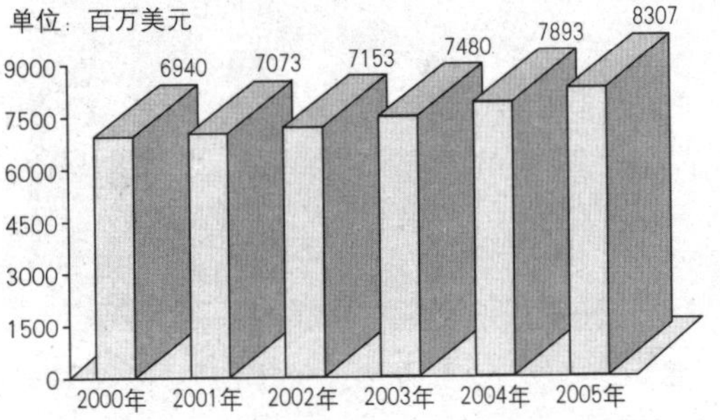

图10 2000年～2005年波兰电子产品市场情况

3. 俄罗斯

自从摆脱 1998 年金融危机后，2003 年是俄罗斯国民经济连续保持快速增长势头的第 5 年，该国是欧洲经济不断增长的亮点。2003 年，俄罗斯国内生产总值为 4 652 亿美元，同比增长 7.3%；人均创造国内生产总值 3 200 美元。

近年来，俄罗斯一直奉行非赤字预算政策。自从 2001 年以来，该国一直保持预算顺差。2003 年预算盈余为 74.5 亿美元，增长迅猛。当年，该国支付外债 173 亿美元后，国内黄金外汇储备由年初的 478 亿美元增加到 720 多亿美元；外贸总额为 2 092 亿美元，增长 24.3%，贸易顺差值为

600亿美元；实际利用外资 65 亿美元，增长 60%。

不断完善的法律体系为促进俄罗斯经济发展创造了良好环境。为了适应经济发展，该国对现有的税收政策进行了多次改革。2003 年，该国的税赋水平被认为是欧洲最低的。从 2004 年 1 月 1 日起，该国不仅取消 5%的销售税，增值税率从 20%降至 18%；与此同时，还实施了新的海关税法。这些举措，再次刺激生产与投资，并表明俄罗斯进入世界前 10 个高水平海关法国家中。2003 年，该国海关不仅获得国际海关组织副主席的席位，并获得世界银行组织 1.4 亿美元贷款，用于俄罗斯海关现代化信息系统的实现。

由于经济增长步入良性循环，不仅提高了居民消费信心，加强了外商投资积极性，推进了企业制度的改革深化，加快了中小企业发展速度，同时使得基础设施不断完善。俄罗斯政府总理卡西亚诺夫认为，加工工业快速发展对俄罗斯的经济增长贡献率很大。正是加工工业中的进口贸易推动了俄罗斯企业之间的竞争力。俄联邦政府副总理兼财政部部长阿·库德林认为，俄罗斯之所以取得较高的经济增长速度是得益于选择了正确的经济发展道路和有利的形势。

俄罗斯要实现经济健康快速的发展，尚要不断改革、调整。一是调整经济结构。进一步消除产业部门之间的不平衡，解决该国在经济链中缺少完整的中等企业问题。二是改善商品出口结构。目前，除了军工产品外，该国缺少高新技术产品。因此，加大出口商品的结构调整力度，提高技术产品比重，提高附加值是当务之急。三是建立投资激励机制。该机制的建立对俄罗斯经济复苏和持续发展非常重要。四是改善法律环境，加快入世步伐。2004 年是俄罗斯进行入世谈判的第 11 年，影响该国入世的主要障碍是农业补贴政策、国内外市场能源价格、过渡期安排、服务市场准入等。

高盛公司预测，巴西、俄罗斯、印度和中国将是未来 40 年中，经济发展最快的新兴市场国家。俄罗斯将在 2020 年前超过意大利，将在 2025 年前超过法国和英国，将在 2030 年前超过德国。

2004 年 5 月 26 日，俄罗斯总统普京在他的第 5 次年度国情咨文中指出：提高人民生活水平，加强俄罗斯经济在世界上的竞争力；在两年内实现卢布的自由兑换，把通货膨胀率降至 3%；争取在 2010 年内将国内生产总值翻一番。

（1）基本情况

2001 年，俄罗斯国内生产总值增长率为 5%，人均创造国内生产总值 2 140 美元，每千户居民拥有固定电话 243 部、移动电话 38 部、个人计算机 50 台，每千户居民有 29 人上网。1998 年~2003 年俄罗斯国内生产总值增长情况见图 11。

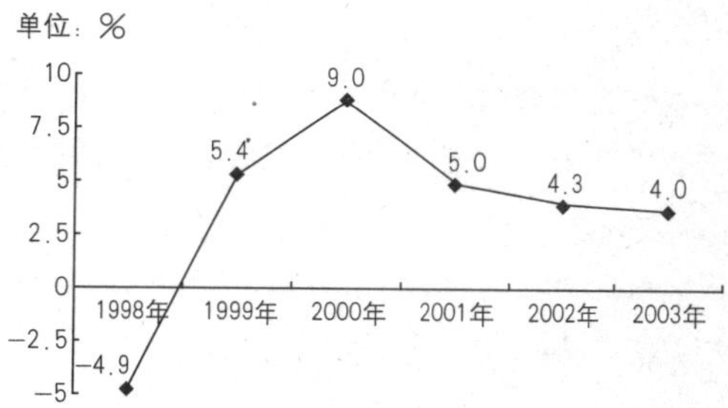

图11 1998年～2003年俄罗斯国内生产总值增长情况

（2）进出口情况

进口情况 2000 年，俄罗斯电子产品进口额为 4 070 百万美元。其中，电子数据处理产品居首位，进口额为 1 343 百万美元；其次是消费类电子产品，进口额为 701 百万美元。

2001 年，俄罗斯电子产品进口额为 5 027 百万美元，同比增长 23.5%。其中，电子数据处理产品居首位，进口额为 1 664 百万美元；其次是通信/雷达，进口额为 740 百万美元。

出口情况 2000 年，俄罗斯电子产品出口额为 947 百万美元。其中，控制/仪器居首位，出口额为 336 百万美元；其次是电子元件，出口额为 288 百万美元。

2001 年，俄罗斯电子产品出口额为 1 138 百万美元，同比增长 20%。其中，控制/仪器居首位，出口额为 559 百万美元；其次是电子元件，出口额为 211 百万美元。

（3）产值情况

2001 年，俄罗斯电子产品产值为 2 350 百万美元。其中，控制/仪器居首位，产值为 500 百万美元；其次是电子元件，产值为 460 百万美元；第三是消费类电子产品，产值为 445 百万美元。

2002 年，俄罗斯电子产品产值为 2 428 百万美元，同比增长 3.3%。其中，电子元件居首位，产值为 491 百万美元；其次是消费类电子产品，产值为 482 百万美元；第三是控制/仪器，产值为 475 百万美元。

2003 年，俄罗斯电子产品产值为 2 543 百万美元，同比增长 4%。其中，电子元件居首位，产值为 525 百万美元；其次是消费类电子产品，产值为 523 百万美元，第三是控制/仪器，产值为 466 百万美元。2001 年~2003 年俄罗斯主要电子产品产值情况见表 7。1999 年~2003 年俄罗斯电子产品产值情况见图 12。

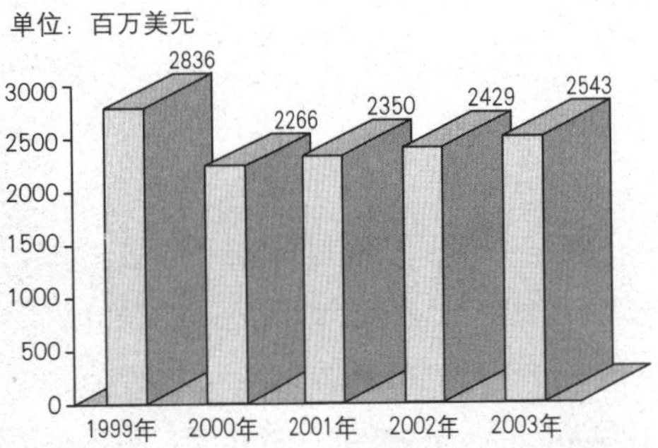

图12　1999年～2003年俄罗斯电子产品产值情况

（4）市场情况

2002 年，俄罗斯电子产品市场额为 6 680 百万美元。其中，电子数据处理产品居首位，市场额为 2 127 百万美元；其次是消费类电子产品，市场额为 989 百万美元。

2003 年，俄罗斯电子产品市场额为 7 114 百万美元，同比增长 65%。其中，电子数据处理产品居首位，市场额为 2 298 百万美元；其次是消费类电子产品，市场额为 1 035 百万美元。

2004 年，俄罗斯电子产品市场额为 7 565 百万美元，同比增长 6.3%。其中，电子数据处理产品居首位，市场额为 2 481 百万美元；其次是消费类电子产品，市场额为 1 077 百万美元。2001 年~2004 年俄罗斯主要电子产品市场情况见表 8。2000 年~2005 年俄罗斯电子产品市场情况见图 13。

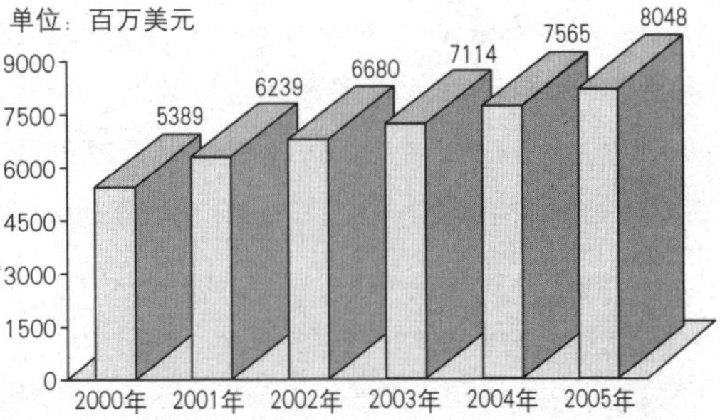

图13　2000年～2005年俄罗斯电子产品市场情况

彩色电视机

近年，随着市场需求扩大，东欧彩色电视机的生产量不断提高。波兰位居首位，约占东欧彩色电视机生产量的 50%；其次是匈牙利，约占 20%。2000 年~2003 年东欧彩色电视机产量情况见图 14。

从近几年情况看，俄罗斯彩色电视机市场需求量不断扩大，年平均增长约 6%；波兰年均增长约 4.8%。2000 年~2005 年东欧彩色电视机市场情况见图 15。

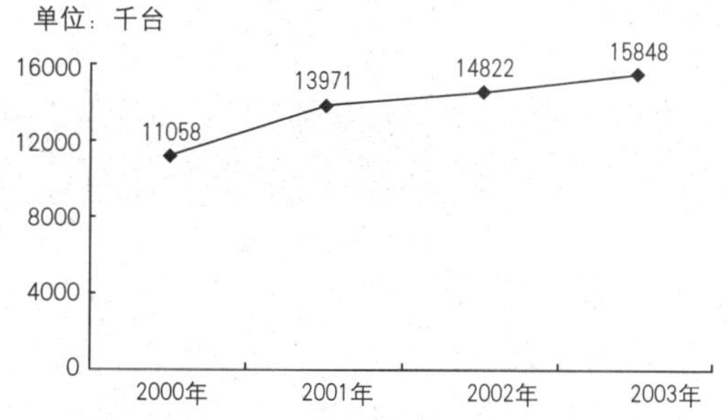

图14　2000年～2003年东欧彩色电视机产量情况

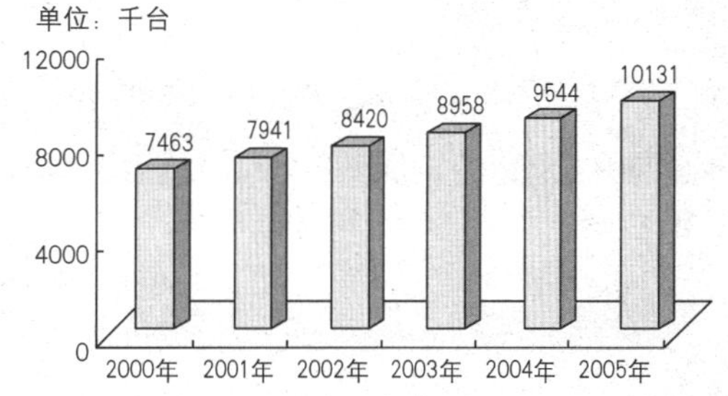

图15　2000年～2005年东欧彩色电视机市场情况

【统计数据】

表 1　2001 年~2003 年东欧各国电子产品产值情况

单位：百万美元

国家	2001年	2002年	2003年
保加利亚	157	168	182
克罗地亚	217	215	231
捷克	2 739	3 032	3 223
匈牙利	7 892	7 880	8 477
波兰	3 632	3 756	3 982
罗马尼亚	1 144	1 276	1 486
俄罗斯	2 350	2 428	2 543
斯洛伐克	899	1 000	1 107
斯洛文尼亚	666	718	785
乌克兰	708	747	803

备注：2002 年~2003 年为预测值。

表 2　2002 年~2005 年东欧各国电子产品市场情况

单位：百万美元

国家	2002年	2003年	2004年	2005年
保加利亚	548	601	646	682
克罗地亚	772	834	897	958

续表 2

国家	2002年	2003年	2004年	2005年
捷克	4 029	4 223	4 592	4 895
匈牙利	6 420	6 866	7 426	7 870
波兰	7 153	7 480	7 893	8 307
罗马尼亚	2 175	2 444	2 764	3 088
俄罗斯	6 680	7 114	7 565	8 048
斯洛伐克	1 785	1 969	2 160	2 335
斯洛文尼亚	1 002	1 084	1 174	1 257
乌克兰	1 688	1 824	1 985	2 135

备注：2002 年~2005 年为预测值。

表 3　2001 年~2003 年匈牙利主要电子产品产值情况

单位：百万美元

产品名称	2001年	2002年	2003年
计算机系统	170	152	161
计算机外部设备	1 300	1 138	1 188
通信/雷达	1 400	1 540	1 694
消费类电子产品	1 450	1 501	1 568
其中：彩色电视机	540	588	644
有源元件	440	462	508

备注：2002 年~2003 年为预测值。

表 4　2002 年~2005 年匈牙利主要电子产品市场情况

单位：百万美元

产品名称	2001年	2002年	2003年	2004年	2005年
计算机系统	201	220	247	283	312
计算机外部设备	304	326	359	404	437

续表 4

产品名称	2001年	2002年	2003年	2004年	2005年
通信/雷达	464	473	502	532	558
消费类电子产品	297	311	328	345	358
其中：彩色电视机	116	122	131	141	149
有源元件	1 019	968	1 065	1 193	1 312

备注：2002 年~2005 年为预测值。

表 5 2001 年~2003 年波兰主要电子产品产值情况

单位：百万美元

产品名称	2001年	2002年	2003年
计算机系统	200	205	216
控制/仪器	300	309	321
通信/雷达	350	378	416
彩色电视机	1 100	1 157	1 252
电子元件	526	548	575
其中：有源元件	277	291	305

备注：2002 年~2003 年为预测值。

表 6 2001 年~2004 年波兰主要电子产品市场情况

单位：百万美元

产品名称	2001年	2002年	2003年	2004年
计算机系统	1 236	1 264	1 332	1 442
通信/雷达	1 058	1 090	1 155	1 201
电信设备	1 253	1 228	1 252	1 278
消费类电子产品	769	789	820	850
其中：彩色电视机	402	414	434	455
有源元件	861	887	958	1 054

备注：2002 年~2004 年为预测值。

表 7　2001 年~2003 年俄罗斯主要电子产品产值情况

单位：百万美元

产品名称	2001年	2002年	2003年
通信/雷达	190	196	205
电信设备	150	153	158
彩色电视机	200	224	250
有源元件	100	102	105

备注：2002 年~2003 年为预测值。

表 8　2001 年~2004 年俄罗斯主要电子产品市场情况

单位：百万美元

产品名称	2001年	2002年	2003年	2004年
办公自动化设备	136	141	146	149
通信/雷达	780	842	901	955
彩色电视机	560	590	622	656
电子元件	768	804	860	936
其中：有源元件	240	252	277	319

备注：2002 年~2004 年为预测值。

日　本

【综述】

2002 年，日本人均创造国内生产总值 31 300 美元。每千户居民拥有电话 586 部、移动电话 621 部、计算机 382 台，每千户居民有 449 人上网。1999 年~2004 年日本国内生产总值增长情况见图 1。

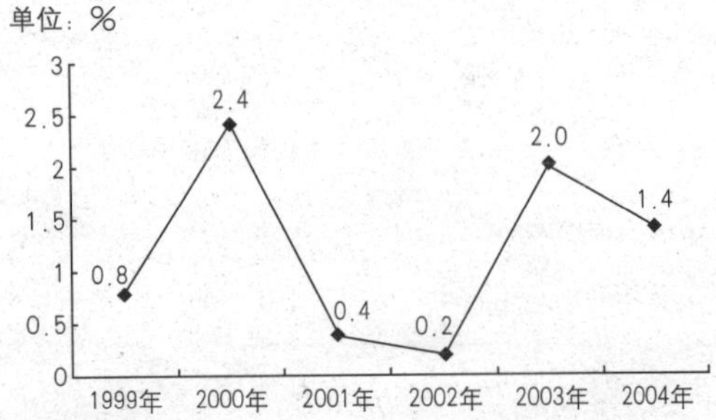

图1　1999年～2004年日本国内生产总值增长情况

2003 年，中国第一次取代美国，成为日本最大的贸易伙伴。对于日本来说，中国变得越来越重要，因为它不仅是日本对欧美出口的廉价生产基地，同时也是巨大的销售市场。据日本财务省2004年3月25日发表的2月贸易统计结果显示，与2003年同期相比，日本对中国出口增长14.9%，达到5 900亿日元；进口增长5.2%，徘徊在5 700亿日元的水平上。这是自1994年3月以来日本对中国贸易在时隔10年后首次转为盈余。日本有关研究人员认为：如果今后对中国贸易盈余扩大，那么“日本经济在很大程度上受美国经济动向所左右的状况将发生变化。”

2003年，拉动日本对中国出口增长的是电器产品。由于世界经济出现恢复，推动了日本企业对其中国生产基地出口的半导体和液晶等零部件数量增加。半导体等电子产品在出口中所占比重由10年前的2%扩大到8%。2003年，日本除在中国当地工厂的零部件产品出口增加外，以在中国国内销售为目标的消费品出口也在增加。如：电视机的贸易额同比增长89.4%，摄像机增长764%。

据不完全统计，目前约有1.4万家日本企业在中国大陆落户，在这些企业中，约有70%的企业是从中国大陆向本土供货，并逐渐把中国大陆开辟成为销售市场。如：日本松下公司计划2006年在中国销售76亿欧元。这种企业扩张引起了本土工业的迁离潮流。与此同时，一些企业把制造环节外包给中国以及其他一些国家的新兴企业，甚至向制造具有独立品牌的竞争对手出售屏幕、芯片及其他零部件。

2003年日本各大电子公司对内部机构进行调整，对运营流程进行整合。如：松下公司制定了为期3年的调整计划。通过执行该项计划，2003年松下公司的库存量减少30%，现金流量增加56%，达到28亿美元。索尼公司计划在2006年以前减少31亿美元的固定成本。其具体措施是：利用3年时间，在集团范围内裁员2万人，特别是裁减日本国内的制造人员，这次机构调整裁员人数占其在全球总员工的13%；停止在日本制造显像管业务，停止在日本生产传统电视机；改造零部件原材料的采购业务，降低成本，对供货基地进行筛选，把原有的4 700家减少到1 000家。在业务战略上，一是合并集团内的半导体业务，实现一体化经营；二是明确两类主要产品，即：家电（电视机、游戏机）与移动终端（随身听、PC、数码相机、手机）。

2003年，日本电子制造业继续执行把低端电子产品领域留给中国、韩国和中国台湾去争夺，保持对尖端电子产品市场控制的政策。如：在DVD录像机市场，松下公司在日本市场所占份额为43%，在美国市场所占份额为28%。在数码相机市场，据不完全统计目前世界上30%的数码相机都使用三洋公司制造的传感器、芯片与电池；由于对新款数码产品需求量的增加，松下、夏普、三洋、索尼等公司的销售量与利润额都有所增加。在等离子电视市场，松下、先锋、日立等三家企业利用处理器专利技术获得巨大的销售量。在美国20英寸以上的液晶电视市场，夏普公司占有49%的份额。

随着日本金融环境的改变，许多日本高科技公司为新技术的开发投入资金。在2005年至2006年间，索尼公司计划投资数十亿美元，开发速度更快的下一代PalyStation游戏机控制台的处理器；松下公司将投资12亿美元，开发数字电视、DVD录像机、手机与其他产品的定制机芯。

电子产品进出口情况

2001年，日本电子产品进出口贸易呈顺差，顺差值为35 185百万美元；2002年日本电子产品进出口贸易呈顺差，顺差值为36 970百万美元。

1. 进口情况

2001年，日本电子产品进口额为61 128百万美元。其中，电子数据处理产品居首位，进口额为22 362百万美元；其次是电子元件，进口额为20 757百万美元；第三是消费类电子产品，进口额为6 165百万美元。

2002年，日本电子产品进口额为58 062百万美元，同比减少5%。其中，电子数据处理产品居首位，进口额为 21 108 百万美元；其次是电子元件，进口额为 20 591 百万美元；第三是消费类电子产品，进口额为 5 646 百万美元。2002 年日本主要进口电子产品所占份额情况见图 2。

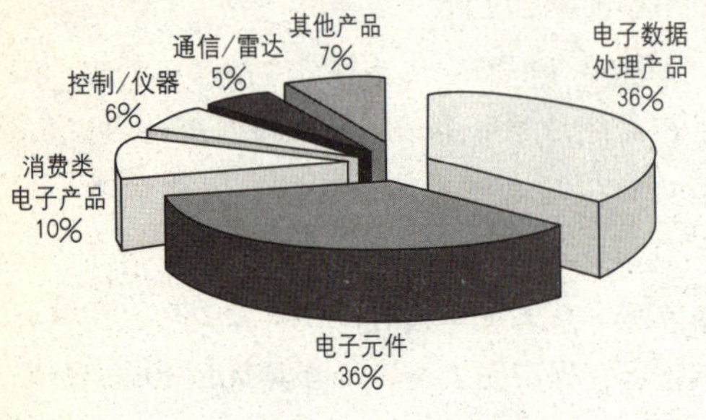

图2　2002年日本主要进口电子产品所占份额情况

2. 出口情况

2001 年，日本电子产品出口额为 96 313 百万美元。其中，电子元件居首位，出口额为 41 300 百万美元；其次是电子数据处理产品，出口额为 22 214 百万美元；第三是消费类电子产品，出口额为 11 547 百万美元。

2002 年，日本电子产品出口额为 95 032 百万美元，同比减少 1.3%。其中，电子元件居首位，出口额为 42 345 百万美元；其次是电子数据处理产品，出口额为 23 062 百万美元；第三是消费类电子产品，出口额为 11 810 百万美元。2002 年日本主要出口电子产品所占份额情况见图 3。

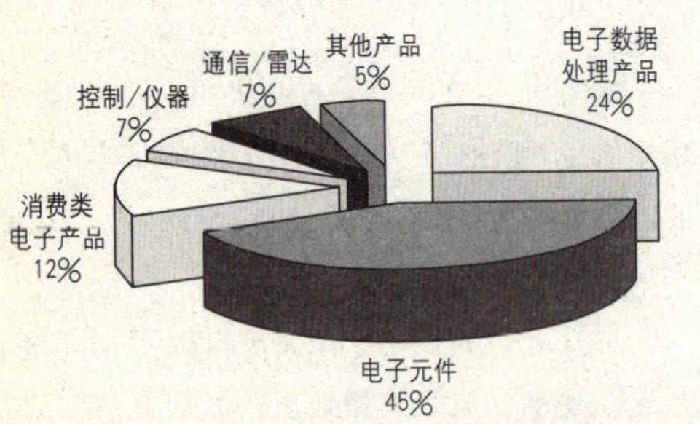

图3　2002年日本主要出口电子产品所占份额情况

电子产品产值情况

据统计，2002 年日本电子产品占世界电子产品产值的 16%。2002 年日本电子产品产值为 162 313 百万美元，同比减少 14.3%。其中，电子元件居首位，产值为 70 112 百万美元，占日本电子产品产值的 43.2%；其次是电子数据处理产品，产值为 37 959 百万美元，占日本电子产品产值的 23.4%；第三是通信/雷达，产值为 20 558 百万美元。

2003 年，日本电子产品产值为 170 004 百万美元，同比增长 4.7%。其中，电子元件居首位，产值为 75 800 百万美元；其次是电子数据处理产品，产值为 33 404 百万美元；第三是通信/雷达，产值为 25 698 百万美元。

2004 年，日本电子产品产值为 179 878 百万美元，同比增长 5.8%。其中，电子元件居首位，产值为 82 544 百万美元；其次是电子数据处理产品，产值为 33 069 百万美元；第三是通信/雷达，产值为 26 726 百万美元。2002 年~2004 年日本主要电子产品产值情况见表 1。1999 年~2004 年日本电子产品产值情况见图 4。

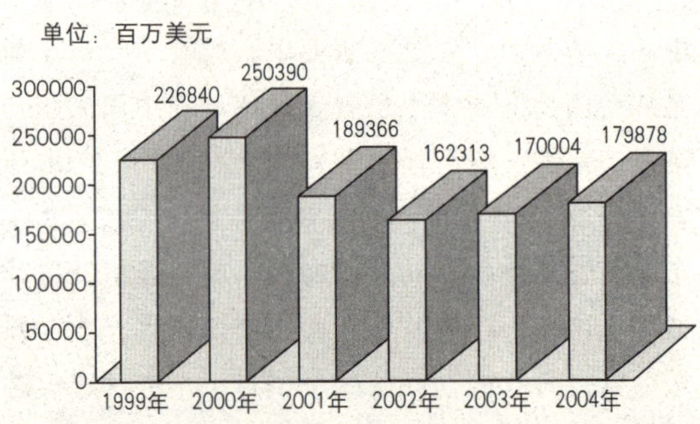

图4　1999年～2004年日本电子产品产值情况

电子产品市场情况

据统计，2002 年，日本电子产品占世界电子产品市场额的 14%。2002 年，日本电子产品市场额为 125 343 百万美元，同比减少 18.7%。其中，电子元件居首位，市场额为 48 357 百万美元；其次是电子数据处理产品，市场额为 36 005 百万美元；第三是通信/雷达，市场额为 16 571 百万美元。2002 年日本主要电子产品所占市场份额情况见图 5。

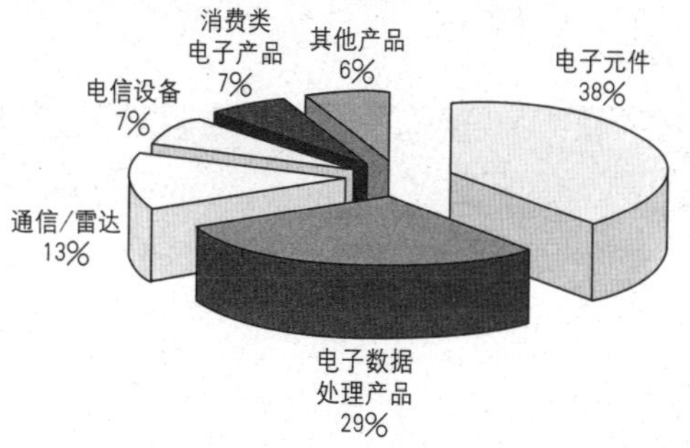

图5 2002年日本主要电子产品所占市场份额情况

2003 年，日本电子产品市场额为 129 524 百万美元，同比增长 3.3%。其中，电子元件居首位，市场额为 52 347 百万美元，增长 8.3%；其次是电子数据处理产品，市场额为 33 844 百万美元，减少 6%；第三是通信/雷达，市场额为 19 057 百万美元，增长 15%。

2004 年，日本电子产品市场额为 136 870 百万美元，同比增长 5.7%。其中，电子元件居首位，市场额为 57 074 百万美元，增长 9%；其次是电子数据处理产品，市场额为 34 860 百万美元，增长 3%；第三是通信/雷达，市场额为 19 819 百万美元，增长 4%。

预计，2005 年日本电子产品市场额为 143 450 百万美元，同比增长 4.8%。2002 年~2005 年日本主要电子产品市场情况见表 2。2002 年~2005 年日本电子产品市场情况见图 6。

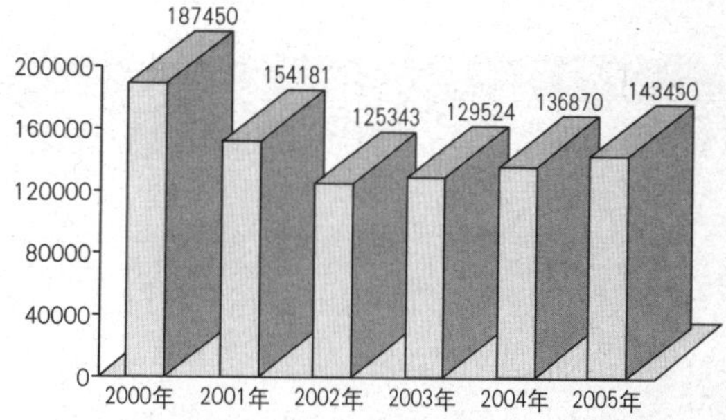

图6 2000年～2005年日本电子产品市场情况

【统计数据】

表 1 2002 年~2004 年日本主要电子产品产值情况

单位：百万美元

产品名称	2002年	2003年	2004年
个人计算机	10 781	11 275	13 010
台式计算机	4 203	3 084	2 498
硬盘驱动器	2 640	2 324	2 257
办公自动化设备	1 770	1 593	1 514
电子仪器	2 982	3 153	3 410
通信设备	15 311	19 876	21 373
电信设备	7 297	6 202	6 264
其中：交换机	2 392	2 075	2 132
消费类电子产品	14 394	16 339	18 129

续表 1

产品名称	2002年	2003年	2004年
其中：彩色电视机	2 329	2 574	2 690
有源元件	46 053	51 579	57 768

备注：2003 年~2004 年为预测值。

表 2　2002 年~2005 年日本主要电子产品市场情况

单位：百万美元

产品名称	2002年	2003年	2004年	2005年
计算机系统	16 324	15 383	15 883	16 878
计算机外部设备	14 458	13 611	14 040	14 904
办公自动化设备	1 603	1 475	1 504	1 534
电子仪器	1 850	1 997	2 215	2 407
通信设备	13 389	15 447	16 109	16 953
电信设备	8 254	7 016	7 156	7 371
消费类电子产品	8 230	9 038	9 332	9 682
其中：彩色电视机	2 065	2 340	2 420	2 501
有源元件	32 368	36 253	40 603	42 633

备注：2003 年~2005 年为预测值。

韩　国

【综述】

2002 年，韩国国内生产总值增长率达到 6.3%，在遭受亚洲金融危机冲击的国家和地区中名列前茅。2003 年，韩国经济高增长的势头被遏制，经济增长率急剧下降，生产、消费和投资全面下滑。韩国经济陷入低迷是多种因素造成的。在国内，受内需不振，企业经营环境相对恶化，劳资纠纷不断，以及非典型肺炎疫情的影响；在国际上，受世界经济低迷、伊拉克战争、石油价格波动的影响，导致韩国经济举步维艰，陷入了该国克服金融危机以来最低迷的状态。此外，美元汇率下跌，韩元相对升值，导致韩国企业生产成本上升，产品的国际竞争力下降。

2004 年 3 月 23 日《韩国中央银行》发布统计报告，2003 年韩国国内生产总值增长 3.1%，为过去 5 年来最低水平；人均国民收入达到 12 646 美元，同比增长 10%。1998 年~2003 年韩国国内生产总值增长情况见图 1。

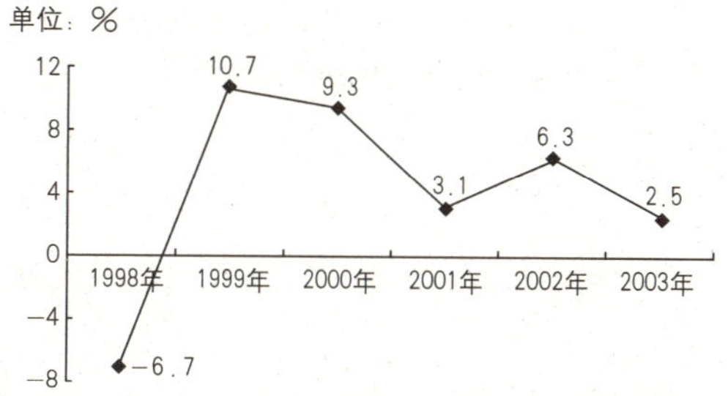

图1 1998年～2003年韩国国内生产总值增长情况

据美国《商业周刊》报道，亚洲金融危机对各国经济发展造成严重影响，但是它对韩国的影响可能不及中国对韩国未来的影响大。中国与韩国经济关系日益紧密。2003 年，韩国与中国贸易额增长 50%，贸易顺差值为 130 亿美元。如果没有与中国的贸易合作，韩国经济可能会陷入低谷。中国对韩国经济的重要性已日益显著，三星公司前总裁说："韩国在未来 10 年后，人均 GDP 能否由现在的 1 万美元增加到 2 万美元，取决于两点：第一是 IT 产业的发展；第二是能否获得中国市场。"

2003 年，美国公司在中国投资 42 亿美元，韩国公司投资 44 亿美元，首次超过美国公司在中国的投资规模。中国取代美国成为韩国第一大出口目的地，同时韩国企业也纷纷向中国转移。目前韩国纺织与制鞋业基本都转移到中国；石油、钢铁、大型家电，甚至电子工业（不包括为数不多的尖端产品），在近 5 年内也都将转移到中国。中国劳动力低廉、市场覆盖面大是吸引韩国企业的主要因素之一。韩国第二大联合企业 LG 集团在中国已经投资 25 亿美元，建立生产基地。2003 年，LG 集团在南京经济技术开发区建立了年产 360 万台液晶显示器的工厂。LG 集团给中国这些技能熟练的工人发放的平均月薪为 317 美元，仅相当于韩国国内从事类似工作的工人月薪的七分之一。

2002 年，三星电子把数码摄像机生产线从国内迁移到中国。2003 年 7 月，第一批完全中国由制造的数码摄像机产品在天津三星工厂内正式下线生产，当年销量约 10 万部。这个销售成绩使得该产品成为 2004 年三星电子的"战略性产品"。2004 年，三星电子计划在中国工厂生产 150 万部数码摄像机，并在中国市场销售 30 万部。该指标占该公司该项产品全年生产计划的 50%，这表明三星电子要借助中国获得全世界数码摄像机 20% 以上的市场。

据韩国国家官方统计数据表明，2003 年，前三季度，韩国 1 296 件对外投资中，到中国投资的就有 959 件，比例达到 74%。中国成为韩国最大的对外投资国。

电子产品进出口情况

从 1992 年中韩建交初期的 50 亿美元的贸易额，到 2003 年 10 月，韩国对中国出口贸易额为 278 亿美元，韩国贸易顺差值为 100 亿美元，同期韩国对美国出口贸易额为 275 亿美元，韩国贸易顺差值为 70 亿美元，中国已成为韩国最大的贸易顺差国。

2001 年，韩国电子产品进出口贸易呈顺差，顺差值为 24 494 百万美元。2002 年韩国电子产品进出口贸易呈顺差，顺差值为 31 467 百万美元。

1. 进口情况

2001 年，韩国电子产品进口额为 20 755 百万美元。其中，电子元件居首位，进口额为 9 032 百万美元，占韩国电子产品进口额的 43.5%；其次是电子数据处理产品，进口额为 4 747 百万美元，占韩国电子产品进口额的 22.9%；第三是控制/仪器，进口额为 2 171 百万美元，占 10.5%。

2002 年，韩国电子产品进口额为 21 623 百万美元，同比增长 4.2%。其中，电子元件居首位，进口额为 9 803 百万美元，增长 8.5%；其次是电子数据处理产品，进口额为 4 500 百万美元，减少 5.2%；第三是控制/仪器，进口额为 2 226 百万美元，增长 2.5%。2002 年韩国主要进口电子产品所占份额情况见图 2。1998 年~2002 年韩国电子产品进口情况见图 3。

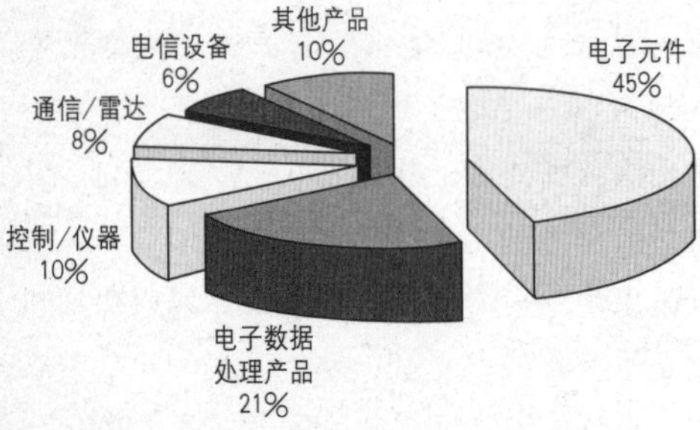

图2 2002年韩国主要进口电子产品所占份额情况

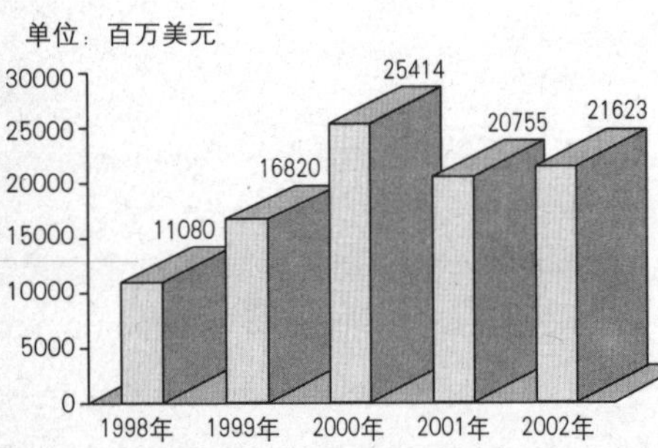

图3 1998年～2002年韩国电子产品进口情况

2. 出口情况

2001 年，韩国电子产品出口额为 45 249 百万美元。其中，电子元件居首位，出口额为 20 005 百万美元；其次是电子数据处理产品，出口额为 10 934 百万美元；第三是通信/雷达，出口额为 9 331 百万美元。

2002 年韩国电子产品出口额为 53 090 百万美元。其中，电子元件居首位，出口额为 21 944 百万美元，增长 9.7%；其次是电子数据处理产品，出口额为 13 387 百万美元，增长 22.4%；第三是通信/雷达，出口额为 12 683 百万美元，增长 35.9%。2002 年韩国主要出口电子产品所占份额情况见图 4。1998 年~2002 年韩国电子产品出口情况见图 5。

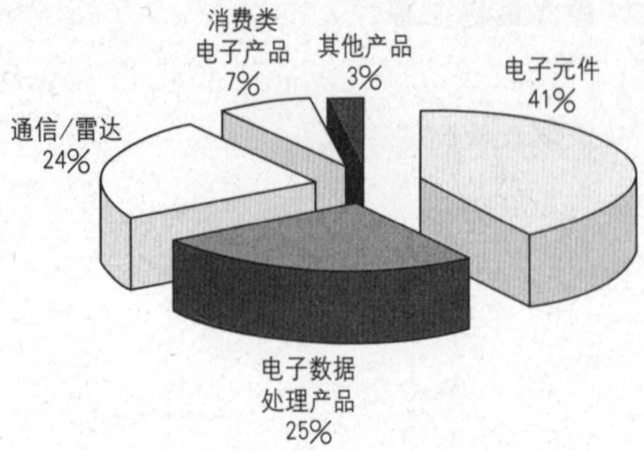

图4 2002年韩国主要出口电子产品所占份额情况

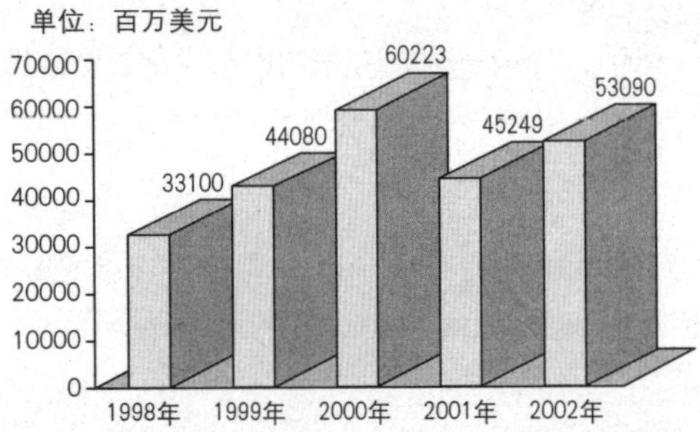

图5 1998年～2002年韩国电子产品出口情况

电子产品产值情况

2002 年，韩国电子产品产值为 60 287 百万美元，同比增长 12.4%。其中，电子元件居首位，产值为 24 627 百万美元；其次是通信/雷达，产值为 15 000 百万美元；第三是电子数据处理产品，产值为 13 600 百万美元。

2003 年，韩国电子产品产值为 64 032 百万美元，同比增长 6.2%。其中，电子元件居首位，产值为 26 752 百万美元；其次是通信/雷达，产值为 15 750 百万美元；第三是电子数据处理产品，产值为 14 280 百万美元。

2004 年，韩国电子产品产值为 69 793 百万美元，同比增长 9%。其中，电子元件居首位，产值为 30 238 百万美元；其次是通信/雷达，产值为 16 538 百万美元；第三是电子数据处理产品，产值为 15 422 百万美元。2002 年~2004 年韩国主要电子产品产值情况见表 1。1999 年~2004 年韩国电子产品产值情况见图 6。

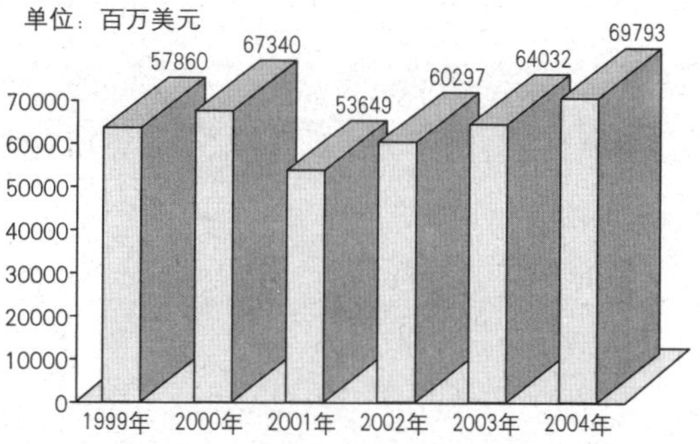

图6　1999年～2004年韩国电子产品产值情况

电子产品市场情况

2002 年，韩国电子产品市场额为 28 820 百万美元，同比减少 1.1%。其中，电子元件居首位，市场额为 12 486 百万美元；其次是电子数据处理产品，市场额为 4 713 百万美元；第三是通信/雷达，市场额为 4 140 百万美元。

2003 年，韩国电子产品市场额为 30 502 百万美元，同比增长 5.8%。其中，电子元件居首位，市场额为 14 190 百万美元；其次是电子数据处理产品，市场额为 4 854 百万美元；第三是通信/雷达，市场额为 3 933 百万美元。

2004 年，韩国电子产品市场额为 33 542 百万美元，同比增长 10%。其中，电子元件居首位，市场额为 16 385 百万美元；其次是电子数据处理产品，市场额为 5 097 百万美元；第三是通信/雷达，市场额为 4 169 百万美元。2002 年~2005 年韩国主要电子产品市场情况见表 2。2000 年~2005 年韩国电子产品市场情况见图 7。

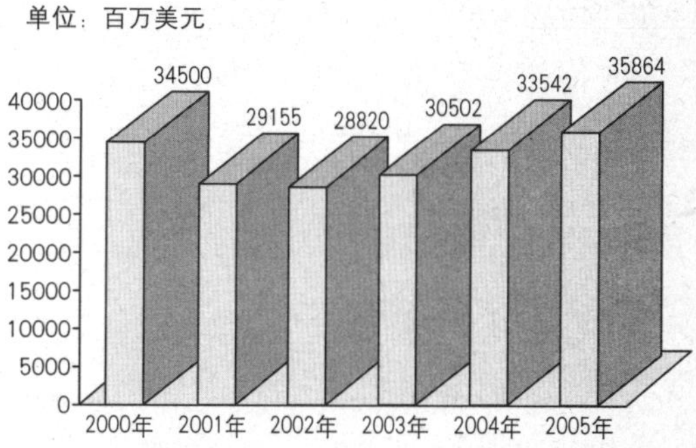

图7　2000年～2005年韩国电子产品市场情况

【统计数据】

表 1　2002 年~2004 年韩国主要电子产品产值情况

单位：百万美元

产品名称	2002年	2003年	2004年
计算机	2 500	2 484	2 535
存储器	2 200	2 277	2 421
电信设备	1 204	1 228	1 277
其中：交换机	290	237	193
消费类电子产品	4 832	4 976	5 235
其中：彩色电视机	1 700	1 826	1 977
有源元件	19 000	20 900	24 035

备注：2003 年~2004 年为预测值。

表 2 2002 年~2005 年韩国主要电子产品市场情况

单位：百万美元

产品名称	2002年	2003年	2004年	2005年
计算机	1 080	1 074	1 088	1 112
存储器	1 300	1 349	1 426	1 521
控制/仪器	2 205	2 249	2 339	2 433
移动电话	2 649	2 529	2 693	2 867
电信设备	1 801	1 621	1 670	1 736
消费类电子产品	2 236	2 360	2 517	2 686
其中：彩色电视机	762	809	875	947
有源元件	8 442	9 962	11 954	13 149

备注：2003 年~2005 年为预测值。

新 加 坡

【综述】

新加坡土地面积 646 平方公里。2002 年新加坡有人口 420 万，国内生产总值增长 2.2%，人均创造国内生产总值 20 890 美元。每千户居民拥有固定电话 464 部、移动电话 791 部、个人计算机 508 台，每千户居民有 540 人上网。1999 年~2004 年新加坡国内生产总值增长情况见图 1。

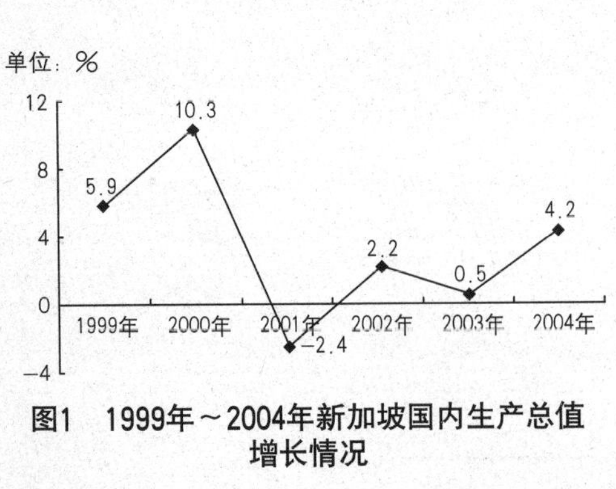

图1 1999年～2004年新加坡国内生产总值增长情况

电子产品进出口情况

2001 年，新加坡电子产品进出口贸易呈顺差，顺差值为 18 731 百万美元。2002 年新加坡电子产品进出口贸易呈顺差，顺差值为 19 564 百万美元。

1. 进口情况

2001 年，新加坡电子产品进口额为 44 785 百万美元。其中，电子元件居首位，进口额为 24 305 百万美元，占新加坡电子产品进口额的 54.27%；其次是电子数据处理产品，进口额为 13 912 百万美元，占新加坡电子产品进口额的 31.06%；第三是消费类电子产品，进口额为 2 100 百万美元，占 4.69%。

2002 年，新加坡电子产品进口额为 45 592 百万美元，同比增长 1.8%。其中，电子元件居首位，进口额为 25 658 百万美元，占新加坡电子产品进口额的 56.28%；其次是电子数据处理产品，进口额为 13 234 百万美元，占新加坡电子产品进口额的 29.03%；第三是控制/仪器，进口额为 2 277 百万美元，占 4.99%。2002 年新加坡主要进口电子产品所占份额情况见图 2。

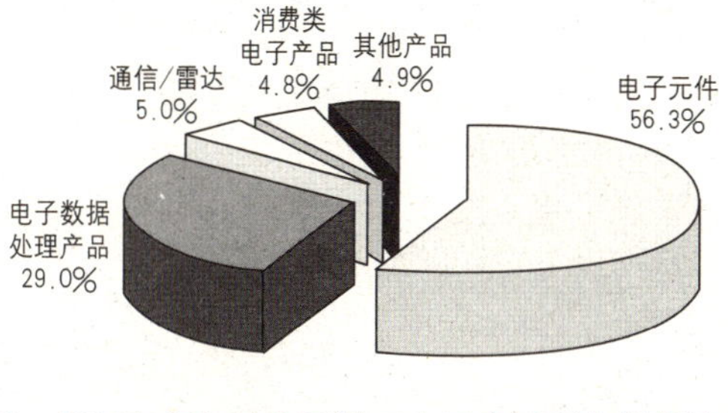

图2 2002年新加坡主要进口电子产品所占份额情况

2. 出口情况

2001 年，新加坡电子产品出口额为 63 516 百万美元。其中，电子元件居首位，出口额为 30 655 百万美元，占新加坡电子产品出口额的 48.26%；其次是电子数据处理产品，出口额为 26 434 百万美元，占新加坡电子产品出口额的 41.62%；第三是消费类电子产品，出口额为 2 436 百万美元，占 3.84%。

2002 年，新加坡电子产品出口额为 65 156 百万美元，同比增长 2.58%。其中，电子元件居首位，出口额为 33 000 百万美元，占新加坡电子产品出口额的 50.65%；其次是电子数据处理产品，出口额为 24 990 百万美元，占新加坡电子产品出口额的 38.35%；第三是消费类电子产品，出口额为2 461 百万美元，占 3.78%。2002 年新加坡主要出口电子产品所占份额情况见图 3。

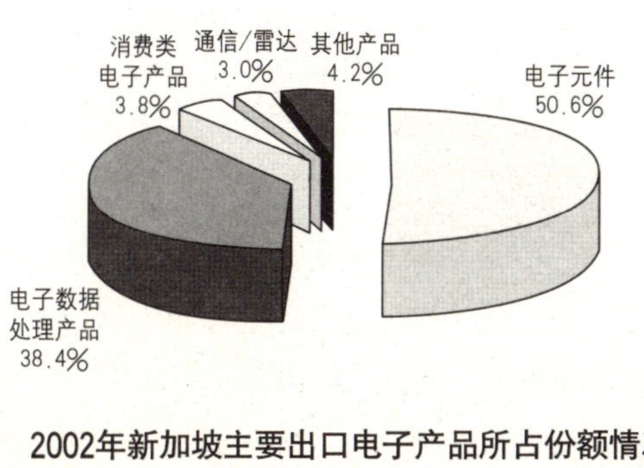

图3 2002年新加坡主要出口电子产品所占份额情况

电子产品产值情况

2002 年，新加坡电子产品产值为 36 444 百万美元，同比增长 4.21%。其中，电子数据处理产品居首位，产值为 17 486 百万美元；其次是电子元件，产值为 14 604 百万美元。2002 年新加坡主要电子产品在产值中所占份额情况见图 4。

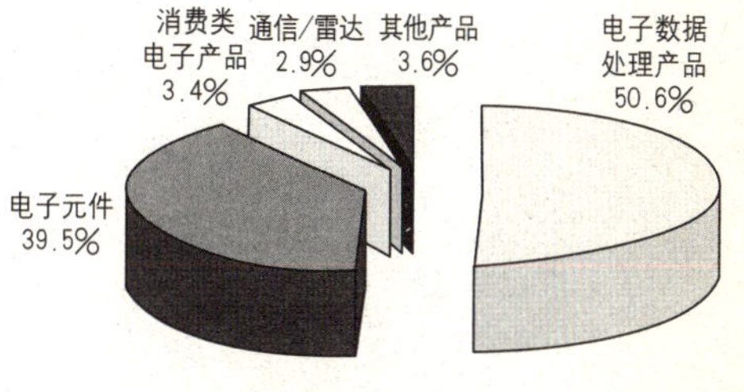

图4 2002年新加坡主要电子产品在产值中所占份额情况

2003 年，新加坡电子产品产值为 35 578 百万美元，同比减少 2.38%。其中，电子数据处理产品居首位，产值为 15 912 百万美元，占新加坡电子产品产值的 44.72%；其次是电子元件，产值为 15 692 百万美元，占 44.11%。

2004 年，新加坡电子产品产值为 38 396 百万美元，同比增长 7.92%。其中，电子元件居首位，产值为 17 638 百万美元，占新加坡电子产品产值的45.94%；其次是电子数据处理产品，产值为 16 708 百万美元，占 43.52%。2002 年~2004 年新加坡主要电子产品产值情况见表 1。1999 年~2004 年新加坡电子产品产值情况见图 5。

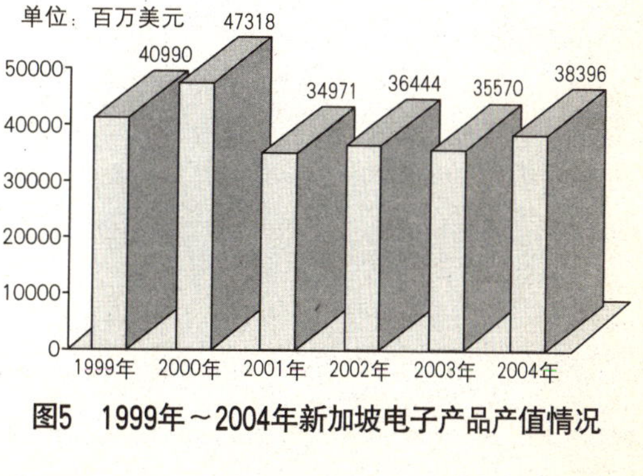

图5 1999年～2004年新加坡电子产品产值情况

电子产品市场情况

2002 年，新加坡电子产品市场额为 16 880 百万美元，同比增长 3.94%。其中，电子元件居首位，市场额为 7 263 百万美元；其次是电子数据处理产品，市场额为 5 730 百万美元。2002 年新加坡主要电子产品在市场中所占份额情况见图 6。

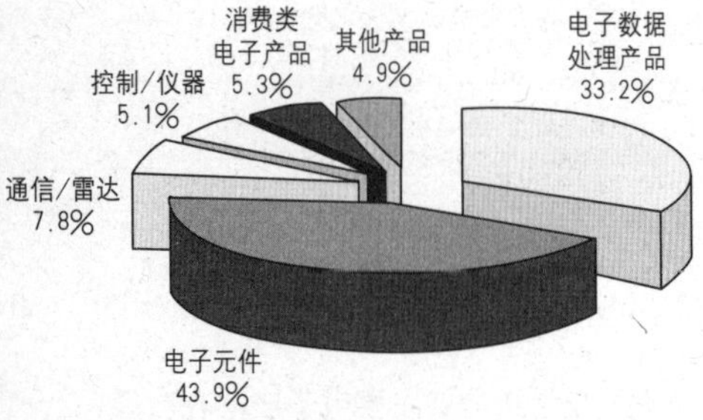

图6　2002年新加坡主要电子产品在市场中所占份额情况

2003 年，新加坡电子产品市场额为 16 368 百万美元，同比减少 3.03%。其中，电子元件居首位，市场额为 7 464 百万美元，占新加坡电子产品市场额的 45.60%；其次是电子数据处理产品，市场额为 5 443 百万美元，占 33.25%。

2004 年，新加坡电子产品市场额为 17 720 百万美元，同比增长 8.26%。其中，电子元件居首位，市场额为 8 376 百万美元，占新加坡电子产品市场额的 47.27%；其次是电子数据处理产品，市场额为 5 770 百万美元，占 32.56%。2002 年~2004 年新加坡主要电子产品市场情况见表 2。2000 年~2005 年新加坡电子产品市场情况见图 7。

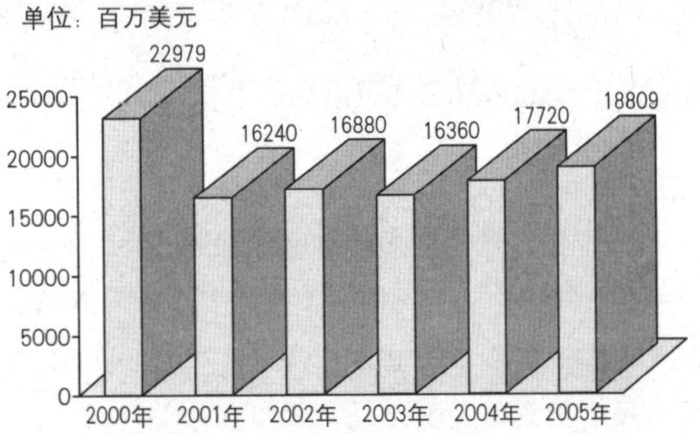

图7　2000年～2005年新加坡电子产品市场情况

【统计数据】

表 1　2002 年~2004 年新加坡主要电子产品产值情况

单位：百万美元

产品名称	2002年	2003年	2004年
计算机/外部设备	2 235	2 007	2 079
打印机	1 844	1 688	1 783
硬盘驱动器	6 704	6 079	6 361
通信/雷达	1 117	894	939
电信设备	757	681	702
消费类电子产品	1 163	1 099	1 081
其中：彩色电视机	89	89	88
有源元件	10 561	11 829	13 603

备注：2003 年~2004 年为预测值。

表 2 2002 年~2004 年新加坡主要电子产品市场情况

单位：百万美元

产品名称	2002年	2003年	2004年
计算机/外部设备	1 841	1 707	1 766
打印机	660	621	651
硬盘驱动器	911	877	941
控制/仪器	820	738	753
通信/雷达	1 414	1 131	1 176
电信设备	372	334	344
消费类电子产品	895	870	900
其中：彩色电视机	182	178	186
有源元件	3 768	4 145	4 974

备注：2003 年~2004 年为预测值。

香 港

【综述】

2003 年，香港经济在第二季度遭到了非典型肺炎的重创，但是香港经济在 2003 年~2004 年度实现了 3.3%的增长。香港政府预计，2004 年香港经济增长将达到 6%。1999 年~2004 年香港地区生产总值增减率情况见图 1。1998 年~2003 年香港人均创造地区生产总值增减率情况见图 2。

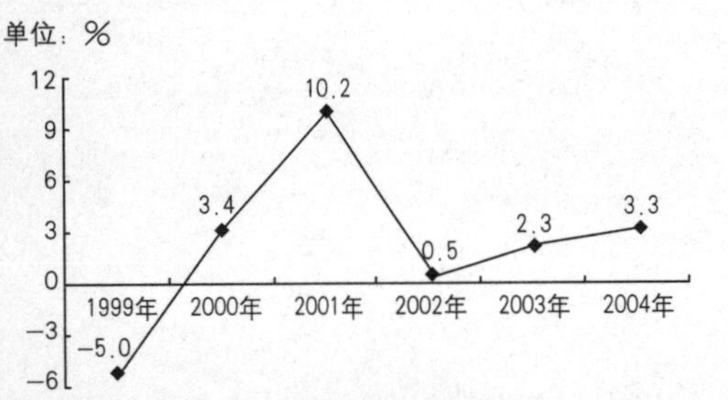

图1　1999年～2004年香港地区生产总值增减率情况

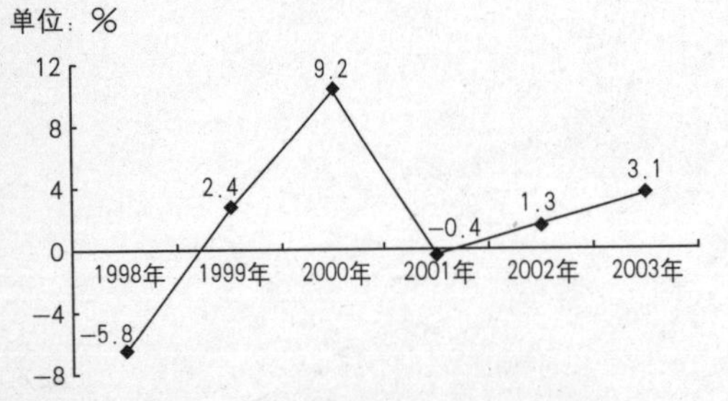

图2　1998年～2003年香港人均创造地区生产总值增减率情况

2003 年，中央政府与香港特别行政区签订了一份《取消贸易壁垒》的合作协议。与此同时，一系列工程相继上马，即：香港与深圳之间将建起一座大桥；香港至珠海至澳门三角经济体初具雏型，近期内东莞也将被纳入其中。在不远的将来，香港、澳门、深圳、东莞等城市都将有直通北京的高速公路，为此香港已经投入了大量资金。

电子产品进出口情况

2000 年，香港电子产品进出口贸易呈逆差，逆差值为 692 百万美元。在电子产品进出口贸易中，电子元件占主导地位。电子元件出口额为 29 854 百万美元，占香港电子产品出口额的 44.5%；进口额为 30 618 百万美元，占香港电子产品进口额的 45.1%。

2001 年，香港电子产品进出口贸易呈逆差，逆差值为 1 266 百万美元。2002 年香港电子产品进出口贸易呈逆差，逆差值为 2 302 百万美元。

1. 进口情况

2001 年，香港电子产品进口额为 64 631 百万美元，同比减少 4.7%。其中，电子元件居首位，进口额为 27 552 百万美元；其次是电子数据处理产品，进口额为 16 558 百万美元；第三是消费类电子产品，进口额为 7 187 百万美元。

2002 年，香港电子产品进口额为 69 095 百万美元，同比增长 6.9%。其中，电子元件居首位，进口额为 28 980 百万美元；其次是电子数据处理产品，进口额为 17 836 百万美元；第三是消费类电子产品，进口额为 8 958 百万美元。2002 年，香港主要进口电子产品所占份额情况见图 3。

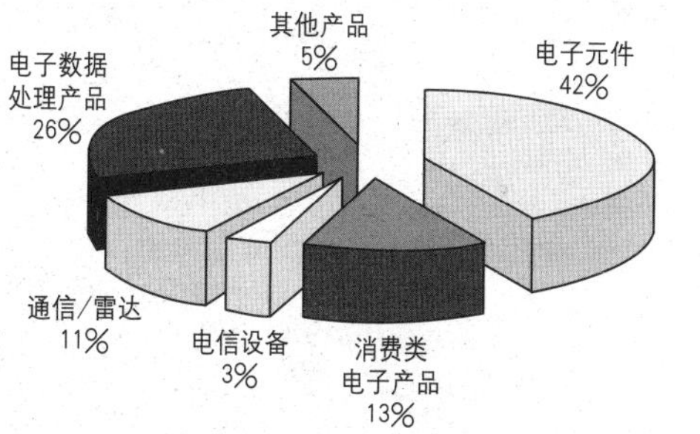

图3 2002年香港主要进口电子产品所占份额情况

2. 出口情况

2001 年，香港电子产品出口额为 63 365 百万美元，同比减少 5.6%。其中，电子元件居首位，出口额为 26 773 百万美元；其次是电子数据处理产品，出口额为 14 711 百万美元；第三是消费类电子产品，出口额为 8 466 百万美元。

2002 年，香港电子产品出口额为 66 793 百万美元，同比增长 5.4%。其中，电子元件居首位，出口额为 28 183 百万美元；其次是电子数据处理产品，出口额为 15 550 百万美元；第三是消费类电子产品，出口额为 9 857 百万美元。2002 年，香港主要出口电子产品所占份额情况见图 4。

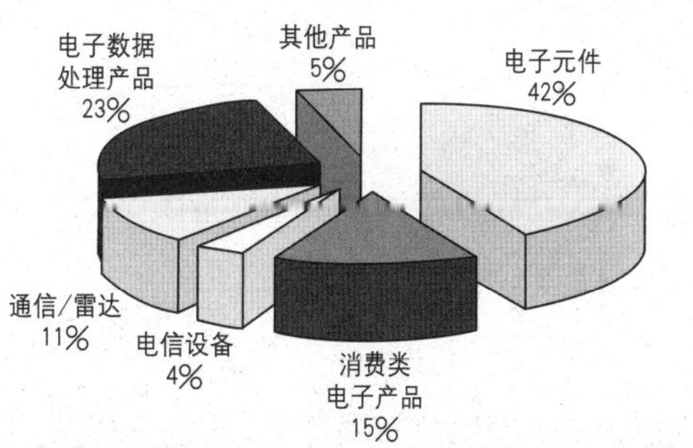

图4 2002年香港主要出口电子产品所占份额情况

电子产品产值情况

2002 年，香港电子产品产值为 5 548 百万美元，同比减少 21.1%。其中，消费类电子产品居首位，产值为 1 602 百万美元；其次是电子元件，产值为 1 540 百万美元；第三是电子数据处理产品，产值为 1 205 百万美元。

2003 年，香港电子产品产值为 4 347 百万美元，同比减少 21.6%。其中，消费类电子产品居首位，产值为 1 243 百万美元；其次是电子元件，产值为 1 168 百万美元；第三是电子数据处理产品，产值为 964 百万美元。

2004 年，香港电子产品产值为 3 702 百万美元，同比减少 14.8%。其中，消费类电子产品居首位，产值为 1 081 百万美元；其次是电子元件，产值为 963 百万美元；第三是电子数据处理产品，产值为 819 百万美元。2002 年~2004 年香港主要电子产品产值情况见表 1。1999 年~2004 年香港电子产品产值情况见图 5。

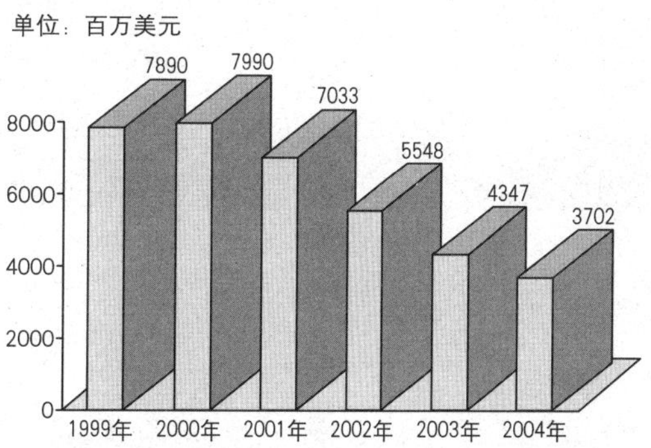

图5 1999年～2004年香港电子产品产值情况

电子产品市场情况

2002 年，香港电子产品市场额为 7 850 百万美元。其中，电子数据处理产品居首位，市场额为3 491 百万美元；其次是电子元件，市场额为 2 336 百万美元；第三是消费类电子产品，市场额为 703 百万美元。

2003 年，香港电子产品市场额为 7 948 百万美元，同比增长 1.2%。其中，电子数据处理产品居首位，市场额为 3 666 百万美元，占香港电子产品市场额的 46.1%；其次是电子元件，市场额为 2 222 百万美元，占香港电子产品市场额的 28%；第三是消费类电子产品，市场额为 720 百万美元，占 9.1%。

2004年，香港电子产品市场额为 8 278 百万美元。其中，电子数据处理产品居首位，市场额为3 923 百万美元，占香港电子产品市场额的47.4%；其次是电子元件，市场额为 2 204 百万美元，占香港电子产品市场额的 26.6%；第三是消费类电子产品，市场额为 753 百万美元，占9.1%。2002 年~2005 年香港主要电子产品市场情况见表 2。2000 年~2005 年香港电子产品市场情况见图 6。

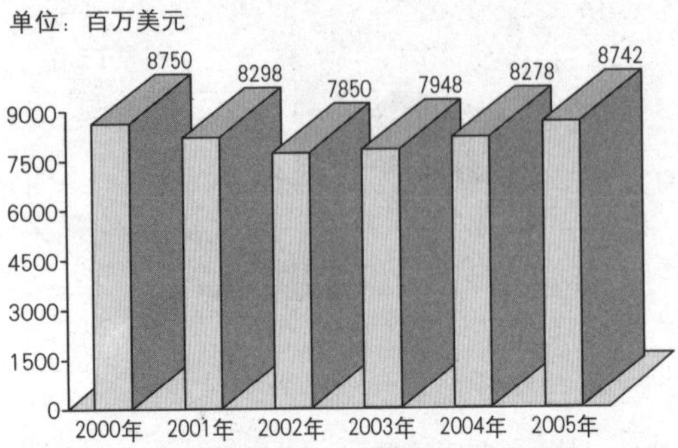

图6 2000年～2005年香港电子产品市场情况

【统计数据】

表 1 2002 年~2004 年香港主要电子产品产值情况

单位：百万美元

产品名称	2002年	2003年	2004年
计算机	308	248	212
通信/雷达	358	286	243
电信设备	385	288	231
有源元件	438	307	246

备注：2003 年~2004 年为预测值。

表 2 2002 年~2005 年香港主要电子产品市场情况

单位：百万美元

产品名称	2002年	2003年	2004年	2005年
计算机	2 138	2 199	2 302	2 432
通信/雷达	604	622	653	705
电信设备	294	282	288	296
彩色电视机	183	190	200	216
有源元件	1 172	1 195	1 255	1 331

备注：2003 年~2005 年为预测值。

台　湾

【综述】

2002 年，台湾生产总值增长 3.5%，电子产品在世界电子产品产值中占 3%，在世界电子产品市场中占 2%。预计 2003 年台湾生产总值增长 2.7%，2004 年为 3.8%。1999 年~2004 年台湾生产总值增长情况见图 1。

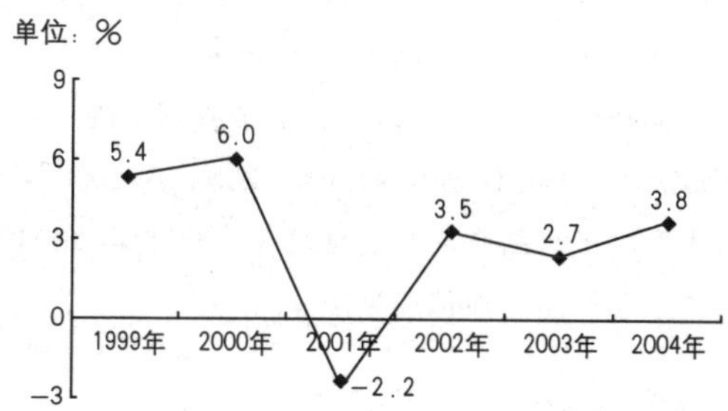

图1　1999年～2004年台湾生产总值增长情况

2003 年，台湾“投资审议委员会”通过 14 宗岛内上市公司申请投资大陆案件，其总投资额为 16 034 万美元。在这 14 宗投资案中以电子公司最多，其中包括铼德、友达、微星、台达电等公司。

友达光电股份有限公司申请汇出 2 010 万美元，对友达光电（苏州）有限公司进行增资；微星科技股份有限公司汇出 1 500 万美元、190 万美元，分别对微峰电子（昆山）有限公司、恩斯迈电子（深圳）有限公司进行增资；台达电子工业股份有限公司分别申请购买设备费 284.5 万美元、72.9 万美元，对台达电子（东莞）有限公司、台达电子零组件（东莞）有限公司进行增资；铼德科技股份有限公司申请 2 530 万美元，对昆山沪铼光电科技有限公司进行增资。

海尔集团公司、联想控股有限公司、TCL 集团有限公司、北大方正集团公司、京东方科技集团股份公司、清华同方股份有限公司等 12 家大陆主要信息制造企业参加“2003 台北国际计算机展”，成为台湾信息电子业的新客户。据台湾业内人士估计，在这次展览会上，大陆买主长期采购金额将达到 1 000 亿元新台币，采购项目以 NB、数字相机、DRAM 及面板等为主，大陆电子信息制造业对台湾信息电子业的影响愈来愈大。

京东方科技集团股份公司尝试与台湾面板业合作，发展第 6 代 TFT-LCD 面板厂技术。

电子产品进出口情况

在亚洲地区，台湾电子产品进出口贸易发展态势良好，连续几年为顺差。在进口贸易中，电子元件占主导地位；在出口贸易中，电子数据处理产品占主导地位。2000 年，台湾电子产品进出口贸易呈顺差，顺差值为 24 723 百万美元；2001 年台湾电子产品进出口贸易为顺差，顺差值为 20 049 百万美元；2002 年，顺差值为 19 457 百万美元。

1. 进口情况

2001 年，台湾电子产品进口额为 24 666 百万美元。其中，电子元件居首位，进口额为 15 577 百万美元，占台湾电子产品进口额的 63.2%；其次是电子数据处理产品，进口额为 3 633 百万美元，占 14.7%。

2002 年，台湾电子产品进口额为 27 881 百万美元，同比增长 13%。其中，电子元件居首位，进口额为 18 469 百万美元，增长 18.6%，占台湾电子产品进口额的 66.2%；其次是电子数据处理产品，进口额为 3 902 百万美元，增长 7.4%，占台湾电子产品进口额的 14%。2000 年~2002 年台湾主要电子产品进口情况见表 1。2002 年台湾主要进口电子产品所占份额情况见图 2。

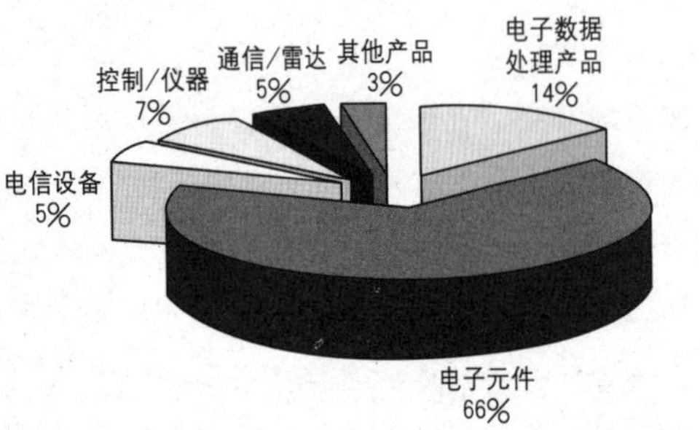

图2 2002年台湾主要进口电子产品所占份额情况

2. 出口情况

2001 年，台湾电子产品出口额为 44 715 百万美元，同比减少 21.6%。其中，电子数据处理产品居首位，出口额为 22 913 百万美元，占台湾电子产品出口额的 51.2%；其次是电子元件，出口额为 16 573 百万美元，占台湾电子产品出口额的 37.1%。

2002 年，台湾电子产品出口额为 47 338 百万美元，同比增长 5.9%。其中，电子数据处理产品居首位，出口额为 22 832 百万美元，减少 0.4%，占台湾电子产品出口额的 48.2%；其次是电子元件，出口额为 18 989 百万美元，增长 14.6%，占台湾电子产品出口额的 40.1%。2000 年~2002 年台湾主要电子产品出口情况见表 2。2002 年台湾主要出口电子产品所占份额情况见图 3。

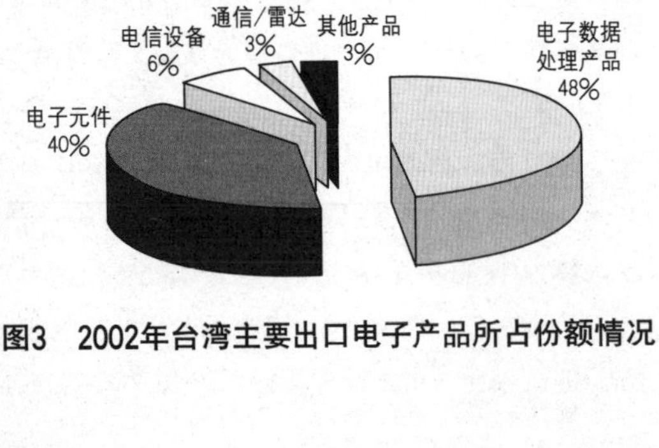

图3 2002年台湾主要出口电子产品所占份额情况

电子产品产值情况

2002 年，台湾电子产品产值为 39 149 百万美元，同比增长 0.3%。其中，电子数据处理产品居首位，产值为 21 090 百万美元，同比减少 4.8%，占台湾电子产品产值的 53.9%；其次是电子元件，产值为 13 663 百万美元，增长 7.8%，占台湾电子产品产值的 34.9%。

2003 年，台湾电子产品产值为 40 349 百万美元，同比增长 3.1%。其中，电子数据处理产品居首位，产值为 21 512 百万美元，增长 2%，占台湾电子产品产值的 53.3%；其次是电子元件，产值为 14 363 百万美元，增长 5.1%，占台湾电子产品产值的 35.6%。

2004 年，台湾电子产品产值为 43 443 百万美元，同比增长 7.7%。其中，电子数据处理产品增长 6%，电子元件增长 11.3%。2002 年~2004 年台湾主要电子产品产值情况见表 3。1999 年~2004 年台湾电子产品产值情况见图 4。

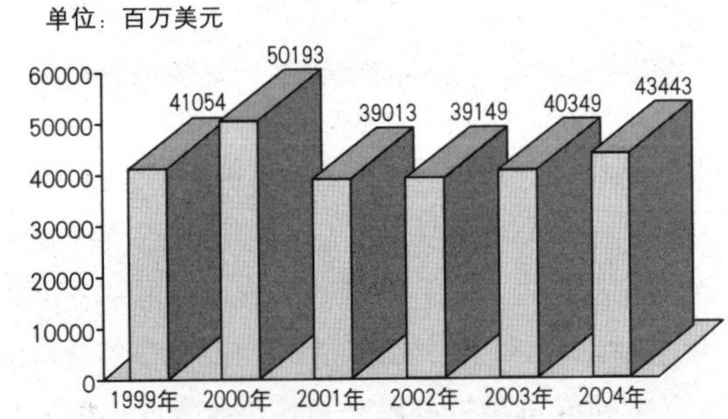

图4 1999年～2004年台湾电子产品产值情况

电子产品市场情况

2002 年，台湾电子产品市场额为 19 692 百万美元，同比增长 3.8%。其中，电子元件居首位，市场额为 13 143 百万美元，增长 12.6%，占台湾电子产品市场额的 66.7%；其次是电子数据处理产品，市场额为 2 159 百万美元，减少 25%，占台湾电子产品市场额的 11%。

2003 年，台湾电子产品市场额为 20 941 百万美元，同比增长 6.3%。其中，电子元件居首位，市场额为 14 238 百万美元，增长 8.3%，占台湾电子产品市场额的 68%；其次是电子数据处理产品，市场额为 2 246 百万美元，增长 4%，占台湾电子产品市场额的 10.7%。

2004 年，台湾电子产品市场额为 23 276 百万美元，同比增长 11.2%。其中，电子元件居首位，市场额为 16 350 百万美元，增长 14.8%，占台湾电子产品市场额的 70.2%；其次是电子数据处理产品，市场额为 2 358 百万美元，增长 5%，占 10.1%。

2002 年~2005 年台湾主要电子产品市场情况见表 4。2000 年~2005 年台湾电子产品市场情况见图 5。

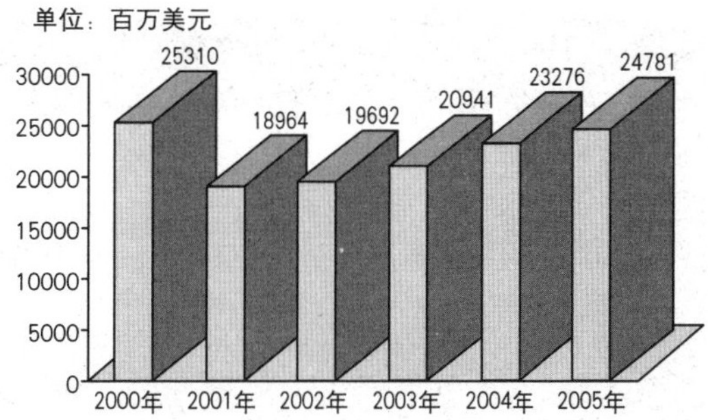

图5 2000年～2005年台湾电子产品市场情况

【统计数据】

表 1 2000 年~2002 年台湾主要电子产品进口情况

单位：百万美元

产品名称	2000年	2001年	2002年
电子数据处理产品	5 481	3 633	3 902
控制/仪器	2 873	2 023	2 052
通信/雷达	2 099	1 342	1 358
电信设备	1 360	1 412	1 408
电子元件	19 671	15 577	18 469

表 2 2000 年~2002 年台湾主要电子产品出口情况

单位：百万美元

产品名称	2000年	2001年	2002年
电子数据处理产品	28 426	22 913	22 832
控制/仪器	1 013	358	419
通信/雷达	1 105	1 245	1 272
电信设备	2 720	2 640	2 786
电子元件	22 630	16 573	18 989

表 3　2002 年~2004 年台湾主要电子产品产值情况

单位：百万美元

产品名称	2002年	2003年	2004年
台式计算机	867	811	782
便携式计算机	10 447	11 095	12 154
硬盘驱动器	1 229	1 284	1 384
监视器	2 064	1 701	1 447
通信/雷达	1 156	1 225	1 323
电信设备	1 834	1 742	1 707
消费类电子产品	985	1 061	1 143
其中：彩色电视机	269	288	306
有源元件	8 046	8 689	9 993

备注：2003 年~2004 年为预测值。

表 4　2002 年~2005 年台湾主要电子产品市场情况

单位：百万美元

产品名称	2002年	2003年	2004年	2005年
电子数据处理产品	2 159	2 246	2 358	2 499
控制/仪器	1 783	1 819	1 873	1 930
通信/雷达	1 243	1 268	1 306	1 371
消费类电子产品	560	579	602	623
其中：彩色电视机	155	160	167	174
有源元件	10 103	11 113	13 113	14 162

备注：2003 年~2005 年为预测值。

[编撰：笔耕]

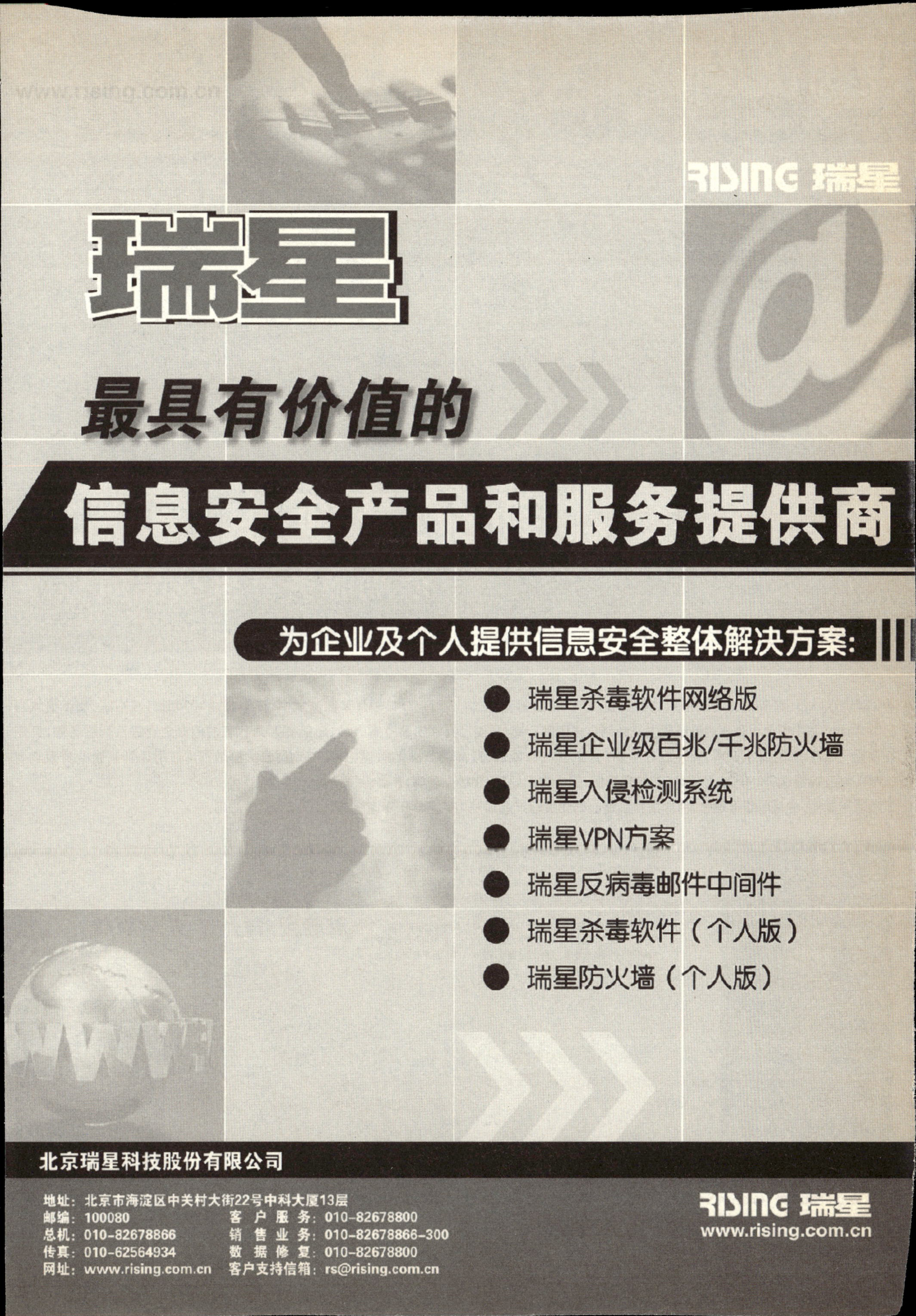
RISING 瑞星
瑞星
最具有价值的
信息安全产品和服务提供商
为企业及个人提供信息安全整体解决方案:
瑞星杀毒软件网络版
瑞星企业级百兆/千兆防火墙
瑞星入侵检测系统
瑞星VPN方案
瑞星反病毒邮件中间件
瑞星杀毒软件（个人版）
瑞星防火墙（个人版）
北京瑞星科技股份有限公司
地址：北京市海淀区中关村大街22号中科大厦13层
邮编：100080
总机：010-82678866
传真：010-62564934
网址：www.rising.com.cn
客户服务：010-82678800
销售业务：010-82678866-300
数据修复：010-82678800
客户支持信箱：rs@rising.com.cn
RISING 瑞星
www.rising.com.cn

浪潮®
www.langchao.com
新纪录诞生！
浪潮服务器挑战品质极限

宝德
PowerLeader
[真正的服务器专家]
www.powerleader.com.cn
我们始终相信，
正是因为专注细节，一切才变的如此不同。
7 年的卓绝努力，我们和客户共同见证着彼此惊人的成长一
不曾改变的，只有宝德人历久弥坚的真诚与执著一
创造服务器价值典范，宝德矢志不渝。
免费咨询热线：800-830-355
免费服务热线：800-830-680
商业挑战真实存在一您需要选用真正的服务器。
借助基于英特尔 至强 处理器的宝德服务器，您将可以拥有快捷运行软件的强大动力，从而圆满地完成工作。
深圳市宝德科技股份有限公司
地址：深圳深南中路电子科技大厦C座43层
电话：0755-83273998　传真：0755-83273380
intel inside
XEON
英特尔 至强 处理器